湖北省社会科学基金项目（2017058）

粤汉铁路与
近代湖南经济社会变迁研究

（1898—1937）

张卫东 ◎ 著

YUEHAN TIELU YU

JINDAI HUNAN

JINGJI SHEHUI BIANQIAN YANJIU

(1898-1937)

人民出版社

序

　　卫东的博士论文经过完善修正之后就要出版了，他再三请我为这本书写上几句话。作为导师，看到学生经过辛勤的努力顺利毕业并出版著作，我自然打心眼儿里为他感到高兴。我素来很少为他人的著作写序，原因之一是要把一本厚厚的著作认真的通读完，分析种种得失后缀合成文，显然需要花费很多的时间，对于我来说，确实在时间上不是太允许。不过，对于卫东的这本书，我还是愿意说上几句话。这里面的思量，除了我深知卫东为本书所下的功夫、所付出的辛劳，加之这本书的内容我比较熟悉了，更为重要的是，本书对很多问题的论述确实有着自己独到的见解。

　　自古以来，对任何一个国家或社会来说，国家或社会的较大的转型都是步履蹒跚的，能够摸着石头过河都算是幸运的，更多的时候就是直接淹死在河里了。按照英国著名历史学家阿诺德·汤因比的说法，人类历史上曾存在着 26 种文明或亚文明类型，16 种文明已经死亡，剩下的 10 个文明中有两个处于"苦苦挣扎阶段"，其余的 8 个文明中有 7 个处于"西方文明的消灭和同化的威胁之下"。这里且不去评价汤因比的文明观，但他所揭示的文明自我转型能力，即所谓"自决能力"无疑值得人们警醒。① 众所周知，近代以来，历史底蕴深厚的中华文明面临着几千年来未有之大变局，其现代化转型之路却凸显出异常沉重之态势。历史的逻辑决定着学术的逻辑。因此，关于近代中国社会的现代化转型问题历来是近代史学界的研究热点之一，与

---

① 参见阿诺德·汤因比著，D.C. 萨默维尔编：《历史研究》上卷，郭小凌等译，上海世纪出版集团 2010 年版，第 245 页。

之相关的研究成果亦不啻为汗牛充栋，恒河沙数。卫东的著作，试图通过细致分析铁路与区域经济社会变迁之间的内在联系，来探讨近代中国社会的现代化转型问题的某些面相，我认为这样的立意值得充分肯定。

铁路是近代工业革命的产物和工业文明的主要象征之一，在其历经重重曲折进入中国后，便牵动了近代中国社会的方方面面。这正如近代著名铁路专家凌鸿勋所说："举凡我国社会的转变，思想的觉醒，经济的发展，以及政治的演进，国运的隆替，在在与铁路问题有关"。[①] 台湾学者李国祁也曾指出："在引入中国的现代经济设施中，没有一项比铁路引起更大的影响"。[②] 鉴于铁路等现代交通方式对区域经济社会的发展变迁中有着极其重要的作用，因此，历来铁路史学界对于铁路与区域经济社会关系问题的关注和研究成果并不少，这些研究提出了很多值得关注的理论和研究结论。虽然如此，但本书所研究的粤汉铁路与近代湖南区域经济社会的变迁问题学界尚无研究，这是其重要学术价值所在。粤汉铁路纵贯我国中南三省，而在湖南省境内线路最长，因此与湖南省关系应该是最为密切的。民国学者林朝杰曾说，湖南物产丰饶，然"因交通不便，物产无法输送，只有停滞一地，经济不能流通，故此湘省人民生活发生困难"。而当粤汉铁路全线贯通之后，"湘省各地经济，则已渐成活跃，人民生活程度，已续渐提高，……粤汉铁路之完成，既为我国之一大之铁路交通线，而亦为湖南人之生命线"[③]。由于受多种因素的制约，粤汉铁路的经济价值并未全面发挥出来，正因如此，以往学界在论及粤汉铁路的时候，大多从政治角度立论，强调政治因素对粤汉铁路建设和运营的影响，而对其经济价值多有忽视，换句话说，既有的研究对于粤汉铁路与沿线地区（即湖北、湖南、广东）经济和社会变迁的关系问题尚缺乏系统和有深度的研究。有鉴于此，本书力图系统分析粤汉铁路对近代湖南经济社会变迁中所发挥的重要作用，以补学界研究之不足。我认为这样的努力是非常有价值的。

---

① 凌鸿勋：《中国铁路志·前言》，沈云龙主编：《近代中国史料丛刊续编》第93辑，台湾文海出版社1982年版，第1页。

② 李国祁：《中国早期的铁路经营》，台湾"中央研究院"近代史研究所1976年版，第6页。

③ 林朝杰：《粤汉铁路完成与四省特产经济关系》，《新生路月刊》1937年第4期。

　　本书在写作中，贯穿了两条明显的线索：一是近代湘籍人士不遗余力地推动粤汉铁路湖南段的建设；二是粤汉铁路的建设对于近代湖南的社会经济变迁产生了深刻的影响。在第一条线索中，作者基本厘清了湖南省在推动粤汉铁路湖南段的建设所作出的种种努力，而这在以往的研究中较少被涉及。在第二条线索中，近代湘籍人士之所以对粤汉铁路的建设如此用心，是因为他们十分清楚铁路等近代交通工具对于社会经济的发展具有巨大的推动作用。粤汉铁路由北向南直贯三湘大地，其所经过之地或附近均为湘省富庶之地，其对于近代湖南的社会经济变迁也产生了重要影响，对此，作者从多方面展开了较为系统和有深度的论述，这一点同样是以往的研究中关注不太够的。学术研究的根本在于创新，我认为作者在学术创新方面所作出的诸多努力与探索无疑值得充分肯定。

　　除了以上最重要的三个方面之外，本书在内容的系统全面性、资料搜集的广泛性、学术规范的严谨性、某些结论的独创性等方面，都有可圈可点之处，就不展开说明了，这里想谈谈本书在某些方面还可进一步完善深化的地方。

　　首先，粤汉铁路纵贯我国中南三省（即湖北、湖南、广东），当初在做博士论文选题的时候，我曾建议作者扩大研究范围，系统论述粤汉铁路与近代中南三省经济社会变迁之间的关系，这样会使研究更具代表性一些。但因为搜集资料的范围和数量过于庞大，就暂时搁置下来了。因此，建议作者继续广泛搜集相关史料，从更长的时段和更广大的范围，进一步探索和揭示粤汉铁路与近代以来我国中南地区的经济社会变迁问题，其实这也是这个问题非常自然的学术延伸。

　　其次，本书有相当的篇幅论述了湖南省与粤汉铁路湖南段的建设问题，当然这也是本书的题中应有之义。但是，本书的主旨是论述粤汉铁路与近代湖南的经济社会变迁问题，通观全书，对于这个问题的论述还是显得有些单薄了，不少属于题中应有之义的论述要么论述分量不够，要么付诸阙如，这多少有点让读者有食不甘味之憾。故建议作者在铁路经济学和社会变迁理论的指导下，继续深入挖掘史料，系统研究粤汉铁路与近代我国中南地区交通体系的重构、工矿业的发展、城乡市场体系的重构、城镇体系的发展、城乡社会结构的变动等问题，通过上述研究努力发现粤汉铁路与近代中南地区经济社会变迁之间存在的内在联系，从而形成对于粤汉铁路、近代中南地区经济社会变迁的新的认知。

最后，作为卫东的导师，我很欣赏他对于学问的孜孜追求和严谨的治学态度，正因为如此，所以对他提出了以上建议，希望他对于这个问题的研究能够更上一层楼。也衷心期望他在学术上有新的建树。

是为序。

郭　莹

2018 年 12 月于武昌沙湖之滨

目　录

序……………………………………………………………………………郭　莹 1

绪　论……………………………………………………………………………………1

第一章　**粤汉铁路建设史略**………………………………………………………8

一、铁路传入中国及其曲折发展……………………………………………………9

二、粤汉铁路的建设背景……………………………………………………………17

三、粤汉铁路概观……………………………………………………………………27

四、粤汉铁路迁延多年原因之分析…………………………………………………48

第二章　**粤汉铁路湘段筹建中的政治博弈**…………………………………54

一、晚清维新派湘绅延路入湘………………………………………………………55

二、粤汉铁路与清季湖南政治变迁…………………………………………………68

三、粤汉铁路中的政治博弈反映了晚清湖南思想界的活跃…………………101

第三章　**湘省铁路社团与粤汉铁路之续建**…………………………………109

一、民国初年湘路公司之收归国有………………………………………………110

二、20 世纪 20 年代社会各界对于粤汉铁路株韶段建设资金

筹措之讨论…………………………………………………………………126

三、湖南铁路协会推动武汉、广州政治分会完成粤汉铁路…………………138

四、粤汉铁路促成会推动粤汉铁路株韶段之建设………………………………153

第四章　**地方利益与粤汉铁路湘境走向**……………………………………170

一、湖南境内粤汉铁路的早期勘路………………………………………………174

二、博弈株昭铁路…………………………………………………………………182

三、民国初年粤汉铁路武（昌）长（沙）段的走向之争

（1911—1914）…………………………………………………………204

　　　四、株韶段良田设站之争 ……………………………………218

　　　五、地方利益引发铁路之争 …………………………………224

第五章　湖南省与粤汉铁路株韶段之建设 ………………………232

　　　一、举国欢庆粤汉铁路全线通车 ……………………………232

　　　二、湘省铁路沿线土地之征购 ………………………………235

　　　三、湘籍工人对粤汉铁路株韶段建设的历史贡献 …………250

　　　四、采购湘省枕木之纠纷 ……………………………………267

第六章　粤汉铁路与湘米销粤 ……………………………………282

　　　一、近代湖南稻米的生产及输出概况 ………………………284

　　　二、粤汉铁路全线通车湘米销粤呼声高涨 …………………293

　　　三、湘米销粤之进行 …………………………………………297

　　　四、湘米销粤之评价 …………………………………………318

第七章　粤汉铁路与近代湖南经济变迁 …………………………326

　　　一、铁路建设降低交易成本 …………………………………327

　　　二、铁路部门对粤汉铁路沿线湖南段的社会经济调查 ……330

　　　三、粤汉铁路促进了湖南物产的输出 ………………………344

　　　四、粤汉铁路加强了湘、鄂、粤三省之间的经济联系 ……361

　　　五、粤汉铁路对湖南传统运输方式造成了一定程度的冲击 …372

　　　六、粤汉铁路等近代交通方式引起了人们生活方式的变化 …378

第八章　粤汉铁路与近代湖南城市变迁 …………………………384

　　　一、粤汉铁路与近代湖南城市格局变迁 ……………………387

　　　二、粤汉铁路对近代湖南城市内部布局之影响 ……………400

结　语 ………………………………………………………………426

　　　一、近代湘籍人士极力推动粤汉铁路湖南段的建设 ………426

　　　二、粤汉铁路对近代湖南经济社会变迁产生了深刻影响 …430

参考文献 ……………………………………………………………439

后　记 ………………………………………………………………446

绪　论

　　"时间好像一条由发生的各种事件构成的河流，而且是一条湍急的河流，因为刚刚看见了一个事物，它就被带走了，而另一个事物又来代替它，而这个也将被带走。"① 新中国成立70年来，伟大成就世人瞩目。近十年来，中国高铁的迅猛发展，更让世界惊叹，成为中国先进装备制造业的一张靓丽名片。然而当我们溯时间之河回到20世纪初，弱国之下的铁路发展正一筹莫展，我们面对的是西方帝国主义国家在中国激烈进行的"铁路战争"的悲惨景象。"'铁路战争'是不用枪炮的另一种形式的战争，是帝国主义对中国进行经济侵略的主要环节。"② 十分巧合且具有讽刺意义的是，本书研究所涉及的"粤汉铁路"正是在1900年7月13日，由清政府与美国合兴公司签订了正式合同③，而中美粤汉铁路借款被认为是"中国近代丧失利权最多的铁路借款合同之一"④。这一点，被时人讥讽为借款"托辣斯"⑤的张之洞也并不讳言："借款本息太巨，年期过久，限满后断无赎回之望，其为中国大患，殆有不忍言者。"⑥ 今天我们看起来天经地义的引进西方先进的技术与资金的

---

① [古罗马] 奥勒留：《沉思录》，湖南人民出版社2010年版，第41页。

② 陶菊隐：《北洋军阀统治时期史话》上，山西人民出版社2013年版，第51页。按："铁路战争"是指西方列强对中国铁路建筑及铁路沿线资源的激烈争夺。

③ 中美粤汉铁路借款合同由两份合同组成，即1898年4月14日，中国驻美公使伍廷芳代盛宣怀在华盛顿与华美合兴公司签订的《粤汉铁路借款草合同》，和1900年7月13日，仍由伍廷芳与华美合兴公司的代理人巴林在华盛顿签订的《粤汉铁路借款续约》。

④ 尹铁：《略论张之洞的铁路外债观》，《浙江教育学院学报》2005年第5期。

⑤ "托辣斯"，现在多称"托拉斯"。张氏被讥为借款"托辣斯"，参见《社说——因粤汉路借款问题责卖国误国之臣民》，《民呼日报》1909年7月30日。

⑥ 苑书义等编：《张之洞全集》第3册，河北人民出版社1998年版，第1689页。

活动，在晚清则关系到国家兴亡，其历史迷思令人备感沉重。

铁路是近代工业革命的产物和工业文明的主要象征之一，19 世纪 20 年代至 20 世纪 30 年代曾被人们称为"铁路时代"。马克斯·韦伯说："就总的经济生活而不是单单就商业来说，铁路是有史以来最具革命性的一种工具。"① 享有世界声誉的德国诗人海涅对铁路的赞颂感性而不失深刻："铁路将空间杀死了，我们只剩下时间了。"② 中国戊戌变法的领导者康有为所言，铁路"可缩万里为咫尺，合旬月为昼夜"几与海涅所言具异曲同工之妙。③ 列宁亦曾深刻地指出："铁路是资本主义工业最主要的部门即煤炭工业和钢铁工业的结果，是世界贸易和资产阶级民主文明发展的结果和最显著的标志。"④ 这段话道尽了铁路的时代意义。因此，对于欧美等西方国家而言，铁路建设"是产业革命后的经济发展，是作为产业铁路而发展起来的"⑤。换句话说，欧美的铁路事业是经济发展的要求和科技进步的结果，只是近代工业革命以来诸多产业门类之一。

中国台湾学者李国祁认为："在引入中国的现代经济设施中，没有一项比铁路引起更大的影响。"⑥ 然而，铁路这一现代文明的主要标志之一，其本身在进入中国的过程中却命运多舛⑦；历经曲折引入中国之后，在其发展过程中又在中国社会屡屡引发轩然大波。对此，主持修建过包括粤汉铁路株韶段在内的多条铁路的著名铁路专家和铁路史专家凌鸿勋先生的一段话，最能说明铁路在近代中国的复杂意义："举凡我国社会的转变，思想的觉醒，经济的发展，以及政治的演进，国运的隆替，在在与铁路问题有关。"⑧ 同样是围绕着粤汉铁路的建设，由它引发的川鄂湘粤为主体并扩展至全国的保路运

---

①　[德] 马克斯·韦伯：《经济通史》，姚曾廙、韦森译，上海三联书店 2006 年版，第 186 页。

②　转引自张杰：《1876—1877 年文人笔下上海的铁路旅游》，《文艺研究》2012 年第 4 期。

③　参见乔继常选编：《康有为散文》，上海科学技术文献出版社 2013 年版，第 131 页。

④　《列宁全集》第 27 卷，人民出版社 1990 年版，第 326 页。

⑤　[日] 林武：《技术与社会——日本技术发展的考察》，东方出版社 1989 年版，第 180 页。

⑥　李国祁：《中国早期的铁路经营》，台湾"中央研究院"近代史研究所 1976 年版，第 6 页。

⑦　参见许启彤、张卫东：《晚清铁路论争及其文化意蕴》，《江汉论坛》2015 年第 6 期。

⑧　凌鸿勋：《中国铁路志·前言》，载沈云龙主编：《近代中国史料丛刊续编》第 93 辑，台湾文海出版社 1982 年版，第 1 页。

动，成为压垮清朝统治的最后一根稻草，并结束了在中国延续了 2000 多年的君主专制统治。故而，上述凌鸿勋先生谓近代中国社会的发展"在在与铁路问题有关"一语，可谓分量极重的精准概括。

鸦片战争之后，中华帝国的大门逐渐被西方列强的"坚船利炮"打开，西学东渐的速度日益加快，被保守派视为"奇技淫巧"之一的铁路亦随之而来。熊月之指出："物质文明层次的西方文化，应用科学方面的西方文化，都是通过试用、比较，显示自己的价值，建立自己的信誉，确立自己的地位的。"① 因此，"疑忌—接触—试用—对比—信服"大致是西学东渐的一般路径。作为西学典型的铁路正是沿着这样的路径在中国发展起来的。

总的来说，铁路在进入中国的过程中，虽然异常曲折，但随着中国人对铁路的认识逐渐深入，人们慢慢接受了它并越来越欢迎它。就如晚清重臣张之洞所言："铁路一开，百废俱兴，人货运载，为有形之利；风气开通，才智增长，工商奋兴，穷民有业，上下情通，百事迅速，为无形之利。其收运费，有形之利犹小；而改振作，无形之利者乃大。"② 亦如孙中山先生所言："交通为实业之母，铁路又为交通之母。国家之贫富，可以铁道之多少定之；地方之苦乐，可以铁道之远近计之。"③ 张、孙二人所言，绝非仅仅代表他们个人的看法，至 19 世纪末 20 世纪初，应该说这反映了当时中国社会一般人士对铁路的认知。1895 年 5 月，康有为在《上清帝（光绪）第二书》中说："夫铁路之利，天下皆知。"④ 同年 8 月，刘坤一在上光绪帝的奏疏中也指出："铁路之裨于军务、商务，今已尽人知之矣。"⑤ 也正是因为有了这样的认识，所以 20 世纪的最初 10 年成为中国铁路建设的第一个高峰期，"筑路强国"成为当时中国人民的一个美好期待。

众所周知，在清朝统治的最后 10 年中，清政府实行了"新政"，其中

① 熊月之：《西学东渐与晚清社会》，中国人民大学出版社 2011 年版，第 582 页。
② 苑书义等主编：《张之洞全集》第 2 册，河北人民出版社 1998 年版，第 1057 页。
③ 胡汉民编：《总理全集》第 2 集，上海民智书局 1930 年版，第 151 页。
④ 乔继常选编：《康有为散文》，上海科学技术文献出版社 2013 年版，第 131 页。
⑤ 宓汝成编：《中国近代铁路史资料（1863—1911）》第 1 册，中华书局 1963 年版，第 202 页。

大力发展铁路事业乃是晚清新政的主要内容之一，所以我们看到，晚清最后10年也是近代中国铁路事业发展的第一个高峰期。① 但是清政府发展铁路事业的出发点同编练新军一样，是为了迅速调兵遣将，利于镇压各地的反清起义，维护清朝的统治。② 然而，正如编练新军一样，发展铁路事业却是消解中国传统农业社会的一剂苦药。恩格斯曾说："要知道，大工业所造成的必然后果之一就是：它在建立本国国内市场的过程中，同时又在破坏这一市场。它在建立国内市场时，破坏着农民家庭工业的基础。……中国的铁路意味着中国小农经济和家庭工业的整个基础的破坏"③。罗斯托认为，与农业制度相适应的传统社会是一个僵化的社会，家族和氏族关系在社会组织中起很大作用，社会观念以宿命论为基准，而近代工业则是消解传统社会的巨大力量。④ 所以，随着包括铁路事业在内的"新政"的推进，清政府在壮大维护自身统治所需要的力量的同时，也培植了自己的对立面，并最终被自己的对立面所推翻。⑤

我们发现，回望过去，由晚清"新政"所引起的某种历史悖论，铁路事业在近代中国的艰难前行于是呈现出一种巨大的悲情色彩。所以，对近代中国铁路史的研究就特别具有重要的学术价值和现实价值，或者换句话说，如果不了解近代中国铁路事业的发展，就不能真正深入了解近代中国社会发展的历史进程。

---

① 1900—1911年，清政府共铺设铁路约8200公里，平均每年筑路约745公里。参见宓汝成：《帝国主义与中国铁路（1847—1949年）》，经济管理出版社2007年版，第266页。

② 早在19世纪60—70年代，清廷之所以对发展铁路迟疑不决，其主要担忧是怕西方列强凭借铁路深入内地危及其统治；到了80年代，清廷开始试办铁路，其主要出发点是考虑铁路的军事用途；到了90年代以后，清政府更加认识到铁路对于维护其统治的重要作用，因而对于发展铁路事业的态度逐渐积极起来。苏联学者卡赞宁指出：中国发展铁路，"是要马上解决两个任务的……二是满清的利益：是要在政治及军事战略上巩固它在北京的地位"。当然，铁路的经济意义也是清政府发展铁路的主要任务之一。参见 [苏联] 卡赞宁：《中国经济地理》，光明书局1937年版，第110页。

③ 《马克思恩格斯全集》第38卷，人民出版社1972年版，第475页。

④ 参见林芊：《变革社会的利维坦：科技在近代西方大国崛起与社会变革中作用的历史考察》，贵州大学出版社2008年版，第246页。

⑤ 参见史全生：《近代中国转型与社会思潮》，生活·读书·新知三联书店2014年版，第30页。

粤汉铁路全长约 1100 公里，经过鄂、湘、粤三省，"全线里程，鄂占百分之十五，湘占百分之五十六，粤占百分之二十九"①。该路属于国家干线，政治、经济和文化意义巨大，所以从其筹办之初就为中外各方所瞩目并屡屡被寄予厚望。然而，这条铁路的筹办与建设时间竟然长达 40 年之久（1896—1936），在中外铁路建设史上可谓罕见。所以 1936 年关赓麟说："粤汉乃以三十八年，开自来未有之先例。"②民国铁路专家曾鲲化也指出："我国铁路之最失算而事情又极混杂者，莫如汉粤川。"③在粤汉铁路长达 40 年的建设过程中，中国社会经历了晚清、北洋政府、南京国民政府三个政权的鼎易，还有中国共产党建立的中华苏维埃政权；政权的变革之外，中国社会本身的政治、经济、思想文化、风俗伦理等方面也都发生了一定程度或者说较大程度的变化；同时，中国所处的国际环境也在快速地发生变动，所有这些变易都不可避免地投射并深刻影响到粤汉铁路的建设。1936 年 5 月，当南京政府为着抗击日本的侵略而将要完成这条华中至华南的铁路大动脉时，时任铁道部参事的关赓麟在视察株韶段铁路建设工地时曾十分感慨地指出，粤汉铁路之完成关系着"国营与民营竞争胜败之测验"、"革命与反革命势力转移之枢纽"、"英美在华势力之消长"、"国难时期南北合作御辱之关键"等。④可见，这条铁路的修建其现实意义极为重大。后来的事实也证明，在随后爆发的抗战中，粤汉铁路的确发挥了极为重要的作用。⑤

交通是社会肌体发展的血管。著名唐史专家严耕望先生在其名著《唐代交通图考》的"序言"中说："交通为空间发展之首要条件，无论政令推行，政情沟通，军事进退，经济开发，物资流通，与夫文化宗教之传播，民族感情之融合，国际关系之亲慕，皆受交通畅阻之影响，故交通发展为一切

---

① 邱鼎汾：《粤汉区铁路沿革述要》，《粤汉半月刊》1948 年第 3 卷第 1 期。
② 关赓麟：《痛定思痛之粤汉路》，载杨裕芬等编：《粤汉铁路株韶段通车纪念刊》，粤汉铁路株韶段工程局 1936 年刊印，第 11 页。
③ 曾鲲化：《中国铁路史》（3），载沈云龙主编：《近代中国史料丛刊》第 98 辑，台湾文海出版社 1973 年版，第 796 页。
④ 参见关赓麟：《从我国铁道史上观察粤汉铁路》，《铁路杂志》1936 年第 2 卷第 1 期。
⑤ 参见简笙簧：《粤汉铁路全线通车与抗战的关系》，台湾商务印书馆 1990 年版，第 72—142 页。

政治经济文化发展之基础，交通建设亦居诸般建设之首位。"①铁路则更被视为关系近代国运之关键，"国家之建设，首重交通，交通之建设，首重铁路。德意志之所以统一，完全由俾斯麦之铁路政策，促其成功。美利坚之所以富视全球，亦由他有十万里铁路之修筑而偿其志愿。于是各国对于铁路修筑，无不尽力经营"。②类似的见解，近代以降几乎成为人们的常识。从这些角度来看，铁路作为近代交通变革的典型代表，其对一个国家或者某个地区的社会变迁所起到的作用是十分巨大的，对于占粤汉铁路全线里程 56% 的近代湖南社会而言，同样也不例外。

　　粤汉铁路从最初筹建到最后完成，与近代湖南社会之间存在着极为密切的联系。林朝杰在文章中说，湖南物产丰饶，然"因交通不便，物产无法输送，只有停滞一地，经济不能流通，故此湘省人民生活发生困难"。当粤汉铁路全线贯通之后，"湘省各地经济，则已渐成活跃，人民生活程度，已续渐提高，由此可见铁路交通与政治经济之关系，粤汉铁路之完成，既为我国之一大之铁路交通线，而亦为湖南人之生命线"③。林氏将粤汉铁路视为"湖南人之生命线"，换句话说，其所反映的是时人视粤汉铁路为湖南重要的社会变迁动力。

　　什么是社会变迁？林耀华先生曾说，所谓"变迁"，"就是指体系的破坏，然后再恢复或者建立新的体系。什么力量能导致变迁产生，即破坏存在着的体系的均衡呢？一般来说，有四种力量能使平衡垮台。……第二，由于一种技术上的原因所产生的技术上的变迁，也会导致人们日常关系的变迁"④。毫无疑问，铁路无疑是推动近代中国社会变迁的一种主要的技术力量（事实上，铁路还不仅仅是一种技术力量）。这里，我们就根据所能找到的史料，分析这条铁路对于近代湖南社会所发生的影响，"不虚美，不贬低"，客观反映它与近代湖南社会的关系，这是一种史学追求。事实上，包括湖南在

① 严耕望：《唐代交通图考·序言》，上海古籍出版社 2007 年版，第 1 页。

② 知我：《粤汉铁路完成与中国交通之重要》，《邮协月刊》1937 年第 5 卷第 1 期。

③ 林朝杰：《粤汉铁路完成与四省特产经济关系》，《新生路月刊》1937 年第 4 期。

④ 林耀华：《金翼——中国家族制度的社会学研究》，商务印书馆 2015 年版，第 224—225 页。

内的近代中国所发生的巨大社会变迁乃是多种历史因素共同作用下的结果，而铁路因素只是其中之一。固然，"铁路可以促进社会转型"①，但还需要其他条件配合，绝不能将其作用无限放大。"铁路是社会经济发展到一定阶段的产物，并构成社会经济的一个特殊部分，它必须通过服务于社会经济才能得到生存和发展，而当社会经济发展到更高阶段的时候，铁路在社会经济历史舞台上的作用将逐渐减小。"②当然，民国时期，铁路仍是促进中国经济社会发展的重要因素，对于湖南而言，同样也不例外。

---

① [美] 斯蒂文·J. 埃里克森：《汽笛的声音——日本明治时代的铁路与国家》，江苏人民出版社 2011 年版，第 3 页。
② 朱从兵：《铁路与社会经济——广西铁路研究（1885—1965）》，合肥工业大学出版社 2012 年版，第 22 页。

第一章　粤汉铁路建设史略

　　粤汉铁路的拟议虽然很早，但是由于清廷对于铁路建设一直持摇摆不定的态度，故中国近代铁路事业一直在争议中推进，因之进展十分缓慢。甲午战争失败和《马关条约》的签订极大地震撼了清廷朝野上下，在这一事件的刺激下，为了延续王朝统治，1895 年 7 月 19 日，清廷颁布"力行实政"的上谕，铁路事业被列为"实政"之首，此后中国铁路事业迎来了第一次发展高潮，粤汉铁路正是这一高潮的产物之一。粤汉铁路在中国近代铁路建设史上具有十分特殊的意义，其建设充满了曲折，堪称集近代中国铁路建设困难之大成。它从议建到最终建成，历经晚清、北洋政府和南京国民政府 3 个时期，前后历时近 40 年，在世界铁路建设史上亦堪称罕见。关赓麟指出，粤汉铁路历时 38 年始告完成，"虚耗无量数金钱，牺牲无量数人才……说起来，这部历史，是一部伤心史"[1]。可见，粤汉铁路的曲折命运，充分展示了近代中国铁路问题的复杂性。虽然粤汉铁路全线直至 1936 年才告完竣，但粤汉铁路全线通车仍然是近代中国铁路事业的一件值得书写的大事。1936 年 9 月，拖延日久的粤汉铁路终于全线贯通，举国欢庆。人们普遍认为，粤汉铁路的完成"给衰病的中国一剂滋补剂"[2]，"实为多病中国之强心剂，国民经济建设之推动机"[3]，是"复兴中国的转纽"[4]。笔者拟在本章对粤汉铁路的建设历史略作敷陈，以期对该路的历史定位有个整体把握。

---

[1]　关赓麟：《从我国铁道史上观察粤汉铁路》，《湘鄂铁路旬刊》1936 年第 140 期。

[2]　李长传：《粤汉铁路完成与我国前途之关系》，《实业季报》1936 年第 3 卷第 4 期。

[3]　杨拱辰：《粤汉铁路之概观》，《铁路杂志》1936 年第 2 卷第 7 期。

[4]　吴基宝：《粤汉铁路完成与我国前途之关系》，《时代》1937 年第 114 期。

一、铁路传入中国及其曲折发展

铁路的发明及其在世界各地的扩散，不但是近代工业革命的一个标志性符号，其影响所及，也极大地改变了近代世界的面貌。对于处于封建社会晚期的清王朝而言，也毫不例外。1825 年，铁路在工业革命的起源地英国出现，10 余年后，有关铁路的初步知识通过一些来华传教士逐渐传播到中国。在来华传教士的影响下，近代一些著名的官员和知识分子如林则徐、魏源、徐继畬等人在其著作中也开始宣扬有关铁路的知识，并提出在中国也应该发展铁路事业。虽然传教士和上述先进中国人对于铁路知识的介绍相当粗浅和片面，其主张在晚清社会也甚少引起关注，但多少还是在中国传统社会的水面上产生了一些涟漪。比如，晚清英国驻华外交官密福特曾指出，北京有一位官至三品的杨姓官员就认为，铁路和电报对于清廷来说是"不可或缺的"，倘若迟迟不肯接受实属"愚不可及"①。

但是，铁路在近代中国的发展却十分曲折，本章所研究的粤汉铁路无疑是中国铁路曲折发展历程的最具代表性的样本。铁路知识及其技术传入中国之后，清廷统治集团对于是否在中国修建铁路，存在着极大的分歧。大致而言，从 19 世纪 60 年代中期至 80 年代末，在清廷内部就是否建设铁路发生了两次大规模的论争，多年的论争结束之后，清廷决定在中国大力铺设铁路。但今天回过头来看，这种争论虽然确实受当时历史条件的限制而事出有因，但是清廷高层放任这种争论所带来的恶果也是显而易见的。

关于清廷高层的铁路论争，我们在此略作陈述，由此管窥清廷铁路决策的大致情形。铁路在晚清的发展，大致可分为同治初年至甲午战前、甲午战后至日俄战争、日俄战争至清亡 3 个时期。上述晚清铁路发展的时期划分，大致相当于凌鸿勋先生所区分的 3 个时期，即闭关时期、借款筑路时期以及拒款自办时期。具体来说，自同治五年（1866）开始，到清廷覆亡之

---

① ［英］密福特：《清末驻京英使信札（1865—1866）》，国家图书馆出版社 2010 年版，第155 页。

时，中国的铁路建设大约可以分为 3 个阶段：1866—1894 年，在将近 30 年的时间内，中国领土内一共筑路约 447 公里；1895—1905 年，清廷敷设铁路约 5049 公里；1906—1911 年，修建铁路 3796 公里。[①] 随着第二次鸦片战争的结束和太平天国运动的平定，19 世纪 60—70 年代，清廷开始了自强求富的洋务运动，铁路作为西方文明的主要器物象征，亦开始被提上洋务日程。由此，在 19 世纪 60—70 年代及 80 年代末，清廷臣僚中关于要不要在中国修建铁路发生了两次激烈的争论。

19 世纪 60—70 年代的争论，主要是在清廷臣僚与欧美驻华外交官和商务人士之间进行的。1865 年总税务司赫德、1866 年英使馆参赞威妥玛、1875 年德国公使巴兰德分别上书清廷或致函总理衙门，建议清廷速修铁路，以利交通与商务。[②] 对于欧美外交官的建议，清廷或总理衙门均婉言谢绝，称中国与西方地形不同，没有敷设铁路的必要与条件。清廷枢臣疆吏，亦多反对修建铁路，称修建铁路将"变易山川"、"害我田庐、碍我风水、占我商民生计"、洋人于内地"可任便往来"、使中国门户洞开、险要尽失、洋人可长驱直入……诸如此类的言论，连篇累牍地呈递至总理衙门。从 1867 年 10 月至 1868 年 1 月，"各省将军督抚共 18 人纷纷专折各陈其说，其意皆在阻止洋人在中国建造铁路"[③]。应该说，当时清廷大臣对铁路于国家的富强功用多少还是有所认识的，但多年与洋人打交道的经历，又使清廷上下对其怀有深深的戒心。对于铁路所具有的侵略的能力，满汉大臣从一开始就"是不予置疑的"，因此，当时人们的心态，多少有着可以理解的方面。由于大臣们的集体反对，各国要求在中国修建铁路的建议也就只有束之高阁的命运。

但英国商人并不死心。英商怡和洋行，在 1874—1876 年间，瞒着上海地方政府，以修建普通道路为名，偷偷修建了一条从吴淞口到上海租界总长为 12 英里的铁路——淞沪铁路，试图造成既成事实，逼迫清廷接受铁路。

---

① 参见宓汝成：《帝国主义与中国铁路》，经济管理出版社 2007 年版，第 530 页。
② 参见宓汝成：《中国近代铁路史资料（1863—1911）》第 1 册，中华书局 1963 年版，第 15、17 页。
③ 朱从兵：《李鸿章与中国铁路》，群言出版社 2006 年版，第 53 页。

但路成之后，清廷表示不能接受，在与怡和洋行经过近一年的交涉之后，清廷于 1877 年 10 月花费 28.5 万两白银的代价将其收回。此时，北洋大臣李鸿章对于在中国修建铁路的态度已经发生了改变，因此他主张将该路收回由中国人自己经营。但南洋大臣沈葆桢却下令将该铁路拆毁，对于沈的这一举动，着实令人难以理解。固然，当时在中国民间确实存在着不小的反对建设铁路的声音，但普通人民并不十分排斥铁路、轮船、电报等先进的交通和通信工具。守旧派动不动以民间的反对作为说辞，实际上只是拿来做幌子罢了。当时的英国媒体曾报道说："这个国家的面积要比整个欧洲都大，然而目前还没有铁路或电报把这个广袤帝国的一端跟另一端连接起来。在广州、香港和上海等贸易口岸之间有一些外国轮船在航行，这些轮船上总是挤满了中国乘客，这说明中国人并不反对现代旅行方式。"[①] 而中国一些思想先进的知识分子如王韬、薛福成、郑观应、陈炽等人，也都十分明确地阐述了铁路对于中国实现富强的重要意义。

到了 19 世纪 70 年代中后期，关于在中国建设铁路的呼声日益强烈。这一方面是清廷加强国防的需要，另一方面也是洋务运动继续推进的需要。在前者，随着沙俄蚕食我国新疆边境地区，英国深入云南地区探险传教，法国在中越边境蠢蠢欲动，尤其是日本的崛起及其对琉球、台湾的侵略，使清廷感到了巨大的威胁，迫切需要加强海防与陆防安全。而在后者，随着煤铁等洋务事业的持续推进，对大型、快捷的新型交通工具的需要变得十分迫切，以满足生产的发展。正是在这种情况下，主要是在直隶总督、北洋大臣李鸿章和醇亲王奕譞的主持下，清廷终于在古老的中华大地启动了铁路的建设，决定"试办铁路"。1881 年 12 月，全长 11 公里服务于开平矿务局煤炭运输业务的唐胥铁路建成通车，这是我国自建的第一条铁路。但这条铁路通车不久，朝廷中的反对派以"机车直驶，震动东陵，且喷出黑烟，有伤禾稼"[②] 为由，朝廷为其蛊惑，乃下令禁止使用机车，而改为驴马拖曳。在李鸿章的呼吁下，1882 年复改为机车牵引。这条铁路标志着中国铁路运输事业的开

---

① 沈弘编译：《遗失在西方的中国史——〈伦敦新闻画报〉记录的晚清（1842—1873）》下，时代华文书局 2014 年版，第 603 页。

② 宓汝成：《中国近代铁路史资料（1863—1911）》第 1 册，中华书局 1963 年版，第 121 页。

始，构成了今天我国铁路网中最早的一个区段。①

虽然唐胥铁路建成了，但清廷对铁路建设仍然疑虑重重。因此，尽管李鸿章等人一直主张延伸唐胥铁路，以实现更大的经济效益，但直到中法战争失败后的 1886 年才开始了这条铁路的展筑工作。1885 年，清政府迫于中法战争的失败，鉴于海军力量的薄弱，成立了"总理海军事务衙门"统一指挥海军，并由该衙门兼管铁路事务，从此把铁路和海防联系起来。②此后，在北洋大臣李鸿章和海军衙门大臣奕譞的主持下，唐胥铁路不断分别向天津、北京及山海关方向延伸，1887 年延伸到芦台，称唐芦铁路，长 45 公里；1888 年秋，该路完成了芦台到塘沽和天津的一段，至此，东起唐山，西至天津，全线 130 公里通车运营，该铁路也改称唐津铁路。

唐山至天津铁路筑成后，按照原定计划打算向东延伸至山海关，向西准备延伸至北京附近的通州。天津、通州之间，客货运输都十分频繁，修建这样一条铁路对于拱卫北京的安全，以及商业发展都是极为有利的。津通铁路的修建，虽然得到了清廷的批准，可是正在勘探、购地和招股的时候，反对筑路的声浪突然兴起，于是筑路派与反对派之间又展开了一场极为激烈的争论。

从 1888 年 12 月到 1889 年 2 月间，余联沅、洪良品、翁同龢、孙家鼐、尤百川、文治、徐桐、孙毓汶等人，纷纷上书极论铁路之害。他们的主要反对理由如下："自外交上言，谓洋人遍布宇内，易滋事端，穷民迁怒，或且铤而走险。自国防上言，谓尽撤藩篱，洞启门户，不啻为外人施缩地之方。自经济上言，谓自办则库空如洗，借债则利息太重，少造无益，多造耗费。且购买洋料，损己益敌，漏税可虞，国课不供。自民生上言，谓利于少数人，而不利于多数人。水手车夫负贩，将均成饿殍，且物价以流通而益贵，生活以便利而愈难。自礼教上言，谓田庐坟墓，系祖宗所遗，谁肯轻迁徙，且习奢侈、染邪教，有伤古风。其甚者，且谓穿凿山川，必遭神谴，变更祖

---

① 参见龚云：《铁路史话》，社会科学文献出版社 2011 年版，第 26—27 页。
② 参见金士宣、徐文述：《中国铁路发展史（1876—1949）》，中国铁道出版社 2000 年版，第 13 页。

制，大祸将临。"① 总之，铁路不适合中国国情，因此不能修建。

针对守旧官僚对修建铁路的攻击，奕譞、李鸿章等人也从各个方面予以了反击。虽然李氏百般解说，但仍然无法遏止反对者的攻击。最后海军衙门和军机处根据李鸿章的建议，奏请濒江沿海各地督抚将军也参与讨论。台湾巡抚刘铭传坚决主张修建津通铁路，江苏巡抚黄彭年亦主张兴修津通铁路，而两广总督张之洞则主张缓建津通铁路，改建芦汉铁路。张的这个建议经海军衙门上奏并得到清廷批准。

应该说，此时清廷决策层对铁路建设的心情是较为矛盾的。一方面，他们实际上已经认识到铁路对于维护清廷的统治是必不可少的工具，但对如何修建和先从哪里修建铁路却拿不定主意；另一方面，清廷对于铁路的所谓"弊端"也感到忧心忡忡。在这种情况下，守旧大臣的种种说辞，尤其是建铁路会导致"门户洞开"以及由此引发社会动荡的种种说辞，深深触动了最高统治者惧怕洋人侵略和下层民众动乱进而危及政权能否存续的敏感神经。基于上述矛盾心情，清廷接受了张之洞的建议，以芦汉铁路代替津通铁路，既接受了修建派的意见，也部分涵纳了守旧派的意见，算是在两者之间做了折中调和。

铁路在晚清社会的命运多舛，堪称中西文明冲突的一个比较典型的案例。很多近代西方科学技术，在传入中国的过程中大都经历了疑忌—试用—高扬的三部曲。② 清廷对待铁路即是如此：最初是满朝官员都反对在中国建设铁路（19 世纪 60 年代），继而决定试办铁路（19 世纪 70 年代末至 80 年代初），接着决定"毅然兴办"铁路（19 世纪 90 年代），最后掀起了建设铁路的热潮（20 世纪初）。这一时间跨度恰好从 19 世纪 60 年代至 20 世纪初，历时整整 40 年。建造铁路在中国为什么会有那么大的反对声音？其原因甚为复杂，但曾经主持粤汉铁路勘测工作的美国工程师柏生士③ 的一番言论颇为一针见血。他说："我认为，在中国反对建造铁路的最重要的意见主要来

① 谢彬：《中国铁道史》，上海中华书局 1929 年版，第 9 页；另参见李国祁：《中国早期的铁路经营》，台湾"中央研究院"近代史研究所 1961 年版，第 77—78 页。
② 参见熊月之：《西学东渐与晚清社会》，中国人民大学出版社 2011 年版，第 579 页。
③ 1898 年 12 月至 1899 年 3 月，柏生士来华主持粤汉铁路线路的勘测工作。

自官僚阶层。他们十分清楚地意识到，在采用现代交通手段之时，在全体国民必将随之破除迷信、接受新思想之日，中国官僚阶层的政权定会土崩瓦解，他们的特权也会受到大大的削弱。当然，中国普通百姓中间还存在着对革新的强烈偏见，但是只要这种革新能够得到官方的支持与鼓励，偏见就不难消除。"[①] 在柏生士看来，晚清统治者并非不清楚铁路所带来的利益，但更担心铁路所带来的潜在威胁，即便利的交通，使人口和信息迅速流动，会使人们更多更快地接受新事物和新思想，促进社会转型。事实上，"铁路可以使社会转型"，日本就是这方面的典型。[②] "轮船不仅给中国带来了商品，也带来了人员、思想、机械和跟现代文明相关的其他任何东西。中国的闭关锁国不可能长期抵制这种入侵。"[③] 因此，对于一贯秉持愚民政策的统治者来说，这是十分可怕的威胁，无怪乎一部分守旧派官僚这么卖力地反对铁路的修建。

一般而言，"在社会转型时期运用权力的杠杆启动现代化事业进程，是集权国家的一种共有现象，如日本、俄国等国早期现代化运动就是如此"。[④] 因此，对于清廷统治者而言，假如对俄、日等周边国家活生生的发展实例，能够及时了解、学习、吸收、引进，或许近代中国的命运就会截然不同。然而，历史没有假设。面对西方文明咄咄逼人的态势，清廷最高统治者显然缺

① ［美］柏生士：《西山落日——一位美国工程师在晚清帝国勘测铁路见闻录》，国家图书馆出版社 2011 年版，第 179—180 页。按：柏生士（William Barclay Parsons, 1859—1932），他的名字，现在一般译为"帕森斯"。1859 年生于美国纽约，1879 年获哥伦比亚大学第一个学士学位，1882 年又获得哥伦比亚大学矿业学院第二学士学位。毕业后，进入伊利铁路工作，1885 年开办了自己的工程咨询公司，1894 年成为纽约捷运工程委员会总工程师。1898 年 12 月至 1899 年 3 月，柏氏接受美国合兴公司委托，带领几位美国工程师来到中国，勘测了粤汉铁路的线路的最初走向——今天被称为"柏生士线"。柏生士在美国十分有名，他修建了纽约的第一条地铁，纽约皇后区一条街道即以他的名字命名。

② 参见 ［美］斯蒂文·J.埃里克森：《汽笛的声音——日本明治时代的铁路与国家》，江苏人民出版社 2011 年版，第 3 页。

③ 沈弘编译：《遗失在西方的中国史——〈伦敦新闻画报〉记录的晚清（1842—1873）》下，时代华文书局 2014 年版，第 603 页。

④ 涂文学：《在被动与主动之间：武汉早期对外开放晚发早至的奥秘》，《江汉大学学报》2006 年第 3 期。

乏应对的手段。围绕着铁路建设，清廷经历了太多的纷争，而就在这种喋喋不休的论争中，错失了发展铁路的大好时机，使中国社会的进步额外付出了本不该付出的代价。今天再看这个过程，令人感到格外无奈。可见，整个社会尤其是精英群体的思想一旦被某种持续不断灌输的观念固化并历代相沿，要使其进化发展实在是太难了。当然，从当时人们的思想实际来看，人们对建设铁路的这种反应，也是可以理解的。毕竟，我们从事历史研究，应当取消"后见之明"或者"事后诸葛亮式的聪明"，于前人当报以同情式的理解。

历史地看，华夏文明——中华文明的前身和主体——本来就是上古华夏各族在漫长的历史发展过程中各种文化相互对抗融合的产物。因此，包容性与开放性本身就是华夏文明的重要特征，所以，中华文明并不惧怕异质文明，在历史上曾经成功吸收消化了很多外来文化因素，如草原游牧文化、伊斯兰文化等，最典型的则是佛教文化。近代以前，在长期与外来文明交往的过程中，中华文明从未被任何外来文明所打败，总是能够化外来文化于无形。在一次次成功化解外来文化冲击的过程中，中华文明逐步走向成熟，也越来越自信，自信到认为中华文化就是全部世界。到了晚清，中国人的文化优越感曾达致极端，清王朝号称"天朝"。柯文指出："在1800年，中国人认为自身就是世界，认为可以环抱世界。直到1840年这种感觉仍然存在，但到1900年这种感觉则消亡了。"① 这是历史事实。

中国士大夫的文化优越感，直到第二次鸦片战争后仍没有消退，这里可以以19世纪60年代，外国公使"觐见"中国皇帝的礼仪问题来说明这个问题。1860年，英法联军来到北京，在摧毁了圆明园之后，逼迫清廷签订《北京条约》，允许欧洲列强在北京设立公使馆，而且可以觐见皇帝。但是，清朝统治者依然认为，外国公使和历史上的"朝贡者"没有什么区别。"中国的皇帝不承认世界上还有其他人可以具有跟他同样的权力——只有他一个人才能够表达天意。所以中国人有一个成见，认为所有来见皇帝的人都只能作为附庸者前来朝贡。关于这种礼仪，中国的文人或是官吏阶层拒绝对现状

---

① 柯文：《在传统与现代性之间：王韬与晚清改革》，转引自葛兆光：《中国思想史——七世纪至十九世纪中国的知识、思想与信仰》第2卷，复旦大学出版社2013年版，第399页。

作任何改进。他们曾经坚决反对铁路和电报。"① 这里，"中国人有一个成见"
中的"中国人"，更多的应当是指中国士大夫。因此，在觐见皇帝的问题上，
清朝统治者仍然试图让外国公使行"三跪九叩"之礼，这当然是不可能的，
他们因思想落后于时代，也受到了时代的严厉惩罚。

　　著名学者塞缪尔·亨廷顿认为，"文明被看作是一个文化实体"，"文明
和文化都涉及一个民族全面的生活方式，文明是放大了的文化"。他还引用
托马斯·库恩的话说，文明和文化都包括"价值观、准则、体制和一个既定
社会中历代人赋予了头等重要性的思维模式"②。那么，中华文明的价值观、
准则、体制和头等重要的思维模式究竟是什么？"天人合一、以人为本、崇
德尚仁和群体优先等，都是儒家思想的重要价值理念。"③ 和上述价值观相表
里的则是中央集权的专制的大一统国家，以及维系大一统国家的意识形态和
各种制度设计。在长期的历史发展中，这些观念、准则、制度和思维模式塑
造了每一个中国人，上至达官贵人等精英群体，下至贩夫走卒等普罗大众。

　　梁启超为李鸿章作传，十分感叹李氏所处的境地，认为李氏实为世所
罕见的人才，在满清大臣中最具世界眼光。梁氏说："凡人生于一社会之中，
每为其社会数千年之思想习俗义理所困，而不能自拔。"④ 这是说人们的思想
为社会环境所制约而难以突破，"虽有国家大事，明知其利当以身任者，亦
不敢排群议逆上旨以当其冲……满廷人士，皆守此主义焉"⑤。这种"习俗
义理"之所以会如此禁锢人们的思想，其原因一是长期教化的渗透，二是
历代雄主之布画。⑥ 无论是"教化"，还是"布画"，都有国家机器制度层
面的配合，恩威并施，从而将统治阶级的意图深深注入每个人的骨髓和血
液，社会中的每一个人只有服从顺应这种文化与制度安排，才能在这个社会

① 沈弘编译：《遗失在西方的中国史——〈伦敦新闻画报〉记录的晚清（1842—1873）》下，
　时代华文书局 2014 年版，第 603 页。
② ［美］塞缪尔·亨廷顿：《文明的冲突与世界秩序的重建》，新华出版社 2010 年版，第
　20 页。
③ 陈来：《中华文明的价值观和世界观》，《光明日报》2014 年 2 月 8 日。
④ 梁启超：《李鸿章传》，中国言实出版社 2014 年版，第 4 页。
⑤ 梁启超：《李鸿章传》，中国言实出版社 2014 年版，第 8 页。
⑥ 参见梁启超：《李鸿章传》，中国言实出版社 2014 年版，第 7 页。

立足。

任何社会的发展，精英人士都发挥着引领作用。晚清以降，当西方文明携其先进科技与思想加速东来之际，中国士大夫集团发生了分裂，保守主义者严守所谓夷夏大防，试图抵制西方文明对中华文明的"污染"，以维持中华文明的所谓"纯粹"；但与此同时，经过两次鸦片战争，也使一些开明的士大夫认识到，西方文明代表了中华文明从未碰到过的强大力量，于是他们开始接受这种文明，并试图用西方文明弥补中华文明之不足。包括铁路论争在内的洋务纷争正是士大夫集团分裂的一个明显标志，这种分裂是思想观念的分裂，这种分裂为思想观念的进步打开了一个通道。

二、粤汉铁路的建设背景

交通是社会肌体发展的血管。著名唐史专家严耕望先生在其名著《唐代交通图考》的"序言"中说："交通为空间发展之首要条件，无论政令推行，政情沟通，军事进退，经济开发，物资流通，与夫文化宗教之传播，民族感情之融合，国际关系之亲慕，皆受交通畅阻之影响，故交通发展为一切政治经济文化发展之基础，交通建设亦居诸般建设之首位。"① 近代湘籍著名革命家谭人凤也说："交通之关系于人物岂浅鲜哉！余一深山之野人也，一出洞庭，眼界胸襟顿为之一阔。中国乡间人物，凌驾余上者多矣，徒以交通不便，石与居，鹿与游，磊落英才，抑郁山林以终老者，盖不知凡几，可慨也与！"② 中国疆域辽阔，交通建设尤为重要，故中国历代统治者对驿道的着力经营可为重视交通建设之明证。

铁路则更被视为关系近代国运之关键。"国家之建设，首重交通，交通之建设，首重铁路。德意志之所以统一，完全由俾斯麦之铁路政策，促其成功。美利坚之所以富视全球，亦由他有十万里铁路之修筑而偿其志愿。于是各国对于铁路修筑，无不尽力经营。"③ 类似的见解，在晚清以降的报刊中

---

① 严耕望：《唐代交通图考》，上海古籍出版社 2007 年版，"序言"第 1 页。

② 谭人凤：《石叟牌词》，载石芳勤编：《谭人凤集》，湖南人民出版社 2008 年版，第 313 页。

③ 知我：《粤汉铁路完成与中国交通之重要》，《邮协月刊》1937 年第 5 卷第 1 期。

颇为流行。然而，历史的诡异之处在于：历来高度重视交通建设的中国统治者，在遇到集近代交通之大成的铁路时的表现却极度消极。有关研究显示，从 19 世纪 60 年代初至 90 年代中期，在长达 30 余年的时间里，如前文所述，清廷统治者却一直在为是否引进铁路进行着漫长的争论。而几乎与此同时的东邻日本，其铁路建设却呈现出极度热烈的景象，铁路通车里程从无到有并快速延伸，至 1896 年日本铁道通车里程已经高达 2507 英里（约 4011 公里）。① 这一数字是同期中国铁路全长 588 公里② 的 6.8 倍之多。铁路建设里程只是一种表象，两国政府对待铁路的态度才更值得深思。

抗拒时代发展潮流，终究会被时代大潮所淹没。在工业革命已经成为时代潮流的时代，抗拒传统工业文明的主要象征之一——铁路这样的先进技术，注定会付出沉痛的代价。任何社会的进步都要付出代价，但对近代中国而言，每一次社会的进步都付出了极其惨痛的代价。清政府对包括铁路政策在内的经济政策的大调整，正是甲午战争惨败的强烈刺激下的产物，而甲午战争失败致使中国方面付出了十分巨大的代价。著名湘籍戊戌维新志士谭嗣同的名句"四万万人齐下泪，天涯何处是神州"，充分反映了甲午战败后中国知识精英的迷茫与失措，自兹之后，维新变法，"力行实政"（建设铁路为实政之首）成为朝野共同的诉求，成为一股不可抗拒的历史潮流。在这一历史背景下，从 1895 年至 1911 年，在我国铁路建设史上掀起了第一个高潮，粤汉铁路的建设正是这一建设高潮的产物。

---

① 参见 [美] 斯蒂文·埃里克森：《汽笛的声音——日本明治时代的铁路与国家》，江苏人民出版社 2011 年版，第 8 页。

② 参见宓汝成：《帝国主义与中国铁路（1847—1949）》，经济管理出版社 2007 年版，第 530 页。关于铁路里程，还有一组数据十分发人深省：1880 年，欧洲（主要是英、法、德、意等国）铁路通车里程为 10.1 万英里（约合 16.16 万公里），北美洲为（主要是美国）10 万英里（约合 16 万公里），印度为（英属殖民地）0.9 万英里（约合 1.44 万公里），澳大利亚（英属殖民地）为 0.54 万英里（约合 0.86 万公里），拉丁美洲为 0.63 万英里（约合 1 万公里），非洲为 0.29 万英里（约合 0.46 万公里）。而与此相对比的是，此时的中国尚无一寸铁路，1876 年通车的淞沪铁路，1877 年又被清廷拆除。上述数据充分反映了中国在发展铁路方面，不但大大落后于世界主要大国，即使与印度、澳大利亚等英属殖民地相比，也相差较远。参见 [英] 艾瑞克·霍布斯鲍姆：《资本的年代：1848—1875》，中信出版社 2014 年版，第 62 页。

从源头上说，粤汉铁路的拟议实际上非常早。早在 1863 年秋，英国怡和洋行股东、铁路巨子麦克唐纳·史蒂芬逊来华推销铁路，他规划了一份以汉口为中心的中国铁路运输系统，其中有从汉口到广州的线路，这大约是粤汉铁路的最早蓝图。① 几乎与史蒂芬逊同时，美国人阿尔伯特·S. 毕克默从广州到汉口做了一次旅行，也认为应该修建从广州到汉口的铁路，并且指出，这条铁路在技术上并无多少难度，其最大的困难乃是中国人的保守心态。② 毕克默说建设粤汉铁路技术上没有难度，那是不对的，但晚清政府抱残守缺、不思进取的消极态度的确阻碍了铁路事业在中国的推展。历史确实看到，直到 1895 年以前，虽然有识之士如郑观应、薛福成、陈炽等人一再呼吁清政府尽快启动大规模铁路建设，包括李鸿章、奕譞、张之洞等人在内的晚清重臣也曾多次建议清廷最高决策层应当大力发展铁路事业，李鸿章等人或以国防或以矿务需要为借口，先后修建了一些短途铁路，但清政府在干线铁路建设问题上始终没有明确的政策，态度不定，这也就导致从 19 世纪 60 年代铁路被介绍到中国之后长达 30 余年的时间里，只建成了区区 588 公里的铁路（至 1896 年）。③

即使重要如李鸿章、张之洞等晚清大吏从事关国家安危——国防建设这样的高度出发，一再建议清廷速修铁路，在方便军事调遣的同时，还能增强经济实力，进而抵御外国侵略，但清朝最高统治者仍然在相当长的时间内对铁路问题一拖再拖，个中原因着实令人费解。论者或谓中国传统文化较具保守性④——"中国人始终安于现状，对于事物不愿做讨论和推理——现实的存在和以往的惯例对他们来说一直是至高无上不能违背的"⑤；或谓清廷深

---

① 参见 [英] 肯德：《中国铁路发展史》，李抱宏等译，生活·读书·新知三联书店 1958 年版，第 7 页。

② 参见郑曦原：《帝国的回忆——〈纽约时报〉晚清观察记》，生活·读书·新知三联书店 2001 年版，第 28 页。

③ 参见宓汝成：《帝国主义与中国铁路（1847—1949）》，经济管理出版社 2007 年版，第 530 页。

④ 参见许启彤、张卫东：《晚清铁路论争及其文化意蕴》，《江汉论坛》2015 年第 6 期。

⑤ [美] 柏生士：《日落西山——一位美国工程师在晚清帝国勘测铁路见闻录》，国家图书馆出版社 2011 年版，第 65 页。

恐西方列强借助铁路深入内地传教①；亦有学者曰"铁路兴、大清亡"，"在'保大清'作为压倒一切的前提之下，李鸿章等人的倡议一再被驳回自是必然之中"②；或谓"中国人从一开始就认识到，铁路会帮助外国的经济渗透从沿海口岸扩展到内地。而经济渗透很可能是多个列强对中国进行政治渗透的前奏或借口"③。可见，对这一费解的历史具象无论从哪方面来解读都各有道理，但所有这些解释综合起来，庶几能接近历史真实，即在清朝统治者看来，社会是否发展并不重要，能够维持统治才是其首要考虑的问题。

可是，形势比人强。19 世纪 90 年代以后，沉浸在所谓"同光中兴"、"中外敦睦"迷梦中的清廷实际上危机四伏，内忧外患始终挥之不去。外患方面，英法两国在西南地区的广西、云南、西藏不断渗透，沙俄则对东北和西北地区虎视眈眈，美日则在东南沿海的福建、台湾蠢蠢欲动，清政府所处的外部环境实际上十分险恶。而在国内，一方面，由于欧美等国廉价工业品的大量输入，农村自然经济面临解体，传统优势出口商品渐趋萎缩，人民生活日益陷入困顿；尤其是鸦片贸易的合法化，对于中国经济和人民健康都造成了非常可怕的后果。另一方面，发展洋务、训练新军以维持统治所需要的款项十分庞大，同时战争赔款也是一笔不小的开支，还有其他各种支出，清廷财政难以为继，对于人民的搜刮必然加剧，由此导致社会不满。在这样的情况下，阶级矛盾变得相当尖锐。"约从 1890 年起，政府被民变频起闹得惶惶不可终日。"④上述内忧外患，当时最迫在眉睫的是来自东邻日本的军事威胁，因为，明治维新而起的日本，"其扩张主义一开始就诉诸武力，比之西人用商品和传教开路，显示了更多的急迫和无情"⑤。而实际上，日本的武力扩张，早在 19 世纪 70 年代，清政府就已经初步领教过了。

---

① 参见宓汝成：《中国近代铁路史资料（1863—1911）》第 1 册，中华书局 1963 年版，第 1—10 页。

② 庞广仪：《粤汉铁路的艰难筹建与"国有化"》，合肥工业大学出版社 2011 年版，第 16—21 页。

③ ［法］约瑟夫·马纪樵：《中国铁路：金融与外交（1860—1914）》，许峻峰译，中国铁道出版社 2009 年版，"引言"第 5 页。

④ ［美］费正清：《剑桥中国晚清史》，中国社会科学出版社 1992 年版，第 678 页。

⑤ 陈旭麓：《近代中国社会的新陈代谢》，中国人民大学出版社 2012 年版，第 144 页。

　　明治维新以后，日本开始向近代国家转型，其中工业化是最重要的内容之一。日本的产业革命是从 19 世纪 80 年代初开始的。日本的产业革命和西方国家不同，西方国家都是资本原始积累过程在前，产业革命在后。而日本则是产业革命和资本原始积累同时进行。明治政府在推行资本原始积累的过程中，主要有两个来源，其中之一便是"对外掠夺"，这也是近代日本工业化的一个显著特点。① 由于日本工业化的这种特点，日本便蓄意挑起了中日甲午战争，并取得了战争的胜利，逼迫清政府签订了《马关条约》，获得了 2.3 亿两（其中含因俄、法、德三国干涉退还辽东半岛的所谓三千万赎款）战争赔款，这笔赔款对日本的工业化起到了十分重要的作用。②

　　甲午战争的失败和《马关条约》的签订，对中国的震撼前所未有。在国内，《马关条约》签订的消息传来，郑孝胥在日记中痛不欲生地写道："闻之（和约）心胆欲腐，举朝皆亡国之臣，天下岂可复问？惨哉！"③ 张謇也在日记中痛苦地说："（条约）几罄中国之膏血，国体之得失无论矣！"④ 山东巡抚李秉衡在闻知和约条款后，"忧愤填膺"，立即于 1895 年 4 月 20 日、21 日连续两日电奏朝廷，强烈反对和约，尤其反对割让辽（东半岛）、台（湾），认为和约成"则天下大势不堪设想，万万不可曲从"，并要求整兵与日本再战。⑤ 从中日和约签订伊始，清廷朝野上下纷纷上书进言，表达了他

---

① 参见阎广钰：《试论近代日本资本主义工业化的特点》，《松辽学刊》1984 年第 4 期。

② 严立贤指出，甲午战争胜利之后，"日本政府投入大量资金对军事、产业、交通和教育进行重点建设，即所谓的'战后经营'……那么，这种以军备和军事工业为重心的政府支出其资金是从何处而来的呢？中日战争结束后的政府经营费用除发行一部分公债外，主要来自中国方面的战争赔款。"参见严立贤：《工业化模式的转换与日本帝国主义的形成》，《世界历史》1998 年第 3 期。美国学者斯蒂文·J. 埃里克森指出："1894—1895 年中日甲午战争以后，政府（明治政府——笔者注）使用中国赔款的一部分启动了日本的炼钢业，在八幡建立了综合性钢铁工厂。"参见 [美] 斯蒂文·J. 埃里克森：《汽笛的声音——日本明治时代的铁路与国家》，江苏人民出版社 2011 年版，第 16 页。

③ 中国历史博物馆编、劳祖德整理：《郑孝胥日记》，中华书局 1993 年版，第 482 页。

④ 张謇研究中心、南通市图书馆编：《张謇全集》第 6 卷，江苏古籍出版社 1994 年版，第 371 页。

⑤ 参见李秉衡：《鲁抚李秉衡奏割地请成断不可允请决意主战电》，载王彦威纂辑，王亮编，王敬立校：《清季外交史料》第 2 册卷 109，书目文献出版社 1987 年版，第 1851 页。

们愤懑和耻辱的心情,要求朝廷不要批准和约,整顿兵马与日再战。总之,弥漫在中国人中的"这种深入心脾的忧郁心情和耻辱无奈感觉,大约是中国人几千年来从来不曾有过的"①。陈独秀在谈到甲午之战给他带来的巨大心理冲击时说:"在甲午中日战争以前,他'天天只知道吃饭睡觉','念念文章',想的是获得功名,'光耀门楣',甲午战争中国的惨败惊醒了他:'到了甲午年,才听见人说有个什么日本国,把我们中国打败了',这竟使他惊出了'一身冷汗',不禁觉得'十分惭愧',后来他说,'甲午之役,军破国削,举国上中社会,大梦初觉'。"②

中国人的耻辱感还不是最重要的问题,更重要的是甲午战争给中国历史造成了影响极为深远的后果。恩格斯以其伟大思想家的深刻评价了甲午战争所导致的后果:"中日战争意味着古老中国的终结,意味着它的整个经济基础全盘的但却是逐渐的革命化,意味着大工业和铁路等等的发展使农业和农村工业之间的旧有联系瓦解。"③恩格斯所谓"古老中国的终结"一语双关,不光意味着传统中国经济基础的瓦解,同时也意味着古老中国所固有的国际地位的丧失。对此,马勇曾著文阐述道,甲午战争深刻改变了20世纪的世界格局,甲午战败使中国主导亚洲秩序的局面遭到颠覆:"中国在亚洲的主导地位是历史形成的。在西方势力东来前,'中国的世界秩序'是一个客观存在。西方势力东来,主要还是与中国打交道,尽管也有许多不愉快、挫折,甚至军事冲突,但就其总体而言,至甲午战前,西方诸大国与中国已构建了一种勉强说得过去的战略互信关系,各国商品、资本都在有序进入中国。中国30年洋务运动所取得的成绩,离不开这些西方大国的帮助、互惠互利的贸易和交流,以及非常重要的技术转让。"④因此,甲午战败带来的严重后果则是中国国际地位的快速下降。而本来,清政府如果不是那么颟顸,

---

① 葛兆光:《中国思想史——七世纪至十九世纪中国的知识、思想与信仰》第 2 卷,复旦大学出版社 2013 年版,第 468 页。

② 王国席、程曦编著:《安庆近代中西交流》,合肥工业大学出版社 2011 年版,第 245 页。

③ 中共中央马克思恩格斯列宁斯大林著作编译局:《马克思恩格斯〈资本论〉书信集》,人民出版社 1976 年版,第 568 页。

④ 马勇:《甲午战争深刻改变 20 世纪世界格局》,载张铁柱、刘声东主编:《甲午镜鉴》,上海远东出版社 2014 年版,第 118—119 页。

"中国在战后（甲午战争）被迫实行的经济开放措施，比如允许外国资本自由进出中国、自由投资等，都应该在战前有序释放，逐步引入，可惜中国政府在甲午战争前几十年白白错过了这样的历史机遇"①。在上述"几十年的历史机遇"中，发展铁路事业正是其中十分重要的一环。

影响深远的巨大事件往往具有两面性。甲午战争所带来的并不全是消极的影响，也有其积极的一面。陈旭麓先生指出，甲午战争带来"深重的灾难同时又是一种精神上的强击，它促成了鸦片战争以来中国民族认识的亟变"②。甲午战争中方惨败，但也由此带来中国的民族具有群体意义的觉醒，"唤起吾国四千年之大梦，实自甲午一役始也。……盖和议方成，人心震励，此实我国维新一大关键"③。康有为领衔发动的"公车上书"更成为后世历史学家们津津乐道的重大事件。这种民族精神的觉醒，不仅仅限于具有开明思想的士人，对于原本思想保守甚至于顽固的人也有一定的影响，促使其思想发生转变。比如，曾经激烈反对在中国修建铁路的余联沅就是一个典型的例子，他从一个极力反对洋务的"铁面御史"转变为"洋务干员"。④

在甲午战争的强烈刺激和深刻教训下，中国的社会思潮发生了极大的变化，"自强"、"图新"成为朝野上下的共同诉求。1895 年 5 月 3 日⑤，光绪皇帝怀着极度屈辱愤懑的心情被迫批准了《马关条约》，批准条约的朱谕措辞极为沉痛，在硃谕的最后说："我君臣上下，惟当坚苦一心，痛除积弊，于练兵、筹饷两大端，尽力研求，详筹兴革，勿存懈至，勿骛空名，勿忽远志，勿沿故习，务期事事核实，以收自强之效，朕于中外臣工，有厚望焉。"⑥ 上

---

① 马勇：《甲午战争深刻改变 20 世纪世界格局》，载张铁柱、刘声东主编：《甲午镜鉴》，上海远东出版社 2014 年版，第 119 页。

② 陈旭麓：《近代中国社会的新陈代谢》，中国人民大学出版社 2012 年版，第 153 页。

③ 梁启超：《戊戌政变记》附录《改革起原》，岳麓书社 2011 年版，第 166—167 页。

④ 参见戴海斌：《余联沅：从"铁面御史"到"洋务干员"——上海道研究的一个个案》，《华东师范大学学报》2012 年第 3 期。

⑤ 李鸿章于 1895 年 4 月 17 日在日本马关与日本签订《马关条约》，光绪皇帝 5 月 3 日批准和约，5 月 8 日中日双方代表在烟台互换（换约）条约后生效。

⑥ 《清德宗实录》卷 366，"光绪二十一年四月十六日"条，《清实录》第 56 册，中华书局 1987 年版，第 781 页。

谕发出了改革的信号，号召君臣上下同心协力，奋发图强。随后，许多大臣纷纷就自强图新献计献策，他们大多将建设铁路列为应当首要办理的大事。

实际上，在光绪批准《马关条约》的前一天（1895 年 5 月 2 日），康有为在《上清帝第二书》中就倡议大力建设铁路，指出：

> （铁路）可缩万里为咫尺，合旬月为昼夜，便于运兵，便于运械，便于赈荒，便于漕运，便于百司走集，便于士庶通学，便于商贾运货，便于负担谋生，便于通言语、一风俗，有此数便，不费国帑而可更得数千万者，莫如铁路。夫铁路之利，天下皆知。①

6 月 9 日，广西按察使胡燏棻上《条陈变法自强事宜折》，他在条陈中把"开铁路"列为"致富强"之第一重要之事，他说：

> 开铁路以利转输也，中国铁路之议，屡举屡废。自经此次军事利钝之故，昭然共见……一旦疆场有事，运饷运兵，朝呼夕至。至今日寓强于富之道，计无有切于此矣。②

7 月 8 日，侍读学士准良上《富强之策铁路为先折》，认为面对"强邻环伺，隐患方长"的严峻态势，清廷必须广采西法，大力修建铁路，如此方可建立"致富始基"，同时也是"自强进步"及"安危大局之枢纽"。③

7 月 19 日，与光绪帝颁布"力行实政"上谕的同一天，张之洞在《吁请修备储才折》中提出了 9 条建议，其中第三条为"亟宜造铁路"，他指出：

---

① 乔继常选编：《康有为散文》，上海科学技术文献出版社 2013 年版，第 131—132 页。
② 胡燏棻：《条陈变法自强疏》，严昌洪主编：《辛亥革命史事长编（1894.1—1897.12）》第 1 册，武汉出版社 2011 年版，第 65—66 页。按：胡燏棻（1840？—1906），字芸楣，安徽泗州人。同治进士，选庶吉士。后纳资为道员。凤以谈洋务著称，是李鸿章赏识的淮系官僚。1891 年任广西按察使，1894 年奉命在天津小站主持练兵，号定武军。1895 年上书主张变法自强。不久督办芦津铁路，后授顺天府尹。1898 年奏用新法操练陆军。后任总理各国事务大臣。1900 年后历任关内外铁路会办，刑部、礼部、邮传部侍郎等职。
③ 参见准良：《富强之策铁路为先折》，《军机处录副》，中国第一历史档案馆藏。

　　铁路成，则万里之外旦夕可至，小民生业靡不流通，朝廷耳目靡不洞达，山川之产靡不尽出，风俗之陋靡不尽除；使中国各省铁路全通，则国家气象大变，商民货物之蓄息当增十倍，国家岁入之数亦增十倍。至于调兵捷速，可省多营；转漕无阻，可备海梗；民间省差徭科派之困，官吏无驿站办差之累。①

　　此外，还有不少人如刘坤一、陈炽、何启、胡礼垣等于1895年前后也都先后上书提出了对新政的意见，其中都不约而同把修造铁路尤其是干线铁路（如芦汉铁路）列为头等重要事宜。②在这样的历史氛围下，此前由于遭到顽固保守势力大力攻击而使清廷一直举棋不定的铁路事业，终于在朝廷上下形成了发展的共识，鲜有人再跳出来明目张胆地反对了。③7月19日，光绪帝发布了"力行实政"的上谕：

　　　　自来求治之道，必当因时制宜，况当国事艰难，尤应上下一心，图自强而弭隐患。朕宵旰忧勤，惩前毖后，惟以蠲除痼习，力行实政为先。叠据中外臣工条陈实务，详加披览，采择施行，如修铁路、铸钞币、造机器、开矿产、折南漕、减兵额、创邮政、练陆军、整海军、立学堂，大抵以筹饷练兵为急务，以恤商惠工委本源，皆应及时举办。④

① 张之洞：《吁请修备储才折》，载宓汝成编：《中国近代铁路史资料（1863—1911）》第1册，中华书局1963年版，第200页。

② 参见宓汝成编：《中国近代铁路史资料（1863—1911）》第1册，中华书局1963年版，第202、207—208、214—215页。

③ 当然，在前几次铁路论争中坚决反对修建的官员中，观点转变者如前文所述之余联沅有之，但是思想顽固者如徐致祥等亦有之，只是在甲午战争新败和举国要求图新的氛围下，他们不敢公然跳出来反对仿行包括铁路在内的西政罢了。但是，随着光绪新政的逐步推进，他们也日益加大了对新政的攻击。以徐致祥为例，[徐致祥（1838—1899），字季和，江苏嘉定人。咸丰十年（1860），进士及第，选庶吉士，后授翰林院编修。累迁内阁学士，督顺天学政、浙江学政]他在晚清官场，以敢于上书谏言闻名。他分别于光绪十年（1884）九月十三日、十三年（1887）三月初四，两次上疏强烈反对修筑铁路，其反对铁路的言论相对较成体系。参见宓汝成编：《中国近代铁路史资料（1863—1911）》第1册，中华书局1963年版，第103—104、109页。

④ 《清德宗实录》卷369，"光绪二十一年闰五月二十七日"条，《清实录》第56册，中华书局1987年版，第837—838页。

由于很多大臣的上书，都把兴办铁路列为最应办理的迫切之事，加之朝野上下对于建设铁路也"论证"了几十年，"铁路强国"似乎已经成为社会共识，于是大力建设铁路也就"水到渠成"了。同时，试图通过兴办铁路以实现富国强兵，进而洗刷甲午战争战败耻辱的清政府，此时对于修建铁路也表现出从来没有过的迫切。1895 年 12 月 6 日，距离 7 月 19 日"力行实政"上谕不到 5 个月，光绪帝专门针对铁路问题尤其是芦汉铁路建设问题颁布了一道"实力兴筑"的上谕。该上谕称：

> 铁路为通商惠工要务，朝廷定议，必欲举行……至由芦沟南抵汉口干路一条，道里较长，经费亦钜，各省富商如有能集股至千万两以上者，著准其设立公司，实力兴筑。事归商办，一切盈绌，官不与闻。如有成效可观，必当加以奖励。将此宣谕中外知之。①

这道上谕虽然主要谈的是津芦、芦汉铁路的兴筑问题，但也清楚地表明了清廷对于铁路"朝廷定议、必欲举行"的态度，除了官方要大力进行铁路建设，清政府对于民间设立公司、集股造路亦取奖励支持之方针，这就充分表明，此时铁路兴筑业已上升为清廷的一大国策。正是在这种历史背景下，包括芦汉、粤汉铁路在内的很多干线铁路开始真正进入筹建阶段，中国铁路总公司也于 1897 年 1 月 6 日在上海成立，可以说，中国铁路建设的速度骤然加快。一个可见的事实是，1896—1903 年短短 7 年间，清政府就修建铁路达 4038 公里，其中 32% 由清政府借款修筑，68% 由外国投资管理。② 就是在此背景下，拟议很久的粤汉铁路也就顺理成章地提上了建设日程。

19 世纪末，晚清政府终于决定要在中国大力建设铁路，这对清政府而言是他们并不自知的一把双刃剑。一方面，铁路是中国传统体制中所没有的新的政治和经济力量，必然给中国社会的发展带来新的活力。实际上，

---

① 宓汝成：《中国近代铁路史资料（1863—1911）》第 1 册，中华书局 1963 年版，第 205 页。

② 参见祝曙光：《铁路与日本近代化——日本铁路史研究》附录一《近代中国铁路与国防》，长征出版社 2004 年版，第 221 页。

清政府也十分热切地希望通过铁路建设，推动经济发展，增强国家财政实力，提高国力以实现"自强"，甚至能够抵御列强侵略。另一方面，铁路作为近代工业革命的集大成者，对传统社会同时具有巨大的瓦解作用，铁路的建设事实上会削弱清政府的统治基础。发端于英国、肇始于18世纪的工业革命是无法抗拒的世界潮流，铁路作为工业革命的产物，必然随着资产阶级的脚步向世界扩张。"在19世纪还未结束之前，'工业革命'的'兵团'就控制了整个世界，并且要求所有的非工业化民族向它进贡。"① 这正如马克思、恩格斯在《共产党宣言》中所指出的："资产阶级，由于一切生产工具的迅速改进，由于交通的极其便利，把一切民族甚至最野蛮的民族都卷到文明中来了……它迫使一切民族——如果它们不想灭亡的话——采用资产阶级的生产方式；它迫使它们在自己那里推行所谓文明，即变成资产者。一句话，它按照自己的面貌为自己创造出一个世界。"② 因此，晚清政府大力开展铁路建设，固然是为了加强统治力量，客观上也是顺应历史潮流的做法，同时也不自觉地培育了瓦解自身统治的力量。可见，铁路建设联系了当时中国社会的方方面面，堪称解读中国近代社会变迁的一方利器。

三、粤汉铁路概观

中国近代铁路事业的发展步履蹒跚，而其中粤汉铁路建设之艰难则尤为典型。纵观粤汉铁路的历史，在"借款筑路—借款赎路—商办筑路—再借款筑路"中反复折腾，始终不能有所进展，并在上述反复折腾中虚掷光阴，"外为各国所讥，内为有识者之叹"③，在中国铁路建设史上留下了极为惨痛的一页。民国著名铁路问题专家关赓麟曾痛心疾首地指出：粤汉铁路"三十八年中金钱之消耗几何，人材之凋丧几何，政治军事民生实业所受之

---

① ［英］J.F.C.富勒：《战争指导》，绽旭译，解放军出版社2014年版，第86页。

② 《马克思恩格斯选集》第1卷，人民出版社2012年版，第404页。

③ 杨度：《与邮传部书》，载刘晴波主编：《杨度集》，湖南人民出版社1986年版，第517页。

损失几何，恐非偻指所能计"①。王国梁也十分惋惜地指出："粤汉铁路之兴
筑，国家、人民双方，自昔即愿其速速完成，徒以二十余年来，财款、人
才、时务之不济，遂使垂成之工，淹留者及今十六年②之久，其间国家、人
民所蒙之损失，曷可估计！"③对于粤汉铁路像这样的论述，在民国的书籍、
报刊或杂志中十分常见，如今读起这些文字，仍然令人倍感伤痛。

粤汉铁路联络长江、珠江两大流域，是长达1100公里的国家干线铁路，
掌控着鄂湘粤三省交通枢纽，在华中与岭南之间架起了便捷快速的通道（见
图1）。该路的修建也跨越了晚清、北洋政府和南京政府三个时代，扰动了
中外多方势力的深度介入，旋筑旋辍，纠纷不断，实可谓阅尽了"邦国多
故，人事沧桑"的历史活剧。从粤汉铁路本身建设的情况来看，我们大致可
将其历史划分为外商承办、赎回自办和收归国有三个大的历史时期。

1. 外商承办时期（1898—1905）

如前所论，甲午战争失败后的清廷决定在中国大力发展铁路事业。作
为近代大工业的主要代表，铁路建设具有资金、技术、人才、管理高度密集
的特点，对于国家的综合国力和组织动员能力的要求相对较高。而晚清时期
的中国，国土辽阔，具有发展铁路事业的天然基础；同时，长期的中央集权
制的国家体制和科举官僚体制，也有相当的组织动员能力。但是，这个政权
是建立在小农经济的基础之上，虽然有30余年的洋务运动的实践，但是在
其思想深处仍然是根深蒂固的小农经济意识，对于现代经济的运行方式十分
隔膜。不仅如此，更加严重的问题在于，清廷在对外战争中一再失败，关税
不能自主，各种开支极为浩繁，且背负了沉重的债务负担，罗掘财政虽不至
于挖地三尺，但仍感到捉襟见肘。至于像铁路建设这样动辄几千万的巨大投
入，清政府实在是心有余而力不足。因此，在铁路建设问题上，摆在清政府
面前虽有官办、商（民）办、官民合（督）办、举借外债等多种方案，但事

---

① 关赓麟：《痛定思痛之粤汉路》，载杨裕芬等编：《粤汉铁路株韶段通车纪念刊》，粤汉铁
　路株韶段工程局1936年刊行。
② 此处作者言"十六年"，是从1918年湘鄂段修通算起至作者撰文的1934年，共16年。
③ 王国梁：《完成粤汉铁路论》，《交通经济汇刊》1934年第5卷第3期。

实上却使清政府感到难以抉择。

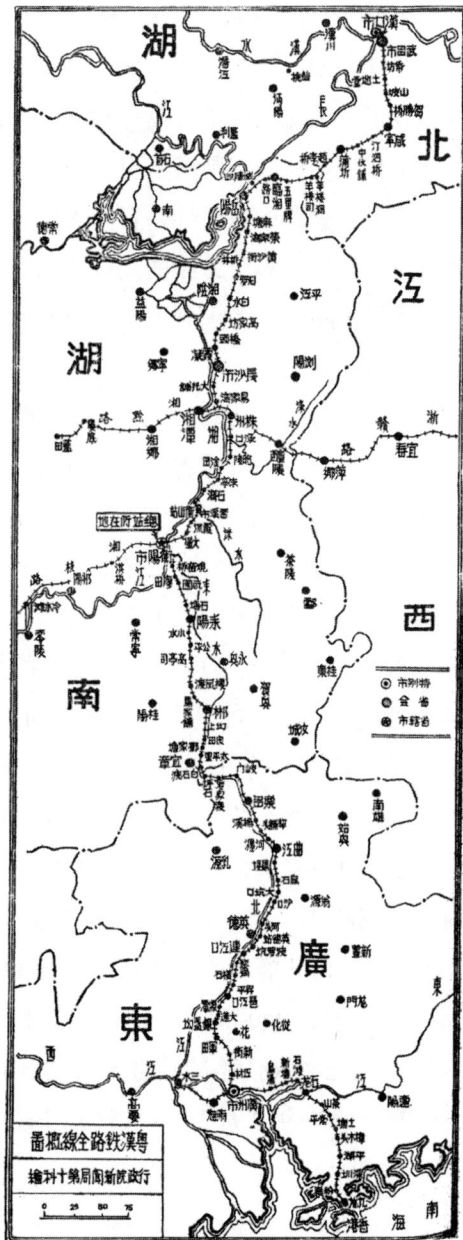

图 1　粤汉铁路全线略图①

①　国民政府行政院：《粤汉铁路》，国民政府行政院新闻局 1947 年版，第 1 页。

　　1896 年 9 月，总理各国事务衙门奏请清廷设立中国铁路总公司，决定先行建造芦汉铁路，为了使华北、华中、华南联络一气，同时认为粤汉铁路亦应次第兴办。粤汉铁路建筑的消息传出后，欧美各国政府和商人纷纷向清廷提出承揽该路工程，以求扩大在华政治与商业利益。与此同时，粤汉铁路沿线湘鄂粤三省绅商亦争相提出由三省绅商各自承办各省铁路工程，以免各自利权为列强攘夺。鉴于粤汉铁路的重要性，官办无疑是清政府最为青睐的方式，故督办铁路大臣盛宣怀主张粤汉铁路的建设先由官款开办，然后商借外款，最后再考虑筹集华股。不过，考虑到清廷的财政状况，官款兴办粤汉铁路实际上等同于痴人说梦。[1]

　　至于商办、官督商办等筹款方式，也都有着各自难以克服的困难。以商（民）办而言，该路经过鄂、湘、粤三省，"全线里程，鄂占百分之十五，湘占百分之五十六，粤占百分之二十九"，湖南一省占比超过鄂粤两省。[2] 粤省经济较为发达，资本主义经济有所发展，招股难度相对较小；而鄂湘两省经济却比较落后，商（民）办困难极大。尤其是湖南，是经济较为落后的省份，其省域范围内的线路又是如此之长，所以仅靠湖南一省的力量修建该省境内的路段是颇有难度的，或者说是完全不可能的。至于官民合（督）办，晚清政府的权威与信誉实在没有几分，民间对官方普遍存在着不信任感，官民合（督）办这条曾经行之有效的道路也难以走通。主持粤汉铁路事宜的张之洞、盛宣怀等人，也曾奏请朝廷由商民集资筑路。于是三省督抚乃委派陈兆葵、曾庆浦等勘测路线，招募商股，共得资金约 1200 万，但数额太少，不敷预算。这样，最后清政府所能走的路也只有举债列强了，而事实上，"粤汉铁路的主要资金来源，实际从一开始就'密筹'为外资债款"[3]。

　　既然清政府从一开始就把粤汉铁路的资金来源寄托在外债上，所以借款的动作也是相当迅速的。1898 年 4 月 14 日，督办铁路大臣盛宣怀委托驻

---

[1]　一个最明显的例子是，清政府从合兴公司赎回粤汉铁路时，720 万两白银清廷居然都拿不出来，1905 年 9 月 9 日，清廷向港英当局借款 110 万英镑方才解决这一难题。这一事件，让全国人民看到了晚清政府的孱弱本质，也更加鄙视这一无能和腐败的政府。

[2]　参见邱鼎汾：《粤汉区铁路沿革述要》，《粤汉半月刊》1948 年第 3 卷第 1 期。

[3]　王致中：《中国铁路外债研究（1881—1911）》，经济科学出版社 2003 年版，第 314 页。

美公使伍廷芳为代表与美国华美合兴公司代理人华莱士在华盛顿签订了《粤汉铁路借款草合同》。合同大意：借款 400 万英镑，九扣交款，年息五厘，以全路产业作抵，建筑期 3 年等。但合兴公司获得粤汉铁路的筑路权后，并没有马上开展铁路的勘测与建设。原来，当草合同签订之后，美西战争爆发，勘测工作由此耽误，直到该年 11 月，美西战争结束，合兴公司才派来工程师来华勘测。经过勘测，合兴公司认为原议借款 400 万英镑不敷使用，要求增加贷款。于是中美又进行了新一轮的谈判，时至 1900 年 7 月，中美又签订《粤汉铁路借款续约》，增加贷款至 4000 万美元。由于此时正值八国联军侵华时期，这份续约直至 1902 年 7 月才获得清廷批准。此时距订立草合同的 1898 年，已然过去了 4 年，而草合同约定 3 年完工的粤汉铁路干线，却咫尺未建。可见，这个时期粤汉铁路的建筑是完全依靠外国资本的。但合兴公司对于粤汉铁路的建设却没有推进多少，它做的唯一的一件事是在 1901 年 12 月至 1903 年 10 月间修建了一段长约 17 公里的广三支线铁路，而这短短的一点铁路线后来却又成为美国大肆勒索中国的资本。

2. 赎回自办时期（1905—1911）

攫取了粤汉铁路建筑权的合兴公司之所以推进造路不力，是因为合兴公司乃是一家实力较小的公司，它并无能力完成粤汉铁路这样庞大的工程。由于合兴公司本身实力不足，加之合兴公司的"第一任经理"、美国参议员巴时去世，合兴公司"失去了它的最主要的支持者"[1]，这家公司随即陷入了经营困境。同时，中国义和团运动风起云涌，美国资本家对于在中国投资铁路颇感疑虑，故合兴公司在美国本土募集资本变得困难重重。为了摆脱困境，该公司远赴欧洲发行债券，这就给了本就一直觊觎粤汉铁路巨大权益的法国和俄国以染指该路债款的机会。在法俄政府及金融机构的暗中支持下，比利时悄悄购买了合兴公司的大量股票并实际掌控了该公司。当时，法、俄、比集团已经获得了芦汉铁路的建筑权，如果再获得粤汉铁路的建筑权，

---

[1]　[英] 肯德：《中国铁路发展史》，李抱宏译，生活·读书·新知三联书店 1958 年版，第 112 页。

将严重破坏列强在华的势力均衡，这是清廷不愿意看到的结果，也是一向视长江流域为其势力范围的英国所不能接受的。于是，我们很快就看到，张之洞代表清政府暗中与英美金融集团接触，商借外债。

合兴公司被比利时人控股的消息最先为纽约媒体披露："粤汉路美商已将合同售与比国。"① 驻美公使伍廷芳从媒体上获知这一消息后，迅速报告了盛宣怀，但盛氏却并不在意。但是，此后随着各路媒体对合兴公司违约消息的大规模报道，在中国随即爆发了声势浩大的收回利权运动。不幸中的万幸是，《粤汉铁路借款续约》第 17 款明确规定，美方不得以任何方式将粤汉铁路的筑路权让与别国，否则，合同作废。正是根据这一条款，张之洞提出要废除与合兴公司的合同，而另择他国借款。在废约问题上，起初盛宣怀是十分犹豫的，这条铁路耽误的时间够长的了，一旦废约，该路的建设又不知何时能重新启动。更何况，美国政府也明确表示反对废约，而外交问题更是晚清各级官员都闻之色变、极力躲避的棘手之事。但是，合兴公司却不同意废除合同，反而一再要求中方履行合约，尽快开工建设粤汉铁路。② 鉴于这种情况，张之洞退而求其次，提出由废约改为"赎约"，通过付出一定的经济代价，尽快将粤汉铁路的建筑权从合兴公司手里收回来。正是在这一思想的指导下，经过艰苦的谈判，在湘鄂粤三省广大绅商的支持下，1905 年 6 月 7 日，粤汉铁路赎路草约终于会签，中方以 675 万美元（约合华银 720 万两）的高价"赎回"粤汉铁路的建筑权。美国人违约在先，却仍然能向清廷勒索巨额赔款，这真是又一段令人不堪回首的往事。

湘鄂粤三省绅商在赎回路权过程中发挥了重要作用，他们强烈要求依靠自己的力量修筑粤汉铁路。1905 年 12 月，三省官绅在鄂签订了《鄂、湘、粤三省会议公共条款》14 条以及《续拟章程》4 条，这些条款原则同意"三省铁路，各筹各款，各从本境修起"③。1906 年 2 月 26 日，湖广总督张之洞、

---

① ［英］肯德：《中国铁路发展史》，李抱宏译，生活·读书·新知三联书店 1958 年版，第110 页。

② 参见朱从兵：《张之洞与粤汉铁路》，合肥工业大学出版社 2011 年版，第 245 页。

③ 宓汝成：《中国近代铁路史资料（1863—1911）》第 3 册，中华书局 1963 年版，第 1021 页。

两广总督岑春煊、湖南巡抚庞鸿书将上述三省"条款"与"章程"联衔会奏清廷："三省情形不同，自以各筹各款，各修各境，为一定办法……臣等电商往覆，意见相同。"① 三省分办虽然没有问题，但张之洞、岑春煊等人却认为，粤汉铁路完全转归商办并不切合实际。张之洞曾致电岑春煊说："此次合兴之约，非官力岂能收回？现在赎约巨款，非官力从何筹措？……鄂路较短，全系官款；湘路亦官款、民款参半，粤境事同一律。未知尊意拟岁拨官款若干？将来按本付利，官款并非虚掷，断不可全令商筹，致路事为所把持。"② 后来的实际情况是，湖北为官办，设铁路局开彩票捐，只完成了测量购地等基础工作，在筑路方面没有实际成绩。1905 年 11 月，湖南绅商设立粤汉铁路筹款购地公司，为著名绅士王先谦创办，但应者寥寥。1906年 5 月，湖南总商会协理陈文玮等集股发起设立"商办湖南全省铁路有限公司"，简称湘路公司。湘路公司集股约 200 万，辅以盐米捐。广东绅商因经济实力较强，经过斗争，岑春煊被迫承认："粤省集股有成"，"恳请准归商接收办理"，获得清廷批准。③ 因此，粤汉铁路广东段的建设采取了商办形式。

尽管湘鄂粤三省绅商修路的热情很高，但他们的综合条件仍然不足以承担起建设干线铁路这一艰巨任务。事实上，三省自办铁路之实绩均不甚理想。虽然争到了粤汉铁路的筑路权，但随后的筑路工作进展却十分缓慢。至1911 年 5 月，湖北粤汉铁路公司实收股银约 211.5 万两，仅成路基数里；湖南的情况稍微好一点，1906 年 5 月，商办湖南全省铁路公司成立，至 1911年 6 月，该公司集股实收资金 535 万两，路工告成约 55 公里；广东的情况比湘鄂两省要好很多，1906 年 6 月，商办广东粤汉铁路有限总公司成立，粤路公司集股成效突出，到 1911 年 5 月，总计集款 1513 万两，1912 年已高达 2600 余万两；虽然所集款额巨大，但在修路方面却表现不佳，至 1910

---

① 宓汝成：《中国近代铁路史资料（1863—1911）》第 3 册，中华书局 1963 年版，第 1020 页。

② 苑书义等编：《张之洞全集》第 11 册，河北人民出版社 1998 年版，第 9347 页。

③ 参见国民政府交通、铁道部交通史编纂委员会：《交通史·路政编》第 16 册，1935 年，第 260 页。

年5月，广东省总计修路约110公里。① 仅从上述数据来看，三省自办铁路的成绩真可谓惨淡无比。

从1905年6月赎回粤汉铁路，至1911年5月清政府"干路国有"政策出台，全长约1100公里的粤汉铁路，在长达6年的时间内，成路只有区区165公里，这充分说明了湘鄂粤三省商办粤汉铁路实践的失败。实际上，对于粤汉路这样长距离的干线铁路，商办的不成功是必然的。"铁路干道为国家大型基础设施，耗资巨大，工程技术及管理难度甚高；晚清末期，除江浙及广东沿海经济发达地区外，如两湖、四川等中西部经济落后地区，确实缺乏必要的经济技术及管理条件；大规模社会资金融通十分困难，即使能够集资，亦难以发挥资金的应有效率，地方自办失败，自不足奇。"②

3. 收归国有时期（1912—1936）

粤汉铁路的收归国有进行了两次，一次是晚清宣统时期。这次收归国有遭到了国民的一致反对，引发了声势浩大的保路运动，并由此直接导致了清政府的覆亡，路事由此中断。另一次是北洋政府统治时期，主要是在民国初年。民国肇建，百废待兴，国内舆论发生了很大的变化，虽然还有部分人对于铁路国有和借款筑路持有怀疑的态度，但社会舆论的导向却发生了很大程度的转变，人们不再盲目反对干路国有和借款筑路政策，转而认为干路国有和借款筑路是兴办干线铁路的必由之路。

粤汉铁路第一次收归国有的标志是清廷于宣统三年四月十一日（1911年5月9日）发布的"干路国有"上谕：

> 熟筹再四，国家必得有纵横四境诸大干路，方足以资行政而握中央之枢纽。从前规划未善，并无一定办法，以致全国路政错乱分歧，不分干支，不量民力，一纸呈请，辄行批准商办。乃数年以来，粤则收股及半，造路无多，川则倒账甚巨，参追无著，湘、鄂则设局多年，

---

① 参见王致中：《中国铁路外债研究（1887—1911）》，经济科学出版社2003年版，第342—354页。

② 王致中：《中国铁路外债研究（1887—1911）》，经济科学出版社2003年版，第354页。

徒资坐耗。竭万民之脂膏，或以虚糜，或以侵蚀。恐旷时愈久，民累愈深，上下交受其害，贻误何堪设想。用特明白晓谕，昭示天下，干路均归国有，定为政策。所有宣统三年以前各省分设公司集股商办之干路，延误已久，应即由国家收回，赶紧兴筑。①

"干路国有"上谕的发布，虽然不是专门对粤汉铁路商办无效的指责，但粤汉铁路商办之无效却是指责的重点。因为这条铁路从1896年决定筹建至1911年，业已经过了15年，只建成约150余公里，其效率之低下在当时无疑是十分典型的，因而也就成为"干路国有"上谕的重点批评对象。平心而论，清政府出台"干路国有"政策，重走借款造路的老路，其本意无非是希望将这条久拖不决的线路尽快建成，用心是良苦的，是没有办法的办法。但是，清廷无论如何也没有想到这一政策却成了结束其统治的一剂"毒药"。

由上可知，清廷干路国有政策出台的背景是商办铁路收效甚微，而商办铁路收效不显最重要的原因则是筑路资金严重不足。而清廷之所以在1911年5月发布"干路国有"上谕，也是因为它与英美金融集团就粤汉铁路再借款的谈判也一直在紧锣密鼓地进行，并达成了借款协议。把历史的镜头往前推，我们发现，与合兴公司废约之后，清廷虽然允准鄂湘粤三省各自筹款兴筑粤汉铁路，但张之洞、盛宣怀等人并没有放弃举债筑路的想法。1905年6月，其时清政府刚刚从合兴公司收回粤汉路权，其在允准商办该路的同时，也一直在设法谋求新的借款。1905年10月，张之洞致电外务部称：粤汉、川汉路"非借款万办不成"②，从那时起，张之洞就已代表清政府与英、德、法、美等国接触商借粤汉、川汉铁路贷款。港英政府在赎回合兴公司借款合同中规定，粤汉铁路赎回后，如粤汉铁路再有借款之举，则英国政府享有优先权，故张之洞寻求对外借款时便首先与英国接触。此次粤汉铁路借款谈判从1908年12月开始，至1909年3月谈判破裂，谈判破

---

① 宓汝成：《中国近代铁路史资料（1863—1911）》第3册，中华书局1963年版，第1236页。
② 宓汝成：《中国近代铁路史资料（1863—1911）》第3册，中华书局1963年版，第1167页。

裂是因为英方索要权利太多。当中英谈判破裂之后，张之洞随即与一直关
注粤汉铁路借款谈判的德国接触，1909 年 3 月 7 日即与德国初步达成协议。
德国政府和媒体对于粤汉铁路借款的成功持非常欢迎的态度。德国媒体称：
"1909 年 3 月 7 日，对德国资本来说乃是一个永远不可忘记的纪念日。""其
他各报也都异口同声地讴歌德国的成功。"① 但是，列强对于这条铁路借款的
争夺异常激烈。德国的介入使英国异常恼怒，亦不可能自甘退缩。在英国政
府的支持下，英国汇丰银行联合法国东方汇理银行共同向清政府提出借款
建筑粤汉、川汉铁路的要求，清政府也并不愿意由一个国家包办粤汉、川
汉铁路借款，同意与英法继续谈判。经与英法德三方谈判，1909 年 6 月 6
日，中方与三国银行团签订了《湘鄂境内粤汉铁路、鄂境川汉铁路借款草
合同》25 条，并附签购料、用人及办事细则 10 条。但是，这份草合同由于
美国强行要求加入借款谈判，所以直到 1909 年 10 月 4 日张之洞去世，尚
未上奏清廷。原粤汉铁路由于美方违约，中国付出沉重代价赎回，按理不
应再借美款。但美国眼见英法德等国获取粤汉、川汉铁路借款，其内心极
度失衡，于是对清政府采取了近乎是要无赖的方式要求获得与上述三国同
样的借款权利。据当时报载，美国公使曾照会清外务部说："美国待中国之
交谊最厚，退还中国赔款，中国亦自当有以报酬。"② 其言论之无耻，实令人
不堪忍受。在美国政府的强烈干预下，清政府被迫同意美国加入粤汉、川
汉铁路借款谈判。美国之所以在湖广铁路借款问题上"强调与英、法、德
三国的'同等权益'与'机会均等'，是因为美国视湖广铁路借款为其在华
推行'门户开放'政策的一项具体实践。其意义对美国而言，实际上已超
出铁路借款本身"。③ 不过，由于主持湖广铁路借款谈判的张之洞于 1909 年
10 月去世，虽然经过激烈讨价还价，英、法、德、美四国银行团于 1910 年
5 月 23 日大体达成关于湖广铁路借款合同的主要内容，但随后便陷入无法
继续推进的困境；加之湘鄂粤川四省人民强烈反对该项借款，所以直到 1911
年 5 月 20 日，清政府与英法德美四国银行团才正式签订"湖广铁路借款合

① 宓汝成：《中国近代铁路史资料（1863—1911）》第 3 册，中华书局 1963 年版，第 1176 页。
② 《美公使借款照会》，《民呼日报》1909 年 6 月 13 日。
③ 王致中：《中国铁路外债研究（1887—1911）》，经济科学出版社 2003 年版，第 365 页。

同"即《湖北、湖南两省境内粤汉铁路、湖北境内川汉铁路借款合同》。这一合同的签订距"干路国有"上谕的发布只相隔 11 天。"干路国有"政策和"湖广铁路借款合同"的正式签订将原本就激烈反对四国银行团借款与铁路国有政策的湖北、湖南、四川、广东四省人民的愤怒情绪迅速引爆，清政府也在保路风潮的爆炸声中土崩瓦解，粤汉铁路的这次收归国有当然也就不了了之。

粤汉铁路的第二次收归国有是在北洋政府统治初期。清室覆亡，民国肇建，百废待兴，铁路事业也不例外。袁世凯北洋政府承认湖广铁路借款合同继续有效，1912 年 5 月，袁世凯任命革命党人谭人凤为粤汉铁路督办，7 月任命詹天佑为粤汉路会办，设总公所于汉口。谭人凤多次与四国银行团交涉，促其按照从前之约定按期交款以便尽快启动粤汉路之建设。但是，四国银行团认为，和约款项系用于川粤汉铁路建设，现仅用于粤汉铁路，这与合同约定不符；且原合同指定以湘鄂厘金作贷款担保，民国以后，各处厘金，裁并不一难以担保，因此银行团不肯交款。至民国二年，交通部拟定开工、提款、担保、查账四项办法，致函四国银行团促其放款。1913 年 9 月，粤汉铁路督办冯元鼎与四国银行团将上述四项办法正式商定，按照预算数目提用借款进行建筑。与此同时，川粤湘鄂各路亦先后与交通部订立赎回和约：川路于 1912 年 11 月收归国有，湘路于 1913 年 6 月收归国有，鄂路于 1915 年 1 月收归国有。上述诸路均给予有价证券，按年摊还。粤路收归国有稍晚一些，时在 1923 年由商办改为国有，至此汉粤川全线悉归中央统辖，粤汉铁路的第二次收归国有终于完成。

4. 粤汉铁路湘鄂段的建设与运营概况

在进行湘路收归国有工作的同时，交通部湘鄂铁路工程局也开始正式组织粤汉铁路湘鄂段的施工准备工作。事实上，湘鄂段的工程建设已于 1912 年 8 月自武昌总站鲇鱼套开工修筑，但当时该处因购地困难，且鲇鱼套位置过于狭窄，不敷使用，于是乃改在武昌城北约 5 公里外的徐家棚设立武昌总站，鲇鱼套作为支线。我们知道，1914 年 6 月，武昌至长沙段勘测完毕，按照施工计划应该于 1916 年年底完成武昌至长沙间全线工程。但由于第一次世界大战的爆发，欧洲金融业大受影响，借款因而不得不延期，工程应用材料，亦不能及时运到，湘鄂段的工程进度大受影响。"银行团因欧战汇兑不通，应请路款，只能拨付估定最少之数，故从前规定之工程进行计划，不得不作就款计工之谋，赶修武长一段，湘南工程暂行停止。"[1] 至1917年9月，武昌—岳州段，方才次第开行工程票车；至1918年9月，武昌—长沙段始全部完成并与之前业已完成的长株段接轨通车。武株段全线接通后，本应继续进行株韶段的建设，但此时第一批借款已经告罄。北京政府乃与银行团（此时德国已因战败退出四国银行团）商议发行第二批400万英镑之债券，或由银行团暂时先行垫付工款，将来从第二批借款中拨还。但此时银行团认为，欧战刚刚结束，"媾和期近，希望和局大定，金融流转"，然后方能向中方大举贷款。但欧战之后，欧美银行家组织了新银行团（由美、英、日、法四国联合组成），新银行团认为中国政局动荡，因而对华借款持慎重态度，"宣布停止续借"湖广铁路借款，"于是新债票之发行益复无望"，故株韶段工程遂无法进行。[2] 事实上，以美国为首的新银行团因为粤汉铁路的借款问题，曾向北洋政府提出了两个借款的先决条件："一是无差别地承受德发债券"，"二是中方必须同意对借款实行更为严格的监督，债权人拥有更多对铁路的控制权"[3]。此时，中国国内五四新文化运动蓬勃发展，国内民族主义思潮空前高涨，加之北洋军阀集团的分裂与混战，在此历史条件下新银行团借款条件无法达成也是必然的。

湘鄂铁路在工程施工期间，实行"边施工边营业"的办法，凡是具备通车条件的，逐渐开通工程客票车，在方便沿线群众出行的同时，也能够为铁路带来一些收益。例如，1917年2月中旬起，当时湘鄂段工程尚未完全建成，武昌—蒲圻间每星期三、六两日开行工程客票车各两次，"其时河水为涨，轮舶不便，旅客极为欢迎，惜车少人多，时有供不应求之叹"[4]。

---

[1]　吴希曾：《粤汉铁路湘鄂线沿革史略》，《铁路协会会报》1921年第104期。

[2]　参见林凯：《粤汉铁路述略》，《致力半月刊》1928年第1卷第4期。

[3]　庞广仪：《粤汉铁路艰难的筹建与"国有化"》，合肥工业大学出版社2011年版，第192—193页。

[4]　吴希曾：《粤汉铁路湘鄂线沿革史略》，《铁路协会会报》1921年第104期。

武株段全线约 416 公里，从合兴公司赎回路权官督绅办算起，中间经过无数的折腾，到最终实现通车，历时达 13 年之久。① 而湘鄂段的实际建设时间之所以长达 6 年之久，其主要原因：一是受国内政局动荡和战争的影响即所谓"军事阻滞"②，如二次革命、护法运动、护国运动等，湖南湖北均为主要战场。粤汉铁路促成会委员刘键曾说，民国以来，"袁氏帝制自为，迭更变乱"，致使中国路政"不独建筑未闻进展，即运输日见退缩"，且"革命军兴以来，天下荼毒，东南最酷，粤湘首当其冲，兵以湖南为多，受祸尤烈"③。代理湘鄂铁路局局长吴希曾在文章中叙述了内战对于湘鄂铁路建设所带来的巨大影响："南北军兴，输转紧急，湘河水浅，航运艰难，军队囤集岳州，车辆不敷周转。岳州以南房屋及铺轨各工程，或因运料困难，或因工人散避，亦皆以军兴而后，游兵土匪，随处骚然，地方之秩序全隳，路工自难措手。不但工程进行阻滞，且长株营业久停，所受直接间接种种损失，为数甚巨。七年（1918）春南北各军反复攻取，路事几形分裂。迨五月株醴克复，自是军事运输，乃归一致。"④ 二是受到第一次世界大战的影响。欧战影响所及，"各项材料价值飞涨，钢铁为最。本路前在英国所定物料，或已装船运华，中途为潜艇所沉，或已制就起运，又为英政府截留，移作军用，或承揽材料之厂家，为其政府所取缔，不克交货，种种情形，固非意料所及"⑤。以上为粤汉铁路北段即湘鄂段的大致建设情形。

湘鄂铁路通车之后，历年营业收支数额，逐年增加。到 20 世纪 30 年代，年载客在百万左右，其中以三等乘客为多。货运年 60 万吨左右，以零星杂货为多，矿产品次之。沿途各站货运，主要有茶砖、米谷、黄豆、麦子、花生、盐、铜、煤、木炭、棉纱、皮革、纸张等。营业收入，1920 年为 159711 元，至 1933 年为 3071488 元，增加 19 倍多。⑥

① 参见湖南省志编纂委员会：《湖南省志·第 1 卷·湖南近百年大事记述》，湖南人民出版社 1980 年版，第 398 页。
② 陈雨声：《粤汉铁路建设略史》，《铁道半月刊》1936 年第 9 期。
③ 刘键：《粤汉铁路促成会感言》，《交通丛报》1928 年第 132 期。
④ 吴希曾：《粤汉铁路湘鄂线沿革史略》，《铁路协会会报》1921 年第 104 期。
⑤ 吴希曾：《粤汉铁路湘鄂线沿革史略》，《铁路协会会报》1921 年第 104 期。
⑥ 参见朱羲农、朱保训：《湖南实业志》（二），湖南人民出版社 2008 年版，第 1324 页。

但是，湘鄂段的运营状况一直都不是很好。凌鸿勋曾指出："湘鄂一段因历年受军事影响路线失修，复受水路竞争，营业不振，以致连年收支不敷，员工薪资未能如期发给，而路上一切路轨与车辆不能有相当维持与修养，至于一切业务之改进，更不遑暇及。"① 也就是说，湘鄂路本身路况不佳，营业困难，经济效益差，员工待遇不高。1930 年，李世仰担任湘鄂铁路局局长，撰文指出：湘鄂铁路成本高昂，路况不佳，沿路水运竞争激烈，加以历年军事之影响，故"收支不敷，财力竭蹶"，"湘鄂经济之困难，已成不可否认之现象"②。从 1920—1933 年的统计数字来看，收入不敷支出者共计达 11 年，而收支相抵而获盈余者仅仅只有 3 年，具体情况可参见表 1。

表 1　粤汉铁路湘鄂段收支概况表（1920—1933）③

年份	营业收入（元）	营业支出（元）	盈亏（元）
1920	159711.32	226072.00	− 66360.68
1921	1815224.28	1836395.68	− 21171.40
1922	1895980.21	1632803.58	+ 263176.63
1923	1640150.94	1713399.89	− 73248.95
1924	2012510.50	1893478.69	+ 119031.81
1925	1987398.33	2147055.38	− 159657.05
1926	1061902.67	1976295.08	− 914392.41
1927	1227531.56	2160472.65	− 932941.09
1928	2177431.25	2494918.25	− 317487.00
1929	2813176.11	2805582.22	+ 7593.89
1930	2015253.54	2641924.06	− 626670.52
1931	2907385.51	3326433.45	− 419047.94
1932	3344119.46	3615169.73	− 271050.27
1933	3071488.51	3785883.58	− 714395.07

---

① 凌鸿勋：《粤汉铁路通车后之情况及整理之步骤》，《粤汉月刊》1937 年第 1 卷第 1、2 期。
② 李世仰：《湘鄂铁路现状——为铁道部二周年纪念作》，《铁道公报》1930 年第 116 期。
③ 参见朱羲农、朱保训：《湖南实业志》（二），湖南人民出版社 2008 年版，第 1325 页。

5. 粤汉铁路广韶段的建设与运营概况

粤汉铁路南段即广州至韶关的情况要比北段好了很多，但也不是一帆风顺，其间也充满了艰难与曲折。1905 年 6 月，清政府从合兴公司赎回粤汉铁路后，张之洞主张官办，加大三省厘金的征收力度，由三省各自设法筹措款项，作为筑路、合兴公司赎金及港英政府债务之用。两广总督岑春煊对于粤路官办更是极为上心，提出了"派亩捐"、"加债税"等办法来筹资筑路及赎路还款。1906 年 1 月 12 日，岑春煊邀集粤省著名之绅商，就上述筹款办法进行讨论。但粤绅代表梁桂庆、黎国廉等表示反对官办粤路，认为岑氏增加民众之负担的筹款办法并不合理，力主粤路应当实行商办政策。对此，岑春煊十分不满，于是下令拘捕梁、黎二人，梁闻讯逃亡，黎则遭捕拘禁，此事激起了粤省绅商之公愤，纷纷通电谴责岑春煊，并致电清廷要求撤换其两广总督之职。岑春煊迫于民愤，不得不下令释放黎国廉，并上奏清廷粤路实行商办政策。

1906 年 4 月，广东九善堂、七十二行商等则集资创立商办广东粤汉铁路有限公司，公推郑观应为总办，黄景棠为副办，邝孙谋为总工程师，并拟定了公司章程，接管合兴公司已经完成的黄沙至高塘间的路基工程和 9 公里长的轨道。公司成立后，即发行每股 5 元的股票，先收 1 元。由于广东绅商经济实力雄厚，又热心铁路事业，公司集股速度很快，至 1906 年 6 月 21 日，已收到股银 8817562 元，合 8817562 股。招股成功后，总办郑观应即着手招聘工程师、购买器材、购地鸠工、重勘线路等工作；1906 年 9 月，停顿多时的粤汉铁路在合兴公司遗留的工程基础上重新开工。至 1907 年 7 月郑观应离任，粤路黄沙、西村、小坪、大朗、江村等各站依次通车，每天有 3 列火车来往。1908 年 1 月，公司又改推梁诚为粤路总理，罗廷光为协理，邝孙谋仍为总工程师；至 1908 年 11 月，粤路通车至源潭。源潭通车后，工程进展速度就慢下来了。其主要原因，一是公司各股东之间矛盾重重，不能切实办事；二是北江至英德以北，地势险要，工程难度大增，同时，由于道路崎岖，冬季河流水位降低，导致枕木、铁轨、水泥等工程材料转运极为困难；三是沿线村民惑于风水，多索地价，不肯让地筑路，故购地亦颇为困难。因此，1909 年仅筑路约 18 公里。1910 年年底，公司全体股东再选举詹天佑为总理兼总工程师、黄仲良为协理。1911 年 2 月，詹天佑抵广州就职，由于他的巨大声望，所以公司在管理、财务等方面存在的问题逐步得以理顺，此后工程的进度逐步加快。1911 年 9 月通车至黎洞，1912 年 3 月通车至连江口，1912 年 2 月黄沙车站站房大楼落成，尤其是盲仔峡山洞的开凿、英德大桥的修筑等艰难的工程也都在詹天佑的亲自主持下得以建成。1914 年，詹天佑因任汉粤川铁路督办，奉调汉口，遂辞去粤汉路总理职。欧赓祥接任总理，黄嵩龄为协理，容祺勋任总工程师。1914 年 4 月，粤路通车至大坑口，5 月通车至乌石，至 1916 年 6 月 15 日通车至马坝、韶关。但由韶关至湘界坪石路线筑至乐昌属高廉村山洞时，因战乱及资金不足等诸多原因，被迫于 1917 年 6 月停工，此后一直到 1930 年春才复工。粤汉铁路广州至韶关段，南起广州黄沙，北至韶关，全长 224 公里，是当时中国商办铁路中筑路最长的一段铁路。① 自 1906 年粤路公司创建，至 1924 年粤汉铁路广韶段收归国有并改称粤汉铁路南段管理局，粤汉铁路广州至韶关段之路政均归广东粤汉铁路有限公司管辖。此为粤汉铁路南段广韶段之大致情形。

粤汉铁路广韶段由南向北从繁华的城镇，向盛产农副产品的村落过渡。该路在"筑路的初期阶段，其运输以客运为主，货运为辅。全线通车后，情况刚好相反，铁路运输变成以货运居多，其往南运送的物品有柴、杉、炭、竹、烟叶、纸张、瓷器、杂货、煤炭、灰石、谷米和牲畜等；往北运送的物品除盐为大宗外，有瓜果、糠麦、面粉、煤油、火柴、咸货和杂货等。客运以黄沙至银盏坳较密外，源潭以上旅客甚稀。粤汉铁路广韶段通车以后，在黄沙与韶关间，每天有 6 次列车往返营运；每天有两次列车往返行使于黄沙与源潭、黄沙与新街之间。每月载运旅客约 72570 人，车费收入约 40620 元。每月载运货物约 24000 吨，运费收入约 102000 元"②。但广韶段也存在着经营困难的问题，该段同样面临着水运的激烈竞争③，且因线路短暂，北江流

①　参见钟卓安、汪叔子主编：《广州通史·近代卷下》，中华书局 2010 年版，第 789—792 页。

②　钟卓安、汪叔子主编：《广州通史·近代卷下》，中华书局 2010 年版，第 791—792 页。

③　参见范广练：《粤汉铁路南段与水运之竞争》，《铁路杂志》1935 年第 1 卷第 3 期。

域客货运量均较为有限，同时因隔绝岭南，备受政治与军事之影响。[1] 关于广韶段的营业状况可参阅表2、表3相关数据。我们将广韶段的数据（见表2、表3）与湘鄂段的数据（见表1）对比可见，广韶段的营业状况明显好于湘鄂段。

表2　粤汉铁路广韶段营业收入表（1907—1932）[2]

单位：元

年份	旅客业务	货运业务	其他	辅属营业	合计
1907	29165.49	12500.59	10.00		41676.08
1908	117041.88	50160.81	1523.05		168725.74
1909	206073.33	88318.00	2565.35		305958.68
1910	306524.61	50155.07	5346.96		362026.64
1911	366432.12	90631.66	14415.74		471481.52
1912	377717.49	137952.03	21544.06		537213.52
1913	489925.30	413925.52	58747.93		972608.75
1914	536641.62	475592.05	40625.96		1052869.64
1915	531038.15	505850.50	21715.78		1058604.43
1916	564561.77	909814.64	19611.14	130899.04	1624886.59
1917	618958.14	1309977.04	21417.60	95000.00	2045351.78
1918	608798.47	1438665.02	20161.54		2067625.12
1919	549428.67	1460759.21	39328.97	10500.00	2060016.85
1920	513558.65	1390405.58	32567.28		1936521.51
1921	721259.53	1939971.03	46629.92		2709860.48
1922	680457.44	1971087.75	41149.19		2628649.38

[1] 参见凌鸿勋：《粤汉铁路通车后之情况及整理之步骤》，《粤汉月刊》1937年第1卷第1、2期。

[2] 参见粤汉铁路广韶段管理局机要课编辑室编：《粤汉铁路广韶段史略》，粤汉铁路广韶段管理局庶务课印务室1931年版，第128—131页；粤汉铁路局编：《粤汉铁路广韶段史略附广三段》，台湾文海出版有限公司1993年版，第128—133页。注：1930—1932年客货运数据来源自：《三年来粤汉铁路南段暨广三支线客货运数量及收入统计（民国十九年至廿一年）》，《统计月刊》1936年第2卷第1期。

年份	旅客业务	货运业务	其他	辅属营业	合计
1923	572336.83	2105827.42	56717.05		2719549.52
1924	494856.87	2231203.01	56727.05		2781786.93
1925	约400000.00	约2157500.00	57670.00	520697.00	2667867.00
1926	约400000.00	约1883203.00	74169.00	463848.00	2821220.00
1927	约350000.00	约1609719.00	61263.00	369169.00	2390151.00
1928	约390000.00	约1751807.00	47609.00	440373.00	2778789.00
1929	约510000.00	约1938018.00	53756.00	1025481.00	3527255.00
1930	868401.00	3232138.00			4100539.00
1931	860149.00	3059570.00			3919719.00
1932	1012522.00	2660551.00			3673073.00

表3　粤汉铁路广韶段盈亏状况表（1907—1929）①

单位：元

年份	营业总收入	营业总支出	盈亏
1907	41676.08	23932.64	＋17743.44
1908	168725.74	101083.23	＋67642.51
1909	305958.68	235669.65	＋70289.03
1910	361026.64	304001.16	＋58025.48
1911	471481.53	294258.56	＋177222.96
1912	537213.58	290775.85	＋246437.73
1913	972608.75	348727.13	＋623881.62
1914	1052869.64	559899.18	＋492970.46
1915	1058624.43	1335844.41	－277219.98
1916	1624886.59	1332391.28	＋292495.31
1917	2045352.78	1557715.05	＋487637.73
1918	2067625.03	1839807.71	＋227817.32

---

① 参见粤汉铁路广韶段管理局机要课编辑室编：《粤汉铁路广韶段史略》，粤汉铁路广韶段
管理局庶务课印务室1931年版，第128—131页；粤汉铁路局编：《粤汉铁路广韶段史略
附广三段》，台湾文海出版有限公司1993年版，第128—133页。

年份	营业总收入	营业总支出	盈亏
1919	2060016.85	1822488.35	+236528.50
1920	1936531.51	1581368.38	+355163.13
1921	2709860.48	1811893.33	+897967.15
1922	2638694.38	1886920.04	+741774.34
1923	2719549.52	2120408.16	+599141.36
1924	2782786.93	1819399.13	+963387.70
1925	3135867.00	1703089.00	+1432778.00
1926	2821220.00	2930880.00	-109660.00
1927	2390151.00	2824871.00	-434720.00
1928	2628789.00	2937234.00	-308445.00
1929	3527255.00	2400346.00	+1126909.00

6. 粤汉铁路株韶段的停顿与建设概况

粤汉铁路广韶段、湘鄂段分别于 1915 年 6 月和 1918 年 9 月通车，但是株洲至韶关间却因政局动荡、工程技术难度巨大、资金无着而不能兴工，停顿时间长达十几年之久。在此期间，中国社会各界力量亦曾多方努力，希望能够推进该段铁路的建设。1918 年冬，四国银行团第一期借款告罄，北洋政府与银行团磋商，希望四国银行团照借款合同续借第二期 400 万英镑款项。四国银行团表示欧战甫定，金融紧迫，暂时不能借款，后来四国银行团干脆宣布停止粤汉铁路借款，这就导致筑路工作到株洲后再也无法向前推进。在外款无望的情况下，人们把筹款的目光转向了国内。1920 年，关赓麟为汉粤川铁路督办，他倡议由京汉、京绥、京奉、津浦四路逐年集款以完成株韶段之工程。关氏四路协款之计划，获得了北洋政府的批准，更为湖南省政府所赞同。1921 年 5 月，工程动工，决定先修株洲至渌口一段。但该年 7、8 月间，湖南军阀赵恒惕进攻湖北军阀王占元，两湖战事爆发，战事之下各工程均不能进行。与此同时各路协款亦不能按期拨付，四路协款计划遂无疾而终。

1922 年 12 月，英国政府宣布向中国逐步退回庚子赔款（简称英庚退款），此后中国社会各界颇有主张将该退款用于完成粤汉铁路者。对于英庚退款的用途，海内外人士争议颇多，或主张用于教育事业，或主张兴办慈善事业，或主张筑路浚河，或主张兴办各种实业，或主张发展农业，等等。大抵商界和政界人士主筑路之说者居多，并以完成粤汉铁路株韶段为第一要务。鉴于国内各界对于英庚退款用途争议不休，英国政府于 1926 年年初组成以威灵顿勋爵为首的调查团赴中国征求各方意见，以便提供对于该款用途的最佳方案以供英国政府参考。对于英庚退款用于铁路建设，英国政府认为不失为促进中英共同利益的良好方案，但伦敦方面对于中国国内动荡不安的政局颇感忧虑，更担心中国各派军阀挪用该款用于内战，故迟迟不能作出最后的决定。

1927 年 4 月南京国民政府建立，国内政局渐趋安定，一切建设事业亦开始慢慢走上正轨。1928 年 11 月 1 日，南京政府铁道部成立，以孙中山之子孙科为首任铁道部部长。孙科就职后，积极筹措资金以推进铁路事业的发展。1929 年 1 月 28 日，孙科向国民党中央政治会议提出了《庚、关两款筑路计划提案》，主张利用英俄等国退赔庚款以及关税增额进行铁道建设，其中完成粤汉铁路被列为首要任务。[①] 1929 年 6 月 13 日，国民党三届二中全会通过了孙科的提案，限 1933 年年底完成粤汉铁路，并决定以英庚退款的 2/3，拨为株韶段工程建设资金。对于上述提案和决议，英国政府表示支持。1929 年 4 月，英国政府明确表示愿意以退款用于中国铁路建设事业，尤其是用于完成粤汉铁路。随后，中英代表举行正式谈判。1930 年 9 月，中国外交部部长王正廷与英国驻华大使蓝普森多次换文，最终签订了《解决中英庚款换文》，决定以英庚退款之一部分用于完成粤汉铁路株韶段的建设。1931 年 3 月，英国议会通过了该换文。此后，中英双方共同组成"管理中英庚款董事会"，负责英庚退款的管理与运营。至 1933 年 5 月，铁道部与董事会先后签订了《粤汉铁路韶乐段工程借款契约》、《粤汉铁路株韶段购料契约》、《粤汉铁路湘鄂段购料垫款契约》、《借用中英庚款完成粤汉铁路总契约》

---

① 参见孙科：《庚关两款筑路计划提案》，《广东建设公报》1929 年第 4 卷第 1 期。

等。这些契约的订立，为完成粤汉铁路株韶段扫清了资金的障碍。[①]

在积极筹措路款的同时，铁道部也渐次启动了株韶段的建设工作。1929年3月，铁道部在广州设立株韶段工程局，为统筹株韶段工程建设之总机关。株韶段工程分韶乐（韶关—乐昌）和株乐（株洲—乐昌）两个分段，韶乐段于1930年开工，虽然只有短短50公里的路程，但因工款不济而进展缓慢，直到1933年9月，该段工程方始竣工。虽然韶乐段建设慢了一点，但该段建设过程中的经验与教训为株乐段的建设提供了十分有益的借鉴。株乐段需要打通南岭，工程极为艰巨，所需工程款数目巨大，而此时铁道部与管理中英庚款董事会还在就借款具体事宜进行谈判，故路工进展也十分缓慢，唯一能做的就是组织测量队在湘粤边界重新进行线路测量。1933年7月18日，铁道部与中英庚款董事会签订《借用中英庚款完成粤汉铁路总契约》，该总契约的签订终于为株韶段的工程建设提供了充足的资金。1933年9月，株韶段工程局由广州迁湖南衡阳，铁道部任命著名铁路工程专家凌鸿勋为工程局局长兼总工程师，全权负责并限期4年完成株韶段工程，从此株韶段拉开了大规模建设的序幕。

株韶段之所以迁延日久不能完成，除了资金缺口之外，技术上也存在着很大的难度。该段工程全长450余公里，在粤汉全路中最为艰巨，尤其是湘粤交界处，需要跨越长江与珠江分水岭的南岭，需要克服的技术难度相当大。线路途经之地，多属荒郊野外，交通不便，运输困难，土匪横行，生活、卫生条件极差，对于施工人员都是很大的挑战。但是，由于筑路资金有了保障，以凌鸿勋为首的铁路工程人员，严格按照铁道部颁布的施工规范，分段施工，管理科学，仅用两年零八个月的时间即完成了铺轨工作，创造了中国铁路建设史上的奇迹。当时的人们对此曾予以高度评价，称该路"在国有各路中前无古人"[②]，"工程之迅速，成绩之伟大，自詹天佑完成京绥京张段后，以此段（株韶段）为第一，由此可见我国工程界，已有显著之进步"[③]。

---

① 参见田兴荣：《英庚退赔与粤汉铁路建设》，安徽师范大学硕士学位论文，2005年。

② 杨拱辰：《粤汉铁路之概观》，《铁路杂志》1936年第2卷第7期。

③ 陈雨声：《粤汉铁路建设略史》，《铁道半月刊》1936年第9期。

四、粤汉铁路迁延多年原因之分析

　　根据前面的叙述，毫无疑问，粤汉铁路的发展史是不折不扣的"伤心史"，为了建设这条铁路，中国付出了极为沉重的代价。该路历时 38 年，在中国铁路建设史上空前绝后。与几乎同时筹建的其他铁路相比，如芦汉铁路建设历时 10 年，胶济铁路仅 6 年即开通，粤汉铁路之后的沪宁铁路亦 6 年即开通，津浦铁路变故稍多，但也不过 15 年。粤汉铁路之所以迁延如此长的时间，我们可以从政治、经济、军事等方面找出一些原因。

　　首先，在政治方面。有以下几个因素值得思考，第一个因素，粤汉铁路的建设确实存在着生不逢时之境遇。从前文我们可以看出，铁路引入中国以来，确实存在着一个很好的建设时期，即 19 世纪 60 年代初至 90 年代末。因为这近 40 年间，清廷统治相对稳定，清政府的财政状况相对较好；同时，国际外围环境相对较稳定，西方列强对于世界殖民地的争夺之激烈程度相对较小，他们对清政府的控制程度也相对较轻。对于铁路这一新生事物，产生争论是极为正常的，且不说铁路产生之初在其诞生地英国就曾招来许多的反对。日本最初引进铁路也是如此。比如明治政府中最有权势的人物大久保利通一开始也是反对铁路的，但 1871 年 9 月，当他第一次乘坐铁路后，立刻就成为铁路事业的狂热支持者。可惜的是，在这发展铁路的黄金 30 年，清政府陷入了旷日持久的无谓争论，包括粤汉铁路在内的许多铁路建设事业都被耽误了。

　　政治方面的第二个因素，是粤汉铁路建设过程中始终没有一个稳定的指导政策，变易太多。正如曾养甫所言，粤汉铁路的建设，政府和人民对它缺乏明确的计划，"忽而借款兴筑，忽而赎回自办，赎回未久，又再借债，举棋不定，枝节横生"，"设三十余年前，即能审情度势，通盘计划，本一贯之政策，迅赴事功，则粤汉完成，何致留待今日"。[①] 政局动荡使铁路建设

---

　　① 曾养甫：《完成粤汉铁路之重大意义》，载杨裕芬等编：《粤汉铁路株韶段通车纪念刊》，粤汉铁路株韶段工程局 1936 年刊行。

事业没有一个稳定的外部环境。粤汉铁路的筹建在19世纪末20世纪初，而我们知道，这个时期的中国已经沦为半殖民地半封建社会，西方列强对于中国的争夺也十分激烈。投资铁路以及根据铁路线划分势力范围是欧美列强奴役、控制中国的重要手段之一，所以西方列强对于中国铁路投资权的争夺极为激烈。粤汉铁路沟通中国相对富裕的华中和华南地区，西方列强对它的争夺尤为惨烈。建设更多的铁路必然导致"西方影响的进一步深入，即从商品贸易发展到外国资本的直接投资。铁路不但带来了经济上的干涉，而且还有直接或间接的政治干涉"①。这正如《国闻报》一篇文章所言："大河以北俄主之，大河以南英主之，而其中纷歧错出之处，英、俄、德、法各国又共主之，通中国之铁路，均属西人之铁路，路成而中国亦遂不国矣！"② 西方列强对包括粤汉铁路在内的近代中国铁路利权的争夺，对于中国社会造成了深刻影响和巨大危害。正是由于列强对铁路投资权的争夺，导致粤汉铁路的建设资金不能落实，这就严重影响了建设进度。

从清政府方面来看，决议建设粤汉铁路之后，清政府推进建设的力度明显不够，政策屡次变易是最大的败笔。几乎与粤汉铁路同时的芦汉铁路，由于推进力度大，很快于1906年4月通车，并于1909年1月拨官款500万两加英法贷款5万英镑从比利时手中将该路全部收回。芦汉铁路通车后，发挥了巨大的经济效益。而反观粤汉铁路，在借款筑路—借款赎路—商办筑路—再借款筑路中反复折腾，始终不能有所进展。就拿借款赎路这一点来说，其实是最不经济的做法。综观世界铁路发展史，除了英国，世界各国在发展铁路事业之初，政府在其中都扮演了十分重要的角色，即深度参与、强力推进。"在所有的后进国家里，铁路建设的庞大资金需求，以及对铁路于国家安全和凝聚力的重要性的认识，促使政府在创造铁路网络的过程中都有某种程度的参与。"③ 美国、法国、德国、日本、俄国都是如此。

① [美] 拉铁摩尔：《中国的亚洲内陆边疆》，唐晓峰译，江苏人民出版社2014年版，第97—98页。

② 转引自中国史学会编：《戊戌变法》第3册，上海人民出版社1953年版，第393页。

③ [美] 斯蒂文·J.埃里克森：《汽笛的声音——日本明治时代的铁路与国家》，江苏人民出版社2011年版，第13页。

其次，在经济方面。铁路建设是资金密集型工业，而资金短缺又是当时大多数国家都面临的难题，对清政府而言更是如此。在自身建设资金不足的情况下，借用外资也就不可避免。那么如何看待借款筑路？实际上，借款筑路实属国际通例，例如，"在 1860—1917 年间，大量外国资本以国家或政府担保的铁路债券形式投入俄国的铁路建设。外国资本在 1861—1881 年和 1893—1900 年间的俄国铁路建设总额中分别占 94.25% 和 82.95%。到 20 世纪初，引进外资修建的铁路占俄国铁路总长度的 70%"①。同时，大规模的铁路建设刺激了俄国冶金、煤炭、机械、石油等工业的迅速发展。与俄国类似，铁路事业开始之初的日本、普鲁士等国在建设资金的筹集方式上是非常相似的。至于清政府，最初主办铁路事业的李鸿章、张之洞、盛宣怀等人都是主张借款筑路的，说明这些晚清重臣是颇具国际眼光的，对于这些人而言，他们确实是生不逢时。扩大一点范围看，晚清声名最隆之臣曾国藩、左宗棠、李鸿章、张之洞等，如果把他们与日本明治诸功臣相比，或许在个人能力上不见得有多大差距，但作为一个整体终究还是远不如日本明治诸功勋。我们不是苛求古人，看待历史人物，当然不能脱离历史语境。但是，把同时代的人物做一个横向比较，从中还是可以看出许多值得深思的问题的。再把话题回到借款筑路上来，即使到了民国时期，借款筑路依然是铁路建设资金的主要方式，这就更加充分说明，仅从资金的筹措方式而言，对于落后国家来说，借款筑路是发展铁路事业的不二法门。晚清有识之士对于借款并不是盲目反对，这一点我们在前文中已经有所揭示。这里面的关键是，鸦片战争以来，清政府的表现实在是过于糟糕，已经完全失去了民众的信任。所谓"借款一事，中外人士几于谈虎色变……从前订立合同，政府类守秘密。一再失败，口实累累"②。正是民众对于晚清政府极度失望的表达。晚清铁路问题并不仅仅是经济问题，其实质是政治问题，因为在一个羸弱无能且屈服于世界强权的政府的统治下，任何经济建设事业都因受到政治因素的强力干扰而无法顺利进行。

① 张广翔、白胜洁：《论 19 世纪末 20 世纪初俄国的工业垄断》，《江汉论坛》2015 年第 5 期。
② 《湘鄂何忍饮鸩自毒》，《民呼日报》1909 年 8 月 11 日。

最后，在军事方面。国民政府交通部部长俞飞鹏曾指出，"民初十余年间，军阀专横，实行割据，各自为政，拥兵逞雄，据铁路为武器，视路产作私库……铁路厄运，莫此为甚"①。军阀混战对于中国的铁路事业造成了巨大的损失，各铁路既是各路军阀军运的主要工具，同时也是各路军阀争相控制的对象。例如，1920 年 7 月 10—23 日，第一次直皖战争期间，战事主要沿京汉铁路和京奉铁路展开，此役以直系的胜利而告终。第一次直皖战争后，直奉两系共同控制了北京政府，但由于分赃不均，直奉之间的矛盾变得日趋尖锐，并很快走向了军事对抗。1922 年 4—6 月，直皖战争爆发，双方军队沿津浦铁路、京汉铁路及其以东地区展开激战，最后直系取得了战争的胜利，奉系军阀失利后，退守东三省。②1918 年 9 月，武株段刚刚通车，正值护国战争南北战斗正酣，"军事遽兴，运械输兵，络绎不绝，车辆之被军队扣留者十居八九"。实际上，当时的客货运输需求相当旺盛，但由于车辆被扣，"机车货车均形缺乏，供不应求"。直到第二年，"军运稍松"，湘鄂段的运输窘况才稍微有所好转。③ 北伐战争期间，各地军阀截留各路局车辆更是达到了极点。袁德宣在一篇文章中说，"我国各铁路因战争影响，所有车辆被军阀劫掠者，以此次为最④。计机车掠去三百余辆，客货车掠去六千余辆，以平汉、平绥、平奉、津浦、陇海车辆计算，其客货车一万一千八百余辆，机车六百四十余辆。今已劫去半数，而其中最感缺乏者，尤以平绥为最。今欲整理，必先令各军将所扣车辆发还"⑤。民国时期，湖南是战争频繁之地，粤汉铁路的建设深受战争之影响。民国经济学家张人价曾指出，"湖南地位适当南北要冲，一旦内战发生，我省皆为必争之地，如从民国元年至十九年，本省几无年不有军事行动"。⑥ 由此可见，军事当局对于近代中国铁路

---

① 俞飞鹏：《十五年来之交通概况》第二章《铁路》，中华民国交通部 1946 年版，第 7 页。

② 参见李世平主编：《中国现代史（1919—1949）》，西南师范大学出版社 1995 年版，第 49—56 页。

③ 吴：《粤汉铁路湘鄂线运输及营业状况》，《铁路协会会报》1921 年第 103 期。

④ 指北伐战争。

⑤ 袁德宣：《南北统一宜首先整顿交通条议》，《交通丛报》1928 年第 131 期。

⑥ 张人价：《湖南经济之概况》，载曾赛丰、曹有鹏编：《湖南民国经济史料选刊》（一），湖南人民出版社 2009 年版，第 6 页。

事业影响之巨大。而 1930 年以后，湖南的局势逐渐安定下来，故粤汉铁路株韶段的续建才能在这个时期提上日程。

军政当局影响铁路的表现，一是军运频繁。凌鸿勋曾指出："粤汉铁路武昌至长沙一段第一次通车为军车，及展至衡州则第一次通车亦为军车，迨全路告成，则第一次直达通车亦为军车。"湘鄂段"军事运输向少间断"①。比如，1936 年 6 月，"两广事变"发生，其时粤汉铁路株韶段刚刚接轨成功（4 月 28 日南北接轨），勉强可以通车，这条南北大动脉接通的首次运输即为军事运输。其时，两广军队利用粤汉铁路由广州开拔至湖南郴州。南京政府的军队也出动，军车六列由武昌开到衡阳，就在衡阳车站附近开挖战壕备战。主持株韶段工程建设的凌鸿勋曾回忆说："六月中，我受令兼任湘鄂段管理局局长，我们先把湘鄂段、株韶段的运输统一指挥。我兼任湘鄂段管理局局长的那一天，也就是六月十五日那一天，实在可怜得很，湘鄂段的客车货车完全停开，只开军车。那天全线几百公里的收入九块九毛钱，等于武汉轮渡的收入，正线没有一个钱收入，很困难。因为军运频繁，中央派陇海路的前局长钱宗泽做铁道运输的总司令，并派陆福廷做粤汉路军事运输专员。"②二是随意截留路款。1921 年 1 月 28 日，陆军第十六混成旅旅长冯玉祥在信阳截留京汉路局解运交通部路款 20 万元，其借口是中央积欠该旅军饷过多过久，截留路款实属迫不得已，"京汉路局之款 20 万元，由欠发饷项内扣还"③。三是任意扣留车辆。1918 年 9 月，武株段刚刚通车，正值护国战争南北战斗正酣，"军事遽兴，运械输兵，络绎不绝，车辆之被军队扣留者十居八九"。实际上，当时的客货运输需求相当旺盛，但由于车辆被扣，"机车货车均形缺乏，供不应求"。直到第二年，"军运稍松"，湘鄂段的运输窘况才稍微有所好转。④北伐战争期间，各地军阀截留各路局车辆更是达到了

①　凌鸿勋：《粤汉铁路通车后之情况及整理之步骤》，《粤汉半月刊》1937 年第 1 卷第 1、2 期合刊。

②　参见沈云龙访问，林能士、蓝旭男记录：《凌鸿勋口述自传》，湖南教育出版社 2011 年版，第 103 页。

③　《中华民国大事记》，《东方杂志》1921 年第 18 卷第 4 期。

④　吴：《粤汉铁路湘鄂线运输及营业状况》，《铁路协会会报》1921 年第 103 期。

极点。四是干涉铁路用人与行政。"盖交通运输，历年受军事影响，创巨痛深，即如用人与行政，所关最大。在当局为一时权宜，每多自由委派，而流弊所及，则事权分异，督察无从。"[1] 五是破坏铁路设施。1936 年 6 月，"两广事变"期间，广东军阀陈济棠由于众叛亲离，不得不退回广东，并于该年 7 月 18 日通电下野。在命令军队退回广东的过程中，由于担心南京政府的军队沿粤汉铁路南下广州，就把地处湘粤边境"坪石南边田头水三十公尺长的一座钢桥炸毁，过几天又将乐昌以北九峰水一座三十公尺长的钢桥炸毁，这两座钢桥都是株韶段刚刚完成的，几经辛苦经营使它通车，料不到还未全线通车，就给自己破坏了"。凌鸿勋为此感到十分气愤。[2] 由上可见，军事当局对当时的铁路建设和营运都造成了很大的影响，晚清以降的湖南、湖北和广东军事斗争则异常激烈，而粤汉铁路恰好地处其中，自然受到了更大的影响。

综上所述，铁路作为近代工业文明的主要象征，其在引入中国的过程中因清政府的迟钝而进展缓慢，一定意义上说，不啻为丧失一次发展铁路事业的良机。甲午战争的惨败迫使清政府重视铁路建设，粤汉铁路正是在这个时期提上了建设日程。非常不幸的是，具有重要的政治、经济、文化、军事等价值的粤汉铁路，其建设过程却异常曲折，是一部铁路"伤心史"，在世界铁路建设史上亦极为罕见。粤汉铁路建设的异常曲折，是一系列复杂的政治、经济、军事等因素共同作用下的结果。粤汉铁路的曲折发展史，值得后人铭记，并从中汲取深刻的历史教训。

---

[1]　《全国交通会议记（三）》，《银行周报》1928 年第 12 卷第 33 期。

[2]　参见沈云龙访问，林能士、蓝旭男记录：《凌鸿勋口述自传》，湖南教育出版社 2011 年版，第 104 页。

第二章　粤汉铁路湘段筹建中的政治博弈

粤汉铁路全线长约1100公里，其中湖南境内占全线长度的56%[1]，故粤汉铁路自其筹办之初，即与湖南存在着极为密切的关系。1896年9月，清政府正式启动建设粤汉铁路；1897年11月，以谭嗣同、熊希龄等为代表的湖南绅士即极力向清廷主办铁路事务的张之洞、盛宣怀等大臣争取该路经过湖南省以达广东。为此，由熊希龄、蒋德钧、谭嗣同三人牵头，联合湘鄂粤三省绅商合力兴建粤汉铁路，并且希望该铁路由湖南省主导。熊希龄等人的建议，得到了时任湖南巡抚陈宝箴的大力支持。[2] 在粤汉铁路的赎路废约运动中，湖南绅士起到了十分关键的作用。1904年5月，湖广总督张之洞应湖南绅民之请求，致电湘、粤督抚和铁路督办大臣盛宣怀，主张从合兴公司收回粤汉铁路的建筑权；同年10月，在京湘籍官员御史黄昌年上奏清廷请挽回路政。[3] 对于湖南人在废约运动中的政治参与，《清史稿》说："鄂督张之洞……力倡废美约之议，湘人助之。"[4] 1906年1月21日（光绪三十一年十二月二十七日），张之洞在上清廷的《收回粤汉铁路沥陈办理情形折》中说，他在听说了合兴公司将大半股份卖给了比利时公司，"焦灼万分，立即致电湘省官绅"，力谋废约赎路办法。在与美方的赎路条款谈的差不多了，

---

① 参见邱鼎汾：《粤汉区铁路沿革述要》，《粤汉半月刊》1948年第3卷第1期。

② 湖南绅士熊希龄、蒋德钧等联合在长沙的湖南省著名绅商汤聘珍、汪诒书、赵启霖、戴展诚、黄忠浩、黄自元等人，由汤聘珍领衔，向湖南巡抚陈宝箴呈请设立湘粤铁路公司，同时宣称公举黄遵宪为湘粤铁路公司总办，专办粤汉铁路。参见谭仲池主编：《长沙通史·近代卷》，湖南教育出版社2013年版，第362—363页。

③ 参见陈雨声：《粤汉铁路建设略史》，《铁道半月刊》1936年第9期。

④ 《清史稿》卷149《交通志》。

他又担心三省绅商不肯接受巨额赎款，深感忧虑，乃"电商湖南抚臣转咨湘省各绅。湖南抚臣复电云：'与诸绅熟商，均应遵办'"。张之洞如释重负。① 赎路成功后，张之洞曾感慨地说，湘绅龙湛霖、王先谦、张祖同、席汇湘等人，"坚持定见"，"助臣争约"，"或赴上海，或赴江宁，或来鄂省，多方考究，反复筹商"，出力甚大。② 与此同时，以杨度为首的湘籍留日、留美学生也发起了声势浩大的收回利权运动，产生了极大的社会反响。③ 在此后的历史进程中，无论是在保路运动风潮，还是在动荡的北洋军阀统治时期，抑或是南京政府时期，湖南省政府以及湘籍志士，都在为早日完成粤汉铁路或大声疾呼，或努力奔走。清末民初的舆论普遍认为，粤汉铁路未完成，"湘人受影响为最大，而其希望完成亦最力"④。近代铁路工程大家凌鸿勋先生曾说，我国近代社会的政治、经济、文化变迁"在在与铁路问题有关"⑤。因此，可以毫不夸张地说，粤汉铁路的建设扰动了近代湖南社会的方方面面，其中政治势力的分化组合首当其冲。

一、晚清维新派湘绅延路入湘

1. 近代湖南的保守风气

自古以来，中国就是一个地域差别较大的国度。仅以文化而论，在中

---

① 参见张之洞：《收回粤汉铁路沥陈办理情形折》（光绪三十二年十一月十七日，1907 年 1 月 1 日），载周正云辑校：《晚清湖南新政奏折章程选编》，岳麓书社 2010 年版，第 558—561 页。

② 参见张之洞：《湘路商办窒碍难行，应定为官督商办，并举总理、协理折》（光绪三十二年十一月二十七日，1907 年 1 月 11 日），载周正云辑校：《晚清湖南新政奏折章程选编》，岳麓书社 2010 年版，第 576 页。

③ 参见蔡礼强、左玉河：《从废约自办到官商合办：杨度与清末粤汉铁路》，《湖南社会科学》2011 年第 4 期；苏全有：《论杨度铁路思想的理性特征》，《河南师范大学学报》2009 年第 3 期；戴文：《杨度与粤汉铁路》，《中国市场》2011 年第 2 期；等等。

④ 《路界纪闻：湘人促成粤汉铁路》，《铁路月刊·津浦线》1930 年第 1 卷第 2 期。

⑤ 凌鸿勋：《中国铁路志·前言》，载沈云龙主编：《近代中国史料丛刊续编》第 93 辑，台湾文海出版社 1982 年版，第 1 页。

华文明的大框架下，中国各地历来又有中州文化、三秦文化、齐鲁文化、吴越文化、巴蜀文化、荆楚文化、湖湘文化、岭南文化等充满了各自地域特色的亚文化种类。文化差别是人类群体之间的真正差别，"人类群体之间的关键差别是他们的价值观、信仰、体制和社会结构，而不是他们的体形、头型和肤色"①。这个观念，中国古人也曾经反复予以阐发，这就是中国传统文化中的"华夷之辨"或"夷夏之辨"。每个地区的文化所呈现出的地域特点正是其地域文化本质的外在表象。

在中国，"每个地区都有自己独特的文化，这种独特的文化与通行于全国的儒家文化一道对本地民众进行思想意识上的渗透，在民众的内心起着控制作用"。根据有关学者的研究，湖湘文化"以自己独特的文化传统影响着近代湖南社会，从而对近代湖南的社会控制系统发生作用"②。以宋明理学为核心的湖湘文化，对于湖南人性格的塑造起到了决定性的作用，而清末民初湖南社会发展中的诸多重大历史事件，如湘军的兴起、湘绅在维新运动及保路运动中的突出表现、湖南革命家对于辛亥革命的巨大贡献、大革命时期湖南农民运动的异常火热等，都或多或少地与湖南人独特的性格有关，而所谓性格实际上是由文化决定的。

长期以来，人们对湖南人的性格有着诸多的描述。形容古代湖南人性格的词语，如"人性悍直"、"民好斗讼"、"其俗剽悍"、"好武少文"，等等，在古代有关湖南的典籍中甚为常见。近代以降，围绕着湖南人的性格，人们发出了许多有趣的议论。比如，1897 年 1 月，张之洞在致陈宝箴的电文中说："湘中士气素坚，民习素强，其持迂论、守旧说者，恐仍不少。"③ 杨树达认为："湘中前辈大抵以横拙刚毅见长。"④ 民国初年编印的《湖南民情风俗报告书》总结湖南人的性格说："湘人之特质，总之不离乎劲悍决烈，忍

---

① ［美］塞缪尔·亨廷顿：《文明的冲突与世界秩序的重建》，新华出版社 2010 年版，第 21 页。

② 周秋光、张少利等：《湖南社会史》第 2 册，湖南人民出版社 2013 年版，第 1005 页。

③ 汪叔子、张求会编：《陈宝箴集》下册，中华书局 2003 年版，第 1523 页。

④ 杨树达：《积微居回忆录》，上海古籍出版社 1986 年版，第 209 页；转引自罗志田：《近代湖南区域文化与湖南新旧之争》，《近代史研究》1998 年第 5 期。

苦习劳者近是。"① 梁启超的概括则最为有趣:"湖南以守旧闻于天下,然中国首讲西学者,为魏源氏、郭嵩涛氏、曾纪泽氏,皆湖南人,故湖南实维新之区也。发逆之役,湘军成大功,故嚣张之气渐生,而仇视洋人之风以起。虽然,他省无真守旧之人,亦无真维新之人,故湖南则真守旧之人固多,而真维新之人亦不少,此所以异于他省也。"② 实际上,"真守旧"与"真维新"的湖南人,在陈宝箴主持的湖南新政中的斗争尤为激烈。

梁启超的上述言论,实际上反映了近代湖南社会思潮一个大致的演化路径。"甲午战前,湖南素以守旧闻名天下,反教排外的思想强盛……光绪年间,以长沙为中心的湖南排外运动益盛,居全国排外运动的领导地位。"③ 我们大体上可以这样说,陈宝箴在湖南实施新政之前,湖南社会风气之保守顽固在全国都是比较突出的,尤其是曾国藩率领湘军力挽狂澜、重整晚清政局之后,湖南绅权大涨,湖南士绅中的"虚骄"守旧之气弥漫三湘。④ 同时,湖南对于西方人士亦多持极端排斥之态度,晚清著名传教士李提摩太说:"好多年来,湖南是中国最排外的省份。对基督徒和外国人最恶毒的诽谤出现在这个省。"⑤ 以至于西方传教士认为湖南是"大陆腹地中一座紧闭的城堡,因而也是一个无与匹敌的、特别引人注意的省份"⑥。之所以会如此,这是因为湘军的巨大成就,使原本为中原文化边缘的"湘学"成为全国瞩目的中心,改变了湖南在全国的形象。⑦ 同时,湘军的功绩,也使湖南人的"自信心和责任感"都极大地增强了,"形成了极端热忱的救世观念"。但是,自

① 湖南法制院编印:《湖南民情民俗报告书》,湖南教育出版社 2010 年版,第 1 页。
② 梁启超:《戊戌政变记》附录二《湖南广东情形》,岳麓书社 2011 年版,第 190 页。
③ 李济琛主编:《戊戌风云录》,金城出版社 2014 年版,第 450 页。
④ 阳信生指出:"近代湖南是绅权势力发展非常迅速、在全国具有相当典型意义的省份。"参见阳信生:《湖南近代绅士阶层研究》,岳麓书社 2010 年版,第 4 页。刘泱泱认为:"绅士阶层和绅权势力在近代中国的迅速发展,以湖南为最。"参见刘泱泱:《近代湖南社会变迁》,湖南人民出版社 1998 年版,第 257 页。李玉认为:"自湘军兴起之后,湖南绅权大张。"参见李玉:《长沙的近代化启动》,湖南教育出版社 2000 年版,第 16 页。
⑤ [英] 李提摩太:《亲历晚清四十五年——李提摩太在华回忆录》,李宪堂、侯林莉译,天津人民出版社、人民出版社 2011 年版,第 350—351 页。
⑥ 周锡瑞:《改良与革命》,中华书局 1982 年版,第 39 页。
⑦ 参见罗志田:《近代湖南区域文化与湖南新旧之争》,《近代史研究》1998 年第 5 期。

信心的膨胀，也使湖南人的"卫道意识横亘胸臆，遂构成极深度的守旧的顽固势力，含有强烈的排外思想，而对所有的新事物新观念，无不深闭固拒，态度坚决，甲于各省"①。因此，晚清湖南绅士在维护湖南的"封建道统"方面可谓不遗余力。比如，1879 年 2 月，身为湖南人的郭嵩焘卸任驻英公使返沪，未入京复命，托病乘轮船返乡。5 月 5 日，轮抵长沙，"湘人见而大哗，谓郭沾洋人习气，大集明伦堂，声罪致讨，并焚其轮"②。"焚轮"之说并不准确，但以郭氏盛名，竟遭本籍绅士如此之难堪待遇，湘绅之保守亦可窥一斑！ 1898 年年底，美国工程师柏生士受合兴公司委托来华勘测粤汉铁路的线路走向时，其对湖南的观感是"中国最封闭的省份"。③ 而湖南省城长沙则被外国传教士视为顽固拒绝先进文明洗礼的"铁门之城"。④ "站在这个铁门城墙上的忠实守护神就是带着浓重传统意识，土生土长很少受西学熏染，故步自封的耆旧豪绅们。"⑤ 颇为守旧的湖南士绅，成为包括铁路在内的近代化事业在湖南推进的一股强大的阻力。由于这样的社会氛围，张之洞、盛宣怀等人在最初议建粤汉铁路的计划时，对于该路是否应该经过湖南颇存疑虑，因此，规划了经江西以达广东的线路走向。

甲午战争时期，由于淮军的一败再败，人们自然就把目光转向曾经有过辉煌战绩的湘军。因此，湘军将领如左宗棠旧部魏光焘、曾国荃旧部陈湜、湘军悍将李续宾之子李光久等，率湘军出关，北援辽东，然与倭寇接战之后，却先后在牛庄、营口、田庄台连遭败绩。这对一向视湘军不可战胜、且恃湘军昔日功绩奠定较高政治地位的湖南士绅而言不啻为沉重的打击，其保守虚妄之气霎时顿挫。谭嗣同说："湘军与日本战，大溃于牛庄；湖南人始转侧豁悟，其虚骄不可向迩之气，亦顿馁矣。"⑥ 几年后杨子玉还说："甲午的败仗，实是我们湖南人害国家的；赔日本二万万银子，也是我们湖南人

① 王尔敏：《晚清政治思想史论》，台湾商务印书馆 1995 年版，第 101 页。

② 裴毓麟：《清代逸闻》卷 4，中华书局、上海书店 1989 年影印本，第 22 页。

③ 参见〔美〕柏生士：《日落西山——一位美国工程师在晚清帝国勘测铁路见闻录》，国家图书馆出版社 2011 年版，第 28—79 页。

④ 参见杨世骥：《周汉与反洋教斗争》，《湖南历史资料》1958 年第 4 期。

⑤ 许顺富：《湖南绅士与晚清湖南政治变迁》，湖南人民出版社 2004 年版，第 131 页。

⑥ 蔡尚思、方行编：《谭嗣同全集》上册，中华书局 1981 年版，第 174 页。

害国家的。"① 这番话当然只是一种情绪上的肆意宣泄，但也充分反映了甲午战争失败后湖南有识之士的巨大自责和他们胸怀天下大局的关切心情。自责之余，湖南人也产生了深刻的反思，他们开始认识到建立在湘军昔日功绩基础上的那种虚骄之气正是湖南长期仇外排外的心理基础，而这种心理恰恰是阻碍湖南走向近代化的巨大障碍。因此，湖南的"新派绅士都希望通过对湘军兵败辽东的反思，使湖南人从虚骄之气中摆脱出来"②。

2. 晚清湖南新政与维新派湘绅延路入湘

我们知道，中国近代化的过程呈现出十分明显的由沿海向内地逐步推进的特点。以近代工业的分布为例，基本上是由上海、江苏、浙江、广东等沿海地区逐步向内地推进的。统计数据表明，在近代中国，沿海与内地的工业布局是极其不平衡的。"1840 年至 1894 年间，外国资本在中国经营的近代工业共 104 处，其中上海就有 63 处，占 60%；1912 年全国共有纺织工人 92119 人，江苏、浙江、广东 3 省就占到 78604 人；纺织、染织、缫丝、面粉、火柴、造纸等主要民族工业绝大部分分布于沿海各地，至 1919 年，贵州、云南、新疆、西藏等地几乎还没有像样的工厂。"③ 从晚清中国近代工业萌芽至全面抗战之前，"就全国范围来说，工业畸形集中于东部沿海地区，即辽宁、河北、天津、山东、安徽、江苏、上海、浙江、福建、广东等省市。全国的重工业和轻工业，都有大约 70% 在沿海，只有 30% 在内地"④。由于上述中国近代化推进和近代工业布局的特点，所以直到陈宝箴担任湖南巡抚之前，湖南基本上是没有以近代工矿业为代表的近代经济成分的，因而也就缺乏近代经济的思想观念，而铁路作为工业文明的产物，其在湖南的发展也并非湖南社会经济发展过程中的内生需求。

---

① 杨子玉：《工程致富演义》，《湘报》第 94 号，中华书局 2006 年影印本，第 854 页；转引自谭仲池主编：《长沙通史·近代卷》，湖南人民出版社 2013 年版，第 285 页。

② 谭仲池主编：《长沙通史·近代卷》，湖南教育出版社 2013 年版，第 285 页。

③ 张根福：《试论孙中山现代化计划的地理基础》，载中华炎黄文化研究会、上海炎黄文化研究会编：《孙中山与现代文明》，苏州大学出版社 1997 年版，第 490 页。

④ 祝慈寿：《中国近代工业史》，重庆出版社 1989 年版，第 42 页。

甲午战争之后，建筑并形成自己的铁路体系已经成为晚清社会共识，甚至连顽固派都不再反对修筑铁路。应该说，这种社会氛围不但对粤汉铁路的修建是非常有利的，同时也是粤汉铁路入湘的一个必要条件。甲午战争后，湖南部分开明士绅非常坚定地迈上了向西方学习的道路。历史的发展就是这样奇妙，并不具有近代工业基础的湘籍绅士却极力争取粤汉铁路取道湖南，这其中的关键是湖南巡抚陈宝箴在湖南大力推行新政结下的硕果。学术界一般认为："湖南维新运动兴起的重要契机是陈宝箴担任湖南巡抚。"① 正是在陈宝箴的周围，形成了一个具有维新思想的政治集团，他们在湖南大力推行维新变法，发展近代工矿业，创办《湘学报》和《湘报》，举办时务学堂，设立保卫局，湖南一时成为全国维新运动的焦点所在。② 湖广总督张之洞对于湖南社会的进步颇为吃惊，特地致电陈宝箴称："湘中人才极盛，进学极猛，年来风气大开，实为他省所不及。"③ 著名历史学家范文澜先生说，维新时期，湖南已经成为"全国最富朝气的一省"④。亦如台湾学者王尔敏所指出的："甲午战后，湘省人士幡然改途，由守旧的中心，一变而为最积极维新的推动者。"⑤ 晚清湖南新政虽然中途夭折，但维新运动的开展为湖南士绅思想观念的近代化迁移和近代工矿业的发展都播撒下了最初的种子。湖南士绅思想观念的近代化结下的第一粒重要果实，就是维新派士绅争取正在筹建的粤汉铁路取道湖南。

一直以来，人们对湖南人性格的概括，大多脱不了"劲"、"直"二字，"劲"、"直"反映出的正是该省人民果敢、决绝的"霸蛮"特征。1937 年年底，临危受命担任湖南省主席的张治中曾说，他对于湖南"深怀着历史上的

---

① 谭仲池主编：《长沙通史·近代卷》，湖南教育出版社 2013 年版，第 286 页。

② 参见刘梦溪：《陈宝箴与湖南新政》，故宫出版社 2012 年版。关于陈宝箴，学术界的研究很多，参见赵新华、张金荣：《陈宝箴研究综述》，《文史博览》2013 年第 2 期。

③ 苑书义等编：《张之洞全集》第 9 册，河北人民出版社 1998 年版，第 7581 页。按：张之洞此电，实为指责陈宝箴维新步伐太快，思想变革太猛。不过，这从一个侧面显示出陈宝箴主持的湖南新政影响是极其巨大的，甚至引起了素以开明著称的晚清洋务健将张之洞的警觉与不满。

④ 范文澜：《中国近代史·上编》第一分册，人民出版社 1953 年版，第 313 页。

⑤ 王尔敏：《晚清政治思想史论》，台湾商务印书馆 1995 年版，第 130 页。

爱慕"，憧憬湖南革命先烈"谭、唐、黄、蔡①的遗风余韵"，"崇尚湖南人讲骨格、敢担当、说真话、做实事的精神"，充分表达了他对湖南人的推崇之情。②湖南人"霸蛮"的性格反映在为人处世上，如蔡元培先生所说："湖南人……守旧固然守得很凶，趋新也趋得很急。"③这无疑是对湖南人性格的点睛之评。"趋新很急"或"真维新"的湖南士绅，极力争取粤汉铁路经过湖南。

1895年冬，清廷发布了"实力兴筑"铁路的上谕，其首先准备修建的干线铁路是芦汉铁路。早在1889年年初，时任两广总督的张之洞，为了调停津通（天津—通州）铁路的争论，提议建设芦汉铁路，并得到清廷的原则同意。同年8月，张氏调任湖广总督，专办芦汉铁路南段，但由于种种原因该路一直未能正式兴办。④甲午战争后，铁路建设提速，芦汉铁路再度成为清廷诸臣热议的话题，就是在筹办芦汉铁路的过程中，粤汉铁路的建设亦逐渐提出。

1896年9月6日，张之洞在给总理衙门的"芦汉铁路如何办法"电文中，比较明确地提出了建设粤汉铁路的建议。其在电文中说："护鄂督谭（谭继洵——笔者注）已奉旨委员查勘湖北至江西、广东之路，自系朝廷有意将干路接修至粤，此路若能开通，则中国气脉大畅，惟大庾岭须洋匠测勘有何修造之法，应以芦汉一路接至黄梅，在九江过江，经江西抵广东省城为干路。"⑤此电文，张之洞谓护理湖北巡抚谭继洵"奉旨"勘测粤汉铁路，是一个误会。原来，是年8月12日，张之洞接护鄂抚谭继洵来电称："廷寄学士准奏：铁路由天津至镇江，至汉口，过江西而达广东为一路，湖北已委员自江夏至兴国，又自汉阳至黄梅，过江西界止两路，分头查勘，已电咨德中丞（江西巡抚德馨——笔者注）派员于交界处会商接勘。"⑥张之洞对"廷寄

① "谭、唐、黄、蔡"指谭嗣同、唐才常、黄兴、蔡锷等湖南籍著名维新志士或革命家。

② 参见张治中：《张治中回忆录》，华文出版社2014年版，第101页。

③ 蔡元培：《评湖南的人才》，转引自杜纯粹主编：《湖湘文化要略》，北京大学出版社2011年版，第11页。

④ 参见何汉威：《京汉铁路初期史略》，香港中文大学出版社1979年版，第5—6页。

⑤ 苑书义等编：《张之洞全集》第3册，河北人民出版社1998年版，第2088页。

⑥ 苑书义等编：《张之洞全集》第3册，河北人民出版社1998年版，第2092页。

学士准奏"一句产生了误解，以为朝廷业已委派谭继洵着手实施粤汉铁路的筹建。实际情况是，谭氏委派人员查勘粤汉路确有其事，但并非"奉旨"而行。① 对于粤汉铁路的筹建，无论是张之洞的电文，还是谭继洵的派员查勘，我们从上述电文中可以看到，他们最初的规划似乎都倾向于经江西而至广东省城，而不是走路途相对经济的湖南。

此时张之洞等人对于粤汉铁路仍然只是拟议阶段，清廷依托 1897 年 1 月成立的中国铁路总公司办铁路的重心在芦汉铁路，粤汉铁路虽然也在中国铁路总公司的造路计划中，但"原拟稍缓筹办"②。然而，随着 19 世纪末西方列强掀起瓜分中国的狂潮，朝野上下，深感危机重重，尤其是湘鄂粤三省绅商对于英法美等国对粤汉铁路筑路权和债权的争夺更是忧心忡忡，他们一致要求清廷加快粤汉铁路的建设步伐。在这种情况下，1898 年 1 月 17 日，王文韶、盛宣怀、张之洞等人顺应湘鄂粤绅商的请求联衔向清廷上《速办粤汉铁路折》："无如时局日亟，刻不及待。……今海道既无力能兴，设有外变，隔若异域，必内地造有铁路，方可联络贯通。……此粤汉南路（即粤汉铁路——笔者注）所当与北路（即芦汉铁路——笔者注）同时并举者一也。"③ 也正是在这份奏折中，正式确定粤汉铁路走湖南而不走江西：

> 原议由粤至鄂，拟绕道江西，道里较湖南为迂远，而形势利益亦迥殊。臣等与湖南抚臣陈宝箴函电互商，该抚臣电称国家创设大政，以立自强之基；芦汉已行，鄂粤继举，江湘莫非王土，岂能有所阻挠。况湘人素怀忠义，近来绅士尤多通晓时务，不泥故见。并据湖南在籍绅士翰林院庶吉士熊希龄、江苏候补道蒋德钧，来鄂与臣之洞、宣怀面商，如取道郴、永、衡、长由武昌以达汉口，则路较直捷；湘中风气刚健，他日练兵，可供征调。矿产尤厚丰，地利亦可蔚兴。此粤汉铁

---

① 参见朱从兵：《张之洞与粤汉铁路——铁路与近代社会力量的成长》，合肥工业大学出版社 2011 年版，第 6—7 页。

② 宓汝成：《中国近代铁路史资料（1863—1911）》第 2 册，中华书局 1963 年版，第 496 页。

③ 宓汝成：《中国近代铁路史资料（1863—1911）》第 2 册，中华书局 1963 年版，第 496 页。

路之宜折而入湘者又一也。①

上述奏折中提出取道湖南的理由主要有四点：一是因为里程相对江西为近，所以走湖南经济上比较划算；二是湘省绅士"尤多通晓时务，不泥故见"，就是说，湘绅的思想观念并不像外界所想象的那么保守；三是湘省有可供征调之兵，这是缘于湘军的赫赫战绩使人们产生了湘人善战的观念，因此湖南在近代一度被称为"中国普鲁士"②；四是湖南矿产厚丰，可资利用，等等。而这些理由的提出，实与当时的湖南巡抚陈宝箴以及维新派湘绅谭嗣同、熊希龄、蒋德钧等人的极力斡旋有着直接的关系。

盛宣怀、张之洞等人最初之所以有粤汉铁路取途江西之意，主要是担心湖南风气太过保守，怕保守绅士借反对筑路酿致社会事件。因为，随着铁路的建设，必然会有外国人士如铁路工程师等进入湖南省，而号称保守的湖南一向非常排斥洋商、洋教，张之洞对这一点尤为担心。早在1890年，湖南架设电线，张之洞就曾指出："维时地方风气未开，澧州愚民轻信地痞摇惑，以致群疑电线为洋人所设，遂有毁拆电杆情事。"③ 1897年1月30日，张之洞因为湖南绅士请求在湘、鄂间开行小火轮，特地致电陈宝箴指出，小火轮开行于"下江（长江下游——笔者注）一带，固属有利而无弊；若行于湘中，则尚有不尽然者。西人觊开湘省口岸久矣，徒以风气未开，若远人麇至，易滋事端，故每婉谢彼族，冀缓岁月。洞为此事百计撑持，犹恐不得一当，台端之所稔知也。倘本省绅民先自行轮，难保外人不步趋而至，藉词申促，译署恐无以拒之。然所患犹不仅在开埠也。湘中民情，视异族、异教如仇，一旦见洋商联臂而来、教堂接踵而至，断难帖然"④。从这段话来看，所谓湘省保守风气固然不假，但更主要的考虑是害怕西洋人士进入湖南引起冲突，酿致外交事件。事实上，这种对于兴筑铁路的不理解和抵制，在江西同

① 宓汝成：《中国近代铁路史资料（1863—1911）》第2册，中华书局1963年版，第496—497页。

② 张治中：《张治中回忆录》，华文出版社2014年版，第101页。

③ 周正云辑校：《晚清湖南新政奏折章程选编》，岳麓书社2010年版，第550页。

④ 汪叔子、张求会编：《陈宝箴集》下册，中华书局2003年版，第1522—1523页。

样是存在的。① 此外，该路的擘画者盛宣怀为了便利萍乡煤矿向汉阳铁厂运输焦煤，因而对于粤汉铁路取道江西实际上也颇为赞同。②

为了争取粤汉铁路取道湖南，对于所谓湘省保守风气，陈宝箴做了大量解释工作。1897 年 6 月 4 日，盛宣怀在《上陈宝箴书》中询问："粤路原拟庾岭而至庐峰。近有人条陈，若改走湖南，出产较多，练兵尤易，但未知民情、地势难易如何。一属棠治，一属珂乡，情势必了如指掌，用敢先以密商。"③ 陈宝箴在随后的电文中答复盛宣怀说："论民情，则似江易湘难。然修路便否，当以地形为据，民情可以人力斡旋。请派修路工师，勘明江、湘道里远近、形势难易，即以定经由之准。"④ 同年 8 月 6 日，盛宣怀还致电张之洞，请他与陈宝箴商议线路走向："究属由湘、由江西，请与右帅电商示知。"⑤ 8 月 9 日，张之洞致电陈宝箴，一方面转达了盛宣怀相询之意，另一方面也陈述了自己倾向于粤汉铁路取道湖南的意见。⑥ 8 月 15 日，陈宝箴在回复张之洞的电文中，表示湘绅对于粤汉铁路取道湖南是持欢迎态度的。他指出："国家创兴大役，以立自强之基，芦汉已行，鄂粤继举，江、湘莫非

---

① 美国工程师柏生士勘测粤汉铁路萍乡支路时，因民风强悍在萍乡勘路期间就曾遇到一些麻烦。当时担任萍乡知县的顾家相（1853—1917）说："惟自湘东以下至插岭关外三十五里，距城窎远，风气强悍，迥不相同，且祠庙、坟墓触处碍手，卑职所派绅士虽能忍辱耐烦，然仍非联络该处附近绅士不可，因遂节节设局，多用就近土人。俾洋员经过藉资照料，乃其中曲折太多，每日或只勘数十步，或停勘以待熟商计。自十一月至今，将近两月，仅勘二十余里，虽迁就迟滞，而并未酿成事端，已属万幸。"顾家相：《筹办萍乡铁路公牍》卷 3《萍醴铁路存稿（中）》，载曾伟：《〈筹办萍乡铁路公牍〉整理与研究》，江西师范大学硕士学位论文，2010 年，第 56 页。

② 盛宣怀于 1896 年 5 月接办汉阳铁厂，同年 10 月督办中国铁路总公司，1897 年盛宣怀已经萌发了将"煤铁厂矿"合为一体的想法，于是 1898 年起开始大力经营萍乡煤矿。因此，盛宣怀最初规划粤汉铁路的目的之一就是将汉阳铁厂、大冶铁矿、萍乡煤矿通过粤汉铁路连为一体。参见夏东元：《盛宣怀传》，南开大学出版社 1998 年版，第 172、197、353—354 页。当时的报刊也是这样报道的，如粤汉铁路初议，"盛宫保意本欲取道江西以达广东，便萍煤之转运"。参见饮冰：《鄂督与粤汉铁路之关系》，《新民丛报》1904 年第 3 卷第 12 期。

③ 汪叔子、张求会编：《陈宝箴集》下册，中华书局 2003 年版，第 1713 页。

④ 汪叔子、张求会编：《陈宝箴集》下册，中华书局 2003 年版，第 1504 页。

⑤ 汪叔子、张求会编：《陈宝箴集》下册，中华书局 2003 年版，第 1506 页。

⑥ 参见赵德馨主编：《张之洞全集》第 9 册，武汉出版社 2008 年版，第 244 页。

王土，岂能有所阻挠？况湘人素怀忠义，同德同仇，今昔一辙，近来绅士尤多通晓时务，不泥故见。"同时表示会在湘绅中进行"人事斡旋"，以尽可能减少筑路阻力。① 张之洞将陈宝箴的电文转发给盛宣怀，盛氏对陈宝箴的态度非常满意，8月19日复电张之洞说："啸电备聆，陈中丞所答铁路事，皆属至理，将来用人，不妨注重委绅。"② 经过这样一番电文往来，在盛宣怀、张之洞、陈宝箴等高层官员之间基本形成了粤汉铁路取道湖南的共识。

而陈宝箴之所以能够准确把握湘绅意见，也是因为著名维新派湘绅熊希龄、蒋德钧、谭嗣同等人也在极力推动粤汉铁路取道湖南。熊希龄说，湖南"欲致富强，非轮船、铁路不足以创兴大利"③。谭嗣同更是指出："今日之世界，铁路之世界也。有铁路则存，无则亡；多铁路强，寡则弱。西人为统计之学者，校稽环球各国铁路之长短，列为图表，惟美国最长，惟中国最短，而各国安危盛衰之数，率以是为差。问国富，亦辄举铁路为对，其效莫铢发爽也。"④ 将铁路兴筑提升到了国家兴亡的高度。实际上，还在1897年4月，熊希龄、蒋德钧作为陈宝箴和湘绅的联络代表，就曾多次到武昌拜会盛宣怀和张之洞，争取他们支持粤汉铁路取道湖南，从后来事态的发展走向来看，这些活动无疑起到了一定的效果。根据熊希龄的叙述，1897年农历十二月，他和蒋德钧还奉陈宝箴之命"冒雪至武昌"拜会张之洞，终"成粤汉铁路之举"。⑤ 也是在这年年底，熊希龄、蒋德钧、谭嗣同又联合湘鄂粤三省绅商上书张之洞，请求速办粤汉铁路，即《湘鄂粤三省绅商请开铁路禀》。这份禀稿出自熊希龄等湘绅之手，明显反映了湘绅要求粤汉铁路取道湖南的诉求："非徒南干铁路，宜一时并举，而经由之地，且必须顺道于湖南者。"⑥

---

① 参见汪叔子、张求会编：《陈宝箴集》下册，中华书局2003年版，第1505页。

② 汪叔子、张求会编：《陈宝箴集》下册，中华书局2003年版，第1507页。

③ 盛宣怀：《盛宣怀未刊信稿》，转引自周秋光：《熊希龄传》，华文出版社2014年版，第64页。

④ 何执编：《谭嗣同集》，岳麓书社2012年版，第460页。

⑤ 参见汪叔子、张求会编：《陈宝箴集》下册，中华书局2003年版，第1769页。

⑥ 宓汝成：《中国近代铁路史资料（1863—1911）》第2册，中华书局1963年版，第494页。

这份禀稿详细论证了粤汉铁路取道湖南的必要性和可能性。[①] 而维新健将谭嗣同更是著文详细论证粤汉铁路"道江西"与"道湖南"的成败利钝之处。谭氏指出，粤汉铁路"道江西，有不利者六；道湖南，则利铁路者九，而利湖南者十"[②]。所谓"利铁路者九"，即指铁路"径直"、"坦易"、"免造巨桥"、"易招劳工"、"产煤足以行车"、"产木足以垫道"，湖南有"能任事之官"、"能分任之民"且是"形胜之地"。所谓"利湖南者十"系指能"复固有之利权"、"杜觊觎之外患"、"收百粤之海口"、"作全湘之士气"、"振疲钝之商务"、"运重滞之矿砂"、"尽耕耘之地力"、"起组练之新兵"、"兴精巧之工艺"、"拯困乏之穷黎"等。谭氏还指出，粤汉铁路途经湖南，除了上述"十利之外，尤有无穷之利焉。干路既成，可由此广筑枝路，遍于全省，则十利可化为千百利……吾知洞幽辨微之士，必日日思得此路之经由吾湘而不可必得。今何幸官绅合志以上请，而圣天子亦若逆知民隐而慨然沛以殊恩，特允南干路不道江西而道湖南，并饬即行开办"。他为粤汉铁路能够取道湖南感到万分欢欣鼓舞。[③] 耐人寻味的是，谭嗣同这份题名为《论湘粤铁路之益》的文章与张之洞、盛宣怀、王文韶上清廷的《湘鄂粤三省绅商合请速办粤汉铁路折》同时刊登在 1898 年 3 月出版的第 19 号《湘报》上。这种安排表明，"湖南维新派与上层领导已有默契，他们摆出充分理由，说服了督抚大员同意粤汉铁路经过湘省"[④]。

在陈宝箴、熊希龄、蒋德钧、谭嗣同等人的努力争取下，粤汉铁路取道湖南取得了圆满的结果。1898 年 1 月 17 日，张之洞、盛宣怀、王文韶等联名向清廷上《会奏湘鄂粤三省绅商合请速办粤汉铁路折》。这份奏折的主要内容，一是强调为了有效抵制西方列强以修造铁路为借口划分势力范围，粤汉铁路应当速办；二是指出湘省绅士要求粤汉铁路取道湖南的理由和必要性；最后请求清廷允准速办粤汉铁路，"妥议招集华股，招借洋债，并

---

① 参见朱从兵：《张之洞与粤汉铁路——铁路与近代社会力量的成长》，合肥工业大学 2011 年版，第 29—30 页。

② 何执编：《谭嗣同集》，岳麓书社 2012 年版，第 460 页。

③ 参见何执编：《谭嗣同集》，岳麓书社 2012 年版，第 461—464 页。

④ 刘云波、李斌主编：《湖南经济通史·近代卷》，湖南人民出版社 2013 年版，第 181 页。

选举各省绅商，设立分局，购地鸠工，认真办理"①。光绪二十四年正月初五
（1898 年 1 月 26 日），清廷颁布上谕，同意这份奏折，令湘鄂粤三省绅商通
力合作，"设立分局，购地鸠工，认真办理……此路贯通湖南腹地，衔接武
昌，不特取径直捷，练兵开矿，诸凡有益"，并责成张之洞、谭继洵、陈宝
箴等两湖督抚大员"妥速开办，力任其难，以收实效"②。

当然，张之洞、盛宣怀之所以决定粤汉铁路取道湖南，一方面固然主
要与湘绅的努力争取有关，即"与当时湖南维新风气强盛颇有关"；另一方
面他们"也从军事、矿资源等方面作了考虑"③。因为，经过军事地位重要和
矿产资源丰富的地区是清末民初铁路选线的一条重要原则。④ 后来的历史证
明，粤汉铁路改道湖南对于湖南经济文化的发展起到了非常积极的促进作
用，而江西失去了这条重要的铁路干线，其潜在损失则相当巨大。⑤ 以近代
以来长沙与南昌的发展为例，交通条件尤其是铁路在其中起到了很大的作
用。孙伟在其研究中指出，粤汉铁路湘鄂段"开始营运的初期虽然亏损较
大，但对长沙经贸的发展起到了很大的促进作用。特别是粤汉铁路全线通车
后，长沙经广州口岸进出口的商品日益增多。商旅往来，乘坐火车颇为便
利，许多外省籍客商到长沙设庄开店者日益增多，这对长沙经济的繁荣起到
了较大的促进作用"⑥。而相比之下南昌的区位相对闭塞，近代以来与长沙在
铁路、公路交通上的差距拉大，交通条件虽然有所改善，"然而政治功利性
强，为经济发展服务的效用差，这大大限制了南昌的发展"⑦。有关研究也指
出，清末民初的铁路建设对中国各地的经济发展具有长期影响，"铁路通过

---

① 宓汝成：《中国近代铁路史资料（1863—1911）》第 2 册，中华书局 1963 年版，第 497 页。

② 宓汝成：《中国近代铁路史资料（1863—1911）》第 2 册，中华书局 1963 年版，第 498—
499 页。

③ 刘云波、李斌主编：《湖南经济通史·近代卷》，湖南人民出版社 2013 年版，第 180 页。

④ 参见于治民：《旧中国铁路分布及国有铁路选线原则》，《民国春秋》1993 年第 1 期。

⑤ 参见李国强等：《鄱阳潮》，百花洲文艺出版社 2000 年版，第 200 页。

⑥ 孙伟：《近代中国人口优化的启示：民国中期的南昌市人口》，江西人民出版社 2013 年版，
第 201 页。

⑦ 孙伟：《近代中国人口优化的启示：民国中期的南昌市人口》，江西人民出版社 2013 年版，
第 203 页。

县的经济发展水平要显著高于邻县约 20%。……有铁路通过的地区城市化和工业化进程更快，能吸引更多的外商资本，同时教育水平和企业的生产效率也更高"①。这说明，能够争取到铁路从本地区经过，无疑对本地区未来的发展具有相当深远的意义。也正是基于对现代交通方式巨大功用的深刻认识，清末民初各地的人们对于铁路线路走向及站点设置的争夺变得颇为激烈。关于这一点，详见本书第五章的相关分析。

二、粤汉铁路与清季湖南政治变迁

历史的发展鲜有直线进程的，粤汉铁路的建设尤其体现了这一特点。在晚清粤汉铁路湖南段的建设过程中，湖南省内各种政治势力如以湖南巡抚为代表的官方势力以及维新派、立宪派、革命派等都曾深度介入其中，试图使粤汉铁路湖南段的建设能够沿着各自政治力量所希望的方向发展。不过，按照马克思主义的观点，单独任何一种力量并不能决定历史发展的方向，历史前进的方向恰是各种力量共同作用下的结果。同时，历史发展也不能脱离具体的历史条件，人们无论是普罗大众还是英雄豪杰都只能在既有的历史条件下进行自己的创造活动，通过这种活动推动历史向前发展。晚清时期，铁路建设成为当时各种政治势力均试图染指的重大"实政"之一，而在湖南，围绕着粤汉铁路建设湘省诸多政治或社会力量之间的争夺亦在所难免。

1. 晚清湘抚与粤汉铁路

对于粤汉铁路湖南段的建设，晚清历任湖南巡抚首先成为我们的观察对象，因为这一群体作为官方的代表，其政治力量自然十分强大。我们知道，晚清社会的一个非常重要的变化是，地方督抚的权力空前膨胀。陈锋教授指出："清初在高度中央集权的财政体制下，清政府对地方予取予求，地

---

① 王辉、刘冲、颜色：《清末民初铁路建设对中国长期经济发展的影响》，《经济学报》2014年第 3 期。

方政府的每一兴革均须仰赖中央政府的批准和支持。随着财权的下移，中央与地方的关系发生了根本的变化，变成中央遇事须呼吁各省接济，地方督抚因此具有了与中央政府讨价还价的本钱。地方势力的形成虽然比较复杂，但肇始于财权的下移，是毋庸置疑的。而财权的下移，直接导致了中央政府威权的低落。地方督抚对中央的有关政令不再像以往那样惟命是从，而是选择或讨价还价，或置若罔闻。"这种状况在晚清最后的 10 年达于极致，"这一局面，显然严重威胁着清朝的统治。辛亥革命前后，清政权的分崩离析正好印证了地方政府离心离德的严重后果"①。民国学者晓初也指出，从粤汉铁路赎路废约的交涉中，"吾人可以窥知清政府纪纲之不振，行政之无系统，以如此重大事件且关系国际交涉，一委之于地方办理，中央反处于观望成败之地位，任其自然不为积极之援助，亡国之兆，于斯益著，其国祚尚得以延长数十年者，岂非邀天之幸也与"②！由此可见，晚清地方督抚权力之重。

地方督抚权力的空前膨胀，使得各督抚对于地方经济社会的发展往往能够起到更大有时甚至是决定性的作用。一个最为典型的例子是，晚清以张之洞为代表的湖广总督群体，对于近代湖北经济社会的发展就起到了十分积极的促进作用。③地方督抚权力的扩张对湖南社会的变化所起的作用也颇为明显，台湾学者张朋园曾指出："（湖南）新政运动的起因是时势逼成的，同时也是几个人物因缘聚会的结果。"④正如我们在上文中所提到的，正是由于湘抚陈宝箴在湖南大力推行新政，使得一向以"保守"著称的湖南省成为全国维新运动的领先省份。无疑，陈宝箴是湖南新政的核心人物，完全可以说没有陈宝箴就没有湖南新政。作为清末新政主要内容之一的铁路建设，得到了各省督抚的高度重视，湖南巡抚自然也不例外。

自 1895 年至 1911 年，湖南巡抚九易其人（参见表 4）。按照一般的评

---

① 陈锋、张卫东：《陈言务去　锋发韵流——访著名经济史学家陈锋教授》，《江汉论坛》2017 年第 4 期；另参见瞿海涛：《早期现代化中的地方督抚——以端方为例的研究》，苏州大学硕士学位论文，2003 年，第 4—8 页。

② 晓初：《粤汉铁路赎归自办之波折》，《新东方杂志》1941 年第 2 卷第 6 期。

③ 参见常城、何晓明：《现代化视野下的清末湖广总督群体研究》，《江汉论坛》2016 年第 5 期。

④ 张朋园：《湖南现代化的早期进展（1860—1916）》，岳麓书社 2002 年版，第 138 页。

价，在晚清历任巡抚中，陈宝箴、赵尔巽、端方等人较有作为，其余诸抚则多属食禄保位，敷衍塞责而已。[①] 不过仅就铁路等实业问题而言，晚清9位湖南巡抚对于粤汉铁路湖南段的建设大多还是有所作为的。

表 4　晚清湖南巡抚任职概况

姓名	籍贯	任期
陈宝箴（1831—1900）	今江西九江	1895 年 9 月 12 日—1898 年 10 月 6 日
俞廉三（1841—1912）	今浙江绍兴	1898 年 10 月 6 日—1903 年 1 月 22 日
赵尔巽（1844—1927）	汉军正蓝旗	1903 年 1 月 22 日—1904 年 5 月 25 日
陆元鼎（1839—1910）	今浙江杭州	1904 年 5 月 25 日—1904 年 12 月 13 日
端方（1861—1911）	满洲正白旗	1904 年 12 月 13 日—1905 年 7 月 14 日
庞鸿书（1848—1915）	今江苏常熟	1905 年 7 月 14 日—1906 年 9 月 4 日
岑春冀（1868—1944）	今广西西林	1906 年 9 月 4 日—1910 年 4 月 17 日
杨文鼎（1852—1911）	今云南蒙自	1910 年 4 月 17 日—1911 年 8 月 8 日
余诚格（1857—1926）	今安徽望江	1911 年 8 月 8 日—1911 年 10 月 22 日

前文我们已经指出，粤汉铁路之所以能够经过湖南，与大力推行新政的湖南巡抚陈宝箴有莫大的关系。学术界的研究也指出，陈宝箴在抚湘期间为促进湖南的交通近代化做出了一系列努力，包括铁路建设在内的湖南省交通近代化事业也由此开始起步。[②] 当清廷做出粤汉铁路经由湖南通达广州的决定后，陈宝箴又积极筹划该路在湘境的走向，他为粤汉铁路湖南段的建设可谓殚精竭虑。总体而言，作为湖南巡抚的陈宝箴，他对粤汉铁路湖南段的建设所做出的贡献，可以概括为两点：一是争取该路由江西改道湖南（详见本章第一节），二是初步规划了粤汉铁路湖南段的走向（详见第五章相关论述）。令人惋惜的是，戊戌维新运动于 1898 年 9 月 21 日宣告失败，作为维新运动干将陈宝箴的政治生命亦随之止步于 1898 年 10 月 6 日。

---

① 参见张朋园：《湖南现代化的早期进展（1860—1916）》，岳麓书社 2002 年版，第 141 页。

② 参见洪认清：《陈宝箴与湖南经济近代化的起步》，《郧阳师范高等专科学校学报》2001 年第 5 期；塔丽婷：《陈宝箴与湖南维新变法》，吉林大学硕士学位论文，2008 年，第 22—23 页。

　　陈宝箴被革职后，俞廉三①由湖南布政使接任湖南巡抚，光绪二十八年年底（1903 年 1 月）俞廉三与护理山西巡抚赵尔巽②对调。赵尔巽抚湘时间仅一年多一点（1903 年 1 月—1904 年 5 月），随后原漕运总督陆元鼎③接任湖南巡抚。陆元鼎署湘抚仅 7 个月（1904 年 5—12 月）即调任江苏巡抚，而署江苏巡抚端方④则调任湖南巡抚。端方是晚清满族大臣中少见的有

①　俞廉三（1841—1912），字虞轩，浙江山阴（今绍兴）人。监生。历任湖南按察使、山西布政使、湖南布政使，戊戌政变后由湖南布政使升任巡抚。反对推行新政，奏禁私运锑矿，以维护本省利益。又与张之洞筹商，奏开岳州为商埠。1900 年，衡州发生教案，俞派兵镇压，并与侵略者妥协，赔款拨地，重建教堂，停止衡州文武考试 5 年，重惩参加反洋教斗争的主要人物。唐才常自立军起义失败后，俞于湖南大索党人，屠杀甚多。辛丑和约后，清政府宣布"实行新政"，将求实书院（原时务学堂）改为省城大学堂，各府厅州县开设中、小蒙养学堂，另筹设农务工艺学堂，成立学务处，统管全省教育；批准龙湛霖、王先谦以及黄忠浩、喻光容等集股设立湖南炼矿总公司和沅丰公司。1902 年 9 月，镇压了贺金声起义。年底，调任山西巡抚。参见王晓天、王国宇主编：《湖南古今人物辞典》，湖南人民出版社 2013 年版，第 1287 页。
②　赵尔巽（1844—1927），汉军正蓝旗人，字公镶，号次珊，又号无补。清同治进士，授翰林院编修。历任安徽、陕西按察使，甘肃、新疆、山西布政使。1902 年（光绪二十八年）起历任护理山西巡抚、湖南巡抚、署户部尚书、盛京将军以及湖广、四川、东三省总督。武昌起义后，在奉天（今辽宁）以"保安会"代替总督衙门，任会长。1912 年民国成立，任奉天都督，旋即辞职，退居青岛，1914 年 3 月出任清史馆总裁，主编《清史稿》。袁世凯称帝时，与徐世昌、李经羲、张謇同被袁封为"嵩山四友"。1917 年张勋复辟，被提名为枢密院顾问。1925 年段祺瑞执政时，任善后会议议长、临时参议院议长，1927 年病逝于北京。参见夏征农、陈至立主编：《大辞海·中国近现代史卷》，上海辞书出版社 2013 年版，第 231 页。
③　陆元鼎（1839—1910），字春江，号少徐，浙江仁和（今杭州）人，进士。历任江宁知县、上海县知事、泰州知州、江苏按察使、布政使、漕运总督等职。光绪三十年（1904），调署湖南巡抚。派黄忠浩等统军前往广西镇压陆亚发起义，又破获华兴会。在任裁汰冗官，设立游学预备科。同年冬，改署江苏巡抚。参见王晓天、王国宇主编：《湖南古今人物辞典》，湖南人民出版社 2013 年版，第 1286 页。
④　端方（1861—1911），满洲正白旗人，托忒克氏，字午桥，号陶斋。光绪八年（1882）中举。百日维新中受到光绪皇帝重用，曾奉旨督理农工商局。1899 年任陕西巡抚。1900 年两宫西狩（指八国联军入侵北京，光绪与慈禧逃往西安），端方接驾有功，由此得到慈禧太后的重视与信任。光绪二十七年（1901）三月升任湖北巡抚，此后历任江苏巡抚、湖南巡抚、两江总督兼南洋大臣、直隶总督兼北洋大臣等职。1911 年 11 月端方被任命为四川总督带兵入川平定保路运动，途中湖北新军中革命党人发动起义被杀，时年 51 岁，谥忠敏。参见王爱云：《满族开明派与晚清现代化——以端方为考察中心》，《理论与现代化》2012 年第 2 期。

识之士，但其抚湘时间亦只 7 月余（1904 年 12 月—1905 年 7 月）。端方之后，湖南布政使庞鸿书①护理湖南巡抚，1905 年 10 月实授湖南巡抚。庞鸿书任职至 1906 年 9 月，以贵州巡抚岑春蓂②为湖南巡抚。晚清湖南诸抚中，岑春蓂抚湘时间较长，至 1910 年 4 月因处理长沙抢米风潮不力，被清廷撤职，以湖北布政使杨文鼎③代之。杨文鼎抚湘近 1 年半，随着湖南保路运动的发展，杨文鼎试图调和朝廷与湖南士绅之间在粤汉铁路"国有"问题上的矛盾，清廷乃于 1911 年 8 月将其与陕西巡抚余诚格④对调。余诚格 1911 年

① 庞鸿书（1848—1915），字劬盒（也作渠庵），号邮亭。江苏常熟人，进士。光绪二十九年（1903）七月任湖南按察使。光绪三十一年（1905）正月改任布政使，不久，护理、署理巡抚。同年十二月（1906 年 1 月）擢巡抚。光绪三十二年（1906）夏，长沙、善化学生在禹之谟领导下公葬爱国志士陈天华、姚洪业于岳麓山，民气大张。接着，湘乡学界发生抗争盐捐浮收风潮，禹之谟率众前往县署据理力争。时湘乡县令以禹之谟"哄堂塞署"罪名上报。庞鸿书下令在长沙将禹逮捕。因"为之谟营救申辩者日数十起"，他与臬司庄赓良"格于清议"，不敢在长沙处置，即将禹之谟监送常德，又解往靖州监狱。十二月二十四日（1907 年 2 月 6 日）禹之谟被州官金蓉镜所杀害。此前不久，庞鸿书调任贵州巡抚，宣统三年（1911）四月因病免职。后事不详。参见湖南省地方志编纂委员会编：《湖南省志·第 30 卷·人物志》上册，湖南出版社 1992 年版，第 911 页。
② 岑春蓂（1868—1944），字尧阶，广西西林县人。荫生出身，1902 年任湖北汉黄德道，次年擢按察使，协助湖广总督张之洞推行新政。1905 年署贵州巡抚，成立贵州练兵处。1906 年 8 月，调任湖南巡抚。同年 11 月，命兵务总办俞明颐督率本省驻军，会同江西、湖北、江苏援军镇压萍浏醴人民起义。1910 年 3 月，长沙饥民抢米风潮爆发，他对要求平价售米饥民采取高压手段，命令军队开枪扫射，杀死居民 20 余人。群众愤怒焚毁巡抚衙门、长沙税关等。他见事态严重，请旨撤职。后被革职，"交部议处"。民国后隐居不出。参见湖南省地方志编纂委员会编：《湖南省志·第 30 卷·人物志》上册，湖南出版社 1992 年版，第 912 页。
③ 杨文鼎（1852—1911），字晋卿，云南蒙自人。举人出身，历任福建、贵州、湖北按察使、布政使。宣统二年（1910），擢升湖南巡抚。同年 7 月，擅自以常宁水口山铅锌矿抵借外债，遭湖南绅商反对，被迫取消原议。宣统三年（1911）四月，清廷颁布"铁路国有"政策后，湖南人民群起抗议。他恐酿成事变，代为电奏清廷，请允许湘路完全商办，被传旨严行申饬。不久，调任陕西巡抚。武昌起义后，陕西新军酝酿起义，他未敢赴任，终老故里。参见王晓天、王国宇主编：《湖南古今人物辞典》，湖南人民出版社 2013 年版，第 1287—1288 页。
④ 余诚格（1857—1926），字寿平，安徽望江人。历任广西按察使、湖北布政使、陕西巡抚等。宣统三年（1911）八月调任湖南巡抚。到任后，特委黄忠浩为中路巡防营统领，屯长沙，严密监视新军和革命党人。又拟将新军调至各县，分散驻扎，而将原驻防各县的

8月任湖南巡抚，10月辛亥革命爆发，他化装脱逃，避走上海。

晚清湖南巡抚与粤汉铁路的关系，可以从以下几个方面加以透视：

一是支持粤汉铁路的勘路工作。兴办工、矿及交通等实业，是晚清社会的一个主要潮流，湖南亦是如此。湖南巡抚赵尔巽说："湖南全省绅商呈称，今日谈时务者莫不曰振兴工商，开通风气。铁路者工商之基址而风气之邮驿也。"① 由于这样的原因，所以我们看到，陈宝箴之后的历任湖南巡抚，虽然在政治改革等方面步伐不大，但在兴办实业方面并没有倒退，倒是加快了向前推进的步伐。以俞廉三为例，一般认为，他在政治上是相对保守的，往往被贴上保守派的标签。俞廉三接替陈宝箴担任湖南巡抚之后，他基本上秉承清廷的旨意，裁撤了湖南新政中大部分政治文化方面的措施，尤其是在文化教育上较为保守。比如，他担任湖南巡抚后，积极配合王先谦、叶德辉等政治上较为保守的绅士，在长沙各官学恢复八股文，引起了维新派绅士的极大不满。② 但俞廉三抚湘期间，曾大力发展湖南矿业，他还从维护湖南利权的角度出发，奏请清廷整顿湖南锑矿开发和贩运秩序，严禁私贩锑矿出湘，对于湖南矿业的顺利发展具有一定的促进作用。对于粤汉铁路湖南段的建设，俞廉三最初的态度并不积极，一是托词湖南正绅"深以开路失险为恐"，"衡州以上民情极蛮，边隅尤甚，见异必拒，猝起难防"；二是不愿意外国工程师进入湖南进行铁路勘线工作，称："勘路周章，更易滋虞"，"华员诣勘，自可无他，挽有洋人，便不同矣"。③ 他的这个态度其实与陈宝箴是一致的，即他们都主张勘路工作应先由华人勘测一遍，然后再请外国工程师来最终踏勘。但在张之洞的劝说之下，俞廉三逐渐改变了态度，转而积极

巡防营调到长沙，并下令将新军全部子弹缴归存库，意在防止军队叛变。武昌起义爆发后，湖南革命党人和新军骤然发动起义，他化装脱逃，避走上海。参见王晓天、王国宇主编：《湖南古今人物辞典》，湖南人民出版社2013年版，第1288页。

① 赵尔巽：《奏为湘省绅商请设湖南铁道支路总公司，先将常辰一路集股，以保利权而兴实业折》（光绪三十年二月二十四日，1904年4月9日），载周正云辑校：《晚清湖南新政奏折章程选编》，岳麓书社2010年版，第597页。

② 参见谭仲池主编：《长沙通史·近代卷》，湖南教育出版社2013年版，第460—462页。

③ 《俞廉三致张之洞电》（光绪二十四年十月初九日），载宓汝成编：《中国近代铁路史资料（1863—1911）》第2册，中华书局1963年版，第508页。

配合湖广总督张之洞、铁路督办大臣盛宣怀进行粤汉铁路湖南段的勘线工作。1898 年 12 月 12 日，俞廉三致电盛宣怀、张之洞说："各地方官已迭次函札令带正绅各在交界亲身送交下站，竭力保护。"①12 月 18 日，俞廉三上奏清廷说："此次洋工师等人数较多，逐处测量履勘，行程不能迅速，为时既久，保护尤觉为难，臣惟有责成地方州县官宣布朝廷德意，晓以建筑铁路系中国自办，为商民开拓利源，扩充生计，广譬曲喻，不惮烦琐，期于开发愚蒙，俾各深明利害，蠲除疑惑。仍令联络绅士，各自约束居民，并严饬防绿营汛竭力弹压、防范，冀免疏失。"②1899 年 1 月，俞廉三在湖南巡抚衙门接见负责粤汉铁路勘线工作的美国工程师柏生士，"表示对勘测结果感兴趣，并且说他相信修建一条铁路会在很大程度上造福于当地百姓"。柏生士还说，俞廉三向他保证，"已经向各级下属发布命令，以确保我们在随后的行程中能够一路上得到热情友好的接待"③。由于俞廉三的积极配合，柏生士在湖南境内的勘测工作进行得比较顺利。此后，粤汉铁路湖南段的建设工作一直得到俞廉三的支持。

二是支持废约赎路运动。在支持废约赎路运动的过程中，赵尔巽给予了极大的支持。赵尔巽是清末著名的开明派官员之一，其担任湖南巡抚的时间虽然不长，但他励精图治，锐意改革，"为推动湖南社会的近代化做出了重要贡献"④。赵尔巽抚湘期间，非常重视发展农工商交通等实业。对于铁路建设，他曾指出，"铁路为商业枢纽所关，湘省乃物产郁积之地，自非亟行筹办不足以策富强"⑤。可见，他对铁路建设的重要性有着非常明确的认识。

① 《俞廉三致盛宣怀、张之洞电》（光绪二十四年十月二十九日），载宓汝成编：《中国近代铁路史资料（1863—1911）》第 2 册，中华书局 1963 年版，第 509 页。

② 俞廉三：《奏为查勘粤汉铁路公司人等定期来湘，预筹保护情形折》（光绪二十四年十一月初六日，1898 年 12 月 18 日），载周正云辑校：《晚清湖南新政奏折章程选编》，岳麓书社 2010 年版，第 555 页。

③ ［美］柏生士：《日落西山——一位美国工程师在晚清帝国勘测铁路见闻录》，国家图书馆出版社 2011 年版，第 52 页。

④ 阳信生：《赵尔巽与清末湖南新政》，《株洲师范高等专科学校学报》2006 年第 6 期。

⑤ 赵尔巽：《奏为湘省绅商请设湖南铁道支路总公司，先将常辰一路集股，以保利权而兴实业折》（光绪三十年三月二十五日，1904 年 5 月 10 日），载周正云辑校：《晚清湖南新政奏折章程选编》，岳麓书社 2010 年版，第 597、598 页。按：此折上奏时间"章程选编"

赵尔巽主政湖南的时候，因美国合兴公司私自将公司股票售与比利时，违反了中美粤汉铁路借款合同的相关规定，湘、鄂、粤三省士绅逐渐发起了赎路废约运动。对于湘绅的废约要求，赵尔巽表示坚决支持。1903 年 5 月 22 日，赵尔巽曾致电外务部称："如该公司（合兴公司——引者注）不认私售与比国，必须以后立有确切证据，或订明将来查出受罚，方能释三省之疑。应请转请总公司照此据约力争。彼曲我直，若先自处于必负之地以与人争，办事者似不应出此。全湘命脉，系此一举。除一面极力筹款外，公请电恳贵部切电盛大臣，向公司切实驳诘，勿为律师等言所惑。如果比人来办，总以争至废约为止。"①1904 年 4 月 20 日，赵尔巽致电盛宣怀："收挽路权，深佩苌筹。美约逾限，理应作废。现湘绅欲自办长汉铁路②，求公力助其成。"③4 月 21 日，盛宣怀复电则说："无论何路，自办本属上策"，但"湘绅筹巨款，未必足恃，只可借此推缓"④。显然，盛宣怀并不相信湘绅能够筹到足够的款项，因此，盛宣怀表示不能与合兴公司解除合同。对于 4 月 21 日盛宣怀电文中的意见，湖广总督张之洞表示不能赞同；相反，张之洞非常赞赏赵尔巽极力废约的主张。1904 年 5 月 7 日，张之洞致电赵尔巽说："今难得福星在湘，大局之幸。公风力刚劲，湘绅志气坚强，必能挽回此举。"他称赵尔巽为"福星"，对他支持湘绅废约的举动极为欣赏。张之洞接着说："务请尊处合官绅之力，切电盛大臣将美公司承办合同声明作废。能否仿照四川自立公司？先办岳、潭，次办岳、鄂；鄂、潭通后，再与粤商合办潭、粤，庶免比、法

记为"光绪三十年二月二十四日"，即 1904 年 4 月 9 日，误。据宓汝成《中国近代铁路史资料（1863—1911）》第 3 册（中华书局 1963 年版）第 1043 页载，当为 1904 年 5 月 10 日。此处时间据宓书改。

① 《湘抚赵尔巽致外部湘绅请电盛宣怀驳诘美公司将合同私售比国电》（光绪二十九年四月二十六日，1903 年 5 月 22 日），载王彦威、王亮辑编，李育民、刘利民等点校整理：《清季外交史料》（6），湖南师范大学出版社 2015 年版，第 3193 页。

② 长汉铁路，即指长沙至汉口铁路，也就是粤汉铁路北段。

③ 《赵尔巽致盛宣怀电》（光绪三十年三月初五日，1904 年 4 月 20 日），载宓汝成编：《中国近代铁路史资料（1863—1911）》第 2 册，中华书局 1963 年版，第 756 页。

④ 《盛宣怀致张之洞、赵尔巽电》（光绪三十年三月初六日，1904 年 4 月 21 日），载宓汝成编：《中国近代铁路史资料（1863—1911）》第 2 册，中华书局 1963 年版，第 756 页。

合谋，再夺此项路权，为中国腹心大患。"① 接到张之洞的电文两天后，1904年5月9日，赵尔巽即致电邮传部尚书盛宣怀，希望他不要再对美方抱有幻想，而应力持废约之思想。他说，合兴公司将股份私自转让比利时，"此事关系太大，湘人首受其害，断不承认"，美方此举"显系背约，理宜作废"，他敦请盛宣怀"力为主持，以慰湘绅之望"②。同年5月16日，赵尔巽联合湖广总督张之洞再次致电外务部，"力请废约"，主张湘路由湖南绅商自行承办。③ 这个时期，比利时不但觊觎粤汉铁路的建筑权，而且还试图控制湖南境内粤汉铁路的支路——常辰铁路。④ 对此，赵尔巽亦坚决表示反对，并于1904年5月10日上奏朝廷由湘省绅商集股承造该支路，6月，外务部、商部议奏，原则同意赵尔巽所请。⑤ 当然，由于各种条件的限制，该路实际上并无实质性进展。总之，赵尔巽在任期间，对于粤汉铁路湖南段的建设其中主要是赎路废约事宜与湘省绅商精诚合作，花费了较大的精力，取得了一定的成效。

除了赵尔巽，端方对于废约赎路运动也颇为支持。端方"是商办或绅办铁路公司的策划者和赞助者"⑥，他在粤汉铁路废约赎路运动中也发挥了相当重要的作用。端方在会同湘绅推进废约赎路运动的过程中，与张之洞电

---

① 《张之洞致赵尔巽电》（光绪三十年三月二十二日，1904年5月7日），载宓汝成编：《中国近代铁路史资料（1863—1911）》第2册，中华书局1963年版，第756—757页。

② 《赵尔巽致盛宣怀电》（光绪三十年三月二十四日，1904年5月9日），载宓汝成编：《中国近代铁路史资料（1863—1911）》第2册，中华书局1963年版，第757页。

③ 参见《张之洞、赵尔巽致外务部电》（光绪三十年四月初二日，1904年5月16日），载宓汝成编：《中国近代铁路史资料（1863—1911）》第2册，中华书局1963年版，第758页。

④ 常辰铁路，即常德至辰州之铁路。辰州，治今湖南省怀化市沅陵县。

⑤ 参见赵尔巽：《奏为湘省绅商请设湖南铁道支路公司，先将常辰一路集股，以保利权而兴实业折》（光绪三十年三月二十五日，1904年5月10日），载周正云辑校：《晚清湖南新政奏折章程选编》，岳麓书社2010年版，第597—599页；外务部、商部：《请准湖南集股试办通蜀、通黔铁道支路折》（光绪三十年四月二十二日，1904年6月5日），载周正云辑校：《晚清湖南新政奏折章程选编》，岳麓书社2010年版，第599—600页。按：外务部、商部奏折的时间，"章程选编"标为"光绪二十四年四月"，大误。据宓汝成《中国近代铁路史资料（1863—1911）》第3册（中华书局1963年版）第1044页载，当为"光绪三十年四月二十二日"，即1904年6月5日，此处时间据宓书改。

⑥ 张海林：《端方与清末新政》，南京大学出版社2007年版，第525页。

报往来频繁，及时将湘中路事进展之情况和自己的意见电告张之洞。光绪三十一年初，端方代湘绅致电张之洞的幕僚："前汇湘（席汇湘——引者注）在鄂奉宫保面谕，湖南先设筹款购地公所，昨因同人集议，定日内开办，惟购地必先筹款，筹款须发收条，非有关防不足以昭凭信。现在约尚未废，未便遽曰粤汉铁路，只暂名曰湖南铁路筹款购地公司，就近请抚宪颁发关防，一俟废约后再请宫保奏定办法饬遵。"① 此电表明：其一，端方支持湘绅和张之洞的废约赎路活动；其二，湘绅成立的铁路公司向身为湖南巡抚的端方请领关防，端方允准。湖广总督府复电端方，同意其所议方案，并表示可由湖广总督衙门给湘绅颁发铁路公司关防。张之洞同时致电湖南官绅请他们设法筹款赎路，湘绅回电表示愿意承担赎路款40万元，"听候拨兑"②。区区40万元，当然只是杯水车薪。为了让湘绅多筹款，端方则以巡抚身份出面游说。他在致张之洞的电文中说："借款事，湘绅因摊款较多，意尚游移。经方剖解再三，始获就绪。"③ 这就是说，此时的湘绅正是在端方的极力劝说下，才下定筹款赎路的决心的。张之洞对于端方则表示了充分的信任和欣赏。他在致端方的电文中说："湘局一切事宜，敝处但总大纲，其筹办节目，统听尊处裁酌施行。"④ 由上可见，作为湖南巡抚的端方堪称张之洞领导废约赎路运动的得力助手。

三是在一定程度上支持湖南绅民的保路运动。1909年6月，湖广铁路借款合同草签后，湖南全省掀起反借款浪潮。在这种情况下，1909年12月26日，湖南巡抚岑春蓂奏请湘境粤汉铁路由全省人民集款自办，并请朝廷

① 《端方代发致武昌李、曾二观察电》（光绪三十一年正月十三日，1905年2月16日），端方档案，端67，专67，《铁路事去电》，转引自张海林：《端方与清末新政》，南京大学出版社2007年版，第523页。

② 《前刑部右侍郎龙湛霖、前国子祭酒王先谦、安徽候补道席汇湘等致张之洞电》（光绪三十一年二月二十五日，1905年3月30日），端方档案，端67，专67，《铁路事去电》，转引自张海林：《端方与清末新政》，南京大学出版社2007年版，第523页。

③ 《端方复张之洞电》（光绪三十一年五月初九日，1905年6月11日），端方档案，端67，专67，《铁路事去电》，转引自张海林：《端方与清末新政》，南京大学出版社2007年版，第524页。

④ 张之洞：《致长沙端抚台》（光绪三十一年二月十九日，1905年3月24日），苑书义等：《张之洞全集》第11册，河北人民出版社1998年版，第9299页。

设法取消借款。①1911 年 5 月 9 日，清廷宣布干线国有政策，湖南保路运动迅速发展，导致湘省局势几乎失控，清廷认为湖南"群情汹涌，哗噪异常，遍发传单，意在煽动"②。迫于湖南保路运动迅速发展的压力，1911 年 5 月31 日，湖南巡抚杨文鼎于是代湖南省咨议局向清廷上了一封措辞温和的奏折，称"湘路力能自办，不甘借债"。而保路人士其他措辞激烈的奏议，他没有敢上奏朝廷。纵然如此，杨文鼎还是立即遭到了清廷的严厉申饬。朝廷指责咨议局"所呈各节，语多失实，迹近要挟"；同时斥责杨文鼎"竟率行代为渎奏，殊属不合。著传旨严行申饬。昨又有旨，饬将湖南省因路抽收之米、盐、房各捐，概行停止。朝廷体恤民艰，无微不至，仍著该抚懔遵迭次谕旨，一面切实劝谕，一面会同妥筹办法，如有匪徒暗中鼓动，致生事端，即著从严惩办。倘再措置失宜，酿成重案，定惟该抚是问"③。在遭到朝廷的申斥之后，杨文鼎开始对湖南的保路运动采取镇压的政策。从以上史料可以看出，作为巡抚的岑春蓂、杨文鼎等所处的位置颇有点左右为难：在下即对于湖南省内，迫于湖南绅商各界的压力，他们对于中央政府的借债筑路和干线国有政策难以执行；在上即对于中央政府，他们又不能不执行朝廷的举债筑路和干线国有政策。在这种情况下，湘抚也就依违不定，无所适从了。纵观陈宝箴湖南新政失败后的历任湖南巡抚，除了俞廉三（4 年零 3 个月）和岑春蓂（3 年零 8 个月）任职时间较长外，大多数人任职不长，多则年余，少则数月，应该说调动是比较频繁的。有学者研究指出，晚清湖南巡抚之所以更换频繁，"是官绅矛盾冲突的结果"④。具体来说，就是湖南巡抚在职期间，应当与湖南绅士进行良好的合作，不然轻则势力强大的湖南绅士对巡抚的各项施政措施不予配合，工作就难以开展；重则可能会被湖南绅士排挤

---

① 参见湖南历史资料编辑委员会：《湖南历史资料》（2），湖南人民出版社 1959 年版，第102 页。

② 《清末湖南人民保路运动传单三件》，《湖南历史资料》1979 年第 1 辑，湖南人民出版社1980 年版，第 219—224 页。按：这些传单措辞激烈，极具煽动性，当出自晚清革命党人之手。正因为如此，清政府极为震怒，要求杨文鼎对湖南保路运动大力镇压。

③ 湖南历史资料编辑委员会：《湖南历史资料》（2），湖南人民出版社 1959 年版，第 111—112 页。

④ 许顺富：《湖南绅士与晚清政治变迁》，湖南人民出版社 2004 年版，第 401 页。

出湘。

　　四是推动粤汉铁路湖南段的工程建设。作为湖南最高行政长官，粤汉铁路无论是筹建、筹款还是在勘路、购地、拆迁、兴工、购料等方面的事宜，都需要由湖南巡抚亲自主持即"由大吏核定举办"①。事实上，在粤汉铁路湖南段的建设过程中，湖南巡抚也的确颇为积极。在粤汉铁路的筹建过程中，陈宝箴力主该路取道湖南；陈宝箴、俞廉三对于湘境勘路工作给予了支持；在废约赎路及保路运动中，赵尔巽、端方、庞鸿书、岑春蓂、杨文鼎等历任湖南巡抚或主动或被动也都采取了支持的态度。粤汉铁路废约成功后，三省分办铁路，湖南官绅先后成立"官率绅办"的"湖南铁路筹款购地公司"和"官督商办"的"奏办湖南粤汉铁路公司"，在这些公司中，官绅共同掌握了粤汉铁路湖南段的主导权，且将商股也纳入其中。由于湖南官绅筹到的款项远远满足不了工程建设的需要，因此铁路工程迟迟不能动工。由于奏办湖南粤汉铁路公司徒靡经费，1907年10月，商民普遍要求退出在公司中的股份。12月，长沙商学代表致函湖广总督赵尔巽，请求公司取消"官督"，实行完全的商办。官方当然拒绝了这个要求，但也加快了筹款步伐。湖南巡抚决定采取硬性摊派的方式，在全省征收租股、廉薪股来募集修路资金。1909年4月，岑春蓂在全省18个府厅州绅士的联合禀请下，会同湖广总督陈夔龙仿川汉铁路办法，在湖南抽收租股。同时还决定，从1910年正月起，在全省抽取廉薪股。②通过这样的办法，至1911年，合计筹款约1137.2万元，其中商股215万元，占全部资金的1/4；租股225万元，米、盐捐等697.2万元，合计922.2万元，占全部资金的3/4。③随着筹款工作初有成效，宣统元年七月十一日（1909年8月26日），湖南境内拖延日久的粤汉铁路长沙至株洲段工程正式开工，长株段约费时1年零5个月而竣工，1911年1月19日，长株段全线通车。

---

① 张之洞：《湘路商办窒碍难行，应定为官督商办，并举总理、协理折》（光绪三十一年十二月二十七日，1906年1月21日），载周正云辑校：《晚清湖南新政奏折章程选编》，岳麓书社2010年版，第574页。

② 参见湖南省地方志编纂委员会：《湖南通鉴》，湖南人民出版社2007年版，第376页。

③ 参见郭钦编著：《湖南近现代工业史》，湖南人民出版社2013年版，第96—97页。

2. 晚清湘绅与粤汉铁路

我们知道，晚清以来的湖南绅权势力较为强大，绅权对湖南政治的影响非常巨大。许顺富研究指出："湖南绅士对地方政治的影响更是其他各省无法相比的，晚清湖南政治长期受湖南绅士的影响，湖南地方官吏得不到地方绅士的支持，要办成一事简直比登天还难。绅士不喜欢的官吏不是被挤走，就是被免职，再有才能的官吏如果不与地方绅士搞好关系，最终也毫无作为，任何改革一旦触犯特权绅士的利益，就无法进行下去，晚清湖南巡抚更换频繁就是官绅矛盾冲突的结果，所以近代湖南流行着，'绅权大于官权'的说法。"[1] 这正如张之洞所言："湖南公事，凡向由官办者亦多绅士协助，况由绅筹款之事更系绅董经理，湘省大吏亦不过主持定议，专司考察督催。其（指粤汉铁路——引者注）购地、兴工、购料等事全在大小绅董。"[2] 又说："湘省情形，专门富商大贾向来不多，凡筹款公事大率系地方官邀集正绅公同筹议，由大吏核定举办。"[3] 粤汉铁路湖南段的建设，作为晚清湖南最重要的实业问题之一，湘绅极力试图把持粤汉铁路的建设，并在这个过程中与官、商两界产生了较大的矛盾。

虽然晚清湖南的绅权势力雄厚，但绅士阶层并非铁板一块，清季湘绅阶层也发生了非常明显的分化。阳信生研究指出，绅士阶层的近代分化存在着"体制内分化"和"体制外分化"两种情况。"体制内分化"又分三种情况：一是洋务派的产生，在湖南主要以郭嵩焘、曾纪泽等人为代表；二是维新派的产生，其中湖南维新派在近代表现抢眼，如谭嗣同、唐才常、熊希龄、皮锡瑞等人；三是立宪派的产生，湖南的立宪派代表主要是杨度、谭延闿、冯锡仁、栗戡时、易宗夔、黎尚文等人。"体制外分化"则是指绅士的

---

① 许顺富：《湖南绅士与晚清政治变迁》，湖南人民出版社 2004 年版，第 401 页。

② 张之洞：《复陈黄昌年所奏粤汉铁路各节折》（光绪三十一年十二月十七日，1906 年 1 月 11 日），载周正云辑校：《晚清湖南新政奏折章程选编》，岳麓书社 2010 年版，第 588 页。

③ 张之洞：《湘路商办窒碍难行，应定为官督商办，并举总理、协理折》（光绪三十一年十二月二十七日，1906 年 1 月 21 日），载周正云辑校：《晚清湖南新政奏折章程选编》，岳麓书社 2010 年版，第 574 页。

革命化，而绅士的革命化是"绅士阶层最重大、最深刻的社会转型"，而且在湖南最为典型。这种转变人数众多，其代表人物著名者如黄兴、宋教仁、蔡锷、陈天华、谭人凤、杨毓麟、禹之谟，等等。① 至于晚清牢牢把持粤汉铁路湖南段建设的王先谦、席汇湘、余肇康、龙湛霖等人，其身份又颇为复杂，事实上他们具有亦官亦绅的双重身份，所以他们在官绅两个领域都能够游刃有余，这也就是为什么贵为湖广总督的张之洞和湘省头号大员的清末历任湖南巡抚无论是在借款谈判中，还是在废约赎路过程中，抑或是在筹款、购地、建设等项事务中，都必须与王先谦、龙湛霖、席汇湘等人及时沟通的原因，而王先谦等人对于粤汉铁路湖南段的事务也表现出异乎寻常的热情。

我们可以从以下几个方面观察晚清湘绅与粤汉铁路的关系：

一是积极争取粤汉铁路取道湖南。关于这一点，我们在第一节中已经比较详细的论述了，此处不再赘述。需要指出的是，湘绅之所以极力争取粤汉铁路取道湖南，除了发展经济的目的，也还有政治上的考虑，正如周秋光教授所指出的，湘绅力争粤汉铁路入湘是为了"抵制列强，以保路权"②。正因为粤汉铁路的筹建包含着保护路权的政治意图，故后来湘绅对于赎路废约运动就表现出格外的热情。因此，"湖南的投资者们在选择投资的领域和去向时不仅仅从经济上考量，更重要的是从政治权益上考量，即把维护民族的利益和主权放到相当重要的位置，千方百计地要使矿山的开采与铁路的修筑之权不落外人之手"③。

二是积极支持粤汉铁路废约赎路运动。粤汉铁路确定经过湖南后，1898 年 4 月，时任湖南巡抚陈宝箴发布粤汉铁路湖南段筑路告示，希望湘绅能够大力支持该铁路之建设。然而，注定历经磨难的粤汉铁路在筹办之初便不顺利。获得粤汉铁路筑路权的美国合兴公司因自身实力不济，违反借款约定将股份私自转售已经取得芦汉铁路筑路权的比利时，在中国朝野引起了

---

① 参见阳信生：《湖南近代绅士阶层研究》，岳麓书社 2010 年版，第 34—51 页。

② 周秋光：《晚清湖南维新派与粤汉铁路兴办始末》，《湖湘文化论集》上册，湖南师范大学出版社 2000 年版，第 244 页。

③ 周秋光：《湖湘文化发展概要》，《湖湘文化宏观研究》，湖南师范大学出版社 2001 年版，第 56 页。

激烈的反抗浪潮。在粤汉铁路废约过程中，以王先谦为首的湘绅表现非常积极。1903 年 5 月，湘抚赵尔巽代表湘绅提出废除与合兴公司的合同。1904年 3 月间，王先谦在其自撰年谱中说：

> 时盛侍郎宣怀督办诸省铁路，率借洋债兴筑粤汉铁路，由美国合兴公司承办，展延数年，私将股分售与比国，比实法伥，又借款浮滥中国，亏耗太巨。湘潭梁璧垣大令焕奎亟言于余，余遂商之张君雨珊（即张祖同——笔者注），同具呈稿，与诸绅上之督抚，力请废约。张香涛制府深以为然。及陆春江中丞元鼎莅任，余又与冯莘坨给谏锡仁致函极论。明年有朝旨责成制军办理此事。筹画经年，始得废去粤汉铁路旧约，归我自办。从此各省皆知借洋债办路之害，竞请筹款自办。盖中国一大转机也。①

王先谦的上述一番话，未免有点自吹自擂，但也充分说明，以他为首的湘绅对于废约赎路运动还是起到了相当大的作用的。王先谦还多次致信湘抚陆元鼎，支持以张鹤龄为湘绅代表赴沪与盛宣怀筹商收回粤汉铁路，在信中极力陈述借债之危害与收回路权之必要。他还与张祖同等商议收回路权之办法。②1904 年 5 月 13 日，龙湛霖、王先谦、王之春、冯锡仁、张祖同、黄自元等以全省士民的名义致电盛宣怀，督促其放弃对美国的幻想，不要搞什么"以美接美"的把戏和"官样文章"，要"立废合同，方为正办。……全湘命脉，系公一身"③。应该说，这份电报的措辞是十分不客气了。湖广总督张之洞对于湘绅在废约运动中的表现颇为赞赏："议价之初，湘绅龙湛霖、王先谦等公电致臣，……均属深明大义之言，与臣意见正同。"就是说不惜一切代价都要赎回粤汉铁路。④对于湖南湘绅的积极表现，当时的舆论也称

---

① 王先谦撰，梅季校点：《葵园四种》，岳麓书社 1986 年版，第 753—754 页。

② 参见王先谦撰，梅季校点：《葵园四种》，岳麓书社 1986 年版，第 905—909 页。

③ 宓汝成编：《中国近代铁路史资料（1863—1911）》第 2 册，中华书局 1963 年版，第757 页。

④ 参见张之洞：《复陈黄昌年所奏粤汉铁路各节折》（1906 年 1 月 21 日），载周正云辑校：《晚清湖南新政奏折章程选编》，岳麓书社 2010 年版，第 582—583 页。

赞说:"以龙湛霖、王先谦、冯锡仁为主政,而挺身出战,龙① 力居多;文字声援,王② 力居多。"③1904年9月,王先谦与龙湛霖、冯锡仁等会商,以王之春为代表赶赴上海,督促盛宣怀和合兴公司进行废约交涉。1905 年 7 月,湘绅乃集议设立铁路总公司,以张祖同、席汇湘为总办,王先谦与龙湛霖为总理。

　　湖南湘潭人杨度是立宪派绅士的代表人物之一,其在粤汉铁路废约赎路运动的舆论宣传中发挥了很大的作用。其实,从 1901 年年初开始,盛宣怀、伍廷芳、张之洞等人即已断断续续与美方就合兴公司股权之改变进行了长期的秘密交涉。而这些秘密谈判的内容之所以能为中国大众所知,就是由具有康有为、梁启超背景的上海《时报》④ 最先披露出来的,而《时报》之所以能够获取这些文件,则与杨度有着密切的关系。从 1904 年 10 月 29 日起,"《时报》独家连续刊登粤汉铁路交涉秘密档案达六万余言。《时报》在按语中称 '顷有友人由美国将全案始末奉钞寄赠'",实际上是杨度通过人事关系"觅得全案电稿,加以按语,寄由《时报》发表"⑤。这份材料的发表对于粤汉铁路路权的赎回发挥了很大的作用。因为在报刊将所有问题都挑明的情况下,秘密交涉实际上已无意义,大众的参与已经不可避免。

　　1904 年 11 月 15 日,《时报》(上海)刊登了杨度代表留日留美学生致

---

① "龙力居多",指龙湛霖。

② "王力居多",指王先谦。

③ 《清末粤汉铁路的兴筑与湖南人民的保路斗争史料》,《湖南历史资料》1959 年第 1 期;转引自清史编委会编、罗明、杨益茂主编:《清代人物传稿·下编》第 9 卷,辽宁人民出版社 1993 年版,第 340 页。

④ 《时报》于 1904 年 6 月 12 日创刊于上海,由康门弟子狄楚青主办。康有为视之为改良派在国内的舆论阵地,十分重视,先后投资 10 余万元;还派梁启超从香港潜回上海,参加该报的筹备工作,并为之定报名、撰写发刊词与发刊条例等。总主笔为康门弟子罗普。历任主编有:罗普、陈景韩、雷奋、包天笑、戈公振等。初期的《时报》是康梁在国内重要的舆论阵地。后来,《时报》并未热心宣传改良主张。1908 年后,《时报》在办报方向上与康梁违和。辛亥革命后,此报由狄楚青独资经营。狄楚青(1873—1921),名葆贤,字楚青,号平子,江苏溧阳人。戊戌变法时期拥护康梁。1900 年参加唐才常等人的勤王活动。后亡命日本。1904 年奉康有为之命回上海创办《时报》,先后计 17 年。参见方晓红:《中国新闻简史》,南京师范大学出版社 1996 年版,第 67 页。

⑤ 马光仁主编:《上海新闻史(1850—1949)》,复旦大学出版社 2014 年版,第 256—257 页。

外务部尚书瞿鸿禨、湖广总督张之洞、署湖南巡抚陆元鼎等的电文①，坚决主张废除合同，收回路权。他在电文中说，粤汉铁路权归比国，俄法势力纵贯中国，危害极大，甚至"国可立亡"。如此危机之下，盛宣怀依然不肯废约，甚至提出"以美接美"之主张，实在是居心险恶。而王之春主张华美合办，"亦与以美接美无异"，因为，"凡华洋合办者，终归有洋无华"，故"失策尤甚"。现在的办法是，"先勒令盛废合同，急谋收回自办"，至于所有赔偿价款，"皆应盛出"，湘粤鄂三省"不当与合兴讼，代盛费钱费力"。②同日，《时报》还刊登了杨度单独致张之洞的电文，内容与上述电文大致一样。杨度再发此电的原因是，1904 年 11 月 8 日，粤湘代表邓华熙、王之春等致电张之洞，主张中美合办粤汉铁路，内列杨度名字，而杨度实未参与。因为杨度反对中美合办的主张，所以 11 月 9 日再次致电张之洞阐述自己的主张。

　　杨度对粤汉铁路废约自办有着非常深入的思考，这就集中体现在他1905 年发表的著名的《粤汉铁路议》一文中。关于杨度的《粤汉铁路议》，学界的研究不少。③杨度指出，"粤汉续约"是所有铁路借款合约中丧失利权最多的。他在《粤汉铁路议》中分析，合兴公司因"粤汉续约"获得了多达 20 项权利，但却只承担 8 项义务。它通过美方占主导的"总办管理处"掌控了建造、管理粤汉干线和 3 条支线的大权；它不仅得到了路权，还得到了在铁路沿线开矿和经营其他商务的权利；它以"不准筑造争夺生意之铁路"的条文，实际上垄断了这个地区的铁路建设；此外，它还得到了建立武装护路队的权利。这些都是之前的铁路借款合同中所没有的内容。

　　杨度是湖南立宪派绅士的代表人物之一，也是 20 世纪最初 10 年间报界颇具影响力的人物之一，他对盛宣怀等人的指责，迫使他们不得不在一定程度上依照民意行事。正是在这种群情沸腾的历史背景下，1905 年 8 月，张

---

① 报纸刊发电文的时间晚于电文实际发出的时间，杨度原电文发于 1904 年 11 月 7 日。

② 杨度：《致瞿鸿禨张之洞陆元鼎等电》，载刘晴波主编：《杨度集》，湖南人民出版社 1986 年版，第 100—101 页。

③ 参见苏全有：《论杨度铁路思想的理性特征》，《河南师范大学学报》2009 年第 3 期；朱从兵：《张之洞与粤汉铁路——铁路与近代社会力量的成长》，合肥工业大学出版社 2011 年版，第 204—208 页；蔡礼强、左玉河：《从废约自办到官商合办：杨度与清末粤汉铁路》，《湖南社会科学》2011 年第 4 期。

之洞依靠湘鄂粤特别是湘省绅士的协助，历经曲折终于与合兴公司签订了赎路废约的协议。正如《清史稿》所言："鄂督张之洞……力倡废美约之议，湘人助之。"① 亦如张之洞在 1906 年 1 月 21 日（光绪三十一年十二月二十七日）在上清廷的《收回粤汉铁路沥陈办理情形折》中所说，他在听说了合兴公司将大半股份卖给了比利时公司，"臣探询既确，焦灼万分，立即致电湘省官绅"，力谋废约赎路办法，"自臣倡此议后，鄂湘粤三省绅民渐次传播，始知有'粤汉路约不善'之说，议论推敲，群思补救"。当赎路条款谈的差不多了，又担心三省绅民不接受巨额赎款，深感忧虑，于是"电商湖南抚臣转咨湘省各绅。湖南抚臣复电云：'与诸绅熟商，均应遵办'"。张之洞如释重负。② 后来张之洞感慨地说，粤汉路废约赎路，湘绅龙湛霖、王先谦、张祖同、席汇湘等人，"坚持定见"，"助臣争约"，"或赴上海，或赴江宁，或来鄂省，多方考究，反复筹商"，出力甚大。③

我们知道，包括铁路建设在内的湖南近代工业的发展与沿海省份颇为不同，其投资者既不是买办资本家，也不是巨商大贾，而主要是拥有封建功名的绅士。他们投资包括铁路在内的近代实业，其目的主要不是为了发展资本主义，而更多是基于西方列强的刺激。④ 所以，湘绅在收回粤汉铁路利权的斗争中表现积极，在当时的历史条件下，自然应该视为反对列强经济侵略的爱国行为。

三是极力把持粤汉铁路的建设。废约赎路成功后，湘绅试图把持粤汉铁路湖南段的建设，为此，官、绅、商三种政治势力之间产生了激烈的斗争。湘鄂粤三省绅士在赎回路权过程中发挥了重要作用，他们要求依靠自己的力量修筑粤汉铁路。1905 年 12 月，三省官绅在武昌会签了《鄂、湘、粤

---

① 《清史稿》卷 149《交通志》。

② 参见张之洞：《收回粤汉铁路沥陈办理情形折》，载周正云辑校：《晚清湖南新政奏折章程选编》，岳麓书社 2010 年版，第 558—561 页。

③ 参见张之洞：《湘路商办窒碍难行，应定为官督商办，并举总理、协理折》（光绪三十二年十一月二十七日，1907 年 1 月 11 日），载周正云辑校：《晚清湖南新政奏折章程选编》，岳麓书社 2010 年版，第 576 页。

④ 参见刘云波、李斌：《湖南经济通史·近代卷》，湖南人民出版社 2013 年版，第 309、311 页。

三省会议公共条款》14 条以及《续拟章程》4 条，这些条款原则同意"三省铁路，各筹各款，各从本境修起"①。1906 年 2 月 26 日，湖广总督张之洞、两广总督岑春煊、湖南巡抚庞鸿书将上述三省"条款"与"章程"会奏清廷："三省情形不同，自以各筹各款，各修各境，为一定办法。……臣等电商往覆，意见相同。"② 三省分办虽然达成了统一意见，但张之洞、岑春煊、王先谦等人却认为，粤汉铁路必须采取官督商办的形式，转归商办并不切合实际。张之洞曾致电岑春煊说："此次合兴之约，非官力岂能收回？现在赎约巨款，非官力从何筹措？……鄂路较短，全系官款；湘路亦官款、民款参半，粤境事同一律。未知尊意拟岁拨官款若干？将来按本付利，官款并非虚掷，断不可全令商筹，致路事为所把持。"③ 最后，鄂省实际为官办模式；湘省为官率绅办模式；广东绅商因经济实力较强，经过斗争，粤汉铁路广东段的建设采取了商办形式。

粤汉铁路路权赎回后，面临的形势并不美妙。1905 年，《大陆》杂志刊文说："粤汉铁路约将废，吾国人之愿可偿，吾不禁为我中国贺。虽然约即废矣而能筹款与否，不可知也；款既筹矣而能自办与否，仍不可知也。"为什么这样说呢？因为铁路建设最重要的问题是"款与人"，而当时的中国，无论是"款"还是"工程技术人才"，都极为匮乏。④1906 年，《第一晋话报》也刊文指出："中国铁路一着官场入手，资本家就不肯入股。如川汉铁路虽是官督民办，招股还是不容易。况粤汉铁路是三省士民争回的，一旦教官场开办，恐怕筹款问题越发艰难。原来如今官场全没有民信的声望，也就没有办路的资格，所以善后问题唯有归民自办是了。"⑤ 可见，这位作者并不看好官办粤汉铁路，他希望粤汉铁路能够归商承办，或许有建成的可能。

粤汉铁路湖南段的筹建活动，其实早在废约运动期间即已展开。1905

---

① 宓汝成编：《中国近代铁路史资料（1863—1911）》第 3 册，中华书局 1963 年版，第 1021 页。

② 宓汝成编：《中国近代铁路史资料（1863—1911）》第 3 册，中华书局 1963 年版，第 1020 页。

③ 苑书义等编：《张之洞全集》第 11 册，河北人民出版社 1998 年版，第 9347 页。

④ 参见《粤汉铁路之前途》，《大陆》1905 年第 3 卷第 10 期。

⑤ 《粤汉铁路之善后》，《第一晋话报》1906 年第 4 期。

年 5 月，"湖南铁路筹款购地公司"成立于长沙，委派龙湛霖、王先谦为总理，席汇湘、张祖同为总办，龙绂瑞为会办，谭延闿、孔宪教、叶德辉、黄自元等为总议，均为湘省著名绅士。虽然设立了购地公司，但因当时正值废约阶段，无论是筹款还是购地事实上都没有什么进展。废约成功后，湘路公司的筹办开始加快进行。1905 年 11 月，粤汉铁路筹款购地公司正式成立，采用所谓"官率绅办"的体制。此时，龙湛霖病逝，王先谦乃独揽湘路大权。所谓"官率绅办"之体制，这种体制是"官绅联合压制商界、而官绅之间又经过一番争夺的结果"。这里面的实际情况是，官、绅、商三种力量在废约运动中能够步调一致，但路权赎回之后，三方围绕着谁来主导办路的矛盾趋于激化。王先谦等巨绅凭借其亦官亦绅的优越地位，联合官方把商界排斥在湘路建设之外。压制了商界之后，官绅之间的矛盾又凸显出来。张之洞主张湘鄂两省铁路建设均应采取官办形式，而张祖同、席汇湘等湘绅则反对张之洞插手湘路建设，在"张之洞对湘绅做出了重大让步"之后，"官绅之间达成了某种默契"，"官率绅办"应运而生。①

以王先谦为首的湘绅之所以排斥商界而独揽湘路建设之大权，是因为王先谦等人并非迂腐的书呆子，而是颇有经济头脑，他们通过投资近代工商业以及广置田产，积累了不少的财富。王先谦等人把持湘路建设，固然有争回路权的爱国成分，但也不排除他们力图通过把持路政以谋求和积累个人财富的目的。王先谦等在主持湘路公司期间，任用私人，筹款无着，靡费甚巨，因资金使用不当，又导致亏欠巨大。由于筹款困难，湘绅们将目光投向了所谓地方"公款"。在他们的要求下，租股、盐捐、米捐、廉薪股、房铺租股等名目纷纷出笼，虽然筹到一定数目的款项，但也引起了严重的社会问题。在"官率绅办"体制下，"绅不出资或只出少资而以公款或人民租税为股本的绅控民资公司。'绅'在这里只是一个敲剥他人的夺利者，其享受的权力远远超过了所付出的股本"②。在这种情况下，社会舆论因之而极度沸腾，"倒王"、"倒余"之声不断，时论批判王先谦等"外沽清流之名，内行

①　参见何智能：《湖南保路运动研究》，国防科技大学出版社 2009 年版，第 69—72 页。

②　张海林：《端方与清末新政》，南京大学出版社 2007 年版，第 519 页。

盗窃之实"，实乃"湘路之蟊贼"。①

"官率绅办"之陷入窘境，客观上为商办湘路提供了有利条件。1906年5月，陈文玮、周声洋等发起成立"商办湖南全省铁路公司"，决定集股2000万元，一日之间便集股200万元，超过官绅两年筹款总额。6月，陈文玮等36人呈文商部请其代奏允准设立湖南商办铁路公司。7月，商部上奏清廷，上谕不允："铁路系国家要政，仍应官督商办"，并"着张之洞查明办理"。②

本来，张之洞对于粤汉铁路的建设一直是主张借款筑路的，因为他十分清楚湘鄂两省并无足够的财力、更无技术条件以支撑粤汉铁路的建设。但是，晚清时期由于报刊舆论的崛起，民众对于类似铁路、实业、借债等重大公共事务的参与度明显增加，所以民意对于路政的影响也越来越大。况且湘绅在废约赎路的过程中出力甚大，同时晚清以来湘省历来的办事格局即是官绅共同主持，所以湘绅乃力主由他们来筹款完成湘路之建设。张之洞对此自然非常清楚，乃于1907年1月11日向清廷力荐袁树勋、王先谦、余肇康等著名绅士来主持湘路建设，而反对陈文玮、周声洋等人关于设立商办铁路公司的主张。张之洞在奏折中说，铁路是国家要政，必须官督商办方为妥当。因为铁路"关涉尤广"，若无地方官主持，诸如购地、迁坟、掘渠、开山等事务，殊难办理。陈文玮等请湘路归商筹办，"多属妄想支离"，殊为不妥。他特别指出："一省重要公事，岂能创议诸大绅经督抚司道会商一二十次，同心协力挽回大局，竟由一、二后进、自无资本之职绅率意妄谈、任意去取之理？且其自定职权等差，自处极尊而将奏派之大绅列为三、四等以下，尤属骇人听闻。"这对陈文玮等人提出了十分严厉的批评。张之洞认为，湖南"富商大贾向来不多，凡筹款公事大率系地方官邀集正绅公同筹议，由大吏核定举办"。两年来，湘路早就"定议由绅招股筹款设立公司"，谓之为商办、绅办均可，但"并非必由商会出名乃谓之商办也"。也就是说，在张之洞眼里，湘路只能在官方的主持下由湘绅来办理，至于如何称谓是无所谓的。他还在

① 参见《请看湘路之蟊贼》，《民呼日报》1909年6月17日。
② 参见宓汝成编：《中国近代铁路史资料（1863—1911）》第3册，中华书局1963年版，第1036页。

奏折中力赞王先谦、张祖同、席汇湘等人在收回路权中的良好表现，力主以袁、王、余等人为首，主持湘路事务。① 在张之洞的安排下，1907 年 3 月，"官督商办"的"奏办湖南粤汉铁路公司"成立，袁树勋任主持总理，王先谦为名誉总理，余肇康为坐办总理，张祖同、席汇湘为协理。"奏办湖南粤汉铁路公司"章程规定，公司专集华股，不附洋股；从前湖南铁路筹款购地公司及湖南商会所招股本，为公司之优先股。这样，商会所集股金被并入"奏办公司"，商办公司自然也就不复存在，而商界代表陈文玮、周声洋却被排斥在公司领导层之外。所谓"官督商办"，其实质是商界出钱，官绅办路，这是商界人士所不能接受的。1907 年 10 月，商股股东纷纷要求退股，湘路公司危机重重。在这种情况下，陈文玮左右为难，乃电请湖广总督赵尔巽出面调解。赵尔巽原为湖南巡抚，在湖南颇有政声，他派沈廉等来湘，劝绅商应以大局为重，切勿退股。虽然退股之事暂时平息，但危机仍然存在。②

上述王先谦等旧派绅士极力坚持的所谓"官率绅办"体制，实际上是洋务派"官督商办"之变种，某种程度上甚至还不如"官督商办"。洋务派的那一套做法早在甲午战争失败时，就已经宣告破产了。我们也看到，某些湘绅实际上是通过把持奏办湖南粤汉铁路公司来捞取个人利益，在社会上造成了十分恶劣的影响。《申报》曾刊文指出，湖南铁路公司"材料不购也，工人不招也，路线不勘定也，基地不预筹也。而每岁股份之所入，绅士辄瓜分而用之，一时所谓四大金刚、十八罗汉者皆于是乎染指"③。由于湘绅以权力寻租的官本位思想来管理经营新式企业，企业的经营管理缺乏现代气息，故而企业经营大多成效不大。事实上，湘绅所把持的湖南粤汉铁路公司纷争多年，筑路成绩并不显著。④ 也正是由于这方面的原因，围绕着粤汉铁路建设，湘绅也就成为社会各界尤其是革命派激烈抨击的对象。

---

① 参见张之洞：《湘路商办窒碍难行，应定为官督商办，并举总理、协理折》（光绪三十二年十一月二十七日，1907 年 1 月 11 日），载周正云辑校：《晚清湖南新政奏折章程选编》，岳麓书社 2010 年版，第 573—579 页。

② 参见伍新福主编：《湖南通史·近代卷》，湖南人民出版社 2008 年版，第 629 页。

③ 《申报》1907 年 7 月 11 日，转引自刘云波、李斌：《湖南经济通史·近代卷》，湖南人民出版社 2013 年版，第 314 页。

④ 参见刘云波、李斌：《湖南经济通史·近代卷》，湖南人民出版社 2013 年版，第 314 页。

　　四是支持并领导了湖南保路运动。对于湖广铁路借款，湘绅代表王先谦、余肇康等人均持反对立场。1909 年 10 月，王、余主持的湘路公司致电邮传部请求取消借款。他们在电文中说，因粤汉铁路借款，在国内外引起了轩然大波，"远近湘人金谓宜由公司电请钧部迅予奏请，饬下外务部、度支部立将湘路借款原议取消"。目前骤然借款 2000 余万两，其危害实深，全体湘人无不"引为切肤之痛"，请邮传部给予湘路公司完全权限，筹款筑路并非没有把握，况且现在长株段业已开工建设，最迟后年能够通车，则筹款更有把握。"湘人万众一心，百折不回，先谦、肇康责无旁贷，披沥上陈，不胜迫切待命之至。"① 由此可见，维新派湘绅对于保路运动持积极支持的态度。但在湖南保路运动中，发挥领导作用的则是以谭延闿为首的立宪派，立宪派通过湖南咨议局领导了湖南的保路运动。林增平先生曾指出，湖南保路运动包含三方面的力量：一为留日同乡会，一为咨议局，一为旅居各省的湘籍官绅。1909 年 11 月，咨议局正式成立。保路斗争是当时立宪派的中心任务，咨议局甫开议，即通过了湘路无庸借款、实行完全商办以及用人培材等一系列的议决案，制订了筹款的各种办法和修路计划，计划于 5 年内完成粤汉铁路湖南段的建设。② 最初，湖南立宪派对于保路运动态度积极，他们为保卫路权奔走呼号，十分活跃。清政府则对立宪派采取了恩威并用的手段，立宪派很快就出现了分化，大部分立宪党人逐渐退出了保路运动，湖南保路运动失去了领导核心。尽管湘绅积极发动了保路运动，但由于他们中途退场，湖南保路运动也就渐渐归于沉寂，其后续影响则不如四川保路运动。③

　　总之，尽管湘绅筑路的热情很高，但三省绅商自办铁路之实绩均不理想，至 1911 年 5 月，湖北粤汉铁路公司实收股银约 211.5 万两，仅成路基数里；湖南的情况稍微好一点，1906 年 5 月商办湖南全省铁路公司成立，至

---

①　湖南历史考古研究所近代史组辑：《清末粤汉铁路的兴筑与湖南人民的保路斗争史料》（续完），载湖南历史资料编辑委员会：《湖南历史资料》（2），湖南人民出版社 1959 年版，第 95—96 页。

②　参见林增平：《辛亥革命时期湖南保路运动》，载周秋光编校：《湘学研究丛书·林增平辑》，民主与建设出版社 2014 年版，第 96—125 页。

③　参见黄小彤：《晚清湘绅与粤汉铁路》，《求索》2004 年第 12 期。

1911 年 6 月，该公司集股实收资金 535 万两，筑路 50 余公里；广东的情况
比湘鄂两省要好很多，1906 年 6 月，商办广东粤汉铁路有限总公司成立，
粤路公司集股成效突出，到 1911 年 5 月，总计集款 1513 万两，1912 年已
高达 2600 余万两；虽然所集款额巨大，但在修路方面却表现不佳，至 1910
年 5 月，广东省总计修路约 110 公里。① 仅从上述数据来看，三省自办铁路
的成绩真可谓惨淡无比。从 1905 年 6 月赎回粤汉铁路，至 1911 年 5 月清政
府"干路国有"政策出台，在长达 6 年的时间内，成路仅约 160 公里，这充
分说明湘鄂粤三省商办粤汉铁路实践的失败，也为清政府再度寻求借款和干
路国有政策提供了依据。

3. 晚清革命派与粤汉铁路

　　湖南是近代革命势力较为强大的省份，产生了一大批资产阶级革命家，
仅其中的著名人物就可以列出一长串名字：黄兴、宋教仁、蔡锷、陈天华、
杨毓麟、谭人凤、章士钊、刘揆一、焦达峰、周震麟、蒋翊武、林伯渠、禹
之谟、程潜、秦力山……这些人大多是华兴会和同盟会的成员，很多人留学
海外，接受了新式教育，对于资本主义国家的繁荣与中国的衰败之间的强烈
反差有着十分深刻的认识，决心推翻清政府的腐朽统治，并矢志于在中国发
展资本主义，以实现国家的富强。资产阶级革命派通过对粤汉铁路建设的
"革命化"运作②，使粤汉铁路问题成为批判清廷腐朽统治的有力突破口，为
辛亥革命的爆发做了非常充分的舆论准备。革命派利用粤汉铁路湖南段建设
过程中存在的诸多问题，对于湘路建设进行了凌厉的批判，并通过这种批判
动摇了清政府的统治根基。革命派大多没有亲身参与粤汉铁路的实际建设的
经历，他们主要是利用报刊杂志等现代传播手段批判清政府和湖南强大的绅
权力量。

　　20 世纪初，报刊舆论崛起，成为影响当时重大社会问题的重要力

① 参见王致中：《中国铁路外债研究（1887—1911）》，经济科学出版社 2003 年版，第
342—354 页。
② 参见庞广仪：《民国时期粤汉铁路历史研究》，合肥工业大学出版社 2014 年版，第 9—
16 页。

量。铁路建设乃是晚清新政的主要内容之一，因其牵涉中国社会的方方面面，因而成为报刊舆论关注的热点问题之一。梁启超曾说："铁路之利害得失，本为近二十年论战最剧之一问题。"① 晚清铁路建设之所以引起如此激烈的争论，是因为铁路问题的本质是政治问题，即所谓经济问题严重政治化。

报纸舆论在晚清社会已经开始扮演重要角色，各种报纸的受众已经由以官吏为主转向以社会公众为主。② 这也正如时人所言："清议之有价值于社会，自近十年始。故社会上有大问题发生，其是非曲直，报界之言论实有以左右之。""中国各界社会之内容，盖未有不黑暗者，稍有一线之光明，不得不归之报界。""清议"正是指报纸的舆论动员能力。③ 1910 年 2 月 19 日，英国著名的《泰晤士报》也曾刊文指出："在预测清国未来沿着改革之路的进程时，胜任的观察家们都已经培养出了一种习性，就是公正地将清国的报界排列在一切革新动因的首位。"④ 对于报刊舆论对晚清社会所发生的作用，桑兵教授曾指出："大众传播媒介的发达，是近代社会变迁的重要动力和指标。……清末民初，中国的大众传播业迅速发展，并呈现出鲜明的民间化态势。作为经济和政治的中介环节，这不仅促成政体形式由帝制向共和剧变，而且引起整个社会结构的连锁反应。"⑤

我们知道，近代以来尤其是 19 世纪后期无疑是我国思想界变化最剧烈的时期之一，其中的一个重要表现就是各种报刊的创办与传播。据统计，从 1815 年至 1911 年，海内外累计出版中文报刊 1753 种，这是很惊人的数字。⑥ 湘籍资产阶级革命家杨毓麟曾指出："报纸者，国民思想能力之见荣者也。"⑦

① 梁启超：《收回干线铁路问题》，《国风报》1911 年 5 月 19 日，载张枬、王忍之编：《辛亥革命前十年间时论选集》第 3 卷，生活·读书·新知三联书店 1977 年版，第 786 页。

② 参见桑兵：《清末民初传播业的民间化与社会变迁》，《近代史研究》1991 年第 6 期。

③ 参见《社说——潮汕铁路伤心史》，《民呼日报》1909 年 7 月 5 日。

④ 《清国的本土报界》，《泰晤士报》1910 年 2 月 19 日，载方激编译：《帝国的回忆——〈泰晤士报〉晚清改革观察记》，重庆出版社 2014 年版，第 302 页。

⑤ 桑兵：《清末民初传播业的民间化与社会变迁》，《近代史研究》1991 年第 6 期。

⑥ 参见熊月之：《西学东渐与晚清社会》，中国人民大学出版社 2011 年版，第 308 页。

⑦ 杨毓麟：《论本报所处之地位并祝其前途》，《神州日报》1907 年 4 月 3 日。

"1840年后，受来华西人办报的影响，《申报》、《时报》、《新闻报》、《东方杂志》等渐次问世。时任报业记者、主笔（主编）者，虽多为仕途不顺之士，仍秉承士为四民之首、先天下之忧而忧的传统，以社会良心和民众代表自居，有着相对独立的观察视角和独立性，评说时事、臧否人物，介绍新知新学，逐渐形成一定的舆论力量。"①20世纪初，由于《辛丑条约》的签订，中国民族危机达致极点，中国报刊界掀起了第一次白话文运动，以更通俗的语言向广大民众灌输爱国救国的理论。同时，1901年，清廷实行"新政"，开放"报禁"、"言禁"之后，晚清10年出现了一个巨大的办报热潮。②如雨后春笋般出现的报刊，将其讨论的触角伸向了中国社会的各个角落，对于启迪晚清社会中国人民萌发进步与发展的近代思想观念起到了潜移默化和不可估量的巨大作用。《申报》就"非常重视新观念的论说，直面现实社会，敢于揭露封建社会的黑暗面，抨击清政府的腐朽统治制度"③。这就恰如湖南革命家杨毓麟1909年所阐述的《民呼日报》的办报宗旨：

> 《民呼日报》者，炎黄子孙之人权宣言书也。有世界而后有人民，有人民而后有政府。政府有保护人民之责，人民亦有监督政府之权。政府而不能保护其人民，则政府之资格失；人民而不能监督其政府，则人民之权利亡。……当乎此时，欲设一策焉，以巩人民之藩篱，使用官吏无所施其伎俩者，其道匪一，而要以舆论为之先驱。……盖报纸者，舆论之母也，造因之无上乘也，一切事实之所由生也。泰西诸国，今

---

① 参见马自毅：《称道褒奖　批评指责——简述晚清报刊对刘铭传及台湾建省的评说》，载程必定主编：《刘铭传与台湾建省——海峡两岸纪念刘铭传首任台湾巡抚一百二十周年学术研讨会论文集》，黄山书社2007年版，第73页。

② 据不完全统计，新创办的报刊，1901年为34种，1902年为46种，1903年为53种，1904年为71种，1905年为85种，1906年为113种，1907年为110种，1908年为118种，1909年为116种，1910年为136种，1911年为209种。参见韩丛耀、赵迎新主编，郑丽君编著：《中国影像史（1900—1911）》第3卷，中国摄影出版社2015年版，第59—60页。

③ 上海图书馆编：《近代中文第一报——申报》，上海科学技术文献出版社2013年版，第81页。

日能享自由之乐，而胎文明之花者，皆报纸为之也。①

文章将报章之作用提到"人权宣言书"、"胎文明之花"的程度，其评价不可谓不高。事实上，"在晚清社会时代背景下，中国的近现代报纸产业逐步兴起，并逐步成为社会发展的重要推动力量。在屡次遭受清廷新闻立法的钳制与迫害的情况下，报界仍能致力于新思想、新知识的传播，更把监督政府作为自己的职责所在，对政策的得失和官员的言行进行公开的评议。晚清报纸在这一独特的历史时期，能同清政府抗衡、保持新闻个性，根本的原因，就在于报界作为一支社会力量，无论是定位还是发展方向，都已经独立于政府之外"②。这一点，亦如湖南著名辛亥革命先驱人物陈天华所言：

报馆者，发表舆论者也。舆论何自起？必起于民气之不平。民气之不平，官场有以激之也。是故舆论者与官场乃不相容者也。既不相容，必发生冲突，于是业报馆者，以为之监督，曰某事有碍于国民之公利，曰某报馆不能容于国民，然后官场有所忌惮，或能逐渐改良，以成就多数之幸福。此报馆之天职也。此天职者，即国民隐托之于报馆者也。苟放弃此天职，即不得谓之良报馆。③

铁路干线究竟是中国自办还是借款建设，如果自办是采用国有还是商办，这是晚清朝野激烈争论的两大问题。纵观粤汉铁路的历史，就是在上述两大问题的反复折腾中虚掷光阴，在中国铁路建设史上留下了惨痛的一页。因此，有关粤汉铁路及其"争路保利"的情况也就成为晚清10年各类报刊中的一个热点话题，其中革命派对于粤汉铁路及湘路公司兴筑过程中存在的问题的批判颇为犀利。以主办粤汉铁路借款的晚清名臣张之洞为例，他在湖

---

① 蹈海子：《〈民呼日报〉宣言书》，《民呼日报》1909年5月15日；载饶怀民编：《杨毓麟集》，岳麓书社2008年版，第320—321页。按：蹈海子为杨毓麟笔名，杨氏在报章发表文章多用笔名，其数量多达十余种。

② 李英珍：《中西文化视域下的晚清报纸发端研究》，《青年记者》2012年第20期。

③ 刘晴波、彭国兴编：《陈天华集》，湖南人民出版社2008年版，第6页。

南革命派的抨击下，几乎体无完肤："自反对借款之风潮起，海内湘人，击拳引吭，奔走呼号，诋张之洞，唾张之洞，怒目逆髭，愤恨张之洞。……秉春秋之大义，诛卖国之老贼，一夫倡言，万人接响。"① 革命派通过舆论引导使"民气之旺，民志之坚，前此所未有也"②！其社会效应是清政府完全没有想到的。下面我们以湘籍革命家杨毓麟的言论为例，剖析革命派通过粤汉铁路对清政府实施的批判及其历史作用。

杨毓麟（1872—1911），字笃生，湖南长沙人。早年入长沙城南校经书院读书。甲午战争后，维新运动兴起。杨毓麟为湖南维新派重要人物之一。1902 年 4 月，杨毓麟赴日本早稻田大学政治经济科学习。在日期间，杨毓麟得结识进步留学生，受西方资产阶级政治学说影响，思想愈加激进。1902年 11 月 14 日，杨与湘籍留日学生杨度、黄兴、梁焕彝在东京创办《游学译编》，他任主编。该刊以译述国外学术、教育、军事等为主。1903 年，"拒俄"运动后，开始刊登宣传革命文字。在此期间，他撰写了《新湖南》一书，该书流传甚广，为辛亥革命准备时期宣传反帝反封建民主革命思想的重要著作之一。1905 年夏秋，清廷派 5 大臣出洋考察宪政。杨毓麟充随员，同抵东京。适同盟会刚成立，亟待发展。他会见黄兴、陈天华、宋教仁等后，即辞去随员职务。1906 年，与陈家鼎、宁调元等创办《洞庭波》杂志，出刊第一期，即改称《汉帜》，揭露清朝统治者预备立宪骗局，抨击梁启超等君主立宪主张，强调反清革命。1907 年回到上海，又与于右任等创办《神州日报》并任总撰述。1908 年 4 月，杨毓麟被留欧学生监督蒯光典聘为秘书，随行至英国。1909 年于右任在上海创办《民呼日报》，杨毓麟与之书信往来，参与筹谋，并撰稿著文予以支持。1911 年 4 月，广州黄花岗起义失败，杨毓麟闻之十分郁闷，加以身体状况不佳，竟致不能自持，于该年 8 月5 日在英国利物浦大西洋海湾投海自沉，以身殉国，年仅 39 岁。③

---

① 炉魂：《对于张之洞死后之湖南人》，载中国史学会主编：《辛亥革命》（四），上海人民出版社 1957 年版，第 531 页。

② 《粤汉铁路问题》，《大陆报》1904 年 9 月 29 日。

③ 参见湖南省地方志编纂委员会编：《湖南省志·第 30 卷·人物志》上册，湖南出版社1992 年版，第 639—642 页。

晚清铁路建设最大的问题是建设资金的来源问题，1905 年的赎路废约运动虽然取得了胜利，但此后粤汉铁路商办却成效欠佳。于是，清政府暗中重新启动了与英、法、德、美等国的借款谈判。清政府在进行粤汉铁路借款谈判的过程中，湘鄂粤等省一直都存在着反对借款的声音，且这种反对随着张之洞借款谈判的深入而日趋激烈。早在 1907 年，杨毓麟就已预见到，粤汉铁路的最终结局依然是借债筑路。1907 年 12 月 19 日，杨毓麟撰文指出，粤汉铁路地跨鄂、湘、粤三省，如不能"整齐步武，协同一致，则一方有急，全体皆病"。但这条铁路恰恰界线分明，"分担轨线则有鄂路、湖〔湘〕路、粤路之殊；规划路政则有商办、官办、官督商办之殊"。如此筹办粤汉铁路，三省难以协同一致，则必为"觊觎路权者之所乐乘也"。接着，杨毓麟分别论述了鄂路、湘路、粤路最终必然走向举借外债之路的原因。他说，鄂路定为官办，那么其经费是来自中央财政还是来自鄂省自筹？所以，鄂路官办存在着"名实不符"的问题。鄂路之利，"非国家也，亦非湖北全省人士也。而独利垄断优差开销薪水之官"。本来鄂路就经费难筹，加之主事者靡费挥霍，"财力既不足自支，则取给于外债也，势顺而易"。所以"粤汉铁路之吸收外债也，必将最先发见于鄂路，始之于官办，继之以外债，终之以路权与人矣。是官办断送鄂路之远因，而外债为断送鄂路之近因"。对于湘路，杨氏论述道，湘路自倡言自办以来，数年过去了，"的款无着"，筑路就更不用说了。"所以然者，则不得不归咎于主持路事者之不得其人；而主持路事者之不得其人，则又由于前任鄂督南皮相国之执行干涉主义。相国既已奏案卵翼诸巨绅，诸巨绅即借奏案把持路事。于是王先谦、余肇康、席汇湘诸公者，率视奏办湘路总公司为养老恤贫、周济穷乏、修饰舆马之窟宅。"至于如何组织公司、如何招定公司股份、如何勘定线路、如何遴选贤能主持路事、如何节约经费等，"一切无暇计及"，这就当然不能赢得投资者的信任。湘路之所以不得其人，其根本原因"全在以奏案定公司组织，而不以商律定公司组织。……今奏办湘路总公司之组织，其总、协理全由奏定，纯然为对于股东不负责任之人。……股东选举权、发言权、决事权、查账权者，亦不闻有分毫之赍与，是名为湘路股东，而实则为总理王、余、席数公者担任虚縻浪费纸奴隶也。如是则股东之要求退股也，固为事理所应有，而湘路

的款之无着也，亦为事理所必至"。由于上述原因，所以湘路必须进行革新，
"湘路不革新，必借外债；借外债则路权去，而湖南亦随之以亡"。至于粤
路，杨氏认为，"粤商经济能力高于湘鄂万万，因得以经济能力之伸张促成
营业上之知识与能力"。故而虽然粤督欲强力介入粤路，但终不能如愿。但
是，近来官方"悍然违反清议"，欲"改易粤路公司发起人为官、省、商共
同发起者，实隐寓搀入官权之渐，即隐含破坏商办之心，已无疑义"。除了
上述外力干涉之外，粤路公司之根本组织，"尚有与商律精神不相吻合者"，
大小股东之间的相互角逐不利于公司的发展。粤路"〈上〉有官权干涉之患，
下有股东溃裂之虞，内有成本消耗之忧，外有洋款纠缠之惧"，故"岌岌乎
粤路也"。统观鄂湘粤 3 路，都存在着很大的外债干涉之风险。纵观全文，
可见杨毓麟是非常反对官方介入粤汉铁路建设的，认为官方的介入最终必然
导致粤汉铁路举债筑路的结果。①

　　虽然杨毓麟认为外资的输入十分危险，但他并不是盲目反对外资。1907
年 4 月 20 日，他撰文说："夫外资者，非能灭人国也，而灭国者常假外资。"
在 20 世纪初的中国，无论中央还是地方均"患贫殊甚"，由于贫弱，故欲办
理各种事业，首先面临的问题就是资金匮乏。而当时的官场似乎已经形成了
思维定式，"无论何种新政，一闻款源所出，必曰外资，外资。输入之数，
罔知纪极，而国权抑且随之而尽"。一个国家是否应当输入外资，关键要看
该国政府与人民的关系如何。"夫政府而为有责任之政府者，则借入外资时，
其损辱国权之实在情形，国民得而纠责之、驳正之。其消费巨款之各项用
途，国民得而监督之、诘问之。其偿还方法，国民得而筹画之。其会计方
法，国民得而检核之。如是则借入外债与国权之存在可以绝无妨碍。"比如
说，日本亦大量引进外资，"未闻其以为病也"，其原因是因为日本政府"为
有责任之政府，而其人民为有国家思想、有政治经验之人民，故不受外资之
害而取其利也"。但中国与日本的情况并不相同，"政府对于国民不负责任，
疆吏对于国民既无责任可言，政府对于疆吏，又于擅借外债一事，全不过

---

① 参见杨毓麟：《论粤汉铁路之危机》，载饶怀民编：《杨毓麟集》，岳麓书社 2008 年版，第
　286—292 页。

问，于是以疆吏举债更无可以纠问责任者，政府疆吏凭借威福，既已如此，然则无论巨款如何虚糜，国权如何丧失，我国民将不得置一喙焉。……记者非谓外债一事如鸩毒之不可以入口也。以此无责任之政府，而大言恫吓我国民，不曰国家行政事宜，则曰国家所有财产。我国民若不能早制于机先，则将遗大忧于事后"①。晚清外债之最大项目，无疑是铁路外债。所以上述杨毓麟对于外债的认识，自然可以认为是他的铁路外债观。我们即使拿今天的眼光来看，杨毓麟对于外债的认识还是相当深刻的。

对于粤汉铁路尤其湘段建设中的国有与商办问题，杨毓麟在报刊上也发表了很多评论，其观点核心是反对任何形式的官办或官督绅办，而主张完全的商办。杨毓麟对粤汉铁路的评论主要发表在由其主持的《神州日报》上。1907 年 4 月 2 日，《神州日报》在上海创刊，于右任为社长，杨毓麟为总主笔。这份报纸不用皇帝年号，而用公元和干支纪年，其反清立场十分明显。

对于路政，杨毓麟主张应当以商办为主。1907 年 4 月 16 日，杨毓麟撰文阐述了他对铁路商办的意见。他说，虽然铁路商办并不容易，但铁路建设"果能纯用商办条理，自是中国幸事"。不过，中国当时各省铁路，"纯乎商办条理而有成效可期者，惟苏杭线路而已。广东以商办而哄，湖南以商办而亦哄"。因此，如何商办值得认真研究。"湖南之哄也，为官之借绅以压制商会，绅之借官以侵渔路股；广东之哄也，在绅之借官以把持路政，商之借绅以扰乱路政，官之借绅交哄以干涉路政，只缘于铁路之观念，皆以个人利益为目的，而不以铁路成否为目的，以参与路政之人（自然人）为主体而不以公司（法人）为主体之故。"过去中国经营路矿事业，惯用"混合官商办法"，美其名曰"官督商办"，或者"官率商办"。在没有农工商部、邮传部之前，人们对经办轮船、铁路事业的意义认识还不到位，所以欲办铁路、轮船不得不假官方之力以为提倡和引导。现在人们对于各种实业都非常有热情了，而且农工商部、邮传部也都设立了，它们的职责就是订立发展实业的

---

① 杨毓麟：《危哉输入外资之行政》，载饶怀民编：《杨毓麟集》，岳麓书社 2008 年版，第211—213 页。

"科条律例"，组建公司以商法为准即可，所以"无庸又官别置何人为之监督，亦无庸别加官督、官率字样，以淆商办之性质"。粤汉铁路，广东名为商办，主政者在一、二巨绅之手。湖南的情况同样如此，名为"官率商办"，其主政者为官所指定之巨绅，"其巨绅之恋栈者，并非组织公司之股东，建公司之名，而不履股东之手续，仰承官势，把持路政，而路政亦将决裂"。鉴于湘粤铁路混合绅商、官商有很大弊端，所以发展铁路事业应该采用真正的商办之法，"纯用正式创立公司之法，其发起人全在商会，成立以后，则主持路政之行动，全以公司为主体，以公司董事局总理人、查账人及股东合议为机关，其公司用人、行政之监督，全系公司内部之事，与非分子之官绅无与，其公司集股、购地、兴工、纳税法律关系之监督，全系农工商部、邮传部各主务官署之事，与非主务官署之官绅无与。由是则完全商办性质，斩尽一切葛藤，而后招股勘路，秩序厘然。如曰不然，则必谬言商办，而依然官商混合，依然绅商混合，必有不肖绅士，不肖官场狼狈相依以扰大局，湘粤前车可为殷鉴"①。

　　然而，商办有真商办与假商办之别。1908年2月20日，杨氏撰文指出："自有挽回权利之说，而各省士绅，乃争言办路；自有筹股自办之说，而各省士绅，乃相率为路哄。"虽然各省导致"路哄"的原因"纠纷错杂"，但"大要由于以绅办之实，而冒商办之名；或以绅办之实，而冒官督商办之名。彼其主持此事者，对于国家颇欲脱离行政官吏之范围，故必冒称商办；对于社会又欲脱离财产法团诸分子之监督，故必借名官督，或虽未至冒称官督，而实则依赖行政官吏，以阴谋自便，与官督无异。观其陈义，则不曰谋公益，必曰图进步。求其实在，大要不外争得一总理、协理之位置，谋得一每月数百金之薪资，视路局为菟裘，借公义相攘夺"。随后，作者抨击了湘路公司王先谦、余肇康、席汇湘等人把持路事，"湘路屡哄不已，则必全归国有，不然必至发生秘密地方外债。且即名为国有，其实亦不得不输入国家外债，则湘路终非湘有也"。追究这其中的原因，就是由于"完全商办局面

①　杨毓麟：《津镇铁路果能商办乎》，载饶怀民编：《杨毓麟集》，岳麓书社2008年版，第207—209页。

不得成立"。①所以，必须真正按照商律之办法，组织完全的商办铁路公司，方能真正使粤汉铁路之建设顺利进行。

事实上，在1905—1909年间，大部分报纸尤其是倾向于革命的报刊，大多借评论包括粤汉铁路在内的铁路官办与商办、自行筹款建设与举借外债筑路等问题之名，行大力抨击清政府肆意出卖国家利权，导致民望、民信、民心飞速流逝，鼓吹革命之实。如1906年7月25日，胡汉民（署名"汉民"）在《民报》发表《粤汉铁路商办问题之未解决》一文，猛烈抨击了清政府。②对于舆论借铁路问题而发出的反清言论，清廷试图加以整顿，但始终无法平息舆论对其统治合法性的质疑。

从上述杨毓麟、胡汉民等人的文章中，可以明显看出他们主张铁路商办、反对官督商办。他们对于粤汉铁路不能有效推进之原因，大多将其归结为官方介入铁路后商民裹足、商办公司之名实不符以及商办公司的内部腐败和争权夺利等方面，而很少从铁路建设的实际情况来讨论问题，如资金筹集的实际困难，商办公司在技术方面存在着不可逾越的困难等。对于清政府，他们基本持完全否定之态度，认为清廷已经丧失了权威性，清廷所进行的所谓"改革"只是为了掩人耳目，并没有丝毫正心诚意之处，因此是极其不良之政府，应该被推翻。应当指出的是，杨毓麟等人其实并不反对商借外债，只是因为清廷的腐败使得外债不可控，如外债不以丧失利权为代价，则借债筑路也是可行的。这一点，当时之有识之士曾予以明确揭示："铁路之借款实借款中之最衷于理论者也，苟办理得宜，固绝不至于丧失国权，即小有所失，图救尚易。"③此言虽然将铁路外债的后果看得过于简单，但是其支持举债筑路的思想倾向也是显而易见的。但是，任何借款都需要明确可靠的抵押物，晚清时期的中国，仍然是一个传统农业国家，而农业的经济效益是相对低下的。铁路借款数量巨大，依靠传统农业积累可靠的抵押物，是非常

①　参见杨毓麟：《异哉今日之为铁路交哄者》，载饶怀民编：《杨毓麟集》，岳麓书社2008年版，第303—305页。
②　参见中国史学会主编：《中国近代史资料丛刊——辛亥革命》（四），上海人民出版社1957年版，第523—530页。
③　明水：《列强对于我国新外债之态度》，《国风报》1910年12月2日。

困难的。在这种情况下，铁路借款只能以铁路建设权、管理权、购料权等作为抵押，有时候西方列强对这种抵押仍然不放心，又要求铁路沿线的矿产、铁路经过省份的盐税等作为抵押物，最终还需要清政府做最后的抵押。如此一来，铁路借款几乎把中国的所有"身家"都抵押进去了，必然会影响到中国社会的方方面面，因铁路借款问题引起巨大的抗议也就势必难以避免了。

三、粤汉铁路中的政治博弈反映了晚清湖南思想界的活跃

通过上面的叙述，我们可以看到，围绕着粤汉铁路的斗争，湖南人发挥了十分重要的作用。谭人凤谓："近世以来，国中有事，我湖南人靡不群策群力，踊跃从事。"[1] 正是这种历史事实的反映。本来，合兴公司在粤汉铁路借款合同中已经取得了巨大的潜在利益，美国人对此也十分满意。然而，粤汉铁路所经过的湘鄂粤三省，是晚清时期新知识分子群体数量庞大和新思想相对活跃的三个省区，尤其是湖南，更是执近代中国军政人才之牛耳[2]，这种思想和人才状况决定了粤汉铁路的建设，在上述三省民智已经有所开启的情况下必然难以一帆风顺。罗志田先生曾指出，晚清以来中国传统四民（指士、农、工、商）社会逐渐解体，"社会变迁既是思想演变的造因，也受思想演变的影响"[3]。英国《泰晤士报》的记者通过观察也认为，当时湖南人对于晚清铁路问题产生了特别重要的影响，湖南人"不将自己的精力局限于儒家思想的教条，而是以一些明确的行动，在大清帝国诸如铁路和矿山等重

---

[1]　谭人凤：《在湖南同乡会上的讲话》（1912 年 4 月 10 日），《民立报》（上海）1912 年 4 月 19 日。

[2]　根据陶用舒的研究，近代湖南人才尤其是军政人才名列全国各省第一，广东位居第二，湖北位居第八，均居全国前列。参见陶用舒：《近代湖南人才群体研究》，岳麓书社 2000 年版，第 45—46 页"中国近代人才分省统计表"。近代湖南人才的特点是集中在军事和政治两个方面，不但数量多，而且质量非常高，因此在全国的影响很大。

[3]　罗志田：《近代中国社会权势的转移：知识分子的边缘化与边缘知识分子的兴起》，载罗志田：《权势转移：近代中国的思想与社会》，北京师范大学出版社 2014 年版，第 147 页。

要大事上，保护了国家的利益"①。湖南人"不将自己的精力局限于儒家思想的教条"说明，晚清湖南的思想界发生了较大的变化，而思想观念的变化必然会影响到政治运转的方向。

　　晚清士人宋育仁认为，寻求统治合法性或政治资源大约有两条途径，"或者是从先王旧法中来，或者是从外国来，也就是说或者在历史中寻找，或者从世界上借鉴"②。因此，中国传统社会中主导思想话语权的士绅精英阶层或者说知识阶层，在晚清因为各自秉持的御辱强国理念的不同而呈现出空前分化的态势，在政治或社会生活中形成了顽固派、洋务派、维新派和革命派四种力量，这四种力量的相互作用使得近代中国社会的发展呈现出异常复杂的景象。同时，这四种力量在不同的省份其力量对比亦各有差异。晚清社会之所以会在很短的时间内就出现这么多的派别，是因为晚清社会的变化太快。唐德刚先生说，中国社会在鸦片战争之后，"几乎十年一变"③。罗志田先生也指出："近代中国以'变'著称，变得快，变得大，且变化的发生特别频繁。"社会的变化太快，任何人如果不能紧跟社会形势的变化，故而很容易落后于社会之发展。所以，近代中国思想界存在着一种"新的崇拜"，社会精英为了寻求救亡良药，对于西方各种新思想都力图引进中国，当其缺乏成效或者说还没等到出成效，就又赶忙去追逐"更新"的思想。④ 在社会变化如此快速的情形下，人们要赶上时代潮流，其难度是可想而知的。因为

---

① 《清国的铁路问题》，《泰晤士报》1904 年 9 月 21 日，载方激编译：《帝国的回忆——〈泰晤士报〉晚清改革观察记》，重庆出版社 2014 年版，第 89 页。

② 葛兆光：《中国思想史》第 2 卷，复旦大学出版社 2013 年版，第 475 页。按：宋育仁（1857—1931），字芸子，四川富顺人，光绪进士，近代资产阶级维新派报刊活动家。1894 年出使英、法、意、比四国。1895 年参加强学会，主张君主立宪。1896 年年初被保举回川办理商务、矿务。同年在川发起成立蜀学会，创办《渝报》。1898 年创办《蜀学报》，印行《蜀学丛书》，介绍英国议会章程、教育制度及工商法规等，力主中国变法维新。戊戌变法后被罢职。辛亥革命后任国史馆修纂。后曾任成都国学院院长兼四川通志局总纂，主编《四川通志》。1931 年病逝。参见吴重龙主编：《期刊运营实用参考》下册，中国致公出版社 2008 年版，第 1633 页。

③ 唐德刚：《从晚清到民国》，中国文史出版社 2015 年版，第 2 页。

④ 参见罗志田：《新的崇拜：西潮冲击下近代中国思想权势的转移》，载罗志田：《权势转移：近代中国的思想与社会》，北京师范大学出版社 2014 年版，第 1—52 页。

"历史哲学提醒我们，人类不能准确地了解当下的时代。甚至还有先哲说，人类不能准确地认识自己，除非人类能跳出人间来观察自身"①。"当局者迷"恐怕是一种社会常态。

具体到湖南，笔者认为，顽固派、洋务派、维新派和革命派的力量在近代湖南的发展和表现都相当充分，因而上述四种力量在近代湖南的斗争表现得也最为激烈。绅权是中国传统社会的主要支柱之一，与全国其他省份相比，晚清湖南社会最大的特点是绅权力量异常强大。② 1910 年 6 月，湖广总督瑞澂在处理长沙抢米风潮时也指出："湘省自咸同军兴以来，地方官筹办各事，借绅力以为辅助，始则官与绅固能和衷共济，继则官于绅遂多事优容，驯致积习成弊，绅亦忘其分际，动辄挟持。"③ 从瑞澂的奏折来看，可以认为晚清是湖南绅权势力最为煊赫的时期，以至于官方兴办任何事情，如果没有地方绅士的配合都是很难取得实际成效的。以叶德辉为例，地方官吏对他从不敢有丝毫怠慢，"巡抚新任，必欲其登门亲拜。或不至，亦授意使来，有不解其所以然者"④。熊希龄直斥其为"劣绅"，称叶德辉等权势日炽，地方官吏畏之如虎，皆敢怒而不敢言。⑤ 由此可见晚清湖南绅权势力之大。

不但一般官吏对王、叶等巨绅"畏之如虎"，即使贵为湖南巡抚的封疆大吏也大多对王、叶等人异常恭敬。以王先谦为例，陈宝箴与王先谦颇有交谊，最初王也支持陈宝箴实施新政。但是当湖南新政触及封建道统，王先谦立刻站在陈宝箴的对立面，起而捍卫纲常礼教，纠合叶德辉、张祖同、孔宪教等上书陈宝箴，要求屏退梁启超等人。湖南新政失败后，俞廉三接任湖南巡抚，对王、叶等人言听计从，百般迎合。1903 年，赵尔巽主政湖南，锐意改革，试图开通风气，王先谦对此大为不满，不但不予配合，甚至与赵闹

---

① 郭世佑：《历史的误读》，生活·读书·新知三联书店 2014 年版，第 266 页。

② 参见阳信生：《湖南近代绅士阶层研究》，岳麓书社 2010 年版，第 4 页 "注释④"。

③ 《湖广总督瑞澂奏特参在籍绅士挟私酿乱请分别惩儆折》（宣统二年五月十一日），载郭汉民、杨鹏程主编：《湖南辛亥革命史料》第 1 册，湖南人民出版社 2011 年版，第 368 页。

④ 李肖聃著，喻岳衡点校：《李肖聃集》，岳麓书社 2008 年版，第 518 页。

⑤ 参见熊希龄：《奏为湖南劣绅把持新政攻击恐酿事变请遴选老成正绅力出维持以专责成折》（1906 年 6 月），载周秋光编：《熊希龄集》第 1 册，湖南人民出版社 2008 年版，第 213 页。

到翻脸的地步。不过，因赵尔巽的后台是袁世凯，王先谦等人也无可奈何。随后的湖南巡抚陆元鼎、端方、庞鸿书等人在任期间，基本上都采取与王先谦等人友好合作的方式处理湘省事务。岑春蓂在任初期，与王先谦等关系尚称融洽，但因1910年3—4月间的长沙抢米风潮事件与王先谦等人的矛盾日趋激化，于是王先谦等人策划将岑春蓂赶下台，拥立湖南布政使庄赓良为湖南巡抚。1910年4月14日，王先谦、黄自元、孔宪教、谭延闿等湘绅联名致电湖广总督瑞澂，要求以庄赓良署理湖南巡抚。岑春蓂无奈，当日电奏清廷，自请处理长沙抢米风潮不力之罪，并请庄赓良护理湖南巡抚。4月15日，代理湖南巡抚庄赓良下令镇压起事群众。但是，4月17日，在湖广总督瑞澂的推荐下，清廷却任命湖北布政使杨文鼎暂署湖南巡抚。即使在这种情况下，王先谦等人仍然试图拥立庄赓良为湖南巡抚。长沙抢米风潮平息后，5月27日，清廷下旨对王先谦、叶德辉、孔宪教、杨巩4人进行了处罚，并称他们是"四大劣绅"。①

　　1895年，清廷在甲午战争失败后，中国绅士阶层出现了非常明显的分化，其中的一个重要的分化方向是：反对一切变革的纯粹的保守派其势力实际上已经大为式微，因为即使是再顽固的人也认识到，如果真要维系清廷的统治就必须学习西方先进的"器物"之学，士绅阶层的这种分化在湖南的表现尤为突出。人们所熟知的近代湖南著名的守旧派绅士如王闿运、王先谦、叶德辉、张祖同、余肇康、黄自元、孔宪教、曾廉等人中，除了王闿运和曾廉两人不愿意承认和学习西方先进的器物之学外，其余诸人不但承认西学器物之先进，而且他们中的一些人还是湖南近代工矿业的提倡者和实践者。比如守旧派的领袖人物王先谦就曾一再表示，大力发展工商业乃天经地义之事，"轮船"、"铁轨"，"此万古不废者也"；西学是朝廷必须举办学习的，"声、光、化、电及一切制造、矿学，皆当开通风气，力造精能"；"奇技巧工，从前所应摒除，今日断宜提倡"②。这说明王先谦实际上已经是转化为洋务派，但也仅仅是一位洋务派。他不但在理论上如此提倡，而

①　参见谭仲池主编：《长沙通史·近代卷》，湖南教育出版社2013年版，第761—781页。
②　王先谦著，梅季标点：《葵园四种》，岳麓书社1986年版，第10、863、883页。

且还亲自实践。1896 年 11 月，受湘抚陈宝箴委托，王先谦联合熊希龄、黄自元、张祖同等绅士创办了湖南宝善成机器制造公司。再如，张祖同、刘国泰等人受陈宝箴的委托，于 1896 年创办了长沙的第一个近代工厂——善记和丰火柴公司。粤汉铁路作为晚清湖南最大的近代化事业，缘于湖南绅权力量的强大，故粤汉铁路湖南段的建设一直把持在以王先谦、余肇康为首的洋务派绅士手中。1909 年 10 月，随着清末新政的推行，湖南省咨议局成立，在客观上为湖南立宪派绅士提供了合法的政治舞台。事实上，湖南省咨议局从筹办、选举以及人员构成，仍然以地方绅士为主，且"以上层绅士为主"。[1] 咨议局成立后，有关湘路筹建的大权就落入了咨议局手中。1909 年 10 月 14 日，湖南省咨议局召开第一届年会，其首列的议决案和报告书就是关于建议废除湖广铁路借款、限年赶修湘路以及如何筹款建设湘路的内容。[2]

湖南绅士阶层分化的另一面，就是洋务派、维新派、立宪派和革命派势力的逐渐扩大。章开沅先生早就指出，从陈宝箴主持湖南新政以来，湖南人在思想领域一直都是走在全国的前列。[3] 以辛亥革命为例，饶怀民先生说，在辛亥革命的"领袖集团中，湖南人以其人数之众、知名度之高、贡献之大、影响之深，格外引人注目"[4]。根据冯自由著《革命逸史》所载《同盟会最初三年会员人名册》统计，1905—1907 年在东京登记的 960 名会员中，湘籍志士 157 人，仅次于广东。[5] 晚清大批湖南绅士的革命化过程，实际上也就标志着湖南新知识群体的形成，或者如罗志田先生所称的"边缘知识分

---

① 参见阳信生：《湖南近代绅士阶层研究》，岳麓书社 2010 年版，第 205 页。
② 参见杨鹏程主编：《湖南咨议局文献汇编》，湖南人民出版社 2010 年版，第 150—163、281—283、289—291 页。
③ 参见章开沅：《湖南人与辛亥革命》，载《章开沅文集》第 3 卷，华中师范大学出版社 2015 年版，第 15—24 页。
④ 饶怀民：《湖南人与辛亥革命》，载饶怀民、范秋明主编：《湖南人与辛亥革命——纪念辛亥革命 100 周年学术研讨会论文集》，湖南师范大学出版社 2013 年版，第 26 页。
⑤ 参见阳信生：《辛亥革命时期湖南革命志士群体崛起的原因探析》，载饶怀民、范秋明主编：《湖南人与辛亥革命——纪念辛亥革命 100 周年学术研讨会论文集》，湖南师范大学出版社 2013 年版，第 137—138 页。

子"这一特殊社群在政治上"明显兴起"。①

　　19 世纪末 20 世纪初，中国思想界最大的变化就是新知识分子群体的兴起。什么是新知识分子？新知识分子不同于旧式士人的"新"特点，主要体现在他们的"时代意识"、"知识结构"和"自我角色认同"三个方面。"近代知识分子依其产生来源，可分为两大类型。一类是由传统士大夫营垒中分化而出，另一类则基本上由新的资本主义文化培育而成。第一类近代知识分子，早年基本上受完全的传统文化熏陶。他们在时代的感召之下，逐渐地接受新思想、新文化的影响，但一般说来，过于厚重的传统文化的包袱，始终是滞缓他们前进步伐的历史负担。他们的政治主张比较温和，在思想深处与旧文化藕断丝连。……第二类知识分子，系统地接受了资本主义新文化的教育，他们或者就读于洋人执教的新式学堂，或者远涉重洋，负笈异邦，用新的文化构件，组建自己的知识系统。一般说来，他们较少受传统的羁绊，对资本主义新文化的理解和把握较为深刻，在近代西学东渐中的历史地位，显然超过前一类近代知识分子。他们的弱点，则是易于脱离中国社会的实际状况和民众心理态势，试图机械地生硬移植资本主义政治、经济、文化于中国。"②上述情况反映了当时中国知识阶层从传统向近代转型过程中的复杂性。

　　前文我们已经指出，近代湖南人才之盛在全国各省中独占鳌头，而留学生是新知识分子产生的主要途径之一。众所周知，20 世纪初，"向日本学习"成为中国人探索救国道路的一个主要方向。美国学者马里乌斯·詹森甚至说，中国学生到日本的运动，"是历史上第一次以现代化为定向的真正大规模的知识分子的移民潮"③。以湘鄂两省留日学生数量为例，此二省留日学生数量均位居全国前列。"从 1898 年到 1911 年湖南留日学生的数量至少在

①　参见罗志田：《近代中国社会权势的转移：知识分子的边缘化与边缘知识分子的兴起》，载罗志田：《权势转移：近代中国的思想与社会》，北京师范大学出版社 2014 年版，第 110 页。
②　冯天瑜、何晓明、周积明：《中华文化史》（珍藏版），上海人民出版社 2015 年版，第 646、648、649 页。
③　转引自郑匡民：《清末留日学生民族意识的觉醒——以明治日本的影响为例》，载郑大华主编：《近代思想史研究》第 10 辑，社会科学文献出版社 2013 年版，第 122 页。

2000 人以上，在全国留日学生中占有比较高的比重。"① 辛亥革命前，湖北留日学生多达 5000 余人（含自费生），更是位列全国第一。② 科举制度的废除切断了"士"的来源，而新式教育体系的建立和留学潮，使近代中国第二类新型知识分子的队伍日渐庞大，创办报刊、开启民智成为新知识群体在清末扩张自身影响力的主要手段之一。③ 由于近代中国民族矛盾和阶级矛盾异常尖锐，新知识群体创办的报刊在其诞生就与晚清政治、经济、文化斗争存在着十分密切关系，甚至可以说，报纸等现代传媒在很多情况下就是政治斗争的工具和手段。而与此相对的是，"旧学名宿不能随社会变化调节观念及表达形式，很少利用新式传媒，对士林及社会的影响明显下降，无法与凭借传媒之力崛起的新学大师相抗衡"④。不过，也有学者指出，湖南守旧派人士之所以不重报刊、学会等文化事业，是因为其"利益"太少，故而放任新派人士把持；但湖南守旧派绅士对于利润丰厚的矿务、交通（主要是铁路）、机械等实业部门却始终牢牢掌握，"问题的要害，恰在'收益'"。⑤ 所以，我们看到，粤汉铁路在确立"三省分办"的体制后，三省自办的情形颇为不同：粤段因广东商人资本雄厚，官商在经过一番斗争后，最终归商人承办；鄂段因处于湖广总督张之洞的直接控制下，基本上采取了官办的形式；最为复杂的是湘段的筹建，官、绅、商都想大权独揽，归己承办，为此，三方纷争不断，始终不能形成统一的意见和结果。虽然以王先谦为首的势力强大的湘绅一直把持着湘路之筹建，但因为看得见的建树不多，因为晚清报业的发达，甚至屡屡传出丑闻。尤其是革命派控制的报刊，屡屡拿湘路说事，动辄

---

① 霍修勇：《两湖地区辛亥革命新论》，国防科技大学出版社 2008 年版，第 72 页。

② 参见李立华主编，陶维兵著：《从洋务运动到改革开放：武汉百年思潮研究》，武汉出版社 2014 年版，第 192 页。

③ 许纪霖认为，新知识分子在近代社会所扮演的角色，主要体现为超然治学、学术救国、舆论干预、直接从政等 4 种路径。参见许纪霖：《在学术与政治间徘徊的近代知识分子》，《走向未来》1987 年第 2 期；转引自冯天瑜、何晓明、周积明：《中华文化史》（珍藏版），上海人民出版社 2015 年版，第 648 页。

④ 桑兵：《清末民初传播业的民间化与社会变迁》，《近代史研究》1991 年第 6 期。

⑤ 参见朱至刚：《近代报刊与士林格局——以戊戌湖南"新旧"分野为例》，载周奇编：《传播视野与中国研究》，上海人民出版社 2014 年版，第 221—234 页。

对王先谦、余肇康进行大肆攻击，如前文所述，他们因这种种指责所带来的精神折磨恐怕也颇为痛苦。

综上，粤汉铁路作为近代湖南最大的实业，湘省多种政治或社会力量均深度参与其中。湖南新政是湘省铁路事业的最初原动力，陈宝箴主持的湖南新政，打破了近代湖南的保守风气，铁路等实业受到了湖南绅商的重视并借粤汉铁路筹建之机，积极延路入湘，为湖南的发展奠定了一个长远的发展基础。粤汉铁路定线湖南后，围绕着粤汉铁路的建设，湘省官、绅、商等各方势力均积极介入，他们既斗争又合作，由此对粤汉铁路的建设产生了深刻的影响。晚清湖南新政开启了湖南的近代化之路，造就了湖南思想界的活跃状况，思想界的活跃又引发了湖南知识精英的分化。在这样的社会状况下，尽管湘省官绅商各界均抱有尽快建设粤汉铁路以发展湖南经济的美好愿望，但在现实中也存在着竞相争夺该路建设主导权的矛盾。以湖南巡抚为代表的官方力量认为，由官方主导粤汉铁路的建设理所当然。但由于晚清湖南绅权异常强大，官方并不能独揽大权，因此采取了"官率绅办"的模式，这就是奏办湖南粤汉铁路公司。与此同时，随着晚清湖南资本主义的初步发展，民族资产阶级的力量有所壮大，民族资产阶级主张粤汉铁路应采取完全商办的模式，以促进湖南资本主义的发展，以陈文玮为首的民族资产阶级发起成立了商办湖南粤汉铁路公司，试图主导粤汉铁路湖南段的建设，但商办公司很快被官率绅办的奏办湖南粤汉铁路公司所吞并。官绅商三方虽然对粤汉铁路的建设主导权存在着矛盾和斗争，但在赎路废约运动及保路运动过程中也存在着良好的合作。正是由于存在着上述种种问题，故粤汉铁路湖南段的建设呈现出了进展极度缓慢的特点。

第三章　湘省铁路社团与粤汉铁路之续建

清室覆亡，民国肇兴，人们对于迁延日久的粤汉铁路之建设一度充满了期待。民国成立，粤汉铁路所有已成未成各段先后收归国有，湘路于民国二年（1913）六月收归国有，鄂、粤等段也都先后收归国有。在清末民初的历史条件下，干线铁路由国家建设具有更多的合理性。民国元年（1912）北段湘鄂线开工建设，不料此时国际、国内局势动荡不安，战乱四起，建设事业当然无从谈起，湘鄂段延至民国七年（1918）始竣工通车。此后，工款无着，湖南株洲至广东韶关段建设遂停顿至民国二十二年（1933）七月才又重新兴工，至民国二十五年（1936）九月，粤汉铁路终于实现了全线通车，而这距该路最初之动议已过去了整整40年时间。1918—1933年，虽然粤汉铁路株韶段停工待建时间长达15年，但在此期间，无论是北洋政府统治时期，还是南京国民政府统治时期，对于粤汉铁路之续建，关心该路建设的社会各界人士四处奔走，献计献策，希望这条多灾多难的南北大动脉能够早日贯通，造福人民。在各界呼吁粤汉铁路续建的声音中，湘籍人士发出的声音毫无疑问最为响亮。所谓"株韶段路线有五分之四在湘，故湘人受影响为最大，而其希望完成亦最力"①。此言甚是！本章拟对民国时期湘籍人士在粤汉铁路株韶段续建过程中所付出的努力进行分析。

---

① 《湘人促成粤汉铁路》，《津浦铁路月刊》1930年第1卷第2期。

一、民国初年湘路公司之收归国有

我们知道，清政府在以湖广铁路借款和粤汉铁路为代表的铁路干线国
有政策所引发的保路风潮中土崩瓦解了，但是粤汉铁路的建设仍然需要继续
进行。清政府垮台后，1912 年 5 月，北洋军阀袁世凯主导的北京政府再次
宣布"川粤汉铁路收归国有"政策，而干线铁路收归国有，需要大量的资金
支持，为了取得西方列强在资金上的支持，北京政府宣布承认清政府所订立
的湖广铁路借款合同继续合法有效。与晚清时期相反，此时国内舆论对于干
线铁路国有政策和借款筑路政策的态度发生了极大的改变，即不再笼统地反
对借款筑路和干线铁路国有政策。这是因为，清政府在借款筑路的过程中屡
屡丧权辱国，在革命派报刊的不断揭露和批评下，其统治根基和合法性已经
被逐渐掏空，所以在保路运动的冲击下，恰如欲溃之堤，轰然决口且一发不
可收拾。继清政府而起的北洋政府，虽然主要由袁世凯的北洋军阀所控制，
但毕竟革命党人在政府中也占据了一定的位置，客观地说，民国初年，全国
人民对于这个新生的政权还是抱有相当大的希望的。希望它能够努力发展经
济，实现国家富强，从而改变中国在国际上的地位。

正是在上述历史背景下，北洋政府的"川粤汉铁路国有"政策也得到
了同盟会党人的支持。故当时的报纸报道说，粤汉铁路若"不归国有，万
无告成之日。湘路公司亦见及此。于是湘路收归国有之说，即无甚反对"①。
1912 年 5 月，湘籍著名革命党人谭人凤被袁世凯任命为粤汉铁路督办，负
责筹办粤汉铁路的建设和清还铁路股款。袁氏北洋政府之所以任命谭氏为粤
汉铁路督办：其一，谭人凤是著名革命党人，号召力大；其二，粤汉铁路湘
段距离最长，湘路股款的清退是重中之重，且非常棘手；其三，谭人凤为湘
籍人士，相对而言，工作难度可能会小一点。但谭人凤最初却并不愿意担任
这个所谓的"督办"职务，后经宋教仁做工作，谭氏方答应接受这个任务。

---

① 宓汝成编：《中华民国铁路史资料（1912—1949）》，社会科学文献出版社 2002 年版，第
15 页。

宋教仁对谭人凤说："此路于南方军事上关系紧要，极宜注意。即以目前论，亦可收容多数解散军队佣工，免流落为地方患。况大局难料，一旦有事，有款有人，尤可以应世变。"① 在谭人凤所结交的朋友之中，他最看重宋教仁的政治才华和政治眼光，认为"其言颇有深思也"②，在这种情况下，他接受了宋教仁的建议。

但是，粤汉铁路收归国有和筹款建设，其难度在当时的中国各条干线铁路中可谓首屈一指。因为很明显，此前曾负责该路筹办的诸路豪杰如张之洞、盛宣怀、端方以至湘路公司的王先谦、余肇康等人，均堪称晚清时期中央或地方的风云人物，但他们在筹办粤汉铁路的过程中几乎都未能全身而退：张之洞因湖广铁路借款谈判耗尽精力而逝，盛宣怀则饱受骂名，端方惨遭杀戮、身首异处，王先谦亦被多方指责，甚至被清廷斥为"四大劣绅"之一。所以 1936 年粤汉铁路全线竣工时，叶恭绰撰文回顾粤汉铁路的历史时曾指出，粤汉铁路"不但成本之重，为各路所无，恐资产负债，早已不抵，盖全路未通以前之三十五年，无日不在亏耗中也"③。同样，关赓麟也在其文章中说，粤汉铁路因为迁延时间太长，耗费了巨额的资金，不但借款数额估算严重错误，而且"盛宣怀之铁路国有政策，既已一意孤行，不恤舆论，误谓高压政策之必能收效矣。民国成立，政府复袭行国有政策，则以为人心所向，必可竟成，恃外债之借入为来源，轻议尽数收买各省商路，负钜债而不惜，至今无法偿还"，后果十分严重。④ 由此也可以看出，筹办粤汉铁路的难度非同一般，说它是一块烫手的山芋一点也不过分。

谭人凤就任粤汉铁路督办后，聘请著名铁路专家詹天佑为会办，颜德庆为鄂局总办，冯梅丞为湘局总办，设总局于汉口，并重新派人勘测岳州至长沙、衡阳至广州之线路走向，10 月北上，据其自说已"与银行团议定取

① 谭人凤：《忆克强先生》，载郭汉民、杨鹏程主编：《湖南辛亥革命史料》（二），湖南人民出版社 2011 年版，第 51 页。
② 谭人凤：《石牌叟词》，载石芳勤编：《谭人凤集》，湖南人民出版社 2008 年版，第 383 页。
③ 叶恭绰：《对于粤汉铁路完成之感想》，载杨裕芬等编：《粤汉铁路株韶段通车纪念刊》，粤汉铁路株韶段工程局 1936 年刊行，第 7 页。
④ 参见关赓麟：《痛定思痛之粤汉路》，载杨裕芬等编：《粤汉铁路株韶段通车纪念刊》，粤汉铁路株韶段工程局 1936 年刊行，第 14—15 页。

款手续，成计划书"①，准备依靠对外借款清偿一切股款。为了实现粤汉铁路的收归国有，谭亲赴湖南做了大量的工作，以期能够在他手里早日完成这条磨难重重的南北交通大动脉。谭人凤对于他本人担任粤汉铁路督办期间的工作是这样说的：

> 聘工界泰斗詹天佑为会办，委颜德庆为鄂局总办，冯梅丞为湘局总办。其余所需各分工程师及材料、机械、电报各处长，皆由詹君推荐，颇庆得人，计自设局以来二三月间，诸事稍以就绪，只待借款提到，即可积极进行。十月间北上与银行团交涉，妥议而返。即委熊继贞清算鄂路股款，委常□（□）②清查旧时购地，委谢吉士测由岳至湘之线，委苏日新测由衡交粤之线。全路计分四大段，每段于适中之处设一分局。大段之中，复拟分每三十里为一小段。同时招工兴筑，以期速成。不意黎元洪、黄克强从此捣乱，一切计划，遂成泡影。先是黎于予未到鄂之先委一流氓毕□（□）③为总办，经予裁撤后，两次代求改委，予未徇情。十一月，湖北铁路学生相率求位置，予答以尚未开工，嘱少待。该生等乘余往收湘路，大闹风潮，联名具禀黎元洪，谓专任私人，屏鄂人不用。黎遂据以达中央，湘路总办陈佩衡以运动承继原席拂望，借口股东要求现款，有意把持。经予以大义责之，唤各绅开导，已准备移交矣。适克强返湘，亦主张索现款，另修支路。陈遂假全省士绅名义，电向中央索款，复敢抗延予令矣。袁不悉二事情形，恐积不相能，乃拟调予任长江巡阅使；适克强部属亦有代其谋此一席者，袁因派人征求克强意见。克强乃命驾问予曰："路事情形如何？"予曰："将开工矣。"克强曰："无款何能开工？"予曰："已与银行

---

① 罗永绍：《谭石屏先生事略》（1936），载郭汉民、杨鹏程主编：《湖南辛亥革命史料》（二），湖南人民出版社 2011 年版，第 292 页。

② 谭人凤《石牌叟词》亦言及此事，曰："委常某某清查旧时购地"，载石芳勤编：《谭人凤集》，湖南人民出版社 2008 年版，第 383 页。

③ 谭人凤《石牌叟词》亦言及此事，曰："委一流氓毕某某为总办"，载石芳勤编：《谭人凤集》，湖南人民出版社 2008 年版，第 383 页。

团交涉办妥矣。"克强复曰："闻银行团不愿支款,鄂人亦多异议,奈何?"予曰："此无虑,外人重信用,已收我签押印样,存验支付,当不致反复无常。鄂人恃铁路为生计,急欲谋生,开工后,量能分任事矣。"克强始告予曰："昨日项城派人来,拟请先生为长江巡阅使,而以余承之。"余时半嗔半喜,笑应之曰："我非想作官,其勉就斯职者,欲速成此路而已。数月以来,竭虑殚精,亦自信无忝厥职。今公既肯出负责任,我当组织军队征蒙,何屑为巡阅使。"克强去后,随拟以激烈手段,迫陈移交,以了此行之任务。湘督谭延闿从中斡旋,陈乃备文交出。予即返鄂,准备交卸。二年元日,遂移交克强。先是予之膺斯任也,由袁特任,银行团借款亦可由予直接支取,与交通部无甚关系。克强由交通部荐任,莅任后,始知权限位置,皆隶属于交通部,大不满意,迭次电争,未得解决,遂于一月八日以印交秘书看管,脱然而去。①

　　根据上述谭人凤的叙述,可以看出,虽然在此之前谭氏并没有办理铁路的经验,但其工作作风雷厉风行,善于使用铁路人才,且能够抵制黎元洪等人的无谓干扰,这自然十分有利于工作的推进。同时,作为湘籍革命家,谭人凤也有早日完成粤汉铁路的强烈愿望。不过,也要指出,谭氏对于粤汉铁路的收归国有的难度估计不足,过于相信四国银行团的所谓"重信用",对于袁世凯蓄意挑起他与黄兴之间的矛盾也没有认识到,认为他的"一切计划"之所以"遂成泡影",其原因是"黎元洪、黄克强从此捣乱"所致。实际上,粤汉铁路收归国有最大的困难是交通部并无大笔的款项用于购买湘鄂粤三省广大绅民手中的粤汉铁路股票,虽然北洋政府继续承认湖广铁路借款合同有效,但四国银行团鉴于中国政局动荡的缘故,对于投资川粤汉铁路实则充满了疑虑。"谭氏迭与银行团交涉,促其照约交款,而银行团以前约所订系汉粤川名义,今仅汉粤用途不合,况前约指定以湘鄂厘金作抵,光复以

---

① 谭人凤:《忆克强先生》,载郭汉民、杨鹏程主编:《湖南辛亥革命史料》(二),湖南人民出版社 2011 年版,第 51—52 页。

后，各处厘金，或裁或并实难担保，不肯交款。"① 所以，谭人凤的所谓与四国银行团借款商议妥当的说法，其实只是他一厢情愿罢了。

但谭人凤认为："民国成立，天下为公，国既公有，何况于路？"② 故而铁路国有实际上也就是民有，因此粤汉铁路收归国有乃大势所趋，是符合当时中国和湖南的实际情况的。就收归国有而言，"满清末造，定铁路国有政策，风潮一起，遂成革命之导线。今之言路政者，或鉴于前事，而疑国有之说不复可行，此非通论也。处列强竞争时代，铁路为军事、实业命脉所系。将欲谋工事之速成、机关之统一，前清之国有政策，实未可厚非。而其所以失败者，擅借外款，不交院议，紊乱宪章，其罪一；折扣商股，与民争利，其罪二；人民抗议，遽施格杀，其罪三。积此数因，乃肇大变。由今思之，其主持国有政策是也，而所运用此政策者非也。民国新造，政贵因时。路政一项，以民生主义社会经济言之，不可不定为国有；以军事国防言之，尤不可不定为国有。惟施行此政策时，只当谋路政路权之统一。商股为人民财产所关，断不能损其毫末。且商股所有亏损，并当由国家完全担负责任"③。他还指出，世界各国以铁路国有为潮流，"人方日谋集权以进行"，"我乃支离华碎，自破坏统一之政策，未免与世界潮流故相冲击"。④ 就湖南的情形而言，谭氏指出，湘路公司自 1905 年开办之日起，至 1911 年 5 月底，共计收入约 536 万两。其中商民股份，仅约 151 万两，余皆米捐、盐斤加价。而支出则高达 563 余万两。已成之路，不过长沙至株洲 105 里，其余已购未造者，长株段内 30 里，株郴段内 30 里，长沙北门外填基 15 里。出入相抵，亏欠之银已达 28 余万两。"试问湘省土瘠民贫地方，财政有限，兼之军兴以来，兵多饷竭，捐款繁苛，公私一空如洗，乃欲于中央与地方行政经费外，括剔社会零剩之脂肪生命，建筑此一千三百七十里空前绝后之大干路，何日

---

① 陈雨声：《粤汉铁路建设略史》，《铁道半月刊》1936 年第 9 期。
② 谭人凤：《粤汉路事说帖》（上海《民立报》1912 年 7 月 8—9 日），载石芳勤编：《谭人凤集》，湖南人民出版社 2008 年版，第 53 页。
③ 谭人凤：《粤汉路事说帖》（上海《民立报》1912 年 7 月 8—9 日），载石芳勤编：《谭人凤集》，湖南人民出版社 2008 年版，第 53 页。
④ 谭人凤：《致全湘父老兄弟书》（上海《民立报》1912 年 7 月 6、8 日），载石芳勤编：《谭人凤集》，湖南人民出版社 2008 年版，第 61 页。

兴工，何日竣事，何日行车货运，实不过海楼蜃市，构成理想上之新湖南而已。"① 可见，谭人凤认为，粤汉铁路只有收归国有，方有建成通车之可能，而粤汉铁路的建成通车，对于湖南的发展尤属必要。"五口未通以前，中外通商恃广州为吐纳，行李担负越五岭沿湘流而下，故湘潭为大市，宜（章）、郴（州）僻陋之栈房喧呼达旦，生业极盛，上海开通，烟灶生尘矣。"粤汉铁路收归国有并"全路开通之后，上海之大市场，必移于汉口"，广州也会愈加发达，而广州、汉口商务的发达必然会带动湖南的发展。② 应该说，这些认识都相当有见地，对于说服湘路股东支持湘路收归国有起到了很大的作用。

粤汉铁路如何顺利收归国有？谭人凤拟定了铁路股款的赎回办法：

查三省路股，有由商民筹集者，三省商股及湖南房股是也。有量假官力而筹集者，湖南米盐等捐及湖北振粜捐是也。处置之法，自难一致，分举于下：

（一）量假官力筹措之股，仍照清例，换给保利股票，永远作为地方公积金，充各该省办理公益实业之用。

（二）商民所集之股，一律换给国家铁路股票，分红分利，一仍其旧，并由股票公举查账员，监察用途。其从前所有亏耗，无论多寡，悉由政府担任。盖股款乃血汗之资，亏耗匪人民之咎，政府既收取路权，自当然承认亏耗为路利之担保。

（三）其已换国家铁路股票，而欲得现银，以从事他种营业者，得持赴粤汉铁路总公所声明，由政府预筹的款按十成收买，以资利便。盖投资为个人自由，理无取乎强迫。换票乃普通办法，事有贵乎通权。

---

① 谭人凤：《致全湘父老兄弟书》（上海《民立报》1912 年 7 月 6、8 日），载石芳勤编：《谭人凤集》，湖南人民出版社 2008 年版，第 63 页。关于湘路公司筹集股款之数额，有多种说法，何智能综合各家说法，认为湘路公司所筹款项的数额如下：1911 年 6 月，为 4663128 两（6521857 元）；1911 年 9 月，为 4913745 两（7125375 元）；1913 年 9 月，为 9113880 元。当时银与银圆的比价大致为 1 : 0.715。参见何智能：《湖南保路运动研究（1904—1911）》，湖南师范大学博士学位论文，2003 年，第 111 页。

② 参见谭人凤：《致全湘父老兄弟书》（上海《民立报》1912 年 7 月 6 日、8 日），载石芳勤编：《谭人凤集》，湖南人民出版社 2008 年版，第 62 页。

格外求全，力图方便，并非拒绝民股，垄断独登也。惟此路股价落至数成，一经政府担承，即时回复原值，人民方保存之不暇，又何必兑取现银？且今日需款急迫，受挟外人，吾民方思毁家以纾国难，岂肯倾轧以召危亡？设此专条不过为人民谋便利，必无大宗股票求兑现银者。储款二三百万即足应付，政府其勿以款绌为词，拂吾民意也。

（四）各省现存款项应一律收回，以便开工时与借款同时提用。路成有余，则以之敷造支线，或展长干路。①

湘路公司股款的来源大致分为 6 项："一为湘民认缴之优先股；一为随粮带征之地方租股；一为出境米捐；一为衡、永、宝三府淮盐溢引之配销捐；一为本境行销各省食盐加价之口捐；一为供差员薪派捐股票。近由咨议局议决者二宗：一为累进租股，系按原有租股层递加扣；一为房租股，系每年派捐一月房租入股。"盛宣怀还说，在这些股份中，"其正式股捐只有优先股之一百七十二万元确系商业性质，其余各项派捐或先经奏准或甫议定，虽皆有案牍可稽，实皆涉于悬疑"②。事实上，上述股款除商股外，其他股款多有强行摊派性质。"据湖南京官联名奏称：该省路股除田租外，尚有米捐、盐捐、房捐各名目。似此层层剥削，不惟取之富户，且至扰及贫民。"③ 从谭人凤的设想来看，他充分考虑到了绅民的利益，这当然是值得充分肯定的。但这里的关键是，收购铁路的经费从何而来呢？谭氏的办法很简单，收购款项"必出于借款一途"，虽然是借款，但他认为"究不难以该路所得之赢余克期偿还"④。

---

① 谭人凤：《粤汉路事说帖》（上海《民立报》1912 年 7 月 8—9 日），载石芳勤编：《谭人凤集》，湖南人民出版社 2008 年版，第 55—56 页。

② 盛宣怀：《愚斋存稿》卷 19《派查湖南湖北路工暨股捐情形折》（宣统二年九月），载沈云龙主编：《近代中国史料丛刊续编》第 13 辑，台湾文海出版有限公司 1975 年版，第 498 页。

③ 盛宣怀：《愚斋存稿》卷 77《寄武昌瑞华帅成都王采帅广州张坚帅长沙杨俊帅》（宣统三年五月初四日，即 1911 年 4 月 31 日），载沈云龙主编：《近代中国史料丛刊续编》第 13 辑》，台湾文海出版有限公司 1975 年版，第 1643 页。

④ 谭人凤：《致湘路股东书》（上海《民立报》1912 年 7 月 8 日），载石芳勤编：《谭人凤集》，湖南人民出版社 2008 年版，第 66 页。

但我们前面也说了，依照当时的历史境况来看，粤汉铁路的借款并不容易达成。1912 年 11 月，湘路公司董事会在给湖南都督谭延闿的电文中说："同人等查阅谭石屏先生所交交通部致四国银行代表函，亦于函尾叙明请其见复，现尚未见复信。外交极难，往往有已定条约，因只字片言之不慎，致生绝大之波澜者"，"该银行代表又有须候伦敦会议方能解决之语，至今又尚无片纸见复，而谓必无反复，实未敢信。近日在城股东，对于此事，极为注意。有函嘱公司坚持须有现银，方可移交"①。由于湘路公司坚持要求交通部收路必须备足现款，谭人凤乃多次与四国银行团交涉，要求他们按照与清政府订立的借款合同继续付款，但四国银行团借口中国南北交战，政局不定，不肯付款。后经路政司司长叶恭绰多次交涉，1912 年 7 月 11 日，四国银行团"提出办法四条，致函交通部，请求参酌施行"②。根据当时媒体的报道，这四个条件可以归纳为：一是存款问题，二是管账问题，三是担保品问题，四是赎路问题。③ 更具体一点说，四国银行团要求：将商办川汉、湘路、粤路收归国有；粤汉、川汉应同时开工；取消将汇款净数之半存入交通银行或中国银行；所有抵押的厘金收不足时，以各路财产、材料担保，选派洋人为总会计员、总工程师和管理员，到全路分段管理账目、材料。达成了这些条件，四国银行团同意继续付款。④1913 年 3 月 1 日，交通部复函四国银行团，基本上全部接受了这些条件。3 月 3 日，四国银行团复函交通部同意向袁世凯的北洋政府第一次付款 1200 万银两。⑤

虽然谭人凤的方案力图照顾到湘路公司股东的利益，并盲目认为，粤汉铁路一旦由政府收回，其股票价格立刻会恢复原值，同时三省参股的绅商

---

① 谭人凤：《致全湘父老兄弟书》（上海《民立报》1912 年 7 月 6 日、8 日），载石芳勤编：《谭人凤集》，湖南人民出版社 2008 年版，第 62 页。

② 宓汝成：《中华民国铁路史资料（1912—1949）》，社会科学文献出版社 2002 年版，第 106 页。

③ 参见《川粤汉借款又有小争执》，《申报》1913 年 3 月 8 日。

④ 参见武恭忠：《粤汉铁路修建始末》，载武汉地方志编纂委员会办公室编：《春兰秋菊集〈武汉春秋〉二十年文存》，武汉出版社 2003 年版，第 692 页。

⑤ 参见宓汝成：《中华民国铁路史资料（1912—1949）》，社会科学文献出版社 2002 年版，第 107—108 页。

也大多会选择继续持有粤汉铁路的股票，而真正想兑现为现银的人一定不会很多，政府只要"储款二三百万即足应付"。而事实上，情况恰恰相反，湘路公司总理陈文玮①等却表示，干路国有"我公司并无人反对；借款筑路，公司亦极赞成，惟公司系商务性质，只知求现不赊，否则难以承认"；"应请督办先备现款，再议交收之法，若徒手空空，侈言国有，此则我辈数人不敢负此重大责任"②。1912年11月上旬，湘路公司为此特致电交通部称："路归国有，湘人极表欢迎。公司移交手续，亦早准备。惟现金无着，股东深滋疑虑，应请大部速汇巨款来湘，以便股东自由领还。事关路政，恳速电示。"③11月6日，湘路公司又发布公告说："股东因督办宣言收回，始欲退现；苟不能即时兑发，股东不放心，同人即不能卸责。比已将谭君所提之议拒绝，一面由同人电致交通部索取现款，一面抱定宗旨，以使股东及人民权利不至损失为主。"④

在这种情况下，谭人凤乃通过湖南都督谭延闿向湘路公司做工作，当双方大体商议妥当的时候，北洋政府又忽然将谭人凤调任长江巡阅使，由黄兴接任粤汉铁路督办。如前文所言，黄兴并未就任。1913年2月，北洋政府交通部任命前两广总督岑春煊⑤为川粤汉铁路督办，6月18日，岑春煊去

① 辛亥革命后，湘路公司总理余肇康因病难以任事，湖南都督谭延闿遂委陈文玮担任总办。湘路股东随即组织湘路促进会，召开全体股东会，推举陈文玮为总理，龙璋、文斐为协理。参见湖南省志编纂委员会编：《湖南省志》第1卷，《湖南近百年大事记述》，湖南人民出版社1980年版，第359页。
② 湖南省地方志编纂委员会编：《湖南通鉴》（二），湖南人民出版社2008年版，第908页。
③ 宓汝成：《中华民国铁路史资料（1912—1949）》，社会科学文献出版社2002年版，第17页。
④ 宓汝成：《中华民国铁路史资料（1912—1949）》，社会科学文献出版社2002年版，第17页。
⑤ 1913年2月3日，袁世凯任命岑春煊为汉粤川铁路督办，以代黄兴，岑与袁原本是政敌，之所以接受任命，其原因是"盖铁路财源既富，督办可借护路之名寄以军令；袁以岑继黄，可缓和国民党之反感；而岑更思乘机重整军力，双方均有所图谋。岑原计以率往福建之卫队1000人及将龙济光部6000人自广西北调为基本队伍；不意正调动间，袁即用种种方法，不使此一兵力集中，反使趋于分散，岑始知为袁所玩弄，愤而返沪，而倒袁之意又复加甚"。参见吴相湘：《民国政治人物》，东方出版社2014年版，第80页。1913年，署名"悦魂"的作者曾刊文抨击袁世凯启用岑春煊为川粤汉铁路督办，参见悦魂：《岑春煊与铁路之关系》，《铁道》1913年第2卷第1期。

职，北洋政府又任命交通次长冯元鼎兼督办该职。交通部明确规定，汉粤川铁路归交通部直辖，由交通部与四国银行团接洽借款问题，凡款项的调度以及其他交涉事项，均由交通次长冯元鼎代表交通部处理一切，设立督办总公所于汉口，统一管理汉粤川各线工程局及其他附设局所。1913 年 5 月，湘路公司公推陈文玮、傅定祥为代表与交通部就发还股款以及路事交接事宜反复商议，其中的焦点问题是股款的归还方式与年限。陈文玮等向交通部次长兼川粤汉铁路督办冯元鼎呈文称：

> 粤汉干路收归国有，乃因前清邮传部所订四国借款合同。民国成立，当然继续有效。因而产出之问题，因之前清邮部所定收路还股成案，亦不能不继续有效。查前清邮部奏定收回湘境粤汉干路办法，对于商股发还现款，对于米盐公股发给期票，曾经明发上谕。嗣因湘籍京官陈请，又特降谕旨，准将租股等与商股一律看待，良以商租房薪各股，皆系商民凑集，各有主名，振兴实业，甫在萌芽，非特加爱护，无以恤商情而维信用。若米盐公股，当初定名曰捐本，含有捐项性质，今由中央发给期票，将全额照本分别定期付换地方，此中利赖，已足无穷，湘省人民，咸知此旨对此久无异议。去年谭督办奉命到湘，发布宣言书，亦曾申明私股还现之说。后来黄督办接任路事，又曾宣言保障股东权利。故在湘路历史上言之，私股还现，公股发给期票，殆已不可变更。此次文玮等经公司董事会推举来京，商议收路还股办法，深知部中困难情形，故与公司董事会往返电商，允将甲项于民国二年度，只还二百万元，其余民国三四年分摊还清。虽于还股求现之说，未能圆满贯彻，然款项有着，利息照常，权利既然无损失，困难当能共谅。惟合约内所列甲乙两项股款，甲项目接收后，即行摊还，至民国四年度还清。乙项目自民国五年度起，方始摊还，至民国十六年度还清，比较原案，乙项恰符前清邮部所定发还米盐公股办法。而甲项比诸前邮部所定发还私股办法，尚有未能适合者。在各股东深知大义，共知钧部苦难，当亦不忍苛求。若再并区区优先利益而无之，似非体恤商民之道。文玮等愚见以为，在钧部虽以甲乙两项民（"民"当为

"名"——笔者注）义分别发还，而在公司支配，仍应根据原案，以甲项还清私股后，方能以乙项摊还公股。庶国家既无反汗之嫌，公司亦免食言之咎。①

对于湘路公司的收路还股要求，交通部批文称："此事前经选据代表面商，业已分别性质，载明合约之内，将来本公司支配，自应根据和约办理。"② 根据上面的叙述，我们可以看到，湘路公司虽然表示体谅交通部的困难，但从根本上还是要求交通部按照清朝邮传部所拟订的收路还股方案来进行路权回购。那么，邮传部当时拟订的方案是什么呢？ 1911 年 6 月，邮传部拟订的方案是："湘路所收五百数十万两，有米捐、盐捐、租股、房股各项四百余万两，商股约一百万两左右。支款内修路购料约二百余万两，据余肇康电称，洙（株）至长沙一百余里，已经完工开车，码头各项，均已齐备。约计其数，耗费无多。拟定将实在商股一百余万两，照本发还；其余米捐、盐捐、租股、房股，除美国赎约经费三百余万两外，准即另发国家保利票，长年息六厘，五年后分作十五年摊还，以充本省实业公用。"③ 也就是说，湘路所集 500 余万两股款，商股约 100 万两，米捐、盐捐、租股、房股等 400 余万两；商股直接发还现银，米盐房租等款除掉合兴公司湖南所摊还款外，所剩款项发行国家铁路股票，年息 6 厘，5 年后分 15 年本息合计逐年摊还。

根据 1913 年 6 月 23 日交通总长朱启钤呈大总统袁世凯文，湘路公司与交通部之间的协商，最初双方的要求距离比较远，"公司意在已用之款全数发还现金，而本部财力竭蹶万分，无从罗掘"。交通部以川路国有分年摊还已有成案，希望湘路公司亦能准此办理。朱启钤指出，"湘人深识远虑，

---

① 《湖南粤汉铁路公司代表陈文玮傅定祥呈请交通部根据前清原案办理文》，《交通丛报》1913 年第 4 期。

② 《湖南粤汉铁路公司代表陈文玮傅定祥呈请交通部根据前清原案办理文》，《交通丛报》1913 年第 4 期。

③ 《邮传部、度支部、督办铁路大臣会奏折》（宣统三年五月），载宓汝成编：《中国近代铁路史资料（1863—1911）》第 3 册，中华书局 1963 年版，第 1247 页。

力顾大局"，湘路公司代表陈文玮、傅定祥"准情酌理，不为意外之要求"，"深识大体，惟以保全商本担负债务为请"；交通部则"以国家之款担任无形之亏累，但求事实有济，财力可以腾挪，亦未便稍从刻核"。由于双方推诚布公，彼此交让，"十余年来纷纭纠葛之路"，最终得以圆满解决，顺利完成了国有化。①

1913 年 6 月 3 日②，湘路公司在北京与交通部议定了"接收商办湘路合约"。这份合约一共有 20 条，一式两份，附表两份，交通部与湘路公司各执全件一份。合约中比较重要的内容是第一、三、五、七、八条，其主要内容是：

第一条：湖南境内原定之粤汉干路路线及三佛（三水——佛山）支路湖南所占七分之三，所有公司已成路线及材料、车辆、厂房、器具，未成铁路之已建工程、已购地段及本路全线内一切产业权利，一律改归国有，由部直辖，自由处理一切。所有以前给与该公司之权利，概行取消。

第三条：公司入款，所有商股、房股、租股、薪股，赈粜米、捐、盐斤、配销捐一律认为公司资本。

第五条：路归国有，公司所有资本，应一律发还现款。今将股款分两种办法，按照商、房、租、薪股本全额列为甲项，按照米、盐股本全额列为乙项，分别定期发还。

第七条：甲项资本于民国二年度摊还二百万元，余数于民国三、四两年分年摊还，其分年摊还之款，由部先期给与有期证券为凭；自民国二年 1 月 1 日起年息六厘（民国二年 1 月 1 日以后所交股之日起息），二年度付息四次，三四年度每年度付息二次，已还之本即止息。

第八条：乙项资本自接收后第三年起分十二年每年两期还清；按照

① 参见宓汝成：《中华民国铁路史资料（1912—1949）》，社会科学文献出版社 2002 年版，第 19 页。
② 参见国民政府交通部、铁道部交通史编纂委员会：《交通史·路政编》第 14 册，1935 年，第 178 页；风岗及门弟子编：《三水梁燕孙先生年谱》（上），上海书店 1946 年影印版，第 146 页。

该期还本之数，汇计历来应付之息，一并给付。息率及计算开始日期与甲项同。①

上述合约还有对于甲乙两项股款的分年摊还表（参见表5、表6）：

表5　湘路收归国有甲项分年还本付息表②

单位：元

年别及期别		还本	付息	本息共计
二年度 （1913）	第一期	500000	184950	684950
	第二期	500000	54150	554150
	第三期	500000	46650	546650
	第四期	500000	39150	539150
三年度 （1914）	第五期	527500	31650	559150
	第六期	527500	47475	574975
四年度 （1915）	第七期	527500	31650	559150
	第八期	527500	15825	543325
总计		4110000	451500	4561500
备考	本表所列股本金额，系按照公司所造决算表内列商房租薪等股总额约数假定，一切切实清算，再当按照清算后之确数列入。 本表所列付息日期如下： 第一期　二年9月30日 第二期　二年12月31日 第三期　三年3月31日 第四期　三年6月30日 第五期　三年9月30日 第六期　四年3月31日 第七期　四年9月30日 第八期　五年3月31日 本表所列息金，系按照本金额4110000元根据和约第七条计息日期及方法计算。			

---

① 宓汝成：《中华民国铁路史资料（1912—1949）》，社会科学文献出版社2002年版，第20页。

② 参见宓汝成：《中华民国铁路史资料（1912—1949）》，社会科学文献出版社2002年版，第21页。注：本着更为便于观察起见，本表相对于原表有一定调整。

表6　湘路收归国有乙项分年还本付息表①

单位：元

年别及期别		还本	付息	本息合计
五年度 （1916）	第一期	196755	44274.37	241049.37
	第二期	196755	50177.62	246952.62
六年度 （1917）	第三期	196755	56080.87	252855.87
	第四期	196755	61984.12	258759.12
七年度 （1918）	第五期	196755	67887.37	264662.37
	第六期	196755	73790.62	270565.62
八年度 （1919）	第七期	196755	79693.87	276468.87
	第八期	196755	85597.12	282372.12
九年度 （1920）	第九期	196755	91500.37	288275.37
	第十期	196755	97403.62	294178.62
十年度 （1921）	第十一期	196755	103306.87	300081.87
	第十二期	196755	109210.12	305985.12
十一年度 （1922）	第十三期	196755	115113.37	311888.37
	第十四期	196755	121016.62	317791.62
十二年度 （1923）	第十五期	196755	126919.87	323694.87
	第十六期	196755	132823.12	329598.12
十三年度 （1924）	第十七期	196755	138726.37	335501.37
	第十八期	196755	144629.62	341404.62
十四年度 （1925）	第十九期	196755	150532.87	347307.87
	第二十期	196755	156436.12	353211.12
十五年度 （1926）	第二十一期	196755	162339.37	359114.37
	第二十二期	196755	168242.62	365017.62
十六年度 （1927）	第二十三期	196755	174145.87	370920.87
	第二十四期	196755	180049.12	376824.12
总计		4722600	2691881.88	7414481.88

---

① 参见宓汝成：《中华民国铁路史资料（1912—1949）》，社会科学文献出版社2002年版，第22页。注：本着更为便于观察起见，本表相对于原表有一定调整。

年别及期别		还本	付息	本息合计
备考	本表所列股本金额，系按照公司所造决算表内列米盐等股总额约数假定，一俟切实清算后，再当照清算后之确数列入。 本表所列还本付息日期，系根据合约第八条假定二年7月1日为交路日期而定，第一期为五年9月30日，第二期为六年3月31日，第三期为六年9月30日，第四期为七年3月31日，以下类推。如交路日期展迟，此项日期亦得因以展迟。 本表所列息金，系按照股本金额4722600元根据合约第八条计息日期及方法计算。			

　　表6所列乙项还本付息日期起自1913年7月1日，但同时也说如果交路日期延迟，则还本付息日期亦随之展迟。事实上，湘路正式收归国有的日期为1913年10月1日，因此上述乙项还本付息日期也就从该年10月1日算起。1913年10月1日，交通部湘鄂铁路总局在长沙设立驻湘工程处，湘路公司及其董事会同时撤销，改设股款清理处，开始正式办理交接事宜。至1914年2月，交通部主事巢元功、顾梓田报告股款清算完竣，所有甲项股本银为440万元，乙项股本银为473.6万元。在债款未清算之前，交通部已经代还湘路公司银圆二百七十七万二千四百四十元二角六分二厘。现负债长平银六十七万二千四百两零七钱九分二厘，英金九万八千五百二十八镑十一先令五本士，银圆三十一万七千五百九十元零三角，以上已还、未还银圆及长平银、英金等债款合计共约合银圆四百九十五万九千九百零九元二角四分二厘。所有甲项股款照第七条办法分八期摊还，每三个月为一期。[①]

　　在民国初年，湘路的收归国有并不是孤立的个案，它是北洋政府利用铁路系统向南方扩张势力的一种手段。当时主管交通的一些政界要人如梁士诒、朱启钤、叶恭绰、关赓麟等人均为"交通系"的主要角色，他们打着统一铁路建设与管理的旗号，利用民国初年有利的历史环境，在不到两年的时间里，将民办的8条铁路均收归国有，而且并没有花费非常大的代价。同时，商办铁路经过多年的实践，成效微弱，也从侧面清楚地证明在当时的中

---

①　参见国民政府交通部、铁道部交通史编纂委员会：《交通史·路政编》第10册，1935年，第64页。

国商（民）办铁路尤其像粤汉铁路这样的大型干线铁路是非常困难的，必须集全国之力进行干线铁路建设，才能真正取得实效，故投资铁路的商股也愿意在保证自身利益不受损失的情况下，把铁路建设权交归国家。张茂鹏在其文章中写道："梁士诒一向主张以发展交通事业在经济方面开发阵地，而统一各铁路，又为发展交通事业的首要任务。这时，北洋势力已扩大到南方，沉没在铁路建设中的商股感到收益无望，故愿将铁路权交给交通部。当时任交通部部长的朱启钤为梁士诒的好友，而任路政司长的叶恭绰更是梁的得力助手，于是梁便以全国铁路协会会长资格，利用这一时机，与有关方面磋商赎回各路，妥订章程、合约。"最终实现了大部分铁路统一建设与管理的愿望。①1913年6月3日，交通部与湘路公司订立合约，12日与苏路公司订约，8月与豫路公司订约，9月与晋路公司订约；1914年3月与皖路公司订约，4月与浙路公司订约；1915年1月与鄂路公司订约，而川路则早在1912年11月就已经为交通部收归国有。② 在两年多一点的时间里（1912年11月—1915年1月）就将8条商办铁路收归国有，确实具有非常高的效率，也反映了民国初年政府在民间具有一定的威信。

湘路的收归国有也是历史的必然，因为当时"各省商办铁路公司集积了大量资金，受种种条件的限制"，除了少数公司如苏路、浙路具有一定的实绩外，"大都未能发挥资本的效用"。③ 这无疑是对宝贵的民族资本的一种极大浪费，此时，由国家出面收回铁路的建设、经营与管理权，对于近代中国铁路事业的发展应该说是有利的。只是因为北洋政府统治时期政局动荡，战乱频仍，在这样的社会环境下，铁路事业的发展受到了极大的影响，而粤汉铁路的建设再度成为政治与军事斗争在铁路界的一个最大牺牲品。

---

① 参见张茂鹏：《梁士诒》，载杨大辛主编：《北洋政府总统与总理》，南开大学出版社1989年版，第355页。

② 参见凤岗及门弟子编：《三水梁燕孙先生年谱》（上），上海书店1946年影印版，第147页。

③ 参见汪敬虞主编：《中国近代经济史（1895—1927）》下册，人民出版社2012年版，第2053页。

二、20 世纪 20 年代社会各界对于粤汉铁路株韶段建设资金筹措之讨论

粤汉铁路湘鄂段（北段）、广韶段（南段）分别于 1918 年 9 月和 1916 年 6 月建成通车。但是株洲至韶关段约 450 公里的线路（占粤汉铁路全长约 41%），限于各种原因，一直未能兴工建设，停顿时间长达 15 年之久。正是由于粤汉铁路未能全线建成，所以这条连接我国华中、华南富庶地区的铁路干线不能充分发挥其巨大的政治、经济、文化和社会效益，尤其是湘鄂段的经营尤为举步维艰。据统计，湘鄂段 1920—1933 年的 14 年间，除 1922 年、1924 年、1929 年这 3 年分别盈利 26 万余元、12 万元、7500 余元外，其余年份均为亏损，其中北伐战争期间的 1926 年、1927 年两年，亏损额度最大，分别达到 91 万余元和 93 万余元。①

对于粤汉铁路一直未能全线贯通，铁路界人士固然痛心疾首，一直持续不断地通过各种渠道呼吁、建议、请求北洋政府尽快筹款完成株韶段的建设。即使是普通人士，只要是稍微对国事有所关注之人，也都迫切希望尽快完成粤汉铁路的建设。回望 1920—1930 年间的铁路史，我们能够发现，为了粤汉铁路资金筹措和续建，无数的人们包括海外华侨都曾殚精竭虑地设想了种种似乎可行的方案。

1920 年，一位记者撰文指出："粤汉铁路为南北交通之孔道，自前清末由留学生争归国人自筑，而铁路至今尚未告成，吾人感不便极矣！"② 同年 6 月 14 日，青年毛泽东也在《申报》上发文呼吁："在最短期内，促进修竣粤汉铁路之湖南线。"③1921 年，黄霭如撰文说，该路议建以来，迁延多年而未

① 参见朱羲农、朱保训：《湖南实业志》（二），湖南人民出版社 2008 年版，第 1325 页。
② 佚名：《借款修筑粤汉铁路问题》，《铁路协会会报》1920 年第 98 期。
③ 毛泽东：《湖南改造促成会发起宣言》，《申报》1920 年 6 月 14 日。按：该文未署名，据专家考证作者为毛泽东。参见中央文献研究室、中共湖南省委《毛泽东早期文稿》编辑组：《毛泽东早期文稿（1912 年 6 月—1920 年 11 月）》，湖南人民出版社 2008 年版，第 610—613 页。

能完成，令人痛心。"自今年始，该路工程再行着手分年继续建筑，余闻此不禁额手称庆，深为该路前途贺。"虽然分年建设至全路通车历时较久，但是总是在逐渐推进，这与毫无进展"其相去岂不啻霄壤哉"①！黄霭如撰文的背景是，1920 年 11 月初，交通部曾训令粤汉铁路公司设法筹集资金并提出了一些有利于推进粤汉铁路建设的办法。

粤汉铁路株韶段建设所面临的最大问题是建设资金的来源，此正如1928 年 7 月湖南铁路协会文斐、刘竟西、方达智、龙涤英等人在呈国民党中央政治会议广州分会关于划拨部分庚款完成粤汉铁路的建议书中所言："铁路建设，以筹款为第一难关。"②所以当时各界人士讨论的焦点问题也就是如何筹集筑路资金。1920 年，上文所引的那位记者在文中还说："昨报载交通部有借外款筑成此路之说，记者极端赞成。"③也就是说，他认为建设株韶段还是要依靠借债筑路的老办法。但是，粤汉铁路再度借款存在着几乎不能克服的困难，因为该路在湖广铁路借款中已经被抵押出去了，再度借款则要二次抵押，事实上是不可能的。1926 年，熊希彦曾撰文指出，此路"开办以来，一再借款，路产既已抵押，条件多受束缚。若再欲借第二次外款，非特条件不易磋商，且担负两层之还本付息，成本未免太重，盈利必已无期。投资者顾虑既多，恐根本上即难成立"④。与该路关系十分密切的民国交通界巨擘关赓麟也说，外国资本已普遍视粤汉铁路为吞噬资金的无底洞，"咸愿投资于任何路线，而不愿投资粤汉，且路产已指定抵押，复别无相当之抵押品"⑤。所以，当时社会各界人士甚至是交通当局对于粤汉铁路的前途，都普遍持极度悲观的态度："问以通车何日，实觉遥遥无期。"⑥

---

① 黄霭如：《对于粤汉铁路湘鄂段继续建筑之感言》，《铁路协会会报》1921 年第 109 期。

② 《筹画完成粤汉铁路案》，《中央政治会议广州分会月报》1928 年第 10 期。

③ 佚名：《借款修筑粤汉铁路问题》，《铁路协会会报》1920 年第 98 期。

④ 熊希彦：《四路协款与英庚款筑路计划之比较》，载《铁路协会会报特刊——英庚款筑路问题》，铁路协会会报 1926 年刊印；另见《铁路协会会报》1926 年第 165 期。

⑤ 关赓麟：《痛定思痛之粤汉路》，载杨裕芬等编：《粤汉铁路株韶段通车纪念刊》，粤汉铁路株韶段工程局 1936 年刊印，第 16 页。

⑥ 《交通部训令第 2052 号：令粤汉铁路公司》（1920 年 11 月 3 日），《交通公报》1921 年第 49 期。

　　但是，当时各界人士完成粤汉铁路的愿望仍然十分强烈，同时也在努力筹集建设资金。实际上，也正是从 1920 年开始，在借款无望的情况下，包括铁路界人士在内的各界人士就已经在为建设株韶段的资金筹措设想其他办法了。该年 9 月初，北洋政府任命关赓麟为川粤汉铁路督办。9 月 29 日，关赓麟发布了一份公告，其主要意思是：因国内外种种原因，川粤汉铁路迁延日久，从国外形势来说，现欧战结束，金融已渐趋活跃，所以本路建设正当其时。从国内形势而言，本路为西南干线，势在必修，大总统、国务总理、交通总长等均对此路极为重视并敦促本人积极筹备："对内以规定路线为先，对外以交涉路款为要。"虽然此路建设困难重重，但他希望对该路素有研究之各界人士，"群策群力，研究不厌其详"，积极提出建议，尤其对于"借款合同应如何提出修改，筹募内债应如何同时进行，现在停顿之秋如何节省冗费，利用人才与时间从事于测量，及定线以为施工之预备"等问题切实提出建设性意见，川粤汉铁路办事处对于各种有利于该路建设之条陈都持极为欢迎之态度。①

　　关赓麟（1880—1962），字颖人，笔名梯园，广东南海人，北洋政府旧交通系的骨干分子之一。1920 年 9 月至 1922 年 5 月、1924 年 11 月② 至 1927 年 8 月③ 两度出任川粤汉铁路督办。关赓麟就任川粤汉铁路督办后，一方面号召全国各界人士群策群力，共谋株韶段建设之良策。对此，1920 年，湖南长沙的著名期刊《实业杂志》报道说，粤汉铁路将重新兴工，欧战结束后，外国金融开始复兴，北洋政府交通当局遂有重新兴修粤汉铁路之议。川粤汉铁路督办关赓麟以私人名义致函湖南省省长谭延闿说："粤汉干路，急当赓续进行，贯通南北脉络。"准备派遣工程师来湘重新勘定株洲至坪石之路线，借款之事亦正在交涉。所派遣之勘路工程师，希望湘省当局能够予以协助保护。谭延闿复函表示湖南省政府协助保护来湘勘路的工程师责无旁贷，积极配合的态度至为明显。④

---

①　参见关赓麟：《交通部汉粤川铁路办事处通告》，《交通公报》1920 年第 47 期。

②　参见《交通公报》1924 年第 756 期。

③　参见《交通公报》1927 年第 1642 期。

④　参见《粤汉铁路将重新兴工》，《实业杂志》1920 年第 36 期。

　　另一方面，关赓麟为筹措株韶段路款也想了很多的办法，他先是提出了"四路协款策"，后来则力主使用"英庚退款"筑路，还曾试图亲自远赴南洋向华侨募集资金。① 应该说，这些都具有一定的合理性，只是由于当时的政治与军事原因，"四路协款策"基本没有实施，而"英庚退款"筑路则拖延了很久才得以实施，筑路资金的来源问题始终困扰着粤汉铁路株韶段工程的兴筑。

　　所谓"四路协款"，关赓麟说："四路协款之策，为民国十年（1921）五月靳云鹏内阁时代，余第一次任粤汉路督办时所主持，其指定之路，为京汉京奉津浦京绥，协拨之数第一、二、三年，每月合拨四十万元，为建筑株洲至衡州工程之用，第四、五年，每月合拨二十万元，第六年每月合拨十九万元，为建设衡州至星祠岭一部工程之用，按之前清北洋大臣以关内外铁路余利，展筑京绥之成案，协款之策，本有可能性，且经北方政府及湖南方面，极力赞成拥护，比之另借外债，无期约抵触押品重复种种困难，可谓最适宜之计，不幸战事复兴，遂告停顿。"② 实事求是地说，关氏所拟"四路协款策"确实是筹措株韶段筑路款项的最佳策略，熊希彦对此策曾予以高度评价，认为该策"卓识远谟，迥非寻常提倡筑路者可比。……故协款上虽至今断不能行，而吾人不能不认为最善之法"③。如果国家处于安定局面，是完全有可能实现的。但是，非常不幸的是，当时的中国正处于军阀混战的时期，且铁路是各路军阀重点争夺的资源，故此计划之不能实现，在当时来说，注定也只能是这样的结果。

　　1920 年 10 月，关赓麟甫任川粤汉铁路督办，即向北洋政府提出了"四路协款策"。1921 年 1 月 8 日，该方案经内阁会议讨论并获得通过。交通部随即指定京汉、京奉、京绥、津浦 4 路以余利用 6 年时间向株韶段之湘省境内铁路划拨款项，第一、二、三年协款修筑株洲至衡州段，第四、五、六年

①　参见何海鸣：《华侨与粤汉铁路》，《侨务》1923 年第 76 期（1923 年 6 月 11 日）。

②　关赓麟：《痛定思痛之粤汉铁路》，载杨裕芬等编：《粤汉铁路株韶段通车纪念刊》，粤汉铁路株韶段工程局 1936 年刊印，第 16—17 页。

③　熊希彦：《四路协款与英庚款筑路计划之比较》，载《铁路协会会报特刊——英庚款筑路问题》，铁路协会会报 1926 年刊印；另见《铁路协会会报》1926 年第 165 期。

协款兴筑衡州至星祠岭段，这样湘段即可建成。交通部根据关赓麟的建议，拟订了更加详细的实施方案："从本年（1921）五月起，由部指定京汉月拨现洋十三万元，津浦、京奉各月拨现洋十二万元，京绥月拨现洋三万元，共计月拨四十万元，每月准于二十日以前，不必部令通知，由四路直接拨交湘鄂工程局核收分复。一面报部转账，作为解部余利之款，由部填发收据分送四路，并由湘鄂工程局填具收据，作为收部垫款，呈部备案。"①

可惜的是，虽然"案经阁议通过，决定实行。方谓南北干线，计日可通，寻以频年内争，戎车不息，交通事业，濒于破产，四路自顾不暇，无力及此，协款计划，甫在萌芽，遂成画饼，至可惜也"！对于"四路协款"之不能施行，熊希彦指出了3条具体的原因："（一）四路协款为政治的结果。政治变动，此项计划不免因之动摇。在吾国近年政局之下，起灭兴朴，瞬息万变，然则协款云者，乃一人一时之政策，非长久之政策也。（二）四路协款有连带关系。设令中有一路忽生障碍，全线工程即受影响。观之近年四路迭以军事各有损失，按月协济，事实上不特四路同时万难办到，即任一路，恐亦无此能力，何况三缺一，亦属不能集事耶。（三）年来四路已成割据之形，路款收入不能统一，中央无置喙之余地，即有余利，养兵购械，尚虞不足，遑问其他。"② 所以，虽然"四路协款"计划有很多的好处，但在全国没有实现统一、国内政局尚未稳定之前，四路协款的计划难以实现。

1922 年，全国商会联合会建议裁兵筑路，粤汉铁路株韶段被列为首先应该完成的线路之一。该会认为，裁兵可以节省军费，"举债裁兵，实为有益，至因裁兵而修路，更属有利而无害"。化兵为工之做法，不但"国民方面定能谅解"，而且"外人方面，尤必赞同"。四国银行团美代表史蒂芬氏多次指出："非中国将军费大加缩减，修筑铁路不能借与款项。"全国商会联合会指出，举借外债要实行新的办法：

一、由政府选派公正大员会同交通部及法定民意机关，共同投资

---

① 《各路拨款先修粤汉铁路》，《铁路协会会报》1921 年第 102 期。

② 熊希彦：《四路协款与英庚款筑路计划之比较》，载《铁路协会会报特刊——英庚款筑路问题》，铁路协会会报 1926 年刊印；另见《铁路协会会报》1926 年第 165 期。

银行从事接洽，所有借款上之回扣等等，一律归入公家，仍作裁兵费用。二、保管分配事务，应以左列人员共同担任之：1. 交通部代表；2. 全国商会代表；3. 全国银行公会代表。三、由政府选派大员会同前项代表规定发款标准，共同遵守，丝毫不得假借。①

该会的建议还涉及了铁路材料的供应问题，如主张"所有材料务求本国供给，非至万不得已，不得购自外国；力求直接购自出产地集合地，避去一切中间商人，以免从中层层剥削"，等等。总的来说，这份建议理想化的成分多一些，但其中所提到的化兵为工、借款的保管与分配、材料的供应等内容，还是具有一定参考价值的。

1923 年，以孙棣三为首的 22 位国会议员联名向参议院提出了完成粤汉铁路的建议案。他们在提案中指出，交通建设是发展实业之基础，粤汉铁路之于全国政治、经济、文化、国防、民情等方面均有十分重要的意义。但长期以来，该路由于种种原因一直未能全线贯通，这使得该路已经通车的湘鄂段和广韶段也不能发挥出其应有的经济效益。② 此议案由孙棣三提出，此外另有 21 位参议员副署，其中不乏社会名流，如王家襄、沈钧儒等。孙棣三（生卒年不详），浙江奉化县人。为同盟会会员，积极参加辛亥革命。1916年 9 月中旬与张静江等陪同孙中山与夫人宋庆龄到海宁观潮。1918 年与戴季陶、沈定一等奉孙中山之命创办《民国日报》副刊《星期评论》。1922 年10 月被补选为中华民国第一届国会第三期常会参议院议员。1923 年 10 月16 日被北洋政府授予陆军少将军衔。③ 从孙棣三的履历来看，他是同盟会的早期会员，而《星期评论》则志在提倡经济改革，宣传孙中山的民生主义思想。④ 铁路建设被认为是最大的民生事业，亦是孙中山先生所大力提倡的事

① 《全国商会联合会建议筑路养兵》，《铁路协会会报》1922 年第 119 期。

② 参见《国会议员孙棣三等提出促成粤汉铁路决议案》，《交通丛报》1923 年第 94 期；另见《参议院公报》1923 年第 3 期。二者文字略有差异，上述引文系综合二者而成。

③ 参见林吕建主编，卢敦基、张学继、项义华等副主编：《浙江民国人物大辞典》，浙江大学出版社 2013 年版，第 161 页。

④ 该刊存续时间不长，1919 年 6 月 8 日创刊，1920 年 6 月 4 日停刊，共出 53 期。参见尚明轩：《孙中山传》下册，西苑出版社 2013 年版，第 662 页。

业，作为孙中山先生的追随者，孙棣三提出此议案亦实属正常。从议案的内容来看，议案主要侧重论述该路建设沟通南北的经济和文化价值，以及该路建设的某些所谓"有利条件"。总体来看，该议案所论述的建设理由与当时社会各界人士的认识大体上差不多，但该提案没有具体的实施办法，尤其是该路建设资金之来源与筹集没有涉及。

无独有偶，就在 1923 年，湖南新化籍众议院议员罗永绍等也向众议院提出了速修粤汉铁路的提案。罗永绍（1870—1943），字仪陆，湖南新化人。早年留学日本法政大学，毕业后归国。1898 年，邹代均等创办新化实学堂，罗永绍受聘为经史、地学、算学教习，本县优秀子弟陈天华、杨源浚、曾鲲化、高兆奎、苏鹏、罗元鲲等 50 余人，被招收为新化实学堂第一批学生。[1] 1903 年，湖南按察使张鹤龄创办湖南留学预备科，张兼任该校监督，聘罗永绍为副监督。后至奉天举行地方自治，1907 年夏，罗与夏寿华、李积芳等密谋刺杀东三省总督徐世昌，助力东北革命党起事，未果。辛亥武昌起义，他与蓝天蔚等谋攻北京，失败后去上海。1913 年被选为众议院议员。国会解散后，再赴日本。1916 年第一次恢复国会时，仍任众议院议员。1922 年第二次恢复国会时，再任众议院议员。[2] 罗氏与资产阶级革命家谭人凤相熟，1936 年曾撰有《谭石屏先生事略》一文。[3]

罗永绍等在提案中指出，粤汉铁路为"第一等"铁路，论地位，粤汉铁路重于京汉铁路，论利益则百倍于京绥铁路。然当局不察，在铁路建设中重北轻南，"岂知此路关系亚欧全局"，10 年来国内政局之所以纷乱不堪，"推原祸始，何莫非此梗喉政策有以致之？今国计危矣，民生迫矣，非速修此路固不足救亡，尤非速修此路更无由立国"。罗永绍从 6 个方面阐述了修建粤汉铁路的理由：其一，从国际贸易而言，此路建成，大大有利于提高中

① 参见湖南省教育史志编纂委员会编：《湖南近现代名校史料》（三），湖南教育出版社 2012 年版，第 2081 页。
② 参见罗训森主编，中华罗氏通谱编纂委员会编：《中华罗氏通谱》第 2 册，中国文史出版社 2007 年版，第 696 页；中国人民政治协商会议湖南省新化县委员会文史资料研究委员会：《新化文史》（内部发行）第 4 辑，1991 年，第 419 页。
③ 参见郭汉民编：《湖南辛亥革命史料》（二），湖南人民出版社 2011 年版，第 289 页。

国在国际贸易和远东国际局势中的地位。其二，粤汉铁路建成，汉口与广州两大都会相连，我国外贸入超的局面会立即得到改善。其三，粤汉铁路建成，有利于国家政令统一，消除军阀割据。其四，粤汉铁路能早日建成，则湖南所产之煤炭即可通过铁路大量供应两广，两广也有很多的产品可以输入内地，沿海与内地互通有无，将促进中国实业的发展。其五，自古以来，中原与岭南由于五岭阻隔，湘鄂子弟号称优秀者，视航海为畏途，然此路一通，则会引发中国人外向发展之雄心。其六，本路债务沉重，此路不通，湘鄂两省每年所付利息巨大。而一旦粤汉铁路全线贯通，则"三五年内可将本息扫数清还"。为国家安危计，此路势在必修；为本路利害计，则理宜急修。提案最后总结说，该路为"全国之血管，西南之中心，重莫重于此矣"！然自合兴公司收回自办后，仅成武株一段，后"四国续款之议不成，四路协款之谋又辍，一任其自生自灭，贻笑列邦"。株韶段共839里，约4000万元即可竣工，"前四国银行借款合同中原有第二批续交四百万镑之条，今欧战已停，应咨政府严重交涉，促其力践前言，否则拒付利息。万一不遂，亦应由政府责成京外财团共谋挽救或推广各路协款并力经营"。同时，湘粤当局已经明确表示支持此路之建设，故株韶段的建设已经有了一个良好的外部环境。该路一旦建成，则"国家富强实利赖之"[①]。

通过上面的叙述，可以看出，与参议员孙棣三等所提议案相比，罗永绍等所提"请速修粤汉铁路建议案"，不但其持论的理由比较详细充分，而且还涉及株韶段建设最关键的问题——即资金筹集问题。罗永绍等首先还是倾向于向四国银行团续借债款，万一续债不成，则寄希望于国内财团或数路协款之策。但是，根据我们前面的分析，粤汉铁路已经没有可靠的抵押品了，故中外投资者均视此路为资金"黑洞"，无人愿意或敢于投资。而由其他铁路协款之策，因为政治与军事方面的原因，实际上也不具备实施的条件。

对于粤汉铁路建设资金之困境，社会各界人士都在想办法。1923年，署名"遒铎"的作者撰文指出，粤汉铁路有提前修筑之必要，在列举了该路

---

① 《众议院议员罗永绍等请速修粤汉铁路建议案》，《交通丛报》1923年第91期。

重要性之后，他对于建设资金之来源提出了 4 个方案："（一）四国银行团第二批借款之四百万英镑，曾藉口欧战至今未交，今应严重交涉，促其践言否则拒息。（二）民国十年所定京汉、京奉、津浦、京绥月解协款四十万元之议，应继续执行。（三）举办筑路公债。前此京汉、京绥、陇海迭经试办，还本付息，从未愆期，昭著中外。（四）招华侨集股包办。华侨资本甚丰，徒以国家信用扫地，故望而畏之，苟能付以全权，自必争先踊跃。而此四项之中，尤以第二项为入手关键。盖筹款之莫大障碍，在各方观望不前，倘协款办有端倪，则人人知大利所在。且事在必行，无论采何种方法，可不崇朝而集矣。"[1] 这位作者所提出的 4 种方案，各自都存在着难以克服的困难，尤其是他特别推崇的"四路协款"计划看似最具可行性且最具合理性，但此计划由交通系大佬关赓麟本人提出并力推之，依然未能奏效，由此可见当时粤汉铁路筹款之困难程度绝非一般人士所能想象。

国内各界固然非常关心粤汉铁路的续建，海外华侨对这条南北大动脉也颇为关心，否则也不会有上述"遒铎"这样的作者撰文提议由海外华侨集股筹集建设资金了。1923 年 6 月，何海鸣撰文说，他有一位朋友张廷英，在爪哇三宝垅（今为印度尼西亚爪哇省省会——笔者注）办报，非常关心国内局势变化。张氏致函何海鸣谓："粤汉铁路关系中南商业之重要，而主张早行建筑竣工。"[2] 张氏还说，听说国内正在进行裁兵运动，华侨对此极为欢迎，但所裁之兵也要给他们安排好后路，否则裁兵就很难进行。如何安置被裁之兵呢？华侨们认为"化兵为工、以工筑路"应该是较好的办法。《三宝垄日报》有一篇文章专门提议通过续修粤汉铁路来实现"化兵为工、以工筑路"的目的。虽然建筑铁路需要巨量的资金，但为了能够实现上述目的，华侨们愿意"募款筑路"，并称此为华侨之"义不容辞"的义务。印尼华侨并列出了 6 条募款办法："（一）南洋各埠各自召集大会，请各商家量力担任；（二）公推上海总商会为总机关，请其汇集各处募款；（三）粤汉铁路为吾国最重要之干路，尚有九百里正待修筑，吾侨借款筑路，正可指定此路首先动

---

[1] 遒铎：《粤汉铁路有提前修筑之必要》，《交通丛报》1923 年第 91 期。
[2] 何海鸣：《华侨与粤汉铁路》，《侨务》1923 年第 76 期。

工，并派侨工若干前往指导；（四）南洋各埠商会公推代表数名前往上海总商会共同讨论款项分配办法；（五）全国兵士果愿意相率为工，苦于款项不足，吾侨应挺身而出，与上海总商会共同负责，向国内外银团借款，以解此厄；（六）募集之款概以干路将来之收入为担保。"①何海鸣还在文章中将前文所述参议员孙棣三关于加快修筑粤汉铁路的议案全文抄录一遍，并评论道："孙君言粤汉路续修之必要可谓详尽，而张君（张廷英）之文则更进一步，欲华侨鸠资办之，以兵工从事，藉为裁兵之一助。使此二说并为一谈，事无不济矣。"何氏认为，粤汉铁路株韶段之所以停工不进，"推其原因，要为款项不继之故"。四国银行团，德国已经退出，日本欲加入，但以中日关系而论，又不能让日本加入四国银行团。此外，担保品不足也是续修该路的障碍之一。既然借款难成，但此路又势在必修，"今既有华侨赞助裁兵筑路之说，乃恰为摆脱四国银行团经济挟持之好机会，且又足以抵制日人之乘虚而入，诚上策也。吾今即请吾侨勿事犹豫，即专以续修粤汉铁路为吾侨援助裁兵之义举"。何海鸣在文章中还列举了由华侨集资兴建粤汉铁路的 10 个先决条件，如粤汉铁路应改为民有铁路、将粤汉铁路三段合一成立"中华民有粤汉铁路股份公司"、公司成立后华侨代表有权当选为董事、各华侨总商会均为招股机关等。在文章的最后，何氏指出，华侨集资续建粤汉铁路实为最佳方案，假如该路真由四国银行团借款兴办，不但国家主权受到伤害，同时我国华侨使用该路运输货物也将会感到极为不方便。作者还希望南北政府能够"本其裁兵之主张，切实保护提倡"，如此则"此路之成旦夕间事也"。②

观何氏此文，多有想当然之处，如将粤汉铁路重新改为民办铁路、视华侨集资为易办之事、对于国内政治局势过于乐观，等等，但是此文也反映了这样一种事实，即以华侨筹资续建粤汉铁路在当时的人们看来也是解决粤汉铁路问题的一个颇具可行性的方案，因为曾任川粤汉铁路督办的交通系大佬关赓麟也曾这样设想过。客观地说，海外华侨虽然经济实力不俗，但是依然没有足够的财力和技术力量来完成粤汉铁路株韶段的续建。

① 何海鸣：《华侨与粤汉铁路》，《侨务》1923 年第 76 期。

② 参见何海鸣：《华侨与粤汉铁路》，《侨务》1923 年第 76 期。

1926 年 3 月 5 日，全国省议会联合会致函交通部指出，全国省议会联合会开会表决，英庚退款中应当拨出一笔经费用于甘新（甘肃兰州至新疆乌鲁木齐）、粤汉铁路之完成。全国省议会联合会做出上述表态的历史背景是：1926 年 2 月，以威灵顿为首的英庚退款调查团已经抵达上海，调查中国社会各界对于英庚退款用途所持之立场。交通部复函称，极为赞同全国省议会联合会之利用英庚退款进行铁路建设的意见，但也指出："甘新铁路，工程甚巨，非仰给庚款所能修筑。"而交通部对于完成粤汉铁路曾拟有具体规划，部分英庚款如能用于粤汉铁路之续建对中英双方而言均属极为有益之事业。交通部概算，株韶段全长 450 公里，需用款 6500 万元。英国庚款余额合华币约 1 亿元，假如能直接提出 6500 万元用于粤汉铁路之续建，自然是最好的办法，否则由粤汉铁路承借该款发行债券，或者指该款为担保发行公债均可。① 此为"庚款完成粤汉铁路之张本"，对于粤汉铁路的续建具有重要的意义。②

1926 年是讨论续建粤汉铁路筑路款项问题十分热闹的一年，其主要背景是该年 2—10 月，上述以威灵顿为首的英庚款调查团在中国社会各界广泛征求关于该款项用途的意见，这在中国引起了相当激烈的争论。关赓麟指出，中国对于英庚款之用途，"争执最烈者，为教育与筑路两事"。其主要派别有：（1）教育界：以北京各校教育人士为主。主张英庚款直接用于教育或与教育有关之事业，其影响甚大。（2）实力派：以吴佩孚为主，川湘各省附和之。主张以退款筑路，再以铁路收入支持教育。（3）实业界：以全国商会联合会为核心，其他如全国道路协会等团体积极协赞之。主张全部庚款均用于筑路，余利为教育基金。（4）交通界：以铁路协会为中坚。主张退款用于筑路，且首先用于粤汉铁路之续建。（5）人民代表：部分国会议员、全国省议会联合会等为主。其主张偏于筑路，铁路则主续建粤汉铁路及新甘铁路

① 参见《中华民国全国省议会联合会致交通部函》，《交通公报》第 1195 号，1926 年 3 月 22 日。另按：热心粤汉铁路建设的湘籍交通专家袁德宣在《请拨庚款完成粤汉铁路议案》一文（《交通丛报》1928 年第 131 期）中说："民国十一年，全国省议会联合会拟拨庚款建筑新甘（新疆—甘肃）粤汉两路，函请前交通部，拟送具体规划书，并简明图说，以便译送英国当局参酌……"文中"民国十一年（1922）"疑有误，当为"民国十五年"即 1926 年。
② 参见袁德宣：《请拨庚款完成粤汉铁路议案》，《交通丛报》1928 年第 131 期。

建设，也主张用于水利、教育、卫生等方面。此派实有调停各派争执之意。(6) 华侨：南洋、爪哇、菲律宾等地华侨为主。其主张亦偏于筑路，余利充作教育基金等。英国国内对于英庚退款之用途，也存在着相当的争论。[1] 最终，经过数年的争论，中英双方最终决定将英庚款用于铁路建设，主要用于与英国在华利益有密切关系的粤汉铁路之续建。[2]

1927 年，民国财政学者陈震异在其著作中提出，应当从"二五附税"中提取一部分资金作为铁路建设基金。所谓"二五附税"，是指旧中国对进口货物征收的关税附加税。鸦片战争后，中国的关税主权长期为帝国主义国家所把持。北洋政府于 1921 年在华盛顿会议上提出关税自主要求，并于 1922 年 2 月同与会各国签订《九国间关于中国关税税则之条约》。根据该条约规定：中国政府对进口货物除征收 5% 的关税外，得另征 2.5% 的附加税，某些奢侈品的税率得增至 5%，当时简称"二五附税"。由于帝国主义国家延宕推诿，加以国内军阀割据，政局屡变，未能立即实现。1926 年，北伐战争开始，国民政府在广州地区首先征收。次年，北方亦见推行。1929 年 2 月，国民党政府实行《海关进口税税则》后，该税停废。[3] 陈震异认为："现在最要紧而最急迫不可不办的铁路，当以完成粤汉铁路为第一。"他极力主张，每年提拨"二五附税"七百万元，作为修筑株韶段铁路的工款，"将来政治统一的时候，再行筹措巨款，以期迅速完成此路"[4]。当然，"二五附税"征收的时间并不长（1926—1929），所以通过"二五附税"显然无法筹集足够的资金，因此，这个建议实际上也是无疾而终。

综上所述，在蒋介石南京政府成立之前，社会各界对于粤汉铁路的续建普遍怀有强烈的愿望，特别是对于粤汉铁路续建最大的障碍即建设资金问题也提出了很多的设想。但是，这些筹款计划有的虽具有可行性如四路协款计划，有的并不具备可行性如华侨募款计划，有的计划如继续向外国银行团

---

[1]　参见关赓麟：《英国庚款问题》，《上海总商会月报》1926 年第 6 卷第 7 期。

[2]　参见田兴荣：《英庚款退赔与粤汉铁路建设》，安徽师范大学硕士学位论文，2005 年，第 7 页。

[3]　参见《辞海·经济分册》，上海辞书出版社 1980 年版，第 439 页。

[4]　陈震异：《二五附税与财政计划》，民大印刷部 1927 年版，第 106—109 页。

借款在其他铁路建设上均可行，却唯独在粤汉铁路续建中不可行。这正如粤汉铁路促成会发起宣言所言，社会各团体提议"或请拨英国退还庚款为基金发行公债，或请以各国退还庚款之一部为基金发行公债，或请于庚款未退还以前招募华侨股款发行钞票，或请于庚款以外由政府筹拨若干万再由粤湘鄂三省各筹若干万为建筑费。主张不一，而欲完成粤汉之决心皆同"①。

三、湖南铁路协会推动武汉、广州政治分会完成粤汉铁路

1910 年秋，李宽、刘承烈、刘嵩衡、蒋翊武、宁调元等革命党人，在湖南衡阳江南会馆组织湖南铁路协会，借反对粤汉铁路借款以宣传革命思想。该协会存续时间很短，1911 年夏初，湖南铁路协会即被湖南当局查封。②1922年 12 月，热心湖南铁路建设的人士在长沙组织成立湖南铁路协会，致力于推动湖南省境内铁路建设事业，粤汉铁路之续建自然是其中最重要的内容。③

北伐战争取得第一阶段胜利后，南京国民政府成立。二次北伐后，南京政府逐渐实现了国家统一，也为中国各项建设事业提供了一个初步稳定的外部环境，铁路建设是南京国民政府实业建设的主要内容之一。1928 年 11月 1 日，南京政府成立了铁道部，并任命孙中山先生之子孙科为铁道部首任部长，铁路建设的重要性更加凸显。孙科领导的铁道部，矢志以继承发展孙中山先生的铁路规划为施政纲领，对于铁路建设进行了宏大的规划。其中，续建粤汉铁路被铁道部列为施政之初的首要任务。④ 有学者统计了 1927—1937 年南京国民政府基础设施建设公债的主要投资方向，其中铁路投资占绝对大头（参见图 2），远远超过了其他基础建设之投资。对于粤汉铁路之

---

① 《粤汉铁路促成会发起宣言》，《交通丛报》1928 年第 132 期。
② 参见湖南省革命烈士传编纂委员会编：《三湘英烈传》（旧民主主义革命时期），国防科技大学出版社 2003 年版，第 64—65 页。
③ 参见中国科协发展研究中心课题组编：《近代中国科技社团》，中国科学技术出版社 2014年版，第 232 页。
④ 参见黄华平：《国民政府铁道部研究》，合肥工业大学出版社 2011 年版，第 274—276 页。

续建，孙科、顾孟余、张嘉璈等几任铁道部部长都花费了巨大的心血。

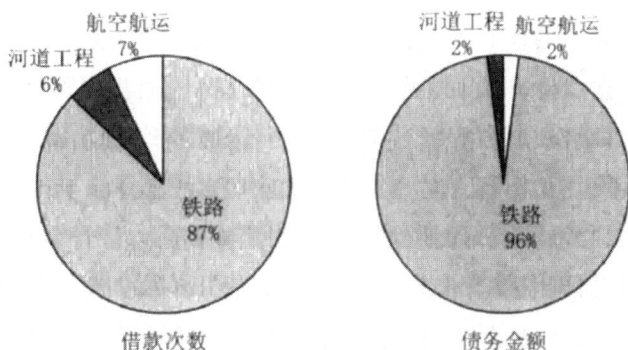

图2　1927—1937年南京国民政府基础设施建设公债的投资方向①

　　在北伐战争期间，为了便于拉拢和控制各地军阀或地方实力派，蒋介石继承并发展了国民党的一种特殊的政治制度——中央政治会议及其分会制度。

　　关于中国国民党的政治分会制度，其大致情形如下：1924年7月，国民党中央政治委员会成立（以下简称"中政会"），它成为国民党中央执行委员会（以下简称"中执会"）特设的政治决策机构和最高政治指导机关。1926年3月，"中政会"北平政治分会首先成立。继之，太原（阎锡山，辖晋察绥3省）、广州（李济深，辖两广2省）、武汉（李宗仁，辖两湖2省）、开封（冯玉祥，辖豫陕甘3省）等地的政治分会先后成立，成为"中政会"在地方的派出机构，但其权限、职责、与地方党部的关系，都由国民党中执会规定，并直接对中执会负责，与"中政会"无责任关系。3月，规定政治分会的职权为"在特定区域指导并监督最高级地方政府"，"遇非常事变，得依委员出席人数三分之二以上之决议，为紧急处分"。各地政治分会名义上服从南京政府，暗中则与之分庭抗礼，扩充实力，拥兵自重，成为地方军事集团反对蒋介石的工具。比如，李宗仁的武汉政治分会，一切都自成系统，对南京只是名义上的服从，财政、军事都绝不允许蒋介石染指。其他政治分

---

①　参见孙迪：《民国时期经济建设公债研究（1927—1937）》，上海社会科学院出版社2015年版，第98页。

会亦大体如此。1928 年 8 月，蒋在国民党二届五中全会上强令取消各地政治分会，至 1929 年 3 月，开封政治分会撤销后政治分会结束。①

关于中央政治会议武汉分会（以下简称"武汉政治分会"），其设立情形如下：国民党中央政治会议武汉分会于 1926 年 9 月根据国民党中央执行委员会之决定而设立，负责督导湖北、湖南及武汉地区的党务政务。1927 年 2 月曾一度停止工作，旋因中央政治会议决议，以宋庆龄、徐谦、宋子文、孙科等 13 人为委员，在武汉组织中央政治分会。1927 年 9 月，国民党中央特别委员会议决取消。宁、汉再次分裂后，汪精卫派唐生智另组政治委员会武汉分会。1928 年 2 月，国民党二届四中全会决定恢复中央政治会议武汉分会，并以李宗仁、白崇禧、程潜等 11 人为委员，李宗仁为主席。1929 年 3 月，根据国民党第三次全国代表大会之决议取消而结束活动。②

1928 年 2 月，中央政治会议武汉分会重建后，其所拥有的权力极大，管辖两湖和武汉地区内的各级地方官吏之任免，负责处理辖区政治、军事、财政、教育、建设等要政之全权，这标志着以李宗仁、白崇禧为首的桂系势力发展到极盛时期。武汉政治分会辖制两湖，而粤汉铁路之续建为两湖重要实业，亦为武汉政治分会所重视。对于续建粤汉铁路，应该说，武汉政治分会的态度是颇为积极的。李宗仁还积极联系广州政治分会③ 主席李济深，提出由两会联合向中央建议尽快续建粤汉铁路。广州政治分会主席李济深与武汉政治分会主席李宗仁，均属两广地方实力派，他们欲联手与蒋介石抗衡，对于加快建设粤汉铁路建设有着基本相同的立场，故而能够相互积极配合。

---

① 参见艾绍扬、张虎林、张晓明主编：《行政管理小百科》，中共党史出版社 1990 年版，第 373 页。

② 参见张宪文、方庆秋等主编：《中华民国史大辞典》，江苏古籍出版社 2001 年版，第 381 页。

③ 中央政治会议广州政治分会，成立于 1926 年 12 月 21 日，辖广东、广西、福建 3 省政务。以李济深为主席，委员有李济深、陈树人、宋子文、孙科等。"七一五"政变后，广州政治分会拒绝南京特别委员会下令撤销该会的命令，而与汪精卫联合抗衡南京特委会。1928 年 8 月，国民党二届五中全会通过决议，限各地政治分会于本年年底取消，1929 年 3 月，广州政治分会撤销。参见刘国新：《中国政治制度辞典》，中国社会出版社 1990 年版，第 367 页。

先是，1928 年 5 月 29 日，武汉政治分会第三次常务会议期间，委员白崇禧临时动议应及时完成粤汉铁路案。①1928 年 6 月 1 日，湖南省政府根据湖南铁路协会会长文斐等人的提议，呈文武汉政治分会主席李宗仁，请其与粤省当局商议尽快促成粤汉铁路株韶段路轨之建设。呈文称："案查粤汉铁路路线，绵亘鄂湘粤三省，关系西南交通，至为重要。自武（昌）长（沙）段告成，湘鄂往来，咸称便利。而由株州（洲）至韶关一段，终以巨款难于筹集，迄今尚未兴修。冈峦起伏，行旅既苦崎岖，道路迂回，货物尤难转运，其影响于三省文化、经济之发展者，实为巨大。值兹训政伊始，首谋发展交通，而关于此项大规模之铁路建设，自当由政府集资建设经营，俾期实现。而湘南承'匪灾'②之后，十室九空，安辑流亡，尤赖以工代赈。属省政府委员会因于第六次常会议决，促成粤汉铁路，商承钧会与广东省政府积极进行等语，纪录在卷。惟是该路有联贯三省之功，而钧会任建设两湖之重，所有建筑经费，工程设计，应如何通盘筹画之处，应请商粤省当局毅力进行，庶大业得以完成，而民生藉资发展。"③ 与此同时，湖北省政府主席张知本也致电湖南省政府，表示与湖南省政府在完成粤汉铁路问题上持一致立场。④

在接到上述湖南省政府的建议后，李宗仁即致电李济深提议由双方共同推进粤汉铁路之续建。武汉政治分会在电文中说，训政开始，各种建设事业中尤以完成粤汉铁路为当务之急，"（甲）由本会提议召集湖北湖南两省政府及总商会代表讨论一切；（乙）电广州政治分会将粤汉铁路计划随时通知；（丙）各种办法决定后即设筹备处并拟请粤政府及总商会亦派代表参加以期联络一致共策进行"⑤。对于武汉政治分会的提议，广州政治分会积极响应，

---

① 参见《中央政治会议武汉分会第三次常会议决案》，《中央政治会议武汉分会月报》1928 年第 1 卷第 1 期。

② 此处所谓"匪灾"是对毛泽东、朱德领导的以井冈山为中心的湘赣革命武装的蔑称。

③ 《湖南省政府促成粤汉铁路》，《津浦之声》1928 年第 7 期；《湖南省政府为促成粤汉铁路呈请武汉政治分会察核文》，《交通丛报》1928 年第 131 期。以上两种记载，文字略有差异。《津浦之声》为转载，《交通丛报》所载当为呈文原件。

④ 参见《湖北省政府请利用庚款完成粤汉铁路电湖南省政府一致主张文》，《交通丛报》1928 年第 133、134 期合刊。

⑤ 《电广州政治分会主席白委员提议完成粤汉铁路请共策进行由》，《中央政治会议武汉分会月报》1928 年第 1 卷第 1 期。

"极表赞同"。并称，对于完成粤汉铁路，广州政治分会委员冯祝万亦拟有详细计划，该计划业经广州政治分会议决通过并交广东建设委员会拟定具体实施办法，待广东建设委员会拟定具体办法后再一并呈请武汉政治分会予以指导云云。① 李宗仁还致电李济深表示，完成粤汉铁路最大的障碍是资金问题，武汉政治分会"拟与各方面接洽，将庚子赔款移拨该路建筑经费以利进行"，他请李济深能够支持这个方案。②

鉴于全国交通会议召开在即，1928 年 7 月初，文斐等分别向武汉、广州政治分会提交了"完成粤汉铁路案"，其核心主旨在于提拨一部分庚款用于完成粤汉铁路，因为该路停滞不进的主要原因是没有可靠的建设经费。当时报载："武汉政治分会据湖南铁路协会委员文斐委员等建议，提拨庚款一部完成粤汉铁路中段，业经第十四次常会决议函请交通部审酌办理，嗣政治分会已公函交通部，并指令原建议人文斐等候函送交通部审酌办理，并汇案提出全国交通会议。"文斐提交武汉政治分会的关于提拨庚款完成粤汉铁路的建议，与下文所述向广州政治分会提出的建议基本相同。也就是说，文斐等分别向武汉、广州两地政治分会提出了大致相同的建议，并得到了这两大政治分会的支持。③

文斐（1872—1943），字牧希、延年、幻园，别名文灰，湖南醴陵人，近代湖南著名革命家。早年就读于长沙城南书院，1893 年入湖南师范馆速成第二班学习，继入湖南中路师范。1905 年任醴陵渌江中学堂监督。不久东渡日本，就读于东京铁道学校，旋加入同盟会。1906 年浏醴萍起义爆发，文斐等受命回湘应援，起义失败后避走日本，继续在东京铁道学校学习。1908 年毕业归国，任湖南铁路学堂教务长。1910 年冬，与曾杰、龙毓峻等重组同盟会湖南支部，被推为会长，1911 年任《长沙日报》总理，常发表批评时政短文。1911 年，清政府拟通过向列强借债以推行干线铁路国有化

---

① 参见《电广州政治分会主席白委员提议完成粤汉铁路请共策进行由·附录覆函》，《中央政治会议武汉分会月报》1928 年第 1 卷第 1 期。

② 参见《电广州政治分会主席请接洽粤汉铁路建筑经费问题以利进行由》，《中央政治会议武汉分会月报》1928 年第 1 卷第 1 期。

③ 参见《提拨庚款完成粤汉铁路之建议》，《银行月刊》1928 年第 8 卷第 7 期。

政策，激起湘鄂粤等省民众的强烈抗议。文斐等发起组织湘路协赞会，兼任湘路公司协理，主张湘路商办，反对国有化政策，反对向列强借款。1911年10月，文斐密约同盟会诸同志，配合焦达峰、陈作新联络军队响应武昌起义，长沙不战而克。焦、陈被害后，谭延闿督湘，委任文斐为第二镇参谋长，经略江西。因武汉战事危急，文斐奉调援鄂。袁世凯当权后，文斐上书辞职，脱离军籍，主办《长沙日报》，兼任湖南粤汉铁路公司协助。"二次革命"爆发后，与程潜等起兵讨袁，失败后避走日本，在东京加入中华革命党。后与黄兴等组织政法学校，集训党人。1915年，袁世凯复辟帝制，文斐潜回国内，密谋举义，被捕入狱，1916年袁死后获释。1917年，任粤汉铁路局局长。谭延闿第二、第三次督湘时，文斐出任省公署顾问。1927年，任永兴县县长。抗日战争期间，任湖南省临时参议院参议员，醴陵救济院院长，创设同仁医院。1943年病逝。①

从文斐的简历可以看出，他学习铁路专业，对于铁路事务十分精通。作为湖南人，他对粤汉铁路的深厚感情那是不必说的，况且他亲自参与了粤汉铁路的诸多建设和管理工作，对于粤汉铁路的历史也非常了解。北伐之后，政治上出现了新局面，使他对于粤汉铁路的建设再度充满希望。所以，他在政局稳定之后，很快向武汉政治分会提出了续建粤汉铁路的提案，并以武汉政治分会的名义提交全国交通会议审议。

为了更快地发展交通事业，北伐战争结束后，国民政府交通部于1928年8月10日至20日在首都南京召开第一次全国交通会议，来自全国各地的代表约120人出席。中央党部代表李烈钧、国民政府代表宋渊源、工商部部长孔祥熙、内务部部长薛笃弼、海军总司令陈绍宽及张嘉璈、虞洽卿等政商界要人出席了此次大会。大会由交通部部长王伯群主持。

王伯群在大会开幕式的致辞中指出，交通建设尤其是铁路建设极为重要，他恳请与会的各位代表对于交通问题"发抒伟论，赐予指导"，交通部将尽全力落实代表们提出的各项建议。中央党部代表李烈钧亦在致辞中指

---

① 参见郭汉民主编：《湖南辛亥革命人物传略》，湖南人民出版社2011年版，第461—462页。

出，我国交通事业不发达，"欲在国际上求自由平等，难乎其难"。国民政府代表宋渊源在致辞认为，建设开始，"交通上最要者首为铁路，铁路多之国家人民之智识进步较速；交通如何，可以表现一国人民之智识如何。此次全交会提案决议后，尤希交通部从速执行"[①]。此外，还有多位代表在开幕式上致辞，均特别强调交通尤其是铁路对于国家的兴衰荣枯具有举足轻重的作用。此次全国交通会议历时 10 天，大会分为法规契约组、交通教育组、路政组、电政组、邮政组、航政组、特别组等 11 个组，会议期间召开了 4 次大会和 36 次分组审查会。参会的代表一共提出议案 400 余件，会议通过了"大会宣言"及修订各路借款合同、整理长江航运、疏通内河航道、统一交通行政等议案 140 余件。[②]

在此次全国交通会议上，粤汉铁路的续建是一个特别重要的议题。交通部部长王伯群在大会开幕式致辞中明确提出尽快"完成粤汉铁路株洲韶关段"为当前急需提前兴办的事业之一。同时，大会特别要求代表的提案"须具有充分理由及具体办法"。[③] 在这次全国交通会议期间，中央政治会议武汉分会（代表黄士谦提案[④]）、湖北省政府（代表熊亨灵提案[⑤]）、湖南省

---

① 《全国交通会议记（一）》，《银行周报》1928 年第 12 卷第 31 期。

② 参见《全国交通会议记（一）、（二）、（三）》，《银行周报》1928 年第 12 卷第 31、32、33 期；尚海、孔凡军、何虎生：《民国史大辞典》，中国广播电视出版社 1991 年版，第 382 页。

③ 参见《全国交通会议记（一）》，《银行周报》1928 年第 12 卷第 31 期。

④ 提案名：《完成粤汉铁路案》。黄士谦，广西贺州人，早年留学英国格林斯科大学，获博士学位，回国后曾任平桂矿务局局长、贺县教育局局长、广西农讲所教授等职。后任李宗仁秘书，并参加北伐。南京政府成立后，1927 年 7 月 11 日任交通部参事，后任津浦铁路管理局局长，1928 年 6 月调任平汉铁路管理局局长等。担任两路局局长期间，先后创办《津浦之声》（1928 年 1 月创刊，月刊）和《汉平新语》（1928 年 7 月创刊，1929 年 2 月停刊，共出 8 期）等铁路期刊。1948 年，移居香港经商，成为企业界知名人士。参见马学斌：《北伐战争期间的铁路企业报刊——〈津浦之声〉和〈汉平新语〉》，《铁道知识》2015 年第 4 期；刘国铭主编，黄晋明、陈予欢、王叔凯副主编：《中国国民党百年人物全书》下册，团结出版社 2005 年版，第 2042 页；天津市地方志编修委员会办公室等编：《天津通志·铁路志》，天津社会科学院出版社 2006 年版，第 707 页。

⑤ 提案名：《完成粤汉铁路案》。熊亨灵，字先毓，湖南人，毕业于国立武昌高等师范学校（武汉大学前身），历任交通处主任秘书、旅鄂湖南学校校长（1927）、湖北省政府建设厅秘书（1940）、南京市政府秘书处秘书（1945）、国民党粤汉铁路特别党部主任委员等职。

政府（代表龙涤英提案[①]）和中央政治会议广州分会以政府机关的名义，会议代表同时也是湖南铁路协会会员的铁路界人士方达智[②]、刘竞西[③] 以及李宗仁[④] 等，则分别以个人名义向大会提交了续建粤汉铁路的提案，同时这些提案经过大会讨论也都获得了通过。由于这些提案事由相同，路政组将其并案审查，该路建设的焦点依然是如何筹集建设资金，大会审议说：

> 粤汉铁路应加速完成，综合各案所拟筹款办法，计有五项：（一）利用英国退还之庚子赔款；（二）继续举借外债；（三）发行公债；（四）汉平、津浦、平奉、平绥等四路协济；（五）上列各项办法，事实上究以何者为宜，或择定数项，或同时并用，拟请由大会移请交通部酌量情形采择施行。[⑤]

1928 年 8 月 17 日，全国交通会议召开第三次大会，分别由法规契约组、

著有《中国国民党与中国铁路》（与何德川合著，中国国民党台湾区铁路党部委员会 1965 年版）、《国父学说与中国铁路》（台湾中华大典编印会 1946 年版等）。上述内容系参阅多种资料综合而成，不一一列举。

① 龙涤英，早年参加同盟会，曾任教于湖南高等铁路学堂，曾任湖北省建设厅秘书、科长，时任湘鄂铁路管理局副局长，交通会议期间为湖南省代表。其提案名为：《拨用英国退还庚款完成粤汉铁路》。

② 方达智，时任湘鄂铁路管理局局长。其提案名：《请速完成粤汉铁路全线案》（附计划书一件）。方达智，字子鹰，生于 1900 年（一说 1899），卒年不详。湖北黄冈人。曾任北洋政府江西督办，1925 年段祺瑞执政时，任北京政府临时参政院参政。1930 年 2 月任湖北省政府委员，8 月兼省建设厅厅长，1932 年 8 月免本兼职。后任国民政府铁道部联运处专员、铁道部湘鄂铁路管理局局长。参见张宪文、方庆秋等主编：《中华民国史大辞典》，江苏古籍出版社 2001 年版，第 474 页；刘国铭主编，黄晋明、陈予欢、王叔凯副主编：《中国国民党百年人物全书》上册，团结出版社 2005 年版，第 90 页。

③ 刘竞西，时任株萍铁路管理局局长。其提案名：《请取回庚款酌提一部分完成粤汉铁路案》。刘竞西（1893—?），号启瑞，湖南桃江人，曾任谭延闿督署高级顾问，粤汉、京汉铁路总办（少将衔）。参见桃江县志编纂委员会编：《桃江县志》，中国社会出版社 1993 年版，第 595 页。

④ 李宗仁时任第四集团军总司令，国民党中央政治会议武汉政治分会主席。其提案名为：《完成粤汉铁路案》。

⑤ 《全国交通会议审查报告志（中）》，《银行周报》1928 年第 12 卷第 35 期。

路政组、航政组等汇报分组谈论情况，并提请大会表决。路政组主任由粤汉铁路南段管理局局长周钟岐①担任，他同时还代表国民党中央政治会议广州分会及广东省出席本次会议。在审议"路政建设类"提案中熊亨灵关于续建粤汉铁路的建议时，会议产生了分歧，因为熊氏主张利用美国而不是英国庚子退款来完成粤汉铁路的建设。会议代表张西曼立即表示反对，指出美国庚子退款早已决定用于兴办教育，不能移用于铁路建设。此时，大会主席王伯群出来解释说："完成粤汉铁路，交通部早有成见，惟甚复杂，将来再集合各方面加以讨论。此次大会于仓促之间，颇难应付，至于用何种方法完成，照确定原则，暂且不提。"这样才"众无异议通过"了路政组关于粤汉铁路续建的相关报告。②

中央政治会议武汉分会向本次大会一共提交了6项议案，其中第一条提案即为《完成粤汉铁路案》。武汉政治分会的这份提案是由湖南铁路协会会长文斐及会员刘竞西、方达智、龙涤英等人联合拟定的，经武汉政治分会第十四次常会决议函请交通部审议，并以武汉政治分会名义提交此次全国交通会议审议。

在提案中，文斐等在分析了粤汉铁路的重要性后指出，根据历来专家的估算，株韶段线路"工程之完成及行车一切设备约须六千五百万元"，"本分会成立以来迭与两湖人士讨论地方大计，佥以完成粤汉为首要之图，累经本会提案，与湘粤两省共策进行，期在必济。查民国十二年间，英国有退庚子赔款之议，于是海内外人士及海外侨民，函电分驰，主张将该款用诸造路事业，而尤注重于粤汉。顾是时北洋军阀势力方盛，中外人士颇以流用于军费为疑，遂至筑室道谋，迄无成就。军阀崩坏，向时疑虑之点，业已无存，此款之用于筑路，自属不易之方案。虽英国庚款委员会曾于前年（1926）发

---

① 周钟岐，字省三，浙江丽水人。民国元年为缙云县议会议员，后历任胶济铁路管理局副局长（1925）、粤汉铁路南段管理局局长（1928）、平汉铁路管理委员会委员兼任盐禁私督察处处长（1933）、粤汉铁路管理局副局长（1936），燕京大学、山东大学教授等职。新中国成立后任教育部高等教育司副司长。以上内容系参阅多种资料综合而成，不一一列举。

② 参见《全国交通会议记（三）》，《银行周报》1928年第12卷第33期。

表主张，除筑路外，尚有其他各种用途。但该会之性质及其组织，本吾国人
所不满，其主张之适当与否，似无待于讨论。纵令退一步讲，谓此款宜以平
均分配为原则，亦不妨将已定用途之各种款项移作铁路投资，而将该项资金
应得之利息，用诸各种事业，尤为理之所许。最近本分会所得湖南铁路协会
提拨庚款筑路建议，曾有坚决之主张，充分之理由，足觇社会对于此事咸认
为适宜之举也"。由上可见，这份提案有关筹款的方案是建立在英庚退款的
基础上，所以该提案的重点也是如何有效使用英庚退款。武汉政治分会初步
拟定筑路大纲如下：

（一）英国方面自十二年（1923）以后，即将应得赔款，由海关代
为保存，历年（1923—1927）所积已达二千余万元，应请政府与各方
接洽，先将此款提拨，作为粤汉铁路第一批兴工之款。（二）英方退还
之庚款，积至满期之日止，约凡一万一千万元（1.1亿元），除前述之
二千万元，尚有八千余万元，应请政府指定该款作为基金，发行公债
五千万元，以继承未竟之工程。（三）前项公债，应按九扣发行，承购
之人，不分国籍，五年以内，只付利息，五年以外，递年还本，分十
年摊还，每年两期，所有应还之款，以抽签方法行之。（四）设立粤汉
铁路基金保管委员会，由财政部、交通部及其他有关系各机关各派委
员若干人组织之，凡历年积存之英庚款二千余万元，及发行公债之收
入款项，以暨指作公债之基金，均归其保管，非有正当用途，不得支
付，以示公开，而严监督，庶几信用昭著，事较易行。（五）关于筑路
计划，从前北平交通部曾有详细方案，工程图说，亦颇完备，将来兴
工之时，应由湘粤两方面同时着手，分段进行，各段均限以月日，期
于二年内完竣。所有人员，除汉粤川借款合同规定者外，应尽先任用
本国专门人才。①

---

① 《全国交通会议武汉政治分会提案》，《中央政治会议武汉分会月报》1928年第1卷第2期；
另见《实业杂志》1928年第130号《武汉政分会对全国交通会议之提案》。

　　湖南铁路协会与此次交通会议后成立的粤汉铁路促成会的关系十分密切，因为其主要领导成员大致相同，因此，这份提案也可以代表后来成立的粤汉铁路促成会的立场。实际主持粤汉铁路促成会工作的袁德宣，早在1926年就明确提出以"英庚退款"完成粤汉铁路的计划，而此次武汉政治分会的提案与两年前袁德宣提出的利用英庚退款续建粤汉铁路的方案基本相同。①

　　文斐、刘兢西、方达智、龙涤英等在向武汉政治分会提出利用庚款续修粤汉铁路建议的同时，文斐等人也向广州政治分会提出了同样的建议。

　　1928年7月初，文斐等在呈报给广州政治分会的《筹画完成粤汉铁路案》中说，粤汉铁路地位之重要为人们所公认，然其建设却历经磨难。民国以来人们设想了种种计划，均因时局不佳而"悉成具文"，对此凡是有识之士，"靡不浩叹"，深感遗憾。近期以来，武汉政治分会认为完成粤汉铁路为当前"急切之务"，并多次与钧会（指广州政治分会——笔者注）商议"协同进行"，实属"高瞻远瞩"之见。对此，湖南铁路协会深为"景仰"，并愿意"贡其一得之愚，藉供钧会建设之助"。文斐等指出，铁路建设筹款为第一大难题，至于铁路工程之人才，目前倒不是太大的问题。根据历来专家的估计，完成粤汉铁路约需工款6500万元，而"湘鄂粤三省，连年用兵，民力已疲，一时殊难筹此巨款，即向海外华侨筹募，亦恐缓不济急"。而根据国民党建国大纲，凡私人财力不能完成之建设事业，应由国家筹办经营，粤汉铁路为国有铁路，故当由国家经营办理。但目前国家财力枯竭，筹此巨款，亦十分困难。湖南铁路协会同人"思维再四，计惟有将各国退还庚子赔款，首先提拨一部，即可及时兴工，如期告竣"。但各国庚子退款，业经本年全国教育联合会议决用于发展教育事业，并以此退赔款作为基金发行公债，"正在呈候国府批示在案"。教育为百年大计，且庚款用于教育经全国教育会议议决在案，如若变更该议案，提拨庚款中的一部分修筑粤汉铁路，"恐阻力横生，难于办到"。但是，湖南铁路协会认为，庚款全部用于教

---

① 参见袁德宣：《请与庚款委员长威灵顿勋爵直接商拨庚款余额完成粤汉正干议案》，《交通丛报》1926年第119、120期合刊。

育之决议案，"殊不能无疑义"，其原因如下：其一，无论是美国还是其他各国退回庚款之用途，并不仅限于教育一项，亦规定可以用于办理慈善或生产等事业，则兴办铁路事业理所当然。其二，1923 年 5 月，全国商会联合会曾提议，英庚退款中应提拨一部分，利用兵工，修筑国道，收容裁兵，此提案亦获通过，记录在案。此后，全国商会联合会曾多次开会，继续主张英庚款筑路，续建粤汉铁路为其主要提案之一。若全国教育联合会之议案不可更改，则全国商会联合会议案亦不能更改。铁路属生产事业，造福国民，收效甚大。而全国教育联合会之议案，欲将全部庚款用于教育基金，未免仅顾及一部分之利益，而忘却其他部门之利益。其三，教育为消费性事业，而铁路为生产性事业，提拨部分庚款用于筑路，则铁路修成之后，所得余利，仍可作为教育事业之基金，如此生息，其利无穷。其四，以兵工筑路，既可达裁兵之目的，又予所裁之兵以生路，此两全其美之策。今北伐成功，急需裁兵，若以部分庚款修筑粤汉铁路，则化兵为工，此为最佳途径。基于以上 4 点，故提拨各国部分庚款续建粤汉铁路，实属当然。而粤汉铁路全线完工对于国防与政治统一、经济与文化发展均具有极为重要的意义，此属人人皆知之事实。而目前政府对于利益如此巨大之铁路，"任其搁置，深为可惜"。为此，本会特请钧会"毅力主持，排除万难，并恳请转呈国府退还庚款提七千万元，大举兴工"。况且完成粤汉铁路，作为国民政府化兵为工政策之载体，一旦大举兴工，既可"寓兵于工，又可以工代赈"。同时该路修通也有利于消灭"共匪"，其行车余利还可以用于教育基金，"所谓一举数善备者，此之谓也"。本会呈请钧会"核夺施工，路政幸甚，全国幸甚"①！概括而言，文斐等所提议，提拨庚款筑粤汉铁路有 4 大理由，完成粤汉铁路有 5 大利益，这与其提交武汉政治分会的建议基本上是一样的。

以李济深为主席的广州政治分会得到上述提案后，经过认真讨论，认为可行，乃于 1928 年 7 月 21 日批转广东省建设厅负责实施。广州政治分会在致建设厅的函文中说，湖南铁路协会文斐等关于完成粤汉铁路的建

---

① 《筹画完成粤汉铁路案·附原呈》（一），《中央政治会议广州分会月报》1928 年第 10 期。

议，"经本会第一百二十五次会议（1928 年 7 月 20 日）① 议决：一、根据第一百二十二次会议（1928 年 7 月 10 日）② 完成粤汉铁路之决议，认为该建议书可采用；二、俟建设厅拟具完成粤汉铁路程序案呈候核定后，将全部计划，向中央建设委员会建议；三、该建议书抄发建设厅并案参考在案，除函复外，相应录案，并抄原呈函达贵厅，希即查照办理为荷"③。根据上述广州政治分会第 122 次和第 125 次会议内容的有关记载，我们大致可以知道：7 月 10 日召开的第 122 次会议所审议之完成粤汉铁路案，实际上是广州政治分会委员冯祝万④ 所拟之方案；7 月 20 日召开的第 125 次会议，广东方面将广州政治分会委员冯祝万所拟方案与文斐等所拟方案并案处理，并交广东省建设厅参考并由该厅拟订具体实施方案。1928 年 7 月 25 日，广东省政府将广州政治分会相关意见批转省建设厅，令其草拟粤汉铁路进行程序。随即，广东省建设厅拟定了粤汉铁路进行程序，8 月 25 日，将其拟定之《完成粤汉铁路进行程序》，通过广东省政府提交广州政治分会审议。⑤同时，广州方面还将上述"进行程序"，提交武汉政治分会审核。武汉、广州两大政治分会审核后，联合提交国民政府建设委员会，呈请国民政府批准施行。⑥

广州政治分会针对冯祝万和文斐的建议，提出了《审查完成粤汉铁路

---

① 广州政治分会第 125 次会议于 1928 年 7 月 20 日召开，会议对文斐等人的建议议决结果如上述正文所引。广州政治分会第 125 次会议，将文斐、冯祝万关于完成粤汉铁路的建议并案处理，令广东省建设厅拟出具体实施步骤与办法。参见《政治会议广州分会第一百二十五次会议议事录》，《中央政治会议广州分会月报》1928 年第 9 期。

② 广州政治分会第 122 次会议于 1928 年 7 月 10 日召开，关于粤汉铁路的决议如下："（一）粤汉铁路决定于可能的短期间内完成。（二）审查意见除借外债有反粤汉铁路历史精神外，余两方法可按照实情择尤（'尤'当为'优'——笔者注）采用。（三）交建设厅参酌审查意见，拟定完成粤汉铁路程序案呈核。"此次会议审议的是冯祝万提出的完成粤汉铁路提案。参见《政治会议广州分会第一百二十二次会议议事录》，《中央政治会议广州分会月报》1928 年第 8 期。

③ 《筹画完成粤汉铁路案》（一），《中央政治会议广州分会月报》1928 年第 10 期。

④ 冯祝万时任广东省财政厅厅长。

⑤ 参见《完成粤汉铁路工程进行计划书·附录一·附录三》，《广东省政府 1928 年年刊》；另可参见《完成粤汉铁路进行程序》，《广东建设公报》1928 年第 3 卷第 2 期。

⑥ 参见《完成粤汉铁路工程之计划》，《银行月刊》1928 年第 8 卷第 12 号。

意见书》。① 广州政治分会冯祝万的提案，虽然也是关于续建粤汉铁路整体方案，但其着重点则在广东应如何完成广东境内未完成之路线。由于这样的特点，广州政治分会的审查报告，其侧重点自然也在广东方面。审查报告共分七章和一个附录，附录即为冯祝万的提案。七章内容分别为：一、完成之利益与条件；二、筹款之方法；三、关于合并整理粤汉广三广九三路之意见；四、开采煤矿石矿制造士敏土及采用土产枕木之讨论；五、对于设立建设银行之意见；六、对于设立监督署之意见及成立测量队费用之评估；七、对于工程方面之意见。

　　总的来说，广州政治分会的这个审查意见书，重点在款项之筹集。在发行铁路公债、举借外债和招商承办三种办法中，广州政治分会倾向于发行铁路公债。关于举借外债，1928 年 7 月 10 日，广州政治分会第 122 次会议决议明确指出："审查意见除借外债有反粤汉铁路历史精神外，余两法可按照实情择尤（优）采用。"② 可见，广州政治分会是反对举借外债的。至于招商承办之法，仔细阅读其所谓"招商"之办法，可以说基本没有商人会出面承办，因为条件实在太苛刻了，况且商办干线铁路早经试验是不成功的了。事实上，冯祝万等对招商承办难以成功也有清晰的认识，在 1928 年 10 月的一份提案中他们指出，粤汉铁路工程浩大，"非普通商人独力所能担负"，再行招股，"势必无人应募"，即使有招商承办之计划"亦不能见诸行"。③ 因此，广州政治分会其实是倾向于发行铁路公债的，这与文斐等人所持利用英庚退款为担保发行铁路公债的思路是完全一致的。

　　1928 年 8 月 20 日，全国交通会议结束，同年 10 月，武汉政治分会致电交通部、广州政治分会、广东省政府、湖南省政府、湖北省政府，建议由上述机关在武汉共同组织成立"完成粤汉铁路筹备处"。武汉政治分会指出，虽然现在各方对于此路屡有完成之计划，但尚未有任何实际之行动。鉴于此，武汉政治分会"第三十四次常会"（实际为第三十五次常会——笔者注）

① 参见《审查完成粤汉铁路意见书》，《中央政治会议广州政治分会月报》1928 年第 10、11 期；《广东建设公报》1928 年第 3 卷第 2 期；《广东建设公报》1929 年第 4 卷第 3 期等。

② 《政治会议广州分会第 122 次会议议事录》，《中央政治会议广州分会月报》1928 年第 8 期。

③ 参见《关于整理粤汉铁路案》，《中央政治会议广州分会月报》1928 年第 15 期。

讨论拟在武汉设立"完成粤汉铁路筹备处"，"由本会与贵部（交通部——笔者注）及粤鄂湘三省政府派员共同组织，举凡资金筹集及一切计划均由该处切实讨论施行，庶使全路有早日观成之望"①。广州政治分会复电表示非常赞成在武汉设立"完成粤汉铁路筹备处"。②

综上所述，我们可以看到，武汉、广州政治分会对于粤汉铁路的推进表现出了极大的热情。对此，1928 年 12 月，《银行月刊》报道说，粤汉铁路之续建，"日前经由武汉政治分会提倡，粤政分会对此亦即着手擘画，务期克日即能兴工，使南北交通，得早日发展"③。尤其是李宗仁，对于完成粤汉铁路十分积极。全国交通会议结束后，粤汉铁路促成会袁德宣等人拟在湘省建立完成粤汉铁路筹备处，正拟派人赴武汉与李宗仁协商，忽然从报纸上看到李宗仁已经在汉口设立了筹备处，均感到十分惊讶。后来，又听平汉铁路局局长黄士谦说："李主席对于粤汉，急欲完成，并拟拨工程军队使先筑路基。"对此，袁德宣、刘键评论说，士兵筑路基，未尝不可，但也应该先进行路线勘测。李宗仁对于完成粤汉铁路之热情，由此可见一斑。④

武汉、广州政治分会对续建粤汉铁路之所以如此密切合作，这其中的原因如下：其一，全国各界人士尤其是湘籍人士对于尽快完成粤汉铁路的强烈愿望，正如我们所看到的，文斐等领导的湖南铁路协会在其中做了大量的工作。其二，李宗仁、李济深二人作为两广地方实力派，对蒋介石集团怀有深深的戒备，力图通过完成粤汉铁路，加强两湖与两广之间的联系，以利于他们对抗蒋介石集团。1933 年，洪瑞涛曾著文指出："民国以来，两广

---

① 《电交通部广州政治分会粤湘鄂省政府关于完成粤汉铁路筹备处拟在武汉地方设立一事请迅赐示教由》，《中央政治会议武汉政治分会月报》1928 年第 2 卷第 1 期。按：本电文中说"第三十四次常会"讨论了在武汉设立完成粤汉铁路筹备处的问题，不确。设立完成粤汉铁路筹备处的会议实为"第三十五次常会"中的议案。参见《中央政治会议武汉分会第三十五次常会议事日程》（1928 年 10 月 5 日），《中央政治会议武汉政治分会月报》1928 年第 2 卷第 1 期。

② 参见《本会赞成在汉设立完成粤汉铁路筹备处之复电》，《中央政治会议广州政治分会月报》1928 年第 11 期。

③ 《完成粤汉铁路工程之计划》，《银行月刊》1928 年第 8 卷第 12 号。

④ 参见《完成粤汉铁路筹备处将实现》，《平绥铁路管理局公报》1928 年第 16 期。

所以能够别成独立的区域，最大的原因，是与华中没有便利的交通路线。粤汉路成功，华南与华中便打成了一片。"①此虽言粤汉铁路不通因而造成两广割据，但粤汉铁路若通则两湖两广便连为一体，故李宗仁、李济深正是为了通过完成粤汉铁路而加强他们之间的联系。其三，南京国民政府成立后，将经济建设尤其是交通建设置于非常重要的地位，在其交通规划中，粤汉铁路的完成首当其要，为此并与武汉、广州政治分会进行了积极沟通。此正如铁道部所言，本部"于成立之初，即派建设司陈伯庄赴汉调查，并与武汉政治分会筹商积极进行办法"②。虽然武汉、广州政治分会力图利用完成粤汉铁路以与蒋介石集团抗衡，但其积极促成粤汉铁路之完成，并为此进行了十分具体的筹划，却与南京政府积极进行经济建设的施政纲领是完全吻合的。但至1929年3月，随着武汉、广州政治分会的撤销，李宗仁、李济深二人在两湖、两广的权力骤减，他们试图主导粤汉铁路建设的计划亦戛然而止。不仅如此，蒋桂战争更于1929年3月27日正式爆发；6月，李宗仁、白崇禧战败下野，其势力从两湖地区回撤广西。而李济深则早在1929年3月15日，即被蒋介石软禁于南京，开除党籍，直至1931年"九一八"事变后，才得以释放。此后，粤汉铁路之续建主要由南京政府铁道部主导，而以湘籍人士为主的粤汉铁路促成会则积极与铁道部合作，共同为完成粤汉铁路而努力奋斗。

四、粤汉铁路促成会推动粤汉铁路株韶段之建设

粤汉铁路在湖南境内路线最长，所以湖南人对于完成粤汉铁路的要求十分迫切。由于粤汉铁路未能全线贯通，同时湘路收归国有后，"积欠湘路民股（即米盐公股）本利八百余万元"。株韶段约80%的路线在湖南境内，"故湘人受其影响为最大，而其希望完成亦最力"③。而湖南人对于株韶段的建设尤为关注，上至省主席，下到政商学各界人士，都非常关心该段线路的兴建。

① 洪瑞涛：《铁道整理与铁道统制》，《湘鄂铁路旬刊》1933年第33期。
② 完成粤汉铁路委员会：《完成粤汉铁路之进行状况》，《铁道公报》1930年"铁道部成立二周年纪念号"。
③ 《湘人促成粤汉铁路》，《津浦铁路月刊》1930年第1卷第2期。

全国交通会议闭幕之后，主要以湖南籍和铁路界人士为主的粤汉铁路促成会接过了湖南铁路协会推进完成粤汉铁路的大旗，积极推进粤汉铁路的建设，对于粤汉铁路之续建做出了重要的历史贡献。

粤汉铁路促成会成立于 1928 年 9 月，由旅平（北平）粤湘鄂 3 省人士发起组织成立，但其主要成员则为湖南籍人士。[1] 该会最初成立于北京，其主要发起人基本为湘籍人士，如周震麟[2]、文斐、刘键[3]、袁德宣、熊希龄、鲁涤平等人，均为湖南籍著名人士。其中湖南醴陵人袁德宣在该会的发起、成立及代表该会宣传续建粤汉铁路过程中发挥了非常重要的作用。

袁德宣（1873—?），字炼人，又字浚明，湖南醴陵人。早年循中国传统知识分子之常规，走科举入仕之路。迨至晚清，目睹清政府腐败无能、丧权辱国导致国势危殆之局，1904 年，乃与同乡张翼鹏（1876—1944）、程潜（1882—1968）等东渡日本，学习军事及铁道技术。在日期间，1905 年与张翼鹏等在东京组织湖南日月学会，接受孙中山的革命纲领，参加同盟会。[4]1907 年从日本回国，致力于发展交通事业，民国时期任交通部交通研究会专任委员，尤其关注粤汉铁路的建设，曾亲自参与粤汉铁路的早期勘路与建设工作。1907 年冬，主持粤汉铁路湖南段购地工作。1908 年，曾参与粤汉铁路长沙至衡州段线路勘测工作。[5] 后投身报业，1913 年在长沙创办

① 参见《粤汉铁路促成会合并改组正式成立呈请湖南省政府察核备案文》，《交通丛报》1931 年第 159 期。

② 周震麟（1875—1964），字道腴，湖南宁乡人。国民党元老。曾任湖南高等学堂、宁乡中学、京师大学堂教员。1903 年与黄兴组织华兴会，并任同盟会"湘支部长"。参加辛亥革命和"讨袁"、"护法"诸役。后任国民政府委员、国民党中央监察委员，1949 年随程潜起义。新中国成立后，任第一届全国政协委员，湖南军政委员会顾问，第一、二届全国人大代表。1964 年逝世。参见郑福林：《中国革命和建设历史时期人物辞典》（一），吉林人民出版社 1988 年版，第 458 页。

③ 刘键（1881—?），字簏生，湖南长沙人，1909 年与袁德宣等创办湖南私立交通学堂，曾任株萍铁路管理局处长、湖南铁路协会执行委员等职。参见《粤汉铁路促成会委员一览表》，《粤汉要刊》1932 年第 8 期。

④ 参见湖南省株洲县志编纂委员会编：《株洲县志》，湖南出版社 1995 年版，第 485 页。按：张、程二人均为湖南醴陵人。

⑤ 参见袁德宣：《粤汉铁路促成会成立缀言》，《交通丛报》1928 年第 132 期。

《交通丛报》(月刊)[①]，该报对于粤汉铁路的建设与续建都起到了重要的宣传鼓吹作用。宣传之外，袁德宣对于兴办交通事业更是身体力行，颇有成绩。宣统元年（1909）三月，袁德宣捐款创办私立湖南交通学校，自任校长。校址先后设长沙市黄兴路祝融宫、坡子街乾元宫、黎家坡、阿弥街、下碧湘街等处。第一期招建筑班学生40名，教授数学、物理、外语、应用力学、水力学、机车大要、测量学、材料地质学、铁路工学、道路学、桥梁学、海河工学、电气工学等，学制3年。因办学成绩显著，民国六年（1917）四月，交通部授予袁德宣和教务长张熠光荣誉奖章；民国八年（1919）六月，北洋政府大总统徐世昌授予袁德宣银质褒章，并题“急公好义”匾额，盖有“荣典之玺”专用印鉴。不久，该校因袁德宣调交通部任职而停办。1934年7月复校，袁德宣仍任校长，校址先设上同仁街洪恩寺，后学校董事长陈佩珩将建于石马铺的680余平方米的晚香别墅捐赠为校址，设路政管理和电政管理2科，招收高中毕业或同等学历学生，学制2年，每科60名。后因经济短绌，加之当时交通尚不发达，毕业学生就业难而停办。[②] 此外，1909年他还曾创办湖南精练高级职业学校，校址在长沙小吴门，主要开设电讯科、运输科等。抗战爆发后，1938—1945年迁涟源三甲办学。[③] 一生著述颇丰，尤为关注铁路问题，主要著作有《中国铁路史》(1907)[④]、《交通

① 1918年，著名铁路专家詹天佑在为袁德宣《交通类编》所作“序言”中说：“袁子德宣品学兼擅，创办交通丛报，已历五稔，抉择所集，裒然成帙，其书之价值，有裨于交通行政者，当不问可知。而吾尤望袁子，以新闻之言论进而成交通之事业，且可于此书之出而卜之。”参见詹天佑：《交通类编序》(1918)，詹同济编译：《詹天佑文选》，北京燕山出版社1993年版，第44页。

② 参见万里主编：《湖湘文化辞典》(3)，湖南人民出版社2011年版，第526页。

③ 参见长沙市志编纂委员会编：《长沙市志》第17卷，湖南人民出版社2004年版，第613页；袁德宣：《湖南精练高级电信运输科职业学校遵令造具三年内毕业学生就业调查表呈请湖南省教育厅转呈教育部察核文（附表）》，《交通丛报》1936年第207、208期合刊。

④ 《中国铁路史》，1907年7月出版发行。关于中国早期的铁路史料，该书当属最为详尽而完整的著述。全书分甲、乙、丙三编。甲编列表两种：一为《中国铁路大事年表》，以编年体记述了自1864年7月英怡和洋行创设上海江湾间铁路始至1907年4月陈璧补授邮传部尚书止40余年间，有关中国铁路的中、外、官、民各方面的重要活动。一为《中国铁路简明表》，对当时已建成、将建成、已开工、已订约而未开工等共计56条铁路，其名称、管理者、资本情况、区间、里数、工程等情况“分格标明，以便阅者一览了然”。

史略》（1927）①、《铁道全书》（与朱卓藩合编）、《粤汉铁路古迹名胜调查记》（1933）、《南岳纪游》（1933）等，主编《交通类编》（1918）②、《交通文艺集》（1920）等。精通铁路问题研究之外，他还工诗擅文，主要著作有：《艾龄集》（1923）、《北京湖南会馆志略》（1924）、《楚畹集》（1927）等。③

　　由上面的介绍可见，袁德宣本身铁路专业出身，长期服务于交通部门，对于交通问题颇有研究，亦十分热心于交通事业。早年还曾亲自参与粤汉铁路的勘测工作；同时，他还是湖南人，所以他对粤汉铁路的建设与续建尤为关心也就毫不奇怪了。事实上，粤汉铁路促成会之所以能够成立，袁德宣

乙编则取纪事体，分别记述了50余条铁路建设的时代、地理背景，拟议过程及主持之人，资金筹集或贷款情况，区间、长度及工程情况，通车后经营情况等。著者尤其重视西方列强以各种手段干涉中国铁路政务的状况，在重要线路的纪事后，往往写作专论，剖析西方列强的图谋用心，对清政府的丧权失利痛心疾首，对中国自办、自建铁路的成功及收回铁路权利的斗争欢欣鼓舞。丙编的"附录"，收录了有关中国早期铁路建设的17种重要文献资料，如《重订铁路简明章程》、《新立邮传部官制定案》、《外务部、商部、户部会奏铁路占用地亩纳税定章折》、《新定关内外铁路各项要章》、《奏办浙江全省铁路章程》、《奏办湖南粤汉铁路总公司暂定简明章程》，以及行车合同、运输价目、纳税规定等。书前有序言三篇。湘乡欧阳钧在序中说到，袁德宣在1905年"奋袂东游，思铁道当振兴之始，不可以或缓，乃入东亚铁道学校；已而同志增多，复特别组织一校，即今东京铁道学堂是也"；欧阳钧时亦在东京，"以客腊识君于旅舍，览所为文章，心器其为人，间出所著铁道史相示，受而读之，则吾邦同光以还铁道记载之丛、兴废得失之林也"。常宁贺林荣在序中说，"近世纪文明之发达，实用物质思想两方面积合而成。铁路者，物质的文明之利器也。然其初必有其人，具一种交通之思想，著为理论，以风动一般，或文明新制作，充分以著其效用，然后轰轰烈烈，乃成为勃不可遏之现象"，而"同学袁君，思有以提倡振作，因以著中国铁路史，藉补世界铁路史之缺……是书搜罗宏富，体例谨详，信能导一般国民之新思想而增进良物质……他日汽笛一声，五洲响应，则是书之影响，良未可知"。著者自序开篇，就痛心疾首地写道："余读世界铁路史而悲之，悲世界铁路史不纪中国铁路也；非不纪中国铁路，中国无铁路可纪，是以不纪之也"；著者分析了中国铁路发展的3个时期，从开创到继续到兴盛，但因为多假手外国人，所以不为世人所重视；随着收回路权斗争的开展，越来越多的铁路线回到国人手中，中国也就应该有自己的铁路史了。所以袁氏"以课余之暇晷，搜罗众说，博采群篇，据事直书，藉以备中国铁路丛考之一，海内君子当必不余弃也"。参见薛冰：《止水轩书影》，陕西师范大学出版社1998年版，第133—136页。

①　北平交通丛报社1927年刊行。

②　北平交通丛报社1918年刊行

③　参见寻霖、龚笃清编：《湘人著述表》（二），岳麓书社2010年版，第897页。

起到了关键作用。此正如粤汉铁路促成会主席周震麟在 1928 年 10 月 8 日召开的粤汉铁路促成会成立大会中所言："此会发起一切事宜，多系袁君德宣经手。"①

粤汉铁路促成会成立的背景是为了落实 1928 年 8 月全国交通会议续建粤汉铁路株韶段的有关会议决议，促进尽快完成粤汉铁路株韶段。粤汉铁路促成会发起宣言指出，粤汉铁路"种种重要，尽人皆知之"。在此次全国交通会议上，武汉、广州政治分会，湖南省政府、湖南铁路协会及北平交通丛报社等政府和社会团体联名提议，或请以英庚退款为基金发行公债、或请以各国退还庚子退款之一部分为基金发行公债、或请招募华商集股、或请中央政府与粤湘鄂 3 省政府共同拨款等为筑路经费，虽"主张不一，而欲完成粤汉之决心皆同，各案均经大会议决"。如今交通会议已经闭幕，而提议各代表纷纷退散，"非设立一机关互通声气，不免有涣散之虞"。有鉴于此，周震麟等"特商海内同志，创设粤汉铁路促成会，以集思广益之谋为众志成城之举"。粤汉铁路促成会暂以北平交通丛报社为会址，并在南京、上海、广州、汉口、天津、长沙等地设通讯处。会员对于完成粤汉铁路有任何设想，均可向本会反映，再由本会汇总向交通部汇报。该会的发起人一共有 42 人，其中有周震麟、袁德宣、文斐、刘键等热心交通事业的著名人士。②

1928 年 9 月 23 日，粤汉铁路促成会正式成立，10 月 6 日开选举委员会，10 月 8 日在北平交通丛报社举行成立大会。在 10 月 6 日的选举会上，选周震麟为主席，朱绶光为执行主任，袁德宣、吴超澂等为执行委员，熊希龄为财务主任，刘键、王文豹等为财务委员，陆梦熊为文书主任，陈嘉言、文斐等为文书委员，彰养光为宣传主任，陈敬汉、李海寿等为宣传委员，并推袁德宣兼文书委员等。随着粤汉铁路促成会会务日渐扩张，10 月 11 日，将会址由交通丛报社迁宣武门外莲花寺湾西口西砖胡同 36 号。10 月 23 日召开全体委员大会。全体委员大会会场张贴"粤汉铁路促成会是代表民众为粤汉

① 《粤汉铁路促成会成立大会纪事录》，《交通丛报》1928 年第 132 期。
② 参见《粤汉铁路促成会发起宣言》，《交通丛报》1928 年第 132 期。

铁路速成的呼吁机关"、"完成粤汉铁路为北伐成功第一建设"等标语，制定急促完成粤汉铁路、以英国退还庚款发行铁路公债、以湘省附加盐税作粤汉铁路基金等政策，力促尽快完成粤汉铁路。会议代主席梁季良在发言中指出，本会成立以来，到处响应，函电交驰，可见完成粤汉铁路，为全国人民所愿。本会成立以来，执行各事，均系袁委员德宣担任，请袁君报告有关情况。袁德宣发言道，上次开成立大会，本会临时经费，由发起各委员捐助，合计 210 元。此款为本会暂时印刷、宣传、纸张用品及招待等一切费用。本会成立后，宁汉各地，函电纷催，亟须派员接洽，然所费不赀，非此捐款所能济用。财务熊主任会商周主席，以粤汉与湘省关系甚钜，电请湘省政府拨款 2000 元，以资接济，旋得鲁主席涤平电复允准。袁德宣还说，在英庚款未退还以前，应将湘省盐税为开办建筑之资，业经全国交通会议决通过。我湘附加盐税，每月可获 40 余万元，原为地方经费，后提作军费，今军事结束，应将此款拨为粤汉铁路株韶段建设经费。现湖南财政整理委员会已电请国民政府及武汉政治分会照拨，但尚未核准，本会应遥为援助。[①] 从袁德宣的介绍中可以看出，粤汉铁路促成会对于续建粤汉铁路之款项来源，既主张利用英庚款发行公债，也不放弃使用湘省盐业附加税（每年高达 400 多万元）；1928 年年底，铁道部亦曾主张利用粤盐销湘之税为抵押发行粤汉铁路建设公债 6500 万元。由上还可以看出，湖南省政府对于粤汉铁路促成会的工作极为支持，如提供 2000 元开办经费、同意湘省附加盐税用为粤汉铁路株韶段建设经费等，均可见湖南省政府对于完成粤汉铁路持积极之态度。

　　鉴于粤汉铁路株韶段，湖南省占 3/4，1929 年 3 月，粤汉铁路促成会公推袁德宣回湘在长沙会同湖南政界要人如何键[②]、张开琏[③]、曾继梧[④] 等发起成立粤汉铁路促成会湖南分会。湖南分会成立以来，分别于 1929 年、1930 年两次委派袁德宣赴铁道部商请粤汉铁路湘段提前开工。铁道部表示愿意考虑湘段提前开工，但希望湖南省政府能够预先垫付 50 万元作为开办经费，湖

---

① 参见《粤汉铁路促成会全体委员会议记录》，《交通丛报》1928 年第 133 期。
② 时任湖南省政府主席。
③ 时任湖南省财政厅厅长。
④ 时任湖南省民政厅厅长。

南省政府同意预拨 50 万元开办经费，俟铁道部"派员来湘主持开办时按月
筹拨"。铁道部鉴于湖南省政府如此大力支持粤汉铁路建设，随即派工程队
来湘测定线路，加速兴工。粤汉铁路促成会因湘段开工在即，乃决定将总会
由北平迁至长沙与湖南分会合并，以便就近督促工程进展。1931 年 3 月 19
日，粤汉铁路促成会与其湖南分会合并重组，袁德宣、文斐、刘键、王猷等
9 人当选执行委员，公推袁德宣、刘键、王猷 3 人为常务委员，负责日常事
务。① 这在事实上等于粤汉铁路促成会由北平迁至湖南长沙了。1932 年 8 月，
湖南省党务指导委员会核定的"粤汉铁路促进会章程"，第一条即明确说，
粤汉铁路促成会"会址设于长沙"。② 从促进粤汉铁路建设的角度看，该会
迁到湖南自然更加有利于其工作的开展。粤汉铁路促成会迁址长沙后，其主
要成员情况如下（见表 7）：

表 7 粤汉铁路促成会委员简况③

名称	姓名	别字	年龄	籍贯	通讯处	略历
执行委员	何键	芸樵	43	醴陵	长沙中山东路	湖南省政府主席兼湖南省党部指导委员会常务委员
执行常务委员	袁德宣	浚明	58	醴陵	长沙桂花井堂皇里 11 号	前国史馆协修、交通部纂修、粤汉京汉平绥各铁路局秘书处长，现交通丛报社社长
	刘键	簏生	51	长沙	长沙樊西巷书画舫	前株萍铁路处长，现湖南铁路协会执行委员
	王猷	亨五	51	常宁	湖南铁路协会	前湖南矿务局会办，现全国道路协会湖南分会会长
执行委员兼组织部主任	文斐	牧希	59	醴陵	长沙茶馆巷逸园	前粤汉铁路局长，现湖南铁路协会会长

---

① 参见《粤汉铁路促成会合并改组正式成立呈请湖南省政府察核备案文》，《交通丛报》
1931 年第 159 期。

② 参见《湖南省党务指导委员会核定粤汉铁路促进会章程》，《粤汉要刊》1932 年第 8 期。

③ 《粤汉铁路促成会委员一览表》，《粤汉要刊》1932 年第 8 期。

名称	姓名	别字	年龄	籍贯	通讯处	略历
执行委员兼文书部主任	陈旭	昉初	45	湘乡	湖南落星田	前株萍铁路管理局局长
执行委员兼财政部主任	张闻琏	慕舟	41	醴陵	湖南财政厅	湖南省政府委员兼财政厅厅长
执行委员兼设计部主任	张熠光	卫支	51	宁乡	长沙北门外平居	前粤汉吉长铁路工程师，现浙江公路局主任工程师
执行委员兼宣传部主任	易铮	雨仙	37	醴陵	长沙下胡家花园1号	前粤汉铁路处长，现长沙市政筹备处秘书
候补委员	何元文	少梯	41	醴陵	长沙太安里	前湖南建设厅科长，现长沙市政筹备处处长
	刘岳厚	子奇	39	醴陵	长沙硝厂巷	前湖南汽车路局工程师，现湖南全省公路局长

据表7可知，湖南省政府主席何键亲自担任执行委员，其他成员也均为湖南省交通界的重要人物，由此可见，粤汉铁路促成会的工作得到了湖南省政府的大力支持。或者可以说，粤汉铁路促成会实际上是湖南省推动粤汉铁路株韶段续建的一个工作机构。

前文述及，铁道部成立后，将完成粤汉铁路列为首要任务并且行动极为迅速。1928年11月，铁道部部长孙科委派陈伯庄赴汉，与武汉政治分会主席李宗仁商议粤汉铁路完成办法。经过协商，议定筹款办法及兵工筑路等项事宜，陈伯庄回京复命。铁道部几经筹划，决定以粤盐销湘之税为担保，发行筑路公债6500万元，专门用于完成粤汉铁路。孙科将此办法致函李宗仁，并请李宗仁致电广州政治分会主席李济深协同办理。李宗仁复函对于上项办法深表赞同，并致电李济深请其亦持襄赞之态度。① 谁知此项办法虽经商定，尚未实施，随着武汉、广州政治分会的撤销，以及蒋桂战争的爆发而化为泡影。

1929年1月25日，孙科向国务会议提交《庚关两款筑路计划提案》，

① 参见《铁道部拟发完成粤汉铁路公债》，《国货评论刊》1929年第2卷第8期。

主张利用英俄意等国退赔庚款及关税增额用于铁路建设，26 日国民党中央政治会议审核通过此提案。孙科的庚款筑路主张也得到了英国政府的支持。1929 年 4 月，英国政府正式表态愿意将退回庚款用于中国的铁路建设，对于续建粤汉铁路尤为支持。1929 年 6 月，国民党三届二中全会通过"拨用庚款发展建设事业案"，指出，要努力发展铁道事业，庚款的 2/3 用于铁道建设，并提前完成粤汉、陇海等线，由铁道部负责办理，粤汉铁路限民国二十一年竣工。① 经与英国政府积极沟通和谈判，1930 年 9 月，中英两国政府最终签署《解决中英庚款换文》："一、中英庚款积存部分及将来到期部分，借做整理及建筑中国铁路，并举办其他生产事业之用；二、积存部分之全数及将来到期部分之半数，除去保留部分以外，应悉作为在英购料之用；三、将来到期部分之其他半数，留充国内工料用款；四、借用庚款应支付利息，并担保最后之清偿。其清偿之本金，作为中国教育文化基金，其利息应投诸中国教育事业。"该款由铁道部和中英庚款委员会统一管理和使用。②

粤汉铁路促成会成立后，积极与铁道部联络，为续建粤汉铁路做了大量的工作。如前文所述，1929 年 6 月 10—18 日，国民党中央三届二中全会在南京召开。会议讨论了经济建设方案，通过了"拨用庚款发展建设事业案"，提拨庚款的 2/3 用于铁道建设，并提前完成粤汉、陇海等线，由铁道部负责办理，粤汉铁路限民国二十一年竣工。③ 其实，二中全会能通过上述议案，粤汉铁路促成会也做出了贡献。袁德宣曾说："敝会对于粤汉工事因需款甚巨，非骤能筹集。曾向二中全会提议请拨庚款以作工费，由会通过指拨庚款三分之二并限四年完成。敝会见限期迫促而庚款须至二十五年始可退清，非以该款作抵发行公债则缓不能济急。如是由会呈请国府令铁道、财政

---

① 参见宓汝成编：《中华民国铁路史资料（1912—1949）》，社会科学文献出版社 2002 年版，第 731—732 页。

② 参见南京国民政府铁道部：《铁道部关于退还庚款拨用经过及处理意见呈行政院文（1933 年 9 月 6 日）》，中国第二历史档案馆资料；转引自孙迪：《民国时期经济建设公债研究（1927—1937）》，上海社会科学院出版社 2015 年版，第 70 页。

③ 参见宓汝成编：《中华民国铁路史资料（1912—1949）》，社会科学文献出版社 2002 年版，第 731—732 页。

两部会同核办，事逾二年，尚未着手。"①

　　1930 年，粤汉铁路促成会推举袁德宣为代表，赴铁道部呈请提前开办株衡一段铁路，经与铁道部部长孙科会商，铁道部同意株衡段提前开工，但应先由湖南省政府预先筹垫开办工费 50 万元。袁德宣返回长沙向湖南省政府汇报，省主席何键认为，粤汉铁路为国家干路，且与湖南省关系密切，故省政府决议同意垫付株衡段开办工费，每月垫付 5 万元，直至 50 万元。何键委托袁德宣再度赴京与铁道部商议具体开工办法。适逢孙科赴粤，副部长连声海不负实责，致提前开办株衡段失去着落。②

　　1930 年 11 月 12—18 日，国民党中央三届四中全会在南京召开。会议是在蒋、冯、阎中原大混战结束后召开的，主要讨论了国民党的党务问题。会议通过了《召集国民会议案》，决定于 1931 年 5 月 5 日召集国民会议。国民党元老胡汉民虽然同意召集国民会议，但认为国民会议无权代替国民大会制定约法，与蒋介石的策士吴稚晖等发生激烈争吵，蒋、胡矛盾激化，这为胡汉民后来南下广州联合陈济棠成立西南政务委员会对抗南京政府埋下了伏笔。③

　　湖南善后委员会④向本次大会提议从速完成粤汉铁路，同时，粤汉铁路促成会湖南分会亦根据善后委员会的意见拟定了完成该路的具体实施办法，即由湘鄂粤 3 省人民集股兴筑粤汉铁路株韶段，"十五年后，仍由政府备价收回，直接管理，俾与铁路国有之旨不相抵触"。湖南分会在将拟定的株韶段建设资金的具体筹款办法呈文国民党三届四中全会审议的同时，也分别致电粤汉铁路促成会广东分会、湖北分会，请求他们予以支持。粤汉铁路促成

---

① 《粤汉铁路促成会袁常务委员为商粤汉铁路最后完成办法复前平绥铁路汪工程师书》，《粤汉要刊》1932 年第 8 期。

② 参见《粤汉铁路促成会袁常务委员为商粤汉铁路最后完成办法复前平绥铁路汪工程师书》，《粤汉要刊》1932 年第 8 期。

③ 参见马齐彬等编：《中国国民党历史事件人物资料辑录》，解放军出版社 1988 年版，第 272 页。

④ 湖南善后委员会成立于 1930 年 8 月 19 日，同年 11 月 20 日闭会。参见《湖南善后委员会闭会宣言》、《湖南善后委员会收支累计总表（自民国十九年八月十九日成立日起至十月二十日止）》，《善后旬刊》1930 年第 5 期。

会湖南分会所拟定的筹款办法如下：

（甲）暂由民股完成办法。一、指定湘粤鄂三省人民集股兴筑，并由中央派精于工程者一人或二人，监察其工程及其材料。按未完成之线，以属地言，仅湘粤两省，以完成之利益言，则三省同受。湘既有近千万元之米盐公股作基本，粤鄂商民富足，共筹三千余万元，易自如反掌。二、规定四年或五年为完成之期限。三、规定修竣通车之日起，以十五年后，归还中央直接管理……四、速将米盐公股归还湘省，以作为湘段基金。五、请拨中央可靠之款，几分之几，以辅助人民力量之不足，列为政府股本。

（乙）三省筹款项办法。一、全线经费总额，株韶一段计四百四十五公里，合华里八百九十里。关于工程材料各费，定为四千五百万元，以五年完成计算，每年需费九百万元。二、三省摊派概数。以每年计算，广东担任四百万元，湖南担任三百万元，湖北担任二百万元，合成上数共九百万元。（按粤路短于湘而摊派之数反多于湘，以粤为财富之区，履行较易也。又此路一通，湖北商民受同等利益，故不能不有任股之义务。）三、湖南筹款办法。（1）口捐项下。合川淮粤盐税计算，每年可得约四十余万元。（按此捐起于清末，当日规定用途为修筑粤汉铁路，后路未修捐未停，每年所得悉数提解中央移作别用。收回原有口捐，中央自当照允。况盐税附加每月不下四十万元，悉归中央，若稍挪移，当亦应有之义。）（2）公股项下。部欠米盐公股本久应归还，去岁粤汉铁路促成分会呈请省政府转咨铁道交通两部发还，以充湘路基金，曾经咨覆，允予筹还在案，后经调查公股已收实欠之数仅八百余万元，政府虽无力全数偿还，每月偿还二十万元，从国库指拨，当在可能范围以内，合计每年可得二百四十万元，三年后可以全数还清。（3）附加税项下。田赋厘金杂税附加，每年可收二百七十万元。（按此款原定为修筑汽车路之用，现路局改组，收归省办，此款停收，拟请延长两年，移作粤汉铁路股。但延长规定，从开工至第四年起，以米盐公股偿还殆尽也。）（4）指拨项下。省政府每月指拨五万元，每年合计六十万元。（按湖南税务，如认真整理，剔除积弊，每年可多收五六十万元亦意中事。指拨此数，亦觉无几。）（5）募集项下。湖南商界，如长沙洪江常德津市衡州湘潭益阳各商会，及矿商淮商，如托募路股，每年可集五十万元，此路告成，不仅可免共匪之损失，且商务发达，必获数倍之利益，踊跃输将争先恐后也。以上各项计算，仅就湖南方面而言，头二三年，每年可得四百余万元，至第四五年，每年可得三百六七十万余元，比较原定额数，增加多至百万余元或六七十万余元，多列此数者，预防不足，盖欲藉此以为抱注也。粤为财富之区，汉为商业中心，每年分担之数，筹集更为易易，无待他人虑及也，故上项略之。总之所集之款，无论来自何方，一律发给股票至每年如何给息，每股如何分红，十五年后，中央备价收回，如何结束，俟公司成立后方能统筹一切，立定章程，以资遵守。①

本次大会一共提出议案30件，其中湖南方面即粤汉铁路促成会提出的"关于从速完成粤汉铁路"提案，并没有被大会列入提案表中，会议通过了《中华民国国民政府组织法》、《党部组织案与党务工作案》、《刷新中央政治改善制度整饬纲纪确立施政中心以提高行政效率案》等决议案。无论是本次大会闭幕宣言中有关实业建设的部分，还是所通过的决议案中，都没有关于粤汉铁路的内容。② 这是因为，当时铁道部对于续建粤汉铁路株韶段的主要方案大体上已经确定为使用英庚退款来进行，3省集股续建的方案并不具备多少可行性，且还要将该路转为民办形式，这与国民政府关于铁路国有的大政方针格格不入，故而此次大会对于这个方案持否决态度。

国民政府拟于1931年6、7月间召开全国铁路协会③成立20周年纪念

① 《湘人促成粤汉铁路》，《津浦铁路月刊》1930年第1卷第2期。
② 参见《中央举行第四次全体会议·四中全会议案》，《津浦铁路月刊》1930年第1卷第2期；《第三届四中全会宣言》，《湖北省政府公报》1930年第121期。
③ 中华全国铁路协会，初名中华民国铁路协会。1912年6月30日，由梁士诒、詹天佑、陈策、叶恭绰、朱启钤等发起创办，在北京成立。以协助全国铁路之进行、促进铁路工业之发达、保护本国铁路之权利、融洽铁路同人之情谊为宗旨。以孙中山为名誉会长，会长梁士诒，副会长叶恭绰，评议员詹天佑、程世济、朱启钤等，干事员柴俊畴、朱学章、

大会，6月20日，湖南省政府决定以文斐、袁德宣、王猷、易铮等人代表湖南参加该次会议，上述诸人均在粤汉铁路促成会担任重要职务。[1] 大会于6月28日开幕，7月2日闭幕。在本次大会上，湖南代表所提议案全部通过。袁德宣所提议案为："请将粤汉湘境各段同时开工以便克期完竣案"，文斐所提议案为："请将粤汉湘段提前建筑以便限期完成案"。大会将此两议案合并审查后认为：粤汉铁路分段开工为正当办法；铁道部对于完成粤汉铁路早有计划，目前已分派两支测量队在湘粤两省进行勘测，现因时局问题，暂停测量。当提请铁道部催促测量队加速勘测，以便工程早日开工。在这次大会上，袁德宣还提交了另一个提案："请于湖南适中地点设立粤汉铁路学校以储专才案"。大会审议认为，上海、北平、唐山均设有铁路学校，湖南如欲设立铁路学校，只能由湖南省自行办理，铁道部可以协助。参加会议的湘籍代表中还有一位徐姓代表，他提出的议案为："粤汉铁路工程局应请移设湖南并应雇用湘籍员工案"。大会审议认为："工程局地点须俟将来相机设立，以求指挥之便。用人一节，湘省路线既长机会自多，似不宜分别省界，明予规定。"此外，王、易二人所提议案为："整理湘鄂铁路办法以便采择案"，也得到了大会的认可。[2] 总而言之，在这次重要的会议上，湘省代表为推动粤汉铁路湘段建设可谓不遗余力，也得到了积极的回应。

　　全国铁路协会会议之后，粤汉铁路促成会又马上呈文行政院，请其敦促铁道部尽快依照国民会议通过的实业建设程序案的规定尽快完成粤汉铁

　　郑洪年等。先后在南京、浦口、九江、武汉、长沙、北平、四川、天津、上海等地设立分会，后改名为"中华全国铁路协会"。南京政府成立后，协会迁会址于南京，以孙科、郑洪年、王正廷、韦以黻、孔祥熙等为常务执行委员，并修正宗旨为"联络有志铁路事业者，研究铁路学术并协助铁路事业之发展"。1930年9月在教育部备案。其主要任务是关于铁路事业之研究、设计、改进、调查、统计及编纂事项。主要刊物有《铁路协会月刊》等。1935年举行二十五届年会所选理事为张竞立、张嘉璈、王正廷、孙科、叶恭绰、葛光庭、黎照寰；监事为曾容浦、杨承训、韦以黻。下属分会有南京、浦口、九江、武汉、长沙、北平、四川、天津、焦作、上海10个。1932年9月始呈中央民运会备案。参见蔡鸿源、徐友春主编：《民国会社党派大辞典》，黄山书社2012年版，第77页。

① 参见湖南省政府秘书处：《湖南省政治年鉴》，湘益印刷公司1932年版，第1110页。
② 参见《粤汉湘段实行提前开工》（录《湖南国民日报》），《粤汉要刊》1931年第7期。

路，通过以工代赈的方式提前开工建设粤汉铁路湘境路线。袁德宣在呈文中指出，粤汉铁路湘境提前开办一事，1930 年他与铁道部部长孙科曾经一度议妥，后因种种原因未能实现。在本次全国铁路协会成立 20 周年纪念大会上，他再次提请铁道部尽快派员赴湘主持境内株韶段路工提前开办一事，此议案业已获得大会通过。1931 年 5 月，国民会议通过的"实业建设程序案"中，其首条决议即为尽快完成粤汉铁路株洲至韶关段，并限定 1933 年年底完工。目前铁道部正在组织韶关至乐昌段的施工，但因工款不济，进展颇为缓慢。当时距 1933 年年底为时并不久，而株韶段湘省境内路工尚未开始，故完成粤汉铁路的期限甚为紧迫。1931 年，湖南全省遭遇百年一遇之水灾，赈济颇为困难。在这种情况下，粤汉铁路促成会认为，通过以工代赈、提前开工粤汉铁路湘段建设的方式进行救济，不失为一种较好的办法。为此，粤汉铁路促成会恳请行政院敦促铁道部迅速委派工程队来湘，分段开工，以工代赈，在救助三湘民众的同时完成粤汉铁路之建设。[1] 行政院将袁德宣等人呈文转发铁道部，请其研究湘境提前开工办法。1931 年 7 月 22 日，铁道部部长顾孟余回复湖南省政府称，粤汉铁路之完成，本部一直在积极筹备，虽然政府已经指拨英庚款为完成粤汉铁路之款项，但目前手续尚未办理清晰，且该段以前之测量筹备工作手续亦未完竣，故湘段提前开工"尚须时日"。[2] 袁德宣等此次通过行政院敦请铁道部提前开工湘段工程的计划再度化为泡影。

　　虽然困难重重，但粤汉铁路促成会对于湘段提前开工，一直都在积极推动。1932 年 4 月，袁德宣等再次呈文铁道部，还是请求湘段提前开工。铁道部回应称，欲完成株韶段，必须先行整理湘鄂段，并于 1932 年 8 月设立湘鄂整理委员会，以 4 个月为期，切实整理，并派出两支测量队，对株韶段进行测量，为工程开工做准备。至该年 10 月，整理与测量工作均在有条不紊地进行。与此同时，铁道部还调陇海铁路局局长凌鸿勋担任株韶段工程

---

① 参见袁德宣：《为请令行铁道部依限完成粤汉铁路并将湘境提前开办实行工赈兼施以惠灾黎而全路政呈恳国民政府行政院核准施行文》，《粤汉要刊》1931 年第 7 期。

② 参见《铁道部为完成粤汉铁路俾以工代赈咨湖南省政府查照文》，《粤汉要刊》1932 年第 8 期。

局局长兼总工程师，凌氏也已经到任。① 至此，工程开工总算看到了希望的曙光。

但是，对于铁道部的工作迟缓和效率低下，袁德宣还是表现出了不满的情绪。1932 年 8 月，他在一篇署名为"遒铎"的文章中指出，早在 1929 年 4 月，英国就已经表示支持庚款可用于铁路建设，1929 年 6 月召开的三届二中全会也通过议案庚款可拨用 2/3 用于完成粤汉铁路，规定工程 4 年完工，庚款的拨用方式为发行铁路公债，则粤汉铁路完成工费，已有着落，工期也有限定。时至今日，工程依然没有正式开工，4 年工期有画饼之嫌。对此，本会同人十分着急，认为必须马上以英庚款为担保发行公债，快速筹齐工费，此方案早已呈请政府并已获得批准，由铁道、财政两部会同办理，然"迟迟久久，尚未履行"。难道是公债不好发行吗？显然不是。恰恰相反，人们对公债"若不趋之若鹜"，"吾不信也"。既然如此，"当轴犹徘徊观望，而不实行者，是不欲完成粤汉铁路也"②！在这篇文章中，袁德宣对于铁道部甚至是国民政府低下的工作效率，表现出十分不满的情绪，这也是他在促成粤汉铁路建设中为数不多的情绪发泄之一。

1932 年 10 月，粤汉铁路促成会再次呈文行政院，敦促国民政府加快发行粤汉铁路庚款公债，同时请求在湖南设立交通学校以储备铁路工程及管理人员，购储湖南枕木以应株韶段之铺轨需要，并请行政院将该会此次所提交的建议转呈将于 12 月召开的国民党四届三中全会采择施行。呈文指出，目前株韶段开工的各项准备工作正在有条不紊地进行，这条拖延很久的南北干线终于有了完成的希望，促成会感到十分欣慰，多年的努力与心血没有白费。但是，开工之前，仍有 3 项工作需马上办理，即"发行公债，以作工费"、"设立学校，以储路才"、"就地取材，购储枕木"。③ 上述 3 项建议中，

① 参见《粤汉铁路促成会为完成粤汉铁路请先发行公债开设学校购储木枕以应需要而促交通呈恳行政院转交三中全会采择施行文》，《粤汉要刊》1932 年第 10 期。
② 《以英庚款担保发行公债为完成粤汉铁路先决问题》，《粤汉要刊》1932 年第 8 期。
③ 《粤汉铁路促成会为完成粤汉铁路请先发行公债开设学校购储木枕以应需要而促交通呈恳行政院转交三中全会采择施行文》，《粤汉要刊》1932 年第 10 期。按：国民党四届三中全会于 1932 年 12 月 15—22 日在南京召开。

发行公债曾反复向行政院或铁道部提交过；设立交通学校曾于 1931 年 7 月召开的全国铁路协会成立 20 周年纪念大会上提交铁道部，铁道部答复可以设立交通学校，但办学经费必须由湖南省自筹。而此次提交行政院，促成会要求办学经费从英庚款中拨出一小部分用于兴办交通学校。购用湘省枕木，在全国铁路协会成立 20 周年纪念大会上亦曾向铁道部提交议案，铁道部当时转令湘鄂铁路局研究采购湘枕。此次再度提交行政院购储湘枕的建议，则主要着眼于未来株韶段工程局的大批采购。1933 年 11 月—1934 年 12 月，株韶段工程局确实决定批量采购、试用湘产枕木，但结果却非常不理想，其详情参见第五章相关论述。

粤汉铁路促成会最重要的任务就是落实粤汉铁路建设资金的来源。粤汉铁路株韶段的建设，一直都为资金问题所困扰，即使与管理中英庚款董事会签订了借用英庚退款完成株韶段建设的协议，应该说资金总算有了相当的保障了。但是，在实际的建设过程中，铁道部依然感到资金十分紧张，所以还在想方设法地筹集款项。1934 年 3 月 31 日，铁道部向行政院提议：希望行政院拨付棉麦借款五百万元用以完成粤汉铁路。[①] 可见，资金问题始终困扰着粤汉铁路的建设。为了给粤汉铁路株韶段的建设寻求巨额而稳定的资金，粤汉铁路促成会进行了大量的筹划工作，设想了种种集资办法，这在前面的叙述中我们可以清楚地看到。而为了湘段工程尽快开工，袁德宣又多次赴铁道部争取提前开工，并在铁道部与湖南省政府之间沟通协调。在湘段工程全面开工前后，袁德宣又呼吁株韶段工程局大量采购湖南枕木以发展湖南经济。同时，他也向湖南省建议，要从物资、人才、人力等方面对株韶段工程的建设予以协助。由此可见，粤汉铁路促成会为粤汉铁路的续建做出了很大的历史贡献，这些内容在以往的研究中是很少涉及的。

综上所述，自 1928 年 10 月粤汉铁路促成会成立，至 1933 年 11 月，粤汉铁路株韶段湖南段全面开工建设，该会完成其使命后终止活动。粤汉铁路促成会章程中明确指出其宗旨为："本会以促成粤汉铁路贯通南北正干为宗

---

① 参见《铁道部关于拨付棉麦借款五百万元完成粤汉铁路致行政院提案稿》（1934 年 3 月 31 日），载中国第二历史档案馆编：《中华民国史档案资料汇编》第 5 辑第 1 编《财政经济·内外债四》，江苏古籍出版社 1994 年版，第 248—249 页。

旨。"① 在其存续的5年时间里，以袁德宣为首的促成会成员对粤汉铁路的续建四处奔走，倾注了大量心血，堪称殚精竭虑，其锲而不舍的精神令人钦佩。此正如袁氏之所言，他和粤汉铁路促成会"对于完成粤汉铁路一事，奔走呼号数载，实已舌敝唇焦，墨枯笔秃，而如此之不惮烦者，原弟等皆习铁道有应尽之天职，而敝会既属'促成'又有应负之责任，所以具愚公移山之志，百折不回者此也"②。固然，专业情感确实是一个方面的原因。但他们作为湖南人，所迸发出的那种关心家乡社会发展和热爱乡土的地区意识也是一个不可忽视的内在原因。民国时期的人们普遍认为，"在中国民族中，许多人把湖南人视为很有希望的民族"，"刚毅以及勇往直前的精神"是湖南人的最典型的特点。③ 因此，以湖南铁路协会、粤汉铁路促成会为代表的湘籍人物，为了粤汉铁路的续建花费了大量的心血，大概近代湖南人那种强烈的区域意识无疑也起到了非常重要的作用。

---

① 《湖南省党务指导委员会核定粤汉铁路促进会章程》，《粤汉要刊》1932年第8期。
② 《粤汉铁路促成会袁常务委员为商粤汉铁路最后完成办法复前平绥铁路汪工程师书》，《粤汉要刊》1932年第8期。
③ 参见植园：《湖南的女学生》，《现实》1934年第1卷第5期。

第四章　地方利益与粤汉铁路湘境走向

光绪二十四年三月初五（1898 年 4 月 25 日）出版的第 18 号《湘报》，刊登了湖南巡抚陈宝箴发布的建筑湘境粤汉铁路的《抚院告示》。该告示称：

尔等（湖南士绅军民人等——笔者注）须知，现在兴筑铁路，为中国富强要务。火车在铁路中，日行千余里，不独调兵运粮、救荒备赈至便至速，为所必需；即各处粗重土产货物，俱可运至远方，售得厚价。火车往来铁路，节节停顿，必须装卸货物、换载人客，沿途商贾，因可开设行栈，贫民亦可挑抬客货、贩卖食物，藉便谋生。冷僻之区，顿成镇市，地方立见繁盛。且湘粤芦汉铁路，系中国绅商设立公司承办，仅止选择外洋工程匠修造，造成之后，各府州县绅商士民，俱可入股分利，是此举利国利民，而于经过地方尤有无穷大益。

查由粤至汉口铁路，应由湘境宜章、郴州、永兴、安仁、茶陵、攸县、醴陵、长沙、善化、湘阴、巴陵、临湘等处接入湖北境地。尔等读书明理绅耆，务当仰体朝廷为民兴利德意，一体赞助，以期速成而保利权。并开导乡里居人：修造铁路公司，只有时价买地亩，并不伤碍民间坟墓。或需购买粮食、蔬菜，雇用土石工人，皆当彼此公平交易，切勿抬价居奇及辗转克减，致相争竞。庶几利人即以利己，两有裨益。倘有地棍造谣生事，煽惑乡愚，及有把持阻挠情事，立由委员等会同地方官严拿重办，决不姑宽。此系奉旨饬行要件，各宜懔遵，毋稍违误。切切。特示。①

---

① 汪叔子、张求会编：《陈宝箴集》中册，中华书局 2003 年版，第 1205—1206 页。

告示表明，湖南境内终于开始要进行铁路建设了。发布这份告示的目的，一是指出铁路建设是"中国富强之要务"，粤汉铁路取道湖南能够给湖南带来巨大的利益；二是初步指出了湘境粤汉铁路的大致走向；三是要求铁路经过地区的开明绅耆不但自己要带头支持铁路建设，同时还要负起开导当地民众也要支持修建粤汉铁路的责任；四是对于阻挠、破坏在湖南境内粤汉铁路建设的行为，绝不姑息，严惩不贷。

发出这样的告示，是十分必要的。19世纪末20世纪初，虽然清廷上层基于深刻的教训对于大力开展铁路建设基本形成了共识，但是普通民众尤其是乡居人士对于铁路的了解依然非常有限，诸如铁路破坏风水、侵占坟墓、夺人生计等观念还有相当大的市场。这份告示的发布，颇有针对此类观念的意味。陈宝箴就曾指出："湘省风气未开，知铁路宜修者甚少。"① 实际上，世界各地的人们在铁路最初开始建设的时候，都曾提出了在今天看来颇为可笑的理由。高斯特在一篇文章中说，英国人最初抵制铁路的理由看起来十分可笑："一个著名的律师说，在有狂风的时候是不可能使蒸汽机运转的，就是'搅拨火炉，或是增加蒸汽的压力到汽锅要爆炸的程度'，也是没用处的；医学家们说，隧道的黯淡与潮湿，汽笛的尖叫，机器的飞转，火车头凄怆地睨视着人们，都将给公共卫生带来很大的损害，他们将这种损害描绘成一幅可怕的图画。人们说，机车通过时的火花将引起房屋的火灾，必是使房屋被倒塌的防堤打碎。乡下的绅士们对他们的猎场的前途感到忧惧，因为火车头将穿过他们的地产，放出毒烟，破坏了他们的猎场；他们坚信他们的牛将受到惊慌而永远不再想吃饲料，他们的母鸡在新情况之下将不再下蛋。"② 法国人最初对铁路也是充满疑虑的："法国对这种新技术的价值表示怀疑。尼古拉斯·费斯十分坦率地指出，'法国人，典型地总是从理论出发。'巴黎的知识分子激烈地争论着铁路是否会破坏乡下的和平与宁静，是否代表了进步与发展。诗人泰奥菲尔·戈蒂耶抱怨这个疯狂发明带来的噪音，而真正乘坐过

① 汪叔子、张求会编：《陈宝箴集》下册，中华书局2003年版，第1519页。
② 高斯特撰，张雁深摘译：《中国在进步中》，载中国史学会主编，中国科学院近代史研究所史料编辑室、中央档案馆明清档案部编辑组编：《中国近代史资料丛刊·洋务运动》(八)，上海人民出版社1961年版，第428页。

火车的埃德蒙德·德·龚古尔则告诫说'铁路上是那么的颠簸，人们完全不可能集中思考'。"① 上述理由，正如民国学者谢彬所言："盖群众惯性，可与乐成，难与图始，即在十九世纪初，英国初办铁道，英人亦群起非难，而经营水运者流，尤多方抵抗，且干巴力门② 以阻其成，则吾国士大夫当时之反对，亦循此公例也。"③ 因此，对于铁路建设，晚清时期的"地方官民仍有排斥心理，多半避之不及，没有出现主动争取铁路线通过本地区的情形"④。

晚清维新变法运动之后，新闻报纸等近代传媒尤其是白话报纸的大量涌现和传播，其中对铁路等近代交通工具有不少通俗的宣传，对于开通民智、增广见闻发挥了十分积极的作用。⑤ 近代著名报界先驱林白水 1901 年在《杭州白话报》第 1 期上撰文说：

> 诸位你看，现在天下也算得四通八达了，铁路、电线、火轮船造了许多。随便有什么事情，立刻送把人家晓得。我们生在这个时候，也算得便宜极了。只可怜那不识时务的一班人都说道：洋人做的东西，我们中国不该学他的样。
>
> 诸位是明白的人，请你听一个现成的譬喻。譬如孔夫子不曾带家眷，单身到浙江来做个抚台。他的父亲在山东家里，忽然生了要紧的

---

① ［英］克里斯蒂安·沃尔玛尔：《铁路改变世界》，上海人民出版社 2014 年版，第 16—17 页。
② 英国"议会"（Parliament）的音译。
③ 谢彬：《中国铁道史》，上海中华书局 1929 年版，第 10—11 页。
④ 王辉、刘冲、颜色：《清末民初铁路建设对中国长期经济发展的影响》，《经济学报》2014 年第 3 期。
⑤ 19 世纪末 20 世纪初，中国出现了第一次白话文运动，"第一次白话文运动发生于晚清，规模宏大，一百多种白话报刊纷纷创办，倡导者试图用白话来启蒙民众，尤其是社会中下层民众，具有明确的工具论性质。……晚清白话文运动的直接驱动力是中国特定的历史环境。其时中国国势衰弱，一败于英法联军，再败于日本，三败于八国联军，中国面临亡国灭种的民族灾难。残酷的现实催生救亡运动，要求发动全国民众，而全国绝大多数人是文盲或半文盲，要使略识字者能够读书看报就必须使用浅显易懂的俗话、白话，提倡白话文显得异常重要和迫切。"参见高玉主编：《中国现当代文学史》上册，浙江大学出版社 2013 年版，第 9 页。

病。那时候没有电报便罢，若有电报，那伯鱼（孔子的儿子）是立刻打电报通知孔子呢？还是因为恨这洋人的东西，情愿由驿站寄信，误了日子呢？又如孔子回去看看父母，是由水路坐火轮船，由旱路坐火车去呢？还是因为恨这洋人的东西，情愿坐帆船、坐驿车慢慢的回山东呢？果然如此，那孔子、伯鱼就不算孝顺子孙了。①

这篇文章对于发展铁路的必要性，其论证可谓通俗而深刻，对于改变人们对待铁路等近代交通工具的观念极为有效。诸如此类的宣传，在当时的报刊杂志上颇为常见。近代新传媒对于民主、自由、权利、科学、技术等新思想的传播，在潜移默化中改变着人们的思想观念，普通民众对于铁路的认知在这个阶段也发生了巨大的变化。1909 年，《民呼日报》的一篇文章明确指出：“铁路者交通之利器也，无铁路则运转不灵，风气不开。凡农工商务及一切文明事业，皆将黑暗蔽塞，无由发达。此种普通理论，中国人皆知之。”②铁路一通，“国人耳目一新”③；铁路“是沟通文化的血管，是开发富源的先锋，是培植政治力量的利器，是树立国防策略的首要工具”④。铁路与人民日常生活产生了日益密切的联系，于是铁路的建设、规划及线路走向开始为各地的有识之士所注意，甚至是普通民众对此也有了相当的认识，尤其是民国以后，人们对于铁路线路的走向变得更加关心，通过各种途径力图使将要建设的铁路能够经过自己的家乡，因此争执纷纷的事件开始变得多了起来。这一点在粤汉铁路湖南段线路勘测与建设过程中也有较为明显的表现。

---

① 樊锥子：《论看报的好处》，《杭州白话报》1901 年第 1 期，载林伟功主编：《林白水文集》（上），福建省历史名人研究会林白水分会 2006 年编印，第 4 页。按：林白水（1874—1926），原名獬，又名万里，字少泉，号宣樊，使用过笔名“白水”、“秋水”、“口子”、“白话道人”、“退室学者”等 21 个。他是中国历史上第一个出国留学攻读新闻学的人，是清末民初著名记者、政论家、社会活动家。参见程曼丽、乔云霞主编：《中国新闻传媒人物志》第 2 辑，长城出版社 2014 年版，第 29 页。

② 《公布南浔铁路办理腐败之罪状》，《民呼日报》1909 年 7 月 26 日。

③ 俞飞鹏：《十五年来之交通概况》，南京国民政府交通部 1936 年版，第 7 页。

④ 张惟恪：《东北抗日的铁路政策》，载沈云龙主编：《近代中国史料丛刊续编》第 93 辑，台湾文海出版社 1982 年版，第 1 页。

一、湖南境内粤汉铁路的早期勘路

铁路建设的前提是线路走向的勘定。粤汉铁路大致分为 3 段：湘鄂段（武昌—株洲）、株韶段（株洲—韶关）和广韶段（广州—韶关）。本节我们主要谈湘鄂段的勘路情况。

湘鄂段以湖北武昌徐家棚为起点，终点为湖南株洲，全长约 415 公里。该段除长株段（长沙—株洲）线路已于 1909 年开工前选定外，武昌至长沙间先后进行过 3 次勘测。第一次是 1898 年 11 月至 1899 年 8 月，系合兴公司为尽快与清廷签订正式工程合同进行草测的；第二次是 1906 年 5 月至 1907 年 5 月，在赎回路权后，由湘鄂粤 3 省聘请英国工程师穆三格，按窄轨铁路标准勘测的；第三次是定线测量，1911 年 8 月开始，1914 年测毕，线路走向与合兴公司初勘时基本相同。①

铁路走向遵循一定的原则。那么，晚清民国时期我国国有铁路的选线遵循怎样的原则呢？铁路测量，分 3 个时期进行，第一是查勘路线时期，第二是拟定路线时期，第三是决定路线时期。"查勘路线，为审定路线初级工作，盖路线两端城市，虽经决定，惟路线所经过各地，则可自由采择，查勘路线者，即根据工程学之经济原理，预行审定路线，将来所经过各地之举凡路线之长短、施工之难易、建筑费用之增省、沿线居民生活程度之高下、沿线生产种类及其数量之繁寡、交通运输情形之通塞、建筑材料之取给收用、土地之当否、路成后若干年交通发达程度之预测，以致（至）路线经过之河流山脉，及一切城市乡村，是否适合铁路工程经济之原理，均须统筹兼顾而阐明之。自表面观察，查勘路线，似属轻易，而实际上将来全路交通经济问题，皆以此定，其大概之标准所关重大，当事者不可轻视而忽之也。"② 凌鸿勋在总结粤汉铁路株韶段工程建设的经验与教训时，对于当时影响铁道勘路与路线选择的种种因素发出了深深的感慨，并希望这些因素在今

---

① 参见刘统畏主编：《铁路修建史料（1876—1949）》第一集，中国铁道出版社 1991 年版，第 480 页。

② 《完成粤汉铁路进行程序》，《广东建设公报》1928 年第 3 卷第 2 期。

后的铁路建设中能够少一些。他说："一铁路之线，首尾两端之选择，与必须经过之重要城市，每非一纯粹铁路问题，而为一政治或军事问题，但两端间或重要城市间，路线之选择，则纯然为一技术之事。路线选择之良否？直接影响于一路之修养与业务之维持，前者犹属一时一次之事，后者乃属永久性质，而为一路生存之所系，是以筑路之始，必须慎择富有建筑与养路之工程司，俾有充分时间，测勘路线。今后吾国筑路之趋向，多系经过山岭崎岖工程困难之地，尤须多为比较，以资选择。苟于开工之始，多费若干时间为路线之研究，必能获得较好之结果。若只顾于有形的及一时的测勘时间与金钱之多耗，而忽却无形的及永久的事业之牺牲，宁可谓当？即使在非常时期，为国防急计，不能多所顾虑，但铁路建设无论如何亦非咄嗟可就之事，徒急于一时之开始，而贻将来无穷之累，甚其欲达其国防上之使命而不可得，宁非至可惜之事？是以铁路主管，对于路线选择之重要，宜根本有所审慎，而负责之工程司，于受事之始，亦宜要求其对于测勘路线之必须时间与费用，本其个人之经验，与慎选之助手，择得一最适宜之路线而后开工，方得谓忠于所学也。"① 于治民通过研究也指出，晚清民国时期，国有铁路的线路走向体现了如下几个特点：一是"铁路选线以政治中心为本位"；二是"铁路选线着眼于利于开采矿藏，并兼顾利于农业和其它工业的开发"；三是"铁路选线开始注意到利于移民垦荒的问题"；四是"铁路选线或多或少地考虑到与列强争利的问题，"五是"铁路选线以工程易于进行为原则"；六是"铁路选线还着眼于维护国防，备战，抗战"。② 应该说，这些概括相当全面。

前文我们曾指出，清廷发展铁路事业，其主要着眼点是为了维护统治，因此，其铁路站点和线路的选择更多的是政治或军事方面的考虑。同时，由于清廷受到经济力量和技术水平的限制，其铁路建设在选线时也尽量遵循降低工程技术难度或节约经济的原则，或者"铁路必取直线，较水路迂折为近"③，

① 凌鸿勋：《株韶段完工与所得筑路之教训》，《交大季刊》1936年第22期。
② 参见于治民：《旧中国铁路分布及国有铁路选线原则》，《民国春秋》1993年第1期。
③ 参见宓汝成编：《中国近代铁路史资料（1863—1911）》第2册，中华书局1963年版，第438页。

或者选择地势平坦之地①，或者绕过施工困难之地②，或者靠近水道，以便于建设材料之转输③。因此，有学者指出，清末民初在铁路建设中，铁路选线基本遵循了"连接重要都市、巩固军事战备、工程难度最小"等原则。④ 这些原则在粤汉铁路湖南段的勘测中都有一定的表现。

粤汉铁路决定取道湖南，勘路工作随即提上了日程。粤汉铁路最初勘线的时候，湖南各地风气还是比较保守的。1898 年 3 月，盛宣怀准备派美国工程师李治于是年春季勘测粤汉铁路湘境段，但是湖南巡抚陈宝箴反对直接派洋工程师来湘勘路。他认为："勘路猝用洋人，一人倡谣，千人和之，一哄之后，地方正绅必不肯出身任事。始基不慎，事必难为。"⑤ 他主张："必用华员先勘一次，沿途示谕，随后再用洋工师勘估方稳。"⑥ 他的办法是，最好请詹天佑、邝景阳两位中国铁路工程师来湘主持勘路，如二人不能来，则委派汪乔年从湖北湖南勘路至粤界，"沿途会同州县，联络各地方绅士随同踏勘标记，并告谕乡村市镇，使所过各县士民皆知此举系奉旨必行之事。各处绅民俱可入股分利，实于地方有益。并谕知须洋工师再勘一次，即便兴工矣！俟勘至粤边，即会同广东勘路洋人仍沿此路而下，勘至鄂境"。这样，虽然最终要用西方工程师进行定线勘测，但是因为先有汪乔年等先行勘测了一次，各地所谓"正绅"已经周知此事，"又有已经联络禀派之绅士，就地随同保护，自较稳便"。随后，陈宝箴提出了自己对于粤汉铁路湖南段大致

---

① 参见宓汝成编：《中国近代铁路史资料（1863—1911）》第 2 册，中华书局 1963 年版，第 915 页。

② 比如，20 世纪 30 年代，粤汉铁路株韶段在建设过程中，坪石至乐昌段，若穿过大瑶山，线路最近，但工程极为浩大，最后决定放弃这一线路，改走他线，虽然线路延长 11.6 公里，但工程难度却大大降低。参见于治民：《旧中国铁路分布及国有铁路选线原则》，《民国春秋》1993 年第 1 期。

③ 参见宓汝成编：《中国近代铁路史资料（1863—1911）》第 2 册，中华书局 1963 年版，第 438 页。

④ 参见王辉、刘冲、颜色：《清末民初铁路建设对中国长期经济发展的影响》，《经济学报》2014 年第 3 期。

⑤ 盛宣怀：《愚斋存稿》卷 31《长沙陈右帅来电》，载沈云龙主编：《近代中国史料丛刊续编》第 13 辑，台湾文海出版社 1983 年版，第 749 页。

⑥ 汪叔子、张求会编：《陈宝箴集》下册，中华书局 2003 年版，第 1606 页。

走向的建议："从江夏勘路抵湘，循临湘、巴陵、湘阴、长（沙）、善（化）、醴陵、攸县、茶陵、安仁、永兴或宜章等处勘至粤边"。勘这条线的原因，陈宝箴说："此路较由永兴经耒阳、衡阳、衡山、湘潭至善化约近百六七十里，又免过两处大河，无搭桥之费，民情亦较湘（原文如此，疑为浑——笔者注）朴，其必由此路无疑。"①1898 年 7 月 9 日，陈宝箴再次致电张之洞、盛宣怀对于湘境线路走向提出了修正："通广东之路，由长沙改向湘潭、衡州、耒阳、兴宁，仍经永兴、郴州，抵广东界。"他在这份电文中，重申了"先中后洋"的勘路原则，即先由中国人大致确定线路走向，然后再请洋人进行技术勘测。②应该说，作为湖南巡抚，陈宝箴关于湘路勘线的考虑是比较周全的，正因为如此，盛宣怀对陈的安排也表示赞同。

　　1898 年 4 月 14 日，清政府与美国合兴公司签订了《粤汉铁路借款草合同》。根据该草合同的约定，必须在勘定路线后方能议定正约，因此，勘路问题变得比较紧迫起来。于是，盛宣怀加快了粤汉铁路的勘路工作。5 月 4 日，盛宣怀电告张之洞，罗国瑞③已由上海启程赴鄂勘路，可是，这个罗国瑞却借口身体有恙而迟迟不肯工作，一直拖到 7 月，勘路工作始终毫无进展。到了这个时候，中南地区天气已进入盛夏季节，张之洞、盛宣怀等决定至秋季再行勘路，这样勘路工作就一直拖到 11 月份才又启动。④而根据与合兴公司的协议，这时合兴公司派工程师柏生士来华进行勘路工作。不幸的是，在此期间维新运动失败，大力支持铁路建设的陈宝箴被革职，这多少给粤汉铁路的勘路工作蒙上了一层阴影。

---

① 盛宣怀：《愚斋存稿》卷 31《长沙陈右帅来电》，载沈云龙主编：《近代中国史料丛刊续编》第 13 辑，台湾文海出版社 1983 年版，第 749 页。
② 参见汪叔子、张求会编：《陈宝箴集》下册，中华书局 2003 年版，第 1606 页。
③ 罗国瑞（1860—?），字岳生，广东博罗人。1872 年赴美留学，为我国第一批赴美留学幼童之一。肄业于美国得乐端口伦斯利亚工程专门大学堂。归国后，曾参加过京汉、粤汉、滇桂等各铁路勘测工作。历任江南海关道、署洋务差总管，安南两广勘界事宜专管，湖广大冶铁路、津浦铁路南段总局总办、邮传部路务议员、交通部技正、技监等职。参见张熊、刘兴洲主编：《罗氏源流》，广东南雄珠玑巷后裔联谊会、南雄市政协文史资料委员会 1998 年版，第 166 页。
④ 参见朱从兵：《张之洞与粤汉铁路——铁路与近代社会力量的成长》，合肥工业大学出版社 2011 年版，第 85—89 页。

不过，在张之洞、盛宣怀的精心安排下，柏生士主持的勘路工作的进展还算比较顺利。1898 年 12 月至 1899 年 3 月，柏生士等人"经咸宁、蒲圻入湖南临湘县界，迤逦前进。统计湖南境内经岳、长、衡、永、郴五属，广东境内经韶关、广州两府，路长约计二千余里"①。柏氏勘测完毕后，将勘测图纸及各段里程呈送盛宣怀，盛宣怀又将其抄送张之洞：

> 柏生士前送一图，即已咨送者，系武昌至新墙②138 迈③，新墙至岳州支路 25 迈，新墙市至长沙 90 迈，长沙至易家湾④20 迈，易家湾至湘潭 9 迈，易家湾至衡州 107 迈，衡州至白石渡⑤138 迈，白石渡至乐昌 41 迈，乐昌至广州 171 迈，广州至三水 31 迈。又一图载武昌至新墙 150 迈，新墙至长沙 90 迈，长沙至渌口⑥45 迈，渌口至耒阳 130 迈，耒阳至永兴 35 迈，永兴至郴州 40 迈，郴州至折岭⑦10 迈，折岭至白石渡 20 迈，白石渡至坪石 10 迈，坪石至乐昌 40 迈，乐昌至韶关 30 迈，韶关至乌石墟 20 迈，乌石至清远 70 迈，清远至广州 30 迈。⑧

---

① 朱从兵：《张之洞与粤汉铁路——铁路与近代社会力量的成长》，合肥工业大学出版社 2011 年版，第 93 页。

② 今属湖南省岳阳县。

③ 迈，英文 Mile（英里）音译。1 英里 =1.6 公里。

④ 今属湖南省湘潭市。

⑤ 今属湖南省郴州市宜章县白石渡镇，白石渡位于湘粤交界处。

⑥ 今属湖南省株洲市。

⑦ 折岭是湘粤古道（郴州段）即骡马古地道势最高、地形最陡峭的一段，是古今交通要道的一个重要节点。过去的折岭是一个繁华热闹之地，非常具有传奇色彩，流传的民间故事很多。湘粤古道连接湖南与广东两省，南起广东省韶关市乐昌市坪石镇水牛湾，北至湖南省郴州市郴州裕后街。其中湖南境内部分南起宜章县南关街三星桥，也称"九十里大道"或"骡马古道"。这条湘粤古道在上海兴起之前一直是岭南联系湖南及中原的重要陆路通道。陈宝箴说："通商以前，两广往来商货，由宜章、湘潭以达汉口，故湖南商务最盛。今则悉从广东航海，自上海溯江上行。……粤盐逾岭行销，郴、桂地形峻险，小民徒行负贩崎岖山谷之间，以求微利。"参见汪叔子、张求会编：《陈宝箴集》上册，中华书局 2003 年版，第 260 页。

⑧ 王尔敏、吴伦霓霞编：《盛宣怀实业函电稿》下册，香港中文大学中国文化研究所、台湾"中央研究院"近代史研究所 1993 年版，第 625—626 页。

从上述柏生士的初步勘测结果来看，粤汉铁路在湖南境内大致有两条走向：（一）武昌—新墙（岳阳）—长沙—易家湾（属湘潭）—衡州—白石渡—乐昌；（二）武昌—新墙（岳阳）—长沙—渌口（株洲）—耒阳—永兴—郴州—折岭—白石渡—坪石。虽然这两条线有一些细微的差别，但有一个共同点，那就是都沿湘江南下。特别值得提出的是，粤汉铁路走向的这两个方案，都没有直接经过当时的湖南巨埠——湘潭，这就为后来湘潭绅士力争粤汉干路直接经过湘潭埋下了伏笔。当然，电文中还提到两条支路，即新墙至岳州支路（25迈）和易家湾至湘潭支路（9迈），其中的湘潭支路也是为了兼顾湘潭的利益。实际上，柏氏还勘测有一条萍乡支路（66迈），只是在盛宣怀转发的这份电文中没有反映出来。[①]

我们把柏氏所勘测的路线与陈宝箴1898年4月告示中规划的线路比较一下，可以发现两者是不太一样的。根据前文的叙述，我们知道，陈宝箴规划的线路是这样的："由粤至汉口铁路，应由湘境宜章、郴州、永兴、安仁、茶陵、攸县、醴陵、长沙、善化、湘阴、巴陵、临湘等处接入湖北境地。"[②] 这条线路，永兴至醴陵间，主要是沿湘东地区穿行，之所以这样走，陈宝箴给出的解释是："此路较由永兴经耒阳、衡阳、衡山、湘潭至善化约近百六七十里，又免过两处大河，无搭桥之费，民情亦较湘[③]朴，其必由此路无疑。"[④] 换句话说，一是路线距离短，有利于节约经费；二是免过两处河流，施工难度降低；三是避免铁路线路与湘江平行，以保证铁路开通运营后的经济效益；四是衡阳、衡山地区民风剽悍，可能施工阻力较大。除了上述

① 《粤汉铁路借款合同续约》第二款载："经总工程司测勘，武昌至广州绕经三水740英里，萍乡枝路66英里，岳州枝路25英里，湘潭枝路9英里，避车旁路78英里，即共计918英里。"参见宓汝成：《中国近代铁路史资料（1863—1911）》第2册，中华书局1963年版，第512页。按：《交通史·路政编》所载《美国合兴公司粤汉铁路借款合同》中岳州枝路为35英里。参见国民政府交通部、铁道部交通史编纂委员会：《交通史·路政编》第14册，1935年，第6页。多数文献岳州枝路均记载为25英里，故《交通史·路政编》记载有误。

② 汪叔子、张求会编：《陈宝箴集》中册，中华书局2003年版，第1205页。

③ "湘"，原文如此，疑当为"浑"。

④ 盛宣怀：《愚斋存稿》卷31《长沙陈右帅来电》，载沈云龙主编：《近代中国史料丛刊续编》第13辑，台湾文海出版社1983年版，第749页。

四个原因外，其实还有一个很重要的原因，即这样的走向更接近煤矿产地如醴陵煤矿和萍乡煤矿等，因为铁路自身需要大量的煤炭，同时煤炭也是铁路运输的主要大宗货物。"粤汉铁路在湖南段，原议线路是从郴州过攸县，经醴陵而至长沙，湖南巡抚陈宝箴奏请与萍乡煤矿铁路相衔接，并遣美国参赞李治，工程师柏生士来萍勘视。自醴陵至萍乡，即定为粤汉支线，订约由美国承建。"① 这一点凌鸿勋曾指出，铁路与煤矿关系十分密切，"铁路要用煤，而且营业上又需要有大量的煤运"，足见煤矿与铁路路线的选择有很大的关系。②

不过，到了该年的 7 月份，陈宝箴改变了 4 月份的想法："通广东之路，由长沙改向湘潭、衡州、耒阳、兴宁，仍经永兴、郴州，抵广东界。"③ 这条线路设想，与后来柏生士所勘之路线便基本吻合了。曾任萍乡县令的顾家相（1853—1917）在《筹办萍乡铁路公牍》中指出了这种变化：

> 先是陈右铭中丞抚治湖南创粤汉铁路之议，欲从粤④ 东经长沙以达汉口。所定轨道不循湘江沿岸，由郴州迤逦过攸县历醴陵而至长沙，并奏明与萍乡煤矿铁路衔接。遣美国人柏生士、李治来萍勘视，自醴陵至萍乡即为粤汉枝路，统归美国工师承办。既而粤汉轨道复议改移循湘江直下，不经醴陵，盛公亦遂变前议。⑤

之所以会出现"粤汉轨道复议改移循湘江直下，不经醴陵"的情况，应该有 3 个方面的原因：一是因为湘江沿线一向是湖南经济文化的核心地区，铁路线路走向经过经济发达地区，其经济效益才能得到保证。二是便于铁路建设工程中材料的运输，铁路沿湘江南下，在铁路建设过程中能够走水运，

---

① 参见政协萍乡市文史资料研究委员会办公室：《萍乡文史资料》1984 年第 2 辑，第 95 页。
② 参见沈云龙访问、林能士、蓝旭男记录：《凌鸿勋口述自传》，湖南教育出版社 2011 年版，第 271 页。
③ 汪叔子、张求会编：《陈宝箴集》下册，中华书局 2003 年版，第 1606 页。
④ "粤"，原文如此，当为"湘"。
⑤ 顾家相：《筹办萍乡铁路公牍》附刻《萍醴铁路始末》，见曾伟：《〈筹办萍乡铁路公牍〉整理与研究》，江西师范大学硕士学位论文，2010 年，第 103 页。

对于建筑材料的运输具有一定的帮助；同时，湘江自南向北顺流而下，而其支流大多与其垂直相交，这些支流同样也有利于铁路建设材料运抵建设现场。三是尊重美国工程师的专业意见。因此，粤汉铁路湖南段线路的走向选择"循湘江直下"与湘江平行是必然的选择。

湖广总督张之洞对于湖南境内粤汉铁路的走向同样十分关注，正因如此，柏氏勘路工作结束后，盛宣怀很快就将路线图及里程数用电文传送给他。光绪二十五年正月初三（1899 年 2 月 12 日），张之洞委派湖北候补知府、原籍湖南的黄国瑸负责协助柏生士等人勘测湘潭至永兴的路线："由湘潭赴粤程途，本有两路：东大路，则由湘潭绕东，经醴陵、攸县、茶陵、安仁以至永兴；西大路，则由湘潭南下，沿湘河东岸，经衡山、衡阳、耒阳以至永兴。"他要求对这两条线路要认真勘测，"不厌精详"："究竟由湘潭至永兴赴粤，东西两路，以何路较为直捷平坦？施工难易何处相宜？民情物产两路孰胜？"[1] 务必从中比选出最佳路线，从后来的勘测结果看同样是选择了与湘江平行的"衡山、衡阳、耒阳以至永兴"一线即西大路。

按照约定，线路勘定完毕，合兴公司便要与清政府签订正式筑路合同。柏生士勘线完毕，合兴公司认为草合同 400 万英镑借款不敷使用，要求增加贷款额度。经过谈判，1900 年 7 月，双方签订《粤汉铁路借款续约》即正式借款合同，增加贷款至 4000 万美元。由于此时正值庚子之乱时期，1902 年 7 月续约才获得清廷批准。此后又因合兴公司违约，兴起了废约赎路运动，1905 年 8 月 29 日与合兴公司签订赎路合同，同年 9 月 9 日又从港英政府借款 110 万英镑"偿还"合兴公司勒索的 675 万美元。

当然，在废约赎路的过程中，湘省的官、绅、商同时也在努力推进湘路的建设，但是他们之间存在着矛盾与竞争。多家铁路公司相继成立，如 1905 年 5 月，以龙湛霖、王先谦、张祖同等巨绅为首发起成立湖南筹款购地公司；1906 年 5 月，陈文玮、周声洋、袁树勋等人也发起成立商办湖南全省铁路公司。但张之洞于 1907 年 1 月 11 日，上奏清廷建议由袁树勋、王先谦、余肇康等湘籍著名绅士出面组织官督绅办铁路公司主持湘路建设（以

---

① 苑书义等编：《张之洞全集》第 5 册，河北人民出版社 1998 年版，第 3743 页。

下简称"湘路公司"），而对陈文玮、周声洋等人组织的商办铁路公司则加以排斥。[①] 在张之洞的大力支持下，1907年3月，以余肇康、张祖同[②]、席汇湘等人为首，成立了奏办湖南粤汉铁路总公司，5月，该公司公布简明招股章程，此后就是这家官督绅办的铁路公司主要负责粤汉铁路湖南段包括勘路在内的筹建工作。

二、博弈株昭铁路

从前文的叙述中，我们可以看到，粤汉铁路的兴建和勘线与萍乡煤矿存在着紧密的联系。柏生士在勘测粤汉铁路湘段走向时，同时还勘测了萍乡支路（66迈），这条支线就是后来的株萍铁路，建设株萍铁路的目的是为汉阳铁厂提供炼铁的焦煤。事实上，作为近代中国最早、最大的大型钢铁企业汉阳铁厂，其创办之动机就是为了给拟议中的芦汉铁路建造钢轨及其配件的。在湖广总督张之洞的主持下，从1891年1月开始，经过约两年零10个月的建设，至1893年10月，汉阳铁厂基本建成。汉阳铁厂使用离汉阳不远的大冶所产铁矿石做原料，但炼铁所需焦煤一直是汉阳铁厂十分头疼的问题，其主要原因是：汉阳铁厂距离当时的大型煤矿如直隶开平煤矿的距离过远，交通又不便，因此开平煤矿的焦煤并不能大量供应汉阳铁厂；而距离较近的江夏马鞍山（今属湖北省武汉市）、兴国（今属湖北省阳新县）煤矿的煤质又不适合炼铁要求。所以，汉阳铁厂最初使用的煤炭主要依靠从国外进口，"远购欧洲之炭"[③]，成本极高，故而汉阳铁厂的最初经营十分不理想。[④]1896年5月，盛宣怀接手汉阳铁厂后，为了彻底解决焦煤供应问题，盛宣怀委派中外矿师在湖北及周边省份调查煤田，最终确定江西萍乡煤矿为

---

①　参见张之洞：《湘路商办窒碍难行，应定为官督商办，并举总理、协理折》（1907年1月11日），载周正云辑校：《晚清湖南新政奏折章程选编》，岳麓书社2010年版，第573—579页。

②　该年12月张祖同逝，以魏允恭调补。

③　顾琅编辑：《中国十大矿厂调查记》，商务印书馆（上海）1916年版，第4页。

④　参见严中平主编：《中国近代经济史（1840—1894）》下册，人民出版社2001年版，第1394—1396页。

汉阳铁厂的主要煤炭供应基地。为此，盛宣怀、张之洞等一方面对萍乡煤矿进行了大规模的投资，另一方面决定尽快兴建株洲至萍乡的铁路。1899 年 3 月，张之洞、盛宣怀上奏清廷，请准修筑株萍铁路。1900 年，株萍铁路正式开工；1903 年 12 月，自安源煤矿至醴陵段修筑完成；1906 年 1 月，由醴陵到株洲的一段也最后完工。至此，湖南省内的第一条铁路——株萍铁路最后建成。[1] 株萍铁路的建筑费用，"系盛宣怀在芦保淞沪铁路余款项下拨用，连同光绪二十九年至三十一年行车盈余，共享银四百二十五万元多，经由盛宣怀分于萍醴（萍乡—醴陵——笔者注）、醴株（醴陵—株洲——笔者注）两案奏报，由邮传部并案核销。本路创办之初，专为运煤之用，由萍矿公司代管"[2]。也就是说，该铁路名义上是由盛宣怀控制的中国铁路总公司投资兴办的，但其实际经费来源是邮传部，也就是官款，其运营及管理则归萍乡矿务局。而汉冶萍公司同属盛宣怀控制，故株萍铁路实际上也是盛宣怀控制的。

株萍铁路建成后，奏办湖南粤汉铁路总公司希望该铁路能向西展筑至湘潭接入粤汉干路，然后再由湘潭延伸至长沙。为此，1907 年 4 月，湘路公司致电张之洞希望能够从盛宣怀控制的萍乡矿务局商借银款 200 万两修筑株洲经湘潭至长沙段的铁路，张之洞于是询问盛宣怀此议是否可行，盛宣怀回复说萍矿本身"负债累累"，自顾不暇，并没有如此巨大的款项可供借贷。[3] 但湘绅们的建议，张之洞认为具有一定的道理。在湘绅的建议基础上，张之洞提出，短期内粤汉全路难以建成，但是武昌至株洲段似可先行建设，其款项来源可由湖北、湖南两省与萍乡矿务局 3 方联合筹措。他是这样规划的：武昌至岳州约 510 里，归湖北修造；岳州至长沙 350 里，由湖南省修建；长沙至株洲 110 里，另加湘潭支路 60 里，总计 170 里由萍乡矿务局负责建设。上述规划如果能够完成的话，则武昌、岳州、长沙、湘潭、萍乡等地通过铁路连接起来，萍乡焦煤可以大量供应汉阳铁厂，而且武昌、岳州、长沙、湘潭等地均属经济发达地区，铁路的经济效益也是可以得到保障的。在

---

[1] 参见万里主编：《湖湘文化辞典》第 2 册，湖南人民出版社 2011 年版，第 42 页。

[2] 陆阳：《唐文治年谱》，生活·读书·新知三联书店 2013 年版，第 88 页。

[3] 参见苑书义等编：《张之洞全集》第 11 册，河北人民出版社 1998 年版，第 9594 页。

张之洞的协调下，湘绅、盛宣怀都表示支持这个计划。但是，盛宣怀只愿意修筑株洲至昭山（昭山位于今湖南省湘潭市岳塘区易家湾，地处湘江东岸，相传周昭王南巡至此，在此盘桓多日，昭山因此而得名。昭山地处长沙、湘潭、株洲三市交界处，素称"金三角"）段约 20 公里的铁路，不同意修建至长沙，更不愿意修建到湘潭。① 从地理上看，昭山位于株洲的正北偏西方向，而湘潭位于昭山的西南方向，而株洲又位于湘潭的东南方向，所以，株洲、昭山、湘潭 3 地正好形成一个三角形。株洲至昭山是三角形的一边，而株萍铁路延至湘潭，再由湘潭向昭山展筑，则构成了三角形的另外两边。这无疑会加大萍矿的投资与运输成本，因此，萍乡矿务局自然不愿意如此筑路。

　　1907 年 10 月，株萍铁路总办薛鸿年上奏邮传部称："萍潭铁路专为运煤而设，原议造至萍潭之昭山为止，嗣因湘粤干路以昭山一段应归干路，碍难接展。惟萍工至株洲养路经费，据光绪三十二年（1906）收入仅四万零八百两，若展至昭山，每年可增收车价十万两，明年（1908）春如能开工，八个月可以竣事。所需材料仅五十万而展充四十华里较为易办云，于是萍潭议改萍昭。"② 1908 年 2 月，汉冶萍煤铁矿厂总理、邮传部侍郎盛宣怀根据薛鸿年的奏报，建议邮传部批准建设株洲至昭山铁路，4 月 8 日，邮传部批准株昭铁路，并上奏清廷将萍潭铁路划归邮传部管辖，朝谕允准。同时，邮传部尚书陈璧③ 也在陈述修建株昭铁路必要性的奏折中说：

---

① 参见朱从兵：《张之洞与粤汉铁路——铁路与近代社会力量的成长》，合肥工业大学出版社 2011 年版，第 401—403 页。

② 国民政府交通部、铁路部交通史编纂委员会：《交通史·路政编》第 10 册，1935 年，第 3414 页。按：薛鸿年，生卒年不详，字叔平，江苏武进人。以诸生官湖南同知摄醴陵县事，擢道员总办萍潭铁路，自江西安源至湖南湘潭县之株洲，吾国内地敷设铁道，实权舆于此。其时风气闭塞，居民以所至迁坟拆屋，弱者谤强者抗拒，鸿年以旧令醴陵，惠爱素着。醴界萍潭两邑之间至是益乎以诚信。凡计可曲全者，不轻坏人庐墓，于是士绅皆乐为之助，虽尊之为达官，而实亲之如乡老焉。年六十二卒。参见张维骧编纂：《清代毗陵名人小传稿》下册，常州旅沪同乡会 1944 年版，第 98 页。

③ 陈璧（1852—1928），字玉苍，福建闽县（今福州）人，17 岁中秀才。光绪元年（1875），中式举人。光绪三年，参加会试，拔为贡生。历湖广道监察御史、太仆寺少卿、顺天府尹、署户部侍郎等职。1906 年邮传部成立，1907 年四月升任邮传部尚书。在任极力推动

萍潭铁路原议上起安源矿界，下讫湘潭县以东之昭山，逐节兴修，以便煤焦运抵昭山后，由船转载汉口，程途畅捷，销售利便。惟萍株一段虽已告成，株昭一段尚未展筑，船载之煤由株洲而下须迂湘潭，曲湾浅水，阻隔行舟。从前每日出煤数百吨已不能源源载运，现煤矿大槽已通，每日可出煤二三千吨，若不速筹通运，将有货弃于地之虞。且汉阳铁厂现正竭力扩充，需用煤焦数倍于往昔，尤应力图接济，以振要工。查由株洲至昭山，计程约四十里，接筑尚不甚难。臣部正在筹议间，准汉冶萍厂矿公司总理盛宣怀咨商，前因并称访闻粤汉湘境干路拟由株洲绕至湘潭对河太平街以达易家湾，较株昭直线须多行五十里，计算运费过多，于矿厂均有损害。且矿局每日运煤以三千吨计，每车装煤二三十吨，常有重车空车共二百多辆，日往来于此四五十里干路之上，转输辐辏行车时刻难以腾挪。若以他项客货车相遇，趋避不及，益多危险。查各国大矿，恒有运输铁路，诚以销畅既广，出货复多，一或停滞，受亏必巨。今萍矿运道甚艰，自应就萍株已成之路，接连展筑，以达昭山，水次便可轮船直运汉口，藉符原议。当经节次派员前往勘估，由株至昭约四十里，需款在五十万余两，拟由臣部妥筹兴筑。旋据湖南粤汉公司呈称，湘潭绅商力恳将干路由株洲径达易家湾直线，改为绕道湘潭对河太平街以达易家湾弧线，以保潭埠商务，呈请核办等情。臣等以为该公司所拟办法与臣部展筑株昭路线均为保全商业起见，彼此利益不相妨碍，应准其改用弧线。万一将来粤汉商路再筑株洲易家湾直线，则官筑至株昭应声明不载他货，以期无损于商路。即或客货趋便附载其所定车脚，亦应比粤汉较

邮传部各部门的近代化，如废除官吏乘火车免价、官物货运免价的特权，保护商人利益等一系列措施。为了筹措兴办邮、电、轮、路的大笔资金，陈璧提出借外债和内债的主张。但他认为借外债必须力杜"债东干涉事权"，"方足取益防损"的借债原则。1909 年，宣统嗣位，由摄政王载沣当政。清朝贵族与汉族地主官僚的矛盾日益尖锐。陈璧兴利除弊的改革措施，触犯了一些清朝贵族官僚的利益，罢邮传部尚书。罢职后，初居苏州，后迁天津、北京。1928 年病逝。参见中共福州市委宣传部、福州市社会科学所主编：《福州历史人物》第 5 辑，福州建联印刷厂 1991 年版，第 90—95 页。

昂，庶于平均货率之中即寓维持商本之意。①

由上述陈璧的奏议可以看出，株萍铁路建成之后，萍乡的煤炭虽然可以通过铁路运抵株洲，由株洲下货再装船后，由株洲顺湘江经湘潭、长沙、岳阳运往汉口，但湘江株洲—湘潭—长沙航线，水路弯曲，运输有限，即"曲湾水浅，阻隔行舟"，这的确是实际情况。原来，湘江自"衡阳、衡山至湘潭之株洲，乃折而西流凡六十华里，成一大弧形，复折而东北流，至长沙、湘潭两县交界之昭山，又折而北流，经长沙、湘阴等县入于洞庭湖，汇入长江"②。以前萍矿产量较小之时，这样的运输路线与方式就已经不能满足运输要求了，现在一方面萍矿产量大增，另一方面汉阳铁厂又急需焦煤，所以由株洲—湘潭—长沙航路更加不敷使用，应该立刻建筑株洲—昭山铁路，以满足煤炭及其他客货运输的要求。而湘绅尤其是湘潭绅士却要求：其一，粤汉干线应先由昭山修至湘潭，然后再由湘潭筑至株洲；其二，株萍铁路是作为粤汉干线的支路规划的，必须向西延伸至湘潭，接入粤汉干线。邮传部认为，这样规划，路程多了50华里，不但多花建筑成本，而且增加了萍煤的运输成本，所以"于矿厂均有损害"。但鉴于湘潭一向为湘省巨埠，湖南粤汉铁路公司尤其是潭绅力争粤汉干路由易家湾绕经湘潭再向株洲方向展筑，而反对由易家湾（即昭山）直接走直线筑至株洲。邮传部认为，湘路公司的考虑亦不无道理，同意粤汉干线由易家湾之昭山经湘潭至株洲的"弧线"走向，同时还保证株昭支路不运粤汉干路货物，还说如果株昭铁路运输粤汉干路之货物，所制定的运费一定要高于粤汉干路的运费。陈璧在其奏本的最后还说，株昭铁路只是作为一个特例，以后再有类似情况，都不得援此为例，即今后的矿务铁路都只能与附近干路相交，而不能平行。

但盛宣怀和邮传部的株昭铁路计划引起了湘绅尤其是湘潭绅士的严重不满，他们要求邮传部批准将萍株由株洲西延伸至湘潭，然后再从湘潭向昭山展筑，如此方能保证湘潭的商业地位不受影响。而萍乡矿务局承办的株昭

---

① 国民政府交通部、铁路部交通史编纂委员会：《交通史·路政编》第10册，1935年，第3415—3416页。

② 平汉铁路经济调查组：《长沙经济调查》，1937年，第10页。

铁路抛开湘潭这样的巨埠，不但会严重影响未来粤汉干线的利益，对于湘中经济中心湘潭的危害尤其巨大。虽然上述陈璧的奏折中说，为了保证湘潭商埠的利益，邮传部将禁止株昭铁路运输粤汉干路之客货，但株昭支线基本与粤汉干路平行，所以"株昭线不载粤汉线之客货"根本是不可能的。所以，在清廷准邮传部奏展造株昭铁路后，湘路公司立即向湖南巡抚岑春蓂陈奏株昭铁路对于湘潭商业之损害，要求邮传部放弃株昭铁路，而将株萍铁路延至湘潭接入粤汉干路，再由湘潭向易家湾（昭山）、长沙方向展筑。

实际上，1908 年 4 月 8 日，盛宣怀、陈璧等奏请清廷准筑株昭铁路；4 月 24 日，湖南立宪派首领谭延闿即联合湘路公司总协理王先谦、余肇康等湘绅上奏邮传部反对展筑株昭线，电文称：

北京邮传部堂钧鉴：昨奉大部照知，奏准展筑株昭铁路。先一日，湘潭绅商来电，据称已接萍电，众情惶恐，恳电达萍缓办，以免纠葛。随后，该潭埠绅商来省多人。本日长潭两埠绅商公同集议。据称各国修路，凡干线已经勘定之地方，断无别修一路挽入平行之理。合兴前与盛大臣订立合同，亦曾声明干路及支路，不准筑造争夺生意之铁路，并不准筑造与粤汉干路及支路同向平行之支路，见于续约第十七条。合兴前享之利，即为公司现在应享之利，且系盛大臣所自订。况潭埠为前明至今湖南第一码头。干路稍迁以保大埠，各国亦往往有此办法。潭埠不惜百万血资，踊跃认股，即是此意。湘境通工，先修长株一段，正欲先利萍煤转输。且此项运煤利益，既驶行湘境，即为本省干路应有之利，亦正借以歆动股东。昨承总公司以绕太平街弧浅（似当为"线"——笔者注），呈请部示。幸蒙奏奉旨准，全境欢跃异常。今乃由大部并修直线，则弧线虽修何用？尚有何人肯行潭路，潭埠势必永远成废。数百年祖宗营业，一旦归于无何有之乡，万众能不寒心？窃思萍煤多行五十里，所损甚微。且闻总公司已许运费稍予特别商议。至若行车危险，不知煤车悉应在株厂安挂衔尾而行。将来株汉通行，岂仍在昭山上轮？岂无趋避之法？京汉铁路，每次所挂之车，蜿蜒至于里许，又将何说之词。若谓各国大矿，恒有专运铁路，此指以支路横接干路而言，断不能遥相并轨，显侵干路之利。务请电恳大部作主，准令株昭一段暂从缓办，无任悚惶待命之至。等情。查粤汉全路，费赎款千余万，竭三省财力，专恃行车余利渐次收回，与各省建路并未先费巨款者迥别。是此路应归公司专利，尤属显然。且湘路股东，目的所在。暨潭埠绅商力争绕线，重在保全商埠，而尤以接通萍路运煤，藉得早见微利为要图。去年盛大臣在湘在鄂屡次商及，见公司于萍煤运费许稍特别商办，遂无异说。大部拟筑株昭一段，诚为并保商业起见。惟既筑直线，客商势必群趋便利。虽拟车脚比粤汉较昂，必所不惜。该绅商所请系属实情，拟求大部仍暂俯如所请，饬令赶速交股，一、二月内即先开工，以副萍局之望。仍查照公司原呈，将来南（昌）萍通行时，或再将株昭之三十余里，另取一线专接南萍干路，与粤汉干路无涉。遵照大部原奏，不载粤汉干路之货，彼时再定办法。总之，南昌干路未达株洲以前，湘潭一线万请勿再遽议株昭。湘路屡更，近来方稍办有眉目，商情渐期信从。大部于湘路尤所关怀，维系公司，提倡股事，胥于是乎在。谦等力小任重，亲见全体湘绅惶急之状，不敢不据实以闻。伏候谕遵。湘路公司总协理王先谦、余肇康、席汇湘；总议绅黄自元、孔宪教、叶德辉、谭延闿、龙绂瑞、聂其昌；湖南商务局总协理余金声、王铭忠、蒋德钧、刘国泰；湖南商会总协理陈文玮、李达璋；长沙商董李贤哲、华思明、朱庆成、黄维钧、张锡鑫、袁慰曾、饶荣三、马仲林；湘潭绅商欧阳蕃、欧阳述、萧绍渠、匡震之、刘建善等同叩。敬。①

从这份呈报最后所列的名单可以看出，当时湖南全省有影响的著名绅士悉数参加，足见湘绅和湘路公司对于盛宣怀等展筑株昭铁路反对之激烈。在这份呈请中，湘绅针对上述陈璧奏折中所涉及的内容一一进行了反驳，应该说，这份上书是起了作用的。从这份上书中可以看到，邮传部批准了湘

---

① 谭延闿：《与王先谦等为请暂缓展筑株昭铁路事致北京邮传部电》（1908 年 4 月 24 日），载周秋光主编：《谭延闿集》第 1 册，湖南人民出版社 2013 年版，第 282—284 页。

路公司所要求的粤汉干线走"昭山—湘潭—株洲"这样的绕经湘潭的"弧线"方案，对此，湘路公司表示满意。但是，湘路公司还是认为，筑造株昭铁路有许多不合理的地方：一是违反了粤汉铁路借款续约第17条粤汉支路不能与粤汉干线平行之规定；二是展筑株昭线会导致湘潭商埠的衰败，况且潭绅已经为建设粤汉干路筹集了大量款项；三是株萍线延至湘潭，只多出了50里，对于萍矿所损甚微；四是陈璧奏折中所称之影响行车安全之理由，并无道理；五是展筑株昭线将会严重影响粤汉干路之建设，这种状况已经使湘潭、长沙等地的绅商颇为"惶急"。总而言之，湘绅恳请邮传部"准令株昭铁路暂从缓办"，"湘潭一线万请勿再遂议株昭"。

对于这份由众多湘绅具名邮传部的报告，盛宣怀和邮传部自然不能置之不理。盛宣怀站在萍乡煤矿的立场上连续致电邮传部尚书陈璧，陈述自己对于湘绅所提要求的看法。1908年4月28日，盛宣怀致电陈璧询问："顷闻湘路局因株昭事有电到部，尊处如何电复？乞密示。"[1]4月30日，盛宣怀再次致电陈璧："部筑株昭支路，实是公义。内而南皮（指张之洞——笔者注）、项城（指袁世凯——笔者注），外而次帅（指湖广总督赵尔巽——笔者注）[2]、尧帅（指湖南巡抚岑春蓂——笔者注），均以为然。闻湘人多怪该公司延宕，至今仅有潭商允股，专主潭路，此外竟无商股。部定驳复，振振有词。武昌至岳州路将开工，而岳至长昭，尚无办法。仅争此昭株，何关大局？"[3]5月1日，盛宣怀又致电陈璧建议说："湘呈仍主绕潭，股亦只有潭商允认。其所争株昭客商趋便有碍商利等语，承示大部，现定驳复：似宜晓以官接株昭，系作枝路，株昭荒凉，往来无货，其干路客商，决不愿由此四十里枝路再入干路换车。且可允许专运煤，不接客商，释彼疑虑。且萍煤运销粤汉，仍有入干路者，是商路株潭一小节，可日免数百辆煤车之拥挤，粤汉全部分（"分"似衍字——笔者注）仍可沾接运萍煤之利益，而官路决不分

---

① 盛宣怀：《愚斋存稿》卷73《寄邮传部陈玉苍尚书》（三月二十八日），载沈云龙主编：《近代中国史料丛刊续编》第13辑，台湾文海出版社1975年影印版，第1564—1565页。

② 此时赵尔巽已经卸任湖广总督，由陈夔龙接任。

③ 盛宣怀：《愚斋存稿》卷73《寄陈玉苍尚书》（四月初一日），载沈云龙主编：《近代中国史料丛刊续编》第13辑，台湾文海出版社1975年影印版，第1565页。

官（"官"似当为"干"——笔者注）路客商丝毫之进款。干用弧线，部不驳论，亦恐碍潭埠商务，及现在招潭股，亦属委曲成全。又虑干路将来有并造直线之日，部已派员购备株昭双轨之路地，现造官路偏左，留出偏右轨地，兼为商路预备。以此晓之，当不再执。仰承下问，用敢密陈，以供采择。"① 从以上盛宣怀的电文可以看出，盛宣怀认为，湘路公司不设法招股进行岳州至长沙段的建设，而执拗于株昭段仅仅 40 里的铁路走向，实在是抓小放大，不好理解。为了说服湘路公司配合株昭铁路的建设，盛宣怀一方面说株昭段荒凉不堪，"往来无货"；另一方面又说株昭段只运萍煤，不运普通货物；同时还说，株昭铁路在购地过程中，还为将来粤汉干路预留了与株昭铁路平行的土地储备。盛氏的这些说辞，无非是希望湘路公司能够尽快同意建筑株昭铁路。

鉴于湘绅对株昭铁路的不满，在此期间，湖广总督陈夔龙、湖南巡抚岑春蓂也积极与邮传部沟通，请求邮传部酌情考虑湘绅的意见，暂缓株昭铁路之议。即使要修建株昭铁路，也要让湘路公司能够参与其中即实行官商合办，从而分享该路运输利益。据盛宣怀 5 月 11 日致陈璧的电文，陈夔龙曾致电邮传部表示，希望株昭铁路能够实行官商合办的方式处理，也就是说允许湘绅附股"数十万"，则株昭铁路可以走直线，而不必绕经湘潭。株萍铁路总办薛鸿年也致电盛宣怀说，陈夔龙的电文实际上是湖南巡抚岑春蓂代拟而由陈夔龙转呈邮传部的。岑春蓂的电文还说，株昭铁路如果不能实行官商合办，湖南省就不会配合株昭铁路建设，且不能在湖南购地。② 这些往来电文中所透露出的信息显示出岑春蓂对于株昭铁路的态度是：如果株昭铁路能够兼顾湘路公司的利益，即实行官商合办，则该铁路走直线也是可以接受的，否则湖南省就不会配合株昭铁路建设。对于岑春蓂的这些意见，盛宣怀向陈璧表示他都可以接受："鄙见湘目前未必有现款，且所分四十里运煤半利，诚属有限，部断不计较。湘人争意气，不过借此下台阶，似可做个人情

---

① 盛宣怀：《愚斋存稿》卷 73《寄陈玉苍尚书》（四月初二日），载沈云龙主编：《近代中国史料丛刊续编》第 13 辑，台湾文海出版社 1975 年影印版，第 1565 页。

② 参见盛宣怀：《愚斋存稿》卷 73《寄邮传部陈尚书》（四月十二日），载沈云龙主编：《近代中国史料丛刊续编》第 13 辑，台湾文海出版社 1975 年影印版，第 1566 页。

与督抚。即责成督抚照章会同出示，克日购地，严催薛道开工，限年内办成。萍昭直线仍归一局，但准湘公司附股一半，分利一半，事属两全，即求速复，免彼游移。"① 盛宣怀认为，湘人计较株昭铁路走向，其主要目的是想从株昭铁路分取利润，萍局可以答应他们的要求。但他没有注意到，官商合办的主张是湘抚岑春蓂的意思，而湘路公司是从根本上反对株昭铁路的走向的，虽然确实也是出于铁路利益的考虑，但湘绅想保证的利益是湘潭商埠的利益，而不仅仅是试图从株昭铁路运煤利益中获得分成。

对于湘抚和盛宣怀关于官商合办株昭铁路的想法，邮传部尚书陈璧虽不是太认同，但他也还是在回复盛宣怀的电文中提出了邮传部对于官商合办株昭铁路的看法与拟订的方案。5 月 13 日，他在致盛宣怀的电文中说："官商合办一层，本部本非争利，原无不可。惟办事及分利之法诸多窒碍，俟详细核拟即复。"邮传部提出了三个解决株昭铁路争议的方案：

> 甲：湘人按萍株造路原领部本及官利统算若干，现即出资买受此路作为粤汉枝路，先订明湘公司须展筑至昭山，并预定运萍煤车价。乙：官筑株昭，行车二十年后准湘人按成本买受萍昭公（"公"，原文如此——笔者注）线。丙：株昭遵照奏案归官修筑，另由厂矿公司附湘省粤汉公司股本一、二十万金以调和感情。以上三策，尊意以如何？②

上述 3 个方案，即使在陈璧看来，根据当时湘路公司的实际情况，甲、乙两策事实上是很难被接受的。所以他在电文的最后表示，似乎丙策最具可行性，并说将以丙策为基础制定实施细则然后再向盛宣怀和鄂湘督抚通报。

但是，5 月 14 日，盛宣怀在给陈璧的电文中却认为，"甲乙两条极妥"，丙策的问题是，"厂矿附股粤汉一、二十万，恐彼必先拨，路成无期，非厂

---

① 盛宣怀：《愚斋存稿》卷 73《寄邮传部陈尚书》（四月十二日），载沈云龙主编：《近代中国史料丛刊续编》第 13 辑，台湾文海出版社 1975 年影印版，第 1566 页。

② 盛宣怀：《愚斋存稿》卷 73《陈尚书来电》（四月十四日），载沈云龙主编：《近代中国史料丛刊续编》第 13 辑，台湾文海出版社 1975 年影印版，第 1566 页。

矿公司所愿"。他认为，湘路公司即使想附股，数十万款项恐怕都难以筹集，陈夔龙等所谓官商合办云云，只是想找个台阶下罢了。① 但是，5 月 15 日，盛宣怀又改变了主意。因为有人来电说，湘抚岑春蓂放话，如株昭铁路不实行官商合办，则该路在湖南就难以征地。但是，湘省资金难筹，甲乙两策看来只是"陪笔"，真正可行的似乎也只能是丙策。如何实行丙策？盛宣怀提出，株昭路实施官商合办，湘路公司应出的款项只要湘鄂督抚能够解决，将来的利润分成湘省即可享有一半。他同时提出了 6 条详细的官商合办办法：

　　一、责成督抚克日出示，照定章购地；二、限令薛道（薛鸿年——笔者注）赶紧开办，年内完工；三、准用潭绅数人随同薛道购地办事；四、完工结账湘公司即缴一半资本；五、株昭行车专立账表，所得运煤进款除养修外，余利准分给一半自缴商本三日起；六、干路全通之后，官本一半亦准公司买回，以示部中维持大局，断非争利。②

　　在这份电文的最后，盛宣怀还说，第三条一定为"湘人所喜"，因为薛鸿年办理醴（陵）株（洲）铁路时即任用了很多湘绅，而且不少湘绅的干薪至今都还没有停止。按照盛宣怀的想法，只要尽可能地照顾某些湘绅的利益，他们就不会再阻止株昭铁路的建设了，他也认为自己提出的这 6 条办法已经充分照顾到湘路公司的利益了。

　　对于盛宣怀的办法，5 月 17 日，陈璧复电称，既然盛宣怀与鄂督湘抚都主张株昭铁路采取官商合办的办法，邮传部为扶助厂矿计，当然也不反对官商合办。本着凡事都要预先制定好规则的原则，邮传部对于如何官商合办，也提出了一套办法：

　　一、萍昭全路自归邮传部管理，湘公司年终关账，有余利则按股

① 参见盛宣怀：《愚斋存稿》卷 73《寄陈尚书》（四月十五日），载沈云龙主编：《近代中国史料丛刊续编》第 13 辑，台湾文海出版社 1975 年影印版，第 1566—1567 页。
② 盛宣怀：《愚斋存稿》卷 73《寄陈尚书》（四月十六日），载沈云龙主编：《近代中国史料丛刊续编》第 13 辑，台湾文海出版社 1975 年影印版，第 1567 页。

均分，亏本则按股补足。盖萍昭全路合计资本三百余万，湘公司占株昭一段之半，约出资本二十九万，是为十四分之一。股东即按例投票公举，亦占股十二分者居其多数矣。若截出株昭四十里另立一路局，环球各国无以四十里路另立一局面者。总局费机器费车辆，不三年而五十余万之本亏尽必矣。二、分利分亏办法拟分两种：（甲）将株昭一段股本与萍株联为一气计算，萍昭全路股本，商占若干分（份），官占若干分（份），即按分（份）数均分余利，似此办法，两不吃亏，最为上策。（乙）若湘人愿将株昭一段划开不与萍株联合，则进款只可按里摊算，譬如萍昭全数共二百四十余里，内湘公司得株昭一段四十里之半，计二十里，实占全路十二分（份）之一，则将全路运煤进款划出十二分（份）之一为株昭一段湘公司进款。至出款则照进款之数按成摊分，譬如已计得株昭运煤进款有四万两，萍株运煤及客货进款有二十万两，是株昭进款比萍株进款得十二分（份）之二；倘萍昭全数支款共十二万两，则萍株应摊十二分（份）之十二（"二"疑为衍字——笔者注），为十万两；株昭应摊十二分（份）之二，为二万两。除去此十二万两外，所剩则为余利，仍按十二分（份）均分，其株昭应得之二分（份），官商各半，湘公司实得一分（份）为银一万两，其亏本算法亦如之。如此算法，亦至平允，此二策可任公司自择。至全路账目，无论用甲办或乙法计算，公司均可查阅账目，但不得干预事权。官息一层，公司与路局一律照给，无分轩轾。以上两节，为官商合办办法，请卓裁定夺，即与湘公司详细声明。此外尚有一策，湘公司此刻即按萍株造路原领部本及历年未算之官利统计若干，出资买受此路作为粤汉枝路，先订明湘公司须展筑直线至昭山，并预定运萍煤车价。以上合办并先售二策，统听湘公司择一而行。如湘公司愿就何策商议，即请电闻，再将详细办法电告至湘公司处。本日已经电复声明，官办奏案已奉旨遵行，不能更改矣。……此事业经奏准，碍难变更，虽办法可略通融，而大纲不能移易。铁路厂矿同属要工，本部决无歧视。原奏准弧线及增收车脚、不运客货各节、已为湘公司预留余地、湘公司承办粤汉干线若赶造贯通，全路获利当自无穷。且萍煤运销亦仍须再由干路运载，不患不能得萍煤之益，否则区区此四十里划归公司承造，一切支费均须特别加增，靡费滋繁。且换车头用车辆胶葛更多，于事恐亦无补。况萍株二百零五里已由官筑，若划此一段另归商办，车路既不联贯，管理尤极为难。历考各国铁路，亦均无此办法，公司不妨就工程、营业、运输各项用铁路检计之法，逐细研求，当可消释疑阻，并希公等明白晓告，藉觇群情，于全省大局、全国路政均有裨益等，因谨录以便接洽。至于二十年买受一层，与各国国权民有，从无民买国有之章程不符，应毋庸议。①

陈璧的意思主要有两层：其一，萍昭铁路全路归邮传部管辖，株昭段可以允许湘路公司附一半股份，年终有余利，湘路公司可得株昭段一半之余利。如有亏欠，则湘路公司还要补充株昭段一半之资本金。其二，分利分亏办法则有两种：一是萍昭全路连为一体，年终根据官商股份多少分利分亏，这是上策；二是湘路公司如不愿与萍株路整体核算盈亏，也可将株昭段单独划开，株昭段根据官商股本之多寡分利分亏，如此办法，虽然麻烦了一些，但也还是公允的。上述两种盈亏分配方案，湘路公司可以自行选择，邮传部并不干涉。陈璧还提出，湘路公司如不愿与邮传部合办，也可以出资将萍株铁路购买，邮传部也不反对。不过，邮传部要求，湘路公司收购萍株铁路后，要承诺将株昭段建成，并为萍矿制定合理的煤炭运价。上述所有意见，湘路公司可任意选择，邮传部都愿意接受。不过，萍昭铁路业经朝廷批准为官办铁路（当然也还是允准湘路公司附股），这一点是并没有多少可以商量的余地，即"不能更改矣"。实际上，也正是在1908年5月17日，清廷准邮传部所奏展筑株昭铁路，并将萍潭铁路改称萍昭铁路。所以陈璧说"不能更改"。既然如此，陈璧建议，对于湘路公司而言，"不妨就工程、营业、运输各项用铁路检计之法，逐细研求"，倒是解决株昭铁路问题的有效办法。

对于4月24日湘路公司要求停筑株昭铁路和允准粤汉干路绕行湘潭的

① 盛宣怀：《愚斋存稿》卷73《陈尚书来电》（四月十八日），载沈云龙主编：《近代中国史料丛刊续编》第13辑，台湾文海出版社1975年影印版，第1567—1568页。

电文，盛宣怀和陈璧以及鄂督湘抚之间一直都在进行着商议，但他们并没有将商谈的情况及时通报湘路公司。因此，湘潭、长沙等地的绅商深感焦虑，5月14日，以王先谦为首的湘绅再次致电邮传部要求停筑株昭线：

> 北京邮传部堂钧鉴：洪。前请停筑株昭，详电尚未奉复。湘潭湘绅自蒙大部奏奉旨准筑弧线后，电请公司派工程师前往株洲定线立桩标，曰粤汉铁路。而现在萍局亦定线立桩标，曰株昭支路。两线同出一道，目前猜忌已多，开工行车尤多妨碍。且环球各国有一公司而自造双轨者，绝无一干路而各造一轨者。争先恐后，后患无穷。且即以运煤为限，而湘干专利即首主要此项大宗。今工甫开而利已失，其谁谅之？近日潭人刊布传单，情词激切，当经公司面嘱而缄告。现已据情电呈大部，必能俯体商情，准罢前议，自应静候部复，不必如此惶急。目下潭人时来问讯，省城绅商亦责诘公司何不向大部力请。此中难处，非口笔所能尽达。除面陈抚院并电达督院外，谨再迫请大部速赐复，收回成命。一邀俯允，公司立即督催潭商赶速缴款，迅即开工，决不敢稍事延缓。以副大部统筹全局之德施，以答萍局欲速求达之愿望。伏求鉴谅，无任叩悚。先谦、肇康、汇湘、自元、宪教、德辉、延闿、其昌等叩。[1]

从这份电文来看，湘潭绅士对于株昭铁路的兴办是十分焦急的，甚至达到了"刊布传单"的地步，"时来问讯"，不断向湘路公司施加压力，而且长沙绅商也责备湘路公司没有向邮传部极力争取。为此，湘路公司感到十分为难，为了安抚湘潭籍绅商，湘路公司同时向湖南巡抚岑春蓂、湖广总督陈夔龙及邮传部致电，请求邮传部"收回成命"，并表示一旦邮传部停止筑造株昭铁路，湘路公司会迅速集款，争取尽早开工株洲至湘潭段铁路。

虽然湘路公司连续致电邮传部反对株昭铁路，但5月17日清廷仍然准

---

[1]　谭延闿：《与王先谦等为请停筑株昭铁路事致邮传部电》（1908年5月14日），载周秋光主编：《谭延闿集》第1册，湖南人民出版社2013年版，第284—285页。

邮传部所奏兴办株昭铁路，并将铁路改称萍昭铁路。即使在这种形势下，湘绅和湘路公司依然极力争取废除株昭铁路。6 月 13 日，湖南商民代表前浙江巡抚聂缉椝①等呈请湘抚请其上奏邮传部停办株昭铁路，以免妨害粤汉干路，"湘公司始终坚执且请部罢议"，但邮传部也不让步，清廷乃委派督察院官员调查此事。②朝廷最终还是坚持由邮传部负责展筑株昭铁路。故 6 月 14日，盛宣怀致电陈璧说："株昭展路，部已允如督抚所请合办，而湘公司坚执竟请停止，幸赖政府意见勿放松，故有停止不合之谕，否则此风日长，中央失权，他事皆受影响。"盛宣怀认为，株昭铁路与粤汉干线并不会形成冲突，也不会影响到粤汉干线的利益：

> 向来枝路亦可收货客车价，部奏株昭不运客货，是于干路输运货客之利无妨害者一。湘潭本非干路所经，若照张中堂粤汉会奏，湘潭系属枝路。今湘公司改枝为干，部已曲如所请，是于湘潭弧线欲得之利无妨害者二。粤汉全路若赶造贯通，萍煤运销亦仍须再由干路运载，是于干路运煤之利无妨害者三。株昭为运煤必造之路，万不能缓，鄂督两年来屡催湘造未能办此，部因炼钢关系各省路政，不得已筹款派员赶造。亦因萍株二百五十里既属官者，故此四十里亦应遵旨官办。在湘公司以为妨害者，只以运煤不归湘潭弧线耳，其实运煤按里计算，为数甚微，何足计较？前经督抚电商，并准湘公司附股一半，官商合办，是并此四十里煤脚亦可分给，更无妨害矣。

在电文的最后，盛宣怀认为，自己 5 月 15 日提出的 6 条官商合办的方案简便易行，希望邮传部以此为基础，敦请湘路公司尽快结束争议，加紧株

---

①　聂缉椝（1855—1911），字仲芳，湖南衡山人，曾国藩之婿。1884 年任上海制造局总办。1890 年擢任上海道台。1893 年调任浙江臬台，1899 年署理江苏巡抚，1901 年调补安徽巡抚。1903 年调补浙江巡抚。1905 年因浙江铜元局舞弊案发，被清廷革职回籍。参见湖南省志编纂委员会：《湖南省志》第 1 卷《湖南近百年大事记述》，湖南人民出版社 1980年版，第 220 页。

②　盛宣怀：《愚斋存稿》卷 73《邮传部陈尚书来电》（五月十六日），载沈云龙主编：《近代中国史料丛刊续编》第 13 辑，台湾文海出版社 1975 年影印版，第 1570 页。

昭铁路的建设。假如湘路公司仍然坚持己见，"坐失干路无穷之利，徒沾沾与部争执区区，精神误用，未免可惜"①。

但是由于湘路公司始终反对展筑株昭铁路，坚持株萍铁路向西延伸至湘潭。6 月 26 日，盛宣怀在致陈璧的电文中无奈地说：株昭铁路"无论官办商办，开春若不展通，新炉（指汉阳铁厂之炼钢炉——笔者注）难开。筱帅（指湖广总督陈夔龙——笔者注）来函，湘争甚力，开办无期，无可奈何"②。鉴于这种情况，清廷命邮传部与湖广总督、湖南巡抚与湘路公司积极协调，力求妥善处理此事，邮传部并委派员外郎关赓麟、曾毓隽二人前往湖北、湖南协调处理株昭铁路问题。双方经过协商，虽然分歧还是比较大，但也达成了一项协议，即湘路公司同意放弃弧线方案，支持株昭铁路建设。8 月 28 日，盛宣怀在致张之洞的电文中说，陈夔龙、岑春蓂电奏邮传部表示，湘路公司虽表示愿意"罢弧线"，改走直线，但是"湘绅志在自办，断无改移"。湘路公司放弃弧线之论，实际上就是说，湘路公司愿意把株昭段作为粤汉干路，而以易家湾至湘潭作为粤汉铁路之支路，实际上还是回到了粤汉铁路最初拟订的路线方案。湘路公司之所以能够放弃弧线方案，笔者估计应该与蒋德钧和熊希龄两人有关。

前文已经指出，粤汉铁路之所以能够从江西改线湖南，虽然原因很多，但是蒋德钧、熊希龄两人在其中起到了相当重要的作用。在盛宣怀致陈璧的电文中称："顷有湘绅蒋德钧面称：闻湘省公议，拟舍弧线而仍造直线，部能否俯允仍归商造？答以弟虽不敢臆度，但部因湘改弧线，始有此举。如湘公司呈请愿归直线，部似不难另奏。若仍狥一县所请而改枝为干，定要勉强运煤，舍直就弧，实欠公允。蒋德钧以为然，允即回湘开导。"③此函没有标注日期，但据文中"闻湘省公议，拟舍弧线而仍造直线"一句，根据我们在

① 盛宣怀：《愚斋存稿》卷 73《寄邮传部陈尚书》（五月十七日），载沈云龙主编：《近代中国史料丛刊续编》第 13 辑，台湾文海出版社 1975 年影印版，第 1570—1571 页。

② 盛宣怀：《愚斋存稿》卷 73《寄陈尚书》（五月二十八日），载沈云龙主编：《近代中国史料丛刊续编》第 13 辑，台湾文海出版社 1975 年影印版，第 1573 页。

③ 盛宣怀：《盛宣怀致陈璧函》，载王尔敏、吴伦霓霞编：《盛宣怀实业函电稿》下册，香港中文大学出版社、台湾"中央研究院"近代史研究所 1993 年版，第 503 页。

前文中的叙述，5月11日盛宣怀致电陈璧称，鄂督陈夔龙闻听致电邮传部表示，株昭铁路如能够实行官商合办的方式处理，则株昭铁路可以走直线，而不必绕经湘潭。由此我们可以大致知道此电文发出的时间当在5月中旬左右。大约在此之后，蒋德钧决定回湘动员湘路公司放弃粤汉铁路的弧线方案而走直线，即支持建设株昭铁路。不过，蒋德钧提出的条件是：如果湘路公司放弃弧线方案，则株昭铁路应由湘路公司承造。盛宣怀则答应蒋德钧，愿意与邮传部商议株昭路该归商办。这是蒋德钧方面的因素。

大约与此同时，当时运动粤汉铁路由赣改湘的功臣熊希龄也表示支持株昭铁路直线方案，而反对粤汉铁路的弧线方案。1908年，熊希龄向清廷上折陈述了自己对于粤汉铁路久拖不决的原因与解决办法。在这篇《奏为粤汉铁路宜定统一办法折》中的开始，熊氏指出："窃维粤汉铁路关系南北干线，最为重要，自升任湖广总督张之洞争回自办，已阅三年，均以绅商意见参差，尚未定有办法。近奉谕旨：'以各省商办铁路久无成功，饬令邮传部严定限期，并责成各省督抚督率办理。等因。钦此。'仰见朝廷重视路政之至意。臣湘人，于粤汉铁路原委略知梗概。连年以来，屡接京外官绅函牍，皆以湘路利弊互相辩驳，而于近日邮传部所定株昭铁路一线，尤多争议。"从这里可以看出，清廷此时对商办粤汉铁路的成效已经颇为不满了，所以才"饬令邮传部严定限期，并责成各省督抚督率办理"，也就是说，命令邮传部、鄂督、湘抚等中央和地方各级政府要加快粤汉铁路的建设。而此时粤汉铁路之所以久拖而无进展的一个重要原因是邮传部、湘路公司和萍矿公司在株昭铁路问题上存在着严重的分歧，清廷倾向于由邮传部会同盛宣怀的中国铁路总公司筹官款兴办株昭铁路，而湘路公司则坚决反对，且要求粤汉干路必须要走湘潭，这一点前文中已经分析了。接着熊希龄在奏折中阐述了自己对于弧线与直线方案的看法：

　　持弧线之说者谓，湘潭为湖南巨埠，商业习惯，上下货物皆越长沙而直抵湘潭，若粤汉铁路迳由株昭一线，则该埠无异废弃，故商民坚持绕道为一弧线，意在保全该埠也。臣窃以为，商埠之衰旺，皆视时势地形为变迁。海禁未开，两粤商船沿湘水顺流而下，惟湘潭地势湾环，较长沙便于停泊，故该埠由此繁盛。自五口通商而湘潭遂衰，自长沙设关而湘潭更衰，现在进出口货物闻多有集散于长沙者。即使将来铁道交通，在湘潭不过为往来过境之客货，断不能恢复从前景象，时与地使之然也。矧铁道载货多绕一里，即多一里运费，非独萍煤大不合算，恐各种货物亦未必以为便焉。又查各国商务虽称铁路装运灵捷，然笨重之物亦咸以轮船水运为省费，湘潭一埠乃上下游民船必由之路，自萍株铁路一通，醴陵民船咸多失业，转不如留此湘潭水运码头，以暂保我小民生计，此弧线之说之似不可行也。

熊希龄认为，弧线之说是不可取的。湖南绅士尤其是湘潭绅士极力主张粤汉干路绕经湘潭，目的是为了保持湘潭的商业地位，这种想法虽然可以理解，但是也有诸多不合理的地方。因为商埠之繁盛与否，是随着形势的变化而变化的。海禁未开，两广商船沿湘江顺流而下，湘潭上承两广货物，西接湘西土产，地理位置确实十分优越，因而能够成为商业巨埠。但是现在情况已经发生了很大的变化，五口通商之后，湘江两广客货皆走海道，湘潭的商业地位已经大为下降了，加之长沙辟为通商口岸后，长沙已经在商业上取代了湘潭的地位了，因此湘潭之衰落事实上已经无可挽回。即使按照部分湘绅的想法，粤汉铁路绕经湘潭，也并不能恢复湘潭过去那样的商业地位。况且铁路多行一里，就多一里运费，于客货运输多有不便。从当时世界各国的情况来看，笨重货物的运输仍然多以水运为主，萍株铁路通车之后，醴陵民船失业者颇多，他们或可能到湘潭谋生，这对于湘潭的水运反而会有一定的帮助。

邮传部在与湘路公司沟通的过程中，一方面承诺允准粤汉干路走湘潭的弧线方案，另一方面还声称在株昭铁路勘路购地过程中将为粤汉干路预留建设用地，湘路公司一旦款项有着落，邮传部同意其建设与株昭铁路并行之粤汉干路。对于邮传部的这两个承诺，熊希龄认为十分不合理：

持复线之说者谓，萍路利薄，由于萍煤少运，而少运由于水浅，故煤矿不敢加工挖掘。若铁路通至昭山，春夏时可用大轮多装多运，运多则铁路之水脚亦增。又谓萍煤运费究以水路为廉，萍昭路成，春夏上船，秋冬则搭粤汉铁路以至岳州，故株昭一线须与粤汉路线平行者，为萍路增利亦为萍煤省费也。臣窃以为民间实业初兴，皆恃国家之全力保护，东西各国所谓助长行政也。况轮船铁路均以运费为命脉，招商局之能敌外人者，亦以国家予以漕运之利益，即近日东三省新法铁路，一段本在辽河西岸，而日本龂龂日争，谓其攫夺南满铁路之利。足知振兴铁路，最忌双线平行，非徒无益，而又害之也。夫两利相形取其重，株昭所争者，一部分之商业，粤汉所争者，则关系于湘、粤、鄂三省之商业，粤汉路成，运兵、转饷以及各处土产皆可输运，非独萍煤也。昔闻湖南矿局订购机器，开办湘潭小华市煤矿，盛宣怀以其邻于萍煤也，力求湖南让卖，停止开采，惧侵其利耳。煤矿且然，何况铁路，此复线之说之似不可行也。

邮传部认为，株萍铁路开通后，如不展筑株昭铁路，则株萍铁路是很难有好的经济效益的。株萍铁路虽然修通，但是煤炭运输量并不大，因而萍矿获利无多。之所以如此，因为萍煤运至株洲，还要转装轮船或民船，不但多了上下转运的手续，而且还要受到湘江水量荣枯之限制。邮传部之所以在株昭之间规划两条线路，一方面是为了应对湘绅对株昭铁路的反对，另一方面一旦萍昭铁路建成，春夏萍煤北运既可用大轮船运输，也可用萍昭铁路运输，皆有利益。为了保障湘路公司建设之粤汉干路之利益，邮传部规定，粤汉干路不运萍煤；同时，株昭铁路只运输萍煤，不与粤汉干路争夺货源。但熊希龄认为，邮传部的这种想法与做法，是十分幼稚和不可取的。他指出，民间实业最初兴起时，全赖国家保护。今株昭一段修成复线，非但无益，贻害无穷。因为两条铁路平行本身就是巨大的浪费，况且将来两路之间的恶性竞争也是在所难免的。凡事当两利相较取其重，株昭所争者，只是一部分商业利益；而粤汉所争者则关系鄂、湘、粤三省实业与商业之兴衰。粤汉路成，凡各处土产货物皆可运输，怎么不能运输萍煤？因此，株昭之间绝对不可建设平行之复线。前面已经说明，弧线方案没有必要，所以株昭之间只需建成粤汉干线就行了。熊希龄在奏折的最后说，粤汉要想尽快修成，必须改变"三省分修之办法"，因为"三省分修，绅商各执一见，举此绝大之公司，既无能揽全局以善其事之才，而不肖者虎视眈眈，且日以攘夺权利为事，故自商办之后，而其不满人望也，视官办尤甚，若不早为之计，势必至坐失大利，有误国家交通政策，而洙（株）昭一线特其小焉也"。他认为，粤汉铁路的"事权"应统一，请朝廷"遴选廉明大员，简派督办大臣，授之以任，使总揽三省路务"。"三省绅商仍分办各该省之路事，概遵商律及张之洞奏定章程办理，而同隶于督办大臣之下。"①

　　从熊希龄的上述论述，我们可以看出，他所主张的筑路之法，其实还是"官督商办"之法，并无多少新意。因为在当时，关于粤汉铁路的争论实在是太多了，基本上能想的办法也只有这么几种了。但是，熊氏所论，客观而言，作为湖南人，他并没有仅仅站在本省的立场上说话，而是基本上是站在全国交通大局的角度来考虑粤汉铁路问题的，即希望湘绅们不要斤斤计较于湘潭弧线和株昭铁路那么一点点利益，而应该与鄂、粤两省官绅通力合作，争取早日建成粤汉铁路，对于湖南来说，这才是最根本的问题和最大的利益。应该说，这种见解也是十分高明的。

　　由于蒋德钧、熊希龄二人当初是粤汉铁路延路入湘的主要当事者，所以他们的意见对湘绅多少还是产生了一定的作用的，加之清廷建设株昭铁路的态度是比较坚决的。在这种情况下，湘绅们也逐步放弃了弧线方案，同意建设株昭铁路。但是，湘路公司认为，自己主动放弃了粤汉干路的弧线方案，已经做出了很大的让步，株昭铁路实际上已经成为粤汉干路的一部分，那么株昭段自然就应该由湘路公司独家承办，邮传部就不应该再参与，至于萍矿公司似乎也不宜插手株昭铁路。因此，盛宣怀请张之洞尽量做湘绅的工作，请他们同意之前一直商议着的官绅合力修建株昭铁路的方案。②"将来粤汉接通，如萍运艰滞，再将萍昭展筑一线"，即展筑至湘潭。1908 年 9 月，关、曾二人向邮传部详细禀报了有关情况。10 月 25 日，邮传部致电盛宣怀满腹委屈地称："株昭路事，本部为利益萍矿起见，迭受湘人诽谤。数月来，

---

①　上述引文均参见熊希龄：《奏为粤汉铁路宜定统一办法折》（1908），载周秋光编：《熊希龄集》第 1 册，湖南人民出版社 2008 年版，第 398—401 页。

②　参见盛宣怀：《愚斋存稿》卷 74《寄张中堂陈尚书》（八月初二日），载沈云龙主编：《近代中国史料丛刊续编》第 13 辑，台湾文海出版社 1975 年影印版，第 1582 页。

往返互商，设法转圜。"希望萍矿能够从大局出发，能与湘人妥议为盼。①11月1日，盛宣怀复电邮传部称，既然湘路公司自动放弃湘潭弧线方案，以株易（昭山）直线为粤汉干路，萍矿自然乐见其成。电文还说，接陈夔龙电，湘路公司允准即刻开工，8个月完工，"如果确实，不仅矿厂无碍，实有利于粤汉全路"。并建议电请株萍路总办薛鸿年尽快统筹株昭铁路之勘线与购地事宜。②根据盛宣怀的指示，11月株萍铁路总办薛鸿年敦请湘路公司和萍昭公司各自委派工程师会勘株昭铁路走向，12月购地工作基本完成，1909年1月，萍昭路局将有关勘路、购地等情形上奏邮传部。③

通过上面的叙述可见，邮传部、湘路公司和汉冶萍公司为株昭铁路进行了长达数月的商讨。最初，湘路公司坚决反对株昭铁路的建设，而主张萍株铁路向西延伸至湘潭，并要求粤汉干路必须沿"易家湾（昭山）—湘潭—株洲"的"弧线"走向。邮传部为了取得湘路公司对株昭铁路的支持，同意粤汉干线按照上述弧线布局。萍矿公司却对萍株铁路延伸至湘潭十分抵触，不断与邮传部交涉，请求邮传部允准展筑株昭铁路，作为交换条件萍矿同意湘路公司附股株昭铁路，并依据股份多少获取该段煤炭运输的利益。三方经过数月的博弈，至1908年8月底，湘路公司放弃了粤汉干路的弧线走向，但要求株昭铁路由湘路公司独家承建，不允许萍矿公司参与该路建筑。在张之洞、盛宣怀、陈璧等人的努力下，至1908年年底三方基本达成协议：湘路公司同意株昭铁路作为粤汉干路的一段，放弃弧线走向，并原则同意由邮传部、湘路公司和萍矿公司三方共同投资兴建。

至此，问题看似已经得到了解决，但至1909年，株昭铁路后续的发展却很出人意料。1909年2月，邮传部致电萍昭路总办薛鸿年赴京面商株昭路事，2月27日湘路公司总办余肇康致电邮传部，希望将株昭铁路归湘路

①　参见盛宣怀：《愚斋存稿》卷74《邮传部来电》（十月初一日），载沈云龙主编：《近代中国史料丛刊续编》第13辑，台湾文海出版社1975年影印版，第1583页。

②　参见盛宣怀：《愚斋存稿》卷74《寄邮传部》（十月初八日），载沈云龙主编：《近代中国史料丛刊续编》第13辑，台湾文海出版社1975年影印版，第1583页。

③　参见国民政府交通部、铁道部交通史编纂委员会：《交通史·路政编》第10册，1935年，第3416—3417页。

公司独家承办，以利于粤汉干路统筹规划，这基本推翻了前面本已达成的协议。后又有人主张株昭铁路应限期赶工，8个月完工，同时称株昭铁路也会为粤汉干线预留建设用地。湘路公司对此建议表示同意，但称株昭路需要一年方能完工。湘路公司又将独家承办株昭路之议商之于铁路督办大臣，也没有什么结果。后来，由于保路运动和辛亥革命的爆发，株昭铁路也就暂时不了了之了。

　　湘路公司、汉冶萍公司和邮传部之间对株昭铁路的争议，当时日本驻汉口总领事水野幸吉也非常关注，多次向日本驻华使馆报告有关情况："铺设粤汉铁路，将如何处置江西萍乡煤矿铁路，对湖南省而言实为一大问题。粤汉铁路在湖南省内较之在广东、湖北两省，缺乏名都大邑，收益自会少很多，主要目的在于运输萍乡煤炭，招股时亦宣称运输煤炭将有很多收益。但此前盛宣怀将汉阳铁政局、大冶铁矿及萍乡煤矿三家企业合并，成立汉冶萍厂矿公司，经与邮传部商议，决定将萍乡煤矿铁路归于邮传部管辖之下，由邮传部将该铁路延伸到株洲至昭山之间，通过该铁路将萍乡煤炭运到湘江沿岸，再借水运之便，销往汉口和其他地方。如此则粤汉铁路将不能运输一块煤炭。故此，湖南省粤汉铁路股东等一致反对，由前浙江巡抚聂缉椝等代表湖南省商民，通过都察院代奏，吁求废止株洲至昭山间之延伸工程。6月13日奉旨，邮传部铺设铁路是否有碍湖南铁路，着邮传部与湖广总督、湖南巡抚会同审议。湖广总督陈（指陈夔龙——笔者注）与山东巡抚袁（指袁树勋——笔者注）回电，称所奏至当，反对盛宣怀之计划。"[①] 还报告说："湖南省株昭铁路问题，聂仲方巡抚请都察院代奏，奏文之部分内容已作过介绍。邮传部则坚持让萍乡煤炭公司铺设该铁路，近日将到湖南与总督、巡抚共商利害关系。湖南省人民等非常愤慨，7月1日举行特别大会，商讨对抗之策；5日又举行第二次特别会议，向督抚呈递请愿书，要求在邮传部未到之前将该请愿书递交邮传部，以阻止部员来湘。"[②] 这里所谓阻止"部员来湘"，即是指反对前文所述邮传部所委派的员外郎关赓麟、曾毓隽两人来湘。

①　李少军编译：《武昌起义前后在华日本人见闻集》，武汉大学出版社2011年版，第53页。

②　李少军编译：《武昌起义前后在华日本人见闻集》，武汉大学出版社2011年版，第64页。

三、民国初年粤汉铁路武（昌）长（沙）段的 走向之争（1911—1914）

民国肇建，百业待兴，铁路建设则被列为重中之重，孙中山先生制订了建设 10 万英里铁路的庞大规划，粤汉铁路也重新启动了国有化。1912 年 6 月，北洋政府交通部再度宣布"川粤汉铁路收归国有"政策，随即委派资产阶级革命家、籍属湖南新化的谭人凤为粤汉铁路督办，负责办理湖南粤汉铁路公司（简称湘路公司）股款回购事宜，为此，谭人凤曾做了很多的工作。但到了 1913 年 1 月，袁世凯又将谭氏调任长江巡阅使，免去其粤汉铁路督办之职，同时任命黄兴为粤汉铁路督办，但黄兴"接任而不视事"①。1913 年 2 月，交通部又委派前两广总督岑春煊为汉粤川铁路督办，此后湘路公司反复与交通部磋商发还股款及交接事务。6 月，湘路公司公举陈文玮、傅定祥等为谈判代表，在北京与交通部议定了"收路还股办法"。10 月，交通部在长沙设立办事处，开始依照前议办法退还商款并办理交接手续。

在粤汉铁路湖南段重新收归国有的过程中，交通部也在组织人力重新进行武长段的勘路工作。实际上，早在 1911 年 6 月，清廷就曾派人重新开始对粤汉铁路走向进行勘测，此时主持勘测事宜的是英国工程师格林森，因为辛亥革命而中辍。1914 年 6 月，勘测至长沙，"此线系依古大道而行"，后因时局不定，延至 1918 年始勘至湖南边界，"经过重要城市直达湖南边界星祠岭"，并由此地与广东段接线。这次勘测的路线在湖南省的走向是岳州—长沙—株洲—衡山—衡阳—耒阳—郴州—星祠岭。②

但是，在这次勘线过程中，湘籍绅士对于武长段湖南境内的走向却产生了严重分歧，并由此产生了较为激烈的争论。以浏阳人孔昭绶为代表的部分湘绅主张粤汉路武长段应走平江、浏阳至长沙；而与他的主张针锋相对的

---

① 谭人凤：《为黄兴辞川粤汉铁路督办职事致谭延闿函》（1913 年 1 月 25 日），载石芳勤编：《谭人凤集》，湖南人民出版社 2008 年版，第 100 页。

② 参见《粤汉铁路工程概略》（德国实业视察团调查资料），《粤汉铁路湘鄂段管理局公报》1930 年第 2 卷第 12 期。

以岳阳人李澄宇为代表的部分湘绅，则主张由岳阳、湘阴而至长沙，与李澄宇观点相同的部分湘阴籍绅士也参与了这次讨论。1913 年 3 月，粤汉铁路总办颜德庆呈文该路督办岑春煊商改最古大道线。文称：

> 本路路线按照借款合同，应由武昌起经岳州以达长沙，其武岳一线如湖北咸宁等县早经勘毕，随时可以动工兴筑。现闻有人提议拟改用最古大道，系由武昌省起经鄂之咸宁、崇阳、通山三县及湘之平江县以达长沙。据说距离岳州缩短不少，但不知工程难易及商务情形若何？且不走岳州似与借款合同不符，应否派工程司带队前往草测，并调查一切俾资比较，乞核示。[①]

颜德庆文中所称"有人提议拟改用最古大道"，我们尚不知此人为谁，但想必此人当为最古大道沿线之人氏。对于此建议，岑春煊复函称：

> 岳州为湖南通商口岸，商务自比内地为多，当时拟定绕走岳州，必因此线之便利，有不在于远近者。然既有提议改由最古大道，其中必有讨论之价值。惟为借款合同所限，如欲勘用须先得银公司[②] 同意，请先商至之于银公司。如果公司不能稍更改，即可无庸勘测。[③]

从岑氏之答复可以看出，他实际上是不太赞同改线最古大道的。他明

---

① 参见国民政府交通部、铁道部交通史编纂委员会：《交通史·路政编》第 14 册，1935 年，第 232 页。

② 指中英银公司，简称"中英公司"。英国资本控制旧中国铁路投资的金融机构。1898 年由英国汇丰银行和怡和洋行合资设立，总公司设在伦敦，在北京、上海两地设有分公司。先后获得对京沈、沪宁、沪杭、广九等铁路的贷款权，又资助英国福公司，间接投资矿业。后来，英国政府为加强对华的投资力量，1904 将中英银公司和福公司合并，改称"华中铁路公司"。在 1906 年又吸收法国一些公司和银行的投资，组成国际合资公司，名称未变。参见尚海、孔凡军、何虎生：《民国史大辞典》，中国广播电视出版社 1991 年版，第 32 页。

③ 参见国民政府交通部、铁道部交通史编纂委员会：《交通史·路政编》第 14 册，1935 年，第 232 页。

确说，提议改线最古大道，或许有一定的价值，如果借款公司中英银公司不同意改线，则根本就不必进行勘测。但是，不久鄂境路线研究会职员邱岳等人亦呈文请求湘鄂线走崇通（崇阳—通山）大道，并陈述该大道之军事价值以及矿产、土货之丰富繁盛。1913 年 5 月，岑春煊令湘鄂局对邱岳等之建议之价值作出答复。同月，湖南绅民孔昭绶等呈文交通部请将湘鄂路线改用最古大道，并陈述了 10 大理由。

孔昭绶，字明权，号竞存，别名劲柃、攘夷，湖南浏阳县东乡达浒人，清光绪二年（1876）生。1909 年以秀才保送入湖南省高等师范优级学堂，1911 年毕业，奏请举人。后入日本法政大学，获法学硕士学位。1913 年 4 月至 1914 年 1 月，任湖南第一师范学校校长，循民国元年南京临时政府教育改革法令，提倡学生自治与自动，创设技能会，深受师生爱戴。同年"二次革命"中，发表反袁檄文。"二次革命"失败后，北洋军阀汤芗铭统治湖南，派兵包围一师。孔昭绶化装逃脱，东渡日本。1916 年 9 月至 1918 年 9 月，再任湖南一师校长，提出"有治人然后有治法，然无治法未必有治人"的办学观点，坚持教育革新，发挥师生的创造性、积极性，被誉为"民主教育的先驱"。军阀张敬尧督湘，摧残教育，孔托病辞职。1922 年年初，孔昭绶当选湖南省议会议员、副议长。次年秋，谭（延闿）、赵（恒惕）战争爆发，孔回家乡。不久，赴西北调查垦务，被冯玉祥延聘，主持辅治讲习所，兼办《西北报刊》。后任第二集团军总司令部少将参议，豫、陕、甘三省考核官，国民政府考试院考试制度史编撰。1929 年病逝于南京，终年 53 岁。①

孔昭绶在《湘鄂铁道路线商榷书》中提出了粤汉铁路武长段走平江、浏阳的建议（参见图3）。② 文章说，武昌至长沙有新大路、古大路、最古大路三条路，新大路约 900 里，古大路约 840 里，最古大路约 720 里。作者认

---

① 参见湖南省浏阳市地方志编委会编：《浏阳县志》，中国城市出版社 1994 年版，第 849 页；杨敬偲：《孔昭绶先生传略》，政协浏阳市文史委：《浏阳文史》第 11 辑，1994 年。

② 参见攘夷：《湘鄂铁道路线商榷书》，民国石印本，年代不详，湖南省社会科学院图书馆藏，有线路示意图，本书正文中线路图即取自该书。按：该"商榷书"1914 年曾刊载于《铁路协会会报拔萃》（铁路协会编辑部 1914 年版，第 244—249 页），但没有线路示意图。攘夷，为孔昭绶笔名。本书下面的论述参考了上述两种版本的内容。

为，新大路不如古大路，古大路又不如最古大路；新大路根本没有存在的必
要，故亦无研究之必要。作者首先列出了古大路和最古大路的具体走向，并
对这二者的优劣进行了比较。

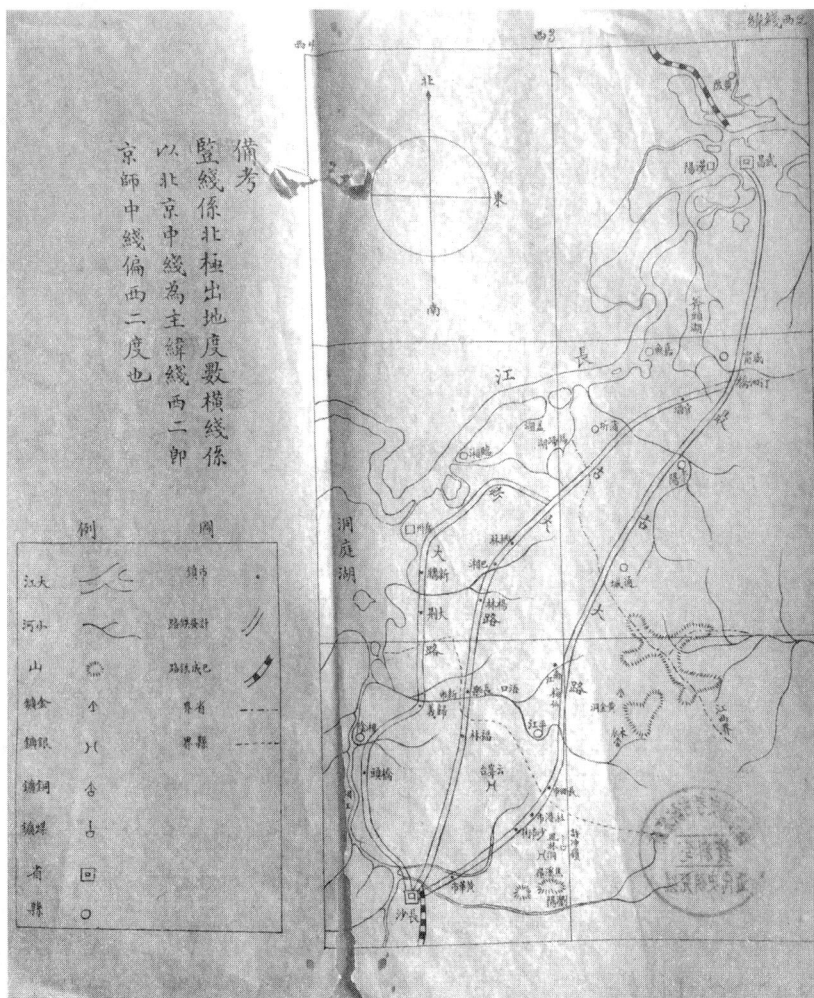

图 3　湘鄂铁道路线商榷书示意图[1]

古大路的走向为：长沙小吴门—马鞍驿—福林驿—永平驿（属平江）—

[1]　参见攘夷：《湘鄂铁道路线商榷书》，民国石印本，年代不详，湖南省社会科学院图书馆
藏。攘夷，为孔昭绥笔名。

大荆驿（属湘阴）—新墙（属岳阳）—巴湘桥—长安驿—羊楼司—蒲圻—官塘驿—咸宁县—山坡司—东湖驿—武昌，长度为 840 里。

最古大路的走向为：长沙浏阳门—黄华市—沙市街—长田市—安定桥—平江县—梅仙—南江—通城县—崇阳县—丁泗桥—咸宁县—东湖驿—武昌，长度为 720 里。

为什么最古大路优于古大路？作者详细分析了十大理由：

（甲）就工程而言。其一，距离长短决定应走最古大路。最古大路较古大路距离为短，可以节省经费约 300 万元，此为应走最古大路理由之一。其二，水患与工程难易程度决定应走最古大路。古大路途经之地大部分地区水患严重，且土性疏松，水冲之下，路基时有崩坍之虞；而最古大路途经之地只有部分地区存在一定的水患问题，大部分地区远离湘江，因而水患问题较小。古大路有多处峻险之石山阻隔，施工不易；最古大路途经之地没有巨大石山，只有一些小小丘陵，大部分地区属于地势迂缓之地，施工难度要小得多。因此，从工程施工难易程度来看，最古大路远远优于古大路，此为走最古大路理由之二。其三，两路桥梁数量之多少决定应走最古大路。由于古大路多经过河流下游，水面宽阔，需要建设的桥梁数量及由此产生的费用要远远多于地处河流上游的最古大路，此为走最古大路理由之三。

（乙）就经济而言。其一，购地、地价等因素决定应走最古大路。最古大路由于路线较短，可以节省大量购地经费；古大路路线长，会浪掷许多购地费用，这是违反经济原则的。同时，一般而言，"下流之田，其价值必倍于上流之田"。古大路属于河流下游，土地相对肥沃，因而地价也相对较高；而最古大路地处河流上游，地价相对便宜。从地价的总价和单价上看，最古大路都优于古大路，此为走最古大路理由之四。其二，木材石料供应方便与否决定应走最古大路。在木材石料的供应与转运方面，古大路即使不采用洋木，也必然需要从湘西长途转运，枕木价格必定昂贵。而最古大路，则枕木之使用可就地取材，"足敷运用而有余，运价廉而销路畅，公私两便，兼可唤起国人研求森林制度之注意。"此为应改走最古大路理由之五。

（丙）就交通而言。其一，商务与物产多寡决定应走最古大路。发展商务是建筑粤汉铁路的主要目的之一。古大路之"长沙、湘阴、巴陵等县物产无多，则不足以供养路之用"。而改由最古大路，一方面可以开发输出沿线物品，开辟无穷之利源；另一方面可以吸收运费以供养路之费。浏阳平江地区不但金、银、铜、煤、铅、石膏等矿产资源极为可观，而且纸张、夏布、茶油、红茶、木材、谷米、爆竹（又称鞭炮、炮仗、爆竿）、果食等农副产品亦特别丰富，堪称湘省各属之冠。同时，这些矿藏与农副产品也都在拟议的铁路沿线附近，为粤汉铁路保证了货源，铁路的经济效益能够保证，也能极大地改善湘东地区民众的生活条件。这是应走最古大路理由之六。其二，不与航路平行决定应走最古大路。铁路之最大忌讳莫过于与航路竞争，古大路与湘江平行，势将导致铁路与轮船之激烈竞争，这对于铁路和航轮都会造成损失。而最古大路恰恰不与湘江航路平行，此为应走最古大路理由之七。其三，不与铁路支线平行决定应走最古大路。铁路建设必须统筹好干支路之间的关系，务必使二者形成互补的良性循环关系。粤汉铁路走古大路，不但与湘江航线平行，"且将来长常（长沙至常德——笔者注）支线一成，岂非重床叠屋而互相妨害，适成为两轨夹江三线平行之现象"，这是十分不合理的。而粤汉铁路走最古大路则没有与支线平行之顾虑，如该路能连一支线至南昌，不但能够连接湘鄂赣三省，且将"扼南数省交通之总汇机关"。此为应改走最古大路理由之八。

（丁）就军事而言。其一，军事平直主义决定应走最古大路。兵贵神速，最古大路由于路线最短，最利于军运。论者或谓岳阳为湘省门户，不宜舍临湘岳阳而就浏阳平江，然此论不知"铁路为转移形势之枢纽"，铁路一成，则攻守之重心为之转移。粤汉改走最古大路，则湘鄂形胜必移于湘鄂交界之幕阜山。同时，从历史上来看，湘鄂浏阳平江通道一直发挥着重要的作用，"今负贩小商，往返湘鄂，亦半出于此途"。最古大路"合于军事上平直主义"原则，此为改走最古大路理由之九。其二，军事坚牢主义决定应走最古大路。铁路如走岳州，则是水陆兼程，倘陆军败，则水军必受影响；水军败，则陆军亦受影响，其危险难以预测。如取最古大路，水陆相距既远，则水陆不至于相互影响。又，一方面，古大路土质疏松，路基易圮。另一方面，古大路河流宽阔，桥梁众多，战时倘一桥中断，则在交通上全局危殆。以上两端皆与军事上之"坚牢主义"密切相关，而为军事家所最注意者，此为改走最古大路理由之十。

文章最后指出，改走最古大路的以上十种理由，虽然只是举其荦荦之大端，但却"小既关系于一省一国，大且关系于欧美亚各交通机关"，作者呼吁有关部门尽快"遴委工程师前往踏查，勘定路线，以便积极进行"，此乃"民国之幸福也"。①

显然，孔氏完全是站在自己家乡的立场谈论粤汉铁路湖南段的走向的。我们不能说孔昭绶所提出的走最古大路的理由没有道理，比如，最古大路不与湘江航路平行，从而避免了轮船与铁路的竞争等理由即具有一定的合理性。但是其中的不少理由，比如，古大路之"长沙、湘阴、巴陵等县物产无多"，最古大路途经之地没有巨大石山，只有一些小小丘陵，大部分地区属于地势迂缓之地，施工难度要小得多等理由，其实都是站不住脚的。

湖南岳阳人李澄宇则与孔昭绶的观点针锋相对。李氏等人极力主张走岳阳、湘阴以达长沙，而反对古大路和最古大路。李澄宇（1881—1955），原名李寰，字瀛业。因早年在报界谋事，多用"洞庭"化名，时人遂呼"李洞庭"。岳阳县潼溪乡山上村周家岭人。李澄宇出身贫寒，自幼发奋攻读，考入湖南高等师范优级学堂，毕业后进入湖南讲武堂。1911 年，曾在岳阳创办《岳阳日报》，赞成共和，在湖南新闻界颇有影响。因对政事抨击过多，直言讽谏，遭当局查封。后历任岳阳、华容、长沙等地中小学教员。1914 年，在民国政府督办参战事务处任秘书。1922 年，曾被授予少将军衔。以后历任湖南省政府秘书、湖南民众参议会参议、湖南省政府设计委员等职。抗战后期，曾先后在武冈国立十一中学、国立师范、私立民国大学任教员、副教授、教授。1947 年，曾在岳阳参加"国大"代表竞选。1949 年，任湖南省政府秘书，参与湖南和平起义。中华人民共和国成立后，任湖南省文物保管委员会委员、省文史馆馆员。李澄宇在清末时曾参加文艺团体"南社"，擅长诗文，他与傅钝艮、谢晋、姚大慈、姚大愿，被人誉为"湘中五子"。粤汉铁路勘线定界时，浏阳人孔昭绶主张线路经平江、浏阳至长沙。李则力主线路应经岳阳，并就地理环境、自然资源、路线远近、开凿之难易、耗资

---

① 攘夷：《湘鄂铁道路线商榷书》，民国石印本，年代不详，湖南省社会科学院图书馆藏。

之多寡、交通运输之主次等，条列成文，洋洋万言，呈送民国政府，力排孔议，故有"我于斯道孰铮臣"之句存世。民国政府采用李澄宇之言，改线路经岳阳，使临长江、滨洞庭的湘北门户岳阳顿成南北水陆交通要冲。①

此外，署名为公益协济会孙泽霖②、林绍敏③、谭斌、易炳仑④的《湘路线图略暨新勘与旧勘之比较利病说明书》（以下简称《利病书》）中（参见图4）提出了他们对于武长段线路走向的认识。《利病书》指出，合兴公司勘测的"由郴衡至长岳"的湘路走向是一条合理的路线。这样的线路走向，湘江上游的衡州等地可以吸收桂林、象郡等地之物产，湘江中游的湘潭、株洲等地可以转输宝庆、醴陵、萍乡等地之物产，而湘江下游的湘阴，地处常、澧、辰、沅、永、靖等地之要冲，上通黔蜀，旁达资江，商贾百货皆汇聚于临沅，故临沅实为湘阴之堂奥。只是临沅一地，夏秋水势迅猛，多有不便；而冬春又水干沙多，也不利于货物转输。不过，湘阴县城南湖港四季均可停泊船舶，八甲一带则可以囤聚货物，建立货栈，故而在此地设立车站"必为湘省全路之冠，与岳州之西通荆益，南极潇湘者，尤为占天时地利最宜之要点也"。也正因为如此，合兴公司在测勘湘路时，十分看重湘阴、岳州等地联

---

① 笔者并未找到李澄宇有关粤汉铁路武长段争论的论述，以上内容参见刘美炎主编：《岳阳文史》第10辑《岳阳籍原国民党军政人物录》，政协岳阳市文委员会，1999年，第319—320页；刘美炎、唐华元：《岳阳百年大事记（1840—1949）》，中国社会科学出版社1992年版，第106页。

② 孙泽霖（1856—?），字澍棠，号退庵老人，湖南湘潭（一说湘阴）人。少时习儒，攻五经之术，兼习岐黄之学，亦儒而医者。孙氏清季曾任太守，官居四川多年，后以医随杨公儒驻节欧美等国11年，曾参加莫斯科国际医学研讨会，清亡后归国。孙泽霖归国后，更加精求医学，为近代医学名家。孙氏亦曾组织经营近代轮船运输公司。1914年，长沙绅商孙泽霖邀彭先俊、甘诗丞、姚大珂、吴茂生等集银1万余两，组成长湘浅水汽船股份有限公司，主营长沙至湘阴航线。以上分别参见易法银、阳春林、朱传湘编著：《湖湘历代名中医传略》，湖南科学技术出版社2009年版，第260页；郭钦编著：《湖南近现代工业史》，湖南人民出版社2013年版，第150页。

③ 林绍敏，字逊伯，湖南湘阴人，同盟会会员，曾留学日本。参见杜迈之、刘泱泱、李龙如：《自立会史料集》，岳麓书社1983年版，第311页；林受祜：《回忆辛亥革命时的旧事》，载政协湖南省文史委编：《湖南文史资料选辑》第15辑，湖南人民出版社1982年版，第8页。按：林受祜，系林绍敏之侄。

④ 谭斌、易炳仑二人情况不详。

系湘西的优势，因而分别在岳州、湘阴设立车站。由于合兴公司违背修路条款，湘人起而争路，赎回路权，后来清廷又颁布了铁路国有政策，但并没有对合兴公司测定的线路走向进行更改。然而辛亥革命湖南光复后，粤汉铁路湘段拟归商办，湘鄂段重行勘测，于是"省费改路"之说逐渐兴起。

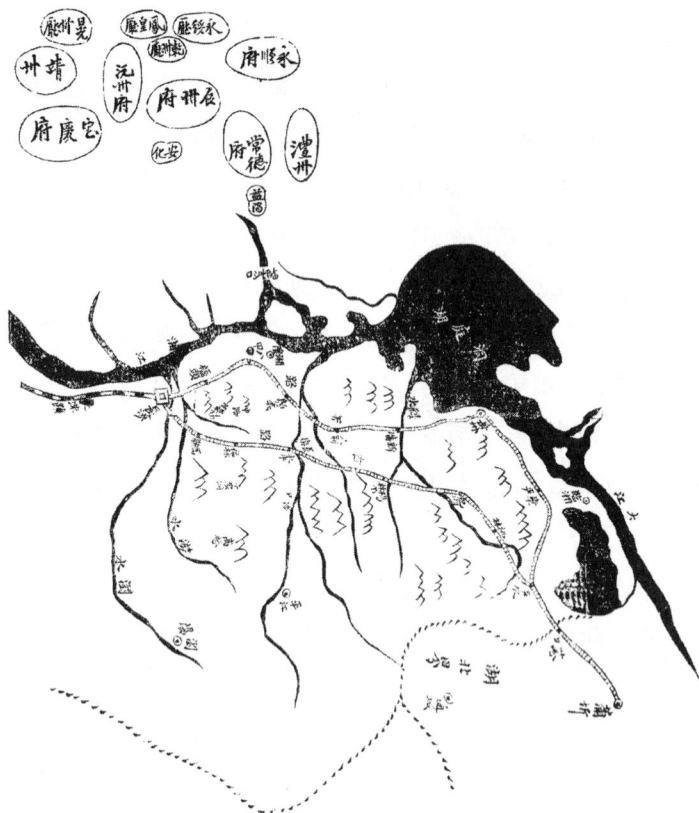

图4　湘路新勘旧勘路线比较示意图①

在《利病书》中，作者首先按照甲乙丙丁的顺序分析了各大路的基本情况：（甲）古大路，"无出产，无城市，旅客了了无几，即主持改行此线者，并无政始（原文如此，当为"治"——笔者注）上之关系，唯取便于附居

---

① 参见孙泽霖、林绍敏等：《湘路线图暨新勘与旧勘之比较利病说明书》，民国铅印本，年代不详，湖南省社会科学院图书馆藏。

此方人士。一图上车密迩，一图购地得金，其它非所计也"。（乙）中大路，"向无此名义，因古大路与新大路，说者以路线长短，取其可以省金，互相辩论，于是中大路之名义由此发生。然为是说者，本以为调停之计议，殊不知括一漏万，于铁路性质大相违背也"。（丙）新大路，"由长沙至湘阴，依旧日侯威所勘之线，并无水患可以绕及路身。且湘阴实当临凘口要冲，所有常、澧、辰、元、永、靖以及苗厅宝庆、安化、益阳等处之物产出入，每岁不下数千百万。既不侵犯航路，复不损害民船，将来必挽入湘阴之南湖港，归入干线车站，毫无疑议……湘阴一埠，实握粤汉干路咽喉，因可以收吸西路各府厅州县之精华"。（丁）西路者，"因湘垣区域而分也，临凘上通资水，旁达渠江，环绕常、辰、沅、澧并可以兼达黔蜀粤西，其物产之富，本超出湘省，特是河流险峻，汽船不能航驶，所以民船出口，每岁遭难于洞庭者，几不可以数计，所以西路人民日夜望粤汉干路之成，并日夜望湘阴埠之立，若大旱之望云霓，已非一日也"。

在《铁路协会会报》1913年第11期所刊《利病书》中，作者指出，一直以来，湘路走向本无异议，随着"省费改路"之说兴起，于是有"新勘古大路之议作"。对于新勘古路（即上文孔昭绶所言之古大路）与旧勘新路（即合兴公司所勘定之路线）之间的关系，作者指出，新勘古大路的出发点，只是取其路线稍直而已，并没有考虑"旅客物产之去路来源以发展路政"的因素。由于这样的思路，所以新勘古路长岳一段，首先将湘阴排除在外，对于临凘口之重要性视而不见，这是很不合理的。甚至还有人"倡言规避岳州径趋蒲圻而达武昌者"，这就更加荒唐了。之所以有人这样主张，其所持有的理由仅仅因为这条路线相对较直，能够节省一些建设经费，而粤汉铁路之所以久拖不决，其主要原因确实是建设经费颇为紧张，甚至可以说还没有着落。但是建设铁路并不能仅仅考虑路线取直以节约经费这样一条因素，必须综合考虑铁路沿途经过地区的商业与贸易状况，而且这是铁路建设最应该考虑的因素。即作者所说，世界各国的铁路建设，"无不眼光四射，慎择地势，绕近商场，以图增厚其利益"。随后作者以国内修建的京奉、京张、沪宁、沪杭、京汉等铁路为例，证明铁路建设必须经过巨埠大镇，这样方能保证铁路建成之后的经济效益。尤其是沪宁铁路，作者特别指出，与粤汉铁路一样该路也地处南方，沿途经过之镇江、苏州、无锡、常州等地同样河网密布，水运发达，但是沪宁铁路并没有因为这些城市水运发达而专门绕开他们。总而言之，上述铁路在建设过程都遵循了"由府厅州县城址通商大埠口岸经过"的原则，因为"府县为人民荟萃之区，港口及为百货贸迁之所。铁路干线交通本为补航路之不足，所以欧美各国铁路如蜘蛛网周番，不特关乎实业之便利，即行政上之枢要亦且有莫大之关系焉"。由于以上的原因，粤汉铁路武长段的建设也应该遵循上述原则，否则其未来的经济效益是很难保证的。

湘线新改古路与旧勘新路之间的优劣，作者进行了详细的比较。旧勘新路（即合兴公司所勘之路）的走向为：长沙北门—花石坳①—临桥—桥头驿—游泗塅—熊家塅—龙潭寺—关公塅—周家桥—八甲（在湘阴县）—六堂—杨梅—归义—大荆—新墙—岳州—城陵矶—临湘—长平—长安—蒲圻。总计由长沙至蒲圻，全长约四百五六十华里，粤汉路湘段的这一段走向，大致也是清代官驿道即干线驿道所经过的地方（参见图5），当然在个别地区也并不是完全吻合。

合兴公司所勘测这条路线，所经"皆背山面河"之地，地理位置优越，沿铁路东西两侧各地之物产运输至铁路均十分方便，因为铁路线基本与湘江平行，而湘江东西两侧支流甚多，客货均可由湘江支流汇聚至铁路沿线各站。作者说，"长沙高桥、麻林桥一带之红茶，本可以由水路运出捞刀河；浏阳、醴陵之布帛、靛青、麻纸可以出新河口（即浏阳落刀口嘴河口）上长沙车站；平江、巴陵县属之物产可出归义、新墙二口上站，此东路之货物并无阻碍交通之病也。且长湘沿江而下，河东有斜凝、丁字、石渚、铜元、沙市、樟树、濠河之贸易；河西有新康、沱市、靖港、桥口内河之物产，皆可汇源于湘阴一埠。输出之货直达中原，输入之品径通堂室。若夫西路物产，则益阳之纸、安化之茶、常辰之竹木、沅澧之油麻、黔蜀广西之矿砂铜质，无不出于临沚口一途，不二十里②直达湘阴南湖港，则是天然站口，湘阴一

---

① 此处本应为"花石坳"，《铁路协会会报》排版误为"花坳"，"石"字排在相邻的一列中。此处系据湖南社会科学院版本改正。

② 湖南省社会科学院图书馆藏版本与此词句稍有不同，其谓"不三十里直达湘阴南湖港"。

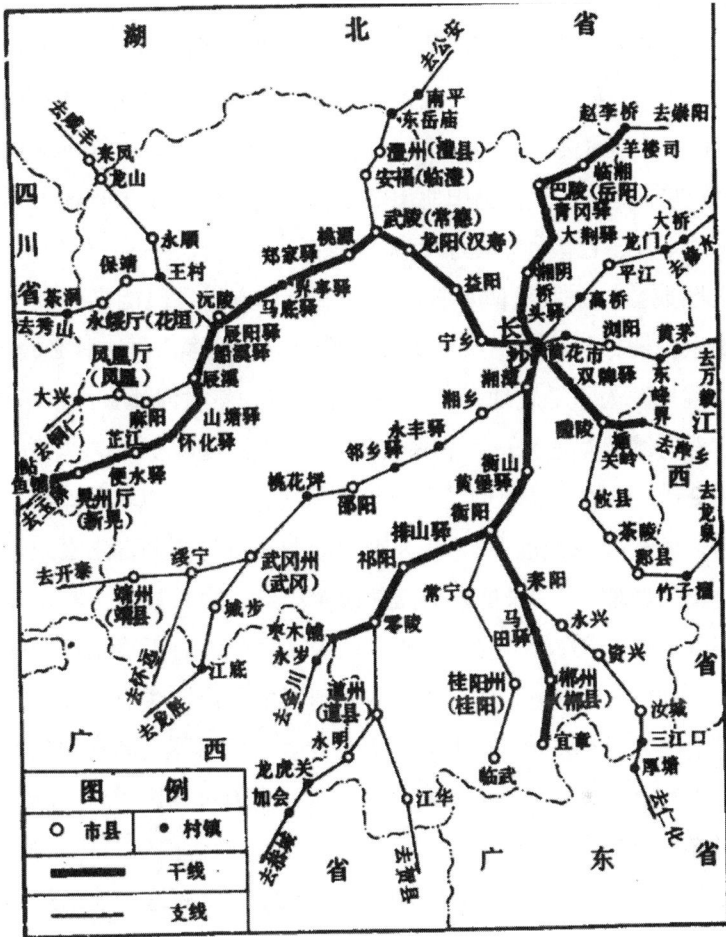

图 5　清代湖南驿道示意图①

埠实握粤汉干路之咽喉，实无可改移者也"②。还有责难旧勘新路的人说，现
在中国的铁路日渐发达，粤汉干路虽然正在推进，但是长（沙）辰（州）支
线铁路也即将进行。"湘阴一埠，专为收吸临沩一途货物而设，将来货物归
于枝路，湘阴且为冷静市场，又将何以处之乎？"对此疑问，作者表示，支
线铁路是为干线铁路服务的，修好支线铁路只会更好地促进干线铁路的业

---

① 参见湖南省交通厅编：《湖南公路史》第 1 册，人民交通出版社 1988 年版，第 21 页。

② "天然站口，湘阴一埠实握粤汉干路之咽喉，实无可改移者也"这句话，原文特别用大号
　字体，以示其重要性。

务，而不是起相反的作用，所以这个理由也是不能成立的。现在有人因为经费紧张而主张粤汉干路改线为新勘古路①，其实这条线路所经过的地方，只是清代驿道的一条支线，多为荒凉地方，商贸稀少。主张这条线的人说，"福林长乐一带，内接长（沙）平（江），物产丰富"，难道就不能这样设线吗？作者反驳道："长沙、浏阳所出之茶麻纸料，已由水道入捞刀河、新河上省站矣。平江、巴陵所出之油米棉花等物，又由水道入归义、新墙上车站矣。且区区数县，流域纵横平直，不过三四百方里，岂能供昼夜不息之运输？是长乐、杨林两埠车站必成虚设，无货材无旅客，可决其必堕此病也。况巴湘、桃林尤为不毛之地，必经平水至港口，然后河流贯注，市镇冲繁。天下岂有背府城州县数百里，入深山穷谷辟干路通轨线之理哉？②况内地市廛，犬牙交错，皆在河流汇合之处，即商旅之往来，藉以占其盛衰，尤不能绕越繁富，而径入乡野也。"某些人因为旧勘新路与新勘古路之间存在着争论，于是出来调停说："长湘两县路轨改走中路，由长沙桥头驿、洋桥、三姊桥、铜含口、归义入大荆驿。"作者认为，这些人对于路政问题就更加外行了："以为路线之平直，平日通省城便到即可以作轨线也。殊不知目前缩路仅二三十里，通车被埠，岁且损数百万金，日积月累，孰得孰失？又岂可以道里计哉？更有关于修筑时运输材料等件，尤有极形困难者。新勘路无沙石、无木料，经过地点皆小冲坡叠，迁缓童山，搬运建筑等物，全仗人力，则费用尤与通过城市港口，不啻数十百倍于兹。"上述这些建设过程中诸如材料运输困难、运输费用高昂、建设周期长等问题，尚只是小问题，更大的问题在于，"且铁路③ 国有营业之外，补助行政机关，其余征兵转饷，巩固国防尤有密切之关系，则穷乡僻壤，窒碍尤多。况今借款筑路，抵押收入的款，国民痛苦久矣，呼吁无门，能抛此巨资耗费金钱④，不顾将来筹还债务

---

① 新勘古路其具体线路走向为：长沙—马鞍—福林铺—长乐—杨林—巴湘—桃林—平水—港口—蒲圻（参见图2）。

② "岂有背府城州县数百里，入深山穷谷辟干路通轨线之理哉？"这句话，原文同样用大号字体排印，以示其重要性。

③ 湖南省社会科学院图书馆藏版本与此词句稍有不同，其谓"且铁道国有营业之外"。

④ 湖南省社会科学院图书馆藏版本与此词句稍有不同，其谓"安能抛此巨资耗费金钱"。

之负担，是新勘路之不适宜于长岳，湘中士庶皆能道自底蕴，有百弊而无一利"。作者最后指出，主持粤汉勘路之人，皆一时之人杰。"总之，粤汉干路为东南之正干线，湘阴一埠实为粤汉之要枢，舍岳州而入巴湘，犹有航路之可言也；舍湘阴而背西路，并无航路之可言。无航路之可言，则货物归聚临沅一口，挽入东湖①，所谓上通黔蜀，下达江淮，将来取之不尽，用之不竭，皆于湘阴一埠操其胜算也！夫岂待辩而明耶，三湘父老千万生灵，有此利源，坐看抛弃，又何路政之可言耶？"由以上论述可见，《利病书》显然坚持柏生士旧勘线，反对任何改线之议。②

交通部将孔昭绶等呈文转批岑春煊，并命粤汉铁路总工程司格林森对浏阳、平江线与岳阳、湘阴线之优劣进行比勘。格林森委派辛克来负责调查两线之优劣，辛氏调查后汇报说，从地理上来说，最古大道虽然比柏生士所勘路线近了200余里，但是此线所经过之湘鄂交界处，有大山阻隔，坡度太陡，而且还需要架设桥梁数座，开凿山洞，技术上有较大难度。再从商业贸易的角度来看，最古大道沿途商务萧条，铁路的经济效益难以保障。虽然有一些矿产，但数量均十分有限，难以形成气候。所以，无论是从施工难度上，还是从商务贸易的前景来看，走最古大道均不是好的选择。③

综上所述，清末民初，社会精英对于铁路重要作用的认识已经非常深

---

① 这里的"东湖"系指洞庭湖的东湖与西湖。湖南木材行销武汉，向有东湖木与西湖木之别。"盖木材之行销于武汉下游者，自有东湖、西湖两种。自湘、资二水源，由洞庭湖入江运汉者，谓之东湖木。西湖木则产自沅水上源，经黔东锦屏、天柱、剑河、三穗等县，集于洪江，沿沅水经洞庭湖西，以运汉者是也。以出自苗疆，又曰苗木。其质料通长坚实，不易朽烂，在木材中最为上色，故销数亦最大。"参见张弛道：《边区鸟瞰》（原载《边声》1942年第1卷第1期），载沈瓒编撰，李涌重编，陈心传补编，伍新福校：《五溪蛮图志》，岳麓书社2012年版，第259页。
② 参见孙泽霖、林绍敏等：《湘路线图暨新勘与旧勘之比较利病说明书》，民国铅印本，年代不详，湖南省社会科学院图书馆藏，有路线示意图。按：《利病书》最初刊于《铁路协会会报》1913年第11期，第59—63页，名称为：《湖南路线新勘与旧勘之比较利病说明书》；1914年又刊载于《铁路协会会报拔萃》（铁路协会编辑部1914年版，第252—254页），均没有线路示意图。本书正文中的论述参考了上述两种版本的内容。
③ 国民政府交通部、铁道部交通史编纂委员会：《交通史·路政编》第14册，1935年，第232—233页。

刻。参与粤汉铁路武长段路线之争的人士，均为社会精英，不少人还具有良好的西学素养，因此，他们对于铁路的重要作用的认识就更加清楚。孔昭绶作为浏阳人，主张铁路经过其家乡浏阳；而李澄宇、孙泽霖、林绍敏等作为岳阳人和湘阴人，他们则极力主张铁路走岳阳、湘阴一线，同样也是出于热爱家乡的天然情感。客观地说，每个人都热爱自己的家乡，所以他们极力为家乡争取铁路的主张也是人之常情，本身也无可厚非。此正如曾昭抡所言："爱乡如不害国的话，我们并不反对。当湘鄂铁路兴建的时候，本有经由湘阴及平江两说。工程当局，颇主张取道平江。其时湘阴范静生先生适任教育厅长，在阁议时提议改道湘阴，但是范静生先生并不因此而有累盛德。"[①] 这里非常值得注意的是，湖南省政府在讨论孔、李等人的争论时，时任教育厅厅长的范源濂支持岳阳、湘阴路线，而范本人也是湘阴人。曾昭抡所谓范静生"爱乡不害国"之说，恐怕多少也有点个人主观猜测，很难说范静生不是为家乡争取利益。无论他们争论的结果如何，他们的争论背后所反映的问题，却是我们应该高度关注的。他们的争论，反映了人们对于以铁路为代表的近代工业已经由排斥转化为积极欢迎的态度，人们对于铁路促进经济发展的认识也日益深刻。正是基于这样的认识，各地开始出现了对于铁路线路的争夺而且日趋激烈。这种现象，就是在当代依然明显存在，如各地政府和民间对于高铁线路走向的"博弈"就非常激烈。某种意义上说，这种争论，在当时无疑是社会进步的表现。

四、株韶段良田设站之争

民国时期，铁路在人们的日常生活中扮演着重要的角色，乘坐火车出行已经非常普遍。1933 年，英国记者弗莱明从江西萍乡由株萍铁路去长沙，"车厢里挤满了乘客，他们形成了一种错综复杂但似乎很固定的人道主义模式。……在那个长官旁边是三个胖胖的女学生，她们是在回长沙的大学的路上"[②]。现

---

① 曾昭抡：《滇康道上：滇康旅行记》，辽宁教育出版社 2013 年版，第 202—203 页。
② ［英］彼得·弗莱明：《独行中国——1933 年的中国之行》，南京出版社 2006 年版，第 202—203 页。

在我们对这种景象再熟悉不过了。粤汉铁路沿线的人们对于粤汉铁路的建设充满了期待，1935 年 10 月，铁道部职员沈光宗等人视察粤汉铁路株韶段的建设情况，在他们乘坐工程局的专用车辆由渌口前往衡州的路上，每当工程车在沿途的车站停靠时，"附近居民相率来观者如堵"；到达衡州后，晚上工程局组织放映工程电影，"四乡居民，来观甚众"①。一般人也都知道，铁路等现代交通工具，"可以增加民族的感情，促进民族的团结，实在是一个民族图生存发展的要件，同时交通又是国家统一的基础，在一个交通不发达的国家，往往容易造成分割的局面"②。即以粤汉铁路为例，该路全线通车（株韶段 1936 年 9 月正式建成通车）之前，在"广州车站一直听到广东话，因为旅客是广东人，车站的人也是广东人，行车的人也是广东人，现在路一通，广州车站可以听到许多国语了。从前广东省用毫洋，中央的票当然可以用，不过还是以毫洋为单位，现在路一通，一切都用国币法币，票价一切都以中央的法币为单位，广东的币制马上就改变过来了"。如果说广东偏据岭南，而地处内地的陕西也是这种情况，陇海路没有通到西安之前，"潼关过去不用中央的钞票，杨虎城发行一种陕西省的钞票，中央的钞票不能用，火车到了潼关，往西前进，这个门是关不住的，于是中央钞票大大地通行了，陕西的票慢慢地没有了"。以上这些都是"交通解决问题的办法"③。而没有铁路的地区，对于铁路可谓望眼欲穿。1936 年 3 月，铁道部部长张嘉璈飞抵广西南宁会晤白崇禧、黄绍竑等广西军政大员，"当时彼等表示渴望广西境内有一铁路，以资开发广西。嗣广西大学校长马君武来宁，代表广西人民要求政府早日为广西建筑铁路，甚至谓即有一寸铁路，人民将不胜雀跃欢忭"④。由此可见，铁路等现代交通工具对一个国家的政治和经济统一其作用何其巨大！至于铁路在商业上的作用，民国时期的人们对此的认识就更加清楚了。

正因为认识到了铁路对于地区经济发展的巨大促进作用，人们对于铁

---

① 沈光宗：《粤汉铁路纪行》，《铁道半月刊》1937 年第 2 卷第 6 期。

② 林森：《发展交通为建设现代国家要件》，《粤汉月刊》1937 年第 1 卷第 12 期。

③ 沈云龙访谈：《凌鸿勋口述自传》，湖南教育出版社 2011 年版，第 107 页。

④ 姚崧龄：《张公权先生年谱初稿》上册，社会科学文献出版社 2014 年版，第 165 页。

路线路的走向和站点设置就格外关心了，甚至主动向政府或铁路部门建议线路途经自己的家乡或者在自己的家乡设立车站。在粤汉铁路株韶段的施工过程中，湖南省郴县良田镇人刘均之、王冠军就向粤汉铁路部门提出将原良田镇站改设为四等车站，以方便乘客与货物运输。对于这个提议，铁路部门非常重视，专门派员进行了认真勘察，最后得出结论认为：该地无论从工程上还是从经济上都不适宜设立车站。

郴县良田镇，位于郴江上游东岸，因附近农田肥沃而得名。1982 年置镇，今属湖南省郴州市苏仙区，镇政府驻良田圩，北距郴州市 21 公里。该镇为湘粤通道，京广铁路复线、京珠高速公路、107 国道贯穿南北，交通十分便捷。良田站建于 1936 年，离北京站 1946 公里，距广州站 349 公里，隶属广州铁路集团公司长沙铁路公司管辖，现为四等站，站址在湖南省郴县良田镇。① 刘均之，情况不详，不过据《郴县志》载，此人民国初年曾与陈广泽合股在其家乡良田圩开办过书店，是郴县较早的乡村书店。② 由此可见，此人具有一定的文化水平；又因为他常年在外经商，故见多识广。其能提出在其家乡设立车站，并不是随心所欲，确实是有一定的思考。

针对刘均之的提议，铁路部门派员进行了调查，考察了工程、行车、营业等三个方面的情况，调查虽然否定了刘均之等人的提议，但提出可修建一条公路来改善良田镇的运输需求。调查认为：

工程方面，良田旗站位于镇北约两公里余，除路基外，并无大路与良田镇相通，仅有崎岖小路一条，距镇约五华里处之轨道勉可截出平坡一段，计长 760 米，但不敷使用，且该处路基甚高，地势狭隘，将来并无开拓余地，蜷线岔道，均不便修筑，良田市镇对面，全系 1% 坡度，无法设站。

行车方面，良田旗站位于三度三十分之弯道，两旁均系路堑，不能看到来车，两端亦均为陡坡，"北行车难于停止，易致越站，且一经越站，则不能退回；南行车若在该处一停，则冲力减少，难于驰上，（现时南行列车，

---

① 参见湖南省郴州市苏仙区志编纂委员会编：《苏仙区志》（1989—2002），湖南人民出版社 2007 年版，第 388 页；孙本祥：《中国铁道站名词典》，中国铁道出版社 1993 年版，第 57 页。

② 参见郴县志编纂委员会编：《郴县志》，中国社会出版社 1995 年版，第 653 页。

往往在良田市镇左右停车烧气）对于行车深虞危险"。

营业方面，就客运而言，该镇居民 400 余户，千余人，大半经营小本商业，余多务农。据湖南公路良田汽车站统计，每日平均进款五六元，人数在 10 名左右，汽车票价虽较铁路贵了约 1/3，但只有 5 华里，实无多少竞争意义。货运方面，仅有少量药材、食米等，从以往的情形来看，并无大量输出。当地传说镇东雾盖山（又名雾界山）有锑矿，镇西有铅矿，但均未开采，湖南省政府亦无调查之打算，至于运输则更属遥远。

综上可见，如果要在该地设站，"地势无可利用，已属昭然，势须延长平坡八百公尺，并改线二三公里，旧线完全废置，工程浩大，费用不赀，而于当地少数居民亦无实惠，对于铁路营业尤少裨益，此举似属尚非急要"①。

铁路部门经过调查之后，拟将调查结果反馈给刘均之、王冠军等人。但刘氏常年在坪石经商，平日不在良田，于是召集王冠军等十余人，将调查结果详细告知解释，"劝其不必坚持己见，经反复开导，多方譬晓，仍不获谅解而散"。在这种情况下，铁路部门又继续进行调查，希望能够帮助良田镇的居民解决出行运输问题。经再调查，铁路部门认为，良田镇虽在衡（阳）宜（章）公路旁，"惟该路不经邓站，邓良间相距 5 公里，均崎岖小道，车辆难通，货物无法输送，但若在衡宜公路距邓站最近之处，修一汽车支路，直达邓站，则大宗货物可藉该支路送至邓站装车，旅客行走亦便"。不过修建公路支路只是粤汉铁路部门参与调查者的私人想法，他们把这一想法转达至王冠军等人。王冠军等认为，如果湖南省有关部门能建设上述公路支路，他们就放弃铁路设站的想法。实际上，修建这样一条公路支路，工程上并无多大难度，如能修通，则良邓间豁然贯通，一切问题均能迎刃而解。②

此处邓站，指粤汉铁路邓家塘站。邓家塘，位于今湖南省郴州市苏仙区南部，南与宜章沙坪乡相交，北接良田镇。也就是说在 20 世纪 30 年代的粤汉铁路线上，良田在北，邓家塘在南，两地相距约 5 公里。今天的邓

① 《本路沿线良田镇应否设站之调查经过》，《粤汉月刊》1937 年第 1 卷第 5 期。
② 参见《本路沿线良田镇应否设站之调查经过》，《粤汉月刊》1937 年第 1 卷第 5 期。

家塘乡政府驻邓家塘村 107 国道旁，距郴州市 26 公里。[①] 广东方向过来前往邓家塘站的火车，由于是上坡，稍有不慎即易发生行车事故。1936 年 10 月 22 日，"由乐昌开往衡阳的 94 次挂重车 21 辆，105 号机车本务，143 号机车任补机，因坡度太大爬坡不上，乘客（特务排长许克强）持手枪威逼本务司机和车长拉前 8 辆开往邓家塘站，行至 360 公里处，又坡停甩下 4 辆，该 4 辆车自行溜逸与留在区间的 13 辆车及补机相撞，造成死亡 30 多人、重伤 12 人、轻伤 10 余人"[②]。这次事故，其主要原因当然是许克强违反行车规则所致，但是邓家塘站由于地处陡坡而多发事故也是可以明显看到的。

实际上，20 世纪 30 年代时的良田和邓家塘，其交通状况已经大为改善了（参见图 6）。按，良田和邓家塘均地处湘粤古道，自古为湘粤交通要道。湘粤古道有两条，其中之一为：自长安出发，由岳阳入湘境，经长沙、衡阳、郴州，至粤境韶关，全长约 1790 里。湘粤古道发轫于尧舜时期，至秦始皇平百越后基本成形。古代货物运输主要靠舟船水路，湘粤间因受南岭阻隔，古代水路南下岭南，至郴州后便要上岸经陆路至宜章；同样，从广东坐船北上也只能到达宜章。故当地有谚曰："船到郴州止，马到郴州死。"湘粤驿道的宜章至郴州 90 里路段上的石板路由于长年累月地践踏磨砺，形成了大大小小的马蹄窝。因此，湘粤古道郴州段又被称为骡马古道。长期以来，在骡马古道上流传着许多民谣，这些民谣反映了古代南来北往的农夫、商旅和士人在骡马古道上行走运输的曲折与艰辛。如，三十折岭高万丈（今郴州市苏仙区邓家塘村折岭头组，折岭在湘粤交界处的京广线隧道处）；五十良田不还饷（指走了五十多里路到良田还没有饭吃）；五十良田屋还响（指走了五十里还能听到良田村民摆弄炊具的响声，意思是山路弯曲，虽然一直在走，但直线距离并不远），等等。[③] 郴县到宜章县的公路，1929 年 2 月开工，

① 参见湖南省郴州市苏仙区志编纂委员会：《苏仙区志》（1989—2002），湖南人民出版社 2007 年版，第 394 页。

② 中国铁道学会安全委员会：《中国铁路安全志》（1876—2011），上海交通大学出版社 2012 年版，第 24 页。

③ 参见蒋响元：《湖南古代交通遗存》，湖南美术出版社 2013 年版，第 27—30 页。

1932年6月竣工，全长50.99公里，这条公路经过了良田镇。[①] 通过前文粤汉铁路部门的有关说明，我们知道，粤汉铁路在邓家塘设有车站，而郴宜公路经过良田，邓家塘站距良田镇5公里，但两地却没有公路干路连接，只有一条崎岖小路，"车辆难行，货物不能输运"，故而铁路部门建议在"衡宜公路距邓站最近之处，修一汽车支路，直达邓站，则大宗货物可藉该支路送至邓站装车，旅客行走亦便"。这个建议应该说是较好的解决方案。

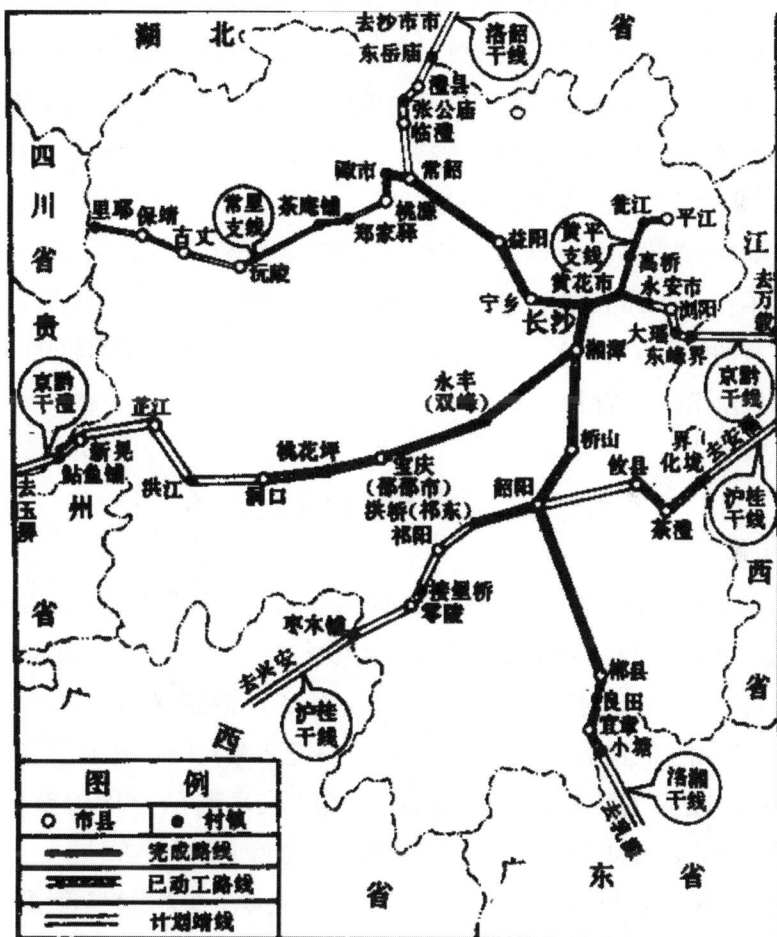

图6　1932年湖南省公路图[②]

---

① 参见湖南省交通厅编：《湖南公路史》，人民交通出版社1988年版，第88—89、91页。

② 参见湖南省交通厅编：《湖南公路史》，人民交通出版社1988年版，第91页。

综上所述，刘均之、王冠军等人，应该说是良田镇上比较有身份的人士，所以他们提出在本乡设站的想法后，铁路部门非常重视，进行了极为认真的答复。尤其是刘均之，他作为一位商业人士，湘粤古道的艰辛与困难他是深有体会的。粤汉铁路对于湘粤交通的重要作用，他也是非常清楚的，从内心来说，他一定特别希望能够在自己的家乡设立车站，这样对于他的商务与旅行都是极为有利的。而粤汉铁路设站邓家塘，虽然距离其家乡也并不远，但是终究没有在家门口设站来得方便。在这种情况下，他联合家乡人士提出在良田设站，其潜在目的实际上是与邓家塘争夺粤汉铁路的这个站点的设置。但是，良田距邓家塘站只有几公里，就常理而言，实在没有必要在如此近的距离设立两座车站。经过铁路部门的认真勘测，认为良田也不具备设站条件，而刘均之等人却不认可铁路部门的专业意见。无可奈何之下，铁路部门转而提出建设公路支路的方案作为解决问题的替代方案。笔者认为，铁路部门不在良田设站的理由是站得住的，其提出的建设公路支路的建议也不失为很好的解决方案。当然，公路的建设又是另一回事了，或者说铁路部门把皮球踢给了公路部门。

五、地方利益引发铁路之争

自从铁路出现以来，对于铁路线路的争夺，在世界各国都曾出现过。在英国，最初人们对于铁路也是抱着怀疑与反对的态度，但随着铁路巨大效益的发挥，后来各地对于铁路就积极争取过境了。狄更斯在《董贝父子》中写道："铁路刚开始向这里（指巴巴多夫——笔者注）伸展的日子，附近的居民还没有打定主意该不该承认它，如今他们变聪明了，知错必改了，他们现在热烈宣扬铁路的巨大力量和与它相关的光明前景。"[①] 在日本，各地的人们对于铁路由最初的抗拒变为积极争取，而且竞争变得越来越激烈。"当1883年政府开始选择一条内陆线来建设东京—京都干线时，约十年前试图影响中央线走向却没有成功的长野县伊那盆地的居民组织了一场运动，以说

---

① [英] 查尔斯·狄更斯：《董贝父子》，人民文学出版社2012年版，第225页。

服官方使铁路通过其盆地。1884 年 5 月，地区代表承诺，如果这条线路能按他们的要求建设，他们可贡献 5 万名工人。但松元市的官员承诺，如果选择更北一点的线路从而通过该市的话，除了 5 万名工人以外，还有 3 万元的赞助。"不过，后来两地的愿望都没有实现，因为政府选择了其他的线路。[①]

在中国，类似这样的争路事件也颇为常见。例如，1906 年，江苏铁路公司成立后，规划了清徐（清江—徐州）、海清（海州—清江）、瓜清（瓜州—清江）三条铁路，由于公司资金不足，三路难以同时并举，清徐立案较早，自然应当先造。但对于海清、瓜清两线的建设孰先孰后，苏省人士存在着较大的分歧，地方士学绅商各阶层人士参与其中，加剧了事态的复杂性。这种现象，"一方面反映了苏省人民参与铁路建设的热情，另一方面也折射出地方势力在铁路利益划分上的冲突"[②]。再如，1909 年沪杭甬铁路在勘测期间，萧山县铁路经过之地，"店口、金浦桥一带，方利铁路□儿工程司而欢迎之……临浦一带，亦引颈以望铁路之至，石柯桥且以铁路□□渚过茅阳□经临浦而不经其地，来函争执"[③]。甚至有些地方的人们直接上书铁道部部长要求铁路经过自己的家乡，"1934 年初夏，安徽寿县正阳关各社团由王召棠领衔，直接给时任铁道部部长顾孟余上书，详细阐述了修建由蚌埠至正阳关铁路的重要性"[④]。就如本节所论粤汉铁路湘境内之走向，湖南本省人士内部的争论亦十分激烈。以湘南重镇衡阳为例，据说，粤汉铁路最初并不拟经过衡阳市，赖国民党衡阳籍高官王祺的争取才得以经过衡阳市区。"粤汉铁路衡阳段的路线，原先设计是从衡山县经铁丝塘、双王庙、黄竹兜、冠市街、新市街、大陂市、耒阳县而至郴州，沿耒河东岸而走，这样不但减少路程几十公里，还可避免修建耒河口铁路大桥，多亏衡阳籍国民党中央委员王淮君（王祺）先生向国民政府力争，他指出国家修铁路，是为了发展国民经

① 参见 [美] 斯蒂文·J.埃里克森：《汽笛的声音——日本明治时代的铁路与国家》，江苏人民出版社 2011 年版，第 42 页。

② 郭少丹：《海清与瓜清：清徐铁路向东出口问题的争论》，《江汉论坛》2015 年第 11 期。

③ 《汤总理告故乡父老文》，《民呼日报》1909 年 5 月 23 日。按：汤总理指汤寿潜。

④ 章建：《铁路与近代安徽经济社会变迁研究（1912—1937）》，苏州大学博士学位论文，2013 年，第 25 页。

济，衡阳是湘南的政治、经济、文化中心，水陆交通纵横，为湖南省内外物资集散地之一，更为军事战略要点，粤汉铁路必须经过衡阳市。他要求政府权衡考虑，不能单纯从节省经费上打算。他的建议得到政府当局的采纳，将粤汉铁路线改从衡阳市经过。"①此说颇为可疑，但亦有一定的参考意义。可见，"争铁路"在近代中国是比较普遍的现象，粤汉铁路湘省各地的人们同样也不例外。实际上，出现这种情况也不奇怪，人类对于有利于本地发展的新事物的认识过程大致都是这样的。

特别需要指出的一点是，粤汉铁路废约赎路后，1905 年 12 月，三省官绅在鄂签订了《鄂、湘、粤三省会议公共条款十四条》以及《续拟章程四条》，这些条款原则同意"三省铁路，各筹各款，各从本境修起"②。1906 年 2 月 26 日，湖广总督张之洞、两广总督岑春煊、湖南巡抚庞鸿书将上述三省"条款"与"章程"会奏清廷亦称："三省情形不同，自以各筹各款，各修各境，为一定办法。……臣等电商往覆，意见相同。"③这些督抚大员考虑到湖南经济实力较弱，而广东则较为富裕，决定由广东代湖南修建郴州—乐昌一段铁路，这本来是出于好意，但是著名湘绅王先谦对此方案却颇为不满。他在致张孝达的信中说：

> 郴路议归粤修，众皆失望。……今修路之款，令各省自筹。湘省财力艰难，迥非粤比。欲筑路，全恃招股；欲纠股，必先有利；欲得利，首贵择地兴修。既修之后，获利果丰，然后接续扩充，众情踊跃，全路权利，皆在掌握。查湘粤路线，惟永兴至乐昌陆地三百余里，致力稍多，获利最厚，乃令粤任承修，而自筑长岳以下，与轮船相比，乃无利可图之铁路。以公财办公事，而先大拂人心，其何能济？至郴

① 王恢端：《王祺力促修改粤汉铁路衡阳段路线》，载政协衡阳市委文史资料委员会、衡阳县委文史资料研究委员会：《衡阳文史》第 10 辑《王祺纪念集》，1990 年，第 150 页。
② 宓汝成编：《中国近代铁路史资料（1863—1911）》第 3 册，中华书局 1963 年版，第 1021 页。
③ 宓汝成编：《中国近代铁路史资料（1863—1911）》第 3 册，中华书局 1963 年版，第 1020 页。

人之议全力相拒，犹其次也。参稽舆论，永兴八十里至郴，又九十里
至宜章，又四十里至坪石，系属湘境，共二百一十里。乐昌至坪石
百二十里，系属粤境，山路最多。坪石至宜章，小有山冈，宜章至永
兴，官马大路。若由郴别行至赐敕司七十里，又至坪石四十里，前任
粤督李筱泉制军派勇营大开山路，俱阔至二三十丈，两路施筑铁轨，
皆非甚难。而让与粤人，何怪人心不服？今以事连三省，遂至众议纷
歧。若举粤汉铁路作一省观，两头水程，中心陆路，应从何下手？不
待烦言而决矣。①

　　从上述文字不难看出，王先谦对于郴州—乐昌段由粤方修筑，是非常
不满的，因此才致书张孝达抱怨。王先谦之所以产生这样的不满，是因为
《鄂、湘、粤三省会议公共条款十四条》明确规定："湘、粤两省公同议定：
湘省愿将宜章以下至郴州属境永兴县止之路工，让归广东代修。一切权利，
均归广东收管；以路成后二十五年为限，湘省可按照广东修路原用工本，备
价赎还。"② 这样的规定合理吗？所以王氏所言，并不是没有道理，因为湘粤
交通由于南岭的阻隔，虽然两省近在咫尺，但往来却相当困难。一旦粤汉铁
路通过南岭，则湘粤交通格局焕然一新是毫无疑问的。这里面的问题是，粤
汉铁路武昌—郴州段，由于有湘江水运的竞争，其经济效益短期内不容乐
观。郴州—乐昌段由于没有水路竞争，将来铁路获利必丰，而郴州—乐昌
段，湖南省内里程 210 里，广东省境内 120 里，粤省主持此段铁路修建，则
将来路利广东必然占大头，湖南省的利益将因此而受到影响。所以，王先谦
对此十分不满。还不仅是王先谦个人，"郴人"甚至要"全力相拒"，自己修
建本省 210 里的铁路。由此可见，省际之间对于粤汉铁路如何建设还是存在
着相当多的争论的。这样的争论甚至持续到民国初年。谭人凤曾这样说过：
"中国人因省界而存畛域之见，各私其地，各私其人。自入民国以来，无一

① 王先谦：《与张孝达制府》，载梅季标点：《葵园四种》，岳麓书社 1986 年版，第 910—
　 911 页。
② 宓汝成编：《中国近代铁路史资料（1863—1911）》第 3 册，中华书局 1963 年版，第
　 1021 页。

省不有此现象。"①李宗仁还曾特别指出："国民党有史以来，粤籍要员最具畛域之见，其原因或者是由于方言的关系。他们彼此之间，平时虽互相猜忌，然一有事变，则又尽释前嫌，作坚固的团结。"随后，李宗仁以1931年胡汉民为首的粤籍要员在广州成立西南政务委员会对抗南京国民政府的例子来说明广东人的地域之见是如何的坚固。②1912年10月，詹天佑代表广东商办粤汉铁路公司致电湘鄂路局总办称：

> 湘粤两路接轨地点一节，弟意不必限定正在两省交界之处，惟必须在湖南宜章境内，以符借款合同。是以此项地点以无越界为要，至若离界限之远近则无关系，最好在宜线上接轨，若在无斜坡之处尤佳。总之，此地点水平必须双方满意，眼同设定恰当不移显而易见之凭码为要，然后将商定地点绘成平剖面各图，注明桩号水平，并两路凭码暨湘粤省界，该图须由两路领袖工程司签字，各执一份备案。以上各节即希转示总工程司格林森，饬其知会工程司逊思查照办理。③

在这条史料的后面，编者还加注说："公（指詹天佑——笔者注）坚持湘粤两路原定接轨地点，制止了外籍总工司拟将接轨地点向南移，使借款范围南侵商办粤路之主张。"由这条史料可以看出，广东方面对于承办粤汉铁路郴州—乐昌段是非常积极的，其原因是这段铁路一旦修通，其潜在经济价值确实是非常可观的，而这也是我们在上文中所说的以王先谦为首的湘人所极力想争取的权益。当然，这里还需要指出的是，王先谦说"坪石至宜章，小有山冈，宜章至永兴，官马大路。若由郴别行至赐敕司七十里，又至坪石四十里，前任粤督李筱泉制军派勇营大开山路，俱阔至二三十丈，两路施筑铁轨，皆非甚难"之语，实属想当然，他对于铁路穿越南岭之施工难度是完

① 谭人凤：《石叟牌词》，载石芳勤编：《谭人凤集》，湖南人民出版社2008年版，第370页。
② 参见李宗仁口述，唐德刚撰：《李宗仁回忆录》（下），广西师范大学出版社2015年版，第445页。
③ 詹天佑：《广东省商办粤汉铁路公司总理为与湘路接轨事致湘鄂路局总办函》（1912年10月），载詹同济编译：《詹天佑文选》，北京燕山出版社1993年版，第22页。

全不了解的。

在今天，随着中国高铁的迅猛发展，各地的政府与人民对于高铁的争夺呈现出更加复杂激烈的情况。人们对于各地对高铁的争夺已经习以为常，"无论是路线仍在规划论证阶段还是已经进入实地勘察、在建甚至已建成，无论是在铁路已经较发达的东部沿海还是欠发达的中西部，高铁建设总会引起从网络到现实中的一系列争夺，有的甚至引发了群体性事件。'大动干戈'下来，毁了面子、伤了和气不说，还造成类似高铁站离市区远达100公里的一系列尴尬"。"争高铁"，"归根结底都是'要想富，先修路'的思维惯性使然，都是地区经济发展过度依赖基础设施投资的结果。事实上，在经济结构转型升级的今天，单纯寄望一个高铁站就能振兴经济、发展地方，也许有些想当然"①。回望历史，我们总能发现，历史总是惊人的再现。人们也常说，要从历史中汲取经验教训，那么，所谓借鉴历史究竟借鉴的是什么？很多历史问题，今天的人们很容易看得非常清楚，但都是事后诸葛亮，作为当事人则只能根据当时的历史客观条件做出符合自身利益的选择。从这个角度看，我们就能够理解当时因为株昭铁路问题湘路公司、汉冶萍公司和邮传部各自所做出的决策与方案都不是随心所欲的，而是站在自身立场来观察铁路建设问题的。按照马克思的观点，历史从来不是根据某个人或某些集团的设想展开的，而是在多种力量交叉、冲突、平衡又失衡的过程中形成的，即所谓历史的"合力"，这些"合力"是脱离了当时的时代背景的，我们无法预测甚至是无法理解的，甚至某些偶然性的事件就会改变历史发展的方向。历史虽然充满了偶然性，但也并不是毫无规律可循。固然，历史不会重复，但历史背后的逻辑则有可能重复。就像晚清以来各地的铁路之争，其之所以能够持续到今天都还经常见到，其历史逻辑就是人们通常理解的"要想富、先修路"、"火车一响、黄金万两"，因为交通之畅通所带来的利益是实实在在的，反之"交通阻塞，斯民俗固陋"②，每个历史时期人们对于美好生活的渴望都是永远存在的，而向往美好生活、追求幸福、创造财富则是人类存在的

---

① 王煜：《高铁争夺何时了》，《新闻周刊》2015年第41期。
② 傅角今编著：《湖南地理志》，湖南教育出版社2008年版，第13页。

根本追求。

　　人的思想会随着形势发展发生变化，即使保守派人士，其思想也不会一成不变，晚清人们对于铁路的认识即遵循了这一路径。例如，晚清湖南著名政治保守派绅士王先谦、叶德辉等人都曾参与了包括粤汉铁路建设在内等近代实业的创办。王先谦说："轮船、铁轨，地球一统之舟车，此万古不废者也。火器相竞而益精，亦军政所取资也。"[①] 认为"轮船铁轨"为万古不废之事，其认识可谓变化巨大。之所以会出现这种认识，是因为工业化出现以后，其潮流所向任何略有识见之士均不能置身事外。"工业文明打破了人们长期以来习惯的农业文明社会规范。在传统的农业文明社会中，由于社会变迁缓慢，人们日出而作，日落而归，每代人都按一种相同的秩序生活着。这种历史的重复性，给人一种相当完整的感觉。但工业文明破坏了这一切，使人们的工作和生活完全分开。由于社会的分工，组织的增长，日益增加的社会和物质流动性，人们同整个世界的联系越来越局限于职业的狭小范围，整个世界在每个人的感觉中越来越成为一些片段，从而丧失了历史的整体感。"[②] 因为传统体系是人们安身立命、从容面对世界的基础所在，越是深具传统文化根底之人，对于近代化大潮对社会的冲击越是感到忧虑。1917 年11 月，日本作家德富苏峰在杭州拜访国学大师沈曾植（1850—1922），当时沈氏年事已高，对周围任何事都毫不在意，唯独对中国传统伦理的沦丧深感忧虑："中国现在流行的是权利思想，整个国家从上到下都唯利是图。中日两国也只看重权利关系和利益关系，忽视了可以拉近两国国民关系的东洋道德的共同思想。在这种形势下，实现东亚的兴隆难上加难。"[③] 近代中国传统伦理在受到西学冲击后社会巨大的变迁之下，晚清近代以来"中体西用"的论调一度非常有市场，人们试图以传统统摄或整合新的技术与思想。但随着

---

① 王先谦：《工商论》，载梅季标点：《葵园四种》，岳麓书社 1986 年版，第 10 页。
② 吴声怡、谢向英主编：《企业文化新教程》，上海大学出版社 2012 年版，第 17 页。
③ ［日］德富苏峰：《中国漫游记》，江苏文艺出版社 2014 年版，第 119 页。德富苏峰（1863—1957），日本著名作家、记者、历史学家和右翼扩张主义思想家，当今日本右翼思潮和政界的思维与其思想一脉相承。第二次世界大战后，国际军事法庭判其为甲级战犯，1945 年 12 月 2 日被逮捕。一生著书 300 余册，其思想体系完整地显示了日本天皇制军国主义的发展过程。

中外文化交流的日益频繁，痛感于中国的落后与愚昧，"全盘西化"论又甚嚣尘上。"中国的问题完全用西方的方法来办，必然要遭到传统的巨大阻抗；而完全用传统的方法来办，那已落后于时代。"① 由此可见，技术的确是社会转型问题的重要动力之一，但是仅仅依靠技术也并不能真正实现社会转型。社会转型所需要的时间，也并非人们所想象的那么快。唐德刚先生谓中国从传统国家基本转型为现代国家，如果从 1840 年算起，大约需要 300 年时间，即跨越所谓"历史的三峡"，笔者深以为然。所以，在传统与现代之间，近代以来的中华文明与中国人民至今仍然行走在上下求索的曲折道路上。

---

① 茅海建：《也谈近代湖湘文化》，载《依然如旧的月色》，生活・读书・新知三联书店 2014 年版，第 110 页。

第五章　湖南省与粤汉铁路株韶段之建设

　　本章首先需要说明的一点是，之所以将粤汉铁路株韶段的建设单独拿出来作为一章，是因为该段的主体部分在湖南省境内，该段的修通对于全国铁路交通的意义固然很大，但与湖南省的关系则更大，因此当时的湘籍人士为了促成株韶段的早日贯通，做了大量的宣传和联络工作（参见第三章有关论述）。该段的兴工修筑，由于主体工程在湖南省境内，在其建筑工程中，更与湖南省发生着种种密切的联系，反映了当时湖南社会的某些情况，故而有单独拿出来研究之必要。事实上，当粤汉铁路株韶段大规模开工之际，"铁道部与株韶段工程局，函电纷交，请湘省当局协助；湘省当局，以粤汉兴工地段皆在湖南，自应竭诚协助"。粤汉铁路促成会指出，湖南全省应当从人才、人工、物资等方面大力协助株韶段的工程建设。[1]1933年11月，株韶段工程局也在湘段路工正式开工之际致函湖南省政府，称"本路为国家大业，关系至巨，敬希随时指导"。希望湖南省政府大力支持粤汉铁路株韶段的建设。[2]湖南省政府则表示，支持株韶段的建设，湖南责无旁贷。

一、举国欢庆粤汉铁路全线通车

　　1936年4月28日晚10时，粤汉铁路株韶段在施工各方的全力赶工下，

---

① 参见粤汉铁路促成会：《粤汉铁路株韶段开工湖南应有之协助》，《粤汉要刊》1933年第11期。

② 参见粤汉铁路促成会：《粤汉铁路株韶段工程局报告工程状况电请湖南省政府随时指导以利进行文》，《粤汉要刊》1933年第11期。

南北轨道于太平里车站接线成功，这标志着粤汉铁路实现了路轨的全线贯通。消息传出，全国各方反响强烈，好评如潮，因为这是一个全国人民期盼已久的消息。

粤汉铁路接轨成功的时候，蒋介石恰好在湖南视察工作①，听说了此消息，称赞道："此路修成迅速，深为欣慰"，并特命湖南省建设厅厅长余籍传向株韶段工程局发去慰问贺电。各界政要也纷纷致电祝贺。铁道部部长张嘉璈发贺电言："欣悉全线路轨已于俭日接通，程功迅速，勤劳懋著，特电奖慰。"中英庚款董事会电称："敬悉株昭全线接轨完成，南北交通自兹沟通，工程迅捷……各董事均深感欣慰，谨电致贺。"南京国民政府行政院院长孙科致电：粤汉铁路"贯通南北之干脉，实业经济利赖殊深，海疆国防所关尤钜，观成伟业，忭慰莫名，特电致贺"。湖北省主席杨永泰致电："敬悉株昭段完成，粤汉路全通，大功克集，诸赖尽筹，至为佩贺。"湖南省主席何键致电："敬悉贵段新路告成，伟略尽筹，至深佩慰。"粤汉铁路南段管理局局长李仙根、副局长王仁康联袂致电："敬悉株韶段路工完成，粤汉全线接轨，南北交通指顾可达，敝段谊切同轨，额庆尤欣，谨电驰贺。"粤汉铁路湘鄂段管路局局长殷德洋致电："敬悉本路全线已于俭辰贯通，吾兄（株韶段工程局局长凌鸿勋——笔者注）数年经营，功成一旦，鸿猷擘画，佩仰莫铭，谨电申贺。"一些著名报馆也及时报道了这一消息，并表示祝贺。上海《申报》5月1日报道说："粤汉铁路中间株韶段，年来积极动工，一切桥梁山洞，均已完成，南北对铺轨道，于28日在宜章之廖家湾接轨，先通工程车，九、十月间正式全路通车，较预定工程期限，提早约一年，三十余年来之经营，至是告一段落。"广州《民国日报》5月2日采访粤汉铁路南段管理局局长李仙根，李氏称："粤路自株韶段全线接轨，即全路完成。……工程车之行驶，已在进行中，此项运输工程车，即可由粤至汉口，粤路规划全线正

① 1936年4月28日，蒋介石在湖南省主席何键私宅分别召集湖南省党部执监委员、公职人员及学生代表训话，并分别传召湖南省各厅长谈话，其中包括建设厅厅长余籍传。同日，视察军训总队并发表题为《军训之目的与救国的基础》的讲话，号召湘人发扬曾（国藩）胡（林翼）等"忠义朴拙"之精神。参见田伏隆主编：《湖南近150年史事日志（1840—1990)》，中国文史出版社1993年版，第167页。

式通车，约双十节开始。"5月2日，香港《工商日报》记者采访了株韶段工程局局长凌鸿勋，详细报道了工程的进展情况，以及未来的各种计划。凌氏特别指出："郴州方面将来亦望大有进展，因出产甚丰，盐与谷米即煤矿直销场，将以郴州为重心，湘南经济及人民生活将从此而改变也。"5月12日，天津《大公报》报道说："贯通南北之粤汉路，自上月廿八日晚，全线接轨后，现正赶办填修路基等工作，并定期先行直达试车，据此间路局消息，该路日来于各项进行工作，均在积极准备中。"等等。①

粤汉铁路实现路轨全线贯通后，通车事宜便逐步提上日程。实际上，5月15日，株洲至衡阳段便实现了正式通车。8月1日，铁道部为便于粤汉铁路的整体运营与管理，将该路湘鄂段管理局、广韶段管理局和株韶段工程局合并组建为粤汉铁路管理局，管辖里程达1100公里，管理局设址于武昌徐家棚，分别委任凌鸿勋、周钟岐、王仁康为正副局长。9月1日，广州至武昌正式开通直达列车。至此，从最初拟议到最终全线贯通，历经40年风波的粤汉铁路最终建成通车。

粤汉铁路的建成通车，不但是粤汉铁路建设史上的重大事件，也是当时中国社会各界都十分关注的大事。该路正式通车前后，国内报刊纷纷刊文表示祝贺，各种报纸的报道真可谓铺天盖地，连篇累牍，分别从不同的角度阐述了该路贯通的意义之所在。如《中行月刊》的通车报道开篇即言："举国瞩望之粤汉铁路，今已正式直达通车矣。此路之修筑，有三十五年之历史，在政治、经济、文化、国防上，皆有其重大意义，不仅沟通南北，便利交通而已。"后文接着还说："吾人今日目睹全线通车，良足欣慰。"②《中国经济》的报道说："该路通车后对于我国经济上之影响，各报已多论述：大旨不外谓通车以后国内商业将愈形发达，对外输出亦较前便利，故结果农工商各业胥蒙其利，而国民经济之发展可期云云。"③各报刊记者们的喜悦之情，由此可见一斑，而他们所代表的正是当时全国人民的心愿。限于篇幅，我们不可能对所有的报道都一一胪列。这里仅引用当时的一幅有名的通车对

① 以上电文参见《粤汉铁路株韶段工程月刊》1936年第4卷第4期，第6—12页。
② 《粤汉铁路正式通车》，《中行月刊》1936年第13卷第4期。
③ 志：《粤汉铁路通车之感想》，《中国经济》1936年第4卷第9期。

联，即可想象当时的人们对于粤汉铁路全线通车时的欢呼雀跃之情：

> 花事年年，为问岭表白云，寒梅开未？
> 车尘历历，指点汉阳红树，流水依然。

陈光金分析了这副对联中所蕴含的丰富意境，他说：这是一幅洋溢着抑制不住的热情的对联。"岭表"，即岭南五岭，自古以来就是南北交通的天堑。岭上多梅，年年十月，梅香阵阵，别是一番情趣。历来被贬岭南的文人骚客，过此莫不有诗咏之，"十月先开岭上梅"，即是其中有名诗句之一。上联化用了这一诗句的意境。联语在刻写景物之时，又隐约地点出了粤汉铁路的一端（广州）和通车的时间——寒梅吐蕊的金色十月。在下联中，作者展开想象的翅膀：铁轮飞转，风尘仆仆，列车从广州来到了武昌；旅客们向车窗外望去，秋阳照耀下的江水滔滔东去，大江对面汉阳龟山上被秋霜染红的树叶，而这正是"晴川历历汉阳树"的诗境。"这副对联的妙处，在于它化用古人'十月先开岭上梅'和'晴川历历汉阳树'的意境，把粤汉两地不同的景物连在一起，巧妙地点出了通车的时间和地点，抒发了人们对历经多年付出无数血和泪的铁路终于通车了的情不自禁的兴奋之情。"①

二、湘省铁路沿线土地之征购

粤汉路株洲至韶关段，全长 456 公里。工程进行分 7 个总段，每总段又分若干分段。每总段设正工程师一人主持，而以帮工工程师数人辅之，其分段情况及各段距离如表 8 所示。为了使工程有序推进，工程局制订了详细的 4 年施工计划。

上述各工程段，第一、二总段全部位于广东省境内，其余各总段均属湖南省境内。第一总段，1930 年开工，断断续续施工至 1933 年完工通车。第二总段，由乐昌起，1933 年 7 月开工；第七总段，由株洲起，1933 年 11

---

① 参见王驰主编：《中国楹联鉴赏辞典》，湖南文艺出版社 1991 年版，第 587—588 页。

月开工，其余第三、四、五、六各段，均于 1934 年内开工兴建。

表 8　粤汉铁路株韶段分段法及各段距离[①]

总段名称	第一	第二			第三			第四			第五				第六				第七			
起迄地点	韶州至乐昌	乐昌至罗家渡			罗家渡至水头洞			水头洞至高亭北			高亭北至观音桥				观音桥至雷溪市				雷溪市至株州（洲）			
分段名称		1	2	3	1	2	3	1	2	3	1	2	3	4	1	2	3	4	1	2	3	4
分段公里数		14.57	14.27	17.77	19.38	24.40	22.92	21.00	20.00	18.90	18.50	18.50	18.80	19.20	18.00	18.00	13.00	18.00	13.60	25.04	26.00	26.06
总段公里数	51.0	46.6			66.7			59.9			75.0				67.1				90.7			

　　粤汉铁路株韶段最先开工的是第二和第七总段，即分别由广东的乐昌向北推进和湖南的株洲向南推进，南北相向推进，工程局所在地衡阳[②] 则居中策应。这种分段施工的策略，一方面是为了照顾湘粤两省的利益，另一方面这样的安排从工程管理上也是科学合理的。株韶段工程局局长凌鸿勋曾指出："广州不是一个工程的中心，而且广州很容易受政治上的控制。"而衡阳则地理位置优越，"我曾经把株韶段全路走过一遍，看中衡阳这个地方很好。衡阳差不多是全路的中心……因此，我就决定将工程局搬到衡阳。"[③] 事实证明，工程局迁衡阳是个非常英明的决策。

　　我国铁路征用土地办法，最早发端于清光绪年间。"清光绪中，创办铁路购地办法，由各路随时规定，并无划一办法。"1906 年 5 月，商部拟定

---

① 参见欧阳悦明编述：《粤汉路暨株韶段工程考察报告书》，《工学季刊》1936 年第 2 卷第 3 期。

② 1933 年 9 月，株韶段工程局由广东广州迁至湖南衡阳，居中指挥，这对于工程的顺利推进起到了很大的作用。

③ 沈云龙访问：《凌鸿勋口述自传》，湖南教育出版社 2011 年版，第 89 页。

"全国铁路购地章程草案"18条，下发各铁路大臣及各铁路总办总理征求意见，以便制定正式法案。1910年，邮传部拟定全国铁路征地章程。1913年7月9日，北洋政府交通部颁布《铁路收用土地暂行章程》（共8章55条），通令施行。1916年10月，北洋政府参政院颁布《土地收用法》（38条），其中包括铁路用地办法。[①] 南京政府建立以后致力于实业建设，全国各地的公共建设事务日益增多，土地征收规模也不断扩大，面对这种情况，1928年6月，南京政府制定了《土地收用法》，共8章48条，内容包括总纲、征收准备、征收程序、征收审查委员会、损失补偿、征收效果、监督强制及罚则、诉愿及诉讼等。该法对于公用事业征用土地的规定是比较完备的，如规定了公用事业的范围、机构、补偿先行、行政救济等制度，对于包括铁路建设在内的公用事业的良性发展起到了推动作用。[②]

粤汉铁路株韶段工程局成立于1929年，原设有地亩科办理韶乐段购地事宜，后地亩科曾予裁撤。1934年4月，各总段相继开工，又重新添设地亩股。最初广东省境内土地征收所依据的章则，是1930年铁道部核准的收用土地细则。1933年9月，工程局由粤迁衡，开始办理湘省境内土地征收事务。然而，在征收湘省土地之初，工程局即感到粤省境内的土地征收标准难以适应湖南省的情况。这里面的原因是，粤省征用的土地大多位于粤北山区，土地价格低廉；而湖南省的情况则完全不同，除湘南少部分地区外，大部分需要征用的土地均为稻田，属于较好的土地。于是，工程局乃参考湖南省公路局征用土地的规则，结合铁路征用土地的特点，重新拟定了一份土地征用细则，1934年，铁道部核准了这份细则，但仅用于湘省境内征收土地。[③]

征收沿线土地，是铁路工程建设的前提。然而，征收铁路沿线之土地历来也是一个令铁路部门感到极为头疼的事情。"依法征收土地亩，处处与人民

---

① 参见国民政府交通部、铁道部交通史编纂委员会：《交通史·路政编》第1册，1935年，第405—427页。

② 参见《中央政治会议通过之土地收用法》，《湖北省政府公报》1928年第7期。

③ 参见廖仲衡：《粤汉铁路株韶段沿线之地价问题》，载《民国二十年代中国大陆土地问题资料》，台湾成文出版社1977年版，第43865—43866页。

利益相冲突。办理稍有不慎，必致枝节横生，影响工事，关系至为重要。"①
在征地的过程中，因房屋拆迁、田地补偿、林木补偿、坟墓迁移、风水迷信
等问题特别容易与被拆迁对象形成矛盾，往往是铁路部门认为补偿标准已经
足够高，而被拆迁对象则认为补偿远远不够。尤其是"查勘坟墓一事，最易
发生争执，各坟主常以远年祖茔坟堆淹没为词，仅持谱谍指某山有坟若干
冢，希图领取迁费。其实谱中所载，仅载葬于某地名，是否实在路线以内，
殊无可考"。这就近乎讹诈了。② 对此，天津《大公报》记者木公在一篇文
章中写道，第七总段"有金龙山隧道一座，该隧道 110 公尺，原计划开露天
大堑，因山顶有宋代指挥雷十一墓，其族人迷信风水，不肯迁让，请出省政
府全体委员代为要求保存，故改开隧道，沿线因迷信风水不肯迁坟让地之纠
纷颇多"。对这些纠纷，木公大发感慨道："为死人朽骨而糜国帑，开矿筑
路，常因地方人迷信风水而妄加阻止，政府宜命令禁止，以免因私害公。"③
甚至还有民众借铁路征地之机，大肆砍伐林木的，如在湖南衡阳附近及粤湘
交界之折岭、樟桥、太平里等地，株韶段工程局曾指出："本路兴工以来，
沿线林地，各地乡民因恐被没收，纷纷预先砍伐……摧残林木，损坏风景，
殊勘痛惜。"工程局屡屡发布公告，"婉加劝阻"，敦请乡民保护铁路沿线内
外之林木，"给价收买，维持风景"④。

　　湖南省内征地的难度大于广东省。这是因为，广东省北境所购土地，大
多为"荒田山地"。以位处广东北境的第二总段征地为例，该段共计购地约
22743 公亩，其中属于国有荒山"无庸给价者，约占 87%"。收购各种民地，
仅约 2767 公亩，共支付价款毫洋仅 18700 元，平均每公亩仅毫洋 6.77 元。⑤

①　粤汉铁路株韶段工程局：《一年来之购地经过》，《粤汉铁路株韶段工程年刊》，粤汉铁路
　　株韶段工程局 1934 年版，第 105 页。
②　参见粤汉铁路株韶段工程局：《一年来之购地经过》，《粤汉铁路株韶段工程年刊》，粤汉
　　铁路株韶段工程局 1934 年版，第 111 页。
③　木公：《株韶段工程视察纪》，《粤汉铁路株韶工程局工程月刊》1936 年第 4 卷第 10、11、
　　12 期合刊。
④　粤汉铁路株韶段工程局：《重申砍伐森林禁令以维持沿线风景》，《粤汉铁路株韶段工程月
　　刊》1934 年第 2 卷第 10 期。
⑤　参见粤汉铁路株韶段工程局：《粤汉铁路株韶段第二总段工程纪略》，《津浦月刊》1935 年
　　第 5 卷第 2 期。按：大洋 1 元 =1.2 毫洋。

如此一来，一是价格低廉，二是也就少了很多纠纷。而湖南省内所征地亩的情形就完全不同了，"以稻田为多，业户零星，手续繁重"。所以在粤省境内征收田地的方法，"行诸湘境，多有不适"①。工程局乃参照湖南省公路局征地章程，结合铁路施工的特点，制定了相应的土地征收章程及征地补偿标准。

为明晰起见，兹将 1934 年 4 月 5 日铁道部核准之粤汉铁路株韶段工程局征用土地细则引录如下，一共 6 章 34 条：

第一章　总则

第一条　本局关于建筑铁路，及其一切附属设备，收用土地，适用本细则之规定。

第二条　本局收用土地，应先绘具需用地段详图，呈请铁道部核准。经部分别咨行所在地省政府，转饬该管各地方县市政府，布告通知，即行收用，并咨内政部备案。

第三条　本细则所称土地，分左列三类：

甲、国有　指国家所有之土地而言，以道路河流荒山荒地为限。其他国有土地，另案处理。

乙、公有　指公共团体所有之土地而言，如社团或乡镇公产寺观庙产之类。

丙、民有　指私人所有之土地而言，如个人或家族或公司产业之类。

第四条　本细则所称土地附属物，凡房屋坟墓青苗树木及其他与土地有关联之建筑皆属之。

第五条　依第三条所规定之国有土地，本局收用时，概免给价。

第六条　本局收用公有土地、或民有土地，均照本细则规定地价，给价购用。

第七条　凡教会所置，及通商口岸外人承租之地，如须收用时，

---

① 粤汉铁路株韶段工程局：《一年来之购地经过》，《粤汉铁路株韶段工程年刊》，粤汉铁路株韶段工程局 1934 年版，第 105 页。

概照前条办理。

第八条　本局所收之公有，或民有之土地，如在农村僻壤，其业权无充分法定凭证者，本局为防止伪冒起见，对于其管业人，须由土地所在地之村长，及管业人之族长，具结保证，方与正式承认。

第九条　前条所指之土地，如有抵押关系者，本局对于该取得抵押权人，及管业人，依前条办理，取具保结。

第十条　凡收用之土地，如关系人与管业人互有纠葛，应由双方自行清理。

第十一条　本局收用土地，经铁道部呈行政院，购地施工，同时并举，管业人不得藉口给价，手续未清，或任何理由，妨碍工程之进行。

第十二条　凡经本局收用之土地，自原管业人立契领价离业后，对于该地之粮税义务，当然解除，应由本局制就免赋证明单三联，填明该地原有赋则，一联给土地所有人，一联随送该管县政府查照，一联存局，并仍按段造册转函该管县政府蠲免之。

第二章　丈地

第十三条　收用土地之地亩图，应查照第二条呈准需用地段详图，由本局派员就各县各分段测绘之。地亩分段，应与工程分段相符，所有尺寸亦应与工程方面所用尺寸相符。惟每幅地亩，除添注幅号外，并应折算注明其公亩面积，及该地方通用地亩面积。公亩亩数计算至百分之五亩（即五十四英方尺）为止，（以分幅地面积为准），即为丈地公差。每段面积，与该段内各幅地亩总面积测量之比较，其出入不得过百分之一。

第十四条　绘制地亩图纸尺寸，一律适用一与五百之比例，其每张地亩图之纸度，则以横长三十吋，纵宽二十吋为限，以资划一。

第十五条　圈用范围内之土地，其自然界线，如街道水道山麓沟洫田塍界石等，即为地亩幅界，该项幅界，即为购地给价考核业权之根据，原有自然地亩幅界，经施工湮没者，以地亩图为准。

第十六条　所有土地，一经定案收用，两旁树插红旗，及划白灰线，并由局会同该地县市政府布告，俾众周知。

第十七条　凡计算地亩，用公亩标准制。

第三章　定价

第十八条　凡应给价收用之土地，其价格得组评价委员会评定。但各地附近，近时如有其它交通等公共事业征收先例时，得随照该项成例办理。

第十九条　关于土地附属物，其能迁移者，酌给迁移费。不能迁移者，因土地收用而致损失者，酌给补偿费。

第四章　购地给值

第二十条　除国有土地依照第三第五两条办理外，凡公有或民有土地，其购地给价，悉照本章各条办理之。

第二十一条　估定地价办理完成后，分县开始办理购地给价事宜。将工程段依照地方乡村自治区域，再行分成购地小段若干，分段办理。

第二十二条　购地人员，到达购地区域，设立办事处所。即须通告各管业人，依本细则第八第九两条，取具保证，携同契据，及一切凭证缴验，以凭考核。并随即制发申报收据，交由各管业人收执。一经分别调查属实，应将土地幅号，坐落地方，面积地价，及管业人保证人姓名各项，详细报局，请款备给。其有应给补偿费，移费者，另行列报，由局按段汇齐，列榜于显著地方，公布周知，定期发给。

第二十三条　所有地价及迁移费补偿等款，概由会计课派员会同地亩股，按号发给。

第二十四条　依第二十二条公布十五日，该业权不发生异议时，开始给价。期间以一月为限。各管业人，依期邀同保证人，亲到购地办事处所立契领价。照前条规定，给价期限已满，如有仍未到处立契领价者，其各该价款，应存本局，原管业人，仍得凭申报收条，随时到局，立契领价。

第二十五条　管业人如已将税印之官契缴验，并有第八条规定之保证人具结，是该管业人对于该土地之业权，物证人证具备，所应得之地价，得即全数给价。

第二十六条　管业人只将白契缴验，或无契可缴，虽依第八条取得保结，究属管业凭证未全。此项地价，应照左列办法办理。

（一）白契缴验者，先给地价十分之一，并立假定卖契。其余十分之九，给发领价执照，俟公布一年期满，无人提出异议，照数发给，并立定正式卖契。

（二）无契缴验者，先将管业人按号登记，发给登记凭证，其应得之地价，俟公布一年期满，无人提出异议时，照数给领，并立正式契约。

第二十七条　各段给价情形，应于各该段购地结束时，报部备案。

第五章　契据

第二十八条　收用土地，除由管业人书立卖契外，其原有之贴身上手各契据、粮串、租约等，一并附缴。

第二十九条　依前条之规定，如收用土地，仅属原契之一部分，不能将原契缴交时，当由管业人书立收用一部分之卖契，并在原契批明，卖出面积及其位置，由购地人员加盖戳记，交还管业人收执。即于摘要简单内（单式另定之），将原契面积若干，此次路局收用若干，分别填明，由原管业人签字，附卷存案。

第三十条　收用土地契据成立后，应即编号造具详细地亩清册，并于地亩图内，依号编注，填明亩数，另立整段铁路地亩官契。其原契之号数，应注明图内，务使图契联络，以便查核。前项图册应造三份，官契只须一份，一并盖用本局关防，送县查验盖印。以图册一份存县署割税。其余官契一份图册二份由县盖印送回后，以图册一份呈部备案，以图册官契各一份连同领状保结等件，发交总务课地亩股保管。

第六章　附则

第三十一条　敢有冒认业权，购领地价，或串同冒领，均负刑事上责任。一经发觉，当送法院究治。

第三十二条　冒领他人坟墓，或虚堆泥土，装载兽骨，假作坟墓，希图瞒领坟费者，照前条办理。

第三十三条　本细则如有未尽事宜，得随时呈请铁道部修正之。

第三十四条　本细则自奉铁道部核准之日施行。①

除了上述土地征收章程外，工程局还专门制定了应对极易引发纠纷的《收用土地内坟墓迁移章程》（凡 9 条）。在土地收用章程中，对于土地性质、征收规则、土地丈量、土地及其附属物之定价标准、征收费用补偿程序及手续等内容均有比较详细明确的规定，这些规章为工程局依法征收土地奠定了法律基础。

株韶段工程局收购田地、附属物的等级、种类及价格如表 9 所示：

表 9　株韶段工程局收用湖南省土地价格表②

地别	亩别									备考
	上等每亩			中等每亩			下等每亩			
田地	50 元	45 元	40 元	35 元	30 元	25 元	20 元	15 元	10 元	宅地街市壕壩塘池附此
园地	30 元	27 元	24 元	21 元	18 元	15 元	12 元	9 元	6 元	
山地	10 元	9 元	8 元	7 元	6 元	5 元	4 元	3 元	2 元	矿山森林附此
沙地	2.1 元	1.9 元	1.7 元	1.5 元	1.3 元	1.1 元	0.9 元	0.7 元	0.5 元	
附记	以上所列每亩价格系按本地通用亩（即旧亩）计算									
附属物迁移费表										
单塚	每坟 3 元									
合塚	每坟 2 元									
丛塚	每坟 1 元									
注：无主者由当地村正雇工迁移，每坟单塚给三工，合塚给一工，丛塚给一工										
土墙茅屋	每方丈 4 元									

① 粤汉铁路株韶段工程局：《粤汉铁路株韶段工程局收用土地细则》（1934 年 4 月 5 日奉铁道部参字第 22719 号指令修正），《粤汉铁路株韶段工程月刊》1934 年第 2 卷第 5 期。

② 参见粤汉铁路株韶段工程局：《本局致湖南省政府函》（1933 年 11 月 11 日），《粤汉铁路株韶段工程月刊》1933 年第 1 卷第 12 期。

地别	亩别			备考
	上等每亩	中等每亩	下等每亩	
瓦屋砖墙	每方丈 3 元			
瓦屋木壁	每方丈 2 元			
种植物	不能生利者不给价，如因收获损失则禾及苎麻上等每亩给 4 元，中 3 元，下 2 元；菜及芋黍麦等上等 2 元，中 1.5 元，下 1 元；果树及桐茶以及其他能生利树木以一年内收益价值赔偿			

征收土地仅仅依靠铁路部门的力量是远远不够的，铁路部门必须得到地方政府的配合，才能顺利征收到土地。1933 年 11 月，第七总段行将正式开工，株韶段工程局乃致函湖南省政府，请其配合征收铁路沿线土地。函电云：

> 查本局北路工程，正在筹备兴筑，所有□①口以南在湘省境内沿线地段，共长约二百二十英里，亟须着手丈购，以便收用。兹已派遣购地委员率同丈量人员，定期出发，照章收购。关于收购田地种类价格，悉比照本局收购成案及制定预算并参酌湘省地亩等则情形，拟具收购价表，与湖南全省公路局所定标准办法，大致相合，至株洲渌口一段内用地，业经早年收购，现因路基间有加高部分，或须零星添购，当由工段另行派员办理。相应检同本局收用田地等级价格表一份送请，贵府查照，惠予协助，分令沿线各县府，剀切晓谕当地人民，一体遵照，并希见复，以便办理，至感公谊。②

按，电文中所称"本局北路工程"，系指自湘潭县株洲第七总段第一分段起，至宜章县白石渡第三总段第二分段止，该段路线均属湖南省境内。在

---

① 按：此处缺字当为"渌"字。
② 粤汉铁路株韶段工程局：《本局致湖南省政府函》（1933 年 11 月 11 日），《粤汉铁路株韶段工程月刊》1933 年第 1 卷第 12 期。

这份函件中，铁路当局敦请湖南省政府晓谕各地方政府积极配合铁路部门征收沿线田地，以免耽误工程建设。如函电中所称，铁路当局并将沿线土地收购标准呈送湖南省政府审核。1934年1月起，株韶段工程局分段设立购地办事处，将湖南省境内拟购土地划分为3段，分别派遣委员以及丈量土地，参照湖南省公路局土地收用章程制定铁路收用土地细则、收用土地内坟墓迁移简章等并报铁道部核准，一面督饬工程人员测定路线，选标开工，斟酌情形，将所有收用地亩等级价格，以及各种迁移补偿等费，迭与湖南省政府往复函商；一面由湘省政府通令沿线各县政府布告周知；一面修正收用土地细则呈送铁道部核准。同时，督导经办购地人员遵章办理，务使征地工作兼顾路工与民情，路、民双方都能从铁路的建设中受益。①

在征地过程中，也经常发生纠纷。如1934年7月，第五总段第一分段开工，此处位于衡阳县康平乡，农户以田禾未熟，纠集阻工，殴伤铁路工人及路警数人。铁路部门秉"息事宁人"之态度，并未追究滋事农户责任，而其因旱枯槁之青苗，亦酌情予以补偿。在株韶段工程局征地的过程中，比较大的纠纷有如下几件②：

（1）天符庙。第七总段第二分段，湘潭县湘江朱亭市之地，有天符庙。朱亭市地势低洼，遇雨即易成灾。天符庙建于地势较高之山冈，每当湘水泛滥，朱亭居民，多避居庙内，水退则返回家中。天符庙恰在粤汉铁路勘定线路之内，须全部拆除，且无法避让。朱亭居民认为，该庙为历年避灾场所，他们除了要求正常的拆迁补偿之外，还要求铁路部门易地重建，需要费用2万元以上。为此，双方争执不下，工程局多次派员与该处当事人反复商洽，结果，除照章发给补偿外，另发给洋元5000元，以使该处居民能够易地重建天符庙。

（2）欧阳祠堂。第五总段第一分段内，衡阳县廖田墟地方，有欧阳祠堂一所。因该处路堤甚高，必须全部迁移。该祠族董欧阳熙烈等人，呈报工

① 参见粤汉铁路株韶段工程局：《本路湘省境内收购地亩情形》，《粤汉铁路株韶段工程月刊》1934年第2卷第12期。

② 参见粤汉铁路株韶段工程局：《一年来之购地经过》，《粤汉铁路株韶段工程年刊》，粤汉铁路株韶段工程局1934年版，第116—119页。

程局，言称无力重建，恳请铁路能够避让。对此请求，工程局予以拒绝。于是欧阳熙烈率族人反复呈请铁道部，请求避让祠堂。铁道部乃指令工程局优给补偿，请其迁移。经过反复沟通，最终在照章补偿之外，另拨发洋元 500 元，以资补助。

（3）衡州车站。衡州地居株韶段之中心，亦为工程局所在地，其设站地方，为繁荣市场，自以距城愈近愈佳。同时，为吸收湘江河运货物，亦应选址河流附近为好。经反复权衡，工程局择定衡阳湘江东岸蔡家堰、石子岭两村之地建设衡州车站，并于余家码头，建设一条支线，以便联络水运。在征地过程中，衡阳县教育局局长曾恕、湘江东岸农民代表刘会清等呈文工程局，请求车站改线，以维学产。工程局回复称，目前所选方案，为最佳之方案，且经铁道部核准，殊难改线。曾、刘等人不服，赴南京铁道部请愿，要求衡州车站易址。铁道部亦答复，衡州车站"现在所定，殊无移改之可能"。事实上，事情的真相是：所谓学田，不过数亩。江东岸之贫苦农民，依赖种植贩卖蔬菜为生。根据征地章程，园地价格低于田地，而该处之园地，实际买卖价格要高于田地。工程局本着体恤菜农的考虑，一律将菜地价格比照田地上等一级予以补偿，而附近田地则被定为上等二级，乃至中等一级。同时，该处邻近衡州城，其高冈之地，历年丛葬义冢及私人坟墓达数千冢之多，发放坟茔补偿金亦高达 4.3 万元。

（4）渌口渌河桥之建筑纠纷。渌河大桥为北段 3 大桥梁工程之一，该大桥确定选址赛口后，该处居民与工程局之间便因房屋拆迁问题而各执一词，纠纷不断。渌口裕丰和木商黄日新，屡次呈请工程局要求大桥避让其商铺和房屋，工程局不允，于是黄日新之商铺乃迁延不拆，导致附近应迁各户均持观望之态度。黄日新等还通过国民党醴陵县党部呈文国民党湖南省党部，请省党部向铁道部交涉，希望能够仍旧采取旧线选址（新旧桥址位置关系参见图 7）。呈文说：

> 粤汉路渌江线不定人心惶恐，恳即转资批示，以利进行，而安农商事。近据渌江人民纷纷来属会请愿报称，渌江河汇合之水，铁路经过之地，人民环居，不下万余。河中建设铁桥，势必阻塞水道。若依

据旧线，则桥由街首一总过河，颇为相安。倘改用新线，则桥由街尾
关口过河，诸多妨碍。昔年曾经呈文交通农商两部，委员会勘核准旧
线，并准粤汉铁路湖南购地处函知在案。嗣后废除田舍庐墓，修成车站，
铁路、乡街均称其便。现又测量新旧两线，人民以利害关系，最为重要。
日前苦求渌江商会，呈明铁路改用新线，妨害农商情事，缕悉条呈，已
沐（原文如此——引者注）转呈在案。迄今数月，未奉批示，人心惶
恐，莫明真相，致有此纷纷请愿之举。理合将请愿缘由，备文呈请均
会察核，恳予转呈上级，函铁道部，迅即批示，以定人心。①

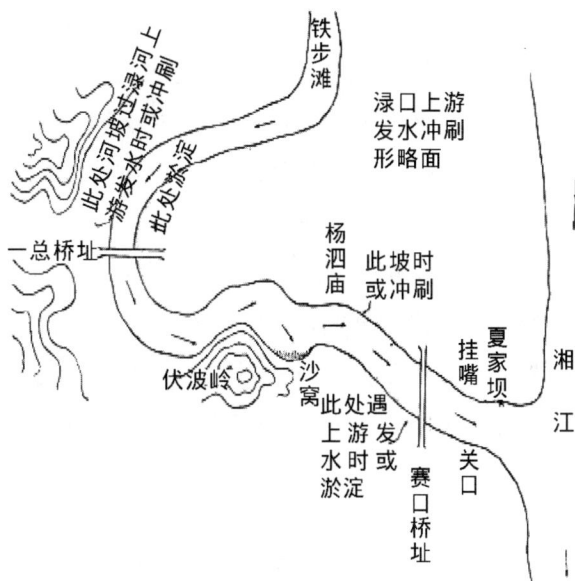

图 7　渌河大桥上下游桥址示意图②

通过以上呈文可以看出，渌河大桥所选址之地，居民不少，"不下万
余"。其中需要拆迁的，不在少数。而"河中建设铁桥，势必阻塞水道"的

---

① 《湖南醴陵县党部为渌口铁桥仍沿旧线呈请省党部呈上级函转铁道部迅予批示文》，《粤汉
　要刊》1933 年第 11 期。

② 参见傅文藻：《渌河大桥钻探地质纪要》，《粤汉铁路株韶段工程月刊》1934 年第 2 卷第
　9 期。

理由，实属无稽之谈。渌河大桥的实际情况是：渌河位于渌口镇南侧，该河东出醴陵，西流至渌口汇入湘江，河面宽 300 余尺。清宣统年间，粤汉铁路曾规划跨河大桥一座，由街首一总建桥渡河。1921 年，粤汉铁路重新勘线，湘鄂路英籍工程师考克司复测，定渌河大桥选址在街尾之赛口，这是纯粹从工程技术的角度而做出的改动，本属正常。不料却由此引起当地民众之间的激烈争论，株韶段兴工之后，争执愈演愈烈。主张用赛口新线的人认为："一总河深道曲，地势低平，江水暴涨，冲刷堪虞，不及赛口之地势高平，路线矢直，河底坚硬，易于建桥，工省费低。"主张用一总旧线的人却认为："建于赛口，水为桥墩所堵，帆船不能出入，倘遇风暴，更无避险之处，且收购土地亦较旧线为多。"工程局认为，无论主选址赛口者还是主选址一总者，他们都各存私见，所言利害关系，亦多不近事实。①

为了平息当地居民对新旧线桥址的争论，1933 年 8 月，株韶段工程局对一总、赛口两处桥址进行了地质勘探，通过综合比较水文、风暴、桥孔、两处桥址本身之状况等因素以确定两处桥址的优与劣，至 1934 年 1 月勘探结束。其一，水文方面。历年渌河涨水，均由湘江倒灌而来，渌河本身几乎没有单独涨水之情况，在洪水期间，倒灌之水流速缓慢，并无横冲两岸之害。其二，桥孔方面。拟建之渌河大桥，其桥孔宣泄洪水之面积甚大，并无阻水之患；且桥之最大桥孔建于河水最深之处，无碍船舶通行。其三，风暴方面。遇有风暴，水小则大小船只，均可避入渌河，泊于桥之上下游，大水时则河上船舶稀少。且由赛口至渌河河口，长 600 余尺，河身较宽，停泊若干船只绰绰有余。其四，一总线。过河以前之原筑路基，弯道太急，直线太短，不敷车站建设之用。其优点在于：此处河身较窄，河底地址情况简单，桥工较省。且居上游之地，无大船往来，建桥施工较易，可省工款两万元。其五，赛口线。铁路线路较一总线短 600 余公尺，路堤路堑较低浅，且可利用旧线路，能减少购地约 100 亩，少拆房屋 200 方丈，轨道、土石方、购地费均有节省。沿线沟渠亦少，可省大小涵洞 4 座，路线甚直，可省弯道 4 处，

---

① 参见傅文藻：《渌河大桥钻探地质纪要》，《粤汉铁路株韶段工程月刊》1934 年第 2 卷第 9 期；《渌河桥址决定赛口线之经过》，《粤汉铁路株韶段工程月刊》1934 年第 2 卷第 5 期。

不仅全部工程款可节约 15 万元，将来通车后，行车养路等费用节省会更多。综合上述各点可见，赛口线明显优于一总线。1934 年 2 月，工程局将钻探结果呈报铁道部，铁道部批示"渌口桥址取用赛口线"。铁道部与湖南省政府联合布告当地人民："应以国家建设为重，化除成见，勿再争执。"由此，一总、赛口两地居民之间争执逐渐平息。①

在上述大桥新旧址之争中，我们可以看出，赛口商民之所以反对大桥选址该地，主要是因为"帆船不能出入"，影响到他们的商业利益。但株韶段工程开工后，因确定选址赛口，故渌河大桥新旧址之争已无意义，故赛口居民转而与工程局就征地补偿问题讨价还价，希望能够从拆迁中尽可能多地获得补偿。在这种情况下，工程局购地人员只有耐心与黄日新等人进行多次沟通疏导，对于所谓"损害较重"之商户，除正常补偿外，额外拨给补偿金400 余元。在这种情况下，各商户方才一一签字同意拆迁。

此外，尚有位于第三总段第一分段之金鸡书室、位于第七总段第四分段之雷千一墓等处，也因为土地收用问题，工程局与当地居民之间也发生了不小的争执。限于篇幅，兹不赘述。

株韶段工程局在收购土地的过程中，多能依法征地，表现出较强的人性化色彩。据记载，工程局"一经测算完竣，即照章发给地价及附属物迁移等费，毫未延滞，其迁移房屋，遇有家境贫苦，而损坏情形过重者，并于定章之外，优给迁费，其农民种植物，因开工而尚未届收获时期者，已分别予以补偿"②。由于株韶段工程局以人性化的方式妥善处理征地纠纷，多数情况下被征收者亦积极配合。

经过近一年的努力，截至 1934 年 12 月，购地工作已完成"十之八九"，基本接近完成。③据统计，1934 年共购地约 13.6 万公亩④，其中包含第二总

---

① 参见《渌河桥址决定赛口线之经过》，《粤汉铁路株韶段工程月刊》1934 年第 2 卷第 5 期。
② 粤汉铁路株韶段工程局：《本路湘省境内收购地亩情形》，《粤汉铁路株韶段工程月刊》1934 年第 2 卷第 12 期。
③ 参见粤汉铁路株韶段工程局：《本路湘省境内收购地亩情形》，《粤汉铁路株韶段工程月刊》1934 年第 2 卷第 12 期。
④ 注：1 公亩 =100 平方米；1（市）亩 =6.667 公亩。

段 1934 年 1 月以前所购土地 2697 公亩，故 1934 年实际购地约 13.4 万公亩；支发各类款项约 81.4 万元，尚有约 44 万元款项待结支出。购地事务费用支出约 5 万元。[1] 需要说明的是，购地和工程建设是同步进行的，总体来看，株韶段工程局在湖南省的征地工作进行得还是相当顺利的，这就为铁路施工奠定了良好的基础。但是，如前文所述，在征地过程中，原土地业主也会寻找种种借口，以达到多从工程局获得征地补偿的目的。有些理由属于合理诉求，如衡州车站附近菜农土地补偿标准的提高；有些诉求则没有什么道理，如渌口大桥选址过程中，渌口木商黄日新，屡次呈请工程局要求大桥避让其商铺和房屋，工程局不允，于是黄日新之商铺乃迁延不拆，影响工程进展。黄日新等呈国民党湖南省党部反对渌口大桥选址所持之"河中建设铁桥，势必阻塞水道"[2] 的理由，实属无稽之谈。不过，我们看到，在征地与沿线居民发生利益冲突时，大多数情况下工程局都做出了让步，这是征地工作顺利进行的一个重要原因。

三、湘籍工人对粤汉铁路株韶段建设的历史贡献

粤汉铁路株韶段在解决了资金问题之后，于 1933 年 7 月正式拉开了建设的大幕。铁路工程开工后，除购地之外，面临的另一个重要问题即是如何尽可能多地招揽施工工人。对于株韶段来说，工人来源问题较为严重。这是因为，其一，株韶段工程艰巨（参见图 8），尤其是地处长江、珠江两大流域分水岭的第二、三总段所在地，为全路工程最为艰巨之处，"皆峻崖深谷，驻足为艰"，极目四望"皆属荒山，向少人烟居住，瘴疠流行"，人们望而生畏。[3] 其二，株韶段所经不少地方，荒凉贫瘠，出产较少，补给甚为艰难。

---

[1]　参见粤汉铁路株韶段工程局：《一年来之购地经过》，《粤汉铁路株韶段工程年刊》，粤汉铁路株韶段工程局 1934 年版，第 120 页。

[2]　《湖南醴陵县党部为渌口铁桥仍沿旧线呈请省党部呈上级函转铁道部迅予批示文》，《粤汉要刊》1933 年第 11 期。

[3]　参见木公：《株韶段工程视察纪》，《粤汉铁路株韶工程局工程月刊》1936 年第 4 卷第 10、11、12 期合刊。

在实际施工过程中，由于条件艰苦，加之医疗跟不上，"入夏工人多病"，十分艰苦。① 且"有若干车站，附近竟无居民，为行车关系，故设有车站"②。第二总段进行土石方招标时，虽然工款充裕，但"经登报招标，各方包工前来竞投者，不甚踊跃，其原因则以工程远在粤边，地僻人稀，本地包工承办广州省会公私建筑，已有应接不暇之势，不愿赴荒僻之工区，而远道包工，又不明当地情形，更不敢贸然前来投承"③。由于这样的原因，株韶段工程最初的招工相当困难。

相对而言，株洲至衡阳一段，工程难度小于衡阳至韶关一段。北段工程多系土方与较小之桥梁（渌河、洣河、耒河三大桥除外），本地小工多曾承办湘省公路建设，具有一定的路桥施工经验，加之湖南生活成本低廉，人工亦贱，工人可"不期而集"，招工相对较易。④

民国时期公路与铁路所用路工制度，大致分为六种，即包工、民工、雇工、兵工、赈工和囚犯工。其中，赈工和囚犯工是特种制度，使用范围有限；雇工制则因管理困难，流弊较多，"在大工程非无其他制度可行，或急于赶工"，用者亦较少；兵工制则为化兵为工之良策，间或用之；而包工制与民工制则为民国时期各省筑路所普遍采用的制度。民工制的主要优点是：一是赶工迅速；二是节省经费。其不利的地方是：一是民工大都只能在农闲时节征集，时间上颇受限制；二是多为乌合之众，对于工事素无训练，若管理不到位，结果难见良好。所以，民工制的工作范围只能以路基及简单工程为限。事实上，民国时期铁路工程使用最广泛的是包工制度。铁路工程之所以广泛使用包工制度，其优点在于：一是管理责任由包工雇用专门人员担任，故工作效率较高；二是包工常做工程，工具常备，有熟练之工人，对于工事经验较为丰富，故能符合工程标准；三是工价做出规定后，一切意外损失由

① 参见木公：《株韶段工程视察纪》，《粤汉铁路株韶工程局工程月刊》1936年第4卷第10、11、12期合刊。

② 木公：《株韶段工程视察纪》，《粤汉铁路株韶工程局工程月刊》1936年第4卷第10、11、12期合刊。

③ 粤汉铁路株韶段工程局：《粤汉铁路株韶段第二总段工程纪略》，《津浦月刊》1935年第5卷第2期。

④ 参见《株洲至乐昌一年来工作概要》，《粤汉铁路株韶段工程月刊》1934年第2卷第7期。

包工负责，则业主工程经费比较容易掌握。但民国时期，资本雄厚、管理规范、信誉良好的包工比较少。包工制不利的地方主要有：一是投标时，某些包工公司之间事先串通，由其中一家公司中标，事后或与其他串通投标者私下进行利益分成，或由中标者私下将工程转包联合串通投标者；二是除名誉良好之包工，多数包工缺乏资本与经验，略识工程及监工者，便组织公司投标。得标后，对工程并无见识，不通管理，一味克扣工人伙食，对工人能做多少工全无把握，用去了工款却全无工作成绩，结果资本不继，入不敷出，甚至污称工程局少开工值；三是有不良监工，只求获得每月薪资，甚至一身而兼数工程公司之管理人，结果疏于监理，轻者拖延工程进度，重者甚至偷工减料，严重影响工程质量；四是包工辗转承包，经手人从中获利，结果工价较高，而工人所获实惠无几，容易引起劳资矛盾。[①]

1930 年以后，湖南省对包工制进行了改革，改用小包棚工制，效果颇佳。其办法是：将每一较大工程分为若干单位，或以工作类别，或以工作大小，分由多个工棚承包之。工棚工数约数十人，以熟谙工作、诚实可靠者充棚目，明白规定棚目抽赏若干，其余所得，照工分摊，并严订奖惩条件，故能使政府与人民两受其利。[②]

1929 年 11 月，铁道部发布直辖工程局建筑铁路招标包工通则，其主要规定有：铁路工程局可将土方及石工、桥墩桥柱及涵洞、钢桥之上下架之工程、山洞及房屋等由包工承办；各工程所用钢料水泥概由工程局供给，不得由包工者代办；工程其他施工用料及工具，工程局依照料价或核定租赁费分别购买或租与包工者，以上情形工程局与包工之间可临时约定，但不能强制包工者接受；招标应于开标前一个月登报公告；选标以标价最低者为标准，例外情况均有具体规定；得标者 10 日内不签订包工合同者其标作废，签订合同时应缴纳押款；包工工程进行过程中，应受工程局之监督与指导；工款

---

① 参见实业部《中国经济年鉴》编纂委员会：《中国经济年鉴续编》第 13 章《交通》，上海商务印书馆 1935 年版，第 401—402 页；容祺勋：《包工程度之考核》，《粤汉铁路株韶段工程月刊》1935 年第 3 卷第 10 期。

② 参见实业部《中国经济年鉴》编纂委员会：《中国经济年鉴续编》第 13 章《交通》，上海商务印书馆 1935 年版，第 401—402 页。

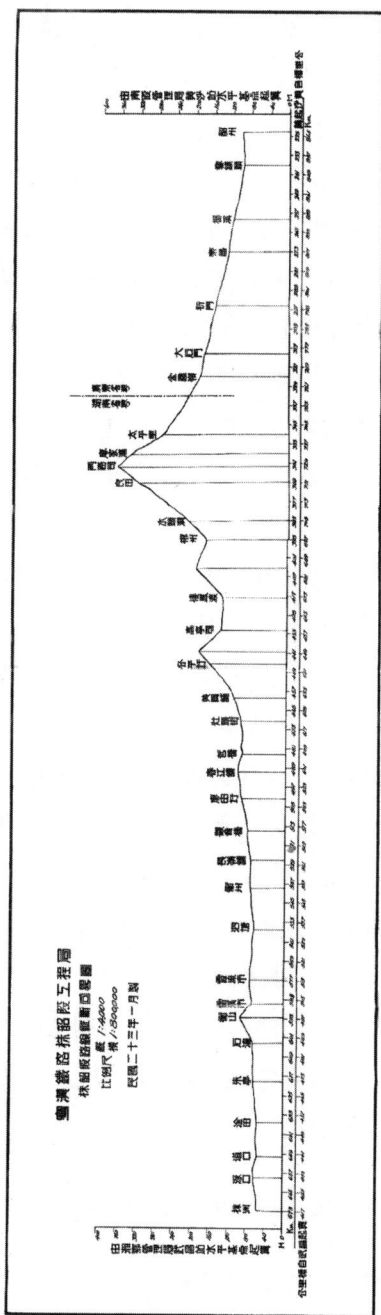

图 8　粤汉铁路株韶段地势断面示意图①

---

① 粤汉铁路株韶段工程局：《粤汉铁路株韶段工程年刊》，1933 年，第 9 页。

应预留最多二成最少一成的"保固押款"等。① 我们可以看到，株韶段工程局正是按照铁道部有关包工的规定进行了包判工的招标。

所谓包工制，是指在近代中国的企业中，包工头通过包工方式对工人进行带封建性中间剥削的制度。"包括全部工程之工料，或单包括工作而全部完成之，是之谓包工。"包工付款办法，"按工程完成一部时计给之，或按每月做成若干计给之"。付款时须预留一部分款项作为"保固押款"，待验收合格即全部付清。② 当时在中国官办、民营企业以及外国帝国主义在华企业中，有不少企业雇用或招用能控制一批工人的包工头，由包工头向企业承包生产和工作任务，领取全部包工费用，由包工头对工人派活、监督工人劳动、检查工人劳动成果，并发给工人工资。包工头有权录用和解雇工人，有权按自订工价发放工资，余额归己。有的包工头，不但包工而且包料，一切盈余归自己所有。有的大包工头还将任务转包给小包工头，进行"二包"，甚至再由"二包"包工头进行"三包"。包工头以压低工人工资并迫使工人多干活的办法来榨取工人剩余劳动，以解雇或找岔子等手段来控制工人。工头则主要执行企业主或包工头的意志，采取克扣工人工资或逼迫工人"送礼"等办法来剥削工人。有的包工头还以控制封建行会、地方帮口来控制工人。有的大包工头本身就是封建把头，他们勾结当地官府和地方封建势力，手下有地痞、打手，以权势把持一方或一个企业，更加残酷地剥削压迫工人。③

所谓判工，系指具有一定的小资本与号召工人能力的工头或小包工，其承包之范围视其能力而定，小者揽工几百数千元不等，大者可达数万元甚至更多。所有工价由段工程司核定，或由几个判工向段工程司处竞投，即向工段订立遵结，其他条件与寻常包工区别不大。月底付款时，直接由段核发，或每月一次，或半月一次。④

---

① 参见《铁道部直辖工程局建筑铁路招标包工之通则（十八年十一月二十六日部令公布）》，《铁道公报》1929 年第 20 期。

② 参见容祺勋：《包工程度之考核》，《粤汉铁路株韶段工程月刊》1935 年第 3 卷第 10 期。

③ 参见中国企业管理百科全书编辑委员会、中国企业管理百科全书编辑部编：《中国企业管理百科全书》（合订本），企业管理出版社 1990 年版，第 51 页。

④ 参见凌鸿勋：《一年来粤汉路株韶段工程之包工及判工》，《工程周刊》1934 年第 3 卷第 28 期。

　　株韶段工程局，最初使用包工较多，后来则主要以判工为主。包工制与判工制之间存在着明显的差别。对于这种区别，凌鸿勋曾撰文列举了16条之多，其中比较重要的有以下几条：其一，包工组织规模较大，各种费用较多，工程方付出的价格自然就高；判工有包工之能力而无包工之组织，开支较少，工程方经费可以节省。其二，包工多有转包之现象，而判工则无此弊，且其工人亦多旧属，并非乌合之众。其三，包工辗转发包，工人所受剥削较重，工人生活困难，常发生怠工等情形，易于滋生事端并为不良分子所利用；判工工人工资较有把握，每日除伙食外，常可获现三五角，故工人极为满足，轻易不会受到各种鼓动。其四，包工主办人员深居简出，一切假手于人，不免松懈；判工则劳资合一，工作努力。其五，包工以图利为目的，少顾信誉；如第二总段某包工，对于发给小包之粮食及炸药等，均从中渔利；而判工则组织简单，一切公开，工人乐于用命。其六，判工工价普遍比包工少10%—20%，同时判工工人直接所得较之包工工人亦多。其七，判工工作成绩大多比包工为好。以第二总段为例，1934年一年中，除了部分工程实行包工外，绝大多数工程均实行判工，后因孔尼公司和统益公司这两家包工公司工程进度迟缓，工程局将他们承办的土方工程全部收回，交由判工执行，一定程度上抢回了因包工而延误的工期。其八，判工即使中途失败，其影响所及也较少，不至于牵动全局。① 虽然判工具有以上诸多的优点，但也不能说判工就一定比包工好，亦需因人因地而异，不可一概而论。

　　当粤汉铁路株韶段开工之际，以粤汉铁路促成会为代表的湘籍人士即呼吁大量使用湖南工人，以增加人民就业的机会，同时也是湖南省支持株韶段工程建设应有之义务。他们指出，湖南工人与广东工人相比，人工要便宜得多。"湖南工人，耐劳价贱。广东工人，每日作工，尚论钟点，而工价非近壹元不可。湖南工人，每日由朝至暮，终日工作，而工价每日不过数角。所以韶关一带，开工均招湖南工人。而湖南开工，招湖南工人，更不成问题矣。兹据株韶工程局报告，乐昌坪石段土路，业已全部包工修筑，现在

① 参见凌鸿勋：《一年来粤汉路株韶段工程之包工及判工》，《工程周刊》1934年第3卷第28期。

路工作者，已达五千余人。至株洲雷溪市一段，现正购买基地，不日招工修筑，将来需用工人，不知凡几。湖南铁路工人，原多熟手，此次应招，当可效力。"①

株韶段全线开工不久，从事各项工程之工人即达数万人。1933年7月，株韶段工程正式开工后，在第二总段工作的工人高达7102人，其中孔尼公司有工人3830人，公记营造厂有2300人，统益公司有452人，协利公司有520人。除此之外，工程局自行雇用的判工工人尚不在此数。②随着工程的全线开工，沿线工人的数量急剧增长。以1935年为例，沿线每日平均工作人数，达71250人之多，其中7月工人数量更高达184534人。1935年1—12月每日平均在工地的工人数量分别为：1月，46115人；2月，2719人；3月，81724人；4月，42335人；5月，115311人；6月，145407人；7月，184534人；8月，52137人；9月，51895人；10月，36022人；11月，36144人；12月，36144人。③2月人数相对较少，是因为春节期间工人放假的缘故。

1933年春，株韶段工程局最初招标乐昌至郴州段工程时，工程局原以为如此重大之工程，工程款又非常充足，包工公司必然应者如云，结果却恰恰相反，参加投标者寥寥无几。其原因包括工程难度大，包工公司实力不足，不敢投标；施工地点荒凉偏僻，运输困难，香港或广州之包工喜在城市工作而不喜野外工作；包工公司一般不愿意承揽政府工程；等等。但至1934年上半年，情况渐渐有了改变，株洲至郴州各段分别在这段时间内陆续开工，在进行土石方招标的过程中，"湘省就地不乏包工，且工价较廉，而工作又较易"，就地招标相当容易，"当时湘省各包工投标极为踊跃，所投单价，较之南段亦较低廉"。不过湖南实力雄厚的包工数量极少，大多为小包工，且对于铁路工程也不熟练。最初包工确实招来不少当地的工人，但管理

① 粤汉铁路促成会：《粤汉铁路株韶段开工湖南应有之协助》，《粤汉要刊》1933年第11期。
② 参见粤汉铁路株韶段工程局：《第二总段各包工工人约数》，《粤汉铁路株韶段工程月刊》1933年第1卷第11期。
③ 参见粤汉铁路株韶段工程局：《粤汉铁路株韶段民国二十四年工作之回顾》，粤汉铁路株韶段工程局1936年版，第6—7页。

颇为混乱，且多转包和偷工减料之事，以至于工人纷纷离开，工作进展迟缓。[1] 为了改变这种状况，工程局逐渐考虑由判工取代包工。

1935 年 1 月，第四总段正式成立，但其实际工作则开始于 1934 年 10 月。该段兴工之初，原拟采用包工制度，一分段将其土方工程登报招标，但投标者并不多，而且投标价超出底价较多。第四总段决定放弃包工制，全部改为判工制。截至 1935 年 4 月，该段有土方 14 标，隧道 2 标，桥墩桥台及大拱桥 15 标，小桥涵洞 21 标，上述总计 52 标，其中只有婆婆崖隧道 1 标采用包工制，剩余标段全部采用判工制。其发判按照如下的程序进行：公开招判—限期报价—优选两家—审查考验—谈判议价—择定一家—呈局核准—缴纳押款—订立遵结—开工建设。在进行招判过程中，竞争十分激烈，一般每标均有一二十家参与竞争。[2]

株韶段工程最初所使用的工人多来自北方各省。这是因为，株韶段"开工之初，建设事业，久经停顿，就地无经过训练之工人，凡外省之包工人，多由北方招工前来，彼时交通尚不如今之便，每名工人到达工段，约须川资大洋 16 元至 20 元，用费不为不巨。惟此类北方工人，多经训练，体力较强，初到之后，未染恶习，工作效率，显较就地随时招来之工人为优越，最初曾经考查，粤籍工人（全路工人中占极少数）挑土，每担不过五六十斤。湘籍工人挑土，可至六七十斤。北方工人挑土，可由七十斤至百余斤。平均估计，北方工人总比湘籍工人多做二成以上。若就铺轨、推车、石工、打眼、装药、观查石层方向、撬石等，因手法熟习，不专恃气力为之，故效率常超出三成以上。为日已久，驯至此种北方工人，渐渐骄纵，不服指挥，工作亦不卖力"。在这种情况下，本来应当将这些北方工人辞退，另雇工人。但本地湘籍工人能力尚未进步，加之交通不便，这些工人本身又是包工人花费巨资远道招雇而来，不便辞退，不得不"竭力隐忍"，这就导致"包工人

---

[1]　参见凌鸿勋：《一年来粤汉路株韶段工程之包工及判工》，《工程周刊》1934 年第 3 卷第 28 期。

[2]　参见刘宝善：《第四总段成立半年来工作之检讨》，《粤汉铁路株韶段工程月刊》1935 年第 3 卷第 7 期。

受损甚大，工程亦连带影响"①。以第二总段为例，工程开工后，需用工人一两万人，土石方工程，尚可就地或在湘南招集到段工作，但开凿隧道及建筑桥梁等工人，必须具有相当技能，故各包工需用略具技能之工人，多从北方或上海方面招揽而来。②株韶段工程局副工程师容祺勋也指出，各地工人因生存环境不同，其工作技能亦各有差别，故一处工人之手艺，非他处工人所能及。株韶段之隧道、开山、桥梁等工人，各包工大多从北方各省如河北、河南、山东等地招来，尤其多从河北之开滦、唐山、高碑店、保定等地招来。因当地铁路工程较多，工人长期训练，久而久之便成专能，非别处工人所能及。而土石方工作，对技术的要求较低，故多由当地工人承办。③再以承建洣河大桥桥墩桥台工作的大兴公司为例，该公司所雇工人，除一小部分本地人外，其他尽属北方人。④

最初参加施工的工人，大多由包工自各地招募而来。由于工人来自各地，人员构成复杂，"因籍贯不同，制度互异，而劳资争执，乃常有发生"⑤。株韶段的包工制度大致有以下几种：分红制、佣工制（亦称裹工或点工）、零包制、转包制、明包暗佣制、跑签制等，其中使用比较广泛的是分红制和佣工制两种，也是当时工程建设领域流行的两种制度。至于其他的几种包工制度，都有各自的适用情况，也都不同程度地存在着。⑥包工人与工人之间，各自所得利益，视工程之种类而略有不同。以铁路土石方工程为例，全部工款连同押款一并以百分计，大包工与小判工，在包工方面（包判工及其办事人）：（1）大包工占20%—25%，其中纯利润约10%；（2）小判工占

---

① 张金品：《本路粤北湘南间包判工制度之分析及工人概况》，《粤汉铁路株韶段工程月刊》1934年第2卷第7期。

② 参见粤汉铁路株韶段工程局：《粤汉铁路株韶段第二总段工程纪略》，《津浦月刊》1935年第5卷第2期。

③ 参见容祺勋：《包工程度之考核》，《粤汉铁路株韶段工程月刊》1935年第3卷第10期。

④ 参见《洣河桥桥墩桥台工程完成经过》，《粤汉铁路株韶段工程月刊》1935年第3卷第5期。

⑤ 张金品：《本路粤北湘南间包判工制度之分析及工人概况》，《粤汉铁路株韶段工程月刊》1934年第2卷第7期。

⑥ 参见张金品：《本路粤北湘南间包判工制度之分析及工人概况》，《粤汉铁路株韶段工程月刊》1934年第2卷第7期。

15%—20%，其中纯利润约 15%。在工人方面（棚头及工人）：（1）大包工制度下占 75%—80%，其中实得工资 57%—60%；（2）小判工制度下占 80%—85%，其中实得工资 62%—67%。棚头与工人之间，除工具费用外，棚头之工资约占全工价的 3%，故工人实得工资，按前列条件，在大包工制度下，占 54%—59%；在小判工制度下，占 59%—64%。工人的日常耗用并不多，每日平均仅 0.38 毫洋。[①]

包工工人的具体待遇，据株韶段工程局对第七总段第一分段的调查，（甲）桥渠包工，普通工人（石匠木匠工头除外），分大工小工两种，除由包工供给伙食，每人每日扣一角五分外，大工可得工资二角五分，小工可得工资二角。使用之工具中斧头、扁担由工人自备，其余工具则由包工供给，因工具损耗，包工与工人之间如何计算，工程局并不了解。每工每天大约能挑土约二公方，每人每日消费、伙食与其他杂费，两角左右。（乙）土方包工，土石方包工与工人之间，采用华方计值，1 华方约等于 4.4 公方。每华方填土价自 4.4 角至 5.6 角不等，视距离远近、填土之高低而定；挖土则视土质之软硬及挑运之远近，每华方之价格，自 4.6 角至 8 角不等。在实际上，工人土石方价格往往出入较多，最初按方数计算，每公方价格自 3.7 角至 7 角；开工以后，工人应得之工价，与按方价格所得之数，相差甚远，为此包工与工人之间纠纷不断。工程后半期，多改为点工计值，做成一公方坚石，所费方价有高出一元以上者。包工与工人之间的利益分成，有种种欺人与防被欺之手腕，他们之间最终如何分成须视棚头（棚头亦属于工人群体）与包工人之交涉而定，对此工程局是难以了解内情的。极端的情况，甚至有工人工作数月，结账时尚需给包工偿还伙食费的，包工对于工人剥削之严重由此可见一斑。工程局也认为："包工究多重利轻义，工人所得仍属至微。"[②]除包工对工人剥削之外，棚头对于工人也存在着剥削，工人除去伙食及各种费用外，其所得纯收益再由棚头抽取 1/10。经过棚头和包工的层层盘剥，在工程初期，工人实际到手的工价，每人每日自零分至 1 角；工程后半期，每人每

①　参见张金品：《本路粤北湘南间包判工制度之分析及工人概况》，《粤汉铁路株韶段工程月刊》1934 年第 2 卷第 7 期。

②　《株洲至乐昌段一年来工作概要》，《粤汉铁路株韶段工程月刊》1934 年第 2 卷第 7 期。

日有得 2 角左右者。一般情况下，每工每日可挑 1.5 公方至 3 公方之间，视距离之远近、路堤之高低以及土质之软硬而定。工人除伙食外，每日尚有烟茶、绳索等消费与折旧，每日消耗额自 1.5 角至 2 角不等。[①]

工人对于包工的剥削当然不会听之任之，双方经常为此而发生争执。"工人与包工每因不明了工作需要，及己身责任，常常发生劳资纠纷问题，争控迭出，影响工程。"对此，工程局自然不能坐视不理。因工程局是与包工而不是与工人直接打交道，故对于包工与工人之间的利益约定，工程局事实上并不清楚。同时，工人囿于种种原因，对于包工与工程局之间的合同规定更是一无所知，对于自身的权益也缺乏明确的认识。这样一来，就给了包工欺上瞒下的机会。为了便于工人具体了解包工与工程局之间的合同约定，尤其是工程款结算等内容，1934 年 7 月，工程局局长凌鸿勋亲自写了一封告土石方工人书。

凌鸿勋在信中说，你们工人是淳朴简单的乡民，以自己的劳动获取生活的资本。假如包工给你们公平的待遇，你们绝不会平白无故滋事，平地生波。可是现在你们常常与包工提起诉讼，纠葛的发生是不是因为包工克扣你们的工资？或者你们之间发生了什么误会？你们来到这里做工，或者未做工之前，与包工是否订有什么条件？或者所订条件有不合理、不明白的地方？这都要你们事先与包工明明白白说清楚。绝不能因为与包工之间的矛盾和争执，而影响粤汉铁路建设这样重大的工程。我作为工程局的局长，非常想知道你们与包工之间常常发生争执的原因，以便能够对你们有所帮助。为了你们能够安心工作，赚取工资，现将工程局与包工之间的合同公布如下：

> 一、包工人与本局订立了合同后，就由他去找集工人，分布动工，每月由本局派员会同他一起去收方一次，收方一次，就开支工值一次，绝不会拖欠不给工资的事情。

---

① 参见粤汉铁路株韶段工程局：《七总一分段各标工人工作及生活调查》，《粤汉铁路株韶段工程月刊》1934 年第 2 卷第 10 期。

二、包工人每月所得的工值，本局照章按数先只给九成，其余一成，暂且扣留，作为工程上的"保固押款"。这笔款项，等到"保固"的期满时，届时是本局认为工程是妥善了，就可以将工值完全发给，并不会延欠半个。

三、包工人没有依照合同上所订的期限完工，过期一天，罚款多少，都是在合同上说得明明白白，本局到期照约行事，绝不会饶恕他的。这样看来，工人同包工通力合作，使工程按期完成。

四、如工程按照日期没有相当成绩，本局就会依照合同上，所规定，把工程收回，由自己办理，或者另外再找别人承办，对于一切损失，都是要包工负责赔偿的。

五、包工与本局订定合同后，不准把工程转包别人，这就是免除剥削工人的用意。

六、如包工的工人，不遵守本局工段工程司或监工所指示的工作办理，本局就当把他们开除，以后不准到工，免带坏样，这是包工合同里面所规定，工人们应当遵守的。

七、工人们对于工作，应该格外勤奋，成绩自会优良。按"每挑实土 1 立方英尺，重约 90 斤算，大约要 36 挑，才有 1 立公方，或者是实土 100 挑，松土 120 挑，才足 1 立英方"，这是按照每挑 1 立方英尺计算的。假若每挑轻点儿，少些儿，那么，更要加多挑数了。

八、工人很多不明白立方体积，自己挑得多少土方，都不会晓得，事情做过后，就怪得是短开工值，因此就发生误会，这是时常听得到的。其中还有懒惰的，羸弱的工人，挑不足相当的伙食工值，各工头应该随时极为督促，免致事后反悔。

九、包工靠工人的力量来赚钱，工人靠包工的召集和接济来维持生活，所以包工和工人是合为一体不能分开的，如果在事前彼此不拿①方价和发款手续讲明，到后来发生纠纷控诉，不但包工受怠工的损失，路局的工限延误，即工人自己的伙食，也是赔耗不起，工人并不是带

---

① 按："拿"当为"把"。

钱来做工的，哪有余钱去和包工打官司呢？

十、在包工方面，应该公平待遇工人，遇到有工人不明了的地方，就应该详细的解释解释，使他们明了工作的需要，才不致发生误会。并且要随时注意到督促工作，使工程按期有相当成绩，群策群力，同舟共济，这是最要紧的。①

这封信的前 5 条，主要向工人解释工程局与包工之间工款的结算问题，第 6、7、8 这 3 条主要向工人说明土方工程的规范，劝告工人应当努力工作，第 9 条主要指明包工与工人"合为一体"的密切关系，第 10 条指出，包工应当公平对待工人，呼吁包工与工人通力合作，各尽本分，努力使工程得以顺利进行。通过这封信，对于工人了解包工与工程局之间的合同，从而能够更好地保护自身权益，规范包工的包工行为，都有重要的作用。

在包工之间，还存在着争抢业务的现象，为此大打出手的也不罕见。1933 年 10 月，通过竞标，李桂生取得第七总段第一分段（株洲至渌口）由武昌运抵株洲后的工料起卸权，同时竞标的其他几家公司对李桂生取得装卸权怀恨在心。12 月 2 日，一批工程材料运抵株洲时，株洲起木、萝业、转运三个工会，纠集多人，与承包商李桂生争夺装卸业务，并殴伤李桂生名下工人多名。工程局派警察所长兼程赴株洲与湘潭县地方政府接洽调解。经调解，三个工会与李桂生各具切结，此后材料起卸，仍由李桂生照约承包，其他人不得干涉。12 月 12 日，工程局致函湖南省政府，请其协助维持工程秩序，杜绝再次发生类似事情。湖南省政府复函，表示将全力支持工程建设。②

如前文所述，由于北方工人存在的一些问题，故随着工程的进展，湘籍工人逐渐成为施工的主体，但也主要限于土石方等相对简单的工作。例如，株韶段土石方工程中曾大量使用湖南工人。如第二总段（乐昌—广东省

---

① 《粤汉铁路株韶段工程局告土石方工人书》，《粤汉铁路株韶段工程月刊》1934 年第 2 卷第 7 期。

② 参见粤汉铁路株韶段工程局：《请湖南省政府饬属制止株洲起卸纠纷》，《粤汉铁路株韶段工程月刊》1933 年第 1 卷第 12 期。

界），此段为株韶段工程最艰巨的地段之一，"大山巨岭，重重叠叠""山势削拔"，多悬崖绝壁，沿线路基，非填即掘，故"土石工程极不易做"。在如此艰苦的环境下，"凿石用人力及风机凿眼以炸药炸开二法"，北方来的工人能力最佳，而"湘省人最多"，其次为粤赣工人。① "至最近二年，湘籍工人，对于土方工作，较之北方工人，已无逊色（推车及凿石，则仍不及），本段土石方各小判工，均用湘籍工人，北方工人，渐在摒弃之列矣。"② 1934年7月，刘南山在调查株韶段的卫生防疫情况时曾指出，自白石渡至乐昌，全线路工1.7万人，其中北方工人约3000人，粤籍工人约1000人，剩下1.3万人均为湘籍工人，湘籍工人占此段工程全部工人的比例高达76%。③ 1934年7月，株韶段工程局工程师兼第二总段工程师李耀祥在文章中指出："本路各段包判工人，自去夏开工以来，日有增加，至本年6月最高之数达3万余人，其中约略估计，湘人约占60%，粤人约占15%，而来自北方冀、鲁、豫各省者，约占25%。"④

这些工人的来源，"粤籍工人大抵系北江一带乡民，工价较大而耐苦又不如湘人与北方人。粤湘交界一带包工，所雇湘人，多系由包工给以极微川资，在工只给伙食，工完再为结算。此一带所用北方人，多系有经验之凿石工及混凝土工，凿石工多来自涞县、定兴、高碑店等地。混凝土工，则多来自唐山，其来也较有组织。因隧道包工多系北方人，在北方招工较易集事，由包工按名给以安家费及旅费，并派人统率大批南下。在工则所有工上之所需，如伙食衣被及剪发医药等，均由包工管理，在工期间，不给现金，其食宿以外，所得之工值，由包工为之寄归，完工遣散再整批送归。工人对于包工有此乡谊，故办法妥善，工人亦少滋事者。至于湘境内，除隧道工人外，

---

① 参见木公：《株韶段工程视察纪》，《粤汉铁路株韶工程局工程月刊》1936年第4卷第10、11、12期合刊。

② 张金品：《本路粤北湘南间包判工制度之分析及工人概况》，《粤汉铁路株韶段工程月刊》1934年第2卷第7期。

③ 参见刘南山：《粤汉铁路株韶段卫生调查报告书》，《粤汉铁路株韶段工程月刊》1934年第2卷第9期。

④ 李耀祥：《株洲至乐昌段一年来工作概要》，《粤汉铁路株韶段工程月刊》1934年第2卷第7期。

余几全为当地之人，一切问题，均较简单"①。

工人们的劳动非常辛苦，为了赶工期，劳动强度普遍较大。刘宝善介绍第四总段的施工情况说，该段正式成立于 1935 年年初，入春以后，雨水较往年为多，工程进度大受影响。该年 1 月至 6 月，雨天共有 113 天之多，约占 1—6 月总天数的 60%，其中完全不能工作的天数占 30% 多。雨季过后，各分段严催各判工增加工人，并增加夜工，以挽回损失之日期。结果至 6 月底，一分段各标基本完成全部土石方工作，二三分段各标也赶回了很多工期。② 第七总段渌河大桥进行桥墩钻探时，难度很大，为了不耽误工期，一个桥墩分配工人 140 人，分为两班，昼夜施工。③ 大兴公司承建涞河大桥桥墩桥台工作，1934 年 12 月，工作最紧张的时候，每天参加施工的工人包括木匠、铁匠、石工、打洋灰工以及小工等多达 2000 多人，其中有 500 多人专做夜工。④

工程局对于包判工均有奖惩制度。如 1934 年 10 月至 1935 年 4 月，大兴公司承建涞河大桥桥墩桥台，比规定工期提前 55 天完成任务，且工程质量优良。对此，工程局非常满意，通报嘉奖，并奖励现金 1000 元，以示鼓励。⑤ 对于违反工程施工规范的行为，工程局也要进行惩罚。1933 年 7 月 24 日，第二总段第一分段包工统益公司工人不慎失火，火势几乎蔓延至公记营造厂炸药库房，危及施工人员及附近居民之安全，因扑救及时，未造成严重后果。事后，工程局对统益公司进行处罚，责令赔偿公记营造厂因救火而搬运炸药的费用，合计 88 元。⑥

---

① 李耀祥：《株洲至乐昌段一年来工作概要》，《粤汉铁路株韶段工程月刊》1934 年第 2 卷第 7 期。

② 参见刘宝善：《第四总段成立半年来工作检讨》，《粤汉铁路株韶段工程月刊》1934 年第 2 卷第 7 期。

③ 参见《北段三大桥积极施工之情况》，《粤汉铁路株韶段工程月刊》1934 年第 2 卷第 12 期。

④ 参见《涞河桥桥墩桥台工程完成经过》，《粤汉铁路株韶段工程月刊》1935 年第 3 卷第 5 期。

⑤ 参见《奖励涞河桥包工》，《粤汉铁路株韶段工程月刊》1935 年第 3 卷第 6 期。

⑥ 参见《惩罚包工统益公司工人纵火》，《粤汉铁路株韶段工程月刊》1933 年第 1 卷第 8、9 期合刊。

　　由于株韶段工程大多地处荒野之地，所以工人的食宿问题也比较难以应付。以第二总段为例，因包工招来之工人，大都来自外省，而工作地点均为荒僻之地，极少村落可资食宿，不得已乃于沿线搭建工棚，作为工人住宿之所。大量工人集结，所需米粮，数量巨大，而当地却无处购买，必须在乐昌采购。由乐昌输运至工段，所能依靠的只有帆船，沿途河流滩多水急，每船载量仅 2—3 吨，而运价高达 60 元，且历时两三日方可到达工地，如遇恶劣天气，需时更多。如乐昌米粮供应不足，还要远赴韶关或其他各处采购，运价就更加昂贵。因此，工人的食宿问题，一直都是一个很大的问题。①

　　食宿之外，工人的卫生防疫问题也不容忽视。株韶段工程不少工段位于崇山峻岭之间，尤其是湘粤交界一带，人烟稀少，饮水不洁，员工患病者甚多，多属痢疾伤寒之类，工人因此致死者为数不少，对于工作颇有影响。1934 年 7—8 月，受铁道部委托，湖南湘雅医院寄生虫病专家刘南山博士对白石渡至乐昌约 150 公里施工线路的卫生及防疫状况进行了调查。根据他的调查，共抽取工人及职员血样 1764 份，携带疟疾病菌者 246 人，占全部人数的 13.94%。许多工人因患疟疾还伴有其他病症，如肠胃炎、头痛腹泻、急性痢疾等。他还调查了工人的脾脏涨大率，约占全部被调查工人的39.7%，尤以北方工人为多，占 54%，南方工人则占 42%。工人或员工所患疾病，无不对人们的身体健康以及工程建设产生了不利的影响。②

　　有鉴于此，工程局方面对于卫生防疫工作极为重视。刘南山根据调查结果，对于防治疟疾等传染病提出了对策："救济之方法，首在改良工人之生活。"他并提出了 7 条具体的建议："(1) 工棚之驻地，应由卫生人员选拣合宜之处。(2) 工棚中宜设立卫生规则，以便公同遵守。(3) 工棚中宜备蚊帐，以便工友之用。(4) 工程处职员住宅及办公室，应置纱门纱窗，以杜蚊蝇。(5) 各段员司及工人，均应常服金鸡纳丸，以增抵抗力。(6) 工友之患

---

① 参见粤汉铁路株韶段工程局：《粤汉铁路株韶段第二总段工程纪略》，《津浦月刊》1935 年第 5 卷第 2 期。

② 参见刘南山：《粤汉铁路株韶段卫生调查报告书》，《粤汉铁路株韶段工程月刊》1934 年第 2 卷第 9 期。

疟疾者，宜常受血液检验。（7）凡患疟疾者，应由专门医员，切实治疗。"
上述各项预防工作，其经费由包工与工友共同分担，工程局方面可略负治疗
责任，则收效会更大。此外，他对工程局的卫生防疫工作也提出了具体的
建议。①

为保护员工身体健康，株韶段工程局在每个工段都设有诊疗所，诊疗
所主要为工程局职员服务，但对于筑路工人也负有诊疗义务。对于工人请
诊，各诊疗所均有相应的规章制度。如韶乐段诊疗所规定：包工工人来所请
诊，应由包工方面发给请诊单，诊所应备签认单（单式由该诊所拟制），每
月每包工一张，每次诊治由诊所开具药价送各包工签认，按月结数，就近交
工段在请款单内扣除；包工工人不准住在所内等。②

1935 年，随着工程的推进，工程局开始分段开行客货列车，凡具有传
染性之疾病，因交通便利之关系，传播更快。工程局制订了卫生防疫计划，
分饬所属，切实执行。1935 年 6 月，工程局为员工及工人，注射痢疾、霍
乱、伤寒等疫苗，其中员工 395 人，员工家属 159 人，工人 13519 人，收
效颇佳，极大地减少了痢疾、霍乱等传染性疾病在员工及工人中的患病率。
1935 年，在员工及其家属中，发生霍乱伤寒症者仅 2 人，痢疾 172 起。③

此外，由于很多工段地在荒僻野外，山深林密，间有土匪横行，尤其
是湘南郴宜一带，散匪尤多，对于筑路员工的安全也构成了威胁。如 1935
年，第三总段第一分段，监工崔品卿，被匪徒掠走羁押长达数月；复元、森
记等数家包工公司，被匪徒掠走工人数名惨遭枪杀。④

综上所述，粤汉铁路株韶段在施工的过程中，经历了由以包工制为主
向判工制为主的转变，这种转变是因应着工程的需要而发生变化的。工程最

---

① 参见刘南山：《粤汉铁路株韶段卫生调查报告书》，《粤汉铁路株韶段工程月刊》1934 年第
2 卷第 9 期。

② 参见《规定韶乐段诊疗所款项用品及包工请诊办法》，《粤汉铁路株韶段工程月刊》1933
年第 1 卷第 12 期。

③ 参见粤汉铁路株韶段工程局：《粤汉铁路株韶段第二总段工程纪略》，《津浦月刊》1935 年
第 5 卷第 2 期。

④ 参见粤汉铁路株韶段工程局：《粤汉铁路株韶段民国二十四年工作之回顾》，1936 年，第
57—58 页。

初开始的时候，工人多来自北方各地，而随着工程的推进，湘籍工人逐渐取代了北方工人，而成为株韶段施工的主体力量。但是，湘籍工人主要从事的是土石方等技术要求较低的工作，而架桥、隧道等技术要求相对较高的工作，则自始至终均以北方工人为主。凌鸿勋 1936 年曾指出，本路"土方工人多就地征工，均为湘人，架桥工人来自上海，其余铺轨及做桥墩等等以北方人为最多"①。但土石方工程占全部工程量的比例最高，故所需工人数量亦最多，因此全部工人仍以湘籍工人所占比例为最多。

需要特别指出的是，由于株韶段用工数量巨大，1935 年，平均每月用工数高达 7 万余人，其中 60% 或 3.5 万人为湖南工人，加上与这些工人相连的家庭的人数，总人数不下 10 万人，这就是一个庞大的数字了，同时也具有重要的意义。首先，数万湘籍工人参与株韶段的建设，为工程提供了充足的廉价劳动力，他们为工程的顺利完工做出了巨大的历史贡献。其次，数万湘籍工人参与株韶段的建设，使湖南农村的剩余劳动力有了一条出路，从而减轻了社会稳定的压力。再次，大量湘籍工人参与铁路建设，其巨大的生活需求，为线路沿线带来了经济活力，客观上刺激了铁路沿线经济的发展。最后，大量湘籍工人参与株韶段的工程建设，在工程建设中得到了严格的训练，为湖南培养了一支规模庞大的铁路工人队伍，发展壮大了湖南工人阶级队伍的规模，这支队伍也是湖南先进生产力的代表。总而言之，大量湘籍工人参与工程建设充分证明，湖南人民对于粤汉铁路的全线贯通作出了巨大的历史贡献。

四、采购湘省枕木之纠纷

湖南地处我国中南部，植被良好，森林茂密，故木材储备极为丰富。据国民政府交通、铁道两部调查，湖南木材"质坚耐久，为各省木料之冠"②，"质料之佳，比之洋木，实有过之而无不及"③。湖南务材木业公司调

---

① 赵君豪：《南游十记》附录《汉粤纪行》，国光印书局 1936 年版，第 157 页。
② 粤汉铁路促成会：《粤汉铁路株韶段开工湖南应有之协助》，《粤汉要刊》1933 年第 11 期。
③ 邹宗伊：《四省特展之意义及其展望》，《汉口商业月刊》1937 年新第 1 卷第 10 期。

查，湖南蓝县九嶷山，可采杉枕七十余万根；道州蛇皮渡，可采杉枕六十余万根。此外，尚有江华、宁远、零陵等处，亦可采杉、松枕木四五十万根。湖南省人士亦热切盼望株韶段工程局能够大量采购湖南枕木，以促进湖南经济之发展。①

民国时期，湖南木材市场的兴衰影响着湖南的社会经济，尤其对中小城镇的经济影响就更为明显。洪江、陬溪由一个小镇发展成为一大商埠，与其木材市场的集聚功能息息相关，木材市场对于湖南各木材产地中小城市的形成起着一定的作用。②株韶段全线开工后，一切工程之进行，为全国人士所关注，路用枕木，自然也成为一个焦点问题。湖南"本地绅商均以为有购国枕之必要，况湘省又为木区域，纷纷请求承办"③。为此，湖南省政府多次与工程局接洽，各木材商也多方请求，均殷切希望工程局能够尽量采购湘枕，一方面直接支持国货，另一方面亦可间接提振湖南农村经济，进而带动湖南省其他产业之发展。

对于湖南省政府和各木材商的请求，工程局给予了积极回应，决定采购、试用湘产枕木，为此也做了认真细致的准备工作。1933 年 8 月，工程局拟定了收购枕木之简章，对于枕木尺寸、种类、木样、关税、交货日期、付款、押款、逾期罚款等，均作出详细之规定，并将这些规定函送湖南省建设厅，请其转饬产木各县政府及各商会，希望有实力之商人出面承办，并了解铁路方面对于枕木在技术上的要求。株韶段工程局所拟招购湘枕简章，其主要内容是：工程局决定采购湘枕 12 万根，在株洲至雷溪市一带沿路工段指定地点交货；规定枕木尺寸为长 8 英寸、宽 9 英寸、厚 6 英寸；承办人须送交样枕以备审核，式样、木质及质量如不符合要求，工程局拒绝收货；运输途中之所有关税由工程局承担；交货日期从 1934 年 1 月起，8 个月内交齐；货到合格，3 日内付款。应该说，工程局对于采购湘枕还是颇有诚意的，如工程局承担了运输途中的所有关税，这是一笔不小的开支。同时，工

---

①　参见粤汉铁路促成会：《粤汉铁路株韶段开工湖南应有之协助》，《粤汉要刊》1933 年第 11 期。

②　参见王国宇主编：《湖南经济通史·现代卷》，湖南人民出版社 2013 年版，第 43 页。

③　高连元：《粤汉路局株韶段实习报告书》，《铁路学院月刊》1935 年第 28 期。

程局也将上述情况呈报铁道部，请求该部先行核准采购湘枕 6 万根，铁道部核准了工程局的请求。铁道部核准后，工程局按照规定手续，着手招标采购湘枕。①

1933 年 8 月，湖南省建设厅向各县政府及各县商会转发了工程局招购湘枕的函件及简章。指出，目前决定购置的 12 万根枕木主要用于第七总段，将来各段全部开工后，所需枕木数量更多。湖南省建设厅要求，各县政府及各商会应认真准备，积极投标，务使此次湖南省与铁道部的合作有良好圆满之结果。②

湘枕木质，分松、杉两种，均采购于湘资沅三水所经各地。湖南所产木材，以松、杉为大宗。松木味香甜，容易招致蚁虫，未经处理的，寿命仅 2—4 年，北方平原沙土之地，无白蚁之害，尚勉强可用，而南方潮湿闷热之地，松木并不适合用作枕木。杉木长在深山，砍伐之后，置于水中，编成小木筏，放置于近山支流之中。待雨季山洪泛滥，遂冲入大河，乃编为大木筏，运输各地。同时，经过这样的过程，木内所含汁液，被水浸吸，且其汁苦涩，味臭，虫类不能蛀蚀，故能防腐、防蚁，因此杉木很适合用作铁路枕木。

湖南省境内湘、资、沅、澧四大河流，除澧水外，其他几条河流均与湖南木材出品或运输存在着密切的关系（湖南木材生产及运输路线如图 9 所示）。湖南之木，有西路与南路之别。沅水居西，俗称常德河，通贵州、四川等地，故凡经沅水运输而来之木材，多来自川黔两省，一般称为西路货。至常德河洑市一带，该处为杉木荟萃之市场，可由小筏改编为大筏，运售各地，或出洞庭湖。资水源出城步，上游通广西，凡湖南新宁、武冈所产之杉木，广西所产木材亦经此河运输，均以益阳为交易中心，以上之木，亦称西路货。而江华、嘉禾、桂阳、汝城、安仁、郴县、耒阳、衡山等县产杉木，均经湘江运至株洲交易，统称为南路货。南（路）杉木质坚硬，根粗梢细；西（路）杉性嫩，由根至梢，大小均匀，能多取材，更适于用，价亦稍廉。

湖南木商言木材产地，一般称"某河"，"盖因木材自某河运出而得名"。

---

①　参见株韶段工程局：《本局采购湘枕之经过》，《粤汉铁路株韶段工程月刊》1935 年第 3 卷第 3 期。

②　参见《湖南省建设厅训令（第 339 号）》，《湖南省建设月刊》1933 年第 38 期。

一曰九嶷河，产木区域为宁远、道县、嘉禾、蓝山四县，每年产木约 160 万株；二曰东江河，产木之地为资兴、永兴、汝城三县，每年产木约 200 万株；三曰茶陵河，主要产自茶陵、攸县两地，每年出产约 60 万株；四曰苗河，产木区域为湘黔之洪江、麻阳、会同三县，每年出产 280 万株。四河所产之木，以九嶷河、苗河为最佳，每年所出木材合计不下 700 万株。①

民国时期，各铁路购料均须遵循铁道部所颁布之标准。株韶段所用材料，有外洋与国内之别，国内购料之程序，先期将需要数量、预算、用途等项呈铁道部核准，核准后工程局即可进行招标。1933 年 10 月 27 日，铁道部核准株韶段工程局可试采购湘枕 3 万根。工程局乃登报招标，规定以长 8 英寸、宽 9 英寸、厚 6 英寸之湖南松木或杉木为合乎标准之枕木，交货日期为 1934 年 1 月和 3 月底，交货地点为株洲，开标日期为 11 月 7 日。第一次招投标并不顺利，虽然有 10 余商家领取了标单，但遵章缴纳押金到场投标者则不满三家，按照章程规定不可开标。之所以出现这样的情况，是因为当时正值冬季，河道水浅，转运困难，木商担心不能如期交货，故而商家多观望不前。

出现这种情况，工程局为便利商家考虑，将开标日期顺延至 12 月 11 日，重新登报声明，并将交货日期亦顺延两个月，为 1934 年 3 月和 4 月底分两批交货。后因工程进展迅速，材料需用急迫，工程局同时呈铁道部要求再添购湘枕 3 万根，同时简化了采购手续，采取询价之办法以利快速购进湘枕。为了取得实效，工程局同时致函湖南省建设厅请通知各木商领取询价单，依式填写，报送工程局即可。各商家所呈报之报价单，均有工程局主管人员"原封收存，截至限期之最后一日，始同时开封"，比较各商报价高低，从中选择合适的供应商。

1933 年 12 月 11 日，湘木采购开标会在衡阳株韶段工程局本部开标，参与投标询价的有顺生祥、信记、唐春和、裕和、利济等 10 个商家。开标结果，松木枕顺生祥中标，每根大洋 1.3 元，共两万根；杉木枕信记中标，每根大洋 2.8 元，共 1 万根。孰料信记中标后立即反悔，称："当投标时，系将

---

① 参见《湘木材运销情形》，《经济旬刊》1936 年第 6 卷第 16 期。

松木杉木三万根，一并承办，而杉木价格之特别低廉者，乃指 6″×8″×8′ 而言，并将松木所盈之利，填补杉木所亏之价，以资调剂。今若不办松木，而专办杉木，则亏累太深，实难承办。"① 信记公司如此说法，其实是根本站不住脚的。对此，工程局一方面予以反驳，另一方面也酌情做出了调整，准信记公司照每根 2.8 元试办杉枕 5000 根，每根 1.3 元试办松枕 1 万根。如此商定之后，始与信记公司签订合同，约定 1934 年 3 月开始交货。

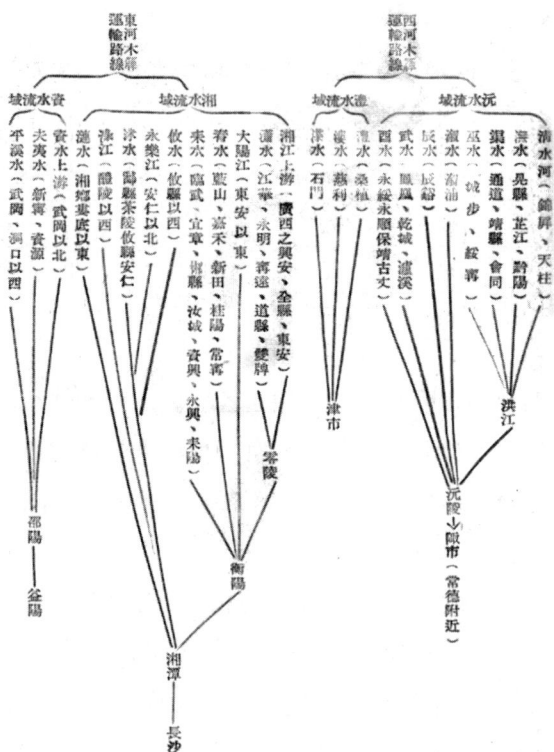

东河木筏运输路线　　　　　　西河木筏运输路线

资水流域　湘水流域　　　　　澧水流域　沅水流域

资水流域：
平溪水（武冈、洞口以西）
夫夷水（新宁、资源）
资水上游（武冈以北）

湘水流域：
涓水（湘乡、茶陵以东）
渌水（醴陵以东）
洣水（攸县茶陵攸仁）
攸乐江（安仁以北）
攸水（攸县以西）
耒水（蓝武、宜章、嘉禾、新田、桂阳、汝城、资兴、永兴、耒阳）
舂水（蓝山、嘉禾、新田）
潇江（江华、永明、宁远、道县、双牌）
湘江上游（广西之兴安、全县、东安）

澧水流域：
澧水（石门）
渫水
溇水
武水（凤凰、乾城、泸溪）
辰水（永绥永顺保靖古丈）

沅水流域：
瀛水（溆浦）
㵲水（桑植）
渠水（通道、靖县、会同）
㵲水（晃县、芷江、黔阳）
清水河（锦屏、天柱）
瓜步、绥宁

邵阳　益阳
零陵
衡阳
津市
洪江
沅陵→临市（常德附近）
湘潭
长沙

图 9　湖南木材运销图②

　　除上述招标采购湘枕 3 万根外，此外尚有 2.5 万根枕木采取询价法择定木材供应商。在 17 家询价木材商家中，选定唐春和独家承办全部 2.5 万根枕木。其价格如下：甲种杉木每根 3 元，乙种杉木每根 2.6 元，丙种杉木每

---

① 株韶段工程局：《本局采购湘枕之经过》，《粤汉铁路株韶段工程月刊》1935 年第 3 卷第 3 期。

② 周维梁：《湖南木材产销概述》，《湖南经济》1946 年第 1 期。

根 2.2 元。交货日期为 1934 年 6 月之前。

然而，工程局与各商家签订合同之后，各商家却迟迟不能履行合同按期交货，致使工程颇受影响。为了推卸违约责任，各商家乃寻找各种借口，其中的一个借口称，工程局采购价格过低，抑勒商家，致使商家无利可图，故而商家无力交货。商家的这种说辞，虽然不完全是无稽之谈，但也与事实严重不符。通过比较湘鄂段与株韶段采购湘枕价格之差便可一目了然（参见表 10）。

表 10　湘鄂段与株韶段所购湘枕木价格比较表①

湘鄂段所购	杉木	甲	每根二·六五元	株韶段所购	杉木	甲	每根三·〇〇元
		乙	每根二·二五元			乙	每根二·六一元
		丙	每根一·六五元			丙	每根二·二〇元
	松木	甲	每根一·六五元		松木	甲	未购
		乙	每根一·四五元			乙	每根一·三〇元

通过表 10 对比可以发现，杉木甲、乙、丙 3 种，株韶段分别比湘鄂段每根高出 0.35 元、0.35 元和 0.55 元。而乙种松木，株韶段比湘鄂段每根要便宜 0.15 元。同时，买卖双方，并无相互强迫之情况发生，合同一旦签订，双方均应按照诚信的原则履行合同。

工程局先后订购湘产松、杉枕木 6 万根，分别由顺生祥曹超群、信记公司范柏青及唐春和等三家公司承办，结果均极不理想。三家公司中，顺生祥公司于 1934 年 5 月 6 日交付松枕 5181 根后，随即借口所采之木，均在山区，水浅无法运输，请延期两个月交货。工程局乃酌情允准延期 1 个月交货，6 月 19 日，又续交第二批松枕 6377 根，7 月 24 日又交付松枕 2635 根，总计尚不足全部订单的 3/4，其中还有不合格产品数百根，而交货日期也拖延了足足 3 个月之久。

顺生祥还算是好的，信记、唐春和两家公司，自订约日期至交货日期，

① 株韶段工程局：《本局采购湘枕之经过》，《粤汉铁路株韶段工程月刊》1935 年第 3 卷第 3 期。

竟然连一根枕木都没有交付！他们的借口也是五花八门，诸如关卡刁难、天气原因、水旱灾害、地方扣留、匪患严重，等等，振振有词，如出一辙。其中唐春和公司尤为枝节横生，"自四月签约以来，原订 7 月 15 日以前交货，屡请展期，延至 10 月尚无货可交，至其陈述之各项困难情形，亦迭经本局函请湖南省府及有关系之厅县，予以救济，结果终无力执行，而要求则不一而足，以致公文往返，积卷盈尺，枕木犹不见一根"①。在这种情况下，摆在工程局面前的只有一条路——注销合同！1934 年 7 月 24 日，工程局与顺生祥公司注销合同，7 月 25 日与信记公司解除合同，9 月 30 日与唐春和公司解约。虽然合同注销了，但工程进度由此而受到的巨大影响，已然无法挽回。

除了不能按期交货之外，围绕着湘枕采购还发生了不少利欲熏心的不良事件。在工程局来说，其采购湘产松、杉枕木，是抱着提倡国货、发展湖南经济、改善农村状况等美好愿望的，具有十分积极的意义。然而，事与愿违，选定的承包商却打着国营事业的名义，低价收购民树，并不向工程局供应枕木，却转手倒卖，牟取私利。那些落选的商家则勾结不肖之徒，乘此机会，巧立名目，登报招摇，私设机关，冒充专员，入山伐树。他们的这些不法行为在 1934 年上半年达到顶点，也使不明真相的乡民对株韶段工程局充满了仇恨，"控案如鳞"。工程局发现此种情况之后，1934 年 3 月即致函郴州、道县、衡州、衡阳、零陵、宁远、桂阳、祁阳等产木各县政府，请其协助严厉查禁这些无良商家的不法行为，同时函请湖南省建设厅严厉惩办，以儆歪风。此后，历经各县协助查办，此种歪风邪气逐渐消退，但造成了严重的后果。此风直接使商誉受损，断绝木料来源，间接破坏了路誉，严重阻碍了工程进度。工程局直接掌握的盗伐山木的木商只是很少的一部分，"未经呈控到局者，尚不知凡几"②。兹将借名招摇之不良商家罗列如表 11 所示。

---

① 株韶段工程局：《招购国产枕木之纠纷及取销承商唐春和之经过》，《粤汉铁路株韶段工程月刊》1934 年第 2 卷第 10 期。

② 株韶段工程局：《本局采购湘枕之经过》，《粤汉铁路株韶段工程月刊》1935 年第 3 卷第 3 期。

表11　株韶段采购湘枕木部分违法商家一览表①

姓名	名称	发生地点	事实	工程局处置经过
李森甲、谢佐记	开源公司	郴州中河街	妄称得标，假冒名义组织公司，私刻图记	函请衡阳、郴县两县县府拘案严惩
谢功涛	信记公司	郴州栖凤渡	得标后藉名强购民树，与开源公司争夺山木	函请湖南省建设厅及郴县政府严切查禁
蹶拔萃、黎勋初、胡光宇	鼎盛公司	常宁水口山	欺压乡农，招摇撞骗，王文章控告	着自行向地方机关呈诉
欧阳杰、刘湘三、赵汉卿	中华实业公司	衡阳	私立机关，妄定树价，影射撞骗	函请衡阳县政府拿办
谢文	湖南枕木公司	郴州	假冒衔名，私刻钤记	函请郴县政府予以查封
殷锦卿、彭其生、胡桂林	湖南枕木公司	衡阳清水乡	强伐强号山木，经萧汉卿控告	函请衡阳县政府拿办

由表11可见，工程局对承包商注销合同，实属迫不得已，责任只能在各承包商。各承包商获得合同之后，"或则首先要求冠以本路名义，刊刻图戳，以图私便；或则要求多发护照，分赴各县采买，以免沿途关卡阻滞；或则私自转发二包承办，居中渔利；或则转赊人之货，诡称采购而来，而被赊之货主以索款不得，又转相来局告发；或则四处派遣人员，假借名义，入山砍伐，冒充铁路收用，甚至同一公司，而互相诇扬，各指诈骗。种种事实，案牍俱在，皆非正当商人之行为"②。工程局为工程顺利推进起见，与各承包商结束合同，势在必行。

虽然发生了上述种种令人痛惜之事件，因工程推进，需要枕木甚急。工程局于是别谋补救之策，1934年9月24日，工程局发布通告，改为收购现货办法采办湘枕。如有现存枕木，符合工程需要，运输途中关税自理，能于1935年2月以前交货者，工程局可以收购其枕木。工程局如此做法，实

---

① 株韶段工程局：《本局采购湘枕之经过》，《粤汉铁路株韶段工程月刊》1935年第3卷第3期。

② 株韶段工程局：《本局采购湘枕之经过》，《粤汉铁路株韶段工程月刊》1935年第3卷第3期。

际上仍然是出于提倡国货之美意。

收购现货办法起到了一定的效果，先后向 20 余家公司收购松枕 3300 余根，而杉枕仅 38 根，这与实际需要相差依然十分悬殊。还有 30 余商家仅仅凭一纸空文表示可以向工程局供应现货枕木，究竟有没有现货实属未知。更有一些木商，甚至木尚在山中，亦来函请求收购。甚至还有一些无良商人，盗伐他人之木售卖给工程局的，进而引起了新的纠葛。鉴于上述乱象，1934 年 10 月，工程局再度决定停止现货收购办法。

即使出现了这样的结果，工程局还在努力想办法收购湘枕。经与湖南省建设厅厅长余籍传等商议，最后的办法是：由湖南省建设厅亲自出面主办湘枕采购事宜。湖南省建设厅对此次收购湘枕事宜颇为重视，该厅会同湖南省财政厅于 1935 年 1 月 27 日召集全省木商举行会议，会议决定组建官商合办的"湖南木材股份有限公司"，以发展湖南木材产业。鉴于株韶段工程局收购枕木事宜迫在眉睫，在全省木材公司未成立之前，预先组建"湖南国产木材推销委员会"紧急办理工程局所需湘枕事宜。具体的办法是：工程局决定收购湘枕 42000 根，其中松枕 12000 根，杉枕 30000 根（杉枕分甲乙丙三种，其中甲种至少占一半以上）。松枕每根 1.3 元，杉枕甲种 3.2 元，乙种 2.8 元，丙种 2.4 元；松枕只收现货，杉枕除现货外，余数须于 1935 年 6 月底以前交齐；交货地点：株洲站、衡阳粤汉码头、耒阳工程局材料库、栖风渡及郴州之指定地点，每处须交货 5000 根；验货合格后，一周内付款；运输途中一切捐税运费由商自理。据工程局综合统计，1934 年订购湘枕合计 60000 根，实际只收到 21333 根，其中松枕订购 30000 根，实际收到 20834 根，杉枕订购 30000 根，实际收货仅 499 根。[①] 剩余的近 40000 根枕木，按照与湖南省建设厅之约定，必须在 1935 年 6 月底之前全部交货。

在购用湘产木材的过程中，对于数量巨大的枕木，工程局一般采取招标采购。但一些急需且数量不多的枕木，多就近向各商询价，然后择优购买。1934 年，株洲材料厂敷设岔道，急需枕木 1260 根，工程局饬第七总段

---

① 参见《一年来之材料订购》，载粤汉铁路株韶段工程局：《粤汉铁路株韶段工程年刊》，1934 年，第 127 页。

第一分段（株洲—渌口），就近向各商询价。有同德祥、华记木行、志昌祥、成德、务材、唐春和等 12 家木商参与询价，工程局选定由志昌祥、务材两家供货，共订购枕木 1410 根。株韶段工程局除了采购湘枕之外，同时一些小批量的路用材料均就地取材。如 1934 年，工程局需采购渌口至衡州电线杆，经过招标，选定湖南定德泰公司承办上述区段电线杆 2100 根。[①] 这也是对湖南木业的一种支持。

据株韶段工程局测算，株韶全段，预计需要各项枕木约 60 万根，此次试办湘枕 6 万根，仅占全路需要量的 1/10。从上面的叙述中可以看出，1934年订购湘枕的进展相当不顺利。虽然工程受到了一定的影响，但尚不至于影响工程全局。

粤汉铁路株韶段工程局采购湘枕，本是一件对铁路、对湖南省均极为有利的事情，但最后的结果却是不欢而散。工程局指出："其结果情形，适未能如本局所期，而承商又重利寡信，不守合同规定，而各方不明真相，致多猜测，尤为遗憾。"[②] 可见，工程局采购湘枕在当时的社会上也产生了不小的影响。

由于湖南省在供应枕木方面存在的上述问题，最终株韶段所用 60 万余根枕木中，湘枕只有约 60000 根，其余 54 万余根枕木多来自美国、日本和南洋等地，时人感叹，"漏卮之巨，殊足惊人"。湘枕之所以未能大规模采用，其原因有三：运输不便、捐税苛繁、承包商缺乏信用与经验等。[③] 其中承包商缺乏组织，贪图近利，不守信用是最主要的原因。邹宗伊指出，我国商人"只知贪图近利，或掺杂弄弊，或不守信诺，致厂商不敢与共往来，于是外货乘机倾销，国货不能流畅"。他并以湖南木材业为例说明了上述问题。他指出，湘枕品质高而价值远低于洋枕，但铁道部每年却采购外洋枕木

---

① 参见《一年来之购地经过》，载粤汉铁路株韶段工程局：《粤汉铁路株韶段工程年刊》，1934 年，第 54—55 页。

② 株韶段工程局：《本局采购湘枕之经过》，《粤汉铁路株韶段工程月刊》1935 年第 3 卷第 3 期。

③ 参见欧阳悦明编述：《粤汉路暨株韶段工程考察报告书》，《工学季刊》1936 年第 2 卷第 3 期。

数十万根，其原因何在？那完全是由于我国"木商贩卖，毫无联络，以致信用扫地也"。铁道部购用枕木，历来采取投标方法。粤汉铁路株韶段施工时，拟大量采购湘枕，湖南木商投标时，"因竞争投标关系，将价格肆行压低，既得标，又因成本太昂，无利可得，因向各山假借政府名义，强制采伐。既乱政府信义，复误交货时间，反使铁道部坐疑湘省并无枕木可采，而向外洋购用"①。

株韶段工程局也认为，湖南并非没有供应铁路需要的木材，关键问题是湖南木商要"放大眼光，注视于湘产枕木之整个问题，努力改良其一切，将来不仅止于本局目前数万根之需要，进而推及粤汉全路，以及全国其他各路，更将湘产木料，在国内市场占一重要地位"。此并非特别困难之事，"特在木商方面之自身努力如何耳"②。

株韶段工程局和邹宗伊都把木商不守信誉、贪图近利等原因列为此次采购湘枕失败的重要因素，其实是很有道理的，我们可以此次枕木供应商之一的唐春和木号来说明这个问题。

唐春和木号号称新中国成立前株洲乃至湖南最大的枕木商，唐春和既是木号的老板，也是他的木号的商标。唐春和，生于1873年，株洲县古岳峰穆柳村汤丸子坳野猪塘人。因少时家境贫苦，只读了两年的私塾，文化程度并不高。成年后，为了谋生，一边种田，一边四处打零工。其身高马大，在衡山石湾等地挑盐贩卖时，每次可挑盐180斤往返120余里。1903年，谭家山煤矿开始开采，需要大批窿撑木，唐春和就学锯匠，在当地采运树木，自己用土车运往离家约50华里的国坡煤矿。由于唐春和能够吃苦耐劳，煤矿负责人黄质甫对其印象颇好，便正式聘唐春和为煤矿采购员，专门采办窿撑木。他曾去湘潭尹家冲承包一座大松木林。在煤矿任职两年，赢得了信誉，又积蓄了些资财。

离开煤矿后，唐春和先在株洲经营百货业，但为时不久。1906年，他

① 邹宗伊：《四省特展之意义及其展望》，《汉口商业月刊》1937年新第1卷第10期；《湘木材产销情形》，《经济旬刊》1936年第6卷第16期。

② 株韶段工程局：《本局采购湘枕之经过》，《粤汉铁路株韶段工程月刊》1935年第3卷第3期。

应醴陵人廖绍桂的邀约，合股经营木板业，后又与人合股经营木材。在港口街附近租得罗姓一块公地，搭个木棚，开起锯木厂来了，厂子最初命名为和记木号。唐春和虽然文化程度不高，但却颇有商业眼光。当时株洲正面临着巨大的发展机遇，那就是株萍铁路的建设，铁路建设对于枕木的需求非常巨大，唐春和瞅准了这个巨大的商机，决定全力经营铁路枕木。

为了取得株萍铁路的枕木供应权，唐春和可谓使尽了浑身解数，千方百计地巴结铁路方面的重要人物。唐春和粗中有细，颇有机智且口才颇佳，通过贿赂的手段，很快便与当时萍乡矿务局驻株洲的采木所所长龙义臣成为好朋友。龙把唐春和引荐给粤汉铁路湘鄂段管理局局长殷德洋，并力赞唐为人忠恳，踏实能干，由此唐又博得了殷的信任。这样，唐春和十分顺利地承办了大批株萍铁路枕木，赢得巨额利润。不久，唐又与殷结拜为把兄弟，殷委派唐为湘鄂铁路局采办枕木的特派员，派武装路警数名作随从。殷局长的专车，也任他乘坐，一时声名大振。1934 年以后，湘黔、浙赣等路先后兴修，他又与湘黔路副局长兼筹备主任侯家源成为朋友，于是粤汉、浙赣、湘黔等路的大宗枕木、桥梁木的买卖，都垄断在唐春和一家的手里。

唐不仅巴结铁路上的要人，而且也非常注意拉拢地方上有权势的政治人物。1926 年，北伐军进入湖南，蒋介石以总司令的名义，在株洲召集军官训话。时任株洲商会会长的唐春和，闻听这一消息，当即以商会的名义，在同庆园办了好几桌酒席，宴请蒋介石等一批高级将领，以示慰劳。唐的这次殷勤招待，逢迎吹捧，给蒋介石留下深刻印象。他还攀附北伐军前敌总指挥、后任湖南省省长的唐生智，其他如县长之类的地方官，更是互相仰仗。这样一来，唐春和就成了株洲地方亦官亦商、官商通吃的代表人物。

初期，唐春和经营作风比较踏实诚信，不涉浮夸，所以其生意能够做大。但随着家业日旺，摊子益大，权势越强，他的胆子也越来越大。他依仗铁路大宗枕木预付款，买空卖空，操纵垄断。铁路上每次订购枕木 10 万根、30 万根、50 万根不等，总是采用投标方式，先让各家木商标价，然后决定把任务交给谁。由于唐春和与铁路经办人员沆瀣一气，有人给他通风报信，每次订货任务到达，让同行各商号标价之后，他摸清底细，把价比别人稍标低一些，如他人标价"二元一角"，他则标"二元零九分"。这样，每次任务自然就落到唐春和手里了，而同行各家，自然无法与之竞争。发展到后来，依仗在铁路系统和其他各方面的人脉关系，唐春和在大包大揽、买空卖空的路上越走越远，人们都说他驾无底船。每当铁路采购人员问唐有多少存货时，他虽家无根木，却大言不惭地说："你要多少，有多少。"如再问："你的存木在那里？"他指着湘江河里的木排，随口说道："一下是（即通通是）我的。"于是"一下是我的"，成了时人讥笑唐春和买空卖空的口头禅了。

在供应铁路枕木的过程中，唐春和经常投机牟利的手腕主要有：一是以次充好。如铁路调运枕木时，他先买通验收人员，马马虎虎验收，打好钤记，装上火车时又买通装卸工，除交少量的甲等木外，把大量的乙等、丙等的也作甲等混着运进车厢，甚至把丁等木稍加修补一下，也装进去以提高等级，火车一拉走，就算交差了。二是经常借口湘南数县山洪暴发，冲走木材，就向铁路虚报灾损，仗着人缘关系好，一次灾减，常常是上万两码子。三是利用政治背景为之开脱。有一次，唐依靠侯家源的关系，包揽了湘黔铁路数十万根枕木，因他把这一笔预付款买田、起屋用掉了，订货到期不能交付。这样的事，换作别人，不杀头，也得坐穿牢底。一开始唐也有些心慌，只得去找侯家源请其想办法。侯也做不了主，于是带着唐去南京见蒋介石，谎言山洪暴发，山里的木材运不出，河里木材被冲散，请蒋为之解危，果然，得到蒋的批准，这笔巨款，就这样一笔勾销了。①

通过上面的叙述，我们基本可以明白为什么唐春和等人在承办株韶段枕木的过程中，会有那么多的不诚信的行为如不按期交货、买空卖空等，事实上这是其生意做大后一贯的作风。

不过，经过株韶段工程局采办湘枕的风风雨雨后，湖南省建设厅对于湖南枕木商进行了整顿，取得了一定的效果。1936年，湖南省组建了官商合办的"湖南推销木材委员会"，进行湖南木材特别是枕木的推销工作。该委员会的职责有五：一是调查及推销路枕及其他建筑材料；二是确定路枕种类及数量；三是审定路枕价格；四是改善交木手续及地点；五是保护采购，

---

① 参见罗宇：《湖南最大的枕木商唐春和》，载中国人民政治协商会议湖南省株洲市委员会文史资料研究委员会：《株洲文史资料》第5辑，1984年，第166—180页。

便利运输。此外，还成立了"湖南木商联合办事处，"该办事处由木商联合组成，具体办理上述事项。随着两团体信用渐著，湘产枕木渐渐打开了销路。一年之间，即向铁道部销售枕木达 20 余万根，交易价值则高达 50 余万元。① 应该说，粤汉等铁路的修建，扩大了湖南木材的消费市场，给湖南木材产业的发展提供了新的动力，从而也相应地带动了木业其他相关产业的发展。当然，木材的大量砍伐也使湖南的植被遭到了严重破坏，不过，当时的人们显然还不能认识到这一行为的严重后果。

粤汉铁路株韶段工程艰巨，但仅用 34 个月即全部完工，工程质量优良，且没有借用外国工程师，又比预定工期提前整整一年，堪称我国近代铁路建设史上的奇迹。这其中的原因固然很多，如工程款项的充足、凌鸿勋为首的工程局的强有力的领导、工程局精干的组织结构、线路的精确勘定、分段施工的科学管理等，但全体工程人员在国难之际迸发的忘我的工作热情实居首位。对此，凌鸿勋开工之初即要求，"际兹国家财政奇绌，交通需要正殷之际，吾人当深体此意，要能一日做两日的事，一人做两人的事，一钱作两钱的用，始不负国家社会对吾人希望"。所以，"该路之完工迅速，实收效于加倍工作加倍节省也"②。

除了工程局自身的努力之外，湖南省地方政府的密切配合也是工程得以顺利进行的一个必不可少的外部条件。在株韶段工程开工之际，粤汉铁路促成会大力呼吁湖南省应在物资、人才、工人等方面予以积极配合，这既有利于工程进展，同时也会对湖南经济的发展起到促进作用。在工程征地方面，株韶段工程局多次致函湖南省政府和途经各县政府，请其配合征地工作，湖南省政府和各地方政府予以了积极配合，正因为有地方政府的有效配合，故湖南段的征地工作的进展颇为顺利。在施工工人方面，参加株韶段工程建设的湘籍工人所占比例高达 60%，在恶劣的施工环境下，他们克服了今天我们难以想象的种种困难，数千工人甚至付出了生命的代价③，其卓越

---

① 参见邹宗伊：《四省特展之意义及其展望》，《汉口商业月刊》1937 年新第 1 卷第 10 期。

② 木公：《株韶段工程视察纪》，《粤汉铁路株韶工程局工程月刊》1936 年第 4 卷第 10、11、12 期合刊。

③ 粤汉路株韶段自 1933 年开工以来，由于沿线地处荒僻，瘴疠为患，至 1936 年 5 月，因

的历史功勋永远值得后人铭记。在物资供应方面，湖南省政府和木商一再要求工程局尽量采购湘产枕木，而工程局也本着支持国货的良好愿望，决定采办、试用湘产枕木。如我们前文所述，此次采办湘枕的结果并不理想，对于商办枕木产生的种种乱象，湖南省建设厅最终出面整顿，经过整顿，湖南省枕木市场逐渐趋于好转，至1936年，湖南省向铁道部销售枕木达20余万根，交易价值则高达50余万元。

罹疾及遇险而死亡的工程局职员 11 人，工程局所属工人 32 人，包工工人 3373 人，合计 3416 人。《敬悼株韶段殉路员工》，载杨裕芬等编：《粤汉铁路株韶段通车纪念刊》，粤汉铁路株韶段工程局 1936 年刊印，第 157 页。

第六章 粤汉铁路与湘米销粤

　　我们知道，客货运输是铁路企业的根本任务，缘此之故铁路部门对于客货运输业务极为重视，将其视为铁路企业的生命线。铁路企业正是通过客货运输业务的开展实现了自身的经济效益，而在人流与物流的快速移动与交换的过程中，同步实现了社会与经济的发展与变化。所以，铁路无疑是推动国家与社会变迁的一件利器。近代中国的人们普遍认为，"铁路之于国家，无论从经济方面言，政治方面言，军事方面言，文化方面言，其关系均极重要，自产业革命以后，恒以交通落后为其主因，今日铁路建设，为中国唯一之要图"[①]。正因为如此，当难产的粤汉铁路终于在 1936 年全线通车后，在全国引起了极大的轰动，人们纷纷将该路的修通视为发展中国经济的希望之路，而湘米运粤就成了粤汉铁路担当的第一件重要任务。

　　关于 20 世纪 30 年代的湘米运粤，学术界的专门讨论并不多，而大多是在论述近代湖南的经济史、粮食史或贸易史的过程中顺带提及，以之作为近代湖南经济史中的一个很小的问题。[②]事实上，20 世纪 30 年代，湘米销

① 高信：《铁路建设与地价增涨》，《津浦铁路日刊》1936 年第 1465 期。

② 关于 20 世纪 30 年代的湘米运粤，学术界的研究成果不多。专门论述湘米销粤问题的只有一篇论文，即张群的《20 世纪 30 年代湘米销粤探析》(《韶关学院学报》2002 年第 5 期)，但失之于简略。此外，钟兴永的《近代湘米(谷)贸易考察》(《湖南农业大学学报》2001 年第 3 期)、刘兴豪的《1912—1937 年湖南经济现代化研究》(浙江大学博士学位论文，2004 年)、杨志军的《近代湖南区域贸易与社会变迁》(湖南师范大学博士学位论文，2013 年)，以及钟声、张建平的《近代长沙米市初探》(载李育民主编：《近代湖南与近代中国》，湖南师范大学出版社 2006 年版)，王晓天、刘云波、王国宇主编的《湖南经济通史》(现代卷，湖南人民出版社 2013 年版)，高巧的《广州市商会在经济领域的举措研究》

粤是一个社会各界积极参与的热门话题，之所以如此，当然与粤汉铁路的即将完成有着极为密切的联系。唐启均撰文说，湖南米产富余，而广东食米，"全赖洋米输入，以资供给，现该省已在中央统制之下，又值粤汉通车在即，自可大量运销出境，最近报载此项新闻甚多，颇引起社会各方面之注意"[1]。1936 年 8 月，粤汉铁路副局长周钟歧发表讲话说："湘省之产米谷年约 1400 万担，运输汉口约有 300 万担，广东所需当亦不在少数。"[2] 亦如时人所言，"因粤汉铁道完成在迩，湘米销粤近已引起各方注意"[3]。湘粤二省，"在粤汉通车以前，因交通不便，省际贸易，不易进行，今幸粤汉业已达到通车目的，二省在商业上之距离，已极为接近，今后二省贸易之渐趋繁盛，自为意中之事，促进湘粤省际贸易之呼声，亦已于是兴起，而其中第一步即为湘米销粤"[4]。

但湘米销粤并不仅仅是一个铁路运输问题，当时的人们普遍视湘米销粤为抵御外国经济侵略的手段之一，同时也被认为是复兴中国农村经济的一个标志。蔡致通指出，湘米销粤"可以杜塞我国对外贸易上洋米进口之一大漏卮"[5]。范广练说，湘米销粤，可"保护国货之发展"，达到抵制"洋米之经济侵略"之目的，湘粤两省国民经济之发展将受益无穷。[6] 粤汉铁路局认为，湘米销粤"关系农村经济，影响国际收入"[7]。国民政府立法院委员马寅初更是指出："自从湘米运粤实现，中国的农业经济的基础愈见巩固。"[8] 由上可见，当时的人们对于湘米销粤大多抱有极高的期许。

（南开大学博士学位论文，2013 年）等论著也都在一定程度上涉及湘米销粤问题，但大多比较简略。

[1]　唐启均：《湘米销粤问题》，《交行通信》1936 年第 9 卷第 3 期。

[2]　周钟歧：《本路今后之使命》，《粤汉铁路旬刊》1936 年第 1 期。

[3]　刘厚、周拾禄：《湘粤两省稻米产销调查》，《国际贸易导报》1936 年第 8 卷第 6 号。

[4]　蔡致通：《粤汉通车与湘粤二省省际贸易》，《中行月刊》1936 年第 13 卷第 6 期。

[5]　蔡致通：《粤汉通车与湘粤二省省际贸易》，《中行月刊》1936 年第 13 卷第 6 期。

[6]　参见范广练：《粤汉铁路运输粤盐湘米及萍醴煤炭之研究》，《铁道半月刊》1936 年第 12 期。

[7]　《积极疏运湘米往粤》，《铁道半月刊》1937 年第 2 卷第 4 期。

[8]　郑林庄：《湘米运粤的一个问题》，《独立评论》1936 年第 221 号。

一、近代湖南稻米的生产及输出概况

湖南雨热同季，降雨充沛，具有优良的稻谷生产条件。《宋史·地理志》说，荆湖南北路"其土宜谷稻"。稻有水稻、陆稻之别，我国所种，水稻为主，陆稻极少。水稻分粳、糯两种，一般以黏者曰糯，不黏者为粳。粳稻又有普通粳稻与籼稻两种，籼稻之黏性较之普通粳稻稍差。湖南之稻，除少数糯稻外，几乎全为籼稻。湖南籼稻，品种多达百余种，按照播种期、生长期和成熟期可分为早稻、中稻和晚稻三种。湖南虽稻种品类繁多，但栽培面积最大者当推粒谷早。粒谷早属于中稻的一种，因其收获期较一般中稻为早，故俗称为粒谷早。粒谷早之所以在湖南种植最广，缘其有三大优点：一是生长快速，亩产量较高；二是品质尚佳；三是价格低廉，且因膨胀性大而利于蒸煮，经济实惠。

明清尤其是清代中叶以来，湖南已经逐渐发展成为我国稻米的主要产地和输出地，著名谚语"湖广熟，天下足"在乾隆年间演变为"湖南熟，天下足"[1]，极为形象地反映了湖南稻米在全国粮食产销体系中的重要地位。"湖广省向来为东南诸省所仰赖，诚以米既充裕，水又流通之故。"[2] 意思是说，湖广地区米谷产量大，水运交通又颇为发达，故有余之稻米皆运输至东南沿海各省消费。

据学者研究，明清以来湖南约有 85% 以上的耕地用来种植水稻。[3] 那么，湖南稻米的耕种面积是多少呢？清代湖南水稻耕作面积缺乏精确数据统计，暂不论及。兹将民国时期部分年份湖南的水稻种植面积及相应年份的亩产量列出表格（参见表 12），以资参考。从表 12 来看，1914 年、1915 年、1916 年的耕作面积的准确性值得怀疑，因为这几年的数据与 1929—1934 年的数据相差太大，历年耕作面积会有所变化，但正常情况下一般相差不会太多。大量耕地用于水稻生产，为湖南稻米的高产量打下了坚实的基础。

---

[1] 符少辉、刘纯阳主编：《湖南农业史》，湖南人民出版社 2012 年版，第 476 页

[2] 刘泱泱：《近代湖南社会变迁》，湖南人民出版社 1998 年版，第 131 页。

[3] 参见龚胜生：《清代两湖农业地理》，华中师范大学出版社 1996 年版，第 60—68 页。

表12 湖南全省稻作面积产量及亩产比较表[1]

年份	耕作面积	产量单位	产量	亩产	资料来源
1914年	214294071	石	206376158	0.963	农商部第三次农商统计
1915年	56784715	石	198678830	3.498	农商部第四次农商统计
1916年	4487825	石	16788925	3.741	农商部第五次农商统计
1929年	26339800	石	94581131	3.598	湖南省自治筹备处统计
1931年	26099000	担	91095000	3.483	中央农业实验所报告
1932年	26659000	担	121812000	4.569	
1933年	28018000	担	101745000	3.632	
1934年	27147000	担	70319000	2.590	

　　民国之前湖南每年的谷米产量，史料记载比较缺乏，精确的统计就更谈不上。但据邓永飞的估算，康熙二十四年（1685）约21007375石，雍正二年（1724）约77713996石，乾隆四十九年（1784）约118094692石，道光十年（1830）约134711872石，光绪二十八年（1902）约156488492石。以上均为平常年份的产量，若遇丰年，则会更高，遇到歉年，则反之。[2] 与民国时期的数据相比，上述数据普遍偏大。民国以后，湖南稻米产量的统计较多。1932年，南京国民政府主计处对全国24个省的稻产数量进行了统计，其中湖南省年产稻谷约为107亿斤，合1亿担，居全国第三位，占全国稻谷总产量的11.03%。[3] 依据有关资料，钟声、张建平统计了1914年至1938年历年湖南的稻米产量，兹择录引用见表13所示。

　　根据统计，1914年的产量超过200亿斤，1915年接近200亿斤，其数据准确性令人怀疑。其余年份的水稻产量均在100亿斤上下浮动，而1929—1938年10年间，除了1934年的产量较低之外，湖南稻米总体上产

---

① 参见张人价：《湖南之谷米》，载曾赛丰、曹有鹏编：《湖南民国经济史料选刊》（二），湖南人民出版社2009年版，第449页。

② 参见邓永飞：《清代湖南米谷外运量考察》，《古今农业》2006年第2期。

③ 参见张人价：《湖南之谷米》，载曾赛丰、曹有鹏编：《湖南民国经济史料选刊》（二），湖南人民出版社2009年版，第447页。按：该年全国稻米产量，广东、四川、湖南、江西、江苏占前五位，分别占全国总产量的15.23%、14.87%、11.03%、9.57%、8.89%。

量是逐年上升的，即从 20 世纪 20 年代的 100 亿斤逐步增加到 30 年代末的近 170 亿斤，体现了农业生产稳步向前发展的态势。

表 13　1914—1938 年间湖南稻米产量[①]

单位：市担

年份	产量	资料来源
1914 年	206376158	农商部第三次农商统计
1915 年	198676830	农商部第四次农商统计
1929 年	94581131	湖南省自治筹备处统计
1931 年	91950000	1932 年《中国经济年鉴》
1932 年	107777150	《统计月报》1932 年第 1、2 期合刊
1933 年	101745000	中央农业试验所 1934 年《农情报告》
1934 年	70319000	《申报年鉴》
1935 年	140955130	湖南经济调查所
1936 年	144729442	湖南农业改进所
1937 年	125105594	湖南农业改进所
1938 年	168737401	湘米改进会

　　湖南所产米谷既多，故每年除自给外，其盈余部分自然会向外省运输，遇到丰年，输出更多。有研究统计了《清实录》中的有关记载发现，清代内地 18 个行省中有江苏、浙江、安徽、福建、广东、广西、贵州、江西等 14 个省都曾不同程度地输入了湖南稻米，并由这种粮食供需形成了程度不同的经济联系。[②] 湘米主要从长沙、芦林潭、城陵矶、南华澧安、醴陵、郴县 6 个地方向外输出，其输出方向，"大概湘南所产，由郴县以运往粤桂，由醴陵以运往江西。滨湖所产，由宜昌沙市运往下游。湘中所产，由长沙芦林潭以运往汉口。而 95% 以上系运往长江下游，即粤省所需，亦由长江出

---

① 参见钟声、张建平：《近代长沙米市初探》，载李育民主编：《近代湖南与近代中国》，湖南师范大学出版社 2006 年版，第 97 页。

② 参见梅莉、张国雄、晏昌贵：《两湖平原开发探源》，江西教育出版社 1995 年版，第 151 页。

口，经上海转运，其由陆路运出者，不过30%"①。简单地说，即长沙、芦林潭、城陵矶三处多运往沪汉诸埠，南华澧安运往沙市、宜昌等地，醴陵出口者，或北运鄂省，或东运江西，由郴县出口者，则运往粤桂两省。由上可以看出，湖南稻米的主要输出方向是东南沿海等经济发达地区。

清代以来湖南的稻米输出量有多大呢？学术界对此看法不一，邓永飞研究指出，清代湖南谷米的输出情况，与不同时期的人口、耕地、亩产量、平均年收成、总产量和当地消费量都有非常密切的关系。清初，战乱甫定，百废待兴，湖南米谷外运量很少，年均输出在200万石以下；康熙中叶以后，社会安定，生产发展，湖南米谷产量大幅增长，至雍正年间，年均输出量高达1000万石；乾隆年间，社会持续安定长达120余年，农业生产得到了长足的发展，湖南米谷的年均输出量更高达1400万石。总体来看，有清一代，湖南米谷的年均输出量在1000万石左右。②章有义认为，清末湖南年输出稻米约500万石。③民国学者刘世超也说："米为湘省重要出产，在昔每年输出达五百万担。"④田炯权认为，20世纪20年代，湘米每年有300—700万石的剩余。⑤吴承明先生则指出，从整个近代来看，湖南年稻米输出在400万石。⑥除了邓氏的研究数字明显偏大外，其他几位学者的看法比较接近，即都认为清代以来湖南稻米的年输出量在500万石上下浮动。由上可见，清代以来湖南米谷的输出量还是相当惊人的，"湖南熟，天下足"之谚，良非虚语。

民国学者刘世超指出，湖南谷米的95%输出到长江下游各省，按照上述年均输出约500万石计算的话，那么就有约475万石输出至长江下游地区了。而输往长江下游的谷米中，其中的88%系由长沙、芦林潭和城陵矶出

① 刘世超：《湖南之海关贸易》，载曾赛丰、曹有鹏编：《湖南民国经济史料选刊》（二），湖南人民出版社2009年版，第296页。

② 参见邓永飞：《清代湖南米谷外运量考察》，《古今农业》2006年第2期。

③ 参见章有义：《中国近代农业史资料》第2辑，生活·读书·新知三联书店1957年版，第632页。

④ 刘世超：《湖南之海关贸易》，载曾赛丰、曹有鹏编：《湖南民国经济史料选刊》（二），湖南人民出版社2009年版，第302页。

⑤ 参见田炯权：《中国近代社会经济史研究》，中国社会科学出版社1997年版，第177页。

⑥ 参见吴承明：《中国资本主义与国内市场》，中国社会科学出版社1985年版，第257页。

口。湘省出口历来以米为大宗，故在民国二十年（1931）以前，海关数字实足以代表湖南贸易之大部分。1931 年以后，制度改革，由海关出口的就比较少了。为了明晰晚清以来湖南谷米的出口情况，兹将 1904—1933 年湖南海关谷米出口量列表见表 14 所示：

表 14　1904—1933 年湖南海关谷米出口情况[①]

年份	出口量（担）		
	长沙	岳州	合计
1904 年	121561	257673	379223
1905 年	301075	31473	332548
1906 年	37534	288	47822
1907 年	353208	47994	401202
1908 年	911124	788672	1699796
1909 年	668632	307215	975847
1910 年	35952	4907	45859
1911 年	1079392	304357	1383749
1912 年	1023556	557568	1581124
1913 年	314712	849968	1164680
1914 年	600220	64197	664417
1915 年	107391	32792	140083
1916 年	186481	73068	260089
1917 年	191021	31925	223846
1918 年			
1919 年	111880		111880
1920 年	2279413	63491	2339904
1921 年	685744	46770	732514
1922 年	615643	75591	691234
1923 年	1065851		1065851

---

① 参见刘世超：《湖南之海关贸易》，载曾赛丰、曹有鹏编：《湖南民国经济史料选刊》（二），湖南人民出版社 2009 年版，第 297 页。

年份	出口量（担）		
	长沙	岳州	合计
1924 年	2311387	3210	2314597
1925 年	600254		600254
1926 年	28964		28964
1927 年	705021	150	705172
1928 年	1672769	11483	1684252
1929 年	156051		156051
1930 年	158165	1917	160082
1931 年	48129		48129
1932 年	176217	1297	177514
1933 年	618152	4216	622369

需要说明的是，上述长、岳两海关记载的数据，只是经过两海关报关运出的湘米数量，此外尚有不少未经海关报关输出的谷米，因此，两海关记载的数据只是部分湖南谷米运出的数据。据研究，1932—1934 年，湖南全省输出谷米 6711709 担，但海关统计这 3 年的输出量却仅有 189076 担，前者为后者的 3.55 倍。[1] 范广练也在调查报告中说："湘边各县，如桂东、汝城、郴县、宜章各处，常有多数小贩，不经海关，肩挑米食入粤，以易粤盐返湘，大约平常每年平均，当可输出 100 万担，若在丰年，则可达 200 万担"[2]。由此可见，不经海关输出的谷米数量还是颇为可观的。

观察上述表 14 中的数字，1920 年、1924 年湘米输出超过 200 万担，1908 年、1928 年接近 170 万担，1911 年、1912 年、1913 年、1923 年分别有一百几十万担，其余年份则从几万担至几十万担不等，历年出口量的差别还是比较大的。之所以如此，有多种原因，或者因天灾导致收成欠佳，或者受到战争的影响，或者因为洋米的竞争导致湘米销路不畅而难以出口，最主要的原因是一旦遇到荒歉年份，湖南地方政府就采取限制湘米出境的政

---

① 参见岑生平：《近代湖南的粮食流通》，载刘云波、王国宇主编：《春华秋实：湖南省社会科学院历史研究所成立 50 周年纪念文集》，中央文献出版社 2007 年版，第 99 页。

② 范广练：《粤汉铁路运输粤盐湘米及萍醴煤炭之研究》，《铁道半月刊》1936 年第 12 期。

策，多种因素的叠加，导致各年湘米出口量的巨大差别。我国各省大多颁布"防谷令"①，或者对本省米谷输出设置重重障碍，或者对于他省米谷之输入征收各种杂费，由此导致省与省之间米谷的流通困难。根据刘世超的统计，从 1904 年至 1933 年近 30 年间，湖南地方政府因不同原因有 24 年实施了禁止湘米出境的政策。②湖南地方政府限制湘米出境的政策，是造成晚清民国以来湘米出口量忽高忽低的主要原因。因此，与清代相比，民国以来的湘米输出量，实呈下降之走势。同时，湘米出口也和军事割据有着十分密切的关系。在 1936 年 6 月两广事变之前，广东省为陈济棠、李宗仁等两广地方实力派所掌控，并不听命于南京蒋介石政府。若陈济棠等不予配合，则中央政令在广东无法落实。因此，湘米销粤，更需要湘粤两省地方政府通力合作，才能实现两省在经济上的互补与合作。因为"政治的割据，西南的当政者立了许多苛刻的障碍，致使这两个疆界毗邻而在经济上须互相辅助的省份不能往来，实是件言之痛心的事情"。而当南京政府控制两广之后，湘米销粤的政治障碍也就消除了，所以当时的报刊报道说："自从西南政局澄清之后，当局在农业经济上第一件建设工作就是这湘米运粤的事。"③

湘粤两省，均以人民众多、物产丰富而著称，且此两省物产之种类具有很大的互补性，假如交通便利的话，则两省之省际贸易必然繁荣，这对于促进湘粤两省的经济、文化交流及各自的经济发展都具有十分重要的意义。然而，事实却是，五口通商之后至粤汉铁路全线通车之前，湘粤两省通过陆路在经济上的联系殊为稀少。以湘省大宗出口商品稻米为例，如前文所述，该省平均每年出口米谷约 500 万石，但 95% 的稻米出口至长江下游各省，即使运输广东的米谷部分也经由汉口、上海转口广东。湖南稻米的六个主要出口地中的四个，即长沙、芦林潭、城陵矶、南华澧安，其稻米输出方向均为长江及其沿线各地，而醴陵或出口江西或出口湖北，只有郴县一地，

---

① 参见彭先泽：《稻作学》，商务印书馆（上海）1936 年版，第 21 页。
② 参见刘世超：《湖南之海关贸易》，载曾赛丰、曹有鹏编：《湖南民国经济史料选刊》（二），湖南人民出版社 2009 年版，第 299—302 页。
③ 郑林庄：《湘米运粤的一个问题》，《独立评论》1936 年第 221 号。

其出口方向为广东和广西，但其数量是非常有限的。为了方便比较，我们把1932—1935年上述六地的谷米输出量列表（见表15）如下：

表15　1932—1935年长沙等六地谷米出口统计[①]

单位：石

地点	1932 年	1933 年	1934 年	1935 年
长沙	223241	490887	748694	835708
芦林潭	400104	1235894	483973	957372
城陵矶	116593	309835	158658	309248
南华澧安	80004	129058	101477	254150
醴陵	18824	61916	49313	77339
郴县		2174	6544	9287
合计	838756	2309764	1549666	2444104

由表15可见，虽然郴县距离广东很近，但由该地输出的谷米数量却非常有限，其原因就是交通不便。此外，就郴县输往广东的稻米而言，其运输路线也大多需要途经广西，即湖南稻米由湘江经灵渠进入珠江水系，然后运抵广东。清人杨应琚在《修复灵渠陡河碑》中说："长沙、衡（州）、永（州）数郡，广产谷米，连墙衔尾，浮苍梧直下羊城。"[②]陈春声认为，18世纪输入广东的粮食，广西最多，湖南次之。[③]可见，湖南粮食对于广东之民食占有重要的地位。但事实上，上述经过广西这样的运输路线是相当不方便的，因为湘江上游河道狭窄，滩多水急，运输量应该较为有限；且遇到枯水季节，则运输更为困难。

湘粤之间，虽然地理相接，但一条南岭，使得湘南粤北之间的交通颇为不便。在1908年郴州与乐昌之间的急件邮政业务建立之前，从郴州邮寄物品至广州，需要30—35天，直接通邮之后，水陆兼程亦需要7天左右。

① 参见《湘米产销状况·省府拟定改进方案》，《中国建设》1936年第14卷第3期。
② 杨应琚：《修复陡河碑记》，载唐兆民：《灵渠文献粹编》，中华书局1982年版，第231页。
③ 参见陈春声：《市场机制与社会变迁——18世纪广东米价分析》，中山大学出版社1992年版，第37—39页。

由此可见，湘粤之间交通之困难。① 早在两汉时期，湘粤古道已通，最初由湖南宜章至连县，顺连州江而下英德，因连州江水浅，后来改走宜章、武水、坪石、乐昌一线。武水为连接湘粤交通唯一的水道，武水为北江上游之主流，发源于湘南临武县之桐柏山，在山区流 40 余公里至牛头墟，此段完全不能通航。自牛头墟至广东乐昌之坪石镇，凡百余公里，仅能通行绝小货船。由坪石东南行 90 余公里水程抵乐昌，此间横穿千余米之高山，水势湍急，行船颇为危险。此段水程，下行仅需 1 天，上行则需 4 天，苟遇风雨，需时更多。由乐昌至韶关 60 公里水程，虽多沙滩，然并无险阻。此段行船下行需 1 天，上行 2—3 天。由广州舟行可直达乐昌，无须驳换。由乐昌至坪石，须换特制之过泷船。抵坪石后，须换更小之舟，方能入湘。坪石至宜章间，有武水之支流，名黄岑水，发源宜章，经县城而南行入粤，抵坪石西，约 3 公里与武水会。坪石至宜章，陆程仅 20 公里，水程则倍之，上行须日余，且不能全年通航，故除少数货物外，商旅皆舍舟而就陆路。坪宜官道，挑夫及商旅往还者以盐运为主，人数甚多，"每日不下二三千人"②。宜章往北至郴县间 50 公里官道，往还于川粤湖广之马匹商旅为数众多，经年不绝。由此可见，自汉代以来，至五口通商之前，湘粤两省虽然能够通过湘粤古道维持着相对密切的经济联系，但这种水陆兼程的交通状况并不方便。

明清以后，湘粤古道日趋繁荣，岭南货产进入中原地区，先从北江、武水上运，然后经陆路翻越折岭，然后再下耒水、湘水，然后分散于长江流域。川黔湘鄂各省产物，亦由此道南下广州出口。五口通商之前，广州为中国对外贸易的唯一口岸，故湘粤古道亦成为南北货物交流的主要孔道，商旅往还络绎不绝，一派繁荣景象。此正如陈宝箴所言："通商以前，两广往来商货，由宜章、湘潭以达汉口，故湖南商务最盛。"③ 但自南京条约之后，随着沿海航运的大兴及长江内河航运的逐渐开放，商旅货物，皆舍陆运而趋海运，湘粤古道贸易遭受重大打击，往日繁荣一去而不复返。曾经繁华的湘粤古道，也慢慢变得寂寥起来。

---

① 参见黄增章：《民国广东商业史》，广东人民出版社 2006 年版，第 233 页。
② 孙宕越：《粤北与赣南湘南之交通与运输》，《地理学报》1937 年第 4 卷第 1 期。
③ 汪叔子、张求会编：《陈宝箴集》上册，中华书局 2003 年版，第 260 页。

二、粤汉铁路全线通车湘米销粤呼声高涨

湘米销粤与近代以来的国货运动存在着密切的联系。晚清以降，国家危机四伏，面对西方列强日益加剧的经济侵略和商品倾销，社会各界对于发展民族经济、抵制列强的经济入侵的要求日益强烈。辛亥革命推翻了封建帝制，民族资产阶级大受鼓舞。一些有识之士，倡导大力发展实业，"实业救国"和民主共和成为民国初年并存的两大社会潮流，各种思潮共同催生了以振兴民族经济为目的的中国近代国货运动。

近代国货运动的发端可以追溯到1905年。19世纪晚期，美国政府制定了具有歧视、排斥甚至迫害在美华工的移民法令，遭到了海内外中国人的一致反对，抵制美货运动由此发起。1905年5月10日《时报》（上海）刊文号召人们抵制美货，上海商会召开大会，决议不订购美货，这是近代中国第一次在全国范围内自发展开的共同抵制某一国商品销售的社会运动。1915年，为反对日本提出的灭亡中国的"二十一条"，全国范围内掀起了抵制日货运动。1919年1月，巴黎和会召开，会议罔顾中国作为战胜国的权益，将德国在山东特权全部转让给日本，这激起了中国人民的强烈愤慨，新一轮的抵制日货行动再次兴起。1931年"九一八"事变后，东北沦陷，国货失去了东北的市场和资源，压缩了中国经济的生存空间。加上1931年全国多个省份遭遇大水灾，紧接着1934年又遭遇大旱灾，农村经济濒临破产的境地，国货销路日益狭窄。

1929—1933年的世界经济危机对中国经济造成了巨大冲击。经济危机期间，世界市场规模缩小，竞争也变得更加激烈，为了尽快摆脱危机，西方列强加大了向中国倾销商品的力度。同时，中国商品出口锐减，中国商品不但在国际市场面临巨大的竞争压力，国内市场则洋货充斥，造成国货滞销，"中国正在发展中的工业，都被取而代之，失掉发展的可能，连固有的生产如农业，也不得不呈显了凋敝的情势"①。因此，当时的部分舆论认为，30年

---

① 大炎：《我国农村经济的现状》，《国闻周报》1932年10月31日。

代中国农村经济之陷于破产，考其原因，"洋米进口倾销，实为主要原因之一"①。以上种种，都使有识之士深感提倡国货、培植国力的迫切，由此国货运动也在 20 世纪 30 年代被推向了新的高潮。从 1933 年到 1937 年，人们对每一年都定义了一个国货运动的主题。1933 年为"国货年"，1934 年为"妇女国货年"，1935 年为"学生国货年"，1936 年为"市民国货年"，1937 年为"公务员国货年"，向不同阶层的人们宣扬提倡、使用和支持国货的重要性。1935 年，国民政府行政院决定实施"米麦自给计划"，以挽救农村之破产。② 通过这些活动，也把提倡、使用和支持国货的思想与活动推广到了社会的各个阶层，这对于国货思想在民众中的普及，民众爱国热忱的进一步高涨，以及提倡国货、使用国货的活动，都起到了重要的推动作用。③

在提倡国货以发展本国经济尤其是挽救久已凋敝的农村，抵制外国经济侵略的大背景下，湘米销粤也被赋予了这样的使命。1933 年 9 月，《申报》报道说，1931 年、1932 年两年，湖南连续两年米谷丰收，剩余甚多，外销无门，导致米积如山，米价大跌，"农村经济破产，百业因而萧条"。湖南省政府为了救济本省农村经济，集资百万，筹划湘米外运，力请中央实行洋米加税，以疏销湘米，并特派湖南省建设委员会委员凌瑞拱赴粤与粤当局和粤商接洽湘米销粤事宜。④ 粤汉铁路局认为，湘米销粤一方面可以活跃湘粤两省经济，另一方面"又可杜塞一宗漏卮"⑤。在这样的历史背景下，湘米销粤就不仅仅是单纯的铁路运输和发展经济的问题了，同时就具有了挽救农村经济、抵制外国经济侵略的双重意义。

早在 1930 年，关于湘米销粤的呼声就已高涨，这是因为世界经济危机的蔓延，使得中国对外贸易不振，各方人士转移目光，呼吁大力发展国内贸易，以求恢复经济之繁荣，湖南省政府力谋扩大湘米之输出规模，并把湘米

---

① 《洋米倾销之经济侵略》，《农声》1933 年第 170 期。

② 参见斐烈：《湘米销粤》，《中山周报》1936 年第 101、102 期。

③ 参见王敏：《从土货到国货：近代消费行为政治化与民族主义思潮》，知识产权出版社 2014 年版，第 48—54 页。

④ 参见《申报》1933 年 9 月 30 日，转载《农村复兴委员会会报》1933 年第 5 期。

⑤ 《湘米运粤本路在广州建筑巨量仓库》，《粤汉铁路旬刊》1936 年第 8 期。

之出口视为救济农村的主要措施之一。

　　1931 年、1932 年，湖南省连续两年谷米丰收，受世界经济危机之波及，致米价低迷，出口不畅，湘省经济大受影响。以湖南省米照（即米谷出省税）收入为例，正常年景，湖南米照收入一般为 300 万元，而 1932 年仅为 100 万元，不到正常年份的 1/3。至 1933 年 9 月，湖南米照费已经从每石 1 元减到仅 0.2 元，而出口依然寥寥，政府税收，大幅缩水。

　　1932 年，为了挽救湘米运销之低迷状态，湖南省民政厅、财政厅和建设厅联合组建"谷米推销委员会"，扶助商民输出谷米，设法救济。① 其办法为：由湖南省银行发行钞币 150 万元，购办谷米存储，运销上海、广州、北平和汉口等地，以期纾解湘省经济困难。湖南省还与湘鄂、平汉铁路局沟通，湘米运往平津减轻运费，由 4 元减至 1 元多。湖南省主席何键还力请中央开征洋米税，以利湘米之在沪、穗等地销售，并派湖南建设委员会委员凌瑞拱赴粤与粤当局及粤商接洽湘米运销广东之事宜。凌氏与粤省沟通的结果是：国内运输广东之谷米，多为芜湖之米，若改用湘米，"一以资本过巨，一以运道为艰难"，困难较大。粤商提出，或者湘商将米事先运至坪石，粤商再将其接运至广州，或者由湘直接运至广州存储，粤商帮助销售。② 粤商提出的方案，在粤汉铁路没有开通之前，湖南方面是不可能办到的。因此，最终除向汉口运送数批湘米之外，而运销粤沪各地之计划，均未有大的进展。③

　　1933 年 9 月 16 日，陈济棠主政的广东省政府一改惯例，宣布对洋米开征进口税。④ 广东征收洋米税，引起粤商的极大不满，乃酝酿罢运米谷。此时，湖南特派驻粤代表张沛乾立即电告何键，认为这是扩大湘米销粤的大好时机，提请湘省政府借此时机立即组织湘米运销广东。何键亦认为这是向广东推销湘米的好时机，当时何键正在萍乡参与"围剿"红军，乃由萍乡电湖南省财政厅长张开运，令其火速组织湘米运销广东。何键在电文中称，目前

① 参见《湘省组设谷米运销会》，《银行周报》1932 年第 16 卷第 45 期。
② 参见《湘鄂平汉两路运米减费》，《铁路月刊·正太线》1933 年第 3 卷第 1 期。
③ 参见《湘米运销广东》，《申报》1933 年 9 月 30 日，转载《农村复兴委员会会报》1933 年第 5 期。
④ 参见田锡全：《多重利益分歧与广东免征洋米税风潮》，《社会科学》2016 年第 8 期。

对于湘米销粤，"在官不计运输成本，在民不计目前之利益，打破此关，则利权所在，可保永久，且直接虽为粤谋，间接不啻为湘谋也"。何键请张开运电告粤省当局，表示湖南支持粤省征收洋米税，同时湘省正积极组织大批米谷，随时运粤以"接济民食"，湖南方面愿意为解决广东粮食问题做贡献。

张开运接何键电，即报告湖南省政府代主席曹伯陶，旋与各厅长各委员，商定了三条湘米销粤的办法："一、由省府与长沙银行界会同组设谷米运销机关，官商合办，运米赴粤销售。二、运销周转金至少准备四五百万元，除由省府所办湘①南省银行拨洋一百五十万元为基金外，余商请长沙银行界投资。三、运粤之米，除省府豁免照费外，另商由招商三北各轮船公司，减轻运费，藉以轻成本，而利推销。"上述办法制定之后，适逢广州商会会长邹殿邦（湖南人），亦赴湘接洽湘米销粤事宜，湖南官商对于邹氏此行，极为欢迎。邹氏说明了此次来湘的意图，粤省商会欢迎湘米运销广东，且愿意尽力帮助推销湘米。对于湘米之运输方式，邹氏主张暂时仍用轮运，在粤汉铁路未完成之前，请湘粤两省政府加紧赶修湘粤公路（此路仅乐昌至宜章段未通）以利交通。②邹氏返粤之后，粤商宏济公司即与湖南省签订购买湘米46000石的合同，于1933年10月底分4批起运广东汕头。当时因洋米倾销，价格较低，导致宏济公司运粤之湘米销路不畅。不过，由于湖南省政府当时正大力推广湘米销粤，减低宏济公司采办湘米的出口税费，宏济公司不但没有赔本，还略有微利。③但是，由于湘米销粤前景不明，宏济公司试办一期后，不再继续。总体来看，此次邹殿邦牵头办理的湘米运粤，结果并不理想，反而给粤人留下湘米不佳之印象。其失败的原因在于，其所输运之米，因水分含量过大，导致运输途中谷米腐败。④

1930年以来，虽然社会各界对湘米销粤的呼吁不少，但呼吁归呼吁，见诸行动的却很少，这是因为湘粤交通之不便始终是湘米销粤难以克服的困

---

① "湘"，原文如此，似当为"湖"。

② 参见《湘米运销广东》，《申报》1933年9月30日，转载《农村复兴委员会会报》1933年第5期。

③ 参见《湘米销粤略获微利》，《棉业》1934年第1卷第4期。

④ 参见刘厚、周拾禄：《湘粤两省稻米产销调查》，《国际贸易导报》1936年第8卷第6号。

难。此正如时人所言，就湘粤"二省之物产种类及其盈虚而论，实有发展省际贸易之可能与必要，故二省间经济上之疏远，并非因于基本条件之不适合，而实为交通条件之不完备"①。至1936年，粤汉铁路全线通车，湘粤交通上的最大障碍得以消除，湘米销粤自然水到渠成。粤汉铁路全线通车，"于湘粤二省之经济上，亦不啻开一新生命"②。"粤汉铁路，已经完成，（湘粤）交通上之障碍，至此尽除。故两省经济关系，必因交通发展，而益臻密切，此盖自然趋势，非人力所可阻止。""湘粤经济合作，在自然趋势之孕育下，必终成为事实。"③"因粤汉铁道完成在迩，湘米销粤近已引起各方注意。"④ 粤汉通车，"促进湘粤省际贸易之呼声，亦已于是兴起，而其中第一步即为湘米销粤"⑤。"当二十六年秋⑥，正值国米运粤声浪高唱入云之际。"⑦ 可见，随着粤汉铁路的完成，粤汉铁路的全线通车使人们对包括湘米销粤在内的湘粤经济合作之前景，充满了极大的信心。

三、湘米销粤之进行

前文我们指出，湘米销粤并不仅仅是湖南省政府在力推，南京国民政府当局也从政治、经济、科学三个方面推动湘米销粤之进行。

首先，在政治方面，南京政府利用刚刚通车的粤汉铁路迅速增兵岭南，平定两广地区，消除了湘米销粤的最大政治障碍。关于两广事变，我们大致叙述一下其过程。国民党虽然名义上是统一的，但内部派系林立，矛盾重重。1932 年年初，事实上在以蒋汪合作的南京政府和以胡汉民为首、以陈济棠、李宗仁等两广实力派为支撑的国民党西南执行部、国民政府西南政务

---

① 蔡致通：《粤汉通车与湘粤二省省际贸易》，《中行月刊》1936 年第 13 卷第 6 期。
② 蔡致通：《粤汉通车与湘粤二省省际贸易》，《中行月刊》1936 年第 13 卷第 6 期。
③ 珩：《湘粤经济合作》，《中山周报》1936 年第 97 期。
④ 刘厚、周拾禄：《湘粤两省稻米产销调查》，《国际贸易导报》1936 年第 8 卷第 6 号。
⑤ 蔡致通：《粤汉通车与湘粤二省省际贸易》，《中行月刊》1936 年第 13 卷第 6 期。
⑥ 笔者注：当为二十五年秋，二十六年，误。
⑦ 秦孝仪主编：《抗战建国史料——粮政方面（四）》，载《"革命"文献》第 113 辑，台湾文物供应社 1988 年版，第 46 页。

委员会之间形成了对峙关系。这种对峙局面，一直维持到 1936 年 5 月上旬。5 月 12 日，胡汉民在广州突发脑溢血去世。胡汉民的去世，使得两广实力派失去核心，宁粤关系遂发生了根本的变化。蒋介石决定利用胡汉民去世之机，一举解决两广问题。蒋介石派王宠惠、孙科赴粤吊丧，要求取消冠名西南的这两个机构。

对于蒋介石的要求，陈济棠、李宗仁等认为，与其坐以待毙，不如主动出击，1936 年 6 月 1 日，决定以抗日名义，分军北上，第一、第四集团军分途向湖南出兵。当时两广当局极力争取湖南省政府主席何键响应两广的军事行动，未果。蒋介石一面致电陈、李要求他们停止北进，告诫他们切勿挑起内战；一面调集大军南下，随时准备武力解决两广军队。6 月 10 日，蒋军两个军利用尚未正式通车的粤汉铁路开抵衡阳，白崇禧遂令到达祁阳大营市的广西部队停止前进，陈济棠部亦在郴县停留待命。此时，李宗仁、陈济棠认为，入湘道路既被切断，军事手段已无能为力，宁粤双方改为在政治上进行博弈。

随着蒋介石对粤军进行的分化收买取得效果，7 月初局势迅速发生了逆转。7 月 4 日，粤空军 48 架飞机飞离粤境，在南昌降落，宣称效忠南京政府。7 月 8 日，粤军第一军军长余汉谋，由蒋派来的上官云相陪同，从其驻地大庾岭到南京见蒋，表示愿受蒋命收拾粤局。如此形势下，陈济棠对于掌握部队已完全失去信心。7 月 13 日，国民党五届二中全会决议撤销西南执行部和西南政务委员。同日，蒋介石以军事委员会的名义发布命令：免去陈济棠本兼各职，任命余汉谋为广东省绥靖主任；任命李宗仁、白崇禧为广西绥靖主任、副主任，这表明蒋对广西留有余地，其实也是一种分化。7 月 18 日，陈济棠决定放弃抵抗，即日乘舰避去香港，结束了其"南天王"的政治生活。对峙 5 年的宁粤关系，至是告终。延至 9 月上旬，蒋桂之间也取得了妥协，一场延续 3 个多月的"两广事变"，宣告烟消冰释。①

两广事变的迅速解决，与粤汉铁路的全线接轨有着极为密切的关系。

---

① 参见程思远：《两广事变》，载政协广东省委员会办公厅、广东省政协文化和文史资料委员会编：《广东文史资料精编·下编》第 1 卷《民国时期政治篇》（下），中国文史出版社2008 年版，第 223—229 页。

当时的舆论认为,"此次两广问题发生,所以容易和平解决者,此固由于国民之意向使然,而粤汉铁路之沟通,亦不失为主要原因之一"①。"从前因交通梗塞,南北意见隔阂,两广常成割据之局面,于国家前途,影响实甚。惟粤汉铁路完成后,中央运军迅速,遂使两广异动,消弭于无形。"② 凌鸿勋指出:"廿五年六七月间西南时局紧张,此路通车遂为解决时局之重要关键。"③ 粤汉铁路局副局长周钟歧更指出:"近来如粤省变乱,中央能以最短期内,不用一兵一卒解决一切,事半功倍,厥为本路运转之敏捷有以致之。"由此可见,"本路所处地位如此重大"④。粤汉铁路对于两广事变的迅速解决发挥了巨大的军事作用,这也为湘米销粤消除了政治上的障碍。因为"政治的割据,西南的当政者立了许多苛刻的障碍,致使这两个疆界毗邻而在经济上须互相辅助的省份不能往来,实是件言之痛心的事情"。而当南京政府控制两广之后,湘米销粤的政治障碍也就消除了,所以当时的报刊报道:"自从西南政局澄清之后,当局在农业经济上第一件建设工作就是这湘米运粤的事。"⑤ 正是这种情况的反映。

其次,在经济方面,南京政府实业部、湘粤两省政府及粤汉铁路局、商界、银行界等多方力量,在推动湘米销粤的过程中,各自都发挥了相应的作用。南京政府实业部对于湘米销粤颇为积极。1936 年 3 月,实业部委派水稻专家刘厚⑥、周拾禄⑦ 两人调查粤汉铁路沿线的土产及其产销情形,尤其

① 杨拱辰:《粤汉铁路之概观》,《铁路杂志》1936 年第 2 卷第 7 期。

② 知我:《粤汉铁路完成与中国交通之重要》,《邮协月刊》1937 年第 5 卷第 1 期。

③ 凌鸿勋:《粤汉铁路通车后之情况及整理之步骤》,《粤汉半月刊》1937 年第 1 卷第 1、2 期合刊。

④ 周钟歧:《本路今后之使命》,《粤汉铁路旬刊》1936 年第 1 期。

⑤ 郑林庄:《湘米运粤的一个问题》,《独立评论》1936 年第 221 号。

⑥ 刘厚,字大悲,四川叙永人。1934 年 4 月 1 日试署,1935 年 5 月 23 日任实业部技正。1937 年 1 月 15 日任实业部广州商品检验局局长。参见刘国铭主编:《中国国民党百年人物全书》上册,团结出版社 2005 年版,第 441 页。

⑦ 周拾禄(1897—1979),浙江义乌人,我国著名稻作学家。1921 年毕业于东南大学农科,毕业后留校任东南大学大胜关实验站技士、东南大学助教。1931—1933 年在日本东京帝国大学进修。1934—1936 年任中央大学农学院教授。历任全国稻麦改进所技正,全国稻米检验监理处副处长,中央农业实验所云南工作站站长,中正大学农学院院长、教务长,

注意湘米销粤问题。刘、周二人在调查报告中指出，湘米能否销粤，有两个前提条件：一是湘米品质是否合乎粤人需求，二是湘米运粤之后能否做到价格低于粤米或洋米。解决了这两个问题，方能讨论湘米销粤之具体方案。

关于湘米的品质问题，报告认为，广东所产稻米大致可分为两大类：一种为长黏米，为上等米；另一种为短阔籼米，属中下等米。湖南所产米，虽同为籼米，而品质则远逊粤产之米。湘米亦可大致分为两类：一为油米，虽然品质不及粤产长黏米，但若调制得法，以之销粤，可受欢迎。此种油米仅产于醴陵、攸县、浏阳等少数地方，产量较为有限。二为普通籼米，其品质亦逊于粤产短阔籼米。湘米品质固然逊于粤米，但粤省消费良米者之人数，仅为数量不多的资产阶级。对于绝大多数普通人民而言，湘米价格低于粤米和洋米，在广东亦不乏销路；倘若品质能够加以改良，则湘米在粤并不愁销路。因此，对于湘米而言，应设法改良调制方法、统一米质等级、出口实施检验，尤其注意谷米之含水量。做到了上述3个方面，就为湘米销粤奠定了物质基础。

关于湘米的价格问题，报告认为，湘米品质劣于粤米，运至广东，若价格与粤米持平或稍贵，势必难以销售。与湘米价格有关的因素有4个，即湘粤米价之差、运费、出入省税以及洋米进口税。（1）湘粤之米价，1936年3月，广东市场上，粤产黏米平均每担7.91元（法币），籼米7.18元，暹米8.08元，安南黏米8.36元，粳米8.11元。湖南市场上，湘产油米7.06元，籼米6.55元。比较可知，湘米价格低于粤米和洋米，但湘米若运至广东，加入铁路运费及其他杂费，其价格是否具有竞争力，尚未可知。（2）运费，铁道部规定，稻米为五等货物，运费视路程远近而定。长沙、株洲至广州，约800公里，每吨运费约为26元，合每担约为1.3元，加此巨额运费，湘

中央农业实验所技正，华东农业科学研究所副所长，中国农科院江苏分院研究员，江苏省农林厅厅长等职。他开创水稻地方品种检定，为我国水稻品种改良打下了基础。20世纪30年代，他大力促成湘米销粤以应备战需要，为抗战救国做出了贡献。提出的粳稻起源新假说，受到了学术界的重视。周拾禄为发展我国的水稻生产和科研工作作出了卓越的贡献。参见《南京农业大学发展史》编委会编：《南京农业大学发展史·人物卷》，中国农业出版社2012年版，第275页。

米势不能销粤。粤汉铁路湘鄂段规定湘米运鄂运费减半收费，湘米销粤为国家调节粮食生产，抵制洋米之重要事业，运费亦应仿湘鄂段之例减半收取运费。(3) 出省入省税，广东洋米进口，抽取进口税，每担计收粤币 2.246 元，倘湘米销粤援此成例，则湘米销粤势成画饼。据广东省财政厅厅长区芳浦估算，若全部以湘米代替洋米，则粤省每年将减少收入达 20 万元之多，如何弥补，颇为难办。但该厅长声明，湘米来粤，绝不抽税。湖南稻米出省，米每石抽取牌照费 0.8 元，谷减半为 0.4 元。中央应与地方协商，对于此类税费应予取消。湖南省财政厅厅长何浩若亦声明，如广东取消湘米入省税，湖南亦设法取消出省费。(4) 洋米进口税，广东自 1933 年 9 月开始征收洋米进口税后，洋米进口逐渐减少。原定洋米进口税为每担粤币 2.246 元，因近年来米价高涨，1936 年 4 月 1 日起，减至每担 1.686 元。粤省米商，有专办洋米者，有专办本米者，洋米商希望减少甚至取消洋米进口税，而本米商则希望维持较高之洋米进口税。洋米是否课税，对于湘米销粤有着重要的影响。综上所述，在价格方面，湘粤二省米价相差甚微，须减低运费、免除进出省税，湘米方可运销广东。在必要时，应增加洋米进口税，湘米方能与洋米竞争。

关于运销办法，报告认为，湘米销粤，无论从经济上还是国防上，均须必行。但其运销办法，须认真研究。(1) 广东米粮消费中心，调查表明，广东米粮消费中心为广州、顺德及南海等地，故湘米销粤应以广州为中心，兼及广三铁路沿线。此外，汕头、潮州消费洋米亦多，湘米可由广州水路转运至潮汕地区。唯广州消费者多为中上等米，湘米不能尽占广州市场。(2) 湘南稻米生产中心及重要米市，调查认为，湖南全省皆产稻米，但主要产地在洞庭湖周边及湘江中下游地区，重要米市均在上述地域之内。湘米出运以何处为中心，须先视粤汉铁路沿线各米市之状况而后决定之。(甲) 衡阳。衡阳为湘江上游货物集散中心，湘米由此运粤路线最短。但是，衡阳过去每年输出之米，最多亦不过 50 万石，粤汉铁路贯通，在该处集中之米，虽可略增，但数量甚微。(乙) 长沙。现为滨湖及湘江下游稻米集散中心，碾米业较发达，湘米运粤当以长沙为中心。(丙) 岳阳。岳阳为湘米运鄂之良好地点，但该处米产较少，且滨湖之米均在长沙集中，此处距广东甚远，故不宜为湘米运粤之起运点。（丁）湘潭。湘潭为湘省第二稻米集散中心，现有米商两百余家，仓库可屯米四五十万担，直接经手及过境之米常在百万石以上，未来不失为湖南的谷米集散中心之一。（戊）渌口。渌口集中醴陵及攸县之米谷，然后转运至长沙或湘潭。湘省上等油米产自醴陵、攸县、浏阳等地，运销粤省既以油米为最佳，故渌口将来当为起运点之一。长沙有远见之米商，眼见粤汉铁路通车在即，已有在渌口建设碾米厂者。过去由此地出口之米谷，有十余万至二十万石，现在该镇专做米业之商店已有上百家，兼营者更多，不过资本均较薄弱。（己）株洲。株洲地处粤汉株萍铁路交会处，水陆交通均极便利，因此可以作为湘米运粤起点之一。综上，湘米入粤，可以长沙为北部中心，长沙以下，可将株洲作为湘米集散点之一，株洲目前虽非重要米市，但粤汉铁路通车后，湘潭易俗河米市必将转移至株洲。而且随着湘黔铁路的通车，湘潭的地位必将进一步削弱。衡阳，虽然现在没有大的米商和碾米厂，但粤汉铁路通车后，攸县、衡山、耒阳等地之米，将会集中于衡阳，将来衡阳当为湘南米运之中心。（3）鼓励商人在衡阳株洲兴办机器米厂，以利运销，但官方要对私人机器米厂做好统制和监督工作。（4）筹设检验局。调查指出，对于米厂出产之米，为预防弊端，应设立检验机关进行检验。粤汉铁路通车后，运销粤省之土产，非仅稻米，并有经粤省出口运销外洋之土产如桐油、茶叶等，应在湘省设立商品检验局，从事检验。

综上所述，湘米销粤所涉问题及应采取之办法，可概括如下：

其一，湘米品质虽劣于粤米及洋米，但仍可在粤省销行，需要改良调制方法、确定等级及实行检验。其二，湘米与粤米，其价相差甚微，必须减低运费，免除出入省税，维持洋米税，方能运销广东，必要时应提高洋米税。其三，以广州为运输和销售中心，以长沙、株洲、衡阳为出运中心。其四，机器米厂归商人私营，但须由政府进行统制。其五，在长沙设立检验局，株洲衡阳设立分局，对输出土产进行检验，以建立湘土产之信誉。①

刘厚、周拾禄二人受实业部委托所做的这个调查，内容翔实，方案科学，实际上成为实业部制定湘米销粤政策的依据，如为改良湘米品质而设

---

① 参见刘厚、周拾禄：《湘粤两省稻米产销调查》，《国际贸易导报》1936 年第 8 卷第 6 号。

立的湘米改进委员会、对湘米销粤进行检验而设立的湘米检验所等，其实都是源于这份报告所提出的建议。① 同时，刘、周二人的报告，对于湘省制定湘米运粤的政策也有很大的参考价值。因为这样的原因，1936 年 9 月 16日，此时湘粤两省已经成功签署了湘米销粤的方案，湖南省政府在给实业部的报告中说，湘粤两省"此次协商顺利成功，固由两省官商之推诚合作，实赖中央之扶助指导"。这里说的"中央之扶助"，主要指实业部依据刘、周二人的报告所制定的政策对于湘粤两省制订湘米销粤的方案，起到了重要的指导作用。湖南省政府在给实业部的备案报告中说，湘米销粤的"推销方法，根据本年四月② 贵部刘、周二委员亲赴沿线实地调查产销运输情形，改良调制方法，检验品质，豁免出省入省捐税，减低运费，总期湘米销粤价格低于洋米，方便推销。因提经本省政府委员会讨论议决，将湘米出省税捐全数免征。关于粤省进口税及铁道部运费减等各项，曾承贵部分别函请照办"。报告还说，湖南省建设厅厅长余籍传在庐山参加植物油料厂创立会时，分别谒见了实业部部长吴鼎昌、财政部部长孔祥熙、铁道部部长张嘉璈等政界要人，向他们报告了湘米销粤的计划，得到了上述诸要员的大力支持，"并蒙分别向粤省当局专缄介绍"。余籍传随后赴沪与各银行团接洽，银行团对于湘米销粤亦表示将竭力支持，交通银行并派该行信托部副经理李钟楚与余籍传一同赴粤，拜会粤省政府主席及各重要部门，经协商制订了湘米销粤的方案。③ 从湖南省政府的报告中可以看出，实业部为湘米销粤与广东省政府、铁道部、财政部以及上海各银行等多部门或机构进行了协调，对于湘米销粤方案的制订及顺利进行起到了相当大的作用，也充分体现了中央对于地方经济发展的指导作用。

两广事变解决后，两广重新统一于南京政府，又值粤汉铁路全线通车，酝酿多年的湘米销粤一事终于进入了正式实施的阶段。粤汉铁路通车后，社

---

① 参见周拾禄：《实业部湘米检验所与中国米谷检验事业之前瞻》，《农报》1937 年第 4 卷第 2 期。按：该期 1937 年 1 月 20 日出版。

② 笔者注：实为三月。参见刘厚、周拾禄：《湘粤两省稻米产销调查》，《国际贸易导报》1936 年第 8 卷第 6 号。

③ 参见《湘米销粤与湘粤经济》，《银行周报》1936 年第 20 卷第 38 期。

会各方尤其湘粤地方当局和商人对之均抱有很大的期望，"都急急要想把湘米运粤销售"，而"粤中无论大资本家，小资本家，都渴望想来湖南经营贸易，尤其一般米商，到长沙来的更多，还有二十余位华侨，也带着专家、教授，要本路介绍向沿线各地考察探究各项最有利益的企业，预备大规模的投资经营"①。对此，铁路部门自然责无旁贷。粤汉铁路局认为，湖南农矿资源丰富，包括米谷、桐油、茶油、煤、锑、钨、镍以及其他各种大宗出口商品均为粤汉铁路局的重要货源，对于该局业务之开展具有极其重要的意义。1936 年 9 月初，粤汉铁路全线正式通车，该局局长凌鸿勋、副局长周钟歧等即赴广东接洽包括湘米运粤在内的各项运输业务。粤汉铁路因全线都与水运存在着竞争②，故铁路局认为，必须尽快将"几宗容易办到的营业，尽先设法揽到手里"，其中湖南之米和煤是粤汉铁路首先应当争取到的业务。

根据粤汉铁路局在广州与湘粤两省及银行界接洽的结果，各方均认为湘米销粤非常有意义，且愿意共同努力使之取得圆满的结果。湘粤两省对铁路部门的共同要求，就是尽可能地降低运费。粤汉铁路局认为："现在为亟求营业收入的增加，并为推广招徕起见，对于他们这种要求，已决定愿意不惜牺牲，乐予迁就，对于是否足够运输成本一点，我们并愿意暂时不加考虑。"粤汉铁路局同时将运费减价办法即湘米运粤照五等普通货物五折收费呈铁道部审核，1936 年 10 月 22 日，铁道部核准湘米运粤减价办法，规定此办法从 1936 年 11 月 1 日执行，试办一年。③ 由此可见，粤汉铁路局为了争取到湘米运粤的业务，并由此推展至其他各项大宗货物之运输，几乎是不惜代价了。湘米运粤的先决条件是，在铁路沿线各大站必须建造一批足够容量的仓库。经粤汉铁路局与中央银行、交通银行协商，决定由银行出资金、铁路局出地皮，在广州建设数个容量为 100 万包的仓库，以利米谷的储藏与转运。1937 年 1 月 24 日，粤汉铁路局与中国银行商妥，由中国银行贷款

---

① 《湘米运粤本路在广州建筑巨量仓库》，《粤汉铁路旬刊》1936 年第 8 期。按：湘米运粤照五等普通货物五折取价，从长沙至广州每石（每石 150 斤）运费大致 0.65 元。

② 粤汉铁路北段有长江，南段有北江，中段有湘江，故该路全线都与水运存在着竞争。

③ 参见《湘米运粤本路在广州建筑巨量仓库》，《粤汉铁路旬刊》1936 年第 8 期。

500万元供建筑粮仓之用。①

湖南省政府对于推动湘米运粤最为积极。前文已指出，20世纪30年代以来，湖南省政府已经多次着手推进湘米销粤事宜，但受各种条件之制约，均未取得明显成效。1934年，湖南省主席何键曾发表谈话说，湖南"物产丰富，未能输出，矿藏充足，未能开发，现在粤汉铁路株韶段正在积极兴修……粤汉铁路通车之后，湖南所产米煤各项，因交通便利，可以运粤销售"②。至1936年，粤汉铁路即将通车，湘省政府继续对于推动湘米运粤更为努力。1936年上半年，"湘建设厅与实业部、广东省政府往返电商，并已拟有免税，减少运费及建筑仓储等计划，旋因两粤异动，中途停止进行"③。可见，1936年上半年以来，湘省政府为湘米销粤已经做出了许多努力。

1936年9月初，两广事变结束，广东政局稳定下来。湖南省主席何键赴粤考察，对于湘米销粤尤为关心，特电邀湖南省建设厅厅长余籍传赶赴广州，继续与粤省当局及粤汉铁路局协商湘米运粤的具体方案。经与广东省主席黄慕松、广州市市长曾养甫多次协商，得到了他们的支持，答应取消湘米入粤捐税，同时征收洋米进口税，具体的运销方案，经湘粤两省在广州举行的联席会议讨论通过。运费方面，粤汉铁路局局长凌鸿勋同意湘米运粤照五等货物五折收费。④ 最终，经湘粤两省及粤汉铁路局三方协商，于9月8日拟定了免税及减轻运费的实施方案。广东方面，由米商组织"湘粤运米公司"负责湘米在广东境内的推销事宜。湖南方面，因米商资本不够雄厚，1936年9月12日，湖南省建设厅、财政厅联合商界及银行界，组织"湘米运销广州汕头接洽处"，由财政、建设两厅，长沙市商会，中国银行，交通银行，湖南省银行各派代表一人，米业、粮食、堆栈各公会合派代表一人，共同组成，并于1936年9月14日在长沙成立。随后，湖南省"湘米运销广州汕头接洽处"联合广东"湘粤运米公司"，各出资10万元作为办理米运的

① 参见中国人民银行金融研究所编：《中国货币金融史大事记》，1994年，第231页。

② 《何键赴粤归来谈话》，《中山周报》1934年第1期。

③ 《湘米产销状况》，《中国建设》1936年第14卷第3期。

④ 参见《湘米销粤将成事实》，《中行月刊》1936年第13卷第4期。

初始基金，湘米运至广州，储存于交通、中国等银行与粤汉铁路局共同建设之仓库，徐图销售。

湘粤两省拟定的具体推销方案大致如下：

第一，总纲。（甲）为使湘米生产与粤方消费相互适应，应具备如下条件：(1) 降低成本；(2) 便利运输；(3) 划一品质；(4) 平衡市价；(5) 大量储存；(6) 长期供给。（乙）欲达上述目的，应采取如下措施：(1) 以合作方式组织农民。包括：提供资金、改良和增加生产技能、灌输知识、组设合作农仓、供给粗米碓碾设备等。(2) 以合作方式整理内地运输。包括免除掺杂作弊、保障途中安全及介绍押款等。(3) 建立精制碾米厂及集中仓库，以便集中大量产品，划一品质及包装，并介绍商人与农民间谷米交易等。(4) 在销售地点，大量储存，以便随时满足需要等。

第二，生产。（甲）指导农民组织信用合作社。运销合作有 3 种方式：一是集中式；二是联合式；三是信用合作联社兼营。根据中国国情及实验结果，参照湖南省之基础，采用第三种运销合作方式。以信用合作方式组织农民，通过信用合作帮助农民进行生产，提高生产水平和技能，以增加生产。（乙）指导信用合作社兼营农仓。仓库之经营在量衡、混合、保管及运送等方面，均存在着困难，故须由信用合作社兼营，以方便农民直接储存，同时也是进行产品初步检验之基础。（丙）指导信用合作社组织区联合社并兼营运输。运销合作社，一方面注重社员能力而集中产品，另一方面注重资金周转而待价沽出，同时注重市场基础而畅其流。（丁）指导区联合社组织县联合社并经营运销或仓库。区联合社如不能直接达到销售部分时，则以县联合社集中其力量，健全其组织，并办理联合农仓。（戊）上述 4 项推销方式，以农民本身为主，政府合作机构与有关农事机关负责指导，银行则负责投资协助。

第三，运输。（甲）指导民船运输合作社，担任短途运输，由农村运输谷物至县仓或集中仓库。除山村用人力挑运车运归信用社自办外，其中以小船运输为最重要。小船所有者约为两类：一是沿河滨湖之农家自有，二是专营船业之人。一般情况下，小船兼任贩商，且多掺杂偷漏。为了去除上述积弊，保障运输安全，故有组织民船运输合作社之必要。（乙）民船运输合作社之组织，可以地域或船舶种类及河流流域范围组织，农民自有之船，可与附近专营船业之人民，共同组织合作社，或某某帮组设若干合作社，或某河流域合组一个合作社等。（丙）合作社之指导、监督、训练等事项，由合作交通船舶各机关分任之。（丁）船舶合作社对于运销合作社之承揽运费、押运损害赔偿责任，由主管机关订立标准。承揽等事因地域分散，时间仓促，似不宜由一机关统筹，但政府需为之制定标准，以免欺诈操纵。（戊）凡合作社谷米，在短途运输中，关于捐税稽查等项，应予减免。各地凡是有碍运输之情形，政府一律予以取缔。

　　第四，销售。（甲）组织运米机关。此项机关，或为一大规模米业公司，一方收买合作社之谷米，一方对广东销售。其组织由官商合办，或留存一部分股份，以备将来合作社及联社承购。运米机关收受合作社谷米，应力守公平，必要时由政府进行监督。（乙）组设碾米厂。碾米厂以精制糙米为主要任务，统一品质、划一度量衡、包装等项均由碾米厂承担。碾米厂设于湘省之合适地点，设立一个或几个，视情形而定。（丙）组织检验机关。此项机关由中央与两省派员组成，附属于碾米厂，专事检验以保证米之品质符合要求。（丁）统一各地度量衡及货币标准，由两省政府遵照中央规定办理。

　　第五，仓库。（甲）仓库种类分基本仓库、联合仓库、集中仓库和输出仓库4种。（乙）基本仓库、联合仓库，由合作社或其联合社组设，政府对于仓库之建设应予以协助。（丙）集中仓库，设于运米机关与碾米所在地。（丁）输出仓库，设在销售地点，暂由湖南省政府在广州租赁，委托银行或银行团管理，其盈亏由湘省政府承担。粤省政府或商会应协助湘省政府觅租仓库，如办有成效，再由湘省政府计划大规模建设，其地皮由粤省政府代为征用。

　　第六，金融。（甲）本方案各方面关于金融之周转，由银行任之。两银行以上，应组织银行团办理，贷款利率，依湘省普通合作贷款为标准。（乙）生产部分贷款，以组织为对象；销售部分贷款，以抵押为对象；农村贷款，应注重信用；都市贷款，应注重财货。贷款之项目，可分信用合作社贷款、农仓贷款、栈单押款、铁路提单押款等。

　　第七，其他。（甲）为改良品种起见，政府应设法贷与种子。（乙）湘粤两省捐税，应予完全免除。（丙）铁道及官营之运输机关，应予减收运费，装运时间上，应予优待。①

1936 年 9 月 18 日，广东省政府批准了上述湘米销粤的方案。②1937 年 1 月 5 日，广东省政府第 35 委员会决议："行政院令，据铁道部呈复订立湘米运粤特价，按照普通五等运价五折收费，凡湘省境内运至粤省境内各站，均适用之。于二十五年十一月一日起施行。"③ 可以看出，上述湘米销粤方案，湘粤两省均做了充分的准备，制定了较为完善的运销办法，对于湘米销粤的顺利进行起到了重要的作用。广东省对于湘米销粤表现出了积极的态度，实际上，早在 1936 年 4 月，粤储粮计划已商定，在曲江、揭阳、平远、南雄、乐昌、兴宁等县设大规模仓库，以便湘米销粤，俟粤汉路通车后立刻实行。④ 尤其值得指出的是，湘粤两省政府，在运作湘米销粤的过程中，通过组设各种合作社，对农民进行了组织管理，对于提高农民的现代经济意识起到了一定的促进作用。运销方案中，还有关于改良大米品种、提高农民生产技能、改进农业生产技术、给予农民金融贷款等项内容，对于促进湖南农村经济之发展，提高农业生产水平，挽救农村经济之衰败，都将起到积极的推动作用。由此看来，湘米销粤并不是简单地输出湘产谷米而已，它还具有相当积极的社会作用，堪称一项串联起多个经济部门的系统工程。

为了方便湘米运粤，1936 年 10 月，湖南省政府根据湘粤两省商定的湘米销粤办法，裁撤了"谷米出口护照费"。湖南征收谷米出口护照费，始于1930 年，最初为每石米收护照费 3 元，谷每石为 1.5 元。此后照费增减不定，历经变更，至 1933 年 7 月前，米照费收洋 0.2 元，谷照费 0.1 元。1933 年 8 月 1 日，改为米 0.5 元，谷 0.25 元，8 月 10 日，又改为米 1 元，谷 0.5 元；

① 参见《湘米销粤方案》，《银行周报》1936 年第 20 卷第 37 期。按：该期出版时间为 1936 年 9 月 22 日。
② 参见《转令广州市商会宣传倡导米商大宗运销湘米》，《广东省政府公报》1936 年第 343 期。
③ 广东省档案馆：《民国时期广东省政府档案史料选编》（四），1988 年，第 458 页。
④ 参见中国人民银行金融研究所编：《中国货币金融史大事记》，1994 年，第 228 页。

1936年1月1日，复减为米0.8元，谷0.4元。自1930年以来，米谷护照费之收入，少的年份约数十万元，多的时候达150万元以上，成为财政收入的一大块。行政院核准湖南省1935年度财政预算时，规定从1936年度开始，"应将谷米护照取销"。1936年9月，随着粤汉铁路的正式通车，湘粤交通畅通，"经省府与粤省商洽，签订湘米销粤办法，粤省废除粮食入口税，湘省废除粮食出口税"①。湘粤两省粮食进出口税的废除，为湘米销粤扫除了又一个障碍。1936年10月13日，上海中国、交通、上海、国货、国华、盐业、金城、中国、大陆等银行决定合办湘米运粤押汇业务，总额计1000万元。②金融界的支持，则为湘米销粤提供了资金上的充足保证。

湘米销粤方案确定后，在铁路部门的协助下，湘米开始源源不断地输运至广东。在长沙设庄采购湘米的广东米商有南栈、南记、惠隆、德安、利盛昌、联发等多达10余家，均为广东实力雄厚的大米商。开办以来，运往广东的各类湘米多达10余万担，品质亦佳，颇受粤省欢迎。③湘米运粤计划实施后，运输增长很快，据统计，1936年9月至1937年3月，粤汉铁路一共运输湘米61085吨，合671935包。④总计1936年经粤汉铁路运输至粤的湘米达40735吨⑤，1937年更高达147680吨⑥。与1934年国际贸易局调查统计湘米出口数目比较，1937年经粤汉铁路输出的湘米已接近年度出口最高数（2314285公担），这充分说明湘米出口已完成从水路输沪汉到由铁路输广东的转变，标志着广东已成为湘米外销的主要市场。

最后，在科学的方面，主要是成立了湘米改进委员会（该会1938年7月合并到湖南省农业改进所）和实业部湘米检验所，运用现代科技手段改良湘米品种，实施科学检验，以保证湘米品质的整齐划一。品种改良与米谷检验，是湘米销粤科学化的两个重要步骤。

① 何浩若编：《湖南省财政整理报告书（1935年8月21日——1937年3月15日）》，湖南省财政厅1937年，第41—42页。
② 参见中国人民银行金融研究所编：《中国货币金融史大事记》，1994年，第228页。
③ 参见《湘米销粤进行事项》，《湘农》1936年第1卷第9、10期合刊。
④ 参见《湘米运粤统计》，《国际贸易情报》1937年第2卷第14期。
⑤ 参见《铁道半月刊》1937年第7期。
⑥ 参见广东省银行经济研究室：《广州之米业》，1938年，第29页。

先说品种改良。早在 1935 年，湖南省政府就已着手改进湘米品种了。该年，湖南棉业试验场应衡阳县救灾委员会的邀请，将其培育的稻米新品"帽子头"贷给衡阳县板桥、鄙湖两乡农民，开办稻麦合作场，秋后，全国稻麦改进所派员前往考察，认为改进湘省稻作，应就此已有之基础加以扩充，以期逐渐推广到全国，于是商定由中央与地方合作，办理湖南省稻作改进事宜。试验表明，"帽子头"的品质及产量，均较湖南省原有之粒谷早为优，应大规模推广。"帽子头"虽较粤人上层阶级所食之米略逊，然以之供应中产阶级之食粮，还是颇为合适的。

1936 年 3 月，实业部指派稻作专家周拾禄到湘视察各农场，并与省政府商定稻产改进办法，筹划设立湘米改进委员会。湖南省政府认为设立湘米改进委员会极有必要，湘省米产丰富，但一直以来仅有汉口一个出口，近年来受洋米倾销冲击，销路不畅，导致农村凋敝。粤汉铁路即将通车，此为湘米南运的大好时机，故拟设立湘米改进委员会，一面改进湘米品质，一面筹划湘米销粤。[①] 在实业部的支持下，3 月 12 日，湘米改进委员会成立，由省政府聘请湘省负有声望且热心稻米改进的农事专家范旭东等 6 人为委员。湘米改进委员会的主要职责为：一是协助省内各农业机关进行稻米改进工作；二是推进湘米产销事宜。湘米改进委员会之决议，由省建设厅负责执行，而技术事务，则由全国稻麦改进所负责指导。1936 年，湘米改进委员会的工作重点有两个：一是进行湖南全省稻米产销调查，设立湘米推销所，拟具湘米推销具体方案。选择重要稻米生产区域，积极推进产销合作社。二是在湖南推广优质稻米品种"帽子头"，选择重要稻米生产区域、特约农家进行稻米试验。同时，还有厘定稻米等级等内容。[②]

衡阳一地，毗邻广东，加以粤汉铁路即将通车，湘粤交通颇为便利，湘米改进委员会决定在衡阳大规模推广"帽子头"，务使供过于求。1936 年春，衡阳县推广"帽子头"300 余石，该年收获"帽子头"纯种，连同农场所育，当在 10000 石左右。由棉业试验场改组而成的湖南第二农事试验场决

---

① 参见《湘米改进会开成立大会》，《农学》1936 年第 2 卷第 1 期。

② 参见田庆余：《湖南组设湘米改进委员会》，《农报》1936 年第 3 卷第 12 期。

定将本年衡阳所有帽子头谷完全收买，但"帽子头"谷较其他各种谷每石已高 0.2 元，收作稻种，须剔除杂物，价格会更高。第二农事试验场已派人前往衡阳，从事调查预订，以便秋收后成交，至第二年，拟将所收买之帽子头纯种 10000 石，完全贷放，收成以 20 倍计，可收 20 万石，3 年以后，帽子头种，可推广至湖南各地。

除帽子头品种，拟推广于衡阳、长沙及常德等县外，其余各县仍拟检定地方品种，进行试验改进，一切工作已推定第一农事试验场负责，第二农事试验场协助办理，初步于邵阳、湘乡、攸县、醴陵、宁乡、湘潭、衡阳、岳阳 8 县，初选质量均佳者 12 种，从事种植试验。经一次种植之后，在出穗及收获期间，每两县派高级技术人员一人，管理视察，然后于初选之中，复选 6 种，分别在各县特约农家，尽量作第一次繁殖，并在田间去劣去杂。

1936 年秋季，特约农家已选定，决定冬季召开特约农家讲习会，对他们进行农技培训，各县负责高级技术人员业已分别推定如下：（1）邵阳、湘乡，由第一农事试验场罗紫崖担任；（2）攸县、醴陵，由第二农事试验场胡仲紫担任；（3）宁乡、湘潭，由修业农校王太运担任；（4）衡阳、岳阳，由全国稻麦改进所指导员吴鸿元担任。在进行稻种改良推广之际，湘米改进委员会担心农民囿于故习，不肯改用新种，于是决定训练技术推广指导人才，以便派往上述 8 县进行指导。技术推广人员的训练方法，由湘米改进委员会举办训练班，招收高级农校毕业生 30 名，自 1936 年 8 月 15 日起，至 1937 年 3 月 15 日止，进行为期 6 个月的训练。①

实业部湘米检验所的设立，是提高湘米品质的重要手段之一。在中国的稻米市场上，掺水之弊端，较为普遍，掺杂虽较少，而砂石稗子稻壳等含量甚多。麦与杂粮，灰土砂石杂物之量甚至有占总量 1/4 的。这些恶弊，对消费者和忠实商人造成了极大的伤害。而稻麦检验，对于消除上述积弊，则颇为有效。米谷检验有很多的好处，简单地说，米谷检验可以改造米谷品质、便利米谷的运销与保存储藏。对销粤之湘米进行检验，能够保证销粤湘米的品质，进而提高湘米的声誉。

① 参见《湘米产销状况》，《中国建设》1936 年第 14 卷第 3 期。

湘米销粤进入正式实施阶段后，为了保证销粤之米的品质，1936 年 9 月，湖南省政府拟组建湖南谷米检验所，在长沙、衡阳、沅江 3 地建立谷米检验所。湖南省建设厅厅长余籍传多次电请实业部派员前来主持，以便迅速开展工作，此为实业部湘米检验所之先声。实业部得电，特先行拟定 1936 年度湘米检验暂行办法，征询湘建设厅意见，俟决定后，即派员到湘会同筹办。实业部拟定湘米检验办法如下：

（一）本年暂在长沙设立谷米检验机关办理湘米销粤检验事宜；（二）销粤湘米，暂以油粘、粒谷早及类似两种者为限；（三）油粘类包含醴陵、攸县之油粘、铁板粘、地翻子、迟白子等类，零陵、长沙、益阳、南县、华容、安乡、汉寿、沅江等县之油粘、铁龙潭等种，粒谷早包含华容、南县、安乡、醴陵、汉寿、沅江等县之粒谷早，益阳、宁乡、长沙、湘潭、湘乡等县之粒谷早，常德之粒谷早（此条所定之销粤湘米，暂以一二三四级机谷为合格，其分级标准另定之）；（四）凡运销广东之米粮，须经政府登记合格机器米厂，按照规定精米标准调制之；（五）米粮调制后，须经谷米检验机关检验分级，领得合格证明单方得起运；（六）其详细办法，由国产检验委员会，派专员赴湘，酌量地方情形，拟具方案，呈实业部核准施行。[①]

在湖南省政府的多次请求下，1936 年 10 月 3 日，全国稻麦改进所稻作组主任赵连芳与周拾禄二人，奉实业部之命令，离京赴湘，负责筹备湘米检验所。稻米检验，须有人才与设备，乃向全国稻麦检验所及中央大学农学院商借检验人员与仪器，启程之日，带同前往。抵湘之后，分头觅租房屋，赶办设备，订立检验细则，并与当地各界商讨检验有关问题。10 月 24 日，实业部任命周拾禄、吴阊直分别担任正副所长。其时湘省秋收已毕，粤省米商已到湘采购，检验急需开始。1936 年 11 月 1 日，实业部在"保全湘米声誉，促进湘米销场，及保证米商营业"的前提下，在长沙设立了湘米检验

---

① 参见《湘米销粤成功》，《农学月刊》1936 年第 2 卷第 6 期。

所。[①] 湘米检验所规定，凡由湖南运往广东销售的任何米类，均须由经办的商人报请该所检验，然后发给检验证书，方准运粤销售。若往前追溯，则实业部湘米检验所成立的最初动机，源于 1936 年 3 月上旬全国稻麦改进所技正刘厚、周拾禄二人对湘粤稻米产销情形的调查所提出的对策。[②]

实业部湘米检验所担负的使命主要有如下几点：一是限制劣米入粤，提高湘米声誉以抵制洋米；二是促进改良种子及栽培；三是促进稻米调制与运输之改良；四是辅助米谷仓库之发展；五是树立米谷检验事业之基础。由上可见，湘米检验所虽然因湘米销粤而建立，但其担负的职责并不仅仅局限在湘米之检验，还具有全国性意义。"湘米检验所为吾国米谷检验事业之试行先锋，如成绩优良，检验顺利，可由此发展而普遍全国。"[③]

湘米检验所的检验标准经过了多次变动。检验所成立之初拟定的销粤湘米的检验标准如下：

（一）白米：（甲）基本条件：(1) 水分平均含量须在 14.5% 以下；(2) 未掺石粉石膏及其他类似之物；(3) 无大于米粒之砂石；(4) 色泽结润，调制精良；(5) 米粒饱满整齐而无虫蛀变色之杂粒。不合上述条件之一者，不得运销粤省。（乙）分级标准：分为五等，其标准如下：(1) 每石市斤数：一等白米，158 斤以上；二等，157 斤以上；三等，155 斤以上；四等，153 斤以上；五等，151 斤以上。(2) 碎米百分率：一等白米，5% 以下；二等，10% 以下；三等，15% 以下；四等，20% 以下；五等，35% 以下。(3) 每升稗子粒数：一等白米，10 粒以下；二等，20 粒以下；三等，50 粒以下；四等，100 粒以下；五等，200 粒以下。(4) 每升粗砂：一等，无；二等，1 粒以下；三等，2 粒以下；四等，3 粒以下；五等，4 粒以下。(5) 其他杂物百分率：一等白米，0.01% 以下；二等，0.03% 以下；三等，0.05% 以下；四等，0.07% 以下；五等，0.09% 以下。五等以下之白米，称不合格米，不得运销粤省。品质优良

① 参见余丹忱：《湘米运粤情形及其重要性》，《申报每周增刊》1937 年第 2 卷第 6 期。

② 参见周拾禄：《实业部湘米检验所与中国米谷检验事业》，《农报》1937 年第 4 卷第 2 期。

③ 周拾禄：《实业部湘米检验所与中国米谷检验事业》，《农报》1937 年第 4 卷第 2 期。

之油米，依上述标准提升一级。

（二）糙米：（甲）基本条件：（1）水分平均含量须在 15.5% 以下；（2）混杂米含量须在 10% 以下；（3）米粒饱满整齐而无虫蛀变色之杂粒；（4）色泽润洁而无陈臭气。不合上述条件之一者，不得运销粤省。（乙）分级标准：分为五等，其标准如下：（1）每石市斤数：一等糙米，150 斤以上；二等，149 斤以上；三等，148 斤以上；四等，147 斤以上；五等，144 斤以上。（2）每升稻粒数：一等糙米，50 粒以下；二等，150 粒以下；三等，250 粒以下；四等，400 粒以下；五等，600 粒以下。（3）每升红米粒数：一等糙米，100 粒以下；二等，200 粒以下；三等，350 粒以下；四等，550 粒以下；五等，800 粒以下；（4）每升稗子粒数：一等糙米，50 粒以下；二等，100 粒以下；三等，200 粒以下；四等，400 粒以下；五等，700 粒以下。（5）每升粗砂粒数：一等糙米，1 粒以下；二等，2 粒以下；三等，3 粒以下；四等，5 粒以下；五等，10 粒以下。（6）杂物百分率：一等糙米，0.05% 以下；二等，0.1% 以下；三等，0.15% 以下；四等，0.2% 以下；五等，0.35% 以下。五等以下之糙米，为不合格米，不得运销粤省。品质优良之油米，依上述标准提升一级。①

上述标准实施后，米商普遍认为标准过高，纷纷要求降低标准。湘米检验所最初订立的上述检验标准执行了不到一个月，1936 年 12 月 1 日，湖南省建设厅据湘米销粤长沙介绍处呈报湘粤米商陈述困难 5 点，请求变通。经反复驳辩，12 月 23 日，实业部迫于各方压力，令湘米检验所放宽糙米检验标准，红米与稗子两项最低改为 1200 粒，总体上都放宽了标准。② 检验所依实业部指示，对于分级标准，五等以外暂列一个检验标准，但不列等级。放宽之标准见表 16。

① 《湘米检验之目的与方法及其创始经过》，《实业部湘米检验所专刊》1937 年第 1 期。
② 参见吴阆直：《湘米检验所成立经过及三个月来工作》，《农业建设》1937 年第 1 卷第 1 期。

表 16　湘米检验所检验标准

白米					糙米					
每石市斤数	每升稗子粒数	每升粗砂粒数	碎米百分率	杂物百分率	每石市斤数	每升稗子粒数	每升稻粒数	每升红米粒数	每升粗砂粒数	杂物百分率
149 斤以上	500 粒以下	5 粒以下	不变	0.15%以下	143 斤以上	1200粒以下	800 粒以下	1200粒以下	不变	不变

放宽标准之后,报验之米趋于恶劣,加之 1937 年年初,广东省米荒甚剧,粤省政府及米商电请中央准洋米免税进口。危急之刻,检验所不得已再度放宽了糙米检验标准,将含水率减为 16% 以下,已达含水极限,自 1937 年 1 月 25 日起,至 1937 年 2 月底为限,3 月即恢复旧有标准。[①]

湘米检验所成立之后,工作不遗余力,至 1937 年 1 月底,检验总计合格米 226171 包,不合格米 52531 包。不合格的原因:水分过多者为 44416 包,占不合格总数的 84.55%;稗子过多者为 6439 包,占 2.39%;粗砂过多者为420 包,占 0.8%。以种类论,计共检验机米 21174 包,占总数的 7.6%;糙米者 239566 包,占 85.96%;熟米 17962 包,占 6.44%。列表如下(见表 17):

表 17　1936 年 11 月—1937 年 1 月湘米检验所检验分类统计[②]

单位:包(每包 181 市斤)

年月	机米		糙米		原熟米		检验总数	合格(%)	不合格(%)
	合格数	不合格数	合格数	不合格数	合格数	不合格数			
1936 年11 月	2626	—	48598	3716	3836	150	58628	93.44	6.56
1936 年12 月	5932	—	64439	10622	3259	—	84250	87.39	12.61

① 参见《湘米检验之目的与方法及其创始经过》,《实业部湘米检验所专刊》1937 年第 1 期;余丹忱:《湘米销粤情形及其重要性》,《申报每周增刊》1937 年第 2 卷第 6 期。
② 参见《实业部湘米检验所检验统计》,《农业建设》1937 年第 1 卷第 1 期。

年月	机米		糙米		原熟米		检验总数	合格(%)	不合格(%)
	合格数	不合格数	合格数	不合格数	合格数	不合格数			
1937 年 1 月	10139	2477	78964	33227	8378	2339	135524	71.93	28.07
总计	18697	2477	192001	47565	15473	2489	278702	81.15	18.85

从表 17 的数据可以看出，从 1936 年 11 月至 1937 年 1 月，湘米检验所的工作量增加很快，3 个月的时间，从 58628 包增加到 135524 包，足足增加了两倍之多。这表明，湘米运粤的规模在迅速扩大，粤汉铁路在增加湘米出口方面发挥了很大的作用。但是，随着湘米运粤规模急速扩大，米商报验的谷米合格率却在急速下降，从 1936 年 11 月 93.44% 的合格率降至 1937 年 1 月仅 71.93% 的合格率，足足下降了 20 多个百分点。这表明，米商过于贪图利润，对于销粤谷米的质量有所放松。同时，我们还要知道，此时湘米检验所已经放宽了检验标准，在放宽标准的情况下，仍然有如此之高的不合格率，说明问题确实很严重，这也从一个方面佐证了粤省米商一度中止采购并不是没有道理。

米谷检验作为新生事物，其发展断难一帆风顺。湘米检验所成立以后，在办理湘米运粤检验的过程中，与米商及铁路部门发生了许多争执：

其一，商人不明内情。检验所成立之初，商人疑窦丛生，以检验所留难不公为虑，办理不久，得知办理公平，始打消疑虑。因此，除少数商人，自知所办之米品质恶劣，检验难以合格，不敢报验，其他商人，无不乐于报验。也有若干商人，专办劣米陈米，仅求买价低廉，希图蒙混过关。因所内人少事多，稽查为难，有时检验工作难免会有失误。

其二，出运不能集中。湘南衡阳一带所产之米，品质不佳，不应令其销粤，惟若干商人来所报验，谓已办就稻米，即将运粤，请往检验。政府既无明文禁止，铁路亦断无有货不运之理，虽经派人取样检验，而往返需时，职员因此不敷分配。

其三，无囤积仓库。检验时随机取样，检验后逐包盖印，乃检验之必需手续。商人自外埠收买之米，屯集在转运公司，屋小货多，堆积山高，拥挤不堪，各种商标，凌乱丢弃。取样、点数、过秤、盖印均感困难，检验所职员虽努力工作，但事倍功半，影响工作效率，商人非有意抗拒，但难免发生冲突，无法使之尽善。

其四，车运不济。检验合格之米，除给予检验证书外，包装外面加盖合格标识。待运之米，无仓可存，多有放在月台或露天地面者，货车缺乏，堆积过久，雨时覆盖不周，上面雨淋，下面吸湿，久置结果，与检验时情形完全不同，虽可令其复验，但工作人员有限，往往不能做到。

其五，无干燥机与清理设备。待运之米，或水分稍多，或杂物过量，不予合格，即难销粤。若有干燥机及清理设备，可令其干燥清理后再行复验，因目前无此设备，改良不易，虽系商人采办自不小心，但坐视商人困难，亦于心不安。

其六，旧习难改。统一包装，检验必需之要求。但商人多沿用旧习惯，以量不以衡，遵照规定者自居多数，因商人无便利之磅秤，且有包装逾量以图减省运费者，因此检验包装，费时尤多。

上述困难，有的可由检验所改进，有的则须有关方面协助解决。总而言之，目前最大的困难在于，检验所人手比较缺乏，尚待扩充规模，以利于检验工作之顺利进行。目前之湘米检验所，仅设长沙一地，就其现有人员与设备，每月仅能检验五六万包，每年约合六七十万包。随着粤汉路货车增加，运销组织日臻完备，如遇丰年，销粤总量在二三百万包，以现在湘米检验所规模，断难完成此项工作。因此，除扩大长沙总所外，应于衡阳、株洲、岳阳等处，设立分所。①

对于湘米检验所因人员缺少，检验费时较多的问题，米商从报验至取得检验合格证，往往需要五六天之久。米商固然多有抱怨，纷纷要求停止检验，粤汉铁路局亦感运输颇受影响。为此，粤汉铁路局乃拟定检验变通办法4项呈报铁道部转实业部咨商。4项变通办法为：（1）由检验所明文规定米质应如何方为合格，转知各米商遵照。（2）由各米商保结保证输出之米与规定相符。（3）检验采抽查办法，不必逐包查验。（4）如发现米质与规定不符，

① 参见周拾禄：《实业部湘米检验所与中国米谷检验事业》，《农报》1937年第4卷第2期。

检验所得酌量轻重予以相当惩罚。①

湘米改进委员会和湘米检验所的设立，对于在湖南省推广优质稻种，改进湘米品质起到了重要的作用。据统计，自1936年3月12日，湘米改进委员会成立，计征集的品种属于本省者178种，外省者50种，日本、缅甸等国者17种。1936年将试验得到相当结果的"崇德广籼"、"改良曲玉"及"红色谷"等品种在衡阳推广，面积为4588亩，翌年又扩充推广29803亩。②对于湘省稻作品种的改良，起到了较大的作用。

四、湘米销粤之评价

粤汉铁路对于湘米销粤起到了巨大的推动作用。1936年粤汉铁路全线贯通之前，输入广东的国米以皖米居多，多由长江经上海水运广东，湖南虽与广东接壤，但因陆运交通不便，湘米反而数量不多。粤汉铁路通车后长沙成了中南地区重要的铁路枢纽，湘米可以便捷地从长沙运抵铁路沿线各地，1936年广东全年输入国米数量，湘米约占50%，皖米、赣米、桂米、江浙米各为20%、15%、10%和5%，完全改变了从前的格局。③1936—1937年大量湘米的涌入，使得广东米粮市场发生了根本性的变化，即首次出现国米输入压倒洋米进口的情况，具体情况见表18：

表18   1936—1937年广东进口谷米简表④

单位：公担

年份	1936	1937
谷米总进口与输入量	4972119	6463210
洋米进口量	2756218	3067280

---

① 参见《建议变通湘米检验办法》，《粤汉月刊》1937年第1卷第1期。

② 参见湖南省地志编纂委员会编：《湖南通鉴》（上），湖南人民出版社2007年版，第591页。

③ 参见桐茂：《广东的地理环境与广东的民食问题》，《中国经济》1936年第2卷第1期。按：上述1936年广东全省输入国米，湘米占50%，统计不确，此处只是原文照录。

④ 参见钟声、张建：《近代长沙米市初探》，载李育民主编：《近代湖南与近代中国》第1辑，湖南师范大学出版社2006年版，第116页。

年份	1936	1937
国米输入量	2215901	3395930
湘米运粤量	413757	1500027

由表 18 可以明显看出，粤汉铁路对于湘米运销广东所起到的巨大作用。1936 年，湘米运销广东仅 413757 公担，仅占当年广东谷米全部进口与输入量的 8.3%，占国米输入量的 18.6%，这其中还包括 1936 年 9 月以后粤汉铁路正式通车后的运量，这说明在粤汉铁路通车之前，湘米运粤的数量是很少的。而 1937 年，情况发生了巨大变化，当年湘米运销粤省高达 1500027 公担，占当年广东米谷总进口与输入量的 23.2%，较之 1936 年增加了近 15 个百分点；占国米输入量的比例更高达 44.1%，较之 1936 年增加了近 21 个百分点。

粤汉铁路开通后，湘米运粤之所以火爆异常，除了政府的大力推动外，湘米运粤的利润也是相当惊人的，正因如此，所以湘粤米商对此十分积极。据有关人士回忆，湘米运粤，"车运只要两天，时间短，周转快；而且粮食脱售后，可带回适销的工业品，往返皆有利可图。仅以湘米运粤的单程利润而言，装米一卡（8 万斤）至穗，可净赚银币 1000 元。在高额利润刺激下，米粮业和外业商人以及市面游资掌握者，对经营湘米外销，趋之如鹜"[1]。叶炳吾撰文回忆说，1936 年，湘米销粤十分火热，株洲堤升街有家"粤汉南货商店"，该商店具有特殊背景，它和株洲铁道运输司令部的调度有交情，弄到了一个 30 吨的车皮。"我父亲叶顺生和正街粮商乾泰粮栈的熊老板，花了几百块钱向粤汉商店买了这个车皮。因此，我父亲运了 15 吨谷去广州，那里的售价是每百斤谷 10 元多一点，而株洲的谷价每石只有 2 元上下，那次我父亲净赚就 1000 余元。"[2] 由此可见，湘米销粤的利润是非常的优厚。湘米销粤的巨大利润，也扰动了官僚资本的强势介

① 《长沙米粮业》，载全国政协文史资料委员会：《中华文史资料文库》第 13 卷《经济工商编》，中国文史出版社 1996 年版，第 250 页。

② 叶炳吾：《旧株洲工商业的盛衰》，载中国人民政治协商会议湖南省株洲市委员会文史资料研究委员会：《株洲文史资料》第 3 辑，1983 年，第 95 页。

入。据资料记载，"宋子文在株洲成立华南米业公司，省里的一些官僚委托凌达夫经营湘米销粤业务。杨道生和裕记合伙的'慎成'字号也大做湘米销粤业务。而（株洲）铁道运输司令部的规定是：一列车皮华南米业公司要占 90% 以上，剩下的才能调配给各商户。株洲的湘米销粤，实际上是官僚资本所垄断，在百分之几的车皮内，一般商户是无法问津的。凌达夫有省里官僚的牌子，杨道生则与运输司令部的实权人员有特殊关系，两家分占了这一部分"①。同时，湘米销粤也促进了长沙米粮业生产机器和技术的变革。

湘米大量运销广东，对于抵制洋米的进口，改善中国的国际贸易情况，发展湘粤两省农村经济，都起到了巨大的推动作用。例如，通过铁路运销湘米，一定程度上促进了铁路沿线的经济发展。20 世纪 30 年代，衡东县大浦米市曾盛极一时，"湘米销粤"使本不出名的大浦小镇一下子名噪于华南大埠，成为当时的一个重要米市。大浦镇距县城 25 公里，西临湘江，东靠京广铁路，为县境的南大门。周围物产丰富，盛产稻谷、豆类，养殖业发达。西晋时，大浦就已形成墟场。清代，镇上有各种商店 70 多家。民国年间，商业店铺增加到 200 多家，大多主营或兼营谷米，其次经营南货、棉花等。赶墟上市的主要商品有来自洞庭湖区的咸鱼、棉花，本地出产的谷米、黄豆、泥豆、豆制品、牲猪、蛋禽、肉类等。大浦镇周围盛产粮食，水陆交通四通八达。30 年代初期，小镇上就有 180 多家店铺经营粮食。1936 年，粤汉铁路株韶段通车后，吸引了广东、广西、衡阳等地经营粮食的巨商来此开设分店。他们资金足、信息灵、经营方式灵活，更加剧了市场上粮商的角逐，使粮食年销售量由 2000 万公斤猛增至 4000 万公斤，成为湘米销粤的重要埠头。市场兴旺，反过来又刺激了周边粮区的生产，这样相互作用，使得大浦粮食市场经久不衰。至新中国成立初期，领取营业执照的粮商还有 170 多家。1953 年，随着国家统购统销政策的实行，大浦粮食市场转为县区粮食调运中心，国家每年从这里调出的秋谷约

① 参见叶炳吾：《旧株洲工商业的盛衰》，载中国人民政治协商会议湖南省株洲市委员会文史资料研究委员会：《株洲文史资料》第 3 辑，1983 年，第 95 页。

4000万公斤。① 因此，20世纪30年代的湘米销粤运动，其历史作用不可忽视。

当然，在湘米销粤的过程中，并不是一帆风顺的，也出现了不少问题。湘米运粤进行了不足两个月，至1936年12月上旬，粤米商就不愿意继续采购湘米了："湘米销粤，因办法不善，广汕米商中止采办。"②1937年4月17日，翁文灏曾致信胡适说："粤汉路业已通车，但湘米运粤迟迟不进。"③"当二十六年秋④，正值国米运粤声浪高唱入运之际，粤商迫于舆论之鼓吹，乃有试办湘米三万包之举，遂分电长沙订购二万包，衡阳一万包，规定交货日期及需购品级。民间无此承办机构，政府代为洽办。时逾一月，撮凑尚未足量，品质更多错杂。经此一试，粤商即无续购之意，湘米运粤遂亦失其自信。"⑤ 上述材料反映的问题，一是不能按期交货，缺乏信用；二是湘米品质堪忧。

对于湘米销粤过程中出现的问题，人们也从多方面总结了原因。人们认为，粤商之所以停止采购湘米，其原因有如下几点：一是供求不能对应，或者湘米到粤，而粤不需要，或者粤缺米时，而湘米不到；二是长沙米商借机哄抬米价，致粤商不满；三是米质未能改良，不能与洋米竞争，且不适应粤省人民之需要。因此，"轰动一时之湘米销粤事件，竟如昙花一现而止"。对于湘米销粤过程中出现的问题，广东省建设厅提出了5条建议，呈请实业部转湖南省政府改进。这5条建议是：其一，消费中心不能仅以广州为唯一中心，汕头、海口、江门等地亦应分别调查运销。其二，运米不如运谷，谷

① 参见宋惠群：《财贸志反映地方特点的探讨》，载刘炳生、祝自鸣主编：《方志研探》，中国文史出版社1991年版，第271—272页；衡东县志编委会编：《衡东县志》，中国社会出版社1992年版，第329页。

② 《湘米销粤成问题》，《银行周报》1936年第20卷第49期。按：该期出版时间为1936年12月15日。

③ 中国社会科学院近代史研究所中华民国史研究室编：《胡适来往书信选》（中），社会科学文献出版社2013年版，第654页。

④ 笔者注：当为二十五年秋，二十六年，误。

⑤ 秦孝仪主编：《抗战建国史料——粮政方面（四）》，《革命文献》第113辑，台湾"中央"文物供应社1988年版，第46页。

较米而言更耐储藏。其三，粤省缺米时间多在二三月至五六月，湘米能否在此时段运粤，须待解决；湘米因收获时间关系，不能在需要的时候运粤，储藏时间延长，米质变坏，此问题应当考虑；仓库究竟应设湘还是粤，需要重新考虑等。其四，湘米的主要优势是价格低廉，然为长久计，应注意生产粤方需要之米，部分湘米品种亟待更换。其五，现在广州米价处于高位，将来广州米价低落时，销粤湘米之价格能否降低，应当考虑。从上述 5 点意见来看，湘米销粤的主要问题有两个：一是米的品质不太符合粤省的需要；二是运输到粤的时间不合适。

对于广东方面提出的 5 条建议，湘省方面一时难以办到，粤方米商遂认为湘米缺乏销粤诚意，于是中止采购，同时，上海银行团亦中止贷款，湘米销粤顿时陷入困境。鉴于此情，湖南省政府派财政厅厅长何浩若前去广东沟通，因双方诉求有差距，此次磋商并没有取得预期成果。在此种情况下，广东方面乃呈请财政部减免洋米进口税，以维民食。长沙米商认为，广东此举将影响国米销路，同时致电财政部反对减免洋米进口税。[①]

运输能力不足也制约了湘米运粤的进行。1937 年 1 月，《现世界》刊文说，湘米不能销粤的原因之一为："交通建设还不能尽经济上的运输任务"。粤汉铁路因军事干扰和设备简陋，列车不足，运力受到严重限制，故不能满足湘米运粤之需要。[②] 长沙米商也认为铁路运输存在问题，"目前粤汉铁路甫经接轨，湘米销粤，转运不无迟滞"[③]。粤汉铁路通车后，虽然方便了湘米输粤，但是远远不能满足市场需求。粤汉铁路局局长凌鸿勋说，自 1936 年"十一月起，在三个半月中仅运米五十万担，广东早谷登场前三月内需米四百万石（合六百万市担），如完全仰给国米，则在水陆运输各占其半之场合，粤汉路须六倍其现今之运输能力。再就采购手续之繁简言，运米救荒，贵在迅速，必如是，米价始可平准，米荒始可解除"[④]。对于运力不足，粤汉铁路局也承认为事实，"通车伊始，即值军运繁迫，以致沿线运货，积压甚

① 参见《湘米销粤成问题》，《银行周报》1936 年第 20 卷第 49 期。

② 参见《湘米不能销粤的焦点》，《现世界》1937 年第 1 卷第 10 期。

③ 《湘米销粤成问题》，《银行周报》1936 年第 20 卷第 49 期。

④ 张之毅：《广东米荒问题之检讨》，《益世报·农村周刊》1937 年第 165 期。

多，而运输能力，又极薄弱，益感供不应求"①。同时，粤汉铁路通车伊始，设备简陋，也严重影响了湘米运粤。据报道，在湘米销粤的计划中，汕头也计划输入湘米，然而，第一批湘米 300 余包抵达汕头后，后续竟然供应不上来，其原因是粤汉铁路"系最近筑成通车，路基未坚实，一遇重量运输，车轨枕木，每低陷泥中，且因车载重量，行时震动地基，间接足使两旁土山崩溃，故粤汉铁路局拒绝运米，第一批 5000 包入粤垣后，即告断绝"②。由此可见，铁路部门存在的问题的确影响着湘米销粤的进行。

运力不足，是客观条件的限制，但从主观上说，粤汉铁路局对于湘米运粤已经尽了最大的努力。为了缓解米谷积压，输运积压在各站的运粤之米，铁路局还特定了 5 条应急的办法：

（一）所有运粤湘米，积存长东长北新河者，应由长沙车务主任每日至少拨车 10 辆装运。积存株洲、渌口、衡阳者，由株洲衡阳车务主任每日至少各拨车三辆装运，如有敷余车辆，应尽量加拨。

（二）上项车辆，应尽先拨给篷车，如篷车不敷时，再用敞车，惟拨给敞车时，应随带供给篷布，以免装车后，等候篷布，延误车辆。

（三）上项米车，长至郴每日 73、1、21 次分挂，郴至乐 75 至 87 次分挂，乐至广由 77139 次货物列车分挂。

（四）米车到粤卸空后，除直达至乐、坪、郴、衡各站之盐斤利用装运外，概不得移作别用，每日由 88136 次挂乐，转挂 76、38 次至郴，再转挂 122 或 74 次至新（河）。

（五）湘境各站，积存待运赴粤湘米，约有一万两千余吨，依照以上计划，约计 20 日可以运完。③

还有舆论认为，检验标准过高也是湘米销粤停滞的原因之一。因为运力不济及检验标准过高，1936 年 12 月 17 日，湖南省主席何键特致电实业

---

①　《积极疏运湘米运粤》，《铁路杂志》1937 年第 2 卷第 9 期。

②　《汕头湘米断运》，《农学月刊》1936 年第 3 卷第 2 期。

③　《积极疏运湘米运粤》，《铁路杂志》1937 年第 2 卷第 9 期。

部部长吴鼎昌，请其电令湘米检验所降低检验标准。他在电文中说："粤汉路车辆缺乏，米商购存长沙之米，现积六七万包，无法运清，转咨铁部令速拨车装运，又湘齐①运粤颇广，获利甚多，只以红粒稗子关系，限制销行过严，请电令湘米检验所降低检验标准。"②1936 年 12 月 19 日，粤米商亦因湘米运粤经过检验手续麻烦，大感不便，倘遇天雨，米置站上待验，潮湿更为堪虞，亦致电广东省政府主席黄慕松请求湘米检验所放松检验标准，以利快速运输。③1936 年 12 月 24 日，《大公报》报道说："检验标准过高，合格者甚少，粤汉路沿线，应设检验分所。"④对于销粤湘米之检验，迫于各方压力，湘米检验所被迫多次下调检验标准。张之毅在讨论粤省米荒问题时也说："采购湘米，因运输及检验关系，所需时日，尤难计算。"⑤他也认为，运输与检验是湘米运粤过程中的两大难题。

事实上，湘米销粤存在上述问题的根本原因在于：湘米未能充分满足粤省人民对于米的品质方面的要求。海通以来，粤省人民逐渐养成了食用洋米的习惯，"洋米在粤的势力很大，且已根深蒂固"。之所以如此，是因为洋米品质优良，等级分明，色泽和口味均远比包括湘米在内的国产米为佳，所以"广东一般的消费者都不大欢迎湘米"⑥。此外，广东的洋米进口商势力庞大，他们有严密和强健的组织，且成功培养了粤人食用洋米的习惯。因此，要真正使湘米占领广东市场，湘米必须在改良品种、设立等级、划一品质等方面下功夫，否则很难打破洋米垄断广东米谷市场的局面。

综上所述，随着粤汉铁路株韶段的筹备及开工建设，湘米销粤也随之逐渐升温，至 1936 年 5 月，粤汉铁路全线接轨，湘米销粤亦进入正式实施阶段。通过检读历史文献，我们发现，湘米运粤无疑是 20 世纪 30 年代极具社会影响力的大事件。首先，包括铁路界在内的社会各界对于湘米运粤从各

① "齐"，原文如此，当为"米"。

② 《湘米销粤近讯》，《工商通讯》1937 年第 1 卷第 5 期。

③ 参见《湘米销粤近讯》，《工商通讯》1937 年第 1 卷第 5 期。

④ 《湘米销粤停滞原因》，《大公报》1936 年 12 月 24 日。

⑤ 张之毅：《广东米荒问题之检讨》，《益世报·农村周刊》1937 年第 165 期。

⑥ 张德粹：《由粮食自给论到湘米销粤》，《湖南省银行经济季刊》1943 年第 5 期。

方面进行了十分热烈的讨论，堪称当时的社会热点之一。其次，政府、铁路、银行、商会等多种社会团体均参与到湘米运粤的筹划、准备和实施的过程中。同时，在筹划湘米销粤的过程中，"当局决心由经济、政治、科学三方面的力量来办理这件事"①，促其取得良好结果，使得这一原本为铁路企业的运输业务事实上成为一场颇有影响的社会事件。最后，这次轰轰烈烈的湘米运粤取得了较为明显的效果，充分展示了粤汉铁路全线贯通后巨大的经济价值。当然，在湘米运粤的过程中，也存在着一些问题，这些问题与当时湘粤两省的社会经济状况存在着紧密的联系。

---

① 郑林庄：《湘米运粤的一个问题》，《独立评论》1936 年第 221 号。

第七章　粤汉铁路与近代湖南经济变迁

　　粤汉铁路因种种原因，建设了近 40 年始告完成，通车不到一年，全面抗战爆发，该路很快成为日军作战的首要目标。1938 年 7 月，日军进逼武汉，粤汉铁路管理局被迫由武昌内迁衡阳；1938 年 10 月，广州、武汉相继被日军攻陷，粤汉铁路行车距离缩短到不足线路全长的 1/3。广州、武汉沦陷后，日军对粤汉铁路进行了惨烈的轰炸与掠夺，三番五次的破坏使这条铁路遍体鳞伤。"粤汉铁路的破坏工作，延续时间至七年之久，区域展布遍三省之地，破坏对象几乎该路各项设备无不波及。真可谓中国铁路史上一个浩劫了。"[1]

　　完全可以设想，如果没有日本发动全面侵华战争，相信粤汉铁路的政治、经济和文化价值会随着时间的推移逐步显现，时人甚至认为这条铁路的经济价值与地位"远在平汉铁路之上"[2]，而这条连接鄂、湘、粤三省的铁路干线，在湖南省境内的里程占了接近 60%，其对湖南经济与社会的发展也将会起到十分巨大的推动作用。当时的人们对于粤汉铁路对湖南将要发生的经济影响大都做出了十分美好的设想或学理上的论证。林朝杰指出，湖南物产丰饶，然"因交通不便，物产无法输送，只有停滞一地，经济不能流通，故此湘省人民生活发生困难"。当粤汉铁路全线贯通之后，"湘省各地经济，则已渐成活跃，人民生活程度，已续渐提高，由此可见铁路交通与政治经济之关系，粤汉铁路之完成，既为我国之一大之铁路交通线，而亦为湖南人之

---

[1]　黄治明：《改进声中的粤汉铁路》，《世界交通月刊》1948 年第 2 卷第 4 期。

[2]　孙培铨：《粤汉铁路在经济上的地位》，《校风》1936 年第 435 期。

生命线"。林氏将粤汉铁路视为"湖南人之生命线",虽然不免有夸大之嫌,但的确也反映出民国时期人们对粤汉铁路开通运行寄予了很大的期望。①

　　然而,有时候历史就是这样无情,往往和人们的美好愿望背道而驰。中国人民耗费了无量的时间和金钱好不容易建成的粤汉铁路,本该成为牵引中国人民尤其是鄂、湘、粤三省人民走向强省富民的火车头,却在日本帝国主义铁蹄的践踏下戛然而止,在中国铁路史上留下了深重的创痛。在这样的历史背景下,探讨粤汉铁路与近代湖南的经济变迁就变得颇为困难。我们看到,粤汉铁路在没有全线通车之前,其经济价值颇受局限:湘鄂段因水路竞争加之战事频繁而入不敷出,广韶段则因线路太短而举步维艰,故粤汉铁路全线"一日不能完成,两段营业,亦因之无法进展"②。在经历了多重磨难之后,粤汉铁路终于全线通车,在它即将发挥其巨大的政治、经济和文化等诸多价值之际,日本帝国主义的侵略却无情地中断了这一历史趋势,粤汉铁路所能发挥的就只有它的军事价值了,当然,这一价值也具有非常重要的历史意义。

　　但是,我们认为,粤汉铁路与近代湖南的经济关系依然十分密切。在建设的过程中,粤汉铁路因其主体工程位于湖南,与近代湖南存在着非常密切的联系,这在前面的章节中我们已经做了一定的论述。粤汉铁路从其建设伊始,就注定必然与鄂、湘、粤三省的经济产生愈来愈密切的联系。对于鄂粤两省,因非本文讨论之重点,我们暂且不论,本节拟对粤汉铁路与近代湖南的社会与经济变迁略作探讨。

一、铁路建设降低交易成本

　　根据经济变迁理论,"交通成本的降低或增加,不同于一家企业的生产成本的降低或增加。后者改变一家企业产出的单位成本从而影响企业的市场竞争能力,前者则改变区域内一切企业的单位成本从而影响该区域整体的市

① 参见林朝杰:《粤汉铁路完成与四省特产经济关系》,《新生路月刊》1937年第4期。
② 邱鼎汾:《粤汉铁路之湘粤交通概况》,《平汉铁路月刊》1933年第39期。

场竞争能力。所以，经济学家也将交通成本比喻为冰激凌（或冰山）在运输过程中因融化而减少的价值。从这一性质，我们可以界定一种更广义的成本概念，即'交易费用'。"[①]据1910年杭州海关关册报告，火车各类货物运费平均相当于拖轮运费的86%；国民政府铁道部的调查也显示，1934年火车各类货物运费平均，大约相当于汽车运费的24%，畜力运费的38%。[②]据此，我们可以认为，粤汉铁路的建设，其所起到的作用正是在整体上降低了湘、鄂、粤三省之间的交易成本，故其经济价值自不容低估。对于铁路等新式交通的重要意义，民国湖南省当局非常清醒地认识到，"发展交通本来不仅是经济问题，然而经济的发展，必须以交通的发展做条件。我们常常这样想，如果粤汉铁路早十年便完工，湖南经济必不致像现在的枯竭，如果湖南这几年不修公路，湖南经济一定比现在还要更枯竭，因此我们一方面望中央赶速完成粤汉路，一方面决心继续公路建设。"[③]

近代的人们普遍认为，交通是实业之母，铁路又为交通之母，丰富的农矿产品是经济发展的基础，但是唯有便利的交通才能将产品方便地运销出去，从而带动地方经济的发展。故1934年湖南省主席何键对于湖南丰富的农副产品因交通的限制而无法大量输出颇为遗憾。他说，湖南经济困难的"缘因系物产丰富，未能输出，矿藏充足，未能开发，现在粤汉铁路株韶段正在积极兴修。……粤汉铁路通车之后，湖南所产米煤各项，因交通便利，可以运粤销售，因广东乃中国工商业最发达的商埠，我们湖南矿产丰富，原料充足，一定可以因此开发起来"[④]。粤汉铁路的建设无疑便利了湖南丰富的农矿产品的输出，从而推动了湖南经济的发展。这是问题的一个方面。

另一方面，有出必有进，粤汉铁路在输出湖南各种物产的同时，也会向湖南输入各种其经济社会生活中不可缺少的外省或外国的商品。一般地

---

① 汪丁丁：《盘旋的思想——知识·秩序·自由》，生活·读书·新知三联书店2009年版，第89页。

② 参见李占才主编：《中国铁路史（1876—1949）》，汕头大学出版社1994年版，第2页注释①。

③ 何键：《湖南经济概况及其发展的途径》，《银行周报》1934年第18卷第39期。

④ 何键：《何键赴粤归来谈话》，《中山周报》1934年第1期。

说，就当时湖南经济社会的发展程度而言，从湖南输出的产品多为初级农矿产品，而输入湖南的产品除了极少部分的初级农矿产品外，绝大多数则为现代工业产品，这些产品为湖南人民所需用，而自身又没有能力生产。还有部分产品，比如说洋布、瓷器、伞等，湖南本省也有生产甚至产量还不小，但却为外地或外国质量更好、更为美观、更为便宜的同类产品所替代，从而对本省同类产业造成了很大的冲击。比如，1935 年，萧直成在探讨醴陵瓷业衰退的原因时指出，"有人说醴陵瓷业衰落之原因，乃出品销路不畅，由于我国农村经济崩溃，购买力弱所致，此说似是而非。请看近年来，国际贸易报告瓷业门，输入超过出口约值国币银七百万元之巨，何以中国人对于国瓷购买力弱，对于洋瓷购买力强，抑或以洋瓷价廉物美，国瓷适得其反之所致乎？"作者指出，醴陵瓷器竞争力弱，其根本原因乃在于技术不够先进，产品不够美观，质量不够过硬，因而被市场所摒弃。他呼吁湖南省政府对于醴陵瓷业进行改良，采用国外先进技术，进行科学管理，如此醴陵瓷业方能重新振兴，不但农村经济得以救济，工人乐业，社会亦得安宁。[1] 这也是经济变迁的一种形式。

就近代湖南经济的发展水平来看，我们要考查湖南经济在近代的种种变迁，其最合适的部门也许并不是工业而是商业，而商业中最适合研究的则是传统农产品和手工业品的发展与变化。根据有关学者的研究，在近代中国的"经济部门中，最大份额的利润不是来自制造业，而是来自贸易和金融业。在贸易中，最大部分的货物不是从工业获得，而是从传统部门（农业和手工业）中获得"[2]。这样的说法是容易理解的，近代以来，我国半殖民地半封建的社会性质，使我国在欧美主导的现代世界经济体系中的地位较为低下，一方面是欧美列强廉价的初级产品和资源提供者，另一方面又是西方现代工业产品的倾销市场。西方列强凭借政治上的强势，辅以经济上的控制，加之我国自身的原因，致使我国经济社会的近代化转型格外困难，因而，工业利润的增长十分缓慢。而我国的传统经济部门，即农业和手工业，因其所

---

[1]　参见萧直成：《湖南醴陵瓷器工业最近概况之调查》，《实业杂志》1935 年第 202 期。

[2]　[美] 郝延平：《中国近代商业革命》，上海人民出版社 1991 年版，第 4 页。

具有的某些独特性，反而在世界经济贸易体系中占有一定的地位。对于湖南而言，一些重要的特产和手工业品，如桐茶油、茶叶、爆竹等，在中国乃至世界经济体系中均占有一定的地位。与之相反的是，湖南纯锑产量占世界首位，因省内甚至国内工业落后，不能利用，只有完全出口海外，但纯锑的定价权也由此落入英美资本的手中，以至于价格被压得很低，湖南出口了大量纯锑，却没有相应地提高自身利用纯锑的技术。

铁路企业的主要任务是客货运输，粤汉铁路由北向南直贯三湘大地，其所经过之地或附近均为湘省富庶之地，该铁路从其筹建伊始，就与湖南发生了种种密切的联系，就其在促进近代湖南经济发展的作用方面而言，是一个十分值得研究的课题。

二、铁路部门对粤汉铁路沿线湖南段的社会经济调查

所谓社会经济调查，就是指："根据交通规划的需要，对所研究区域的社会经济状况作全面的了解，收集各方面的基础资料。"社会经济调查可分为综合社会经济调查和个别社会经济调查。铁路建设属于个别社会经济调查，"是指对拟新建或改建的某一交通线路（航线、铁路或公路）或构造物的社会经济调查，其目的在于确定客货运量的大小，决定路线的方向、技术等级和标准，确定施工程序以及论证投资效果等。"[1] 这个定义现代化色彩较为浓厚，与民国时期的铁路沿线经济调查存在着一些差别，但就其主要意思而言，是差不多的。

南京政府建立之后特别是其在 1928 年形式上统一中国之后，提出了"振兴实业"的口号，而铁路建设被列为重中之重。国民政府铁道部成立之后，拟定了庞大的铁路建筑规划，即所谓"庚关两款筑路计划"。铁道部对于铁路建设前的经济调查非常重视，1930 年至 1937 年间，在各铁路沿线进行了大规模的经济调查活动。铁道部认为，"为培养新货运起见，尤应设法

---

① 徐吉谦、陈学武主编，任福田、严宝杰主审：《交通工程总论》，人民交通出版社股份有限公司 2015 年版，第 136—137 页。

辅助沿线地方国民经济之发展，故铁路沿线经济调查一事，甚关重要"①。这个时期的铁路沿线经济调查，由铁道部或各地铁路管理局组织，按照铁道部拟定的"国有铁路办理沿线经济调查指导书"的要求进行，其调查内容包括地理、人口、物产、农业、林业、矿业、工业、商业、交通、社会概况等项目，重点则在沿线主要物产及其运销等情况，对于与铁路形成竞争关系的水运和公路运输也十分关注，关于这些内容，后文我们有详细的论述。调查完毕，要根据调查内容形成调查报告书，并针对所调查的路线的情况提出一定的建议。这次大规模的经济调查，对于整理路政、发展地方实业以及全面抗战的准备都具有十分重要的意义。由此可见，铁路沿线的经济调查和地方经济的发展存在着紧密的关系，值得深入研究。

铁路沿线社会经济调查是发展铁路运输的先决条件和重要根据，这就决定了铁路部门必须对沿线的社会经济状况进行详细的调查，粤汉铁路自然也不例外。1936年5月，其时粤汉铁路株韶段刚刚实现全线接轨，铁道部即训令湘鄂段管理局迅速组织人力进行沿线经济调查。② 1937年年初，粤汉铁路管理局指定武汉营业区课员李以介、长沙营业区课员胡世义、衡阳营业区课员姚松年、曲江（韶关）营业区课员蔡惠祺、广州营业区课员周孟人等，在铁道部课员江道亨的统一指导下，对各自营业区进行经济调查。③ 固然，铁路部门的调查，其着眼点自然是为了发展铁路客货运输，提高铁路部门的经济效益，这是无可置疑的。但是，铁路作为一种社会联系广泛的公共事业，它同时"负有改进国民经济之重大责任，应尽量设法发展其沿线经济"。因此，铁路自身的经营，有赖于沿线各地的经济状况，故铁路欲求其营业之进步与发展，就必须"辅助其沿线国民经济之发达"，所以，铁路自身之营业与沿线经济之间的关系是"一而二二而一之问题，固有相互密切之关系也"④。

铁路部门曾多次对粤汉铁路沿线的社会经济进行调查，本书主要关注

① 《铁道部训令》（业字第1917号，1936年5月21日），《湘鄂铁路旬刊》1936年第136期。
② 参见《铁道部训令》（业字第1917号，1936年5月21日），《湘鄂铁路旬刊》1936年第136期。
③ 参见《指定各营业区人员调查沿线经济情况》，《粤汉月刊》1937年第1卷第1、2期。
④ 谭沛霖讲、高振华记：《铁路沿线经济调查之功用及方法》，《经济学报》1934年第3期。

对该路湖南段的调查情况。1933年9月底，其时粤汉铁路株韶段工程建设业已正式拉开帷幕，铁道部组织"株韶段沿线经济调查队"（主任一人，队员二人），沿株韶路线及附近各县进行调查。此次调查，其目的显然是为了配合株韶段的工程建设，同时也是为未来粤汉铁路全线通车后的客货运营业预做准备。此次调查，原定期限为两个半月，调查区域原定为湖南省之湘潭县、衡山县、衡阳县、耒阳县、永兴县、郴县、宜章县以及广东的乐昌县和曲江县。上述诸县，皆为株韶段直接经过之地。但调查队在调查过程中认识到，铁路营业范围，并不能仅仅局限在线路直接经过之地，铁路途经各城镇邻近诸县也是铁路营业所辐射的范围，故邻近各县之经济状况，也应该一并关注。在向铁道部请示之后，将湖南省醴陵县、攸县、安仁县、资兴县、常宁县、临武县，广东省仁化县、始兴县、南雄县、乳源县等11县列入调查范围，连同原定之9县，总计20县。调查时间亦增加两个半月，连同预定时间两个半月，总计5个月。本次调查，涉及20县之人口、地理（位置、面积、山脉、河流、名胜古迹等）、陆路交通（公路、驿道）、水道交通、农业、畜牧、林产、地质矿产、工业、商业等事项，调查队完成的调查报告书除详列上述调查结果外，尚有总论和结论部分，其内容颇为翔实可靠，实为不可多得之社会经济调查资料。虽然在调查过程中，调查队面临着人手有限、经费短少、时间紧张、交通不便等种种困难，加以时局动荡，沿路调查过程中时遇匪患，他们能够在短短5个月完成如此繁重之调查任务，确实很不容易。

据调查报告显示，此次调查的地域面积约4.7万平方公里，丘陵多而平原少。全区人口744万余人，居民能习苦耐劳，湘人尤为俭朴。本区水路交通方面，河流遍布全区，水道交通极为便利，各河水量深浅不一，大约水涨时湘江正流1000吨以下大轮，可自长江通航至湘潭，小轮可上溯至衡阳，民船则可上溯至广西境内；北江正流，水涨时小轮自广州可通航至曲江，但无正式航线，民船水涨时，亦可上溯至湘境。然水落时，或不能载货，或需拉纤，方可勉强通行。调查认为，水路运输对于将要完成的粤汉铁路未来之营业影响至为巨大。在粤汉铁路株韶段未完成之前，本区货物之运输，除少数贵重物品由公路汽车运送外，其余货物全部走水运。现株韶段正加紧施工，完成可期，而路线南北分别与湘江、北江平行，则将来铁路水运对于货物运输之争夺，势所难免。从铁路的立场来看，湖南富庶之地，多萃于湘西（湘江以西），人口繁密，物产丰富。粤汉铁路湖南段，沿湘江东岸而行，全线略偏于湘东，故湘西货物之运输长沙、岳阳、武汉者，多由所在地乘船直达，或在衡阳或湘潭转换大船，可直达汉口。倘改由铁路运输，必须先由产地以船运抵湘江东岸，卸于码头，运至火车，无车尚需先存货栈，有了空车，然后装车北运，其目的地如是长沙、岳阳、武昌，则车运较之船运，不过多一装卸之烦。倘其目的地为汉口，又须过江一次，则车运较之船运，中途多两次装卸。若是客运，虽有不便，尚无太大影响，然在货运，则不仅货主要多负担两次装卸费，而且装卸一次，则货物有多遭一次损坏或被盗窃的风险，到达之时间，也会因此而延误。纵使将来实施联运之办法，货主可在汉口提货，但是上述因中途装卸而导致的种种风险却依然存在，即使上述风险所导致的损失货主能够获得一定的补偿，那么这种损失事实上却也被转移到铁路部门了。铁路部门为了避免这种损失，会在运费上设计种种补偿办法，这就必然导致铁路部门在货运定价中，加入中途装卸费与损失赔偿等种种费用。正常情况下，铁路运费已较水运价格为高了，再加上以上种种费用，则两者运价会相差更大，如此，铁路的竞争力将大受影响。铁路虽然具有到达较快的优势，但是如果运输之货物如米、煤、盐等在到达时间上并无特别急迫的要求，而粤汉铁路沿线之大宗货物，又恰恰为上述 3 项，则商人所考虑的主要因素就是运价之高低了。由此可见，未来粤汉铁路短途之货运，如衡阳至武昌间、曲江至广州间，将会受到水运竞争的严重影响。但是未来由武昌至广州之全程运输，或由湘运粤，或由粤运湘，由于南岭横亘湘粤之间，湘江与北江不能汇通，北江上游之武水虽能通至湖南宜章，然滩多水急，舟行艰难，这时则舍铁路之外别无他途。虽然水运与粤汉铁路存在竞争，但亦存在互补。湘江、北江各支流，多与铁路相交，不啻为铁路之支线，将来铁路之货物，皆须借助这些支流散诸各地。铁路部门需要认真考虑的是：如何将这些支流运输的货物汇聚到铁路上来运输，而不是被湘江北江水运夺走。

　　湘粤交界之处，地势最为险峻，公路尚未贯通，河流亦南北异趋，交通十分困难，货物往来，全赖肩挑，循往昔之湘粤大道往来转运，间或有骡马驮运，但甚为罕见。各县间短途贩运，则以肩挑为唯一办法，而旅客之往来，步行之外，惟恃肩舆。公路方面，湘省境内路线颇多，往来尚称便利，但运费较高，商人尚少利用。湘省公路与粤汉铁路关系最密切者为湘粤公路，该路由长沙至粤省边境，与粤汉铁路平行，业已完工通车，长约393公里。此线目前为湘粤之交通要道，日后株韶段工程完工，彼此相同的走向，而又相距不远，除了湘江水运的竞争，与湘粤在运输上也必然会产生竞争。而公路因运费高企，必然不能支持，因此应该预先筹划对策，使彼此由相妨化为相辅。粤省公路则逊色得多，路线较少，且运费高昂，颇为不便。

全区农产以稻谷为大宗，薯芋杂粮次之。湖南省之湘潭、醴陵、衡山、衡阳、攸县、安仁等县，苟非荒歉，皆有米稻输出，其数量则视收成之丰歉而定。而湖南之耒阳、常宁、永兴、资兴、郴县、桂阳、宜章、临武等地，其稻米产量较少，丰年尚不足自给，荒年则尤须外地输入。全区多山，故宜于植树，湖南省之衡山、安仁、攸县、资兴、郴县、桂阳、宜章等地，林木较多，而湘潭、衡阳等县，则为各县木材集散之地。桐油、茶油为湘省大宗土产，输出较多。该区林木虽多，然树龄少者居多，加以山农乱伐，故能充铁路枕木之用者并不多。牲畜以猪鸡牛等为多，亦颇有输出。

矿产方面，全区矿产分布广泛，种类繁多，储量丰富。已经开采的主要有：常宁水口上之铅、锌及硫黄，攸县东北乡之铁及砒，安仁北乡之石墨，永兴观音崖之无烟煤，资兴、郴县、宜章间瑶冈仙之钨，临武香花岭之锡，宜章、乳源间狗牙洞之烟煤等，储量多寡不一，而交通不便，资本缺乏，实为阻碍矿业发展之主要原因，故粤汉铁路全线接通，对于今后本区矿业之大规模开采与发展尤其重要。工业方面，本区工业殊不发达，新式工业，几为空白。旧式手工业产品，除醴陵之瓷器、夏布、爆竹，湘潭之纸伞，始兴、仁化之土纸等，尚有一定名气与产量外，其余如土布、鞋袜、藤竹器等，数量较少，且系零星制造，虽在当地社会经济中占有一定地位，而于将来铁路之影响则显然微弱。本区工业之不振，其原因大约为人才难得、资本缺乏、交通不便、需求不多，加之外货充斥，不但新式工业难以崛起，即原来就有之工业，如瓷器、夏布、土纸、爆竹等，因墨守旧章，亦逐渐衰落，将来之振兴，实有赖于粤汉铁路之完成，而其出品，亦当大力改良方为出路。

本区商业，以衡阳、湘潭为盛，郴县、醴陵次之。衡阳旧为衡州治府，居湘耒蒸三水合流之处，绾湘南之锁钥，水陆冲衢，人物殷丰，其地位实不止商业一端，在政治、军事等方面皆居重要地位。自长（沙）衡（阳）、衡（阳）宜（章）、衡（阳）宝（庆）各公路通车后，商业更显繁荣，且有超越湘潭之趋势，其每年之商品营业额已在湘潭之上（参见表19）。湘潭城居湘江西岸，百余吨之轮船终年可与武汉、长沙、岳阳轮船往来，小轮可上溯衡阳、祁阳等地，民船则可直达永州各县；西循涟水，可入湘西，故过去湘省西南部之货物，皆在湘潭集散，故其商业地位，除长沙外，首屈一指。近年因衡阳日趋发达，湘南货物，改集衡阳，而湘西货物之运销武汉或由武汉运入湘西者，又多改趋益阳、常德等地，故湘潭之贸易，虽大不如前，然规模尚在，其商业资本额即远在衡阳之上（参见表19）。其他如郴县、醴陵、乐昌、仁化、攸县、衡山等县，皆具县治之气象。湘粤两省贸易地点，在湖南为郴县，在广东为乐昌，尤其是乐昌之坪石镇，地扼湘粤交通咽喉，粤汉铁路过其东，且濒临武水，在军事商业方面皆居重要地位，湘米粤盐为交易之最大宗，盐尤为湘粤互易之必需品，湘人肩米、谷、鸡、鸭或鸡蛋之属，至坪石易盐而返。

表 19　本区主要商业中心商业简况（1932 年）[①]

县名	资本总额（单位：元）	营业总额（单位：元）
衡阳	5026800	89829600
湘潭	7905000	61410000
曲江	4535000	40000000
南雄	4741800	30745000
郴县	2340000	22670000
合计	24548600	244654600

全区货物，在输出方面，以稻、米、木材、煤、各种金属矿砂、爆竹、茶油、桐油、瓷器、夏布、猪、鸡、鸡蛋、粗纸为最多，输入则盐、棉花、

---

① 参见国民政府铁道部：《粤汉铁路株韶段经济调查报告书》，铁道部业务司调查科，1934年，第K3—K4页。

棉纱、绸缎、布匹、煤油、铜、铁、五金制品、面粉、糖、南货、颜料、化妆品、书籍、杂货等为大宗，输入输出货物之转运地，在北为长沙、汉口，在南为广州、香港，本区之承转地，则为衡阳、湘潭、曲江、南雄等地。

综观全区经济状况，农业已颇为发达，此后当着力于种子改良与推广销路方面；矿业方面，尚需有计划之开发，工业则极度幼稚；林业须提倡培植与保护，乃能取之不竭；商业亦相当发达，将来铁路公路，相继完成，交通便利，则商业更易繁荣。本区人口稠密，风气淳朴，将来粤汉铁路通车，本区经济状况，当会迅速改变。

调查结论认为，粤汉铁路株韶段正在兴工，完工有期，必须根据此次对该路沿线之经济状况所做的调查，认真谋划铁路客货运运输政策。依调查来看，对铁路运输影响之最大者，无疑是水运与公路，此外，沿线物产不甚丰饶，矿产多未开发，新式工业几乎空白，因此，粤汉铁路通车最初几年，客货运收入，与人们的想象恐怕会有很大的距离。不过，可以期待的是，铁路的运营会变得越来越好，因为随着铁路的运营，铁路沿线之经济必然会逐渐发展乃至发达。今后粤汉铁路发展货运业务，可从如下几个方面努力：

其一，湘米运粤。湖南多米，而广东缺米，粤汉铁路沟通湘粤，为两省调剂稻米之盈虚提供了可能。唯湖南稻米，品种稍差，加工技术亦较为落后，故米之口感不为粤人所喜。本队调查之年，湖南稻米丰收，而广东歉收，于是广州商会派人赴湘购米三万担，首批起运后，即行止办，其原因即为湘米过粗，广东人难以适应。今后，湖南省当改进稻种和加工技术，则湘米有可能大批运粤，也会成为粤汉铁路货运之大宗。

其二，湘煤销粤。湖南之煤，已开采者如醴陵、永兴等县，永兴之煤，煤质尤佳，然产量不多。广东之煤矿著名者，仅有一个富国煤矿，产煤有限，每年需从国外输入煤炭甚多，倘湖南煤矿能大量开采，则由铁路运粤，不但铁路能够增加收入，亦可稍杜外煤之倾销也。

其三，粤盐销湘。广东之盐，质量较淮盐为佳，且价格亦廉，故湘中湘北之淮盐区，近亦时有粤盐踪迹。倘粤盐能够在湖南全省销售，必将取代淮盐的地位，而粤盐销湘必由铁路，则铁路与湘省两受其利益。

其四，湘粤贸易将大增。昔时湖南所需的一切日用品，向来于沪汉购办，粤汉铁路通车后，广州、香港市场亦可向湖南提供大量日用品；湖南各种土货，昔日亦多销沪汉，今后可兼销港粤。从沪汉购办货物，或土产输出沪汉，皆有水道可循，而水道运价远较铁路为低。倘在港粤采办货物，或土产输出港粤，则非铁路不可。为发展铁路运输增加收入计，当以低廉之运价使货物之出入沪汉者，转而出入港粤也。

其五，湘粤公路，几与粤汉铁路平行，铁路通车后，很多货物会舍公路而走铁路。但短途客运，因公路班次多而座位又甚舒适，恐将受公路之激烈竞争，故铁路预先制定对策，如减低票价，注意改善车上之设备，提高正点率等，或许能吸引部分乘客。

其六，积极与水路运输配合。水路运输，实为粤汉铁路货运之劲敌。虽然湘江、北江水运便利，但粤汉全程之运输，似非水道所能竞争。然南北两端之短途运输，则水运以其低廉之价格，处处占优。粤汉铁路处于湘江与北江之东岸，大部分在湘东贫瘠之区，而湘（江）以西富饶物产，水运以其价格低廉、省多次装卸之劳的优势，故商家多趋水运。将来铁路当局之运输方案，必须处处针对水运，方不致使铁路仅沾水运之剩利。调查队认为，应实行如下各项，或可稍资补救：（甲）如财力许可，应修建一条支线，联络湘西，或提前修筑湘滇公路湖南段，以吸收湘西之货物。（乙）武昌汉口间造桥梁或铁路轮渡，渡过长江，使粤汉平汉两路连接，以省货物装卸过江之烦。（丙）武昌广州修建大码头，以便接运粤汉路之货物。（丁）改善货物运输管理，办理水路货物联运办法。（戊）在湘江和北江西岸城市或镇之间，设立营业所，注重收运货物，由营业所代运之货物，渡过湘江或北江时，其驳运与装卸费，应当免收。（己）货物之装卸手续，及运送时间，务求特别迅速，以发挥铁路之特长。（庚）客货运价之订定，务必低廉，对于向由水运之货物，则订为特价，虽亏及成本，亦所不惜。（辛）一切装卸费及各项杂费，能免除即免除，必须收取者，则减至极低价。（壬）应利用回空车辆，对某种货物运价，予以折扣。上述各项，为调查队调查后之共同感受，希望后之当事者能认真考虑抉择。①

---

① 参见国民政府铁道部：《粤汉铁路株韶段经济调查报告书》，铁道部业务司调查科，1934年刊行。

　　范广练，日本铁路专科毕业，回国后任职于粤汉铁路南段管理局，1937 年任粤汉铁路长沙营业区主任①，专司沿线经济调查事务，曾对粤汉沿线各地进行过多次调查。在《湖南醴陵县属产煤状况与粤汉铁路之关系》调查报告中，作者认为，煤炭需用甚广，铁路需要尤为巨大。如能得适宜廉价之煤，一来铁路营业支出大为减少，二来运输收入又可增加，实为两全其美之事。作者在介绍了醴陵官办的石门口煤矿和商办的石成金煤矿的位置、交通、煤质、储量和产销情况之后，着重分析了醴陵煤矿与粤汉铁路的关系。他指出，按照醴陵煤矿储量约 6100 万吨计算，在株韶段通车之后，每年可为粤汉铁路南段节约燃料费高达 42 万元之多，这是其一。其二，粤汉铁路全线通车后，醴陵煤炭可大量销往广州，为粤省工业界提供优良价廉之国产煤，每年可为粤汉铁路南段管理局增加收入达百万元以上；同时，湖南煤炭的大量输入，不但能够发展醴陵的经济，还能抵制外洋煤炭在广东的倾销，对于提倡国货无疑具有积极的意义。②

　　在《粤汉铁路运输粤盐湘米及萍醴煤炭之研究》的调查文章中，范氏指出，粤汉铁路现已全线接轨，湘、粤、赣三省人民，因地理相接的缘故，均盼其早日通车，以便三省物产能够大量快速地调剂盈缺，其中粤盐湘米及萍醴之煤尤有互济之必要。广东缺米，根据统计，1912—1935 年，每年从安南暹罗等地输入米谷约 7961136 担，价值约关银 3500 万两；而每年输入的本国米谷却只有约 200 万担，价值约关银 900 万两。米谷之外，广东亦缺煤，据统计，1925—1935 年，平均每年输入煤炭约 750207 吨，价值约关银 6632185 两，其中国产煤仅占 20%，而洋煤却占 80%。洋煤价格比国产煤高 50%，而其销量却是国煤的 4 倍之多，这是因为洋煤的品质较国产煤为高。盐产方面，广东每年产盐余额高达 1271000 担，湖南每年需输入食盐约 2356000 担。因此，就湘、粤、赣三省经济而言，湖南多米，每年输出谷米约 703459 担，煤亦储量丰富，江西萍乡之煤则尤为著名，三省米、煤、盐之产销供求，正好呈互补互济之关系。假如粤汉铁路能够制定合理的运输价

①　参见《粤汉路员工抗敌后援会积极进行各项工作》，《大公报》（长沙）1937 年 8 月 21 日。
②　参见范广练：《湖南醴陵县属产煤状况与粤汉铁路之关系》，《铁路杂志》1935 年第 1 卷第 2 期。

格，湘、粤、赣三省政府能够降低甚至取消诸如米捐、进出口税等各项费用，则三省各自主要的物产就能够借助粤汉铁路实现良性互补之关系，对于三省经济的发展将起到非常重要的推动作用。①

1937 年 3 月，其时粤汉铁路业已全线通车数月，为了发展粤汉铁路客货运业务，黄秉镛奉粤汉铁路局营业处命令，对该路衡阳区所属城镇进行了一次较为全面的调查。本次调查拟对粤汉铁路衡阳区各站附近城镇概况、经济状况及客货运情形，进行详细调查。衡阳区各站附近城市有湘潭、醴陵、衡阳、衡山、耒阳、永兴 6 个城市，后因时间关系，最终只调查了湘潭、醴陵、衡阳 3 县。虽然调查城镇有所减少，但对所调查的 3 个城镇的各种情况了解得颇为全面详尽，并针对调查所得，拟订了整顿和发展铁路客货运的具体计划和建议。

本次调查的内容分两大部分：一是湖南省地理沿革、全省地势及水系之概况；二是对湘潭、醴陵、衡阳 3 地的地理、气候、土地面积、人口、水路交通、邮政、电报、电话、教育、农业、工业、矿业、商业、金融等的全面调查。调查指出，湖南全省地势西南高而东北低，因此湘资沅澧 4 大水系大抵由西南和南部向东北注入洞庭湖，大江涓水"遍布全省，航行灌溉，无不便利"，水运之发达，"对于本路货运之竞争，至为剧烈"。

就湖南全省货运情形来看，湖南全省水系发达，航运极为便利，全省轮船公司除怡和、太古、日清、招商等可通上海、汉口者，其余小轮登记在册者有 89 艘，帆船木船等大小船只高达 30 余万艘，故"全省货物 80% 均由水道运输"。水运价格便宜，手续简便。平均由汉口至长沙，或省内各县之水运价格，每担在 3—4 角之间。运输办法，多由船家直接向商家招揽生意，手续极为简单便利。遇有回空船只，价格更为低廉。有时甚至还会碰到只收伙食费，而货物免费代运的。因此之故，"湘省各行商非遇紧急赶市，或冬季水涸，船只不能行驶时，无不乐趋水运。"而且，船家起卸货物均甚为小心，货物较少损坏。且店主可以派人监督，对船户有随时指挥之权。

---

① 参见范广练：《粤汉铁路运输粤盐湘米及萍醴煤炭之研究》，《铁路杂志》1936 年第 2 卷第 4 期。

公路运输方面，近年湖南公路进步神速，现在东西南北主要县份均已通车。同时，正在修筑之公路亦甚多，公路网一成，则湖南全省货物均可由公路运输。不过，目前公路运输价格稍贵，且运量有限，故商人采用公路运输的尚不多。根据湖南省公路局的统计，1935年全年公路货运总量为7126248公斤。

粤汉铁路处水路与公路运输剧烈竞争之中，且湘省铁路占全路一半以上里程，如不尽快整顿吸收湘省之货物，则本路营业前景不容乐观。根据调查，现湖南进口货品以绸布、呢绒等为大宗，商号多从上海、汉口采办，由沪至汉每件（四五百斤）运价约7元；由汉口（小轮运）至长沙或湘潭，每件（四五百斤）约2.2元。其余洋货什物，亦多由上海、汉口走水路到湘。湖南之出口货物，以谷米和桐油为大宗，除谷米特定由火车运粤外，其余运销省外者，均走水路。湘省之经济状况，虽然目前尚不发达，但已有逐渐发展之势。况且湘省农矿物产丰富，将来发展，不可限量。本路宜乘时而起，尽量吸收湘省货物运输，以促进本路营业之发展。

本次调查的结论认为："湘潭为最重要之商区，万不宜放弃；醴陵瓷器、爆竹大可发展，物产亦丰，宜助其改进推销；衡阳时移世易，已失商业之重心，工业亦难发展，宜从缓图也。"[1] 为此，粤汉铁路应制定如下策略以促进其货运业务之发展：

（一）修筑湘潭支线，或自办轮渡接驳，只收一道装卸费，不另收轮渡费，则湘潭货物，自可由本路运输。

（二）渌口站从速建筑货仓，以吸收醴陵、江西货运。

（三）环绕株洲站附近，广购地亩，以备将来建筑大规模货仓；浙赣、湘黔两路全线通车之后，货物往南北运输者，当以此为转运中心。

（四）建筑衡阳粤汉码头，装卸货场，以便货物由该码头装卸。查粤汉码头原为本路运输材料而设，惟衡阳货商因由衡阳站装卸货运至对河上岸，每件（约50公斤）连卸费、月台费、上河边费、过江费等

---

[1] 黄秉镛：《衡阳区所属城镇调查报告书》，《粤汉月刊》1937年第1卷第4期。

合计约需二角九分；若由粤汉码头装卸，每件只需一角二分，是以商人
多愿由该站装卸。惟码头对于装卸货物，极为不便，该码头月台太短
太狭，每次只可靠车四辆，且不能搭板装卸，以致卸货时，每将货物
由车上掷下，破坏不堪；又因每次靠车太少，以致货物不能从速装卸，
而按照站章，延迟起卸者，又须缴延卸费。在此种情形之下，似应从
速修改月台建筑装卸场，以利商人，在货场未完成以前，为体恤商艰
计，似可饬站在货物到站，确因月台不能靠车，以致延迟起卸者，准
予免收延卸费，似亦权宜治标之计也。

（五）代醴陵瓷商向广州瓷庄联络接洽，开辟新市场，以资繁荣。
查醴陵瓷器，不下景镇瓷，较潮州瓷为佳。现广州销潮州瓷器甚多，
但潮瓷不及醴瓷之佳，价亦不相上下。各窑本有向外开辟新市场之意，
唯以固守一隅，无从联络。若本路设法代为联络，则醴瓷销路自广，
而本路货运亦无形中增加矣。①

本文作者之所以非常重视湘潭，是因为湘潭原为湘中重心，水运极为
便利，为湘省米、药材之最大交易中心，粤汉铁路和相关公路的开通，一定
程度上增加了其交通的便利程度。着眼于吸收湘潭集散之巨量货物，因此本
文作者建议尽快修建湘潭支线。而醴陵之所以重要，是因为醴陵本身物产丰
富，加之能够转运部分赣西之货物，是以作者亦建议在渌口增建货仓，囤积
货物，以扩大粤汉铁路货物来源。

1937年1月、2月两个月，廖仲衡调查了粤汉铁路株韶段沿线农产品的
产销情况。这次调查，据其自述，他对湖南的株洲、渌口、衡山、衡阳、郴
州和广东的乐昌、韶关等地，进行了详细的调查，"不敢说把每个隔角都看
到了，但至少对于我们所要求得问题，得到了一个初步的解答。"②调查报告
指出，中国农村经济凋敝，欲改变农村的这种状况，人们普遍认为发展交通
不失为一种有效的办法，那么铁路、公路、水运哪种交通起的作用更大呢？

① 参见黄秉镛：《衡阳区所属城镇调查报告书》，《粤汉月刊》1937年第1卷第4期。
② 廖仲衡：《粤汉铁路株韶段沿线之地价问题》，载《民国二十年代中国大陆土地问题资料》，
台湾成文出版社1977年版，第43803页。

这并不能一概而论，因为每种交通方式都会受到一定的限制。那么，铁路经过的农村，究竟会发生什么样的变化呢？粤汉铁路全线通车之后，政治上固然起到了很大的作用（指两广事变的快速平定），"同时经过的农村受影响最大的当然要算农产物了"。

　　廖仲衡选择了粤汉铁路株韶段几个相对重要的地方进行了调查，它们分别是：湖南的株洲、醴陵的渌口、衡阳、衡山、郴州等，此外还有广东的乐昌和韶关等地。廖氏主要调查了上述各地的农田面积、农产的种类（主要有稻米、薯芋、杂粮、豆类、湘莲等）及产量、农产的价格及运销等有关情况，其重点则在农产的运销方面，因为这正是铁路部门需要特别关心的地方。从调查来看，株韶沿线的物产，以稻谷为最大宗，各地自用之外，尚有不少盈余可供输出；而其他农产如薯芋、小麦、棉花、苎麻、豆类、湘莲等项均居于次要地位，各县自用之外，剩余并不多，因此输出量相对有限。谷米之输出，北可至长沙、武昌、汉口等地，南可至韶关、广州等地；其他农产之输出，薯芋北可至长沙、汉口等地，小麦北至湖北，南至广西，豆类可至湘潭、长沙等地，棉花自用者多，外销较少，苎麻可至长沙，瓜子可至长沙、汉口，乃至上海、广州等地。由上可见，上述各地农产，除了稻米能够较多输出至汉口、上海、广州等地外，其他农产大多是在湖南省内流通。本区的交通情况，在粤汉铁路株韶段未完成前，以水运为主，北则依赖湘江，南则凭借北江，依水位之涨落而通航河段亦不同。仅就湘江干支流水运而言，根据 1933 年的营业报告，湘潭之轮船，客运占 6 成，货运占 4 成，货运价格一般每担每百华里约为洋元 3 角。衡阳之轮船公司，其货运价目，每百华里，麻每百斤洋元 3 角，莲子每箱洋元 6 角，豆每袋洋元 3 角。较之轮船，民船通航河段更多一些，其货运价格相对轮船要更便宜一些。粤汉铁路已经全线开通，今后各物产之运销是否弃水运而趋火车，这是值得认真研究的问题。大致来看，除南北两端有水运竞争之外，若货物全程运输即由鄂粤互运，以及由湘运粤，或由粤运湘，舍铁路别无他途。这是因为，南岭横亘湘粤之间，湘江与北江不能汇通，故铁路具有上述优势。然湘、粤省内短途客货运，以及湘鄂间客货运，水运占有十分明显的优势，对此，铁路部门必须采取有力的措施予以争取。至于湘江、北江各支流，多与粤汉铁路呈交叉形，铁路货物自然可以通过这些支流向各地疏散。然而，如何把这些支流运输的货物都汇聚到铁路上来，是非常值得注意的事情。毫无疑问，将来粤汉铁路车运发达之后，自然能够扩大铁路沿线农作物的运销范围，"虽不能够挽救农村整个的厄运，但至少可以减去几分的严重性"①。

粤汉铁路全线开通前后，铁路部门和各方面的专家学者，对该路沿线各地的经济状况进行了多次调查，撰写了不少的调查报告，其中部分报告的内容如前文所述。根据上述调查内容，人们普遍对粤汉铁路能够有效促进沿线地区的经济发展充满了信心。虽然调查多从铁路部门的立场出发，但也对各地的经济建设提出了有价值的建议。例如，1933 年 9 月铁道部株韶段沿线经济调查队认为，株韶段沿线各地应当改良稻米品种及其加工方法，以适应粤省人民对于稻米品质的需求；而黄秉镛则提出，铁路部门要主动帮助醴陵的瓷器、爆竹生产商提高他们的产品质量，以扩大其在广东的销量。一般来说，"邻区之生产同，则彼此无互相需要，而贸易不生"②。湘、鄂、粤三省在贸易上具有良好的互补性，调查均指出，湖南各种物产中，米为最大输出品，输出量较多的还有煤、矿砂、桐油、瓷器、茶叶、爆竹等，其他各种农产品、手工业品等输出量各有不同。同时，粤盐、糖、煤油、烟草、日用品、南货等各种产品则是湖南需要大量输入的。粤汉铁路对于上述各种大宗物产均应制定合适的价格和运输程序，以争取尽可能多的货源。从前湖南所产和所需之产品多从汉口、上海进出，而较少从广州、香港进出，因为南岭之阻隔，限制了货品从省（广州）港（香港）进出的规模，如今粤汉铁路全线通车，这就为湖南物产的对外输出和外地产品的输入开辟了一条新的通道，有利于湖南的对外交流，对于湖南经济与社会的发展将起到有力的推动作用。

各种调查均认为，水运是粤汉铁路最大的竞争对手，为此铁路部门提出了许多有针对性的对策，甚至认为哪怕是亏本也要从水运夺取部分货物运输。人们也认识到，水运与铁路虽然存在着激烈的竞争，但也存在着良好合

① 廖仲衡：《株韶段沿线农产物及其运销概况》，《粤汉月刊》1937 年第 1 卷第 3 期。

② 孙宕越：《粤北与赣南湘南之交通与运输》，《地理学报》1937 年第 4 卷第 1 期。

作的可能。湘江、北江各支流多与粤汉铁路呈正交形，完全可以将其看作是铁路的支线而加以充分利用，实现水运与车运的良性循环。一般来说，粤汉铁路南北两端确实面临着水运的激烈竞争，但货物的全程运输即鄂粤之互运，湘粤之互运，铁路运输实为最佳选择，水运不能竞争。然而，湘粤省内的短途运输，湘鄂间的运输，水运显然占有较为明显的优势，对此，铁路部门必须认真研究应对。事实上，铁路与水运乃至公路运输之间，应尽可能"分工合作，各尽其在经济地理上的特殊机能，如此交际通，民生遂，富强增进，莫要于是"①。

总而言之，对湖南境内粤汉铁路沿线的经济调查，对于铁路部门掌握湖南铁路沿线地区的经济状况，并依据这种经济状况制定相应的运输政策，对于铁路企业的经济效益的提高具有十分重要的地位意义。另外，"铁路是实业之母"，铁路部门在提高自身经济效益的同时，对于铁路沿线城镇与乡村社会经济的发展也将会起到很大的带动作用。

三、粤汉铁路促进了湖南物产的输出

湖南地居我国中南部，气候温润，地形多样，降水丰沛，土地肥沃，河湖密布，水网发达，自然生态条件十分优越，因之农产品、手工业品及矿产品资源均十分丰富。"湖南固农国也，稻麦黍稷梁椒，无不坚且好也；竹木茶麻棉桐，无不美且备也；牛羊鸡豚狗彘，无不繁且腯也；夫天之所生，地之所长者，如此其饶足，宜若可以富庶至于无俦。"② 至于矿产，湖南号称"有色金属王国"，多种矿产在全国乃至世界占据重要地位，"湘省矿产资源，蕴藏极为丰富，实充分具备工业化之基本条件，久已蜚声于全球"。③ 成涤撰文指出，"吾湘矿产蕴藏之富，甲于全国，而稀有矿物以及兵工原料，如锑、钨、锰、铅、锌、雄黄、水银等矿，且居世界重要地位"。④ 其中在全

---

① 孙宕越：《粤北与赣南湘南之交通与运输》，《地理学报》1937 年第 4 卷第 1 期。
② 何键：《湖南省农业调查序》，《统计月刊》1937 年第 2 卷第 2、3 期合刊。
③ 周维梁：《湖南之自然环境与经济资源》（上），《湖南经济》1948 年第 3 期。
④ 成涤：《发展矿业与探矿问题》，《湖南建设》1932 年第 1 期。

国占有重要地位的农产品、手工业品及矿产品主要有：稻米、桐油、茶油、茶叶、木材、瓷器、爆竹、锑、矿砂、煤炭等，其中如稻米、茶叶、桐油、爆竹、纯锑等之产量在中国乃至世界均居重要地位，尤为湘省之大宗输出品，对于近代湖南经济社会的发展起着举足轻重的作用。

我们知道，交通运输是商品生产过程中一个十分重要的环节，交通运输业水平的高低，与地区资源开发和经济发展存在着正相关关系。也就是说，运输水平越高，就越能充分开发各地的自然资源，从而促进产业的地区分工与协作，实现专业化生产，提高商品化水平。铁路等近代交通方式的出现与发展，对于湖南农副工矿产品的对外输出起到了重要的推动作用，加强了湖南与全国的经济联系。如所周知，米谷为湖南对外输出的最大宗产品，其与粤汉铁路的关系其实最为密切，这一问题我们在前一章中已经叙述过了，因此本节对此问题不再涉及。除了谷米之外，湖南的农产品中，产销规模比较大的还有茶叶、桐油、茶油、爆竹、矿产等。下文我们即以上述产品的运销变化情况为例，说明粤汉铁路与近代湖南经济变迁的关系。

（1）粤汉铁路与湖南茶叶之运销。湖南是我国著名的产茶之乡，湖南产茶既多，输出亦多，每年出口数值仅次于矿砂和桐油，占汉口出口茶叶约1/3的市场。茶叶生产，不仅裨益于地方财政经济，对于改善民众生活且大有帮助。

湖南全省茶区分为3个中心区域：一是以安化为中心的湘西茶区，二是以临湘、平江为中心的湘北茶区，三是以郴县为中心的湘南茶区（见图10）。湖南3大茶区中的两个即湘北、湘南茶区，均在粤汉铁路沿线或附近，因此颇便于铁路部门组织货源。从运输的角度而言，湘茶输出可分为4大路：即沅江流域，包括常德、桃源、沅陵诸地；资江流域，包括益阳、安化、新化诸地；湘江流域，包括长沙、平江、湘潭、浏阳、醴陵诸地；沿粤汉路诸地，包括岳阳、临湘、湘阴及湖北省羊楼洞一带。在铁路开通之前，湘茶多通过民船或轮船在省内集中，然后再利用船舶运至汉口销售或由汉口转口销往全国各地。茶叶交易手续颇为复杂，茶户将收获之新鲜茶叶，制成毛茶，售与茶庄，茶庄或直接将毛茶（即粗茶）装运赴汉，或制成箱茶、花香、茶梗等货运销汉口，再由汉口茶栈，售与出口洋行，或经平汉、陇海铁路运销西北等地。① 粤汉铁路修建之后，铁路与水运在承揽茶运业务方面竞争颇为激烈。一般来说，湘江流域或粤汉铁路沿线附近各县所产茶叶，多经粤汉铁路运至汉口，湘西地区所产茶叶则由水路运至汉口，"湘省茶叶，大都集中长沙及湘潭车站，由转运公司装乘粤汉铁路运汉。"常德及桃源各地

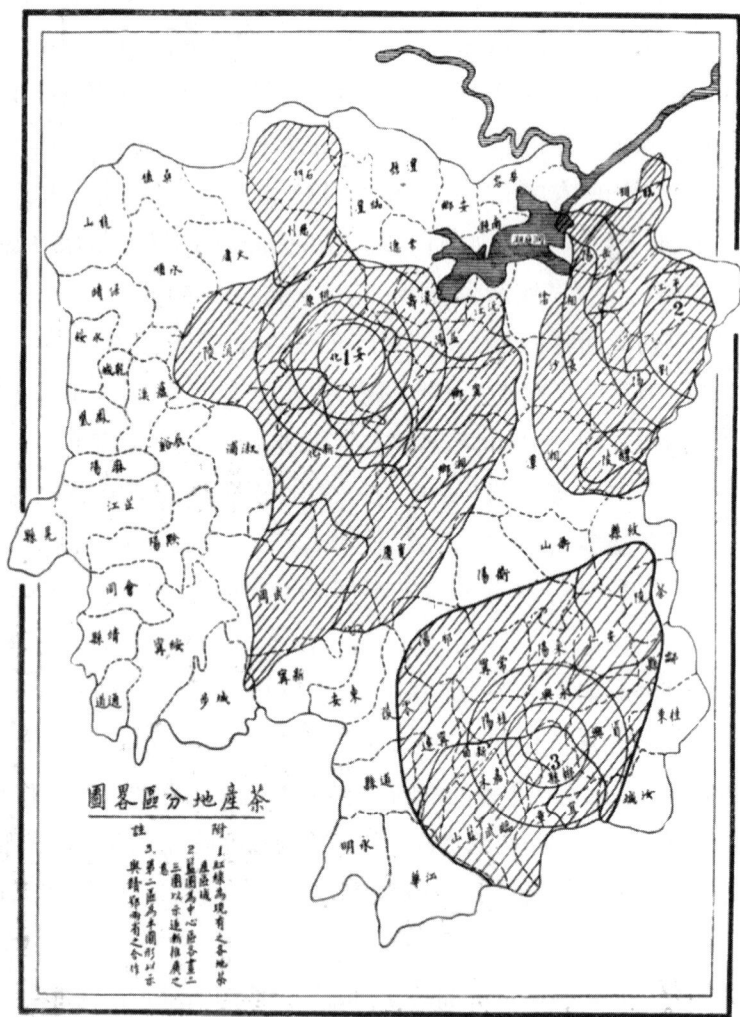

图 10　湖南茶叶分布图②

①　参见《湖南之茶叶》，《工商半月刊》1935 年第 7 卷第 11 期。

②　参见《湖南省茶叶视察报告书》，《中国实业》1935 年第 1 卷第 4 期。

则由水路运汉。[①] 根据汉口市有关部门的调查，1927—1933 年，历年由湖南运输到汉口的茶叶数量分别为：165683 箱、233630 箱、168279 箱、106128 箱、123002 箱、62046 箱、106386 箱。分别来自湖南安化、桃源、湘阴、长寿街（属平江）、平江、高桥（属浏阳）、浏阳等地。[②] 其中，大约有一半是通过湘鄂铁路运输至汉口的。湘鄂铁路局也说："本路承运货物，除煤焦杂项货物外，湘鄂土产之粗茶及棉花二项为大宗。"[③]

如前文所述，湖南茶叶以湘江流域和粤汉铁路沿线产量最高，这也为铁路部门承揽茶叶运输提供了方便，同时也便于铁路与水运进行联运。几个最重要的茶产地如临湘、醴陵、浏阳、岳阳、平江、湘阴等县或者是粤汉铁路直接过境，或者在粤汉铁路沿线附近。以临湘为例，粤汉铁路直接通过县城，长江亦过其境，交通十分便利。临湘植茶面积高达 20 万亩，与安化不相上下。[④] 为了方便观察起见，我们将平江、醴陵、湘阴、浏阳、临湘、长沙、岳阳、湘乡、湘潭、攸县、衡山、耒阳、衡阳 13 个在粤汉铁路沿线附近的县的植茶面积和茶叶产量列表如下（见表 20）：

表 20　粤汉铁路沿线茶产概况（1934 年）[⑤]

县名	植茶面积（亩）	产量（担）
平江	60000	20000
醴陵	30000	10000
湘阴	19000	6300
浏阳	18000	6000
临湘	200000	5400
长沙	10000	3200
岳阳	9000	3000

① 参见《汉口茶业之调查》，《工商半月刊》1929 年第 1 卷第 15 期。

② 参见吴觉农：《湖南之茶叶》，《经济学季刊》1935 年第 5 卷第 4 期。

③ 《本路上年份（1933 年）运输粗茶棉花运量统计》，《湘鄂铁路旬刊》1934 年第 74 期。

④ 参见周源岐：《湖南茶叶产销概况》，《经济汇报》1945 年第 11 卷第 7、8 期合刊。

⑤ 本表系据周源岐《湖南茶叶产销概况》（《经济汇报》1945 年第 11 卷第 7、8 期合刊）一文整理而成。

县名	植茶面积（亩）	产量（担）
湘乡	7000	2200
湘潭	1000	300
衡山	400	110
耒阳	300	100
衡阳	300	100
攸县	460	130
合计	359600	56840

观察上表，有几个地方值得注意：

其一，粤汉铁路沿线茶产主要集中在湘江下游地区，上游地区之衡山、衡阳、耒阳等地，茶产数量甚少，几乎可以忽略不计。

其二，临湘植茶面积高达 20 万亩，但产量却不高，令人奇怪，此数据疑有误。据余干《湖南临湘茶叶》一文，临湘茶叶以羊楼司和聂家市产量最多，其中羊楼司占了接近 70%。1935—1938 年，羊楼司茶产数量分别为：18.2 万担、13.2 万担、8.1 万担和 3.7 万担。[1]1935 年、1936 年两年的产量均在 10 万担以上，1937 年、1938 年两年因为抗战爆发，产量下降很多也是比较正常的，但均远远高于上表所列 1934 年的 5400 担。据政协临湘县文史委员会调查，晚清至抗战爆发前，临湘县的茶叶生产极为兴盛，"同治十一年（1872）临湘茶叶总产值占全省茶叶总产值的 1/10，1927 年全县茶叶总产量达 24 万担；30 年代初期，临湘出现了一个制作砖茶的鼎盛时期。1932年至 1935 年，全县有大小茶庄、茶行百数十家，其中较大的有羊楼司的义兴、巨真和、聚兴顺、源远长、天顺长、大涌钰茶庄；聂市的长裕川、兴隆茂、天聚长、悦来德、三裕川、大涌钰、福丰、永巨、昌生、大合成茶行；陆城的湘中魁、黄东升、同兴福、张致和、葛家茶庄。每个茶庄（行）雇工人数十名，收购旺季还临时雇工拣茶。有多至四五百人的，各茶庄年产砖茶或数千箱（每箱净重 108 斤），或一两万箱不等，最多的如羊楼司义兴茶庄，

---

[1]　参见余干：《湖南临湘茶叶》，《机联会刊》1946 年第 187 期。

1935 年就生产了 5 万多箱。这一年全县共生产各种砖茶 24 万担，其中毛青茶 5 千担，老青茶 21 万担，红毛茶 2.5 万担。"① 可见，晚清民国时期临湘的茶产数量虽然有较大的起伏，但在全面抗战爆发之前，一直都是以较高的产量为基础上下浮动的。

其三，上表至少表明，粤汉铁路沿线的茶产数量称得上丰富，可以作为粤汉铁路的大宗运输货物。实际上，茶叶也确实是粤汉铁路湘鄂段的重要大宗货物。比如，临湘之茶，产量很高，其运输途径，史料记载："全县之茶，概行运往汉口压砖，所有云溪、路口铺、五里牌、羊楼司等处，均为湘鄂铁路必经之路可直接交车运货，交通便利。惟聂家市距铁道颇远，须肩运羊楼司，交车运汉。"② 也就是说，铁路出现以前，临湘茶叶输出自然以水运为主，但在粤汉铁路湘鄂段通车之后，基本上以铁路运输为主了。平江之茶，先通过水运集中至汨罗，然后"所有茶叶均由汨罗改装大民船，或登陆搭粤汉路火车转运至汉口。"③ 据湘鄂铁路局统计，1933 年全年，该局承运的粗茶运量超过 2000 万吨，达到了 21342575 吨。这一数字在湘鄂铁路承运的大宗货物中还是比较高的。④ 羊楼司、聂家市等地或者因为粤汉铁路直接经过或者距粤汉铁路不远，铁路对于促进上述两地茶市的持续繁荣起到了很大的作用。根据刘建生等人的研究，1933 年，羊楼司晋商茶号为 6 家，占茶号总量 7 家的 85%；1934 年，晋商茶号减为 5 家，占茶号总量 8 家的62.5%。1933 年，聂家市晋商茶号为 3 家，占该市茶号总数的一半；1934年减为 2 家，占茶号总数约 33%。这虽然比鼎盛时期减少了很多，但也可由此略窥该两地茶市的大致情形。⑤

其四，该统计数据忽略了粤汉铁路沿线重要茶叶产地郴县、宜章等地

① 政协湖南省临湘县委员会文史资料研究委员会：《临湘县百年大事记（1840—1949）》，1987 年，第 38—39 页。
② 周济猷：《临湘砖茶调查记》，《实业杂志》1935 年第 211 期。
③ 邓同禧：《湘省茶叶概观》，《银行月刊》1939 年第 23 卷第 38 期。
④ 参见《本路上年份（1933 年）运输粗茶棉花运量统计》，《湘鄂铁路旬刊》1934 年第 74 期。按：此处原文如此，疑有误。
⑤ 参见刘建生、燕红忠、张喜琴：《明清晋商与徽商之比较研究》，山西经济出版社 2012 年版，第 167 页。

的茶产。以郴县为例，该地为湖南 15 个重要茶产地之一，其年产量，兴盛时可达 300 万斤，通常则在 150—200 万斤之间，如 1916 年为郴县茶叶产销的鼎盛期，当年生产 3.5 万担，输出 2.2 万担[①]；实际输出砖茶 37.5 万斤，粗茶 104 万余斤，茶片 714 万余斤。[②] 郴县之茶行销两广，转销海外，其产量亦很大，"不亚安化"[③]。郴县之茶，其运销市场有两个：一是县城，一是良田。良田茶市之所以兴盛，是因为该地恰好位于粤汉铁路和衡宜（衡阳—宜章）公路上，交通十分便利。每当茶盛之时，各地商贾云集，贩茶而去，获利之丰厚，无与伦比。[④]

（2）粤汉铁路与湖南桐油之运销。湖南盛产桐油，且品质优良。民国时期，随着欧美等国对中国桐油性能的逐步认识，以及桐油广泛用于飞机、电气、化学和作为许多特种工业的原料，欧美各国对桐油的需求量大增。湖南桐油逐转以外销为主，成为湖南省重要的出口物资。民国时期湖南桐油平均年产额约为 60 万担，占全国桐油出产总量的 30% 以上，在湖南省对外贸易中，长期占据着首要位置。[⑤]

根据 1935 年出版的《湖南实业志》，湖南桐油的集散与运输大致情形如下：

> 湖南桐油在原始出产地出运后，其集中地点有三：在湘南方面出产者，集中于长沙市场；在湘西方面出产者，集中于常德市场；在醴水流域出产者，集中于津市市场。长沙市场位于湘江右岸，溯江而上，可至衡州，下经湘阴入洞庭，可至岳州，且为粤汉铁路所经之地，交通上甚为便利，故湘南上游，如郴、桂、祁、衡等处所产之油，均运

---

① 参见郴州地区农业志编纂委员会编：《郴州地区农业志》，1995 年，第 125 页。

② 参见李德聪：《郴州市兴衰琐谈》，载中国人民政治协商会议湖南省郴州市委员会文史资料研究委员会：《郴州文史资料》第 5 辑《纪念郴州市解放 40 周年》，1989 年，第 147 页。

③ 参见李健桦：《湖南之茶》，《湖南经济》1948 年第 3 期。

④ 参见王彦、游彦甫、董思明：《湖南之茶》，载曾赛丰、曹有鹏编：《湖南民国经济史料选刊》第 3 册，湖南人民出版社 2009 年版，第 373 页。

⑤ 参见李菁：《近代湖南桐油贸易研究》，载王继平主编：《曾国藩研究》第 5 辑，湘潭大学出版社 2009 年版，第 369 页。

入长沙市场。惟湘江上游，河道浅狭，只能用帆船运至长沙，稍觉不便。①

　　上述文字，既说明了桐油的运输路线与集散市场，同时也概述了桐油运输工具所发生的某些变化。随着时代的进步，湖南桐油的运输方式也在发生着变化。在近代交通工具出现之前，桐油运输自然主要依赖水运，一般情况下，先由脚夫挑至近水市场，然后改装帆船，运到常德、湘潭、长沙、衡阳等地的桐油市场进行集中，在此换装较大的帆船，转销汉口、镇江等更大的桐油市场，再从这些市场转销国内外以满足各地人们的需要。虽然水运存在着往返周期长、运输能力低且安全隐患较大等缺点，但在近代交通方式出现之前，人们也没有其他的选择。近代以后，桐油运输条件在逐渐发生着变化，除了船运，公路和铁路运输成为桐油运输的新的手段。虽然在较偏僻而多山的湘西地区因条件所限，桐油运输仍以人力挑运、帆船运输为主，但在经济较为发达的湘中及湘北地区，随着公路、铁路的不断延伸，桐油运输出现了用油罐车和铁路运输的方法，而且铁路运输逐渐占据了主导地位。

　　在粤汉铁路通车之前，湖南全省桐油均集中汉口再转运出口，粤汉铁路通车之后，湖南桐油的输出方向发生了变化，部分桐油开始由粤汉铁路运输至广州出口。全面抗战爆发后，随着上海的失守，全省桐油"多集中长沙经粤汉路由广州出口"②。"在1938年10月广州沦陷之前，从华中来的桐油大部分都集中在汉口或广汉铁路沿线，然后再由铁路运至广州或香港。"③这看起来是一种特殊情况，但随着粤汉铁路的贯通，湖南省内包括桐油在内的许多大宗物资均开始考虑通过粤汉铁路运至广州出口，则是一种必然趋势。因为在粤汉铁路全线通车伊始，湖南桐油外销已经改由广州运至香港转口，湖南桐油贸易中心也从汉口转到长沙了。四川万县、湖南津市、常德等地集

① 朱羲农、朱保训编纂：《湖南实业志》(2)，湖南人民出版社2008年版，第811页。
② 李洪度、侯冕：《湖南外销特产贸易之分析》，《贸易月刊》1942年第2、3期合刊。
③ 张嘉铸：《中国桐油贸易的历史回顾》，曹越华译，中国民主建国会重庆市委员会、重庆市工商业联合会文史资料工作委员会，1985年，第5页。

中的桐油，均在长沙装车运至广州出口。①

（3）粤汉铁路与湖南茶油之运销。桐油之外，湖南茶油产量更居国内各省之首，故其输出亦多。湖南省茶油之出产，以湘水流域为最多。凡山坡、丘陵之地均能植种，六七年后即可成林，摘籽榨油。湘水流域著名茶油产地，主要有永兴、郴县、浏阳、茶陵、衡山、平江、耒阳等地。据调查，湖南茶油主要产地的产销情况如下：

（A）耒阳。耒阳位于湖南东南部，当粤赣入湘之要冲，粤汉铁路纵贯全境，水道有耒河，水路交通均属便利。耒阳茶油产量较高，年均在 3 万担以上。茶油榨出后，分别集中于境内之大河滩、石嘴、新市街、竹塔市、小水铺等地，以帆船或火车运销长沙、湘潭及省外桂林各处，其中小水铺有粤汉铁路及公路经过，交通便利，行栈林立，为本县主要输出市场。

（B）郴县。郴县位于湘省南部，扼湘粤交通之孔道，向为湘南重镇。海道未通之前，商贾云集，货物辐辏，颇为繁盛。海通之后，交通转移，贸易遂一落千丈，无复往日之繁荣。现粤汉铁路经县城之东，衡宜（衡阳—宜章）公路过县城之西，水路有郴江，春夏水涨，货物可通达耒阳。该县茶油产量尤多，年均可达 4 万担左右，仅次于永兴。郴县茶油由产地集中于境内各重要市镇，如良田、许家洞、栖风渡、大河墟、鸦市坪等地，输出方向以广东乐昌为多，可达 2 万担。其中良田、栖风渡、许家洞等地，均为粤汉铁路直接经过之地，同时亦有公路通过，交通极为便利，故茶油市场颇为活跃。

（C）永兴。永兴位于湖南南部，昔日交通闭塞，经济落后。粤汉铁路直贯县境西垂，设站高亭司，衡宜公路行经鲁塘坳，另有支线联络县城，水路有便江可行驶小帆船，上抵郴县，下通耒阳，出耒阳可达衡阳、湘潭、长沙等地。永兴茶油产量甲于湘南，年均产量总在 4 万担以上，且品质优良。永兴茶油历来以县城及塘门口为主要市场。自粤汉铁路通车至曲江后，因交通变化，故茶油贸易已转移一部分至高亭司、油榨墟等处，而塘门口及县城之市场日趋衰落。主要市场有 4 个：

---

① 参见长沙市志编纂委员会：《长沙市志·第 10 卷·商贸志》，湖南人民出版社 1999 年版，第 442 页。

一是永兴县城——往年集中之茶油，多由水道输往衡阳、湘潭、长沙、汉口等地销售，每年交易均在1万担左右。自粤汉铁路通车，茶油多集中高亭司运销曲江，县城之市场转趋衰落，年交易量降至3000担左右。

二是油榨墟——往年一般能集中茶油1.5万担，本市场距高亭司站仅10华里，运输既便，贸易渐增，能集中茶油2万担以上。

三是高亭司——本市场在粤汉路通车前，极为衰落，昔日经营者，皆系捆客挑贩，向各墟场收买，由西河口，以小船零星运往衡阳、湘潭或长沙或永兴县城、塘门口等地销卖，数量极为有限。因粤汉铁路通车，输入高亭司之茶油已达4000担之多，增加十分迅猛。

四是塘门口——往年油榨墟、高亭司所收买的部分茶油均输入本市，再运销衡阳、湘潭、长沙等地，集散之油高达4万担左右。近因粤汉铁路通车，高亭司、油榨墟等地兴起，本市集中之茶油降至1万担左右。

永兴茶油市场的变化情况颇具典型性，凡是粤汉铁路直接经过或距离铁路不远的集市，其茶油市场均比以前扩大了规模，如高亭司、油榨墟两个市场，其中高亭司几乎是从无到有；远离铁路的市场其则缩小了规模，如永兴县城、塘门口两处市场，其交易数量均较从前大幅下降。

（D）衡山。衡山位于湘省中部，湘水纵贯中部，粤汉铁路经东境而过，潭衡（湘潭—衡阳）公路穿过西境，水陆交通便利。南岳衡山为名胜之地，每年朝岳进香及登山游览者，为数甚多。该县每年出产茶油约1万担，外销大多集中在吴集市、萱洲河两处转运出口，多通过铁路转运。①

通过上面的叙述，我们可以发现，湘南地区茶油产量较多，在粤汉铁路没有通车前，各地茶油从产地集中到附近的小市场，然后从各小市场集中至长沙、湘潭等大市场，随后从长沙、湘潭输运至汉口销售，以水运为主。粤汉铁路通车后，湘南茶油中的很大一部分改由铁路输往广州销售。有些区域小市场完全是因为铁路通过才发展成茶油市场的，例如永兴县的高亭司、郴县的良田等地，有些市场则因靠近铁路扩大了规模，如永兴县的油榨墟、

---

① 参见曾仲刚：《湖南之桐茶油》，载曾赛丰、曹有鹏编：《湖南民国经济史料选刊》（3），湖南人民出版社2009年版，第452—460、480—481页。

郴县的许家洞等地。由此可见，粤汉铁路对于湘南各地茶油市场的分布与规模变化均产生了较大的影响。

　　（4）粤汉铁路与湖南爆竹之运销。据湖南经济调查所 1934 年调查，湖南爆竹之出产，最初发源于浏阳，后随该业发达，产地逐渐推广于邻县，如醴陵及江西萍乡、宜春、万载诸县。延至 20 世纪 30 年代，湖南烟花爆竹已自成一个区域，其产区包括浏阳南乡、醴陵东北乡、萍乡西北乡、宜春万载之西乡（见图 11）。之所以形成如此局面，其原因有三：一是原料自给，二是人工低廉，三是制造精工。清末，浏阳从事烟花爆竹的人数高达 30 余万人。民国时期，湖南浏阳、衡山、郴县等地的贫苦老弱妇孺，直接、间接以爆竹维生者高达 200 万人之多。[1] 由此可见，该手工业对于浏阳农村经济之维持有着十分重要的意义。

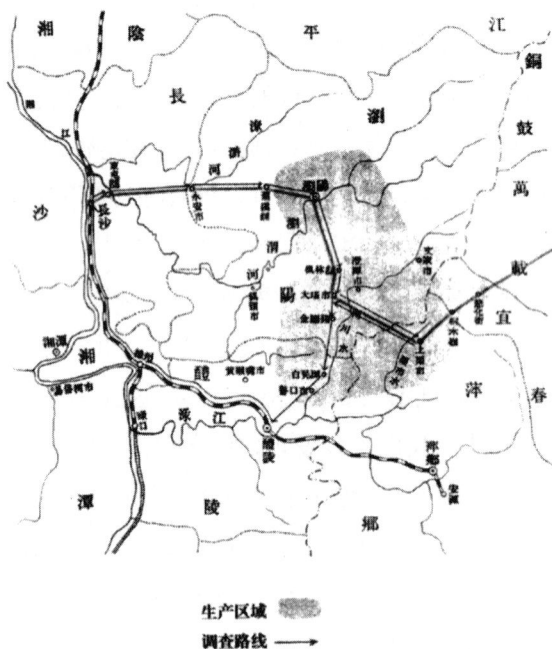

图 11　湖南浏阳爆竹生产区域图[2]

---

[1]　参见王煦生：《浏阳编爆业之今昔》，《金融汇报》1946 年第 21 期。

[2]　参见张人价：《湖南之鞭爆》，载曾赛丰、曹有鹏编：《湖南民国经济史料选刊》（2），湖南人民出版社 2009 年版，第 619 页。

　　湖南爆竹之销场，遍于国内外。国内市场，因地域关系，分为 3 个部分：中部销场、南部销场和北部销场。中部销场包括湖南本省、湖北各市及沿长江流域沪宁铁路及沪杭甬铁路诸市；南部销场则在广东、福建等地；北部销场有烟台、青岛、大连、营口、天津等地。国外销路亦广，如安南、暹罗、新加坡、印度、日本、菲律宾乃至英国、美国、德国、土耳其等地。无论国内国外市场，各地所销爆竹品种也都略有不同。

　　爆竹成品之后，即卖与运销商人，此种商人于主要各爆竹产地皆设庄收买，爆竹之运输与推销，属爆竹运商之业务，运商所设置店肆，称为爆竹庄，简称爆庄。爆庄收购之后，再经包装，始运销外埠。包装之形式，有成封与成箱两种。庄者，言货物运销于各处，而以此为其总汇之所也。爆庄之营业，或自将爆竹装运外埠，直接推销；或代外埠客商收买爆竹，运往指定交货地点，收取佣金或手续费。资本雄厚之爆庄，多将爆竹直接运往外埠销售，资本薄弱之爆庄，则多属代客买进性质。[1]

　　光绪初年（1875），湖南爆竹即开始输出省外，当时有裴德厚爆庄，经营广庄爆竹，运销广东，广州为当时洋庄爆竹之中心，从此浏阳爆竹名扬海外，销路亦远达外洋。其后刘人熙于汉口设庄，牌名绥丰永，推销汉庄爆竹，继设者又有谦达利、瑞华祥等数家，湖南爆竹销路益广。1904 年，长沙、岳州海关开关，湖南爆竹即为湖南省重要出口土货之一，年出口达万余担，价值 7 万两关银。1910—1911 年间，出口增至 5 万担，价值达 90余万两关银。民元（1912）以后，发展迅速，畅销海内外，湖南省爆竹旺年出口价值，高达 200 万两关银以上，仅次于桐油与锑。1923 年，因爆庄取巧，作坊舞弊，克减材料，随货色之变差，销路渐趋狭窄，加以爆庄竞价，恶性竞争，1924 年湖南爆竹出口下降至 6.3 万余担，值银 580 万余两，量值猛跌，较 1923 年出口 9.6 万余担，减少 3.3 万担，下降 34%。1926年，经同业认真维持，禁止劣货之制造，连年销路，略见起色，输出 11.35万担，值银 260 万余两，为 10 年来贸易最盛之期。1930 年，受内战影

① 　参见张人价：《湖南之鞭爆》，载曾赛丰、曹有鹏编：《湖南民国经济史料选刊》(2)，湖南人民出版社 2009 年版。

响，爆业一蹶不振，至1933年仅输出5.3万余担，值银86万余两，再图恢复，限于销路不畅，始终不能恢复以往产销两旺的局面。自1934年至1937年，湖南爆竹出口维持在3.6万担至7万担之间，价值108万元至198万元（国币元）。抗日战争爆发后，爆业生产与销售均急剧下降，并很快陷于停顿。①

运输方法，各地不同。浏阳县城之爆竹，系由浏阳河用民船运至长沙，如从长沙再运汉口，多用火车，如从长沙再运上海时，则全用轮船。运至长沙，每箱约8.7元，其中包封费用6元，木箱1.1元，运费并捐税约1.4元。运销汉口，每箱费用共12元多，其中包装费约8元，沿途运费并捐税约4.4元（民船运费1.6元，火车运费2.8元）。运销上海，每箱费用约20元，其中包装费9元，关税3元，运费及其他费用约8元。

浏阳金刚镇之爆竹销场甚广，其运输，初雇民船由浏阳之南川水，经浏江入湘江，达湘潭。由金刚镇至湘潭，大约每百斤须费0.68元，运费捐税均在内。若由湘潭再运各埠，须换轮船，因运销口岸不同，每箱费用不一。

浏阳大瑶地处县城和金刚之间，其爆竹运输方法，运汉口时，由大瑶雇民船，经南川水入浏江，至醴陵阳三石，换火车运汉。运上海、厦门者，则由大瑶雇民船直运湘潭，再换轮船，运往以上两埠。水运因季节关系，春季水涨，多由民船直运湘潭，再换轮船运往各埠；秋季水浅，多用民船运至阳三石，搭火车运汉，再转他埠。运费方面，普通每大箱，由大瑶至阳三石运费约0.6元，由阳三石至汉口，每箱火车运费3—4元；大瑶运汉口，运费并捐税共4元左右；由大瑶直运湘潭，每大箱民船运费并捐税约1.7元；由湘潭至上海，每箱水脚并关税10余元；大瑶运上海，每箱共约20元。每大箱进价约40元，包装费10元。上项费用合计，则每大箱运汉口，共须成本费用50余元，运上海须成本费用70余元。

萍乡各地运往上栗市（上栗市属萍乡县，为萍乡一大鞭爆市场）的爆

---

① 参见湖南省土产畜产进出口集团公司编：《湖南主要出口土产畜产品资料汇编》，1989年，第15—16页。

竹，通过民船进入渌江，醴陵白兔潭、普口两产地更位靠渌江，运输极为便利，渌江以下，仍用民船，至渌口与湘江汇合，直达湘潭，由湘潭换轮船，再运各埠，其中一部分销汉之爆竹，多由渌江运至醴陵阳三石，换火车运汉口。运输费用，因各产地与各销售地之间路途之远近而不同。

湖南爆竹之生产与销售，自1929年以后，逐渐呈衰落之情态。出现这种情况，对于地方百姓之生活乃至于全省经济之影响，绝对不可低估。爆竹为湘省最重要的手工业产品，其对于平衡湖南对外贸易、发展地方经济、改善百姓生计皆有着十分重要的作用，故湖南省当局对于爆竹业之兴衰，极为关注。1934年，湖南经济调查所对于振兴爆竹业提出了一些对策，其中非常重要的一项是：降低运费以便利运输。对策认为，粤汉铁路即将完成，目前广庄及洋庄爆竹之出口，全部由海道运往广东，运输费时，运费繁重，将来粤汉铁路直达广东以后，因运输之便利与运费之减低，整个广庄及洋庄爆竹，前途可以乐观。同时，因醴陵靠近粤汉铁路，则广庄洋庄之爆竹生产更易集中于醴陵。目前来看，应减低武株铁路之爆竹运费，使醴陵所产之爆竹，全部通过铁路运至汉口销售或转运他埠。

湘鄂铁路局对于浏阳爆竹的运输一直不温不火。据湘鄂段调查，浏阳爆竹每年产量约5000吨，该局每年运输量占总产量的一半即2500吨左右，其余2500吨均走水路。浏阳爆竹历来是由湘鄂铁路或轮船输往汉口、上海、福州、广州、汕头、烟台等地销售，其中专门销往汉口的，为避免关税，全部由湘鄂铁路运输，其数为每年2500吨。而另外2500吨须经汉口转运至其他各埠的，无论车运还是船运，都要缴纳关税，因船运便宜，故皆舍车就船。湘鄂铁路局认为，2500吨的爆竹，其运费有2万元之多，因此颇有必要争取过来。1934年8月，湘鄂铁路局制定了爆竹运输减价方案，即"将凡由醴陵（阳三石）、新河（长沙）两站至鲇鱼套站（武昌），整车装运之鞭炮，按照普通运价八七五折收费。"此减价方案，使得铁路运费较水路运费为低。方案呈铁道部后，获得批准。[①] 这个减价方案，对于湘鄂铁路争取爆竹货源起到了一定的作用。

---

① 参见《揽运鞭炮拟改普通运费八七五折收费》，《湘鄂铁路旬刊》1934年第72期。

　　粤汉铁路通车后，湖南爆竹的运输路径又发生了一些变化，铁路所争取到的爆竹运输份额更大了。以往，浏阳爆竹无论是销往中部市场、南部市场还是北部市场，绝大部分均是经长沙转运汉口，然后再从汉口分销至各个市场，这也是粤汉铁路全线通车之前湖南绝大部分土产的输出省外的运销路线，这无疑费时费力。以浏阳爆竹为例，其销往海外的爆竹以香港为出口，在粤汉铁路通车前，大批量的货物多由长沙、汉口运至上海，再从上海换货轮运往香港，较为麻烦。而小部分的爆竹，"多由驮马运载至粤"，然后再由粤汉铁路南段及广九铁路或民船运往香港输出海外，这也比较麻烦。粤汉铁路畅通后，销往南部市场的爆竹大多改走粤汉铁路了。[①] 而粤汉铁路为了争取爆竹这个货源，也像湘米运粤一样，减低了运费，在这样的情况下，爆商自然会选择通过铁路进行运输。因为由粤汉铁路，从长沙至广州只要短短的一天，比之从汉口、上海再至广州缩短了足足十几天的时间，既节约了时间，也节省了路费。

　　（5）粤汉铁路与湖南瓷器之运销。瓷器亦为湖南重要手工业品，以醴陵所产最为出名，号称"醴瓷"，实际上也是湖南瓷器的代言人，2011 年被国家有关部门认定为中国最具价值的地理标志之一。[②]《醴陵乡土记》说："凡我醴人，要知瓷土。是我富源，亦吾独有。山山有泥，人人可作。"[③] 醴陵瓷器，有粗瓷细瓷之别。醴陵瓷器具有较好的水陆交通运输条件。醴陵瓷器的运输，一般是"各厂家所出之货，统由陆路运至县境之姜湾镇瓷器贩商所设之庄号脱售，再由贩商运销本省境内之各重要城镇及河南、湖北、贵州、安徽、汉口等地"[④]。可见，醴陵瓷器的销路还是比较广泛的。醴陵为民国时期湖南省的重要城市，地居湘东，上通萍乡，下达湘潭，水运则有渌江横贯东西，通达湘江、长江各埠，帆船往来，终日不绝。在株萍、湘鄂铁路修通之前，醴陵瓷器皆走水运输出。株萍、湘鄂铁路通车之后，铁路遂成为醴陵瓷器对外输出的重要工具，但数量不多。板杉铺为车站所在，"北乡一带土瓷，

---

①　参见王煦生：《浏阳编爆业之今昔》，《金融汇报》1946 年第 21 期。

②　参见黎辉：《地理标志——原产地经济致富之梦》，南方日报出版社 2014 年版，第 164 页。

③　傅熊湘：《记醴陵瓷业》，《傅熊湘集》，湖南人民出版社 2010 年版，第 558 页。

④　朱羲农、朱保训：《湖南实业志》（一），湖南人民出版社 2008 年版，第 472 页。

得就近运往武昌，故瓷商多在站设庄收买，以其较船运为捷速也"①。20世纪30年代，湖南公路发展迅速，有浏汝公路（浏阳—汝城）穿过醴陵向南经攸县可达茶陵，往来货物运输亦比较繁忙。良好的水陆运输条件，为包括瓷器在内的醴陵物产提供了便利的输出途径。

进入30年代以后，醴陵瓷业整体处于产销皆不旺的状态，输出不多，这就影响到了铁路部门对该项运输业务的支持力度。正因如此，尽管粤汉铁路湘鄂段曾对醴瓷的运输业务制定了特价，但效果依然不佳。湘鄂铁路从1931年10月起曾对醴瓷运输实行特价（每年5—10月）②，按照5等货物95折计价，试办6个月，"由株洲至徐家棚改为每吨六元七角零六分六厘"。铁路方面设想，在运价优惠期间，如果瓷器运输量能够增至每年1500吨以上，将对瓷运继续实行更加优惠的价格。1929年、1930年、1931年（1—10月）湘鄂路分别运输醴瓷797吨、385吨和445吨。但从1931年、1932年两年的运输实际来看，运量并没有增加。在此情况下，故自1933年10月改订"整车货运特价表"时，将粗瓷特价予以取消。③ 这种情况的出现，正说明地方经济的荣枯与铁路企业效益的好坏存在着"一荣俱荣、一损俱损"的密切关系。

（6）粤汉铁路与湖南矿产之运销。湖南矿产资源丰富，且大多分布于粤汉铁路沿线东西两侧，加以湖南水运发达，这些矿产大多可通过水运集中至粤汉铁路沿线各站。安化、新化的锑矿、祁阳的石炭矿、常宁、江华的铅矿、宜章、汝城的石炭等矿产，"自铁路开通以后，很多运往广州，同时从香港、广州也有许多新机械运来，以改善采矿工程"④。杨力行也写文章说，湖南各种矿物储量丰富，如锑矿产量占世界产量的80%以上，由于各国的扩军备战，对锑等矿产品的需求旺盛，价格亦高涨，而粤汉铁路沿线为湖南矿产的主要产地，"故该路通车，各种矿物亦得以大量输出，又因能迅速大量畅销，故现在各矿山的采掘工作之进行遂大形活跃。现在湖南的矿产物多

① 傅熊湘：《醴陵乡土志》，台湾成文出版社1975年版，第34页。
② 因每年5—10月水运便利，为与水运竞争，故在此期间实行特价。
③ 参见《本路承运醴陵瓷器历年运输暨运价之调查》，《湘鄂铁路旬刊》1934年第65期。
④ 陈德贞：《粤汉铁路沿线经济近况》，《国际贸易导报》1937年第9卷第4期。

已改由铁路运至广州、香港，而关于改善各种采掘的机械，也由香港、广州输入"。由此可见，粤汉铁路通车之后，对湖南矿产业的发展已经起到了一定的推动作用。[1]

湖南煤矿与粤汉铁路的关系最为密切。1935年，国民政府统计局调查，湖南全省重要煤矿42家，1933年全年总产量近42万吨，各公司中年产额最高者，亦不过5万吨，最低者仅900吨。[2]湖南煤炭的主要产地在醴陵，主要有两家，一是协记石成金公司，一是石门口煤矿公司。协记石成金公司产品之销售地域，以汉口为主，长沙次之，湘潭又次之；石门口煤矿公司煤销之主要市场在醴陵阳三石、湘潭、株洲以及长沙。此外，攸县出产之煤，以衡山阳子坪及湘潭为主要市场。衡山煤销于长沙、湘潭、汉口等地。耒阳煤除销本省外，余均运销汉口。永兴所产之煤大半销于长沙、汉口以及衡阳等地。煤炭的运输，陆路则由湘鄂铁路及新近开筑之各公路，水运则取道于湘、资、沅、澧4大河流及其支流。矿区离路线较远之地，除醴陵石门口煤矿公司及永兴裕湘煤矿公司应用自筑之轻便路外，其他各矿通常均赖人力车装运，亦有雇工挑运者，然后至车站或河埠装运。春夏水涨，多用船运，秋冬水涸改由陆运，此一般运输之情形也。醴陵煤产运输较他县为便利，故多用铁路运输。辰溪煤产先用民船运至常德，然后装轮或装车运至长沙转往汉口。[3]1936年9月，粤汉铁路全线开通后，"湖南煤炭通过它大量输入两广及湖北地区，湖南地区的煤炭运输也逐渐由水运转向铁路运输为主"[4]。

综上所述，我们可以看到，湘省大宗输出的物产如茶叶、桐油、茶油、爆竹、矿产、瓷器等，在粤汉铁路全线通车前，茶叶、爆竹、煤炭等较多地通过粤汉铁路湘鄂段进行运输，其他几种利用铁路的比例较低。但粤汉铁路全线通车后，上述大宗物产逐渐转向通过铁路进行运输。因此，湖南大宗物产在运输方式上的发展趋势是：铁路运输正在逐步取代水运，特别是随着粤

① 参见杨力行：《粤汉铁路的经济意义》，《现代国际》1937年第1卷第5期。
② 参见朱羲农、朱保训：《湖南实业志》（二），湖南人民出版社2008年版，第784—785页。
③ 参见朱羲农、朱保训：《湖南实业志》（二），湖南人民出版社2008年版，第786—787页。
④ 郭钦：《湖南近现代工业史》，湖南人民出版社2013年版，第305页。

汉铁路的全线通车，这种趋势尤其明显。

四、粤汉铁路加强了湘、鄂、粤三省之间的经济联系

粤汉铁路的修筑，带动了鄂、湘、粤三省运输、商贸、邮政等行业的迅速发展。在粤汉铁路全线贯通之前，通过粤汉铁路湘鄂段的运营，湘鄂之间的经贸联系有了进一步的发展。粤汉铁路全线贯通之后，不但湘粤之间的经贸联系大为加强，鄂粤之间的经贸联系亦随之增加。

粤汉铁路湘鄂段开通之后，在最初的数年时间里，其营业状况颇为不佳。因为建设时间过长，其每公里建设成本高达 14 万元之多，远远多于平汉铁路、津浦铁路的 10 万元和 11 万元，这给湘鄂铁路造成了极大的成本压力。[1] 同时，湘鄂铁路还面临着多重困难：设备简陋、枕木朽坏、军事干扰、水道竞争等，故客货运输均感困难，入不敷出成为该路开通之后的常态。即使这样，粤汉铁路湘鄂段对于密切湘鄂两省的经济联系依然发挥了巨大的作用，尤其是南京国民政府成立之后，湘鄂铁路的运营状况开始趋于好转。1930 年，鲍运鸾曾撰文指出："今年以来，湘鄂铁路之财政状况，已渐有向上发展之倾向。……1928 年内，因湘鄂两省之间未受军事影响，湘鄂路之营业状况已较 1927 年转佳。"[2]1928 年以后，湘鄂铁路的营业状况一天天好起来了。

20 世纪 30 年代以后，粤汉铁路湘鄂段的客货运输均呈上升趋势，营业状况日趋好转，以客运而言，每年载客人数约百万之谱。以货运而言，每年运输货物约 60 万吨，以零星杂货为多，矿产品次之。沿途各站货运品类主要有茶砖、茶叶、米谷、黄豆、高粱、盐、煤、木炭、棉花、棉纱、线、土布、夏布、柴、木、竹、竹器、漆器、烟叶、烟、酒、红枣、鲜果、糖、麻、苎麻、薯、棕皮、牛皮、皮革、粗纸、火纸、干鱼、猪、麻油、橘子、鸡蛋、饼、绣品、药材、杂货等。[3] 据实业部统计，1933 年湘鄂铁路从羊楼

---

① 　参见鲍运鸾：《湘鄂铁路之概况及其将来》，《交通经济汇刊》1930 年第 3 卷第 1 期。

② 　鲍运鸾：《湘鄂铁路之概况及其将来》，《交通经济汇刊》1930 年第 3 卷第 1 期。

③ 　参见朱羲农、朱保训：《湖南实业志》（二），湖南人民出版社 2008 年版，第 1324 页。

司输出茶叶 4500 余吨；从岳阳输出猪 5000 余吨，米和棉花 1000 多吨；从汨
罗输出茶叶 6 万多吨，纸 2 万石，米 2 万石；从长沙输出猪 5000 余吨，纸
伞 6 万把，玻璃 1200 吨；从株洲输出谷米 3 万石；从醴陵输出夏布 3 万匹，
煤 7 万余吨。上述产品的输出方向，基本以输往汉口为主。[①] 据民国交通部、
铁道部统计，湘鄂铁路湖南各站输出品种类、数量、客货运收入等大致情况
可参见表 21。

表 21　粤汉铁路湘鄂段湖南各站输出输入物品类及数量简表[②]

站名	输出输入品类		输出输入数量		货运收入	客运收入	备注
	输出	输入	输出	输入			
羊楼司	茶叶、茶砖、杂货、木炭、棕片、竹皮等	铜元、杂货、烟煤等	茶砖：2000余吨	烟煤：2000余吨	15700余元	6200余元	羊楼司产茶，湘省设有茶厘局，按茶价值百抽一，距站四里许之羊楼街，有大小铺户约200余家
五里牌	粗茶、细茶、谷米等	杂货等	粗茶、细茶、谷米合计200余吨	杂货：170余吨	3700余元	4200余元	五里牌地处僻乡，商业不发达，附近有桃林、聂市诸镇，以聂市镇较为繁盛
路口镇	茶叶、谷米	大米、杂货	年无定额，数量有限		1600余元	1300余元	
雷溪	茶叶、黄豆、谷米、棉花等	无大宗货物	900余吨		500余元	4700余元	车站距街市不到500米，此地商会已筑石头马路
城陵矶	棉花、茶叶、谷米、高粱、黄豆、生猪等	铜元、小猪、粗纸	380余吨	年无定额，约与输出数额相当	1900余元	6300余元	城陵矶距城陵埠约3公里，商务平常，站旁有客栈数家

① 参见实业部"中国经济年鉴"编纂委员会：《中国经济年鉴》，商务印书馆（上海）1934
年版，第61页。

② 参见国民政府交通部、铁道部交通史编纂委员会：《交通史·路政编》第14册，1935年，
第297—301页。

站名	输出输入品类		输出输入数量		货运收入	客运收入	备注
	输出	输入	输出	输入			
岳州	米粮、干鱼、黄豆为大宗；糖、盐、煤油、粗纸次之	洋纱、匹头、香烟、粗细纸张、铜元、灰面、水果等	4600余吨	620余吨	6400余元	54700余元	岳州地属险要，为长沙门户，商务虽发达，然由水道运输者甚多。站旁有客栈数家，每年春夏水涨时，本路对于客商货物有运输专价，以资招徕。其地土产极少，附近南县、华容两县产棉花、米粮运往鄂省销售者，多由岳州装运水道而行
麻塘	无大宗货物				60余元	1200余元	麻塘站旁因无城镇，故商业萧条，以地势低洼，有建议宜在沿线广植树木，藉固本站附近路堤并防水患
荣家湾	米、棉花、土布、蚕豆、菜籽、花生、茶叶、牛皮、铜元等	食盐、煤油、乳猪、铜元、药材、棉纱、杂货等	5500余担	5850余担	2000余元	7700余元	新墙一隅即有米行16家，每年办军米，旬日内可购12万包，出产之富，可想而知。但因附近有新墙河，可通湘江，以路运昂贵，客商多从水道输出，路运因之颇受影响
黄沙街	谷米、山薯、土酒、棉花、猪鬃等	食盐、油、火货、棉花、生猪等	90余吨又1600余担	60余吨又数百担	1700余元	4200余元	车站附近之黄沙街，交通极为便利，陆路左通新墙，右通大金街，水道能达鹿角、平江等处，然商务并不发达，站旁有客栈数家
桃林寺	生猪、番薯等	杂货	数百吨	数量较少	1700元元	1300余元	桃林寺附近并无城镇，距湘江亦远
汨罗	茶、麻油、粗纸、土布、生猪等	杂货、糖等	无定额	无定额	11200余元	12900余元	因水运竞争关系，故车运数目未有定额

站名	输出输入品类		输出输入数量		货运收入	客运收入	备注
	输出	输入	输出	输入			
白水	藕粉、茶叶、谷米、竹器、土布、生猪等	棉花、棉纱、杂货等	无定额	无定额	16200余元	15900余元	白水附近并无城镇，虽有小港，因水浅舟楫不行
沙河		杂货、棉纱、豆油、洋油及零星货物		每月有20余吨	700余元	8800余元	沙河地处乡僻，距县城七八十华里，附近多山，交通不便，输出输入均为大宗，间有粗石料运往长沙新河一带销售
桥头驿	米、生猪、药材、茶叶等	洋棉、杂货等	米数十担，猪二十余头，药材数十担	棉纱1400余担，杂货260余担	200余元	8900元	桥头驿附近无大城镇，仅一小街，店铺寥寥数家，故货运不发达，站旁有客栈数家
霞凝	猪	并无大宗输入	每月平均约运百余吨		2000余元	3700余元	霞凝为小站，客货无多
新河	粗纸、爆竹、粗茶、南货等	杂货、铜锭、棉花、煤、杂粮等	春季每月100余车；夏季每月80余车；秋季每月50余车；冬季每月100余车	年850车左右	117700余元	80余元	新河靠近湘江，地势又低，每逢湘江涨水，颇有淹及路线之虞。车站附近新河镇，皆日用饮食店铺，无甚商务可言，惟因与长沙北门相近，故稍有货物出入。附近之水路为新河，不但不与湘鄂铁路争利，而铁路之货物反恃水路协助输运。湘鄂铁路输出之粗纸、爆竹等均系浏阳河内地出产，须经水路船运至本站再由铁路输运武汉一带销售

站名	输出输入品类		输出输入数量		货运收入	客运收入	备注
	输出	输入	输出	输入			
长沙北站	棉纱、棉布、杂货、靛青、颜料等	土布、猪鬃、兽毛、煤等	1000余吨	煤炭1000余吨；土布、猪鬃等无定额	900余元	21000余元	长沙为湘省省会，湘鄂铁路在长沙建有东、北两站。凡湖南省文武衙署，均在城内，旅馆甚多。北站在长沙北门外，地区繁盛，湘水濒临，兼有环城大马路为之贯通，舟车蚁集，本可广张营业，但因车站设备不周，营业未有大发展
长沙东站	牲畜、土布、洋货、农产、水果、禽蛋等	煤、夏布、猪油、辣椒、洋货、药材等	4200余吨	5000余吨	武长段57000余元；长株段18000余元；合计75000余元	武长段年141400余元；长株段（1月、2月、3月、7月、8月、9月）149000余元合计156300余元	东站在长沙小吴门外，当地设有厘局，征税极重，有时捐税较长沙至鲇鱼套之运费尚高一二倍，种种苛税，致商人裹足，多改由水道运输，这对湘鄂铁路之营业影响甚大
大汜铺					数十元	1400余元	大汜铺地处乡间，并无城镇，虽系产米之区，因濒临湘水，货物多不经车运，基本无货运可言
易家湾	米、茶、纸张、药材、猪及猪制品、牛皮、鸡毛、鸭毛、纸伞等	药材、布匹、洋纱、鹿角、红枣等	年600余车，又250余吨	年270余车，又900余吨	142300余元	45700余元	易家湾站为湘潭运输出入货物之枢纽，但因贴近湘江，客商多趋水路运输。车站距湘潭县约30里，然自江岸至车站仅一里有余，为方便客商，湘鄂路已修筑岔路连接江岸与车站

站名	输出输入品类		输出输入数量		货运收入	客运收入	备注
	输出	输入	输出	输入			
株洲	煤焦、石灰、木料、瓷器、土烟、鸡蛋、鲜鱼、蔬菜、牲畜、家禽、米谷等	食盐、棉纱、布匹、药材、煤油、杂货等	18200 余吨，又 180 余车	煤油有数十车，其余均为零散货物，并无整车装运	172000 余元	16100 余元	株洲为株萍、湘鄂铁路交会处，凡萍煤北运必经过此地，湘省设有税局对安源运来之煤征税，每 40 吨煤初征税 7.2 元，后增加到 10 元

　　表 21 所列各项产品的运输方向大致为：湘鄂铁路沿线湖南各站吸收了附近甚至更远地区的农副产品、手工业品及矿产品，通过铁路运往长沙、汉口、武昌等地或消费或加工或转运，而从汉口、武昌或长沙等大城市主要向湖南各地运输工业品兼及其他土特产品以供人们消费，例如，湖南第一纺织厂从汉口收购之棉花，一般均由湘鄂铁路承运。[1] 粤汉铁路在沟通湖南与汉口、上海、广州等经济发达地区的联系方面起到了重要的作用。

　　1921—1937 年，受多种因素影响，历年的客运增幅并不大，至 1935 年，每营业公里发送人数达到 2569 人，每营业公里日均发送 70 人。从货运方面看，1928—1935 年 7 年间，湘鄂路运输货物即达 253.8 万吨，而 1915—1927 年的 13 年中，仅完成 223.8 万吨的运输量。[2] 再以湘省货物进出为例，粤汉铁路湘鄂段通车前，湘米经水路运汉口，转京汉铁路运至北京，以抵湘省解款。1921 年起，湘米逐步经湘鄂、京汉铁路联运至北京。湖南所产桐油、鞭炮、纸张、农副产品等经铁路运往汉口，再转水路运抵上海，或转至国内其他口岸，或直接出口国外。江西萍乡之煤运抵武昌后，多利用回车装淮盐入湘。

　　粤汉铁路全线通车后，南北交通局面发生的一个重要变化，就是湖南经粤汉铁路输往广州的物产大大增多，而不是像以往那样输往汉口转运各地

---

① 参见平汉铁路经济调查组：《长沙经济调查》（长渝计划经济调查特辑之七），1937 年，第 74 页。

② 参见谭仲池主编：《长沙通史·现代卷》，湖南教育出版社 2013 年版，第 462—463 页。

或海外，湘粤之间的经济联系空前加强。1936 年 5 月，粤汉铁路全线通车后，除湘米运粤外，湖南省所产之桐油、茶油、茶叶、矿砂等，也开始经粤汉铁路直接运往广州出口，这较原先经上海走海路缩短了一大半路程，节省的运费颇为可观。此正如杨力行所说，粤汉铁路通车，"现在湖南的矿产物多已改由铁路运至广州、香港，而关于改善各种采掘的机械，也由香港、广州输入。"① 耒阳每年产生猪 17 万头，在粤汉铁路开通前主要以内销为主，铁路开通后每月有 10 个车皮装运生猪、谷米等农副产品，发往广州销售。② 因为铁路的开通，1936 年下半年，长沙经广州口岸进出口的商品开始逐渐增加，生猪和粮食是长沙外销的大宗货品，长沙的长春巷一带猪行云集，粤省很多商人纷纷前来长沙设立猪行，大量收购生猪运销广州。③ 同时，随着湘米销粤的急剧增加，广州米粮商纷纷到湖南设立庄号，如耒阳的新市粮食同业公会的行栈、店铺等多达 34 家。广州粮商在新市购买稻谷就地加工成米，装船运至灶市，搭粤汉铁路货车运抵广州。④ 粤汉铁路通车前，作为湘南农副产品主要集散地的衡阳，其周边四邻各县所产谷米、茶油、桐油、烟草、莲实、土靛、生猪、蛋品、猪鬃等，多走水路运销长沙、汉口再转口输出。"粤汉铁路通车后，农副产品多运销广州、香港。抗日战争时期，乃转而内销重庆、桂林、贵阳和昆明等地。"⑤ 粤汉铁路通车前，衡阳蛋业一般是由商贩串乡收购，先走水路运至郴州，再转旱路运至广东连州、坪石等地出售，换回食盐等商品。民国二十二——二十三年（1933—1934），年运销鸡蛋约 250 万枚。粤汉铁路通车后，长沙、湘潭、衡山等地客户纷至衡阳设庄开店，蛋商增至 50 余家，常宁、祁阳、耒阳、衡山等县的蛋贩，亦争相运蛋来衡，日吞吐量高达 30 万枚以上。广州陷落后，南销受阻，蛋业衰落。抗日战争胜利后，大小蛋店又恢复至 80 余家，日成交量达五六万枚，多运

① 杨力行：《粤汉铁路的经济意义》，《现代国际》1937 年第 1 卷第 5 期。
② 参见耒阳市志编纂委员会：《耒阳市志》，中国社会出版社 1993 年版，第 235 页。
③ 参见谭仲池主编：《长沙通史·现代卷》，湖南教育出版社 2013 年版，第 463 页。
④ 参见耒阳市志编纂委员会：《耒阳市志》，中国社会出版社 1993 年版，第 355 页。
⑤ 湖南省地方志编纂委员会编：《湖南省志》第 13 卷《贸易志·贸易综述·商业》，湖南出版社 1990 年版，第 81 页。

销广州、香港。①1937 年 7—12 月，粤汉铁路湖南省境内装运商货达 4.55
万吨，其中运往广州 2.53 万吨，占 55.48%。1940 年 7—12 月，运送商货
11.25 万吨，其中运往韶关、乐昌（此时广州、武汉早已沦陷）等地 5.33 万
吨，占 47.3%。可见，随着粤汉铁路的通车，湖南农矿产品的输出与盐、工
业品的输入都发生了明显的变化。② 湖南更多的物产流向广州，湘粤两省的
经济联系大大加强，湖南未来的发展会更多地融入珠三角，随后的历史发展
也证明了这一历史发展趋势。时至今日，湖南实际上已经成为粤港经济圈的
核心腹地之一。

从广州方向输入湖南、湖北的商品也有很多，比较重要的如盐和糖，
在铁路开通后，都有大幅度的增长。"铁路开通以来，价廉的粤盐供给增
多，逐渐和淮盐、川盐相竞争，而有排斥之的趋势。"输入湖南的糖有赤
糖、白糖和车白糖等，赤糖产于南洋一带，年均输入约 5 万担；白糖为爪哇
之物，年均输入 10 余万担；车白糖来自香港怡和或太古公司，年均输入 15
万担。"铁路开通后，这种糖均由铁路运输，运费减少不少，因而价格亦随
之减低。"③ 粤汉铁路"营业方面，渐趋发达，沿线物产，如湘省之米，粤省
之盐与糖，皆为该路基本运输"④。"粤省之盐、粮、海味、果品等运销湖南
亦整车为多。"⑤ 广东的著名物产如象牙细工、红木细工、珠宝，在铁路开通
之前，均由海运运往上海、汉口等处，然后分销内地，如今这些物品均通过
粤汉铁路直达湖南、湖北等地，数量很大，而且价格也便宜了很多。广东水
果在以前因为保存的原因，销到外省的不多，"现在广东蜜柑等水果，差不
多湖南湖北各处都有"。广东的日用工业品，以往通过上海、汉口转运内地，
运费极高，故售价多在原价 2 倍以上，现在直接行销湖南、湖北等地，不但

---

①　参见湖南省地方志编纂委员会编：《湖南省志》第 13 卷《贸易志·贸易综述·商业》，湖
　　南出版社 1990 年版，第 83 页。

②　参见湖南省志编纂委员会：《湖南省志》第 10 卷《交通志·铁路》，中国铁道出版社 1995
　　年版，第 213 页。

③　陈德贞：《粤汉铁路沿线经济近况》，《国际贸易导报》1937 年第 9 卷第 4 期。

④　《（粤汉铁路）营业渐见发展》，《铁道半月刊》1937 年第 2 卷第 9 期。

⑤　株洲市地方志编纂委员会：《株洲市志·交通邮电》，湖南出版社 1994 年版，第 47 页。

价格减低不少，市场扩大了很多。①

　　因粤汉铁路全线贯通，1937 年 3—5 月，湘、鄂、粤、赣四省联合举行特产展览会，会场依次设在广州、长沙、武汉和南昌四地，粤汉铁路亦专门组团参加，在武汉特设"粤汉馆"，推销铁路沿线各地的特产，深受参观展览的各地观众的喜爱。报载，展览期间，粤汉铁路沿线土产代办处代售各地之特产深得各界欢迎，"广东水果销路最佳，第一批当日即销去十之八九，第二批到有糯米椹、黑叶等荔枝，此项荔枝由树上摘下，即由通车运汉，相隔时间仅三日，且以保藏得法，极为新鲜，为武汉前此所未有，故得各界欢迎，象牙细件雕刻品第一批已将售完，第二批前日亦运到，均为细件雕刻品之图章、戒指、香烟嘴、表坠等，亦极受顾客欢迎云。"② 在各地举行展览期间，"参观者极形踊跃"③。展览期间的交易额也颇为可观，以在长沙的展览为例，展会于 1937 年 5 月 6 日—6 月 6 日举行，此次参加大会之厂商，广东 43 家，湖南 62 家，湖北 45 家，江西 37 家，总计 187 家。从 5 月 10 日—6 月 3 日，营业总数为 112662.49 元，其中广东省 43475.27 元，湖南省 21555.5 元，湖北省 21000.35 元，江西省 27071.32 元。④ 四省特展会召开的一个主要背景是粤汉铁路的全线通车，特展会对于加强四省经济联系具有十分重要的意义，得到了当时社会各界的高度评价。⑤

　　值得指出的是，湖南流向广州的物产增多了，必然会减少流向汉口、上海的物产，这就意味着湖南与汉口、上海的经济联系程度的减少，其后果是对汉口乃至上海的工商业会造成一定程度的不利影响。事实上，粤汉铁路全线开通对于汉口、上海工商业的不利影响，当时的人们就已经指出来了。邹宗伊在《四省特展之意义及其展望》一文中充满期待地指出，粤汉铁路的开通对于加快发展湘、鄂、粤、赣四省经济的意义十分巨大，前景广阔。但

---

① 参见陈德贞：《粤汉铁路沿线经济近况》，《国际贸易导报》1937 年第 9 卷第 4 期。

② 《四省特展粤汉馆代办沿线特产》，《路向》1937 年第 5 卷第 2 期。

③ 褚泽生：《四省特展会之后顾前瞻》，《广东经济建设月刊》1937 年第 4 期。

④ 参见《四省特展在湘营（业）报告》，《经济旬刊》1937 年第 8 卷第 16 期。疑原文有误，其中湖南省数据疑为 21055.5 元。

⑤ 参见冯节：《四省特展与国民经济》，《国货月刊》（广州）1937 年第 3 卷第 9、10 期合刊；周承考：《四省特展与省际经济合作》，《国闻周报》1937 年第 14 卷第 11 期。

作为湖北人，他同时不无忧虑地指出，粤汉铁路全线开通，"武汉市场更另潜伏一种至大之危机……武汉市场之繁荣，胥赖于转口货物之聚散交易，如四川之桐油、白蜡、药材，湖南之茶叶、米、苎麻、猪鬃，河南之麻、豆、麦、棉花、烟叶，皆须经汉口转口，运售沪粤，或径销外洋。今后粤汉铁路通车，川、湘、赣及湖北之沙市宜昌所出土产，皆可直接由粤汉铁路直输广州，不必再经汉口转口矣！……来日武汉市场之萎缩，当更不堪设想。"因此，他呼吁武汉工商界人士，应努力发展工业，为周边各省提供更多的工业产品，以减小因粤汉铁路的开通对武汉的经济和市场造成的不利影响。① 对于粤汉铁路全线通车对上海造成的不利影响，剑波曾撰文指出，上海作为中国最大的港口，依赖内地物产输出维持其繁荣，"粤汉湘通车，则上海市场要渐趋衰落，何以故？在粤汉线没有通车以前，各种物产，自汉口运到上海，再由上海转运广州，须要六日。若从粤汉线转运，由汉口直达广州，只要三四十个钟点。……上海之吞吐港的价值，必定要失去大半。故上海市场的冷落，亦恐难免"②。剑波的分析，未免有些太过夸张，但还是具有一定的道理。上述邹宗伊、剑波两人的分析，并不是专指湖南物产会因粤汉铁路开通而更多地输送至广州，但湖南省物产将会减少向汉、沪两地的运输则是毫无疑问的。事实上，粤汉路贯通之后，"向来以汉口为输出入港的湖北、湖南、江西三省，输出输入货物也大都改道经粤汉路由广州出口或进口了"③。因此，粤汉铁路贯通对汉口的商业地位确实造成了一定的冲击，而汉口又是以上海为出海口，则对于上海的商业地位自然也是一种削弱。与此相反的是，广州的商业地位会由此而加强。

　　尽管粤汉铁路全线通车不久，因抗战爆发而未能充分发挥其经济价值，但自其全线通车至抗战爆发前的短短一年中，它已经充分显示了其巨大的经济价值（见表22）：

①　参见邹宗伊：《四省特展之意义及其展望》，《汉口商业月刊》1937 年新第 1 卷第 10 期。

②　剑波：《粤汉线通车与国民经济的关系》，《上海党声》1936 年第 2 卷第 16 期。

③　李占才主编：《中国铁路史（1876—1949）》，汕头大学出版社 1994 年版，第 4 页。

表22　粤汉铁路历年分品类货物运量表①

单位：吨

年份	矿产品	农产品	林产品	畜产品	工艺品	共计
1916	76037	818	153	424	2133	79595
1921	101010	12384	1454	4159	10516	129523
1925	73841	16287	4280	21176	30712	146296
1931	100475	44852	5317	41200	60690	252534
1935	218108	72910	15527	6592	58099	371236
1938	297899	234619	9017	21016	422913	985465

注：1925年仅统计到6月底；1938年含政府用品44.2万吨。

通过表22可以发现，1938年的货运总量较1935年有较大幅度的增长，增幅超过2.5倍。这就充分说明，粤汉铁路全线通车后，该路已经部分发挥了其巨大的经济价值，这与当时人们的预期也是颇为吻合的。

综上所述，粤汉铁路在加强湖南与外省的经济联系方面发挥了巨大的作用，有力推动了湖南经济的近代化。粤汉铁路湘鄂段开通以后，尽管该段因水运的竞争经营一直颇为困难，但湘鄂铁路对于湖南本省商品的输出和湖南所需商品的输入均发挥了重要作用。粤汉铁路全线通车后，从前需经汉口、上海转口广东的商品均可以直接输送到广东，运费将大大降低，运量会大大增多。因此，湖南与广东的经济联系空前加强，这一点从粤汉铁路全线通车一年多的表现，完全可以做出这样的推断（参见表23）。而且，随着粤汉铁路与京汉、陇海、浙赣、长江、沪宁铁路的联运，以及未来与规划中的湘黔、湘桂等铁路的联网，若非日本帝国主义悍然发动血腥侵略战争，随着时间的推移，湖南与全国重要地区的经济文化联系都将会有巨大的改观，湖南乃至全国的现代化进程均会呈现出另外一种发展趋势。

① 参见湖南省地方志编纂委员会编：《湖南省志》第10卷《交通志·铁路》，中国铁道出版社1995年版，第213页。

表 23　粤汉铁路历年运输进款情况[①]

单位：万元

年份	金额	年份	金额
1913	2.75	1926	106.19
1916	14.83	1931	238.53
1921	181.52	1936	353.1

五、粤汉铁路对湖南传统运输方式
造成了一定程度的冲击

在湖南，来自水运的激烈竞争一直令铁路部门深感头疼。湘鄂铁路因为水运的竞争，经济效益颇为不佳。水运、铁路都是一种交通方式，各自都有自身的特点，各自有其存在的必要性。铁路企业的主要任务是客货运输，一般来说，对于一个特定的区域而言，在一定时期内，其客货运输量是相对固定的，这样的话，各种运输方式之间的竞争就是不可避免的。粤汉铁路途经的湘、鄂、粤三省尤其是湖南，水运较为发达，这对粤汉铁路的客货运业务都造成了较大的影响。黄秉镛的调查指出，就湖南全省货运情形来看，由于湘省水系发达，航运极为便利，"全省货物 80% 均由水道运输"[②]。因此，粤汉铁路的货运就面临着水运的激烈竞争，根据湘鄂铁路局的调查，湘鄂间的货物运输一般"在水涨时间，货商因航轮运价低廉，群趋水运，在江水退落时间，湘江涸干，航轮停业，进出口货物，交由路运"[③]。事实上，粤汉铁路南北两端（湘鄂段和广韶段）即因运输里程太短且在湘江和北江水运的竞争下而长期营业不旺，但随着粤汉铁路的全线贯通，铁路与水运之间的关系将会发生很大的变化。按照 1933 年粤汉铁路株韶段沿线经济调查队的建议，未来粤汉铁路短途之货运，如衡阳至武昌间、曲江（韶关）至广州间，

---

① 参见湖南省地方志编纂委员会编：《湖南省志》第 10 卷《交通志·铁路》，中国铁道出版社 1995 年版，第 552 页。

② 黄秉镛：《衡阳区所属城镇调查报告书》，《粤汉月刊》1937 年第 1 卷第 4 期。

③ 《本路上年份（1933 年）运输粗茶棉花运量统计》，《湘鄂铁路旬刊》1934 年第 74 期。

将会受到来自水运竞争的严重影响。但是未来由武昌至广州之全程运输，或由湘运粤，或由粤运湘，由于南岭横亘湘粤之间，湘江与北江不能汇通，北江上游之武水虽能通至湖南宜章，然滩多水急，舟行艰难，这时则舍铁路之外别无他途。虽然水运与粤汉铁路存在竞争，但亦存在互补。湘江、北江各支流，多与铁路相交，不啻为铁路之支线，将来铁路之货物，皆须借助这些支流散诸各地。[①] 同时，粤汉铁路最重要的功能是穿过了南岭，使长期阻塞岭南与两湖、中原地区的交通屏障得以撤除，其对于湖南物产的运销尤为关键。

但是，水运也存在着十分明显的缺陷：一是运输速度较慢，运输时间较长；二是受水文、天气因素的影响较大，连续性差，灵活性小；三是因商品在途时间长，损耗较大，资金周转慢。而且上述几个缺陷，几乎是不能克服的。反之，铁路运输具有以下几个先天的巨大优势：一是运行速度快，远高于水运和公路运输。二是运货量巨大，一列货车平均可拉 1000—2000 吨货物。铁路在单线上，一个方向全年能够运输货物在 1000 万吨以上，而在双线上则可达 2500 万—4000 万吨。三是一般不受气候和季节影响，连续性较强，可靠性高。四是管理高度集中，比较安全、准确。因此，历史地看，近代以来世界交通格局的变化趋势是：以铁路为代表的机器交通工具逐渐取代以驿运、水运为代表的人畜力或自然力等传统交通运输方式，以实现生产效率的提高。也许这一发展过程并非一帆风顺，但这是不以个人意志为转移的历史发展趋势，不过这一趋势在 20 世纪上半叶仅仅只是苗头初显，有待进一步发展。

虽然如黄秉镛所言，湖南全省货物水运占了大头，但铁路运输无疑更具有发展前途。为了与水运进行竞争，铁路部门对于重要大宗商品制定了特殊运价。1913 年，粤汉铁路长株段将普通货物运价分为 5 等，每吨每英里运价基数为：一等 0.08864 元，二等 0.07104 元，三等 0.05640 元，四等 0.03680 元，五等 0.02200 元。同年 10 月 1 日起至次年 2 月底止，米粮照定价 7 折，绸缎、绣货、夏布、粗布、茶叶、瓷器、陶器照定价 8 折。[②]1919

① 参见国民政府铁道部：《粤汉铁路株韶段经济调查报告书》，铁道部业务司调查科，1934 年。

② 参见湖南省地方志编纂委员会编：《湖南省志》第 10 卷《交通志·铁路》，中国铁道出版社 1995 年版，第 264—265 页。

年 4 月，春茶上市时，铁路运费较水运为昂。湖南在云溪征收各种税捐照前
增加 7 倍有余，商民裹足不敢由火车装运。湘鄂路运乃将整车茶叶、茶砖
改为定价的 8 折核收运费。1920 年湘鄂铁路又将普通货物运价进一步分为
6 等，每吨每公里最近区段基本运价为：一等 0.04816 元，二等 0.03374 元，
三等 0.0264 元，四等 0.02099 元，五等 0.01561 元，六等 0.01323 元。不满
整车货物运价照整车运价加 30%。① 运价实际上又有所下调。1920 年 4 月，
湘鄂铁路局先后将株洲、易家湾、新河、长沙、霞凝、汨罗、岳州各站，运
米至徐家棚、通湘门、鲇鱼套各站，特定专价。由通湘门、徐家棚、鲇鱼套
各站，运面粉至岳州、新河、长沙站整车装运，亦特定专价。1921 年 3 月，
湘鄂路因有航运竞争，非特别减价不足以资招徕，特制定水涨期（3—10
月）、水落期（1 月、2 月、11 月、12 月）两种特别运价。1922 年起，湘鄂
路先后与开泰、新顺、顺丰、裕顺转运公司签订运输瓷器、粗纸合同。起站
规定有特价者，按特价收费，无特价者按普通运价收费。年运量超合同若干
吨以上，或年运费超合同若干万元以上，分别给以各种不同之回扣。合同期
为一年，可予继续签订。②

　　粤汉铁路对于争取货源也颇为积极。《铁道半月刊》1937 年 3 月报道，
为了争取货源，粤汉铁路局呈报铁道部批准增辟货运出海线，以便商品能够
直接输出南洋。粤汉铁路"对于运输，除于重要各区，设立营业区外，并将
全路划分为五个运输总段"，以发展客货运业务。③ 粤汉铁路还积极与公路
部门协调，实施公铁联运，以方便客商。1932 年春，郴县至宜章公路修通，
长沙至广东省的汽车运输直通无阻，而粤汉铁路中段株洲至韶关段尚未修
通。为方便旅客，同年 6 月湘鄂铁路与湖南公路局签订《旅客、行包联运合
约》，同时开办铁路公路联运业务。以粤汉线北段（长沙—武昌线）和湘境
内的湘粤公路线为联运区间，以湘鄂铁路局指定的汉口、徐家棚、通湘门、

① 参见湖南省地方志编纂委员会编：《湖南省志》第 10 卷《交通志·铁路》，中国铁道出版
　　社 1995 年版，第 265 页。
② 参见湖南省地方志编纂委员会编：《湖南省志》第 10 卷《交通志·铁路》，中国铁道出版
　　社 1995 年版，第 265—267 页。
③ 参见《〈粤汉铁路〉营业渐见发展》，《铁道半月刊》1937 年第 2 卷第 9 期。

岳阳、汨罗 5 站和省公路局指定的湘潭东、南岳、衡阳、郴县、宜章 5 站为
联运站，办理旅客、行包联运业务。各联运站均可互相发售客票，沟通鄂、
湘、粤三省的旅客联运运输。1933 年又修订合同，省公路局将联运站扩展
到湘黔线的湘潭西、湘乡、永丰（今双峰）、宝庆（今邵阳）4 站，以长沙火
车东站为联运接转站，湘鄂铁路局与省公路局于长沙火车东站设联络站，双
方派人合办联运事宜。联运客票，铁路方面分别按头、二、三等票价 9 折，
公路方面按普通票价不折；行李以箱箦、提篮、被包为限，包裹以重 60 公
斤，或体积 3 立方米为限；行包如有遗失、损坏，按铁道部客运通则的规定
赔偿，包裹赔偿金额最高为 30 元。修订的联运合约第 19 条还规定："凡联
运区所有沿途名胜地点，应由两局斟酌情形发售联运旅客游览来回票，其票
价湘鄂铁路局按照原价以七五折计收，省公路局按照原定价九折计收，但每
年发售时间须由两局另行协定。"铁公合办旅游联运由此开始。为了办好铁
公旅客联运，两局还按合约精神定有《联合运输办事细则》、《火车、汽车行
车时间表》及各种费率计收标准。湘鄂铁路局与湖南公路局实行铁公旅客联
运后，1934 年由铁路起运经湖南公路的联运旅客共 2381 人，收入 1.1 万余
元，由湖南公路起运经湘鄂铁路联运旅客 713 人，收入 3500 余元；行李包
裹联运双方共收入 500 余元。1936 年，粤汉铁路全线贯通，铁公联运由客
运转为货运，且以货运为重点，汽车运输主要集散铁路运输的物资。①

随着时间的推移，铁路在湖南交通运输格局中的地位变得越来越重要，
对水运等传统交通方式造成了较大的冲击。1920 年，当时粤汉铁路湘鄂段
刚刚开通一年多，《湖南实业杂志》就报道说，湘鄂铁路"通行长武票车以
来，虽有航运抵制，而该路客货运日渐发达，近且承运汉冶萍公司焦煤，每
日在六百吨以上，逐日收入，除开销外，确有盈余"②。淮盐输入湖南，最初
是帆船唱主角，后来航运取代帆船成为淮盐入湘的主要交通工具，粤汉铁路
全线通车后，便试图部分承揽淮盐入湘的业务。岳阳车站在湘鄂线通车初

① 参见湖南省地方志编纂委员会编：《湖南省志》第 10 卷《交通志》，湖南人民出版社 1998
年版，第 93—99 页。
② 《国内要闻》，《湖南实业杂志》1920 年第 28 号，转引自王国宇主编：《湖南经济通史·现
代卷，湖南人民出版社 2013 年版，第 151 页。

期，因水运竞争激烈，该站货运业务极为困难，每到夏季水涨时期，湘鄂铁路便要千方百计地招徕客货运业务。但随着时间的推移，1925—1936 年，"货物运量逐渐增长"，对于水运形成了较大的冲击。[①] 岳阳地方，"自铁路开发，航运渐废，已失去其商埠机能"[②]。熊希龄指出："自株萍铁路一通，醴陵民船咸多失业。"[③] 醴陵的渌江及其支流，"在未有铁路之前，煤、柴、瓷、米之运输，惟此（指船运）是赖，船只在 1 万号以上。至铁路修通以后，萍煤及石门口煤大部分均由火车输运，谷米杂货亦然，仅瓷器仍用航运，是时渌江航业衰微。"[④] 以湖南煤矿业的运输为例，传统上湖南煤炭的运输方式一般为水运，1930 年和 1935 年，醴陵石成金煤矿和石门口煤矿先后建成轻便铁路与株萍铁路阳三石站连接，并在站设立煤栈，此后，这两座煤矿就基本不再使用水路运煤了。大体而言，"湘鄂铁路运到长沙的煤常年在 6 万吨上下，约占长沙消费量的 1/3。1936 年 9 月，粤汉铁路全线贯通之后，湖南煤炭通过它大量输入两广及湖北地区，湖南地区的煤炭运输也逐渐由水运转向铁路运输为主。"[⑤] 后来随着湘桂、湘黔等铁路的修通，湖南煤炭的输出基本不再走水运了。

铁路对于传统车马等驿运的冲击那就更大了。史料记载说，醴陵"北乡旧为驿路所经，沿途各铺，旅业颇旺，自铁路既通，行人寥落，火铺遂多歇业。"[⑥] 以郴州的交通为例，粤汉铁路、湘粤公路通车前，郴州陆路运输全靠肩挑背负或骡马运输，水路则依赖郴江航运。随着湘粤公路、粤汉铁路的开通，"汽车、火车运输取代骡马和航船运输"[⑦]。

还需要指出的是，通过铁路等现代交通工具运销内地的"洋货"，对于湖南本地的某些产品造成了巨大甚至是毁灭性的打击。通过铁路进口的货物

---

① 参见李培林、张晓林：《岳阳市交通志》，人民交通出版社 1992 年版，第 380 页。

② 朱羲农、朱保训：《湖南实业志》（二），湖南人民出版社 2008 年版，第 103 页。

③ 周秋光编：《熊希龄集》第 1 册，湖南人民出版社 2008 年版，第 399 页。

④ 陈鲲修、刘谦等撰：《醴陵县志》卷 6《食货志·工商》，1948 年铅印本，载戴鞍钢、黄苇主编：《中国地方志经济资料汇编》，汉语大词典出版社 1999 年版，第 892 页。

⑤ 郭钦编著：《湖南近现代工业史》，湖南人民出版社 2013 年版，第 305 页。

⑥ 傅熊湘：《醴陵乡土志》，台湾成文出版社 1975 年版，第 34 页。

⑦ 郴州市地方志编纂委员会编：《郴州市志》，黄山书社 1994 年版，第 219 页。

主要有洋纱、布匹、纸烟、洋油、酒、颜料、药材、洋纸及洋杂货等品种，这些产自国外的商品，样式美观，价格便宜，质量可靠，深受内地各省人民的欢迎，同时也对内地手工业产品的生产造成了巨大的冲击。以郴县制伞业为例，其兴衰与交通尤其是与粤汉铁路的运营存在着十分密切的关系。郴县制伞业发端于光绪初年，从那时起至1935年，郴县谢家井街的制伞业一直都很发达，因为郴县周边各县中只有郴县有伞铺，所以产品颇有供不应求之势。但到了1935年，情况却发生了逆转，"从民国二十四年粤汉铁路通车后，制伞业便一筹莫展了。那时广州的洋布伞大量运到了郴县，价格很便宜，纸伞每把四角，西洋布伞每把五角，所以大家都舍弃纸伞而用布伞。""在粤汉路未通前肩运甚难，且运费亦贵，所以没有大批的洋伞运到（郴）县，而通车后，运费低廉，且能成批运输，因之郴县逐（遂）成了广东洋伞的市场。因为洋伞的充斥，郴县的制伞业也就一天一天衰退下来了。伞店被迫停业的很多，匠人日渐减少。"[1] 因为交通的便利，长沙、湘潭的菲菲伞也大量运销郴县，这对郴县伞业造成了二次打击。到了1944年、1945年，郴县制伞业开始恢复生机。这是因为广州、长沙等地均被日本占领，致使洋伞、菲菲伞等无法运到，这给了郴县伞业喘息之机，"一时又繁荣起来了"。但好景不长，随着抗战胜利，交通恢复，洋伞、菲菲伞又大批运销郴县，"本地纸伞又衰落了"，"很多店主都不愿意制伞而愿意改业了"[2]。从以上论述可以看出，郴县制伞业的兴衰与否，与粤汉铁路存在着极为密切的关系，也就是说，粤汉铁路的开通，便利了洋伞和外地优质伞的输入，直接造成了郴县本地纸伞业的衰落。

　　再以湘潭所产之苏钢为例，湘潭特产苏钢，用作刀锋，极为犀利，清代中晚期曾远销两湖、河南、河北、山西、陕西、奉天、吉林等省，但自

---

[1]　何联贤：《郴县手工业之研究——制伞业及其行会组织》，载程焕文、吴滔主编：《民国时期社会调查丛编·三编·岭南大学与中山大学卷》（下），福建教育出版社2014年版，第613页。

[2]　何联贤：《郴县手工业之研究——制伞业及其行会组织》，载程焕文、吴滔主编：《民国时期社会调查丛编·三编·岭南大学与中山大学卷》（下），福建教育出版社2014年版，第614页。

洋钢输入之后，苏钢逐渐失去了市场，民国以后，关外完全不销，其余各地，销量大大降低。咸丰年间，湘潭有苏钢作坊40余家，光绪中叶，已减至五六家，民国初年，尚有两三家，至20世纪30年代，就只有一家了。1931—1933年间，仅产钢2000担，因成本高昂，至1935年，基本宣告破产。① 株洲铁路交通便利，每年经铁路进出的货物数额巨大，实为外洋货物运销湖南各地的重要集散点之一，"外国商人渗入株洲，向株洲市场倾销洋纱、洋油、洋烟、鸦片、颜料、砂糖、洋腊、药品、日用品、海产品等。其中煤油、棉纱、颜料、香烟、西药市场均被外商所垄断。湘东南各县生产的土纱、土布、土纸、土靛生产受到排挤而衰落。外商又通过代理人压价收购矿砂、茶叶、瓷器、爆竹、粮食、猪鬃、皮毛等大宗土特产品，民族工商业遭到沉重打击。"② 这里我们并不是说，铁路输入洋货是导致湖南本地手工业品生产衰落的唯一诱因，而是说通过铁路这种现代化的运输方式向湖南大规模输入洋货，对湖南本地的土产及传统手工业产品造成巨大的冲击乃至于毁灭性打击乃是大概率的情形，这一点并不以人的主观意志为转移。

铁路部门对外货倾销并不是无所作为，1930年以来，粤汉铁路为了扶持国货，有意在运价上向国产产品倾斜，或者干脆拒绝运输洋货，以提高国货的竞争力。据湘鄂铁路局报告说，外洋火柴为了占领市场，贬价倾销，对国产火柴造成了巨大的冲击。为了支持国产火柴，"国产火柴历经减等收费"，其运量已较洋货为多了。1930—1934年的5年中，每年国产火柴的运输量均超过洋货，1934年甚至没有运输外洋火柴，有力地支持了国产火柴业的发展。③

六、粤汉铁路等近代交通方式引起了
人们生活方式的变化

粤汉铁路不仅在政治、经济、军事等方面发挥了巨大作用，其所带来

---

① 参见朱羲农、朱保训：《湖南实业志》（二），湖南人民出版社2008年版，第117页。

② 龙碧秋：《中国近代商业史话》，中国商业出版社1991年版，第55页。

③ 参见《本路五年来运输火柴统计》，《湘鄂铁路旬刊》1934年第82期。

的交通方式的变革同时也给人们的日常生活带来了巨大的变化。铁路给人们带来的最直接和最显著的变化就是人们的出行方面的变化。铁路与传统交通方式如车马、帆船、舆轿等相比，一方面速度大大加快了，另一方面天气、地形等客观因素的制约也大为减轻，由此人们的出行也变得更为便捷和安全。出行的快捷与安全大大拓展了人们的活动范围，同时，因为这种便捷，人们也更愿意外出活动。受传统交通方式的制约，人们较少外出，活动范围也相对狭窄。湖南各地的文献对此颇有记载：在醴陵，"县人旧日旅外者少"[1]；在常德，居民"安乐故土，惮于行役"[2]。而粤汉铁路的建成，刺激了湘省人民出行的欲望，也方便了人们的出行。1919年，那时湘鄂铁路刚刚通车，《铁路协会会报》便刊文说，该路通车后，"行旅称便"[3]。1930年出版的《长沙县调查笔记》也说，长沙火车上通武昌，下达株洲，"旅客往来，久称便利"[4]。但是火车车厢里也异常拥挤，通常湘鄂铁路的三等客车都非常拥挤，客人"几乎要像货物一样地堆积起来"[5]。李苏菲从萍乡去长沙旅行，株萍铁路车厢里乘客很多，十分拥挤。到了株洲，再换乘粤汉铁路，"旅客异常拥挤"[6]。1937年4月，中山大学农林化学系组织学生乘坐粤汉铁路赴湖南衡山考察，"车上乘客甚挤"，"食餐甚为繁难"[7]。李启愚乘坐粤汉铁路广州至武昌直达车，"所有一二三等卧车铺位均早已人满为患"，列车又加挂一二等卧车各1辆，三等卧车3辆，三等客车1辆[8]。一位乘坐粤汉铁路火车的作者在其文章中写道："三等车厢里坐满了乘客。乘客们都不外乎是往衡阳、株洲、沙市、宜昌的。"[9]甚至还有一位在永兴县政府做事的湖南人，

① 傅熊湘：《醴陵乡土志》，1926年印本，第16页。
② 刘哲民：《第二运输处业务概况》，转引自周秋光、张少利等：《湖南社会史》（2），湖南人民出版社2013年版，第779页。
③ 东烈：《湘鄂线行车情形》，《铁路协会会报》1919年第79期。
④ 杨肇筠、沈若愚：《长沙县调查笔记》，《自治旬刊》1930年第72期。
⑤ 行人：《湘鄂路上》，《中兴周刊》（武昌）1934年第3卷第21期。
⑥ 李苏菲：《长沙旅行记》（一），《中国学生》1936年第3卷第10期。
⑦ 朱志诚：《农林化学系春季旅行团赴湖南南岳衡山及粤汉铁路沿线考察纪要》，《国立中山大学日报》1937年第2405期。
⑧ 参见李启愚：《粤汉铁路旅行记》，《旅行杂志》1937年第11卷第2期。
⑨ 一文：《三等车厢里》，《宇宙风》1939年第90期。

其妻是广东人，不愿意跟他一起回湖南永兴，而是住在香港，他们的儿子只有十二三岁，粤汉铁路全线通车后，这位湖南人就让他儿子独自一人乘坐火车去香港找他的妈妈。不过，这孩子到了香港以后，其母又去了安南，无奈只好返回。好在这孩子在粤汉火车上遇到了几位好心的随车检查的宪兵，在往返中给予了他很多的关心照顾，这才一路上平安无事。[1] 通过以上记载可以看出，粤汉铁路开通后，旅客运输颇为繁忙，拥挤不堪是该路火车车厢里的常态。粤汉铁路给沿线人们的出行带来了极大便利，促使更多人走出家门，一定程度上改变了人们安土重迁的传统观念。粤汉铁路历年载客人数，可参见表24所示。

表24　粤汉铁路历年载客人数表[2]

年份	人数	年份	人数
1913	58303	1925（1—6月）	378695
1914	208537	1931	932405
1915	160459	1932	972521
1916	176829	1933	941869
1917	104790	1934	974950
1918	27291	1935	1038530
1919	96813	1938	3523001
1920	101595	1941	3850726
1921	364922	1943	4844632
1922	533296	1946（7—12月）	4395739
1923	580391	1947	10488928
1924	781261	1948（1—5月）	4583721

　　从表24可以看出，乘坐火车出行的人呈不断增长的发展趋势，这就清

---

[1]　参见李启愚：《粤汉铁路旅行记》，《旅行杂志》1937年第11卷第2期。
[2]　1917年以前是长株段载客人数，1918—1935年以前为湘鄂段载客人数，1938年（含1938年）以后为粤汉全路载客人数。湖南省地方志编纂委员会：《湖南省志》第10卷《交通志·铁路》，中国铁道出版社1995年版，第169—170页。

楚地显示，铁路等现代交通方式有效帮助人们外出旅行，扩大了生活半径，开阔了眼界，加强了人们之间的联系，并在日趋扩大的交往中逐渐形成新的社会关系。当然，上述表格中的数字是粤汉铁路的载客人数，并非都是湘籍人士，但湘籍人士很多，大概也是没有疑问的。

尤其值得指出的是，铁路还扩大了女性的活动范围，对于提高女性的社会地位也起到了重要的作用（参见图12）。火车出现后，女性乘坐火车出行的越来越多了，尤其是年轻女子走出家门到学校求学。1930年，《自治旬刊》中的一篇文章说："近日女子，不论贫富，必入校求学，与男子同等待遇，其优秀者，与社会接近，以及缠足穿耳等事，近数年来，虽世守礼法之家，已渐废除。"①1933年，英国记者弗莱明从江西萍乡由株萍铁路去长沙，"车厢里挤满了乘客，他们形成了一种错综复杂但似乎很固定的人道主义模式。……在那个长官旁边是三个胖胖的女学生，她们是在回长沙的大学的路上。"②在长沙有专门招收女生的福湘、周南等女子学校，越来越多的女性乘坐火车求学的景象愈发常态化，这对"男女授受不亲"等陈腐社会观念都造成了冲击，也表明有更多的女性业已参与到更多社会公共事务中了。

交通的进步不但直接影响人们的出行，也间接影响到社会生活的其他方面，从而整体上改变了人们的社会生活方式。《醴陵县志》中一段话颇能说明上述变化："醴陵素称醇厚。近日以交通日变，外界接触日多，居民亦渐去其故习而与之俱化。昔之俭者今以奢，昔之醇者今以薄，昔之勤者今以思逸乐，昔之安土者今恋江湖。而伤风败俗越轨之事，往往窃发于其间。"③在这里，作者以保守的眼光看待交通的进步所带来的社会风尚的变化，不值得赞赏。但从这段话我们可以看出，交通的变化引起了社会生活的连锁反应，换句话说，近代交通工具从整体上引起了人们社会生活的变化。这里我

①　杨肇筠、沈若愚：《长沙县调查笔记》，《自治旬刊》1930年第74期。

②　[英]彼得·弗莱明：《独行中国——1933年的中国之行》，南京出版社2006年版，第202—203页。

③　《醴陵县志》卷4，转引自周秋光、张少利等：《湖南社会史》（2），湖南人民出版社2013年版，第779—780页。

们可以举一个具体的例子，粤汉铁路全线开通后，粤汉铁路局要求全路员工一律使用国语，禁止使用方言，于是在广州就出现了很多国语补习学校，"交通对于人生的影响，是何等为重大呢！"①

图 12　1932 年 3 名女子在长沙火车站留影②

综上所述，粤汉铁路的建设，对于湘、鄂、粤三省的经济发展都产生了积极的影响。尤其是湖南，粤汉铁路纵贯湖南核心地带，极大地方便了湘省客货运输业的发展。通过粤汉铁路，湖南丰富的物产得以大量输出，促进了商品流通，改善了湘省经济结构。与此同时，外省或外国的各种商品也通过铁路大量涌入湖南，一方面繁荣了湖南市场，方便了人们的生活；另一方面也对本省经济造成了冲击，造成了农村自然经济的逐渐解体。由此看来，铁路运输业对于湖南传统经济而言，堪称是一把双刃剑。

当然，我们对于粤汉铁路的作用也不能过于夸大。诚然，粤汉铁路由北向南贯通湖南省的精华地带——湘江经济带，除湘南小部分地区外，粤汉铁路途经的地区原本就是湘省自然条件相对较好和经济相对发达的地区，在粤汉铁路的带动下，湘江经济带的社会经济发展将会进一步加快。同时，因为湘江经济带的加快发展，必然会带动湘江东西两侧地区的经济发展。然而，在一定时期和条件下，粤汉铁路能够发挥的作用还是相当有限的：也许

---

①　李启愚：《粤汉铁路旅行记》，《旅行杂志》1937 年第 11 卷第 2 期。

②　参见张湘涛主编：《老照片中的长沙》，岳麓书社 2014 年版，第 499 页。

它对于铁路沿线地区的经济、社会或文化能够发挥较大的影响，对于远离它的地区，其能够发挥的作用就相对有限了。而且，湖南水运发达，即使粤汉铁路全线通车，它与水运的竞争依然十分激烈，它要真正取代水运等传统交通方式，还需要很长的时间。

第八章　粤汉铁路与近代湖南城市变迁

众所周知，铁路对于近代中国某些城市的兴衰变迁起到了十分重要的作用。"铁路的修筑、铁路运输业的兴起和发展，确实带动了铁路沿线一些新兴城镇的崛起，促使一些古城镇的功能发生了变化，还致使一些不通铁路的古城镇衰落。"其著名者如郑州、石家庄、哈尔滨、株洲、柳州等城市皆因铁路而兴，而开封、湘潭、保定等原先较为繁荣的城市却因为错失铁路而逐渐走向落寞。①纵贯我国中南地区的粤汉铁路，其对于沿线城镇的兴衰同样起到了重要的作用。以湖南省为例，粤汉铁路沿线的城镇均大大受惠于粤汉铁路所带来的发展红利。今天，稍加思考我们便可以发现，湖南省境内的城市，其最著名者均在粤汉铁路（京广铁路）、湘江沿线或其附近。在这些城市中，有的如长沙、岳阳、衡阳等城市原本就具有较好的经济基础，粤汉铁路经过这些城市，为这些城市的继续发展增添了新的动力；有的城市如湘潭等原本为著名商埠，却因为粤汉铁路未能直接经过该地，导致其经贸地位相对衰落；有的城市如株洲等原先仅是一个很小的集镇，因为粤汉铁路和株萍铁路的交汇而发展成为近代湖南著名的工业重镇。

事实上，粤汉铁路并不仅仅只是对上述较为著名的城市产生影响，该路对其沿线的城市都会产生不同程度的影响。1936年，粤汉铁路全线通车之际，时人就曾预测，"粤汉铁路通车以后，郴县米市，将更加繁荣，而衡阳一埠，更不难为湘米一大集散地，其势或将取长沙、芦林潭等处而代之。"②

---

① 参见李占才：《铁路与近代中国城镇变迁》，《铁道师院学报》1996年第5期。

② 《湘米产销状况》，《中国建设》1936年第14卷第3期。

1937 年，黄秉镛奉命对粤汉铁路衡阳区的城镇进行经济调查，曾对湘潭、衡阳、醴陵三座城市的发展与粤汉铁路之关系进行了预测。他说：

> 以粤汉铁路及公路未通车以前商业状况而论，亦以衡阳为重要；但自粤汉路及湘潭至零陵段公路通车以来，货物运湘者，皆经过衡阳而不停留。盖衡阳昔时所赖以繁荣者，端在湘西、湘南商号，多向衡阳办货耳。现因交通便利，湘西湘南各县多直接向沪汉订货，或向湘潭长沙采办；湘西出入口货物以常德为中心；湘南以宝庆为中心；而常德、宝庆均可由水路公路直抵湘潭，故采办货物运输出口，均以湘潭为门户。且全省最大米市在易俗河，而该河又适在湘潭境内；全省药材又以湘潭为集散场所；由此以观，湘潭之经济地位，实居长沙、衡阳之上。长沙虽属省会，唯出口之便利，货价之低廉，远不及湘潭。不特此也，江西货物之出入口，亦由渌江转运湘潭；即醴陵之瓷器、夏布、编爆，亦以湘潭为出路；是则湘潭之重要，不言而喻矣。至于醴陵物产甚丰，瓷器、编爆、夏布，出产大盛；浙赣路株萍段通车以后，醴陵商业有蒸蒸日上之势。①

这个调查倒是与人们的一般想象不同。作者认为，原为湘南商业重心的衡阳，却因粤汉铁路和公路的开通，失去了其商业重心的地位。其所持理由是：交通的便利，使得"货物运湘者，皆经过衡阳而不停留"。也就是说，湘南、赣西等地原集中于衡阳的货物，不再继续在衡阳集中了。湘潭、醴陵等地虽自身并不直接在粤汉铁路干线上，但因为距粤汉铁路并不远，故铁路对这两地的经济发展反而具有促进作用。因湘潭原本就是著名商埠，为了吸收各地集中到湘潭的货物，作者建议粤汉铁路尽快修筑湘潭支线。而醴陵之所以受到作者的重视，是因为醴陵不但自身物产丰饶，同时该地向来还是江西萍乡等湘赣交界地区货物的集散地，因此作者建议在渌口站从速建筑货仓。

---

① 黄秉镛：《衡阳区所属城镇调查报告书》，《粤汉月刊》1937 年第 1 卷第 4 期。

　　还需要指出的是，粤汉铁路除了对沿线的大中城市发展起了重要的推动作用，对其沿线的中小城镇乃至农村集镇的兴衰也都发挥了重要的作用。萧平汉指出，民国中期衡阳地区公路、铁路相继通车后，"沿铁路公路形成大量的小集镇，这些大小集镇成为农村最广阔集市贸易场所。如衡南的三塘、谭子山、泉湖、鸡笼街、茶山坳；衡阳的呆鹰岭、西渡、台源、洪罗庙；衡山的大浦、霞流、石湾与洣河；常宁的松柏、柏坊；祁东的洪桥、白地市、风石堰；耒阳的灶市、哲桥、小水、公平、东湖等。耒阳灶市处于公路、铁路、水路交汇处，一跃而为全县最大的贸易市场。哲桥、小水、公平、东湖为铁路或公路车站，遂成为商品集散的重要市场。《中国实业志》（1935 年版）载：耒阳进口的商品有食盐、粮食、布匹、棉花、洋油、食糖、洋纱、纸张、文具、装饰品、鞋类，合计 164.6 万元（银圆），出口商品有煤炭、茶油、苎麻、莲肉、百合、鸡鸭蛋等，合计 163.5 万元（银圆）。每年交易额达320 万元以上。"[①] 由此可见，铁路对沿线经济的带动作用，几乎是无孔不入的。

　　近代以来，从西方引入中国的各项现代经济设施中，铁路无疑是分量最重的因素，其影响也是最大的。城市，历来是社会经济发展水平的集中体现，虽然影响其兴衰的因素很多，但交通因素始终在城市发展过程中起重要作用有时甚至是决定性作用。就拿第四章中所论述的各地对于铁路站点的设置和线路走向的争夺来说，就是各地的人们高度重视城市发展中的交通因素的具体体现。近代以来的人们普遍视"铁路为实业之母"，就是对铁路的经济价值的深刻认识。直到今天，铁路在我国各地社会经济发展的过程中，仍然扮演着十分重要的角色，尤其是在高铁时代，各地政府和人民对于修建高铁都有着强烈的期盼，乃至引发了激烈的"高铁争夺战"。铁路串联了大大小小的城市，形成了近代颇有特色的"铁路城市带"，粤汉铁路沿线同样形成了"铁路城市带"。回顾历史，粤汉铁路湖南段对于沿线或其附近各城市所产生的重要影响，值得深入研究。

---

① 萧平汉：《衡阳历史文化丛书·经贸史述》，湖南人民出版社 2007 年版，第 206 页。

一、粤汉铁路与近代湖南城市格局变迁

纵贯湖南的粤汉铁路，其对于近代湖南城市格局的变迁起到了十分巨大的作用。以衡阳为例，粤汉铁路通车，衡阳"本地农副土特产品远运外销，百粤商品源源输入"，有力地加强了衡阳的货物集散能力。随着全面抗战的开始，粤汉铁路管理局从武昌迁至衡阳，衡阳成为战时铁路运输的指挥中心，大量的战略物资集中到衡阳，再通过衡阳转运各地，加之沿海大量工业企业内迁衡阳，衡阳人口由战前的 10 余万人（1936）陡然增至 45.6 万人，商业、饮食服务业等商家有 6000 余家，从业人员高达 7 万余人，衡阳经济进入了快速发展时期，1939—1941 年衡阳商业臻于全盛。[①] 粤汉铁路对于近代湖南城市兴衰与格局的塑造所产生的重要影响，其中以长沙、株洲、衡阳等城市的兴起和湘潭的相对衰落比较具有典型意义。

（1）长沙。从古至今，长沙一直都是湖湘地区的核心城市，所以长沙并不是突然崛起的城市。然而，在"漫长的古代，以迄近代初期，长沙主要是政治地位和战略地位重要，经济上和商业上在明末和清前期，反而不如其南的湘潭繁华"[②]。之所以如此，是因为湘江长沙段水流较急，不利于船舶停靠。而湘江湘潭段，因湘江迂回通过，故水流缓慢，大小帆船四季皆可停靠，利于货物上下起卸。因此之故，湘南、湘西乃至湘东的客商皆以湘潭为货物集散中心，由此促成了湘潭商务的繁荣昌盛。但从光绪二十九年起，随着长沙被辟为通商口岸，长沙商务发展迅速，逐渐成为全省商务中心，其中铁路等近代交通方式汇集长沙，对其商业崛起起到了重要的推动作用。粤汉铁路从 1896 年商定修建以来，湖南省各级官府对湖南境内的线路走向已经有所考虑。在 1904 年长沙开埠前，就已经确定粤汉铁路从长沙城的东边经过。在《长沙通商口岸租界章程》中就规定，长沙通商租界"东以定修之铁路至新码头为界"。光绪三十三年十二月（1908 年 1 月），湖南粤汉铁路

---

① 参见湖南省地方志编纂委员会编：《湖南省志》第 13 卷《贸易志·贸易综述·商业》，湖南出版社 1990 年版，第 77 页。

② 刘泱泱：《近代湖南社会变迁》，湖南人民出版社 1998 年版，第 177 页。

公司为修建长株段设立了购地公所，开办长株段的购地工作，共购地 43909 亩。1908 年 12 月，长株铁路在长沙北门外破土动工，至 1911 年 1 月 19 日全线开通，长株铁路的贯通对于长沙、株洲、萍乡三地之间的客货流通起到了重要的作用。民国以后，尽管历经曲折，至 1918 年 9 月，粤汉铁路湘鄂段建成通车。"粤汉铁路湘鄂段修成后，长沙之商业地位，更形重要，以前之岳州及湘潭，至此日形衰落，长沙渐成湘省货物进出口之总汇。"[①] 铁路促进了长沙的对外经济交流，长沙批发商从京津、沪汉、江浙等地区采购的工业品及洋货，可由铁路运抵长沙，同时也加速了长沙地区农副产品的输出。1924 年长沙生猪收购行达 6 家，生猪来自邻县，主要通过铁路销往汉口，到 1929 年营业额达 800 万银圆。[②]

铁路的开通，在长沙催生了一个新的行业即代理铁路业务的铁路运输行。在"铁路运输开通之初，货物交运手续繁琐，起运、接运各站全无仓储设施，运输途中亦无防护设备，又无专人押运，货主深感不便，于是一种全盘代理铁路运输业务的运输行便应运而生了"[③]。长株铁路开通时，长沙有两家运输行，至 1934 年，长沙的铁路运输行增加到 20 家，注册资金 10.4 万元，从业人员 218 人，年营业额 72.8 万元。粤汉铁路全线通车后，运输行猛增至 59 家。[④] 随着铁路运输业务的日渐发展，长沙地区的铁路运输转运公司的业务也一天天繁荣起来，并由此带动了全省货物进出口业务的发展，从而进一步提升了长沙在全省商业中的地位。铁路运输转运公司，其自身的主要业务是代办铁路进出货物的各种手续，具有较强的专业性特点。同时，铁路转运公司还配备有堆栈、防护装卸等设备以及自有的装卸工人，通过这些附属机构及人员又带动了若干相关行业之发展。长途转运公司经运货物，包括进口与出口两类，进口以洋纱、布匹、洋油、颜料、药材、纸烟及各类洋杂货等为主，出口则以米、爆竹、煤、夏布、锑、禽蛋等为主。进口货物由上海转运汉口运入长沙，复由长沙分运省内各要镇，如醴陵、浏阳等地，均由

---

① 朱羲农、朱保训：《湖南实业志》（二），湖南人民出版社 2008 年版，第 2 页。

② 参见陈先枢、黄启昌：《长沙经贸史记》，湖南文艺出版社 1997 年版，第 178 页。

③ 陈先枢、黄启昌：《长沙经贸史记》，湖南文艺出版社 1997 年版，第 178 页。

④ 参见陈先枢、黄启昌：《长沙经贸史记》，湖南文艺出版社 1997 年版，第 179 页。

铁路运输；宝庆、衡阳则由公路运输或由湘江水运。出口货物由醴陵、浏阳、江西萍乡等地出运者，均走铁路；宝庆、衡阳等地出运，取水道者居多。就一般情形而论，长沙的转运公司，以进口货物转运为主，出口货物为次，出口货物多由长沙起运。在路线方面，则以铁路为主，公路、水运次之。① 也就是说，在长沙的货运业务构成方面，铁路运输实际上已经居于主导地位了。

粤汉铁路也使长沙聚集了更多的人口。与传统交通工具相比，铁路无疑具有方便、快捷、安全等突出优点，铁路促进并扩大了人们的活动范围。1930 年出版的《长沙县调查笔记》说，长沙火车上通武昌，下达株洲，"旅客往来，久称便利"②。而在铁路、轮船等现代交通工具出现之前，人们安土重迁，很少外出旅行。在醴陵，"县人旧日旅外者少"③。现代交通工具出现后，人们的活动范围扩大了。仍以醴陵为例，"近日以交通日便，外界接触日多"④。对于有些货运品类如米谷、煤炭、食盐等而言，其在运输过程中对于时间并没有特殊急迫的需求，因此夏季水涨的时候往往会选择通过水路运输。但是对于客运而言，虽然轮船价格相对铁路便宜一些，但在有火车的情况下，人们大多会选择铁路作为出行的首选。粤汉铁路湘鄂段开通以后，湘鄂段的客运人数一直呈增长的趋势，长沙作为粤汉铁路上的大站，旅客人数自然很多（参见图 13）。旅客人数的增多，表明有更多的人离开家乡或者有更多的人来到长沙，人员的频繁交流，增强了社会的流动性，对于经济交流、文化交流和社会交流都会起到重要的促进作用。彭德怀在其自述中说，1918 年 7 月，他被派到长沙侦查北洋军阀的情况，侦查完毕，打算乘坐火车去醴陵经茶陵返浣溪圩，结果在小吴门车站，被北军军警缉查处逮捕，关禁半月余，受刑审讯数次，后经人取铺保释放，侥幸逃过了这一劫。⑤ 开国大将陈赓早年曾在湘鄂铁路长沙办事处工作了两年。1916 年年底，13 岁的

---

① 参见朱羲农、朱保训：《湖南实业志》（二），湖南人民出版社 2008 年版，第 16—17 页。

② 杨肇筠、沈若愚：《长沙县调查笔记》，《自治旬刊》1930 年第 72 期。

③ 傅熊湘：《醴陵乡土志》（1926 年），第 16 页；转引自周秋光、张少利、许德雅、王猛：《湖南社会史》（2），湖南人民出版社 2013 年版，第 779 页。

④ 傅角今：《湖南地理志要》下册（1930 年），第 178 页；转引自周秋光、张少利、许德雅、王猛：《湖南社会史》（2），湖南人民出版社 2013 年版，第 779 页。

⑤ 参见彭德怀：《彭德怀自述》，国际文化出版公司 2009 年版，第 13 页。

图 13　1930 年 7 月在长沙火车站月台上等车的旅客①

陈赓参加了湘军鲁涤平部，从军近 5 年，至 1921 年秋，脱离湘军，进入湘鄂铁路长沙办事处，担任办事员。在长沙工作期间，陈赓参加了中国共产党，从此走上了革命的道路。②1923 年，孙中山在广州创办了陆军讲武学校，该年 11 月，学校赴长沙招生，中国共产党考虑到未来军事斗争的需要，决定选派一批人报考，陈赓是重要人选之一。最终报考的有 100 余人，考试在倾向于革命的育才中学举行的，包括陈赓在内的大部分人都被录取了。被录取后，学校组织被录取的近百名学生从长沙去广州报到。当时粤汉铁路尚未全线贯通，故去广州须绕道武汉、上海，乘船经香港前往。陈赓由于富有社会经验，又系铁路员工，故被推举为班长，负责此次长途旅行的联络、购票及住宿事宜。"1923 年 12 月下旬的一天下午，这批穿着湖南青布学生装的年轻人，每人带着一个行李包，陆续汇集到长沙小吴门车站。陈赓把车票分发给大家，一起进入车厢。因为这些学生家境大都不富裕，自筹路费困难，陈赓买的全是四等车票，票价较廉，是专供穷苦人乘坐的。车厢里挤满了人，腥臊并遇，空气污浊。约莫五点来钟，汽笛发出呜呜的鸣叫，火车缓缓

---

① 参见张湘涛主编：《老照片中的长沙》，岳麓书社 2014 年版，第 499 页。

② 参见"陈赓传"编写组：《陈赓传》，当代中国出版社 2013 年版，第 8—9 页。

地开离站台。同行者中，除了陈赓连年奔波较多见过世面外，全都是初次离开家乡远行，不少人还是瞒着家庭偷偷走的。所以当着火车启动的时刻，眼望着沿途闪过的田野和山林，无不露出依依惜别的神色。"① 在这批年轻人当中，还有后来成为国民党著名将领的宋希濂、郑洞国等人。宋希濂回忆这次乘车经历时说，"(1923 年) 12 月下旬的某天下午，我们每人带着一个行李包，在小吴门车站上了火车，车内肮脏污秽，拥挤不堪。随着汽笛尖厉的鸣声，火车向北驶去。第二天正午到了武昌，随即过江到汉口……"②

总而言之，就像《长沙通史》的作者所总结的："粤汉铁路的全线通车，加上湘赣、湘黔、湘桂及湘川公路运输的发展，湖南已形成一张四通八达的交通网络，湘、鄂、粤三省联系更加密切，使长沙、武汉、广州三地经贸互动形成良性循环，长沙的运输、邮政、商贸、金融业等因此蓬勃发展。"③ 谷兴荣也在研究中指出，交通运输业的发展便利了外地客商来长沙从事商贸、金融、实业活动，两者的叠加作用，"对长沙经济的繁荣起到了较大的促进作用"④。

(2) 湘潭。与长沙商贸地位的上升相反，以往的商贸中心——湘潭的地位却在下降，"自清末至民初，它却从繁荣走向衰落"⑤。湘潭向为湘中商业中心，湘南、湘西乃至赣西之货物均以湘潭为进出门户。湘潭商务崛起于清代中期，"前清嘉道年间，城厢内外，市面大兴，此为湘潭商务勃发之初期"。洪杨之乱，湘潭饱受摧残，市面萧条。太平天国平定后，湘潭逐渐恢复生机，至清晚期，湘潭号称"小南京"，"富商巨贾，竞趋奢靡"，此为湘潭商业之中兴时期。1859 年 3 月，容闳受宝顺洋行的委托对中国的产茶区域进行调查，4 月抵达湘潭，他描绘了湘潭当时的繁荣景象，"湘潭亦中国内地商埠之巨者。凡外国运来货物，至广东上岸后，必先集湘潭，由湘潭再

---

① 穆欣：《陈赓大将军》，上海人民出版社 1999 年版，第 21—22 页。

② 宋希濂：《风风雨雨忆陈赓》，载李达宏编：《共和国三军之魂：大将军传奇》，团结出版社 1993 年版，第 168 页。

③ 谭仲池主编：《长沙通史·现代卷》，湖南教育出版社 2013 年版，第 464 页。

④ 谷兴荣：《湖南科学技术史》(2)，湖南科学技术出版社 2009 年版，第 907 页。

⑤ 张朋园：《湖南现代化的早期进展 (1860—1916)》，岳麓书社 2002 年版，第 397 页。

分运至内地。又非独进口货为然，中国丝、茶之运往外国者，必先在湘潭装箱，然后再运广东放洋。以故湘潭及广州间，商务异常繁盛。交通皆以陆，劳动工人肩货往来于南风岭者①，不下十万人"②。此时湘潭的繁华，由此可见一斑。

海通以来，湘潭商业开始逐渐走向衰落。粤省物产，改由海道北运，株萍铁路完成，江西货物，不再取道湘潭，幸上游各县之货产，仍以湘潭为转口处，故湘潭商业，"虽较前空虚，而外表之繁华，依然不减"。总体来说，清季 20 年间，湘潭商务呈半盛半衰之情状。对此，谭嗣同曾指出："从前海禁方严，番舶无埠，南洋、五岭之珍产，必道吾湘，然后施及各省。维时湘潭帆樯鳞萃，繁盛甲于东南，相传有小江南之目。厥后轮船、租界曼衍沿边，商旅就彼轻捷，厌此艰滞，而吾湘口岸，始日衰耗。"③民国以来，湘潭商务，渐呈衰落之走势。1931 年，长衡（长沙—衡阳）汽车路通车，该路不经湘江之西，直接由湘江东岸通衡阳，于是衡阳运省之商货，不再由湘潭转口，这对湘潭商务影响颇大。④

湘潭走向衰落的原因颇多，主要原因有两个：其一，长沙开埠后，洋商蜂拥而至，取代了湘潭的地位；其二，交通方式的变革，而且这是决定性因素。对此，张朋园曾分析说："第一，铁路的兴起，株洲的地位后来居上。株洲在湘潭东面 30 里，清季粤汉铁路湘鄂段通车，货物多集中此地运往长沙、汉口，而湘潭隔江与铁路相望，不能直接得到交通之利。第二，长沙日渐繁荣，取代湘潭地位。湘潭的港口原较长沙优，所以船只乐于停靠。自清末朱昌琳整建长沙北区港口，大小船只进出自如，再则汽船吃水较深，湘潭秋冬水浅，反而不如长沙方便。第三，公路兴起，长沙交通反较湘潭便利，人们乐就长沙。以长沙衡阳公路为例，路在湘江之东，并不过江绕湘潭，湘潭因此失去了集散功能。"⑤张氏所分析的铁路、轮船和公路，均为近代化的

---

① 南风岭，即南岭。

② 文明国编：《容闳自述》，安徽文艺出版社 2014 年版，第 49 页。

③ 谭嗣同：《论湘粤铁路之益》，载何执编：《谭嗣同集》，岳麓书社 2012 年版，第 462 页。

④ 参见朱羲农、朱保训：《湖南实业志》（二），湖南人民出版社 2008 年版，第 120—122 页。

⑤ 张朋园：《湖南现代化的早期进展（1860—1916）》，岳麓书社 2002 年版，第 399 页。

交通方式，这些现代交通因素的叠加作用，导致湘潭失去了湖南省商贸中心的地位。

粤汉铁路试图采取措施直接转运湘潭集中的巨量货物。1937 年，黄秉铺在一篇调查报告中指出，粤汉铁路隔湘江沿湘潭之西境贯通南北，对河口岸，未修筑支线，遂使湘潭货物多走水路焉，不但湘潭商业稍受影响，"即本路之货运损失，亦难以数计也"，此粤汉铁路当注意改进之处。湘潭号称湖南首县，商业发达，米业、药材、绸布，为湘潭最大宗之贸易。金融业也有一定的发展。湘潭机器工业较少，除电灯公司外，只有各种手工业作坊。湘潭各种小百货业，种类繁多，主要有：南货、油盐花纱、谷米、食粮、药材、百货等业，"运输往来多走水路，我路若不急起直追，货运恐将日减矣！"[1] 他对于不能直接吸收湘潭集聚的货物深表遗憾。

（3）株洲。众所周知，株洲被人们称为"火车拉来的城市"，这一说法非常贴切，同时也是近代株洲城市历史的真实写照。近代以来，直至 1898 年，株洲还只是湘潭县管辖的一个小集镇，但随着株萍铁路和粤汉铁路在株洲交汇，这个小集镇在不到 50 年的时间里，迅速发展成为一座颇有名气的工商业城市，在很长一段时间都是我国南方最大铁路枢纽城市之一。张朋园认为，"株洲的兴起完全是交通地位的关系"[2]。

1906 年 1 月，株萍铁路贯通，萍乡之煤经铁路运抵株洲，在此转水路运往汉阳，株洲的地位得以提升。随后，粤汉铁路开始分段修筑。1911 年 1 月，长沙至株洲段建成；1918 年，粤汉铁路北段即湘鄂段正式通车，株洲成为株萍、湘鄂铁路的交汇点，交通能力大为提升。萍乡、醴陵之煤，醴陵之瓷器、鞭炮、夏布、周边之谷米等大宗商品纷纷集聚株洲，这使得株洲逐渐发展成为湘东地区粮食、煤炭、瓷器等农矿产品的集散地和贸易中心。株洲的城市地位进一步上升。1936 年，粤汉铁路全线通车，株洲"境内大米、桐油、萍煤等大宗货物，均为整车直达，粤省之盐、粮、海味、果品等运销湖南亦整车为多"[3]。此后，浙赣、湘黔铁路两大干线亦以株洲为终点或

---

① 黄秉铺：《衡阳区所属城镇调查报告书》，《粤汉月刊》1937 年第 1 卷第 4 期。

② 张朋园：《湖南现代化的早期进展（1860—1916）》，岳麓书社 2002 年版，第 407 页。

③ 株洲市地方志编纂委员会：《株洲市志·交通邮电》，湖南出版社 1994 年版，第 47 页。

起点，并与粤汉铁路干路交汇，株洲成为我国南方最重要的铁路枢纽城市之一，其城市地位再次获得了巨大的提升。

随着铁路的兴建，株洲的客货运也逐步向前发展，集聚能力渐渐提高。货运方面，株萍铁路通车后，在清末民初的10余年间，株洲一直以萍煤为大宗运输货物，大多数年份的运输量在60万—100万吨之间。[①] 粤汉铁路湘鄂段通车后，大批货物经株洲北运长沙及武汉。1936年，粤汉铁路全线通车，株洲附近的米谷、桐油、茶叶、煤炭等大宗货物，整车输往汉口或广州，每年经株洲站输出的货物达10万多吨。

客运方面，株萍铁路和湘鄂段的载客人数可以说明一些问题。株萍铁路从1908年开始实行客货混运，当年运输旅客即达22万余人，此后历年均维持在20万—35万人之间，客源比较稳定。粤汉铁路长株段，1913年开始运送往来长沙株洲的客流，每年约10万人。1918年，粤汉铁路湘鄂段通车，从株洲可直达武昌，这对于两湖之间及湖南省内客流的发展起到了很大的促进作用。

铁路未建之前，株洲只是一个普通的农村小集市，市场规模很有限。随着株萍铁路和粤汉铁路的建设，株洲的市场规模日益扩大。以唐春和木号为例，株洲因修建株萍、湘鄂铁路，需要大批枕木，1906年，木匠唐春和等人开始在株洲经营木材，承揽铁路枕木生意，在很短的时间内唐春和木号就发展壮大成为株洲地区赫赫有名的大木号，在长沙、资兴、耒阳、湘潭等处设分厂，在南京、武汉和柳州设经营机构。在其鼎盛期"规模之大，范围之广，均为全省之冠"[②]。"株萍铁路通车后，萍乡煤矿在株洲采购坑木，粤汉和浙赣铁路修建通车，在株洲大批采购枕木。"基础原本雄厚的株洲木业，由此呈现出更加繁荣的景象。[③]

除了木业之外，铁路运输也带动了株洲地区的装卸业、堆栈业及其他相关业务的发展，推动了株洲市场的繁荣。铁路运输的便利，原设汉口、

---

① 参见株洲市地方志编纂委员会：《株洲市志·交通邮电》，湖南出版社1994年版，第52页。

② 株洲市地方志编纂委员会：《株洲市志·农业》，湖南出版社1994年版，第416页。

③ 参见叶炳吾：《旧株洲工商业的盛衰》，载中国人民政治协商会议湖南省株洲市委员会文史资料研究委员会：《株洲文史资料》第3辑，1983年，第94页。

长沙、湘潭等地的各商行纷纷在株洲设立分支机构，以便在株洲就近进行商品集散。本省及外埠商人纷纷在株洲设庄收购株洲周边的大宗商品，如谷米、煤炭、夏布、瓷器、爆竹、茶叶、禽蛋等土特产，然后直接在株洲装车运销长沙、汉口等地；同时，从上海、汉口、长沙等地运来的国内外商品也通过火车运抵株洲，然后再从株洲向其周边地区转运，由此株洲的市场规模及影响力得以迅速扩大。1917 年，株洲已有各种代客买卖货物的牙行 24 家，成为"通闽粤吴楚，客商云集之区"①。1928 年，株洲人经营的 6 家猪行从湘潭、湘乡、邵阳等地收购生猪运销武汉；同时，总部位于汉口的英商和记商行在长沙设立分号，也在株洲及周边收购蛋品、生猪等土产运销长沙、武汉等地。② 铁路的发展，人口的增加，也给株洲的食品、百货、水果、五金等许多行业都带来了商机。20 世纪 20—30 年代，株洲的商业迅速发展。1926 年，株洲成立了南货业同业公会；30 年代，株洲有南货商号 16 家，其中复恒祥、易宏发、凯旋等商号规模较大。③ 随着铁路和现代工业之兴起，株洲的商业资本有了较大的发展，大木材商人唐春和以株洲为基地，承办平汉、陇海、粤汉、湘黔、浙赣铁路的枕木，在湘潭、长沙、耒阳、柳州、徐州、武昌、南京等地设立木材加工场或营业处，为株洲首富。株洲"永安药材号"经营的批发业务，主顾遍及湘潭、衡山、醴陵、长沙、浏阳等地。④ 同时，铁路运输业的发展及商业的繁荣，又从原料供应、产品销售和运输方面为株洲工业的兴起提供了良好条件。

　　考察近代株洲的崛起，可以毫不夸张地说，铁路起了决定性的作用。此正如曾桂林所总结的："在短短 50 多年间，株洲工商业依靠优越的地理、铁路枢纽位置与铁路运输业的发展，很快实现了从无到有、由小而大的扩张。铁路运输业的增长，促使转运商业、货栈业随之兴起，各种相关行业逐渐起步，株洲迅速成为周边各地物资的重要集散地，从而为近代工业的起步

---

① 龚帜：《华夏市场株洲》，中国商业出版社 1992 年版，第 9 页。

② 参见株洲市地方志编纂委员会：《株洲市志·商业》，湖南出版社 1994 年版，第 219 页。

③ 参见株洲市地方志编纂委员会：《株洲市志·商业》，湖南出版社 1994 年版，第 260 页。

④ 参见株洲市地方志编纂委员会：《株洲市志·商业》，湖南出版社 1994 年版，第 3 页。

提供了丰富的原料和良好的运销环境。……也为株洲在 50 年代初成为中南地区重要的工业基地奠定了基础。"①

（4）衡阳。粤汉铁路对于衡阳的发展也起到了巨大的推动作用。衡阳位于湖南省中南部，因位居南岳衡山而得名。衡阳历史悠久，早在 2000 多年前就出现了城市，并且逐渐发展为湘南地区的政治、经济和文化中心。衡阳作为郡名首见于三国，作为县名始起于唐，作为市名初出于民国。从三国时始，为历代郡、路、州、府、县治所。衡阳居湘、耒、蒸三水之要冲，作为联系中原与两广地区的枢纽，应该说交通区位优势十分明显。

1933 年 9 月，粤汉铁路株韶段工程局由广州迁至衡阳，开始在衡阳市进行铁路、马路、车站及其附属设施等各项建设，随着工程局而来的还有大批员工，又为衡阳带来了一只消费生力军，毫无疑问，这给古老的衡阳带来了一股现代化的新风。工程局指出："自本局开工以来，商业日渐发达，居民日渐繁密。"② 至1936年，粤汉铁路纵贯全境，公路四通八达，尚有大道六条，可通邻近各县，肩挑运货，多走此路，水陆交通均称便利。衡阳主要农产品以莲子为最大宗，其他尚有稻谷、小麦、大豆、茶等。衡阳工业比较发达，主要有贫民工厂、玻璃厂、织染厂、电灯厂、肥皂厂、纸伞业、铁工铁钉业、酿酒业、钢器业、爆竹业、皮箱、船厂、印刷、造纸、陶瓷等业。衡阳向为湘南商业中心，湘南、湘西、江西等地货物多运抵衡阳，转道出口。随着粤汉铁路完成，公路的修建，衡阳区位优势更加突出，城市日益繁荣，"衡阳一变而为邻近四省的中心点"③。

（5）郴州。粤汉铁路对于郴州的发展同样起到了重要作用。郴州地处湘南，自古为湖南"南大门"，商贸较为发达。《郴州乡土志》说，郴州"南通交广（今越南、广州），北达湖湘，为往来经商拨运之所"④。昔日南来北往的商品，曾在郴州大量汇聚，使得郴州呈现出一派繁荣景象。郴州在海

① 曾桂林：《铁路与近代株洲城市的兴起》，《株洲师范高等专科学校学报》2007 年第 6 期。

② 《粤汉铁路株韶段衡州车站建筑概要》，《工程季刊》1936 年第 3 卷第 3、4 期。

③ 张朋园：《湖南现代化的早期进展（1860—1916）》，岳麓书社 2002 年版，第 402 页。

④ 《郴州乡土志》卷下《贸易》，光绪三十二年抄本，转引自周秋光、张少利等：《湖南社会史》第 1 册，湖南人民出版社 2013 年版，第 686 页。

通之前，商贾云集，货物辐辏，繁盛异常，"盐贩运盐而来，广客买麻而去。六七月间收茑，九十月收茶、桐油，行旅客商，络绎不绝，诚楚南一大会冲也"①。《郴州市志》说，海通之前，郴州城有木船数百艘，骡马千余匹，挑夫近万人。河街、乌石矶一带盐行、粮行、油行、土产等商铺林立，生意兴隆，城内外客栈达数百家，市场繁荣无比。② 由于郴州掌控湘南各县之经济枢纽，湘南各县及湘东部分县的土特产品在此集散，各县所需之粤盐及南货，亦在郴州中转。清道光、咸丰年间茶叶年成交约 360 万斤，由粤商贩往英、俄各国销售。茶油、芋麻及部分烟叶亦销往坪石、韶关及广州一带。当时，郴州市场极为活跃繁荣。③ 海通以后，南货北运多走海道，郴州商业受到巨大冲击，市场日益凋零萧条。"海运既通，百货遂徙而之他……今昔比较，十一悬殊，河街店栈，落落晨星，仅存数家，且有不能持久之势。"④ 传统商路的变迁对于郴州的发展造成的巨大影响，由此可见。

1936 年，粤汉铁路全线通车，衡宜（衡阳至宜章县）公路和湘南各县公路也逐步建成，交通的改善大大提升了郴州的商贸地位。郴州逐渐成为汝城、桂阳、永兴、资兴、宜章、临武、安仁、嘉禾、蓝山、新田、宁远、道县、祁阳及湘东部分县近 600 万人口的食盐和日用工业品的中转站，农副产品也多经此集散。商品运输由水路改为铁路和公路，以食盐销售为例，其平均日销量由 1922 年的 300—500 担，上升到 1500—3000 担，增长幅度高达 5—6 倍。市场从西南向东北发展，商业荟萃于南门外的南大街及中山东街、中山西街，并逐步向文化路延伸。上、中、下河街，则分布着众多旅馆、茶号和米庄，大街小巷的商贩极为活跃。这就充分说明，粤汉铁路等现代交通

① 参见朱屋等修，陈昭谋纂：《嘉庆郴州总志》卷 21《风俗》，转引自郑佳明、陈宏主编：《湖南城市史》，湖南人民出版社 2013 年版，第 224 页。

② 参见郴州市地方志编纂委员会：《郴州市志》，黄山书社 1994 年版，第 219 页。

③ 参见宁莫安：《郴州商业的历史和现状》，载中国人民政治协商会议湖南省郴州市委员会文史资料研究委员会：《郴州文史资料》第 5 辑《纪念郴州市解放 40 周年》，1989 年，第 75 页。

④ 《郴州乡土志》卷下《贸易》，光绪三十二年抄本，转引自周秋光、张少利等：《湖南社会史》第 1 册，湖南人民出版社 2013 年版，第 686 页。

方式对处于衰落中的郴州商业起到了扭转趋势的作用。① 李德聪在《郴州市场兴衰琐谈》一文中曾指出，交通运输是郴州市场兴衰的决定因素。20 世纪 30 年代，由于交通运输条件的变化，特别是铁路公路的建设，"郴州出现了私营汽车运输业，铁路运输代办业，代收土产品的信托业等，成为湘南的物资集散中心。收购土产转运出口的'广帮'商人经济实力大增。市场中心由裕后街、河街向文化路、火车站方向发展"②。到了抗战时期，依托粤汉铁路，因人员的大量迁入，郴州出现了畸形的战时繁荣景象。"文化路一带聚集食盐专营批发商，成为湘南地区的食盐批发中心市场；汽车站、火车站附近的板子街（今和平路）、文前路、北湖路，交易行栈不断增多，各地土特产品大都汇集于此，用火车转运外销；百货、绸布、药材等行业的批发商亦随之兴起。"③ 此时郴州的繁荣，固然存在着多种因素，但铁路等交通因素无疑居于较为重要的地位。

对于那些小城镇乃至农村集镇而言，是否处在公路、铁路或者水运线上，决定着其兴衰起落。随着社会的进步，公路、铁路在近代中国的交通体系中的地位日趋重要，而传统水运的地位则在逐渐下降。因此，是否处于公路尤其是铁路沿线对于小城镇和集镇的荣枯自然更起着决定性的作用。

1936 年以后，随着粤汉铁路与湘桂铁路的开通，衡阳境内沿途一大片的小集镇都依托便利的交通而兴旺发展起来了，如新塘、大浦、向阳、灶市、三塘、鸡笼街、洪桥、白地市、风石堰。这些集镇，原来大都只是一个或半边街头，由于公路与铁路由此经过，交通的便利使这些集镇迅速发展起来。衡阳县黄竹、车江都是县内最著名的集镇。在铁路、公路未开通之前，

---

① 参见欧阳晓东、陈先枢：《湖南老商号》，湖南文艺出版社 2010 年版，第 54 页；宁奠安：《郴州商业的历史和现状》，载中国人民政治协商会议湖南省郴州市委员会文史资料研究委员会：《郴州文史资料》第 5 辑《纪念郴州市解放 40 周年》，1989 年，第 77 页。

② 李德聪：《郴州市场兴衰琐谈》，中国人民政治协商会议湖南省郴州市委员会文史资料研究委员会：《郴州文史资料》第 5 辑《纪念郴州市解放 40 周年》，1989 年，第 148—150 页。

③ 中国人民政治协商会议湖南省郴县委员会文史资料研究委员会：《郴县文史资料》第 4 辑，1990 年，第 40 页。

衡阳人肩挑鸡蛋于粤之连州，换盐而返。黄竹墟为贩牛之处，每头牛出税二角，年得税约 1200 元，则每年贩牛为 6000 头。车江鱼子最多，谷雨前后编竹为筏取鱼苗贩至粤赣等地。随着铁路与公路的开通，黄竹墟、车江由于不处于铁路、公路线上，便呈现一种衰退的景象。

清末，客商云集的集市大多集中于河流两岸或驿道沿线，如耒阳的 4 个口岸：黄泥江、大河滩、灶头市（今灶市）、新市等均依河而兴；陶洲、上堡街、清水铺、泥江口、泗门洲、白山、大陂市、龙王庙、肥田等集市则与驿道相连接，均为周边农村商品集散的小市场。公路、铁路通车后，耒阳 4 个口岸中的大河滩、黄泥江两个市场因远离铁路或公路便渐渐衰落了；上堡、清水铺因远离公路也渐趋冷落。与此相反的是，灶头市处于公路、铁路、水路交汇处，一跃而为耒阳县最大的贸易市场。哲桥、小水、公平、东湖为铁路或公路车站，遂成为商品集散的重要市场。

耒阳新市又名新城市、新市街，位于耒水东岸。作为一个重要的集镇，新市自南朝至晚清的 1400 余年间，商业颇为繁盛，是衡阳境内最大的乡村集镇，耒阳县 4 个口岸之一，曾经号称"小耒阳"。清末民初，敖河、泥江驶来的船只，多在此停泊，每晚达 200 艘以上。马水、安仁的粮食，夏塘、东湖的茶油，附近乡村的木材、煤炭、豆类，皆以此地为集散口岸，粮食生意尤为兴旺。由于粤汉铁路没有经过这里，这里的粮食生意一落千丈，但由于有水道，在铁路修通之后，仍有 90 多家粮食商号苦苦支撑。有的商号粮、棉、油兼营，大商号每天可收购茶油 100 多担。广东也有不少客商到新市坐庄收购谷米。商业的繁荣，促进了服务业的发展，镇上有兼营副食的茶馆 30 余家、伙铺 20 多家。除本地群众外，还有安仁、衡南等县群众、商贩来此赶集。

与新市的衰弱相反，地处铁路与公路交通孔道的灶市迅速取代新市而成为耒阳县境内最大的农村集镇。灶市位于耒水中游西岸。铁路未开通前，商品进出多走水路，上至郴州，下至衡阳、长沙、汉口。外销以矿产品、木材、茶油、茶叶、蛋品、家畜、家禽、黄花菜、豆类、中药材、土纸为主。进货以食盐、大米、棉花、布匹为主。1935 年起，铁路、公路先后通车，灶市成为耒阳水陆交通枢纽和最大的农副产品集散地。由灶市运出的煤炭、竹木、黄花菜、蛋品、苎麻、茶油、茶叶、绿豆、莲子、中药材、矿产品等，约占全县外运量的 80%。资本雄厚的大商号陆盛记等 3 家，在广州、长沙、汉口皆有分店，经营农副土特产品。另有 14 家盐号左右着耒阳、永兴、安仁、常宁的盐业交易。公平圩先后有粤汉铁路、衡郴公路从圩场东西两侧通过，集市日趋繁荣。

衡山县的集市，明清时期湘江两岸有草市、霞流、雷家、吴集和石湾等。大堡、石湾、吴集等在公路与铁路开通之后，人口激增，商店林立，市场繁荣。大堡的大米、石湾的食盐与陶瓷，吴集的茶油，都呈现出购销两旺的态势。[①]

实际上，小城镇或小集镇的发展对于铁路等现代交通方式的依赖非常严重或者说其实就是其唯一的依靠。因为对于这些小集镇来说，其自身并没有什么可资依托用以聚拢人气的资源，唯一能让它们聚集人气的方式恐怕就只有便利的交通了，当它们在铁路、公路线上或附近时，就能够把四邻八乡的人们吸引过来，反之等待它们的命运就只有无可奈何地走向衰落了。

二、粤汉铁路对近代湖南城市内部布局之影响

粤汉铁路不但从外部影响到城市地位的变迁，同时也从内部影响到城市本身的发展。这里主要讨论两方面的内容：一是粤汉铁路对于城市地价的影响；二是粤汉铁路对于城市自身布局的影响。

（1）粤汉铁路对城市地价的影响。一般来说，铁路对于土地价格的上升必然会产生巨大的推动作用。1936 年，廖仲衡撰文说："镇江、苏州、无锡一带的土地比其他省份价高，这未尝不是京（南京）沪（上海）路贯穿的结果。"[②] 铁路线经过的地区有农村与城市，对于农村来说，因为居民居住极为分散，故土地价格因铁路线经过而引起的提升是相对有限的，最多在铁路

---

① 参见萧平汉：《衡阳历史文化丛书·经贸史述》，湖南人民出版社 2007 年版，第 217—220 页。

② 廖仲衡：《粤汉铁路株韶段沿线之地价问题》，载《民国二十年代中国大陆土地问题资料》，台湾成文出版社 1977 年版，第 43800 页。

部门征用土地时借机尽可能多地获取一些补偿，但也就仅仅一次而已。

而对于城市尤其大城市来说，就完全是另外一种情形了，车站大多设在城镇，车站周边的地价必然随着车站的建设而迅速升值。1912 年 4 月，孙中山在武汉演讲时说，因京汉铁路的修建，歆生路的地价涨到了每方几百两银子，汉口地皮大王刘歆生的财富一下子暴增了很多，这是很不合理的，因此必须要实行平均地权的政策。① 高信撰文说："我们敢预言，铁路一旦达到，城市必随之扩大，物产必随之流畅，土地价格必随之飞涨"；"吾人可观连云港与西安，因陇海铁路之展长，而两地之土地价格猛涨不已，往昔之十元一亩者，今已涨至百元千元矣。"② 宗鸣安撰文说："西安的商业中心，在火车未通之前，当以南院门、南北广济街、东西大街为荟萃之地。至铁路通到西安，新市区及大差市一带，因接近火车站，地价昂贵百倍。于是西安的商业精华从南院门一带移至尚仁路（今解放路）、中山大街（今东大街）了……这也是无法抗拒的自然规律，新生事物必有它的优越性。"③ 这是一个火车站改变城市地价甚至城市商业中心的一个明显的例子，而这样的例子在近代中国的大中城市的发展过程中屡见不鲜。

土地作为财富的主要载体，在中国传统社会中具有特殊的意义。不论在乡村还是城市，人们大都以占有土地作为提升财富的主要手段。近代以来，随着现代化进程的加快，城市土地的价格出现了十分明显的上升，而交通建设对于城市土地价格的推动作用十分明显。早在 1911 年 12 月，孙中山先生在与胡汉民、廖仲恺的一次谈话中曾指出："道路一经开通，物产必销流，田土必涨价。"④ 孙中山对于交通与土地价格的正相关性，有着十分清醒的认识。

1937 年的 1 月和 2 月，廖仲衡曾对粤汉铁路株韶段进行了一次为时两

①　参见王耿雄编：《孙中山史事详录（1911—1913）》，天津人民出版社 1986 年版，第 272 页。

②　高信：《铁路建设与地价增涨》，《津浦铁路日刊》1936 年第 1465 期。

③　宗鸣安：《西安旧事》，西安出版社 2013 年版，第 119—120 页。

④　广东省社会科学院历史研究所等编：《孙中山全集》第 1 卷，中华书局 1981 年版，第 568—569 页。

个月的经济调查。廖氏此次调查的主要目的是研究粤汉铁路株韶段的地价变
化问题，关于株韶段的地价问题，可分为工程局收用土地价格和各地方土地
实际买卖价格两种。

关于株韶段工程局在湖南段收用土地的价格，可参见表 25。

表 25　株韶段工程局收购田地、附属物的等级、种类及价格①

地别	亩别									备考
	上等每亩			中等每亩			下等每亩			
田地	50 元	45 元	40 元	35 元	30 元	25 元	20 元	15 元	10 元	宅地街市壕壩塘池附此
园地	30 元	27 元	24 元	21 元	18 元	15 元	12 元	9 元	6 元	
山地	10 元	9 元	8 元	7 元	6 元	5 元	4 元	3 元	2 元	矿山森林附此
沙地	2.1 元	1.9 元	1.7 元	1.5 元	1.3 元	1.1 元	0.9 元	0.7 元	0.5 元	
附记	以上所列每亩价格系按本地通用亩（即旧亩）计算									
附属物迁移费表										
单塚	每坟 3 元									
合塚	每坟 2 元									
丛塚	每坟 1 元									
注：无主者由当地村正雇工迁移，每坟单塚给三工，合塚给一工，丛塚给一工										
土墙茅屋	每方丈 4 元									
瓦屋砖墙	每方丈 3 元									
瓦屋木壁	每方丈 2 元									
种植物	不能生利者不给价，如因收获损失则禾及苎麻上等每亩给 4 元，中 3 元，下 2 元；菜及芋黍麦等上等 2 元，中 1.5 元，下 1 元；果树及桐茶以及其他能生利树木以一年内收益价值赔偿									

① 参见《本局致湖南省政府函》（1933 年 11 月 11 日），《粤汉铁路株韶段工程月刊》1933 年第 1 卷第 12 期。

需要说明的是，上述征用土地的价格系农村土地价格，并不包括城镇土地价格。那么这个收购价格是高了还是低了呢？换句话说，就是与当时农村土地的正常交易相比，这个价格定得合理吗？回答：这个价格还是相对合理的。当我们把这个价格与当时湖南以及若干省份的田地价格加以对比，就可以证明上述说法是有一定根据的。1932年7月，国民政府内政部出于复兴农村及推行自治的目的，着手普查全国农村经济状况，掌握农村经济数据，农地价格是其中重要的一项。内政部根据各省上报的材料，汇总了全国17个省的农地价格。这里根据上述内政部的统计数据，选取湖南、湖北、广东三省的农地价格进行比较。选取这三省的原因是，三省地理相接，且均与粤汉铁路相关。三省农地价格参见表26。

表26 湖南、湖北、广东三省农地价格对比（1932年）①

单位：元/亩

省份			湖南	湖北	广东
田（稻田）	上等	最高	350.00	80.00	500.00
		最低	10.00	13.00	25.00
		平均	58.67	37.51	154.00
	中等	最高	250.00	60.00	450.00
		最低	8.00	8.00	15.00
		平均	41.17	24.84	100.37
	下等	最高	200.00	40.00	300.00
		最低	7.00	4.00	7.00
		平均	25.58	14.84	50.12
地（旱地）	上等	最高	160.00	70.00	900.00
		最低	2.00	3.50	7.00
		平均	27.84	27.86	144.3
	中等	最高	120.00	50.00	700.00
		最低	1.50	2.70	4.00
		平均	20.38	20.4	87.14

① 参见《各省土地价格之统计》，《中国国民党指导下之政治成绩统计》1934年第7期。

省份			湖南	湖北	广东
山（山地）	下等	最高	90.00	30.00	100.00
		最低	1.00	1.70	1.50
		平均	12.92	12.83	28.18
	上等	最高	60.00	30.00	120.00
		最低	1.00	1.30	1.50
		平均	13.55	10.78	23.75
	中等	最高	40.00	20.00	100.00
		最低	0.80	1.00	0.80
		平均	9.24	7.12	16.07
	下等	最高	30.00	10.00	80.00
		最低	0.20	0.60	0.30
		平均	5.55	3.95	9.64
园（园地）	上等	最高	220.00	100.00	400.00
		最低	1.90	10.00	1.50
		平均	32.27	35.86	71.97
	中等	最高	190.00	80.00	230.00
		最低	1.30	6.00	0.70
		平均	23.46	25.33	42.37
	下等	最高	60.00	70.00	180.00
		最低	1.00	5.00	0.40
		平均	12.58	17.33	22.44

把上述数据与工程局的征地数据进行对比：

① 与湖南省的对比。田地的价格，工程局征收田地上、中、下三等平均每亩的价格分别为：45 元、30 元、15 元[①]，而湖南省田地上、中、下三等平均每亩的价格分别为：58.67 元、41.17 元、25.58 元[②]，两相对比，工程局

---

① 此数据分别取田地上、中、下三等的中位值，即上等中级、中等中级和下等中级。以下旱地、山地和园地亦准此对比。

② 此外，根据《湖南实业志》的记载，1935 年湖南全省上等水田每亩平均价格为 59.79 元，中等水田 43.4 元，下等水田 31.3 元；上等旱田每亩平均价格为 34.3 元，中等每亩 24.0 元，下等每亩 16.7 元；山地上等每亩 16.7 元，中等 11.8 元，下等 7.9 元。参见朱羲农、朱保训：《湖南实业志》（一），湖南人民出版社 2008 年版，第 66 页。

的征地价格分别少了 13.67 元、11.17 元和 10.58 元。

山地的价格，工程局征收山地上、中、下三等平均每亩的价格分别为：9 元、6 元、3 元，而湖南省山地上、中、下三等平均每亩的价格分别为：13.55 元、9.24 元、5.55 元，两相对比，工程局的价格分别少了 4.55 元、3.24元和 2.55 元。

园地的价格，工程局征收园地上、中、下三等平均每亩的价格分别为：27 元、18 元、9 元，而湖南省园地上、中、下三等平均每亩的价格分别为：32.27 元、23.46 元、12.58 元，两相对比，工程局的价格分别少了 5.27 元、5.46元和 1.58 元。

② 与湖北省的对比。田地的价格，工程局征收田地上、中、下三等平均每亩的价格分别为：45 元、30 元、15 元，而湖北省田地上、中、下三等平均每亩的价格分别为：37.51 元、24.84 元、14.84 元，两相对比，工程局的征地价格分别多了 7.49 元、5.16 元和 0.16 元。

山地的价格，工程局征收山地上、中、下三等平均每亩的价格分别为：9 元、6 元、3 元，而湖北省山地上、中、下三等平均每亩的价格分别为：10.78 元、7.12 元、3.95 元，两相对比，工程局的价格分别少了 1.78 元、1.12元和 0.45 元。

园地的价格，工程局征收园地上、中、下三等平均每亩的价格分别为：27 元、18 元、9 元，而湖北省园地上、中、下三等平均每亩的价格分别为：35.86 元、25.33 元、17.33 元，两相对比，工程局的价格分别少了 8.86 元、7.33元和 8.33 元。

③ 与广东省的对比。田地的价格，工程局征收田地上、中、下三等平均每亩的价格分别为：45 元、30 元、15 元，而广东省田地上、中、下三等平均每亩的价格分别为：154.00 元、100.37 元、50.12 元，两相对比，工程局的征地价格分别少了 109 元、70.37 元和 35.12 元。

山地的价格，工程局征收山地上、中、下三等平均每亩的价格分别为：9 元、6 元、3 元，而广东省山地上、中、下三等平均每亩的价格分别为：23.75 元、16.07 元、9.64 元，两相对比，工程局的价格分别少了 14.75 元、10.07 元和 6.64 元。

　　园地的价格，工程局征收园地上、中、下三等平均每亩的价格分别为：27 元、18 元、9 元，而广东省园地上、中、下三等平均每亩的价格分别为：71.97 元、42.37 元、24.44 元，两相对比，工程局的价格分别少了 44.97 元、24.37 元和 15.44 元。

　　通过对比发现，工程局除了征收的田地价格高于湖北省的平均田地价格外，其余所有的征地价格都要低于湖南、湖北和广东相应的正常交易价格。但是，除了与广东省的数据相差较大外①，各项土地的征收价格与湖南省土地交易的平均价格并不存在很大的差距，田地的平均征收价格方面甚至还超过了湖北省的平均交易价格。根据这些数据对比，我们认为，株韶段工程局土地征用的价格，还是比较符合当时的实际情况的。不过，因株韶段工程局征收土地是属于国家公用事业用地的性质，本身就与一般的土地买卖有所不同，故其价格稍微低于实际土地买卖的价格其实也属正常。

　　土地被工程局收用之后，地价发生了什么变化？可以衡阳、郴州、衡山、渌口、株洲等地车站附近地价的变化来说明这一问题。以衡阳车站附近为例，株韶段工程局在衡阳车站附近征地总计 2.9 万公亩，其中车站干线收用土地 1 万多亩，粤汉码头支线收用土地 1000 多亩，车站马路支线收用土地 600 多亩，林场、苗圃收用土地 8000 多亩，总机厂收用土地 8000 多亩。②总而言之，车站附近的土地大部分被粤汉铁路局收用。修建衡阳车站之前，

---

①　当然，广东作为商品经济特别发达的省份有其特殊性，因商品经济发达，广东种植经济作物较多。根据 1932 年内政部的统计，广东的农地价格在当时所有省份中基本属于最高，同样位于南方的广西、云南和广东的差别不大，个别数据甚至超过广东。以田地为例，广东田地上、中、下三等平均每亩的价格分别为：154.00 元、100.37 元、50.12 元；广西的平均价格为：142.00 元、102.74 元、66.90 元；云南的平均价格为：108.69 元、89.12 元、61.65 元。可以发现，广西田地的中等和下等的平均价格高于广东同级别田地的平均价格，云南下等田地的平均价格也高于广东下等田地的平均价格。这其中的原因，除了与广东商品经济相对发达，田地改种经济作物较多的因素有关外，或许还与广西、云南因山多地少造成田地供应紧张有关。关于各省农地价格更详细的数据可参见：《各省土地价格之统计》，《中国国民党指导下之政治成绩统计》1934 年第 7 期。

②　参见廖仲衡：《粤汉铁路株韶段沿线之地价问题》，载《民国二十年代中国大陆土地问题资料》，台湾成文出版社 1977 年版，第 43882 页。按：1 公亩等于 0.163 旧亩，1 旧亩等于 6.144 公亩。

该站附近基本上都是稻田，有了车站以后，有些稻田便改为了宅地，这两者之间在价格上显然差别很大。那些紧邻车站而又没有被征用的土地，其价格也发生了很大的变化。为了方便起见，将衡阳车站附近土地买卖价格变化情况制表如下（见表 27）。

表 27　衡阳车站附近土地买卖价格之变化[①]

单位：元 / 亩

年份	水田			旱地			宅地		
	上等	中等	下等	上等	中等	下等	上等	中等	下等
1912 年	40	30	20	7	5	3	40	30	20
1926 年	50	40	30	12	10	6	50	40	30
1932 年	90	80	75	30	25	18	90	80	75
1933 年	80	75	70	25	22	15	80	75	70
1934 年	85	70	65	20	19	13	600	500	200
1935 年	90	75	50	45	28	20	720	600	400
1936 年	95	85	60	60	35	30	1100	720	600
说明	水田指稻田			旱地指种植黄豆、椒、烟叶、麦、红薯、西瓜之地，此种土地在 1932 年以前，大半作为坟地			从前大半为水田和旱地，自 1934 年开建车站，此类田地乃变作宅地		

根据《湖南实业志》的记载，1934 年前后衡阳县城内外各处的地价如下，"县城内外繁盛市街地价，每方丈三十元；江东岸地价每亩四五百元；至于四乡田地，据民国二十年（1931）的调查，县东上田百元，低者六十元；县南上田八十元，低者五十元；县西上田一百二十元，低者八十元；县北与县东情形相似"[②]。

衡阳车站附近的马路如广东路、湖北路、江西路等（参见图 14），由于紧邻车站，沿街店铺均生意兴隆，尤其是湖北路连接泉溪镇一段，上通车

[①] 廖仲衡：《粤汉铁路株韶段沿线之地价问题》，载《民国二十年代中国大陆土地问题资料》，台湾成文出版社 1977 年版，第 43885 页。

[②] 朱羲农、朱保训：《湖南实业志》（一），湖南人民出版社 2008 年版，第 442—443 页。

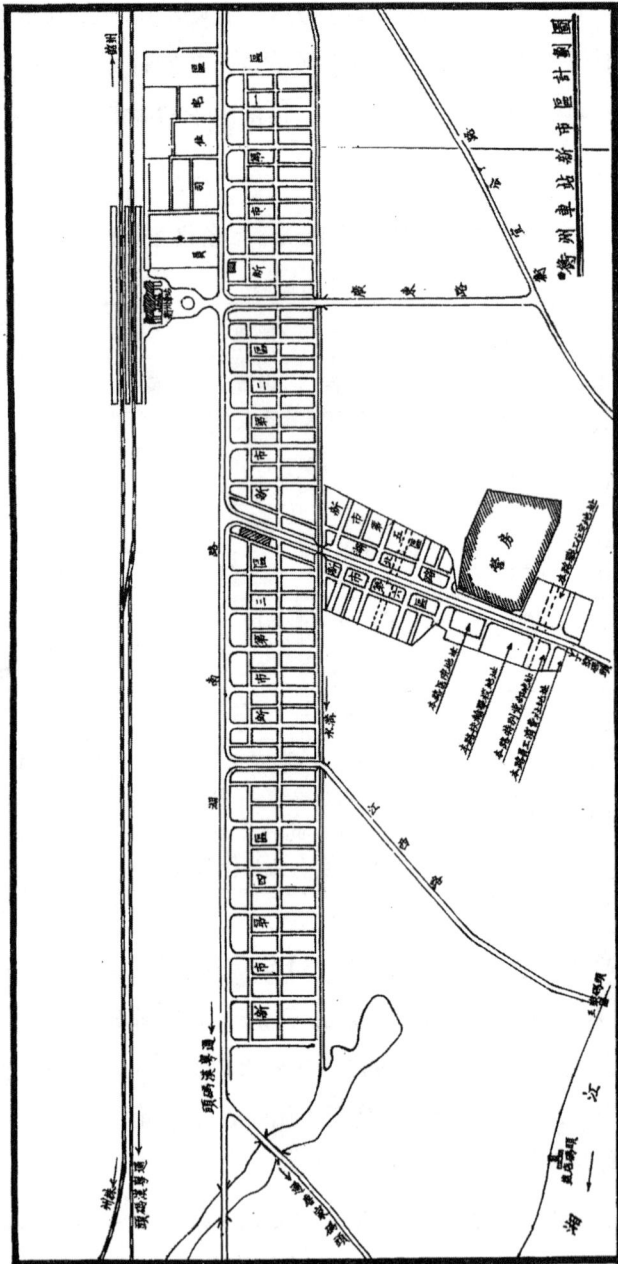

图 14　衡阳车站平面图[1]

---

[1]　参见《粤汉铁路株韶段衡州车站建筑概要》，《工程季刊》1936 年第 3 卷第 3、4 期。

站，下临丁家码头，为交通孔道，往来商旅，络绎不绝。镇上商店数十家，生意均甚好，其中经营资本较大者为旅馆业，如粤汉大旅社、东南大旅社等，均为衡阳湘江东岸规模较大的旅社。据说，从前粤汉大旅社是住家的宅地，每年房租不过四五元钱，自改作旅馆后，房租已涨到四五十元了。旅社附近有个 1.2 亩左右的地块，有人出价 1200 元购买，业主仍不愿出售。此项地块连同旅社，均为一赵姓业主所有，业主曾声言，该项地块不论别人出多高的价，他都不会出售。① 由此可见，衡阳火车站附近地价增值之高之快，着实令人吃惊。

其他郴州、衡山、渌口、株洲车站附近地价之变化，可分别参见表 28、表 29、表 30、表 31。

表 28　郴州车站附近土地买卖价格之变化②

单位：元 / 亩

年份	水田			旱地			宅地		
	上等	中等	下等	上等	中等	下等	上等	中等	下等
1912 年	38	20	10	20	10	5	20	10	5
1926 年	50	30	20	30	20	15	30	20	15
1932 年	60	40	30	65	55	45	65	55	45
1933 年	57	35	25	60	50	40	60	50	40
1934 年	55	33	23	55	48	35	55	48	35
1935 年	80	50	38	60	50	38	60	50	38
1936 年	90	70	50	75	60	40	600	400	350
说明							此项地段，从前系山地，与旱地同价。自 1936 年郴县新市区建设计划确立后，人们在此购地修屋，以作商店之用，故地价陡增。此项地段以六十方丈一亩计算		

① 参见廖仲衡：《粤汉铁路株韶段沿线之地价问题》，载《民国二十年代中国大陆土地问题资料》，台湾成文出版社 1977 年版，第 43883—43884 页。

② 参见廖仲衡：《粤汉铁路株韶段沿线之地价问题》，载《民国二十年代中国大陆土地问题资料》，台湾成文出版社 1977 年版，第 43889—43890 页。

表 29　衡山车站附近土地买卖价格之变化①

单位：元/亩

年份	水田			旱地		
	上等	中等	下等	上等	中等	下等
1912 年	25	15	10	4	3	2
1926 年	30	20	15	10	8	5
1932 年	88	70	50	35	25	15
1933 年	85	58	45	30	22	11
1934 年	78	55	40	28	20	8
1935 年	80	60	45	30	27	12
1936 年	84	67	50	35	30	16

表 30　渌口车站附近土地买卖价格之变化②

单位：元/亩

年份	水田			旱地		
	上等	中等	下等	上等	中等	下等
1912 年	35	25	18	9	7	5
1926 年	50	40	20	18	14	10
1932 年	120	95	87	38	25	14
1933 年	110	90	80	35	27	12
1934 年	100	80	70	30	24	10
1935 年	115	100	90	34	30	12
1936 年	125	110	98	38	35	15

---

① 廖仲衡：《粤汉铁路株韶段沿线之地价问题》，载《民国二十年代中国大陆土地问题资料》，台湾成文出版社 1977 年版，第 43902 页。

② 参见廖仲衡：《粤汉铁路株韶段沿线之地价问题》，载《民国二十年代中国大陆土地问题资料》，台湾成文出版社 1977 年版，第 43905—43906 页。

表 31　株洲车站附近土地买卖价格之变化①

单位：元/亩

年份	水田			旱地			宅地		
	上等	中等	下等	上等	中等	下等	上等	中等	下等
1912 年	25	20	15	7	5	4	25	20	15
1926 年	45	35	18	15	10	8	45	35	18
1932 年	110	70	55	90	40	30	110	70	55
1933 年	105	65	45	85	35	25	105	65	45
1934 年	100	50	30	80	30	20	100	50	30
1935 年	105	70	50	83	40	25	105	70	50
1936 年	110	85	60	85	42	30	800	600	240
说明							此项宅地自 1936 年起，开始买卖，从前皆属水田，以水田计价		

为明晰起见，我们将上述几个表格的内容合成为表 32：

表 32　株韶段沿线（湖南段）若干站历年地价比较表

单位：元/亩

年份			1912	1926	1932	1933	1934	1935	1936
株洲	水田	上	25	45	110	105	100	105	110
		中	20	35	70	65	50	70	85
		下	15	18	55	45	30	50	60
	旱地	上	7	15	90	85	80	83	85
		中	5	10	40	35	30	40	42
		下	4	8	30	25	20	25	30
	宅地	上	25	45	110	105	100	105	800
		中	20	35	70	65	50	70	600
		下	15	18	55	45	30	50	240

---

① 廖仲衡：《粤汉铁路株韶段沿线之地价问题》，载《民国二十年代中国大陆土地问题资料》，台湾成文出版社 1977 年版，第 43910—43911 页。

年份			1912	1926	1932	1933	1934	1935	1936
渌口	水田	上	35	50	120	110	100	115	125
		中	25	40	95	90	80	100	110
		下	18	20	87	80	70	90	98
	旱地	上	9	18	38	35	30	34	38
		中	7	14	25	27	24	30	35
		下	6	10	14	12	10	12	15
衡山	水田	上	25	30	88	85	78	80	84
		中	15	20	70	58	55	60	67
		下	10	15	50	45	40	45	50
	旱地	上	4	10	35	30	28	30	35
		中	3	8	25	22	20	27	30
		下	2	5	15	11	8	12	16
衡阳	水田	上	40	50	90	80	85	90	95
		中	30	40	80	75	70	75	85
		下	20	30	75	70	65	50	60
	旱地	上	7	12	35	25	20	45	60
		中	5	10	25	22	19	28	35
		下	3	6	18	15	13	20	30
	宅地	上	40	50	90	80	600	720	1100
		中	30	40	80	75	500	600	720
		下	20	30	75	70	200	420	600
郴州	水田	上	58	50	60	57	55	80	90
		中	20	30	40	35	33	50	70
		下	10	20	30	25	23	38	50
	旱地	上	20	30	65	60	55	60	75
		中	10	20	55	50	48	50	60
		下	5	15	45	40	35	38	40
	宅地	上	20	30	65	60	55	60	600
		中	10	20	55	50	48	50	400
		下	5	15	45	40	35	38	350

观察表 32 可以发现，因为粤汉铁路的修建，铁路沿线附近的土地无论是水田、旱地还是宅地，其价格均呈现出明显的上涨态势。各地的地价，均在 1936 年，即粤汉铁路通车的那一年达到最高价。株洲上等宅地，1935 年不过每亩 105 元，1936 年涨至每亩 800 元，几乎是一年前的 8 倍；郴州上等宅地，1935 年每亩不过 60 元，1936 年涨至每亩 600 元，涨幅高达 10 倍；衡阳的情况特殊一点，1933 年 9 月，株韶段工程局由广州迁至衡阳，从那时起，工程局附近的土地价格就已经开始出现了明显上涨，上等宅地，1933 年每亩不过 80 元，1934 年即工程局迁至衡阳的次年很快涨至每亩 600 元，是 1933 年的 7 倍多；1935 年涨至每亩 720 元，1936 年继续涨至每亩 1100 元。对于衡阳商务的变化，凌鸿勋曾指出，衡阳尤其是湘江东岸原本物价极为便宜，生活水准很低，但"自从株韶段开工以后，衡阳的商务一天繁盛一天，地位日渐重要"。这恰好可以作为衡阳车站附近地价猛涨的一个极好的注脚。[①] 除了宅地，其他各类土地的价格均有不同程度的上涨。

由上可以看出，株韶段铁路沿线土地尤其是车站附近地价的上涨，均与粤汉铁路的建设及通车存在着明显的正相关关系。株洲车站的建设，人们认为，"粤汉铁路完成了，此地（株洲）适当南北要冲，交通上的便利这是无可讳言的。今后正在计划修筑湘黔路，又以株洲为起点，现由浙赣路局节制的株萍路，亦预备明年展至南昌，将来由浙而赣而湘，株洲亦为必经的要道。同时更相信中央在此地设置机车厂，中国银行又要在此地添设分行，诸如此类的推测，都使人们异常兴奋。因此，湖南一般在军政有地位的人大都买地皮，待将来的发展。一般有田地的人亦在那里高抬市价。在这两种心情之下，形成了株洲最近几年来地价高涨的现象。"[②] 衡山车站附近之山地，"从前价格不过数元一亩，现在开辟修作商铺者，每方丈价格在 50 元左右"。当然，此类价格比较极端，但是车站附近地价猛涨是毫无疑问的。[③]

---

① 参见沈云龙访谈：《凌鸿勋口述自传》，湖南教育出版社 2011 年版，第 91 页。

② 廖仲衡：《粤汉铁路株韶段沿线之地价问题》，载《民国二十年代中国大陆土地问题资料》，台湾成文出版社 1977 年版，第 43909—43910 页。

③ 参见廖仲衡：《粤汉铁路株韶段沿线之地价问题》，载《民国二十年代中国大陆土地问题资料》，台湾成文出版社 1977 年版，第 43901 页。

　　（2）粤汉铁路对于沿线部分城市自身布局的影响。我们主要以车站附近的变化，来说明铁路对城市布局产生的影响。武进指出，铁路对城市的影响，主要是"通过火车站的枢纽作用，形成人流量很大的次级中心和货运转运枢纽，成为城市空间结构的重要核心"①。从粤汉铁路所经过的各个城市内部的布局来看，各城市均以车站为中心形成新的商业贸易中心，并在这一历史过程中扩大了城市规模。以岳阳市为例，1917 年，粤汉铁路武昌至岳州段通车。"铁路不仅促使岳阳近代城市发展，也改变了城市沿着湖岸线单一因素发展的空间格局。城市在铁路线的牵引下，开始向东扩展。而铁路在带给岳阳城市新发展轴线的同时，也为将来岳阳城市进一步东拓限定门槛。"②

　　岳州车站位于岳阳城区东南地区鄢家冲，车站建成后，这个地带围绕着车站逐渐形成城市新区。从车站附近全家巷的发展演变，可以看出铁路对于城市空间布局的重要影响。全家巷原为岳阳城区的一条小巷，形成于明朝初年，明清时期还建有步武坊、桂林坊、重应奎光坊 3 座牌坊。1916 年 8 月，位于全家巷东的岳州车站③动工，次年 3 月竣工。1917 年 9 月，湘鄂铁路鲇鱼套至岳州段正式通车。车站系英式建筑，青砖瓦顶，外观颇为精致，在当时湘鄂铁路 36 个车站中，岳州车站的规模算是比较大的。随着铁路开通，全家巷路段由西向东延伸到火车站前。车站吸引了往来的客商，人口集聚带动了全家巷商业和服务业的发展，道路两旁陆续兴建起了饭铺、商店和旅社等。全家巷因车站的兴建而逐步兴盛起来，由此其名称也改为车建路。④ 铁路修建后，岳阳水陆联运得以发展，先锋路成为联系车站和湖滨码头的主要

① 武进：《中国城市形态：结构、特征及其演变》，江苏科学技术出版社 1990 年版，第 216 页；转引自张宪文、张玉法主编、江沛、秦熠、刘晖等：《中华民国专题史》第 9 卷《城市化进程研究》，南京大学出版社 2015 年版，第 348—349 页。

② 傅娟：《近代岳阳城市转型和空间转型研究（1899—1949）》，中国建筑工业出版社 2010 年版，第 76 页。

③ 1936 年 8 月 1 日，随着粤汉铁路湘鄂段、株韶段、广韶段三段合一，岳州车站改名岳阳车站。

④ 参见欧阳晓东：《湖南老街》，湖南文艺出版社 2012 年版，第 379—380 页；邓建龙：《千年古城话岳阳》，华文出版社 2003 年版，第 131 页。按：1922 年 9 月，为了纪念粤汉铁路工人大罢工，车建路改为先锋路。1994 年，随着岳阳新火车站的建成与搬迁，先锋路顿时寂静下来，不复往日之繁华热闹。

道路。1929 年，出于改善交通的需要，将先锋路以新标准重新修筑，成为岳阳近代历史上第一条马路。火车站不仅带动了全家巷向东发展，而且使全家巷逐步由一条传统小巷演变成为城市的主要商业街之一和交通要道。

车站附近还产生了许多车站工人和依靠车站谋生的码头工人。为满足水陆联运的需要，岳阳城内陆续修建了四个码头，分别设在火车站、大鄢家冲、小鄢家冲和梅溪桥，专门运送上下火车的物资。许多人就以运送上下火车的物资谋生。这些工人人数逐渐增多，形成了新的社会力量。1922 年 9 月，岳阳火车站大罢工的主要力量就是 200 多名岳阳车站工人以及码头工人。[①]"粤汉铁路工人罢工，岳州为发源地，北起武汉，南至长沙，波及两省，震动全国。"这次罢工，"组织完善，秩序森严，表现了工人阶级的觉悟、团结和工人阶级的战斗力与牺牲精神。在我国工运史上留下了光辉的一页。"[②]

车站的修筑对于岳阳城区周边农民的生活也产生了影响，吸引了城郊农民进城谋生。20 世纪 30 年代，岳阳农民"赖各种副业以为抵补，如喂猪羊，饲鸡鸭，附城者又植园蔬，或藉火车站营小商业"。车站集聚的人流和货流使车站成为城市管理的重要地段。车站兴建后，设有岳阳火车站警察，维持车站周边社会秩序。1920 年禁烟运动中，县政府除在城陵矶设立禁烟分局对过往船只进行严格盘查外，驻军部队也在岳阳火车站设军警稽查处查禁烟土。[③]

傅娟研究指出："粤汉铁路的修筑带动了车站附近地区的发展，形成城市空间结构中的新节点。铁路牵引城市向东生长，快速填补了车站和旧城区之间的空白地带，改变了城市沿湖单一扩张的形式。同时，铁路线形成近代岳阳城市空间新的边界，在一定时期内限定了城市空间的发展范围。"[④]

---

① 参见《岳阳码头工人的光荣一页》，政协岳阳市文史资料委员会：《岳阳文史》第 3 辑，内部资料，1987 年。

② 周林波：《粤汉铁路岳州工人罢工斗争始末》，载邓建龙主编：《岳阳楼区文史》第 1 辑，政协岳阳楼区文史资料委员会内部资料，1992 年。

③ 参见邓建龙主编：《岳阳南区志》，中国文史出版社 1993 年版，第 190 页。

④ 傅娟：《近代岳阳城市转型和空间转型研究（1899—1949）》，中国建筑工业出版社 2010 年版，第 77—78 页。

　　粤汉铁路的修建，对长沙城市规模的扩大，以及长沙城市空间结构的变化也产生了重要的影响。粤汉铁路在长沙境内设有 3 个车站：新河站、长沙东站、大托铺站。铁路以新河站为起点，经留芳岭，沿着长沙东城墙南行，过经武门、小吴门（东门）、浏阳门（东兴门）、天心阁，过白沙井，然后向西南折向湘江再南行，过大托铺往株洲。长沙东站是长沙的主要客运站，位于小吴门与浏阳门中间（今湖南长沙五一路和芙蓉路交叉路口）。新河站从宣统元年秋动工修建，历经年余竣工，1911 年 1 月 11 日正式投入使用。该站占地百亩，铺设道轨 20 余股，建有站屋、修理厂、机车房、转盘、水塔、储煤库以及各种办公用房，为机车、车辆集合场所。所有货物，也是由新河站吞吐。在建设新河站的同时，又在留芳岭一带建设了长沙北站（又称老北站），利用此站堆放货物与材料。每次列车或机车路过此站，都要停留 1—2 分钟，以接洽事务。宣统三年（1911），在北站以北约一公里处又修建了一个临时性车站，被称为"新北站"。在该站铺设了串线 1 股，连同正线共 2 股；建有长 160 英尺，宽 8 英尺的临时性月台一座，未建站房。粤汉铁路长岳段修成通车后，新北站被取消，新河站搬迁至老北站扩建成为现在的长沙北站。1913 年，又在长沙东站建设了站房等设施。这样，在长沙东城外铁路沿线，形成了一片新城区。[①]

　　在这片新城区里，布满了铁路线路及其设施、车站站房月台、库房货场、水塔煤库、修理厂房等。同时，围绕着铁路运输，东城外也修建了马路，建起了住宅、市场和其他服务配套设施。1917 年 9 月，长沙马路工程处向省财政厅借款 3 万元着手修建车站路，此路从长沙东站向西延伸至盐仓街下游河岸，总长约 1.5 公里，土方工程于 1918 年 7 月完成，随后铺设砂石路面，此路为长沙兴建马路之始。1924 年 7 月，开始兴建环城马路，确定自北门城角码头至小吴门车站为第一工程段（简称"北段"），小吴门车站至西湖桥河边为第二工程段（简称"南段"）。北段于 1924 年 10 月动工，至 1926 年夏竣工，卵石路面，全长 3.83 公里。南段于 1925 年完成工程测量，1928 年 11 月开始修建火车东站至西湖桥河边马路，1931 年 3 月南段全部完

---

① 参见谭仲池主编：《长沙通史·近代卷》，湖南教育出版社 2013 年版，第 611—612 页。

工，总长 2.1 公里，全部为砂石路面。①1911 年浏阳门外的巴巴街（今复兴街）就形成了当时长沙城内最大的蔬菜批发市场。②

在长沙东站及新河站，货物转运公司林立，业务繁忙，人员流动量大，并由此带动车站附近之旅馆业、餐饮业、包装业、堆栈业及其他相关服务业的发展，使得火车站附近及铁路沿线很快发展成为繁华地段。城市生活重心随之东移，在老火车站及以东的郊外建造了一批民宅和商业设施，火车站和城内小吴门一带渐渐发展为闹市。③ 据当时报载，小吴门外"行李往来，货物转运，肩摩毂击，无时或息"。因小吴门外公路与铁路交叉，人流物流川流不息，故颇多交通事故，乃至"压毙人畜"亦时有发生，为了减少交通事故，长沙有关部门曾计划将铁路向外迁移。但因种种原因，一时不能实现，改为修建铁路涵洞，"将小吴门铁道与汽车路及人行路交叉之点，改建桥梁，汽车及行人由桥面往来，火车通过都由桥洞"。这样可以有效减少交通事故的发生。④ 1932 年，长沙市政部门在小吴门外建设菜场，以方便市民生活。⑤赵君豪撰文说，火车从长沙站开出后，"两旁所见者，都为市肆，若理发店若茶馆若小饭铺，应有尽有，骤观之几疑坐火车在弄堂中行驶，甚为可笑，直至长沙市郊以外，方出弄堂"。⑥ 1931 年，因小吴门外娼妓麇集，伤风败俗，长沙警备司令部命令长沙公安局严厉查禁，限期将这些娼妓从小吴门附近迁出。⑦ 由此可见，在长沙市内，铁路沿线人烟稠密，异常繁华。以货物转运公司为例，在长沙东站及新河站，有转运公司 9 家，每年合计运费收入达 68 万余元（详见表 33）。

---

① 参见长沙市志编纂委员会：《长沙市志》第 3 卷，湖南人民出版社 2003 年版，第 278—279 页。
② 参见谭仲池主编：《长沙通史·近代卷》，湖南教育出版社 2013 年版，第 611—612 页。
③ 参见刘晖：《长沙近现代城市发展演进研究》，华南理工大学硕士学位论文，2000 年，第 14—17 页。
④ 参见《拟建筑小吴门铁道桥梁》，《长沙市政汇刊》1932 年第 1 期。
⑤ 参见《建筑小吴门菜场》，《长沙市政汇刊》1932 年第 1 期。
⑥ 赵君豪：《南游十记》附录《汉粤纪行》，国光印书局 1936 年版，第 150—151 页。
⑦ 参见《小吴门土娼迁徙》，《长沙镇乡周报》1931 年第 4 期。

表 33 长沙市转运公司一览表①

公司名称	地点	设立年份	资本额	年运费收入	经运货物
合群	长沙东站及新河	1934 年	5000 元	30000 元	洋杂货
顺丰	长沙东站及新河	1920 年	12000 元	140000 元	洋纱、杂货
裕顺	长沙东站及新河	1923 年	12000 元	120000 元	洋纱、烟、纸、布匹
信大	长沙东站及新河	1924 年	5000 元	30000 元	杂货、药材
大成	长沙东站及新河	1932 年	8000 元	90000 元	洋纱、杂货
湘粤汉	长沙东站及新河	1925 年	8000 元	100000 元	洋纱、匹头
公兴和	长沙东站及新河	1928 年	10000 元	120000 元	匹头、洋纱
大兴	长沙东站及新河	1933 年	8000 元	30000 元	药材、杂货
美成	长沙东站及新河	1934 年	4000 元	20000 元	药材、杂货
合计	—	—	72000 元	680000 元	—

　　株洲城区的扩大几乎全赖铁路而兴。株洲市区，纵列在粤汉铁路与湘水之间，东西窄而南北长。"株萍铁路通车，株洲设立了汉冶萍公司转运局，南站后和湾圹一带由荒野之地而兴旺发达了，有客栈、旅馆、油盐店、南货店、面食店、肉店、药店、糕点作坊；兴仁巷有茶馆，快活岭有娼妓，有何义甫鸦片烟馆。湾圹一带是义山，孤坟堆集。由于株萍铁路的通车，转运局的设立，数千工人的生活和消费，就带来这一地区的繁荣。同时，萍乡煤矿在株洲大量采购坑木，港口街杏花园和港的下侧，出现了好几家大的木号。"②铁路装卸工人的劳动热情十分高涨，"火车由安源拖来的煤瓶，就在株洲卸去，那班劳工为着工资的关系，拿些取煤的器具，向煤厢下总攻击，将煤弄下去，堆集在铁路侧边，用挑子挑起去，大有争先恐后的样子。有个工人在挑煤时节，碰着车上一块煤滚下来，将足打出血，

<hr>

① 参见朱羲农、朱保训：《湖南实业志》（一），湖南人民出版社 2008 年版，第 268—269 页。
② 叶炳吾：《株洲旧貌》，载中国人民政治协商会议湖南省株洲市委员会文史资料研究委员会：《株洲文史资料》第 3 辑，1983 年，第 103 页。

而这个人仍然忍痛向前挑，我不能不佩仰他的勇敢"①。"由于须在这里（株洲）频繁的起卸，所以各煤商均纷纷争购地皮，以作为露天煤栈。于是在这里每一个荒芜旷野的角落，都变成难于立锥之地了。大约每亩荒地的地价，相当每亩良田的田价。所以目前株洲的西北区，皆乌丘累累，煤山竹篱，相映成趣。每天挑、抬、背、扛的箩业工人，成千地在劳动着，以图解决他们目前危困的起码生活。这样倒还替株洲抹上了一笔热闹的色彩，陪衬出株洲商业的虚荣。"② 依托火车站及其相关附属机构，株洲城市迅速地发展起来。民国初年，栗树街格局渐成。毗邻粤汉铁路逐渐形成了新街、堤升街等。曾桂林研究指出："株洲城市空间结构的形成还与铁路的发展有着密切的关系。株洲城市街道的最初形态，正是以株萍、粤汉两条铁路的车站为中心，分为东西两部，向四周展延而形成的，并由此聚集起大量人口。"③

至抗战前夕，在不到30年的时间内，株洲人口已经由最初不足1万人迅速增长到10万余人，其增长速度可谓惊人。特别是粤汉铁路全线通车前后，"国民改府开始规划在株洲建设钢铁、铸铜、汽车、化工、电工、机车制造和飞机制造等7个工厂。1936年9月1日粤汉铁路全线通车。1937年抗日战争开始，不少工厂内迁，株洲商业出现了短暂的繁荣，城镇人口猛增，店铺林立。1938年12月15日，湘黔铁路株洲至娄底建成。1936—1938年，几家工厂开始营建，各地营造商和建设工人汇集株洲，从火车站到建宁街以及沿建宁港入湘江河口一带成为商业铺店栉比的闹市区。董家塅卫门口、田心东门成为工矿商业集中之地。"④ 从上海、南京一带来了许多的基建工人，"街上整天人山人海，商店业务兴隆，株洲人口剧增，市区不断

① 我愿：《由醴陵到株洲》，《大公报》1923年2月，载中国人民政治协商会议湖南省株洲市委员会文史资料研究委员会：《株洲文史资料》第4辑，1983年，第134页。
② 剑光：《株洲的现状》，《大刚报》（汉口）1948年4月5日，转引自中国人民政治协商会议湖南省株洲市委员会文史资料研究委员会：《株洲文史资料》第3辑，1983年，第89页。
③ 曾桂林：《铁路与近代株洲城市的兴起（1898—1951）》，《株洲师范高等专科学校学报》2007年第6期。
④ 龙碧秋：《中国近代商业史话》，中国商业出版社1991年版，第56页。

扩大"①。国难前夕的株洲，呈现出一派畸形的繁盛景象。

粤汉铁路对于衡阳城市向东跨湘江发展产生了决定性的影响，也就是说，如果没有株韶段工程局及衡阳车站选址衡阳湘江东岸，衡阳尚不会在30年代大规模向湘江东岸扩展。原衡阳老城，完全位于湘江西岸，而湘江东岸则纯为良田。"（衡阳）粤汉码头过去均系良田美地，原有工人世居于此，谨守祖业，种地养鱼，收益颇丰，数口之家，衣食无虞。"②随着粤汉铁路株韶段工程局选址衡阳湘江东岸，该地的商务开始逐步发展起来。同时，衡阳车站及其附属设施的逐步完善，更是促进了衡阳湘江东岸地区商务的发展。

衡阳车站，位于江东岸之蔡家堰，该处地方辽阔，居民极少，便于车站建设。对于衡阳车站的位置，最初有两个方案：一是湖东盆地方案。由于湘江、耒水的东流北转，使衡阳酃湖盆地形成一个南北长约7公里，东西宽约5公里的半月形区域，其东部俗称湖东，即古酃县遗址，属冲积平原，地形开阔平坦。车站选址此处，铁路线可缩短3—4公里，但地面标高较湘江历史洪水位低5—7米，路基填方大，取土困难，且远离市区3公里以上，对旅客乘车颇为不便。二是湖西丘陵地方案，即酃湖盆地西部，俗称湖西。此处紧靠湘江东岸，长约3公里，成初月形丘陵地。站址选择此处，铁路线需增加3—4公里，但站场纵向平坡，横向路堑可移挖作填，取土方便，且站场面高于湘江常水位3米左右，而又靠近市区，旅客乘车较为方便。经过比选，最后选择了湖西方案。③

株韶段工程局在建设衡阳车站伊始，就对衡阳湘江东岸地区车站附近的商务发展进行了通盘规划。蔡家堰地区，虽然便于车站施工，但该地远离市区，交通颇为不便。为了解决这些问题，工程局在进行站屋建筑的同时，

① 叶炳吾：《旧株洲工商业的盛衰》，载中国人民政治协商会议湖南省株洲市委员会文史资料研究委员会：《株洲文史资料》第3辑，1983年，第96页。

② 《"我们需要生活"：衡阳站五百余工人搬运权被剥夺劳工代表来省向各方呼吁》，《大公报》（长沙）1947年1月17日，载湖南省总工会、湖南省社科院历史所、湖南省档案馆：《湖南工运史料选编》第四册，内部资料，1986年，第258—259页。

③ 参见陈家华：《衡阳车站的今昔》，中国人民政治协商会议衡阳市江东区委员会文史资料委员会：《江东文史资料》第3辑，1992年，第47页。

还"修建道路以利行旅，治公寓以居员司"，而且，"为繁荣车站，便利客商起见，复将筑路余地分区出租，俾商贾有所乐于贸迁，行旅往来供其困乏，诚以铁路事业，已趋重于商业化、民众化，凡能有以为公共谋福利与便捷者，路局固无日不在考虑之中，以谋适应时代之需求也"。①

1934年4月，衡阳车站大楼破土动工，1935年8月工程完工，与车站同时或先后完工的还有车站通往市区（衡阳湘江东岸市区）的马路、员司住宅、拟出租的商店等建筑。车站大楼一共有4层，行包房位于车站底部南端，一楼为售票室和旅客候车室，二楼为车站办公室。当时车站的线路仅有6股，均在500米左右，其时运输业务并不是很繁忙，所以尚能应付，以后为了业务需要逐渐添修，到1952年增至18条线路。②

与车站同时完工的还有车站通衡阳县湘江东岸市区的马路，主要干路有广东路、湖南路、湖北路和江西路等（参见图14、图15）。广东路为东西走向，总长约500米，东起车站正门，西接衡（阳）宜（章）公路，为车站与市区之交通大道，路面宽17米。湖南路为南北走向，长2.5公里，路面宽8米，为铁路界内货运往来之主干道。湖北路亦东西走向，路面宽8米，他日若需要再拓宽至16米。湖北路直通丁家码头，该码头为江东岸最热闹之市场，粤汉铁路通车后这里必然会更加繁荣。江西路东西走向，长2公里多，路宽8米，其终点是王家码头对岸，乃衡阳最繁华之区域。衡阳站各马路与江东岸市场间的交通，除舆马外，现由湘衡钢汽轮人力车公司承办，有崭新人力车约80辆。凡旅客往来车站及携带行李前往乘坐火车者，均可由此人力车接驳，行旅咸称便利。

衡阳车站及其附属设备的营建，为促进衡阳湘江东岸地区的经济繁荣准备了一定的条件。工程局说，衡阳市"自本局开工以来，商业日渐发达，居民日渐繁密，最近（1935年9月）本路衡阳站站屋落成，马路交通粗备，城市与车站之客货往来日繁，将来全线通车，商业重心，自必集中衡阳站附

①《粤汉铁路株韶段衡州车站建筑概要》，《工程季刊》1936年第3卷第3、4期。
② 参见高崇文、李少林：《粤汉铁路的兴建及衡阳车站概况》，载政协湖南省衡阳市委员会文史资料研究委员会：《衡阳文史资料》第6辑，1987年，第163页。

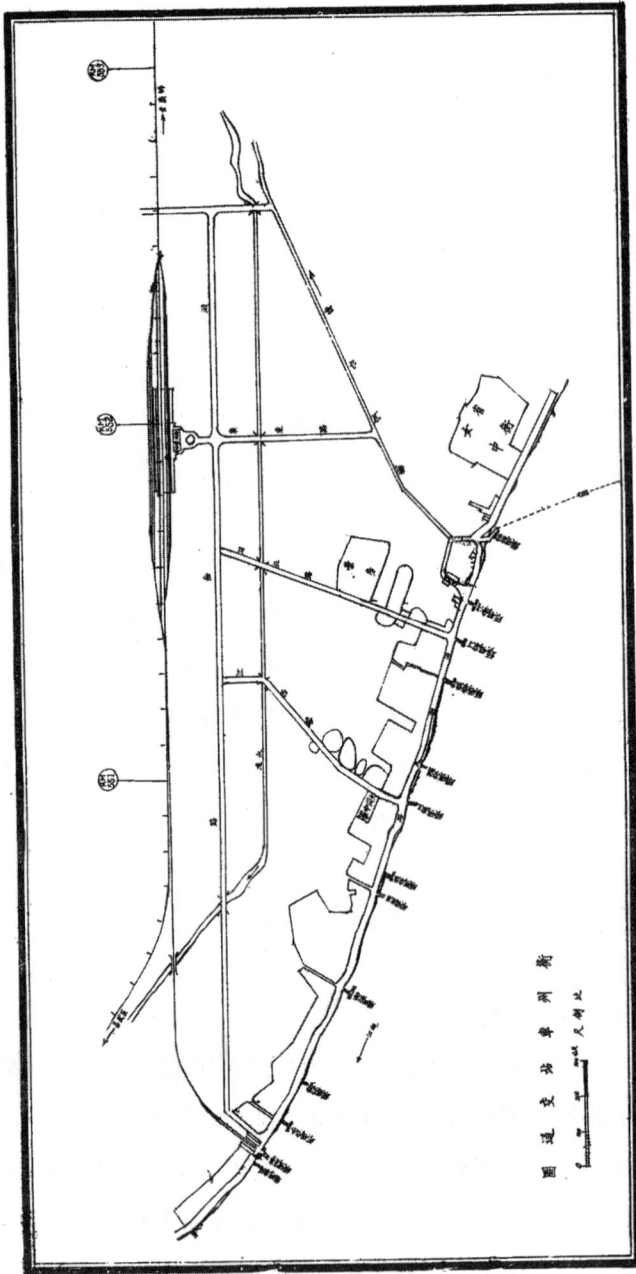

图 15　衡阳车站交通图[①]

①　参见《粤汉铁路株韶段衡州车站建筑概要》，《工程季刊》1936 年第 3 卷第 3、4 期。

近一带地方"①。1935 年出版的《湖南实业志》说，直到晚清时期，衡阳"县城对岸之江东尚无市面，而今已为街衢市廛之所，居民住宅之区矣"②。为了促进车站及附近商业的发展，工程局把车站附近划分为 4 个区，每区建设商铺若干，租与商户经营，以促进车站地区商业的发展。同时，为了更好地管理车站新区，工程局还特别制定了 11 条管理办法，以进行科学有效的管理。③事实上，也正如工程局所料，车站及其附近很快发展成为繁荣之地，地价高涨，人员流动频繁，商业繁荣。衡阳车站附近的马路如广东路、湖北路、江西路、湖南路等，沿街店铺均生意兴隆，尤其是湖北路连接泉溪镇一段，上通车站，下临丁家码头，为交通孔道，往来商旅，络绎不绝。④赵君豪曾撰文指出，株韶段工程局和衡阳车站附近修建得十分漂亮壮观："一切建设，宛如新辟之市区，有坦荡之马路，有林立之路灯，三叉路口，置有新式岗亭，或圆或方，备极美观，亭下且放映红灯，以便行车。自江边乘人力车前进，行约十分钟，见一巍峨壮丽之大厦，即为新建之衡阳车站。此种建筑，在湘南尚属仅见。"同时，株韶段工程局员工来到衡阳，"因人数众多，食用所需率取之市肆，故地方上亦多得一笔收入，惟日久未免抬高物价耳"⑤。可见，衡阳车站的建筑，为衡阳带来了一股现代化的风尚。铁路运输业也带动了湘江东岸铁路、码头的繁荣，衡阳粤汉码头坐落在江东坪余家码头下首，以青石板夹洋灰建筑而成，自该码头建筑以来，虽则只有十来年的历史⑥，因为地点适中，生意确实不错，它养活了 590 余工人及其家庭的生活，为衡阳市区各码头的权威。⑦

① 《粤汉铁路株韶段衡州车站建筑概要》，《工程季刊》1936 年第 3 卷第 3、4 期。

② 朱羲农、朱保训：《湖南实业志》（二），湖南人民出版社 2008 年版，第 444 页。

③ 参见《本局衡州车站新市区管理事项暂行分配方法》，《粤汉铁路株韶段工程月刊》1935 年第 3 卷第 10 期。

④ 参见廖仲衡：《粤汉铁路株韶段沿线之地价问题》，载《民国二十年代中国大陆土地问题资料》，台湾成文出版社 1977 年版，第 43883—43884 页。

⑤ 参见赵君豪：《南游十记》附录《汉粤纪行》，国光印书局 1936 年版，第 164、165 页。

⑥ 本文作于 1947 年，因码头建于 1936 年，故说粤汉码头"只有十来年的历史"。

⑦ 参见刘全祖：《粤汉码头脚夫生活一瞥》，《大华日报》（衡阳）1947 年 5 月 24 日，载湖南省总工会、湖南省社科院历史所、湖南省档案馆：《湖南工运史料选编》第四册，内部资料，1986 年，第 261 页。

　　郴州城区的情况亦是如此，粤汉铁路通车后，郴州市场日渐繁荣，郴州的商业中心，逐渐从南部沿河地区往北部火车站方向转移，新建或拓宽了文化路、北湖路、四站路（今解放路）、板子街（今和平路）、升平路等街道，其中在文化路附近形成了大规模的粤盐转口批发市场，年销盐量在 30 万担以上。①

　　综上所述，铁路在近代中国是如此重要，上在国家层面，中至省域层面，小到某个地区、城市乃至于乡镇，若能插上铁路这个现代工业的翅膀，从长时段的历史来看，都将会受益无穷。研究也表明："铁路通过县的经济发展水平要显著高于邻县约 20%。……有铁路通过的地区城市化和工业化进程更快，能吸引更多的外商资本，同时教育水平和企业的生产效率也更高。"② 根据前文的论述，可以发现，在粤汉铁路湖南段已经形成了一个"铁路城市带"。所谓"铁路城市带"，是指在铁路沿线分布的城市带，这类城市有些是古老城市，有相当一部分是随着近代铁路运输业的发展而建立起来的新城市。近代以来，在铁路的带动下，诸多城市相继兴起。③ 处在这个链条上的城市，无论原先的基础如何，事实上都获得了新的发展机遇和动力；而不在该铁路沿线的城市，则不断地被边缘化。

　　铁路之所以提升城市发展能力，是因为除了铁路企业本身能够创造出一定的经济价值外，更重要的是，铁路还是聚集经济要素的有效载体。换句话说，有铁路通过的城市，除了铁路本身能够为城市创造一定的社会经济价值外，铁路还把周边地区乃至更远地区的社会经济要素有效吸引到该城市，从而为该城市的发展提供了双重助力。至于某座城市吸引要素的能力如何，则又与该城市的历史基础和其他各类要素的组合有着密切的联系。例如长沙，历来是湖湘地区的政治和文化中心，本身具有强大的要素聚集能力，铁路则加强了其汲取资源和要素的能力。再如株洲，原有的基础十分薄弱或者说并没有任何基础，但仅凭粤汉、株萍两条铁路交会，在短短 50 年间，竟

---

① 参见郴州地区地方志编纂委员会：《郴州地区志》，中国社会出版社 1996 年版，第 1214 页。

② 王辉、刘冲、颜色：《清末民初铁路建设对中国长期经济发展的影响》，《经济学报》2014 年第 3 期。

③ 参见刘国光主编：《中外城市知识辞典》，中国城市出版社 1991 年版，第 66 页。

然从一个默默无闻的乡村集镇实现了华丽转身，发展成为一座与昔日湘省著名商埠——湘潭并驾齐驱的著名工业城市。反过来说，假如粤汉铁路没有经过株洲，那么株洲能否实现崛起，是颇值得怀疑的。因此，城市有没有铁路通过导致城市未来的发展存在着巨大的差别：有铁路通过的城市则吸引周边资源，吸引到资源则获得更多的发展机遇；没有铁路通过则被吸走资源，资源被吸走的城市必然走向衰落。例如湘潭，在传统湖广行省贸易时代和"广州—湖南（湘潭）"洋行贸易时代曾大放异彩，但是到了"汉口、上海—湖南（长沙）"通商口岸时代，由于贸易路线的转移，其繁华便大不如昔。①随着粤汉铁路的全线修通，通粤港之商路空前畅通，湘潭本应借此机会重塑往日辉煌，但是，粤汉铁路正线却偏偏绕过了湘潭，湘潭不但没有借粤汉铁路实现新的崛起，反而愈发被边缘化了。而早在粤汉铁路勘线的 1908 年，湘潭绅商们对于粤汉铁路正线没有经过湘潭就深感忧虑。潭绅们指出，粤汉正线不经过湘潭，则"潭埠势必永远成废"，"数百年祖宗营业，一旦归于无何有之乡，万众能不寒心？"他们极力争取粤汉铁路走曲线绕经湘潭，"潭埠绅商力争绕线，重在保全商埠"②。但囿于种种原因潭绅们没有实现上述目标。粤汉铁路正线绕过湘潭，果然对湘潭的后续发展造成不可挽回的损失。当然，湘潭商埠之衰落，并非只有不在粤汉铁路正线之一因，但这个原因所占的分量相当地重，也是不可否认的。

　　要之，粤汉铁路湖南段对于沿线城市的发展造成了程度不同的影响。一是对湖南城市布局产生了重要影响。长沙、岳阳、衡阳、郴州等城市因之实现了进一步的发展；株洲凭借粤汉铁路、株萍铁路在短时间内几乎从零发展成为湖南著名的工业重镇；湘省昔日著名商埠湘潭，在海通之后本已开始走下坡路，更因不在粤汉干线而进一步走向衰落。二是粤汉铁路对于沿线部分城市的城区布局也产生了重要影响。铁路提升了城市地价，城市以火车站为中心扩大了规模。此外，粤汉铁路对于沿线一大批小城镇、小集镇的兴衰荣枯也产生了重要的影响。

<hr />

① 参见尹红群：《湖南传统商路》，湖南师范大学出版社 2010 年版，第 247—256 页。
② 参见谭延闿：《与王先谦等为请暂缓展筑株昭铁路事致北京邮传部电》(1908 年 4 月 24 日)，载周秋光主编：《谭延闿集》第 1 册，湖南人民出版社 2013 年版，第 282—284 页。

结　语

　　近代著名铁路专家凌鸿勋曾深刻地指出，在近代中国，"举凡我国社会的转变，思想的醒觉，经济的发展，以及政治的演进，国运的隆替，在在与铁路问题有关"①。从粤汉铁路的历史来看，其建设既取决于国运，也深刻影响着国运。也就是说，国家的政治、经济状况时刻影响着粤汉铁路的建设；同时，粤汉铁路全线建成通车后，也发挥了巨大的政治、经济和国防功能。

　　粤汉铁路在湖南省境内路线最长，在其建设与运营过程中与近代湖南的关系也最为密切。在本书中，我们分别讨论了粤汉铁路之概观、粤汉铁路湘段筹建中的政治博弈、地方利益与粤汉铁路湘境走向之关系、湘籍人士与粤汉铁路之续建、粤汉铁路株韶段的建设与湖南省之关系、粤汉铁路与近代湖南的社会、经济及城市变迁等问题。在笔者的上述讨论中，其实贯穿了两条明显的线索：一是近代湘籍人士不遗余力地推动粤汉铁路湖南段的建设，二是粤汉铁路的建设对于近代湖南的社会经济变迁产生了深刻的影响。

一、近代湘籍人士极力推动粤汉铁路湖南段的建设

　　近代湘籍人士对于粤汉铁路的建设倾注了无限热情。1935年出版的《湖南年鉴》写道："自光绪中叶以后，湘省官绅，莫不努力于交通发展。"② 光

---

① 凌鸿勋：《中国铁路志·前言》，载沈云龙主编：《近代中国史料丛刊续编》第93辑，台湾文海出版有限公司1954年版，第1页。

② 湖南省政府秘书处统计室：《湖南年鉴》，长沙洞庭印务馆1935年版，第371页。

绪中叶，恰恰是粤汉铁路最初拟议的时间。这句话对于晚清以来粤汉铁路在湖南的发展，可称得上是十分准确的概括。其他交通问题，我们暂且不问。仅以铁路发展为例，在晚清湖南新政的影响下，湘绅极力争取粤汉铁路入湘；在赎路废约运动中，湘绅的参与最为积极；在保路运动中，湘人发起运动的时间最早，持续的时间也最长；入民国以后，历届湖南省地方政府均致力于推动粤汉铁路早日建成；1920 年以后，湖南铁路协会、粤汉铁路促成会等社会组织更为推动粤汉铁路株韶段的建设而殚精竭虑地四处奔走，最终粤汉铁路于 1936 年实现了全线通车。在推动粤汉铁路的建设过程中，湘籍人士功不可没！

历史地看，粤汉铁路在近代湖南的建设呈现出两个特点：一是湘籍官绅对于推动该路的建设极为用心，二是粤汉铁路的建设却又极度曲折，与人们所付出的心血完全不成比例。上述两个特点，应该说是一个矛盾的现象。人们会说，粤汉铁路的建设其实并不仅仅取决于湖南一省的力量，更重要的原因应该在国家层面的决策。此言自然不错，但是，由于粤汉铁路采取了湘、鄂、粤三省分办的体制，这与其他干线铁路的建设模式均不相同，三省分办必然会对粤汉铁路的建设产生重大影响。

我们"事后诸葛亮"地看，无论是盛宣怀，还是张之洞，其在决定由美国合兴公司来承办粤汉铁路的时候，其实并不了解合兴公司的实力，这就为后来的变故埋下了隐患。当合兴公司违反合同规定将股份卖给比利时，湘、鄂、粤三省绅商发起了声势浩大的赎路废约运动。赎路成功后，粤汉铁路的建设体制发生了巨大改变，即由外商承办转变为湘、鄂、粤三省各自分办。粤汉铁路的建设体制发生了第一次重大的变化，这种变化使得铁路的建设增加了更多的变数。

回头来看，当时中国各省均没有足够的实力建设干线铁路，对于经济并不发达的湖南而言，就更没有力量独自完成粤汉铁路湖南段的建设了。三省分办期间，湖南实行官率绅办的体制，由湖南官绅把持的奏办湖南粤汉铁路公司主导了粤汉铁路的建设，然数年折腾，成效甚微，而该公司所筹集的 500 余万两路款中，只有约 100 万两系商股，其余 400 多万两完全是向全省人民摊派所得。① 多方摊派，必然涉及众多人民的利益。我们知道，一间公司股东越多，牵扯的利益越多，就会增加许多无谓的纷争。湘路公司的路款构成颇类似于上述这种情况。事实上，湖南保路运动之所以汹涌澎湃，与湘路公司路款来源的多样化有着极为密切的联系，因为有太多人的利益被牵进粤汉铁路的建设之中。所以，有关粤汉铁路的一举一动，都会在社会上引起很大的震动。

由于商办铁路缺乏成效，清政府决定干路收归国有，再度借债筑路，这就与湘省广大群众的利益产生了冲突，保路运动由此一发而不可收。晚清时期，路权问题颇为敏感。清政府因铁路而屡屡丧权辱国令国人对其充满了不信任感，由此人们只好自己起来维护国家和自己的权利。在政治因素的干扰下，粤汉铁路的建设迟滞不进，管理体制不能理顺，建设自然无从谈起。

进入民国以后，湘籍人士对于粤汉铁路的建设再度热情高涨，虽然同样是借款筑路，人们却不再表示反对。1912 年 5 月，袁世凯政府再次宣布"川粤汉铁路收归国有"政策，而干线铁路收归国有，需要大量的资金支持，为了取得西方列强在资金上的支持，北洋政府宣布承认清政府所订立的湖广铁路借款合同继续合法有效。与晚清时期相反，此时国内舆论对于干线铁路国有政策和借款筑路政策的态度发生了极大改变，人们不再反对借款筑路和干线铁路国有政策。这里面的关键是，清政府在借款筑路的过程中屡屡丧权辱国，在革命派报刊的不断揭露和批评下，其统治根基和合法性已被逐渐掏空，所以在保路运动的冲击下，清廷轰然倒塌。继清政府而起的北洋政府，虽然主要由袁世凯的北洋军阀所控制，但毕竟革命党人在政府中也占据了一定的位置。民国初年，全国人民对于这个新生的政权抱有相当大的希望。正是在上述历史背景下，北洋政府的"川粤汉铁路国有"政策也得到了同盟会党人的支持。湖南的革命势力相对强大，也是晚清保路运动最为汹涌澎湃的省份，但"湘路收归国有之说，即无甚反对"②。

---

① 参见《邮传部、度支部、督办铁路大臣会奏折》（宣统三年五月），载宓汝成：《中国近代铁路史资料（1863—1911）》第 3 册，中华书局 1963 年版，第 1247 页。

② 宓汝成：《中华民国铁路史资料（1912—1949）》，社会科学文献出版社 2002 年版，第 15 页。

　　民国初年，湘路公司顺利收归国有，粤汉铁路湖南段的建设，一度呈现出良好的发展态势。虽然因为第一次世界大战的延误，粤汉铁路湘鄂段迟至1918年方才建成通车，但毕竟迈出了坚实的一步。此后，粤汉铁路株韶段停工待建时间长达15年（1918—1933），在此期间，无论是北洋政府统治时期，还是南京国民政府统治时期，对于粤汉铁路之续建，社会各界人士四处奔走，献计献策，希望这条多灾多难的南北大动脉能够早日贯通，造福人民。

　　在社会各界呼吁粤汉铁路续建的声音中，湘籍人士发出的声音毫无疑问最为响亮。"株韶段路线有五分之四在湘，故湘人受影响为最大，而其希望完成亦最力。"[①]1920—1933年间，湖南铁路协会、粤汉铁路促成会等与政府有着千丝万缕联系的民间机构为早日完成粤汉铁路积极奔走，献计献策并取得了积极的效果。在湖南铁路协会的推动下，武汉、广州政治分会对续建粤汉铁路进行了密切合作，粤汉铁路湖南段的建设呈现出了希望的曙光。以湘籍人士为主体的粤汉铁路促成会则以完成粤汉铁路株韶段的建设为其根本职志，该会1928年10月成立，1933年11月粤汉铁路株韶段湖南段全面开工建设，该会完成其使命后终止活动。粤汉铁路促成会章程中明确指出其宗旨为："本会以促成粤汉铁路贯通南北正干为宗旨。"[②]在其存续的5年时间里，以袁德宣为首的粤汉铁路促成会的成员为粤汉铁路的续建四处奔走，倾注了大量心血，堪称殚精竭虑，其锲而不舍的精神令人钦佩。此正如袁氏之所言，他和粤汉铁路促成会"对于完成粤汉铁路一事，奔走呼号数载，实已舌敝唇焦，墨枯笔秃，而如此之不惮烦者，原弟等皆习铁道有应尽之天职，而敝会既属'促成'又有应负之责任，所以具愚公移山之志，百折不回者此也"[③]。固然，专业情感确实是一个方面的原因。但他们对于粤汉铁路的续建所表现出来的极大热情，正是近代湘绅致力于包括铁路建设在内的交通建设的生动体现。

---

① 《湘人促成粤汉铁路》，《津浦铁路月刊》1930年第1卷第2期。

② 《湖南省党务指导委员会核定粤汉铁路促进会章程》，《粤汉要刊》1932年第8期。

③ 《粤汉铁路促成会袁常务委员为商粤汉铁路最后完成办法复前平绥铁路汪工程师书》，《粤汉要刊》1932年第8期。

在湖南铁路协会、粤汉铁路促成会积极推动粤汉铁路续建的过程中，湖南省政府给予了有力的支持。这是因为，湖南省府主席何键对于交通建设十分重视。他曾多次表示："发展交通本来不仅是经济问题，然而经济的发展，必须以交通的发展做条件。我们常常这样想，如果粤汉铁路早十年便完工，湖南经济必不致像现在的枯竭，如果湖南这几年不修公路，湖南经济一定还要比现在更枯竭，因此我们一方面望中央赶速完成粤汉路，一方面决心继续公路建设。"① 湖南经济困难的"缘因系物产丰富，未能输出，矿藏充足，未能开发，现在粤汉铁路株韶段正在积极兴修。……粤汉铁路通车之后，湖南所产米煤各项，因交通便利，可以运粤销售，因广东乃中国工商业最发达的商埠，我们湖南矿产丰富，原料充足，一定可以因此开发起来"②。由于何键对于交通建设异常重视，故其对湖南铁路协会、粤汉铁路促成会的工作均给予了大力支持，何键本人甚至亲自担任了粤汉铁路促成会的执行委员。

二、粤汉铁路对近代湖南经济社会变迁产生了深刻影响

近代以来，人们对于铁路重要的社会经济意义，认识逐渐变得深刻。近代湘籍人士之所以对粤汉铁路的建设如此用心，是因为他们十分清楚铁路等近代交通工具对于社会经济的发展具有巨大的推动作用。铁路企业的主要任务是客货运输，粤汉铁路从北向南直贯三湘大地，其所经过之地或附近均为湘省富庶之地，该铁路从其筹建伊始，就与湖南发生了种种密切的联系，其对于湖南社会经济变迁也产生了重要影响。

首先，粤汉铁路便利了湖南物产的输出。湖南地居我国中南部，气候温润，地形多样，降水丰沛，土地肥沃，河湖密布，水网发达，自然生态条件十分优越，因之农产品、手工业品及矿产品资源均十分丰富。传统经济时代，由于受交通条件的制约，湘省物产未能大量输出。随着现代交通方式的兴起，特别是粤汉铁路的建设，对于湘省物产的输出起到了十分巨大的作

---

① 何键：《湖南经济概况及其发展的途径》，《银行周报》1934 年第 18 卷第 39 期。

② 何键：《何键赴粤归来谈话》，《中山周报》1934 年第 1 期。

用，其中最典型的是 20 世纪 30 年代相关各方对湘米销粤的运作。湘省其他大宗输出商品如茶叶、爆竹、矿产等，均较多地通过粤汉铁路进行运输。如临湘之茶，产量很高，其运输途径，史料记载："全县之茶，概行运往汉口压砖，所有云溪、路口铺、五里牌、羊楼司等处，均为湘鄂铁路必经之路可直接交车运货，交通便利。惟聂家市距铁道颇远，须肩运羊楼司，交车运汉"①。也就是说，铁路出现以前，临湘茶叶输出自然以水运为主，但在粤汉铁路湘鄂段通车之后，基本上以铁路运输为主了。平江之茶，先通过水运集中至汨罗，然后"所有茶叶均由汨罗改装大民船，或登陆搭粤汉路火车转运至汉口"②。再如，浏阳爆竹的输出，铁路承运的数量占了大头。据湘鄂铁路局调查，浏阳爆竹每年产量约 5000 吨，该局每年运输量占总产量的一半即 2500 吨左右，其余 2500 吨走水路。浏阳爆竹历来是由湘鄂铁路或轮船输往汉口、上海、福州、广州、汕头、烟台等地销售，其中专门销往汉口的，为避免关税，全部由湘鄂铁路运输，其数为每年 2500 吨。1934 年 8 月，湘鄂铁路局制定了爆竹运输减价方案，即"将凡由醴陵（阳三石）、新河（长沙）两站至鲇鱼套站（武昌），整车装运之鞭炮，按照普通运价八七五折收费"③。此减价方案，使得铁路运费低于水路运费。方案呈铁道部后，获得批准。铁路运费优惠方案，使得湘鄂铁路又争取到了大批爆竹货源。总而言之，粤汉铁路极大地便利了湘省物产的对外输出。

其次，粤汉铁路加强了湘、鄂、粤三省之间的经济联系。粤汉铁路的修筑，无疑带动了鄂、湘、粤运输、商贸、邮政等行业的迅速发展。在粤汉铁路全线贯通之前，通过粤汉铁路湘鄂段的运营，湘鄂之间的经贸联系得到了极大的发展。湘鄂铁路最初的运营状况不佳，南京政府成立后，尤其是 1930 年以后，粤汉铁路湘鄂段的客货运输均呈上升趋势，营业状况日趋好转，以客运而言，每年载客人数约百万之众。以货运而言，每年运输货物 60 万吨左右，以零星杂货为多，矿产品次之。沿途各站货运品类主要有茶砖、茶叶、米谷、黄豆、高粱、盐、煤、木炭、棉花、棉纱、线、土布、

① 周济猷：《临湘砖茶调查记》，《实业杂志》1935 年第 211 期。

② 邓同禧：《湘省茶叶概观》，《银行月刊》1939 年第 23 卷第 38 期。

③ 《揽运鞭炮拟改普通运费八七五折收费》，《湘鄂铁路旬刊》1934 年第 72 期。

夏布、柴、木、竹、竹器、漆器、烟叶、烟、酒、红枣、鲜果、糖、麻、苎麻、薯、棕皮、牛皮、皮革、粗纸、火纸、干鱼、猪、麻油、橘子、鸡蛋、饼、绣品、药材、杂货等。①据实业部统计，1933 年湘鄂铁路从羊楼司输出的茶叶约 4500 余吨；从岳阳输出猪 5000 余吨，米和棉花 1000 多吨；从汨罗输出茶叶 6 万多吨，纸 2 万石，米 2 万石；从长沙输出猪 5000 余吨，纸伞 6 万把，玻璃 1200 吨；从株洲输出谷米 3 万石；从醴陵输出夏布 3 万匹，煤 7 万余吨。上述产品的输出方向，基本以输往汉口为主。②通过湘鄂铁路，湘鄂之间的经济联系日益密切。

1936 年 9 月，粤汉铁路全线贯通之后，湘粤之间的经贸联系大为加强，鄂粤之间的经贸联系亦有所加强。粤汉铁路全线通车后，湖南省建设厅积极建设各项工程，以与粤汉铁路相适应。湖南矿产丰富，而各矿地点多在粤汉铁路沿线附近。铁路线东侧有宜章石炭，汝城及萍乡石炭等，西侧有安化锑矿，新化锑矿，祁阳石炭矿，常宁及江华铅矿等。自铁路开通以后，已有很多矿产开始通过铁路运往广州、香港，同时广州、香港也有许多新式机械运来，以改善探矿、采矿之技术。湖南为国内主要米产区之一，粤汉铁路全线开通之后，铁路部门降低运费 50%，输往广东之米正日渐增多。湖南输出各物产，桐油常占首位。以前多由长沙、岳阳两处输出，铁路开通以后，大半经广州、香港输出海外。广东输入湖南的商品也大量增加，湖南省所消费的盐为川盐、淮盐及粤盐等，以地域分，湖南东北诸县多食淮盐，西部诸县多川盐，南部各地多粤盐，中部地区则淮粤盐参半。以前诸盐因运费及捐税关系，价格较高，现在因铁路开通，价廉的粤盐供给增多，逐渐有排斥淮盐、川盐之趋势。由广东输入湖南的砂糖为赤糖、白糖和车白糖。赤糖产自南洋一带，白糖多产自爪哇及日本，车白糖则来自香港之怡和及太古洋行。铁路开通以后，这几种糖均由铁路运输，运费降低不少，因而价格亦随之降低。此外，茶、棉花、染料等项输出也不少。③"故该路通车，各种矿物亦

---

① 参见朱羲农、朱保训：《湖南实业志》（二），湖南人民出版社 2008 年版，第 1324 页。

② 参见实业部中国经济年鉴编纂委员会：《中国经济年鉴》，商务印书馆（上海）1934 年版，第 61 页。

③ 参见陈德贞：《粤汉铁路沿线经济近况》，《国际贸易导报》1937 年第 9 卷第 4 期。

得以大量输出，又因能迅速大量畅销，故现在各矿山的采掘工作之进行遂大形活跃。现在湖南的矿产物多已改由铁路运至广州、香港，而关于改善各种采掘的机械，也由香港、广州输入。"① 由此可见，粤汉铁路全线贯通后，湘粤经济联系大大增强，且联系愈来愈密切。

再次，粤汉铁路对传统运输方式造成了一定程度的冲击。铁路企业的主要任务是客货运输，一般来说，对于一个特定的区域而言，在一定时期内，其客货运输量是相对固定的，这样的话，各种运输方式之间的竞争就是不可避免的。粤汉铁路途经的湘、鄂、粤三省尤其是湖南，水运较为发达，这对粤汉铁路的客货运业务都造成了较大的影响。但是，近代以来世界交通格局的变化趋势是：以铁路为代表的机器交通工具逐渐取代以驿运、水运为代表的人畜力等传统交通运输方式，以实现生产效率的提高，也许这一发展过程并非一帆风顺，但这是不以个人意志为转移的历史发展趋势，不过这一趋势在 20 世纪上半叶仅仅只是苗头初显，有待进一步发展。随着时间的推移，铁路在湖南交通运输格局中的地位变得越来越重要，对水运等传统交通方式造成了较大的冲击。1920 年，当时粤汉铁路湘鄂段刚刚开通一年多，《湖南实业杂志》就报道说，湘鄂铁路"通行长武票车以来，虽有航运抵制，而该路客货运日渐发达，近且承运汉冶萍公司焦煤，每日在六百吨以上，逐日收入，除开销外，确有盈余"②。岳阳地方，"自铁路开发，航运渐废，已失去其商埠机能"③。熊希龄指出："自株萍铁路一通，醴陵民船咸多失业。"④ 醴陵的渌江及其支流，"在未有铁路之前，煤、柴、瓷、米之运输，惟此（指船运）是赖，船只在 1 万号以上。至铁路修通以后，萍煤及石门口煤大部分均由火车输运，谷米杂货亦然，仅瓷器仍用航运，是时渌江航业衰微。"⑤ 1936 年 9 月，粤汉铁路全线开通后，"湖南煤炭通过它大量输入两广

① 杨力行：《粤汉铁路的经济意义》，《现代国际》1937 年第 1 卷第 5 期。
② 《国内要闻》，《湖南实业杂志》1920 年第 28 号，转引自王国宇主编：《湖南经济通史·现代卷》，湖南人民出版社 2013 年版，第 151 页。
③ 朱羲农、朱保训：《湖南实业志》（二），湖南人民出版社 2008 年版，第 103 页。
④ 周秋光编：《熊希龄集》第 1 册，湖南人民出版社 2008 年版，第 399 页。
⑤ 陈鲲修、刘谦等撰：《醴陵县志》卷 6《食货志·工商》，1948 年铅印本，载戴鞍钢、黄苇主编：《中国地方志经济资料汇编》，汉语大词典出版社 1999 年版，第 892 页。

及湖北地区，湖南地区的煤炭运输也逐渐由水运转向铁路运输为主"①。总体来看，湘省大宗输出商品如茶叶、桐油、茶油、爆竹、矿产、瓷器等，在粤汉铁路全线通车前，其中的茶叶、爆竹、煤炭等较多地通过粤汉铁路进行运输，其他几种利用铁路的比例较低。但粤汉铁路全线通车后，上述大宗物产逐渐转向通过铁路进行运输。因此，湖南大宗物产在运输方式上的发展趋势是：铁路运输正在逐步取代水运，特别是随着粤汉铁路的全线通车，这种趋势表现得尤其明显。

第四，粤汉铁路对于近代湖南的城市变迁也产生了重要影响。湖南省境内的城市，其最著名者均在粤汉铁路（京广铁路）、湘江沿线或其附近。在这些城市中，有的如长沙、岳阳、衡阳等城市原本就具有较好的经济基础，粤汉铁路经过这些城市，为这些城市的继续发展增添了新的动力；有的城市如湘潭等原本为著名商埠，却因为粤汉铁路未能直接经过该地，导致其经贸地位相对衰落；有的城市如株洲等原先仅是一个很小的集镇，因为粤汉铁路和株萍铁路的交汇而发展成为近代湖南著名的工业重镇。粤汉铁路除了对沿线的大中城市发展起了重要的推动作用，对其沿线的中小城镇乃至农村集镇的兴衰也都发挥了重要的作用。总体来看，粤汉铁路湖南段对于沿线城市的发展造成了程度不同的影响，对湖南城市布局产生了重要影响。长沙、岳阳、衡阳、郴州等城市因之实现了进一步的发展；株洲凭借粤汉铁路、株萍铁路在短时间内几乎从零发展成为湖南著名的工业重镇；湘省昔日著名商埠湘潭，在海通之后本已开始走下坡路，更因不在粤汉干线而进一步走向衰落。粤汉铁路对于沿线部分城市的城区布局也产生了重要影响。铁路提升了城市地价，城市以火车站为中心扩大了规模。此外，粤汉铁路对于沿线一大批小城镇、小集镇的兴衰荣枯也产生了重要的影响。

最后，粤汉铁路等近代交通方式引起了人们生活方式的变化。铁路的开通首先方便了铁路沿线人们的出行，人们的出行意愿增强，出行频率增加，扩大了人们的活动范围。粤汉铁路开通后，旅客运输颇为繁忙，拥挤不堪是火车车厢里的常态。在传统社会中，人们谨守着"安土重迁"的古训，

---

① 郭钦编著：《湖南近现代工业史》，湖南人民出版社 2013 年版，第 305 页。

不到万不得已，较少外出旅行，所谓"父母在，不远游"正是传统观念下人们生活情态的写照，而铁路等近代交通方式则在一定程度上改变了人们安土重迁的传统观念。交通的进步不仅直接影响人们的出行，也间接影响到社会生活的其他方面，从而整体上改变了人们的社会生活方式。《醴陵县志》中一段话颇能说明上述变化："醴陵素称醇厚。近日以交通日变，外界接触日多，居民亦渐去其故习而与之俱化。昔之俭者今以奢，昔之醇者今以薄，昔之勤者今以思逸乐，昔之安土者今恋江湖。而伤风败俗越轨之事，往往窃发于其间。"① 在这里，作者以保守的眼光看待交通的进步所带来的社会风尚的变化，不值得赞赏。但从这段话我们可以看出，交通的变化引起了社会生活的连锁反应，换句话说，近代交通工具从整体上引起了人们社会生活的变化。铁路使人们的交流更为快速便捷，人员频繁流动也就带来了新的思想观念，人们的思想观念在相互交流中得以变化，而思想观念或者说意识乃是改变现存社会秩序的一种巨大力量，进而带来了社会变革。美国著名经济学家诺思曾指出："信念体系和制度框架有着密切联系。信念体系是内在表现，制度是这种内在表现的外在显示。""当人们的信念存在冲突时，制度会反映那些有能力实现他们的目标的人们的信念。"② 诺思的这段话，充分说明了信念体系或者说观念意识对于社会变迁所起到的巨大作用。而铁路既是人员流动的有效载体，也是人们交换思想观念的有效载体。

此外，粤汉铁路管理局对于湖南省铁路沿线进行过多次经济调查，这种调查有助于铁路沿线的经济发展。铁路部门的调查，其着眼点自然是为了发展铁路客货运输，提高铁路部门的经济效益，这是无可置疑的。但是，铁路作为一种具有社会性质的公共事业，它同时"负有改进国民经济之重大责任，应尽量设法发展其沿线经济"。因此，铁路自身的经营，有赖于沿线各地的经济状况，故铁路欲求其营业之进步与发展，就必须"辅助其沿线国民经济之发达"，所以，铁路自身之营业与沿线经济之间的关系是"一而二二

---

① 《醴陵县志》卷 4，转引自周秋光、张少利等：《湖南社会史》(2)，湖南人民出版社 2013 年版，第 779—780 页。

② [美] 道格拉斯·C.诺思：《理解经济变迁过程》，中国人民大学出版社 2008 年版，第 47 页。

而一之问题，固有相互密切之关系也"①。铁路部门曾多次对粤汉铁路沿线的社会经济进行过调查，其中对于湖南境内粤汉铁路沿线的经济调查，对于铁路部门掌握湖南铁路沿线地区的经济状况，并依据这种经济状况制定相应的运输政策，对于铁路企业的经济效益的提高具有十分重要的意义。另外，"铁路是实业之母"，铁路部门在提高自身经济效益的同时，对于铁路沿线城镇与乡村社会经济的发展也将会起到很大的带动作用。

经济的发展与变迁，其实是社会转型的外在表现。任何一种社会的转型都需要漫长的过程，在此过程中，新社会的组成因素会慢慢地发展壮大，旧社会的构成要件则逐渐生锈朽坏。在中国近代的转型过程中，铁路等近代交通工具无疑是现代社会的构成要素，而粤汉铁路正是在推动湖南经济社会发展的过程中，潜移默化地影响着湖南社会的近代化转型。

地理学家傅角今曾指出，交通对民性民情影响很大："交通阻塞，斯民俗固陋，反之若交通过盛之地，民俗又习为狡诈，若湖南则介乎二者之间，陆扼粤汉之冲途，水踞漓湘之航运，而又匪若沪汉大埠之迷离诡变也。"② 他的意思是，湖南的交通格局刚刚好，既不像沪汉等地，交通太便利了，人就变得精明而又世俗；也不像某些地方，交通太不方便了，人又变得浅陋而短视。傅氏此言，虽然经不起仔细推敲，但也不是完全没有道理。交通条件的优劣或者说交通资源的丰寡，在某些情况下，的的确确决定着某些地方的兴衰荣枯。就人类交通发展的趋势来看，内河航运、陆地舆马是传统社会的主要交通方式。但随着社会的发展，交通方式也随之发生了革命性的变化，近代以来，铁路、公路、海运、航空等现代交通方式日益取代了传统的舆马帆船等交通方式。之所以出现这种变化，是因为人类社会的发展呈加速度的态势，人们越来越追求时间和效率，而上述目的只有铁路（高速铁路）、高速公路、航空等现代交通方式才能实现。因此之故，交通方式从传统到现代的嬗变就是不以人的意志为转移的社会发展趋势，同时，这种转变也是近代中国从传统社会向现代社会变迁的有机组成部分。

---

① 谭沛霖讲，高振华记：《铁路沿线经济调查之功用及方法》，《经济学报》1934 年第 3 期。

② 傅角今编：《湖南地理志》，湖南教育出版社 2008 年版，第 13 页。

　　我们常说，明智的人不能逆时代潮流而动，历史趋势是不可抗拒的，顺应历史趋势才能获得未来。按照这样的理论，那么在现代交通方式的嬗变过程中，能够占得先机的地方，就能够赢得更多的发展机遇。在近代中国，仅就交通方式而言，铁路无疑是体现历史趋势和时代潮流的典型代表。因为这样的缘故，近代的人们常说："交通为国家命脉，一国之盛衰，恒与其交通事业发达与否，有莫大之关系。"[1]"铁路之建设，在交通上实居重要之地位，而当物质文明发达之今日，关系尤为重要。"[2]"夫国家之建设，首重交通，交通之建设，首重铁路。德意志之所以统一，完全由俾斯麦之铁路政策，促其成功。美利坚之所以富视全球，亦由他有十万里铁路之修筑而偿其志愿。于是各国对于铁路修筑，无不极力经营，盖铁路为便利交通之工具，举凡一国之政治、军事、经济、社会、文化皆受其支配。其发达可以促国家之繁荣，其不振可以表示国家之衰弱。"[3]上述各位作者对铁路重要意义的表述可谓无以复加。

　　铁路作为一种快速交通工具，除了因物流速度的提高而推动经济的更快发展外，其对于人员流动速度的极大提高以及由此而来的信息、技术、资金等的快速流动，对于改变人们的生存状态、生活习惯尤其是思想观念都将起到巨大的推动作用，而这一点对于社会变迁尤其重要。我们知道，社会变迁乃是一个从外部到内部直至深层次的逐步推进的缓慢过程，换句话说，社会变迁最先被人们观察到的部分是物质层面的变化，接着是观念层面的变化，然后是制度层面的变化，最后是文化层面的变化。社会变迁有各种原因，绝不会无缘无故，按照英国著名历史学家汤因比的"刺激—反应"理论，一个自给自足的社会如果遇到了外部挑战，就会做出相应的反应，或者推拒或者接纳，或者抗争或者屈服等，不一而足，这几乎是任何社会的一种本能反应。对于铁路这样复杂的交通方式，其对于途经的地区而言，表面上看只是一种交通方式，但我们不能仅仅将其看作一种单纯的交通工具，很多学者都认为，铁路这种现代交通工具能够带来社会变革乃至社会的转

① 韦以黻：《完成粤汉铁路之必要及其价值》，《交通杂志》1933年第1卷第10期。

② 谭虞宾：《中国近年来之铁路建设及其价值》，《南昌女中》1936年第4期。

③ 参见知我：《粤汉铁路之完成与中国交通之重要》，《邮协月刊》1937年第5卷第1期。

型。① 事实上，在本书中，我们通过考察粤汉铁路与近代湖南社会之间的关系，一定程度上揭示了粤汉铁路对于近代湖南社会变迁所起到的某些积极促进作用。当然，本书的研究还比较粗浅，在未来的岁月中，笔者将对这一课题继续进行更深入的研究。

① 参见［美］斯蒂文·J. 埃里克森：《汽笛的声音——日本明治时代的铁路与国家》，江苏人民出版社 2011 年版，第 3 页。

参 考 文 献

一、史料、资料类

1. 邮传部：《轨政纪要初编》、《轨政纪要次编》，台湾文海出版有限公司 1963 年版。

2. 上海时报馆：《粤汉铁路交涉秘密档》，上海时报馆，1905 年。

3. 苑书义、李秉新、秦进才等：《张之洞全集》，河北人民出版社 1998 年版。

4. 黄昌年：《粤汉铁路保路始末记》，湖南文史馆，1999 年。

5. 沈云龙：《近代中国史料丛刊续编》第 13 辑，台湾文海出版社 1975 年版。

6. 王尔敏、吴伦霓霞：《盛宣怀实业函电稿》，香港中文大学出版社 1993 年版。

7. 王先谦：《葵园四种》，岳麓书社 1986 年版。

8. 石芳勤：《谭人凤集》，湖南人民出版社 2008 年版。

9. 刘晴波：《杨度集》，湖南人民出版社 1986 年版。

10. 蔡尚思、方行：《谭嗣同全集》，中华书局 1981 年版。

11. 刘晴波、彭国兴：《陈天华集》，湖南人民出版社 2008 年版。

12. 饶怀民：《杨毓麟集》，岳麓书社 2008 年版。

13. 周秋光：《熊希龄集》，湖南人民出版社 2008 年版。

14. 国民政府交通部、铁道部交通史编纂委员会：《交通史·路政编》，1935 年。

15. 中华民国铁道部：《中国铁路借款合同汇编》，1937 年。

16. 叶公绰：《遐庵汇稿》（民国丛书第二编〈94〉），上海书店 1990 年版。

17. 凤冈及门弟子：《三水梁燕孙先生年谱》（民国丛书第二编〈85〉），上海书店 1990 年版。

18. 姚崧龄：《张公权先生年谱初编》，社会科学文献出版社 2014 年版。

19. 宓汝成：《中国近代铁路史资料（1863—1911）》第 1—3 册，中华书局 1963 年版。

20. 宓汝成：《中华民国铁路史资料（1912—1949)》，社会科学文献出版社 2002 年版。

21. 殷梦霞、李强：《民国铁路沿线经济调查报告汇编》，国家图书馆出版社 2009 年版。

22. 曹宁主：《民国时期铁路史料汇编》，国家图书馆出版社 2013 年版。

23. 江沛：《中国近代铁路史资料选辑》，凤凰出版社 2015 年版。

24. 杨裕芬：《粤汉铁路株韶段通车纪念刊》，粤汉铁路株韶段工程局，1936 年。

25. 铁路协会会报：《铁路协会会报特刊——英庚款筑路问题》，铁路协会会报 1926 年刊印。

26. 平汉铁路经济调查组：《长沙经济调查》，1937 年。

27. 攘夷：《湘鄂铁道路线商榷书》，出版地、出版年代不详，湖南省社会科学院图书馆藏。

28. 孙泽霖、林绍敏：《湘路线图暨新勘与旧勘之比较利病说明书》，出版地、出版年代不详，湖南省社会科学院图书馆藏。

29. 粤汉铁路株韶段工程局：《粤汉铁路株韶段工程年刊（1—4 卷)》，粤汉铁路株韶段工程局，1933—1936 年。

30. 粤汉铁路株韶段工程局：《粤汉铁路株韶段工程月刊》（1933、1934、1935、1936)，粤汉铁路株韶段工程局，1933—1936 年。

31. 国民政府铁道部：《粤汉铁路株韶段经济调查报告书》，铁道部业务司调查科，1934 年。

32. 刘统畏：《铁路修建史料（1876—1949)》，中国铁道出版社 1991 年版。

33. 中国史学会：《洋务运动》，上海人民出版社 1961 年版。

34. 曾赛丰、曹有鹏编：《湖南民国经济史料选刊》，湖南人民出版社 2009 年版。

35. 汪叔子、张求会编：《陈宝箴集》，中华书局 2003 年版。

36. 周正云辑校：《晚清湖南新政奏折章程选编》，岳麓书社 2010 年版。

37. 杨鹏程主编：《湖南咨议局文献汇编》，湖南人民出版社 2010 年版。

38. 郭汉民、杨鹏程主编：《湖南辛亥革命史料》，湖南人民出版社 2011 年版。

39. 密福特：《清末驻京英使信札（1865—1866)》，国家图书馆出版社 2010 年版。

40. 湖南法制院：《湖南民情民俗报告书》，湖南教育出版社 2010 年版。

41. 柏生士：《西山落日——一位美国工程师在晚清勘测铁路见闻录》，国家图书馆出版社 2011 年版。

42. 朱羲农、朱保训：《湖南实业志》，湖南人民出版社 2008 年版。

43. 湖南省政府秘书处统计室：《湖南年鉴》，长沙洞庭印务馆 1935 年版。

44. 郴州地区农业志编纂委员会：《郴州地区农业志》，1995 年。

二、著作类

1. 曾鲲化：《中国铁路史》，台湾文海出版有限公司 1978 年版。

2. 关赓麟：《中国铁路史》，京城书局 1929 年版。

3. 谢彬：《中国铁道史》，中华书局 1929 年版。

4. 凌鸿勋：《中国铁路志》，台湾文海出版有限公司 1982 年版。

5. 凌鸿勋：《十六年筑路生涯》，台湾传记文学出版社 1968 年版。

6. 金士宣、徐文述：《中国铁路发展史（1876—1949)》，中国铁道出版社 2000 年版。

7. 沈云龙：《凌鸿勋口述自传》，湖南教育出版社 2011 年版。

8. 廖仲衡：《粤汉铁路株韶段沿线之地价问题》，载《民国二十年代中国大陆土地问题资料》，台湾成文出版社 1977 年版。

9. 金士宣、吴希庸：《铁路史话》，中华书局 1965 年版。

10. 李占才：《中国铁路史（1876—1949)》，汕头大学出版社 1994 年版。

11. 王晓华、李占才：《艰难延伸的民国铁路》，河南人民出版社 1993 年版。

12. 李国祁：《中国早期的铁路经营》，台湾"中央研究院"近代史研究所 1961 年版。

13. 何汉威：《京汉铁路初期史略》，香港中文大学出版社 1979 年版。

14. 张瑞德：《平汉铁路与华北的经济发展（1905—1937)》，台湾"中央研究院"近代史研究所 1987 年版。

15. 张瑞德：《中国近代铁路事业管理的研究——政治层面的分析》，台湾"中央研究院"近代史研究所 1991 年版。

16. 朱从兵：《张之洞与粤汉铁路——铁路与近代社会力量的成长》，合肥工业大学出版社 2011 年版。

17. 王致中：《中国铁路外债研究》，经济科学出版社 2003 年版。

18. 马陵合：《清末民初铁路外债观研究》，复旦大学出版社 2004 年版。

19. 朱从兵：《李鸿章与中国铁路》，群言出版社 2006 年版。

20. 朱从兵：《中国近代铁路史新探》，苏州大学出版社 2014 年版。

21. 丁贤勇：《新式交通与社会变迁——以民国浙江为中心》，中国社会科学出版社 2007 年版。

22. 王斌：《近代铁路技术向中国的转移——以胶济铁路为例（1898—1914)》，山东教育出版社 2012 年版。

23. 黄华平：《国民政府铁道部研究》，合肥工业大学出版社 2011 年版。

24. 方举：《中国铁路史论稿（1881—2000)》，北京交通大学出版社 2006 年版。

25. 熊亚平：《铁路与华北乡村社会变迁（1880—1937)》，人民出版社 2011 年版。

26. 孙自俭：《民国时期铁路工人群体研究——以国有铁路工人为中心》，郑州大学出版社 2013 年版。

27. 庞广仪：《粤汉铁路的艰难筹建与"国有化"》，合肥工业大学出版社 2011 年版。

28. 庞广仪：《民国时期粤汉铁路历史研究》，合肥工业大学出版社 2014 年版。

29. 郭海成：《陇海铁路与近代关中经济社会变迁》，西南交通大学出版社 2011 年版。

30. 章建：《铁路与安徽近代社会变迁》，合肥工业大学出版社 2015 年版。

31. 葛玉红：《沪宁铁路与江苏社会（1903—1927)》，江苏大学出版社 2014 年版。

32. 岳钦韬：《以上海为中心：沪宁、沪杭甬铁路与近代长江三角洲地区社会变迁》，中国社会科学出版社 2016 年版。

33. 肯特：《中国铁路发展史》，李抱宏译，生活·读书·新知三联书店 1958 年版。

34. 约瑟夫·马纪樵：《中国铁路：金融与外交（1860—1914)》，许峻峰译，中国铁道出版社 2009 年版。

35. 裴士锋：《湖南人与现代中国》，社会科学文献出版社 2015 年版。

36. 孔飞力：《中国现代国家的起源》，陈兼、陈之宏译，生活·读书·新知三联书店 2013 年版。

37. 斯蒂文·J.埃里克森：《汽笛的声音——日本明治时代的铁路与国家》，陈维、乐艳娜译，江苏人民出版社 2011 年版。

38. 周锡瑞：《改良与革命》，中华书局 1982 年版。

39. 彼得·弗莱明：《独行中国——1933 年的中国之行》，侯萍、宋苏晨译，南京出版社 2006 年版。

40. 道格拉斯·C.诺思：《理解经济变迁过程》，钟正生、邢华译，中国人民大学出版社 2008 年版。

41. 塞缪尔·亨廷顿：《文明的冲突与世界秩序的重建》，周琪、刘绯、张立平、王圆译，新华出版社 2010 年版。

42. 林耀华：《金翼——中国家族制度的社会学研究》，商务印书馆 2015 年版。

43. 王尔敏：《晚清政治思想史论》，台湾商务印书馆 1995 年版。

44. 梁启超：《李鸿章传》，中国言实出版社 2014 年版。

45. 陈旭麓：《近代中国社会的新陈代谢》，中国人民大学出版社 2012 年版。

46. 葛兆光：《中国思想史——七世纪至十九世纪中国的知识、思想与信仰》第 2 卷，复旦大学出版社 2013 年版。

47. 夏东元：《盛宣怀传》，南开大学出版社 1998 年版。

48. 熊月之：《西学东渐与晚清社会》，中国人民大学出版社 2011 年版。

49. 罗志田：《权势转移：近代中国的思想与社会》，北京师范大学出版社 2014 年版。

50. 冯天瑜、何晓明、周积明：《中华文化史》，上海人民出版社 2015 年版。

51. 郑曦原：《帝国的回忆——〈纽约时报〉晚清观察记》，生活·读书·新知三联书店 2001 年版。

52. 唐德刚：《李宗仁回忆录》，广西师范大学出版社 2015 年版。

53. 严中平主编：《中国近代经济史（1840—1894)》，人民出版社 2001 年版。

54. 汪敬虞主编：《中国近代经济史（1895—1927)》，人民出版社 2000 年版。

55. 刘克祥、吴太昌主编：《中国近代经济史（1927—1937)》，人民出版社 2010 年版。

56. 祝慈寿：《中国近代工业史》，重庆出版社 1989 年版。

57. 傅角今：《湖南地理志》，湖南教育出版社 2008 年版。

58. 张朋园：《湖南现代化的早期进展（1860—1916)》，岳麓书社 2002 年版。

59. 林增平、范忠程：《湖南近现代史》，湖南师范大学出版社 1991 年版。

60. 王国宇主编：《湖南经济通史·现代卷》，湖南人民出版社 2013 年版。

61. 何智能：《湖南保路运动研究（1904—1911)》，国防科技大学出版社 2009 年版。

62. 刘泱泱主编：《湖南通史·近代卷》，湖南人民出版社 1994 年版。

63. 宋斐夫主编：《湖南通史·现代卷》，湖南人民出版社 1994 年版。

64. 刘云波、李斌主编：《湖南经济通史》（近代卷、现代卷），湖南人民出版社 2013 年版。

65. 谭仲池主编：《长沙通史》（近代卷、现代卷），湖南教育出版社 2013 年版。

66. 周秋光、张少利：《湖南社会史》，湖南人民出版社 2013 年版。

67. 郭钦：《湖南近现代工业史》，湖南人民出版社 2013 年版。

68. 尹红群：《湖南传统商路》，湖南师范大学出版社 2010 年版。

69. 陶用舒：《近代湖南人才群体研究》，岳麓书社 2000 年版。

70. 刘泱泱：《近代湖南社会变迁》，湖南人民出版社 1998 年版。

71. 阳信生：《湖南近代绅士阶层研究》，岳麓书社 2010 年版。

72. 李玉：《长沙的近代化启动》，湖南教育出版社 2000 年版。

73. 湖南省志编纂委员会：《湖南省志》第 1 卷《湖南近百年大事记述》，湖南人民出版社 1980 年版。

74. 钟卓安、汪叔子主编：《广州通史·近代卷》，中华书局 2010 年版。

75. 许顺富：《湖南绅士与晚清湖南政治变迁》，湖南人民出版社 2004 年版。

76. 周秋光：《熊希龄传》，华文出版社 2014 年版。

77. 张海林：《端方与清末新政》，南京大学出版社 2007 年版。

78. 湖南历史资料编辑委员会：《湖南历史资料》，湖南人民出版社 1959 年版。

79. 湖南省地方志编纂委员会：《湖南通鉴》，湖南人民出版社 2007 年版。

80. 湖南省志编纂委员会：《湖南省志》第 10 卷《交通志·铁路》，中国铁道出版社 1995 年版。

81. 李培林、张晓林：《岳阳市交通志》，人民交通出版社 1992 年版。

82. 株洲市地方志编纂委员会：《株洲市志·交通邮电》，湖南出版社 1994 年版。

83. 湖南省株洲县志编纂委员会：《株洲县志》，湖南出版社 1995 年版。

84. 长沙市志编纂委员会：《长沙市志》，湖南人民出版社 2004 年版。

85. 陈先枢、黄启昌：《长沙经贸史记》，湖南文艺出版社 1997 年版。

86. 欧阳晓东、陈先枢：《湖南老商号》，湖南文艺出版社 2010 年版。

87. 萧平汉：《衡阳历史文化丛书·经贸史述》，湖南人民出版社 2007 年版。

88. 湖南省浏阳市地方志编委会：《浏阳县志》，中国城市出版社 1994 年版。

89. 郴县志编纂委员会：《郴县志》，中国社会出版社 1995 年版。

90. 郴州市地方志编纂委员会：《郴州市志》，黄山书社 1994 年版。

91. 傅娟：《近代岳阳城市转型和空间转型研究（1899—1949)》，中国建筑工业出版社 2010 年版。

92. 湖南省交通厅：《湖南公路史》，人民交通出版社 1988 年版。

93. 符少辉、刘纯阳：《湖南农业史》，湖南人民出版社 2012 年版。

三、博硕士论文类

1. 田兴荣：《英庚退款与粤汉铁路的建设》，安徽师范大学硕士学位论文，2005 年。

2. 文丹：《清末粤汉铁路研究——以〈申报〉资料为主》，贵州师范大学硕士学位论文，2009 年。

3. 于丹：《铁路对株洲城市现代化进程的影响（1840—1951)》，湖南师范大学硕士学位论文，2009 年。

4. 余建明：《湖南近代交通发展与社会变迁》，湖南师范大学硕士学位论文，2003 年。

5. 孟莎：《近代湖南社会变革研究》，湖南师范大学硕士学位论文，2007 年。

6. 秦熠：《津浦铁路与沿线社会变迁（1908—1937)》，南开大学博士学位论文，2008 年。

后　记

　　本书是在我的博士论文的基础上修改定稿而成，在拙稿行将付梓之际，在我的心中升腾起深深的感恩之情！在我读书求学的路上遇到了很多学识渊博、宅心仁厚的老师，那些尊敬的名字完全可以列出一份长长的名单，正是他们的关爱和帮助，才让我在崎岖的学术道路上一直坚持着走了下来。在这里，我要向所有关心和帮助我的各位尊敬的老师们诚挚地道一声："谢谢您们"！

　　这里首先要感谢我的博士导师、湖北大学中国思想文化史研究所所长、著名社会史学家郭莹教授。自从我因为工作关系有幸得识郭老师之后，无论是学习还是工作，乃至生活，郭老师均对我倾注了大海般的关心与爱护，这令我感到了无比温暖，自己能够有幸厕身郭门，实属福分不浅！郭老师治学淹贯湛深，师道醇厚润雅，其所表现出的学术名家风范，令我终身受益。回想当年撰写博士论文，从选题、研究方法、框架设计、材料取舍，乃至文字标点等，郭老师均给予了悉心而精深的指导，没有郭老师的上述全面教导，博士论文的完成是不可能的。所以，在这里我首先要向郭老师多年来的深切关怀致以最崇高的敬意和深深的谢意！

　　在此我要感谢我国著名文化史学家周积明教授对我的教诲与帮助！数年前，当我决定报考文化所博士的时候，内心是充满了疑虑的，像我这样基础薄弱的人，周老师等专家会不会收？我还清晰地记得，当我向周老师表达了报考的意愿后，周老师对我说了许多鼓励的话。彼时之情景，时常会浮现在我的眼前，那种学界前辈关爱后学的温暖之情，时常会涌动在我的内心，让我充满感激之情，这份关怀与帮助我会终生铭记！进入文化所以后，有幸聆听周老师讲课，乃师学问之淹贯，视野之阔达，那种因博学而自然生发的书卷儒雅之气均予人一种难得之享受！至于当年博士论文的写作，其得周老师之巨大帮助，非三言两语所可道也，今后唯有继续努力治学，庶几不负周老师之博大关爱！

衷心感谢著名经济史学家、武汉大学陈锋教授多年来给予我的巨大支持和帮助！陈老师在中国经济史研究领域造诣深湛，著作等身，是名副其实的学问大家。很多年前，因为一篇稿件的来去往复，得以深刻地认识到陈老师对学、对事、对人的严谨、认真和友善，从那以后，我便时常向陈老师请教学习。他虽然工作异常繁忙，但每次都非常亲切地予以耐心指导，使我受益无穷。不但如此，多年前我在生活中曾遇到非常大的困难，陈老师知道后，毫不犹豫地向我伸出了温暖的双手，让我得以渡过那些艰难的时刻，我的心中感到万分温暖。至于在工作中得到陈老师的大力支持之处，更是不必言说的。在这里我要对陈老师多年来巨大的关心和帮助再次表示诚挚的谢意！

同样需要感谢的还有著名经济史学家、华中师范大学彭南生教授多年来对我的关心和帮助！彭老师治学博大，思想深刻，文笔洗练，同样是因为工作关系，我经常拜读他的大作，甘怡之感不请自来。特别令我感动的是，在我请他拨冗担任我的博士论文答辩主席的时候，他非常爽快地答应说："你的论文答辩我一定要去"！后来我才知道，在我论文答辩的前一天，他正在北京参加教育部一个重要会议，会后拟乘坐当晚的航班返汉，不料飞机晚点数小时之久，回到武汉已是凌晨 3 点多了，而早上 7 点钟左右我就开车去接他来湖北大学主持我们的答辩，那时他只匆匆休息了两三个小时。知道了这些，我的心中百感交集，彭老师对我的种种关怀之情，我会终生铭刻在心！

还要特别感谢著名教育学家、教育史学家、华中师范大学周洪宇教授多年来对我工作和生活的支持与关心！众所周知，周老师乃是教育学、教育史研究领域的权威大家，尤其是在陶行知研究方面，堪称独步。多年来，经常拜读周老师的大作，对于其极富前瞻性的学术眼光、理论的高屋建瓴、文笔的精准儒雅乃至时不我待的使命感，均至为感佩。周老师不但是一位孜孜以求的学问大家，同时也是一位极为宅心仁厚的长者，多年前在我遇到了非常困难的那个艰难时刻，周老师极为和蔼地鼓励我要砥砺前行，不可灰心和鲁莽行事，令我备受感动和鼓舞。在这里，我要再次向周老师表达诚挚的感谢！

衷心感谢著名唐史学家、中国唐史学会会长、陕西师范大学杜文玉教授将我领进了学术的大门。十多年前，我有幸投身杜门攻读硕士，从此与唐史结缘。从那时起，杜老师便十几年如一日地指导我、关心我，我后来因为一些原因，转向近代史研究，不再从事唐史研究，杜老师虽然觉得多年的积累一朝放弃未免可惜，但他依旧像以往一样继续支持我、帮助我。说了这么多，千言万语汇成一句话："谢谢杜老师这么多年的关心和帮助！"

需要感谢的还有著名城市史学家、江汉大学涂文学教授。因为工作关系，我很早就有幸认识涂教授了，涂老师学识渊博，在城市史研究尤其是武汉城市史方面造诣深湛，是名副其实的武汉城市史权威。我所就职的期刊社，地处武汉，自然非常关注武汉的历史与文化，涂老师自然就成为我们最坚强的学术后盾之一。在经常向涂老师请教的过程中，我发现涂老师不但学问了不起，同时还是一位非常慈善的醇厚长者，对后学极为关爱有加，我自己就从中受益多多。因此，我要借这个机会向涂老师多年来的关心、帮助和支持表示真诚的谢意！

还有许多老师和朋友，我必须借此机会表达对他们的谢意，他们尊敬的名字是：湖北大学中国思想文化史研究所何晓明教授、武汉大学历史学院李少军教授、华中师范大学历史文化学院吴琦教授、武汉大学历史学院刘礼堂教授、华中师范大学历史文化学院朱英教授、江西师范大学张艳国教授、江汉大学李卫东教授、江汉大学人文学院邓正兵教授、武汉大学历史学院杨国安教授、武汉大学中国传统文化研究中心洪均副教授、扬州大学社会发展学院李文才教授、三峡大学马克思主义学院胡俊修教授等，他们以各种形式对我的工作、学习和生活中给予了诸多弥足珍贵的帮助，在这里一并向他们表示最诚挚的谢意，谢谢你们！

在此我还要特别感谢我供职的单位湖北省社会科学院的领导和专家，他们是：张忠家教授、宋亚平研究员、曾成贵研究员、刘玉堂研究员、秦尊文研究员、杨述明研究员、陈金清研究员、李乐刚研究员、陈孝兵研究员、刘龙伏研究员等。作为领导和专家，他们无论是在工作还是在学习乃至生活上都最大限度地给予我慷慨的支持和帮助，借此机会，一并向他们表达自己最真诚的谢意！

本书中的许多章节，承蒙一些期刊界朋友们的审阅、指导和推荐，得以有幸在很多著名的学术刊物，如《学术研究》、《华中师范大学学报》、《社会科学研究》、《江汉论坛》、《中州学刊》、《河北学刊》、《贵州社会科学》、《湖北社会科学》等刊出，编辑老师们在文稿刊发之前对于拙稿的修改和润色等默默的奉献，均令我异常感念。文稿刊发后，一些文稿复又承蒙相关转载刊物如《中国现代史》、《历史学文摘》（中国人民大学书报资料中心）、《新华文摘》、《中国社会科学文摘》、《高等学校文科学术文摘》等老师们的关注、推荐和摘录，得以转载或摘录，扩大了拙稿的影响范围。借此机会，我要向这些期刊界的朋友们表示诚恳的谢意！

我还要特别感谢湖北大学中国思想文化史研究所的各位老师！该所以周积明教授、郭莹教授、何晓明教授为首的诸位老师垂范的心无旁骛、潜心治学、诲人不倦的优良学风与教风，均为我们树立了学习的典范！既是我们人生道路上的财富，也是我们今后在学术道路上继续前行的动力！同时，文化所还是一个温暖的大家庭，各位师长不仅关注我们的学习，也关心我们的生活，当我们遇到了什么困难，老师们均在第一时间伸出温暖的援助之手，那种温馨的感觉并不是在哪里都能体会得到的。我想借此机会，向文化所上述诸位老师以及雷平教授、郑维维副教授等表示诚挚的谢意！同时，我还要特别感谢武汉科技大学外国语学院的胡曦博士，她翻译的英文摘要为本论文大大增色！我的同门杨洋博士、陈凯博士、张慧博士等，在资料借阅、资料复印等方面提供了许多重要的帮助，在此一并向他们表示真诚的谢意！

本书得以顺利出版，还要感谢人民出版社哲学与社会编辑部主任方国根编审的辛勤付出，正是在他高效的指导下，本书才得以顺利在人民出版社立项出版。他以精审锐利的眼光，对拙稿提出了许多具体而又富有建设性的意见，从而使本稿得以完善提高。借此机会，向方主任表示诚挚的谢意！

最后，我要感谢的是我的家人对我无私的支持和包容。从我开始读书伊始，我的父母就坚定地支持我，无论我读书读到多大年纪，在父母眼里看到的永远都是"坚定支持"四个字！拙荆和小女是我读书治学路上最大的力量源泉和精神慰藉，每当看到她们，努力前进是我唯一的方向！

是为后记。

张卫东
2018 年 11 月 20 日
武昌东湖随缘居

责任编辑：方国根

图书在版编目（CIP）数据

粤汉铁路与近代湖南经济社会变迁研究：1898-1937/张卫东 著. —北京：
　人民出版社，2020.8
　ISBN 978－7－01－020752－0

Ⅰ.①粤…　Ⅱ.①张…　Ⅲ.①铁路运输-关系-区域经济发展-研究-湖南-
　1898-1937②铁路运输-关系-社会变迁-研究-湖南-1898-1937　Ⅳ.①F532.9
　②F129.964

中国版本图书馆 CIP 数据核字（2019）第 078787 号

粤汉铁路与近代湖南经济社会变迁研究（1898—1937）
YUEHAN TIELU YU JINDAI HUNAN JINGJI SHEHUI BIANQIAN YANJIU（1898—1937）

张卫东　著

人民出版社 出版发行
（100706　北京市东城区隆福寺街 99 号）

环球东方（北京）印务有限公司印刷　新华书店经销

2020 年 8 月第 1 版　2020 年 8 月北京第 1 次印刷
开本：710 毫米×1000 毫米 1/16　印张：28.75
字数：427 千字

ISBN 978－7－01－020752－0　定价：82.00 元

邮购地址 100706　北京市东城区隆福寺街 99 号
人民东方图书销售中心　电话（010）65250042　65289539